JN417068

글로벌 무역의 이해

Understanding of Global Trade

이춘삼 / 이광범 / 이재영

머리말 Preface

21세기 들어 지구촌에서 활발하게 전개되고 있는 '글로벌라이제이션'(Globalization)에 대한 논의는 우리가 원하건 원하지 않건 부정할 수 없는 경험적 사실이기도 하고, 또 다른 한편으로는 우리가 힘을 합쳐 추진해야 할 당위적 명제이기도 하다. 이러한 현상이 가속화된 원인은 대체로 테크놀로지의 임팩트와 이데올로기의 몰락에서 찾을 수 있다. 교통·수송·정보·통신기술은 혁명적으로 발전함으로써 지구의 공간을 가속적으로 좁히는 결과를 가져왔다. 그야말로 지구가 하나의 촌(village)을 이룰 수 있는 하부구조가 형성된 것이다. 또한 이데올로기의 몰락은 세계를 하나의 체제로 통합할 수 있게 만들었다. 특히 글로벌 현상은 경제 부문에서 가장 구체적으로 나타났다. 국제무역의 관점에서 볼 때 시장메커니즘이 전세계적으로 확산됨에 따라 국가간 상품 및 자본·노동·서비스의 이동이 전세계적으로 확대되고, 국가간 협상을 통해 무역자유화가 달성되며 세계적 차원에서 적용될 수 있는 무역규범의 '글로벌스탠더드'가 WTO를 통하여 형성되기도 하였다. 여기서 한 가지 분명한 것은 글로벌 현상은 이미 우리가 역전시키거나 정지시킬 수 없는 역사적 흐름이 되어 있다는 사실을 간과해서는 안 된다는 점이다. 19세기 말엽에 우리사회의 개방을 요구하는 역사적 도전에 직면하여 이를 거부함으로써 역사의 낙오자로 전락해 버리는 비극을 경험했던 우리나라로서는 글로벌화의 도전이 아무리 어려운 문제들을 제기한다 해도 '글로벌라이제이션'이라는 객관적, 역사적 흐름 자체를 거역하는 어리석음을 범해서는 안 된다. 바로 이런 관점에서 저자는 국경을 초월하여 전개되고 있는 글로벌한 기업경영과 국제무역의 활동을 경상학부는 물론 비전공학생들도 알기 쉽게 이해할 수 있도록 집필하기로 하였다. 시장경제는 무엇인가? 국제무역은 왜 발생하는가? 세계화의 기관차인 국제기업은 무엇인가? 이들 국제기업은 어떠한 활동을 하고 있는가? 전자무역회사는 어떻게 만드는가? 글로벌화를 선도하는 WTO의 본질과 역할은 무엇인가? FTA 등 지역경제블럭은 어떻게 형성되고 그 기능은 무엇인가? 등 일반인은 물론 학부과정의 학생들이 관심을 가지고 있는 여러 문제점들을 가능한 한 총망라하여 쉽게 이해할 수 있도록 쓰여 졌다.

제Ⅰ편 기초편에서는 국제무역연구에 필요한 기본사항을 다루었다.

제Ⅱ편에서는 전자무역시대의 도래와 전자무역업의 창업절차 및 효율적인 전자무역업 운영방법에 대하여 상세히 설명하였다.

제Ⅲ편에서는 글로벌기업경영의 기초지식과 세계화에 대응한 글로벌기업의 경쟁전략 등에 대하여 구체적으로 서술하였다.

제Ⅳ편에서는 시장경제의 의미, 무역이론 · 정책, 환율 · 국제수지 등 주로 이론경제측면을 알기 쉽게 예를 들어 서술하였다.

제Ⅴ편에서는 특별히 '시사무역포커스'라는 제목 하에 최근 '이슈'가 되고 있는 국제무역 · 경제 · 경영 관련 현안사항을 요약 정리하였다.

마지막으로 부록편에서는 제Ⅴ편과의 연계하에 시사무역관련 필수용어들을 재정리, 색인으로 대체시켰다.

아무쪼록 이 책이 무역을 배우고자 하는 초심자 내지 입문자들에게 무역에 관한 기본적인 지식과 이론적인 사고력을 터득하는데 보탬이 될 수 있기를 기대한다.

끝으로 어려운 여건 속에서도 본서를 출간해 주신 우용출판사의 고종식 사장님과 편집 및 교정에 수고해 주신 편집부 제위께 감사를 드린다.

2006년 6월

저자 씀

차례 Contents

Part Ⅰ 글로벌 무역의 기초

Chapter 1 무역의 의의 ········· 33

Ⅰ. 무역의 개념 ········· 33
Ⅱ. 무역의 성격과 특성 ········· 36
1. 무역거래의 복합적 성격 ········· 36
2. 무역거래의 특성 ········· 37
Ⅲ. 무역의 형태 ········· 39
1. 수출무역과 수입무역 ········· 39
2. 직접무역과 간접무역 ········· 39
3. 유형무역과 무형무역 ········· 41
4. 연계무역 ········· 41
5. 가공무역 ········· 43
6. 기타의 무역 ········· 44

Chapter 2 무역의 생성과 발전 ········· 47

Ⅰ. 무역의 발생 ········· 47

Ⅱ. 경제생활과 무역 ········· 50

Chapter 3 글로벌 무역의 전개 ········· 52

Ⅰ. 국제무역질서의 변천추이 ········· 52

1. 무역협력조성기 ········· 52
2. 원조무역기 ········· 53
3. 무역자유화기 ········· 53
4. 신보호무역기 ········· 54
5. 관리무역기 ········· 55
6. 신자유무역기 ········· 55

Ⅱ. GATT(1947)와 무역자유화 ········· 57

1. GATT의 성립 ········· 57
2. GATT의 기본원칙 ········· 57
3. GATT의 성과 및 다자간무역협상 ········· 57
4. GATT의 한계 ········· 59

Ⅲ. WTO체제의 생성과 전개 ········· 62

1. UR협상의 타결과 WTO체제의 출범 ········· 62
2. WTO 기능과 조직 ········· 64
3. WTO체제의 특징 ········· 65
4. WTO체제의 기본원칙 ········· 66
5. 신통상의제의 대두 ········· 67
6. 도하개발아젠다(DDA : Doha Development Agenda) 협상 ········· 69

Ⅳ. 지역 경제통합과 FTA ········· 71

1. 경제통합의 의의 ······ 71
2. 경제통합의 유형과 분류 ······ 74
3. 경제통합의 효과와 영향 ······ 79
4. 경제통합의 세계적 과제 ······ 84
Ⅴ. OECD ······ 86
1. 성립 ······ 86
2. 목적 ······ 87
3. 성격 ······ 88
4. 주요활동 ······ 89

Part Ⅱ 무역업 창업

Chapter 4 전자무역의 창업 ······ 93
Ⅰ. 전자무역과 창업 ······ 93
1. 전자무역 창업의 의미 ······ 93
2. 전자무역 창업의 유형 ······ 94
Ⅱ. 전자무역 창업 과정 ······ 95
1. 창업예비절차 ······ 95
2. 창업설립절차 ······ 97
1) 사업자 등록 ······ 97
2) 무역업 고유번호 신청 및 부여 ······ 98
3. 창업 준비 및 소요 자금 조달 ······ 99
4. 웹사이트 구축과 활용 ······ 100
Chapter 5 전자무역마케팅 ······ 103
Ⅰ. 무역마케팅 전략의 변화 ······ 103

Ⅱ. 해외시장조사와 거래선 발굴 ………… 105
1. 해외시장조사 기법 ………… 105
2. 거래선 발굴 방법 ………… 105
3. 거래선 신용조회 ………… 106
Ⅲ. 전자무역 거래알선 ………… 108
1. 전자무역 거래알선의 개념 ………… 108
2. 전자무역 거래알선의 활용 ………… 108

Chapter 6 전자무역 절차 ………… 110
Ⅰ. 개요 ………… 110
Ⅱ. 무역절차의 단계별 비교 ………… 113
1. 해외홍보와 거래선 발굴 ………… 114
2. 대금결제와 물류운송 ………… 116
Ⅲ. 전자무역 수출절차 ………… 117
1. 개요 ………… 117
2. 전자무역 수출절차 ………… 118
Ⅳ. 전자무역 수입절차 ………… 128
1. 개요 ………… 128
2. 전자무역 수입절차 ………… 128

Part Ⅲ 글로벌무역경영

Chapter 7 세계화와 기업경영의 글로벌화 ………… 135
Ⅰ. 글로벌경영의 주요 요인 ………… 135
1. 시장요인의 변화 ………… 136
2. 비용요인의 변화 ………… 137

3. 경쟁용인의 변화 ··· 138
4. 정부요인의 변화 ··· 139
Ⅱ. 국제기업 ··· 141
1. 국제기업의 개념 ··· 141
2. 기업의 국제화단계 ··· 142
3. 국제기업 활동의 대상과 영역 ··· 145
4. 국내기업과 국제기업의 차이점 ··· 146
Chapter 8 국제기업의 경쟁전략 ··· 149
Ⅰ. 산업과 경쟁의 글로벌화 ··· 149
1. 국제화 · 현대화 · 세계화의 의미 ··· 149
2. 국제화를 촉진시키는 요인 ··· 152
Ⅱ. 해외시장 진출 전략 ··· 154
1. 해외시장 진출 방법 ··· 154
2. 진출 방식의 결정요인 ··· 157
Ⅲ. 국제경쟁전략 ··· 159
1. 국제경쟁전략의 개념 ··· 159
2. 경쟁전략의 종류 ··· 160
3. 본원적 경쟁전략의 위험요인 ··· 163
4. 국제경영전략의 경쟁우위 원천 ··· 164
5. 국제경쟁전략의 모형 ··· 165
Chapter 9 국제문화환경과 글로벌리더십 ··· 171
Ⅰ. 국제문화환경의 중요성 ··· 171
Ⅱ. 글로벌리더십 ··· 173
Ⅲ. 국제비지니스 매너 ··· 174

1. 상담요령 ………… 174
2. 초대시의 예의 ………… 178
3. 국별 · 지역별 협상전략 ………… 181

Part Ⅳ 글로벌무역이론·정책

Chapter 10 무역경제 ………… 195
Ⅰ. 시장경제란 무엇인가 ………… 195
1. 경제생활과 경제문제 ………… 195
2. 경제체제 ………… 201
3. 수요와 공급 ………… 204
4. 시장의 균형 ………… 219
Ⅱ. 무역발생의 이론적 근거 ………… 228
1. 절대우위론 ………… 230
2. 비교우위론 ………… 231
3. 현대의 무역이론 ………… 232
Chapter 11 무역정책 ………… 234
Ⅰ. 근대무역의 시발점 : 18세기 중상주의 ………… 234
1. 중상주의 ………… 234
2. 중상주의 정책의 특성 ………… 237
3. 중상주의 정책의 실천 ………… 238
4. 중상주의 정책의 비판 ………… 239
5. 시사점 ………… 240
Ⅱ. 자유무역과 보호무역 ………… 241
1. 자유무역과 보호무역의 시대적 고찰 ………… 241

2. 자유무역과 보호무역의 이론적 고찰 ······ 244
Ⅳ. 국제무역정책 조류 개관 ······ 250
Ⅲ. 관세정책 ······ 252
1. 관세의 의의 ······ 252
2. 관세의 기능 및 효과 ······ 254
3. 관세의 종류 ······ 257
4. 관세율제도 ······ 262
5. 관세율의 적용 순서 ······ 266
6. 수출입통관제도 ······ 267
7. 납세의무의 완화제도 ······ 270
8. 관세환급제도 ······ 272
9. 관세평가제도 ······ 273
10 보세제도 ······ 274
11. 수입제세 산출방법 ······ 276
Ⅳ. 비관세정책 ······ 280
1. 비관세장벽의 개념 ······ 280
2. 비관세장벽의 내용 ······ 282
3. 비관세장벽의 특징 ······ 284
4. 비관세장벽의 효과 ······ 287
Chapter 12 환율과 국제수지 ······ 289
Ⅰ. 외국환 ······ 289
1. 외국환의 개념 ······ 289
2. 외국환의 분류 ······ 290
3. 외환시장 ······ 291

4. 외환거래의 유형 293
Ⅱ. 환율 295
1. 환율의 개념 295
2. 환율의 표시 방법 295
3. 환율제도와 환율의 구조 297
4. 환율변동과 무역 303
Ⅲ. 국제수지 307
1. 국제수지의 개념 307
2. 국제수지의 구조 311
3. 국제수지 변동과 무역 316

Part V 시사 무역경제 포커스

1. FTA의 성패, 멕시코의 교훈 319
2. 관계마케팅(CRM) 324
3. WTO와 한 · 중 Garlic War 326
4. S&A 성공전략 332
5. 기업의 뉴비젼전략 338
6. 브랜드네이밍 Power 342
7. 한국 벤처기업의 경쟁력 확보전략 349
8. 21세기 중화경제권 전망 351
9. 적대적 M&A기법 354
10. 다자간 투자협정(MAI) 357
11. 포피팅(forfaiting) 359
12. 선진국진입비용 얼마나 되나? 361
13. EEZ (배타적 경제수역) 363

14. 국제협상기법 ······ 364
15. 핫머니 '규제론'. '옹호론'실상 ······ 366
16. WTO 분쟁해결 메커니즘 ······ 368
17. FTAA 전망과 과제 ······ 370
18. P&A방식 ······ 373
19. 브렌드 마케팅 ······ 375
20. Symbiotic Marketing ······ 377
21. Moral Economic ······ 378
22. 루즈벨트와 뉴딜 ······ 380
23. 20세기 연대표 ······ 383
24. 21세기 한국의 전략적 비전 ······ 387
25. 다자간 무역체제의 회고와 전망 ······ 394
26. 거대 EU 출범과 향후 과제 ······ 397
27. 21세기형 기업지배구조의 유형비교 ······ 402
28. 글로벌 스탠다드와 환경문제 사례 ······ 406
29. 21세기의 ASIA적 가치 ······ 411
30. 신산업시대론 ······ 413
31. 북한 경제의 현상과 방향 ······ 415
32. 개방형 신통상국가론 ······ 421
33. TCR/TSR 필요성과 경제효과 ······ 444
34. 농업의 '벤처'화 과제 ······ 448
35. 한국 재벌기업의 변천과 성쇠 ······ 450
36. 소득분배(Income Distribution) ······ 454
37. 부도가 뭐지? ······ 459
38. 이제는 친디아 시대 ······ 464
39. 무역 5000억달러 클럽 세계 12번째 가입 ······ 469

부록 : 시사 무역경제 용어해설

1. 기업 체질을 보여주는 지표들 ········ 474
2. 3국간 거래 ········ 475
3. 5th Power NGO (제 5의 힘) ········ 475
4. 80/20법칙 ········ 476
5. ASEM ········ 476
6. BOK 클럽 ········ 477
7. BIS(국제결제은행 : Bank of International Settlement) ········ 477
8. BSI ········ 477
9. EVA[: Economic Value Added(경제적 부가가치)의 약어] ········ 478
10. e-비즈니스 ········ 478
11. G7 美·獨·日 등 7개 강국 모임 ········ 478
12. G-7 프로젝트 ········ 479
13. G10 G7+벨기에·스위스·네덜란드·스웨덴 ········ 479
14. G22, G8+韓·中·印 등 14개 신흥국 ········ 479
15. G24, G7에 대응하는 개도국만의 모임 ········ 479
16. G26, G22+벨기에·스위스·네덜란드·스웨덴 ········ 479
17. GATT 11조국 ········ 480
18. GATT 18조국 ········ 480
19. GDP·GNP ········ 480
20. GSM자금 ········ 480
21. ILO ········ 481
22. IMF 14조국 ········ 482
23. IMF 8조국 ········ 482
24. MCT ········ 482
25. MRA ········ 482
26. OECD(Organization for Economic Cooperation and Development : 경제협력개발기구) 483
27. OECD 자유화규약(OECD Code) ········ 483
28. PB(자체상표)상품 ········ 483
29. SOC ········ 483
30. 「S&P」 연혁 ········ 484
31. TB ········ 484
32. WTO ········ 484
33. Y2K ········ 485
34. 가격인상약속(PU : Price Undertaking) ········ 485

35. 가계신용 ········ 486
36. 가공도 기준(PC : Process Criterion) ········ 486
37. 가공도별 세율격차(TE : Tariff Escalation) ········ 486
38. 가교 금융기관 ········ 486
39. 가변과징금 ········ 487
40. 가변예치의무제도(VDR : Variable Deposit Requirement) ········ 487
41. 가산금리 ········ 487
42. 감자 ········ 487
43. 감축대상 농업보조(AB : Amber Box) ········ 488
44. 감축목표(RT : Reduction Target) ········ 488
45. 강제 실시권(NL : Non-voluntary License 또는 CL : Compulsory License) ········ 488
46. 개발부담금 ········ 488
47. 개혁(성공 · 실패) ········ 488
48. 거품경제 ········ 489
49. 결합재무제표 ········ 490
50. 경기적 실업 ········ 491
51. 경기정책 ········ 491
52. 경매 ········ 491
53. 경상수지 ········ 492
54. 경영권매점(MBO) ········ 493
55. 경쟁대항(MC : Meeting Competition) ········ 493
56. 경제적 부가가치(EVA) ········ 493
57. 고관세(Tariff Peaks) ········ 494
58. 고정(점) 오염원(Stationary(Point) Source) ········ 494
59. 고정환율제 ········ 494
60. 공개주의(Transparency) ········ 495
61. 공유 혹은 국경간 자원(Shared or Transboundary Resources) ········ 495
62. 공정 및 생산방법(PPM : Process and Production Methods) ········ 495
63. 과징금 ········ 495
64. 관세 및 무역에 관한 일반협정(GATT : General Agreement on Tariffs and Trade) 496
65. 관세상당치(TE : Tariff Equivalent) ········ 496
66. 관세양허(TC : Tariff Concession) ········ 496
67. 관세율 재조정(Rebalancing) ········ 496
68. 관세조화(Tariff Harmonization) ········ 497
69. 관세평가(TV : Tariff Valuation) ········ 497
70. 관세할당제도(TQS : Tariff Quota System) ········ 497

71. 관세화(Tariffication) ········· 497
72. 관세화유예(Delayed Tariffication) ········· 497
73. 관세환급 ········· 497
74. 교육구좌제 ········· 498
75. 교차보복(CR : Cross Retaliation) ········· 498
76. 구성가격(CV : Constructed Value) ········· 498
77. 구인배율 ········· 498
78. 구제금융의 종류 ········· 499
79. 국가신용도 ········· 500
80. 국가채무 ········· 500
81. 국경세조정(Border Tax Adjustment) ········· 500
82. 국경조치(BP : Border Protection) ········· 501
83. 국・공채 ········· 501
84. 국민고통지수 ········· 501
85. 국별 국내농업보호 및 지원조치 현황자료(CL : Country List) ········· 501
86. 국별 이행계획서(CS : Country Schedule) ········· 501
87. 국제금융공사(IFC) ········· 502
88. 국제무역기구(ITO : International Trade Organization) ········· 502
89. 국제투명성협회 ········· 502
90. 국제표준화기구 14000 시리즈(ISO 14000 시리즈) ········· 503
91. 국제환경협약(International Environmental Agreement) ········· 503
92. 국제부흥개발은행(IBRD : International Bank for Reconstruction and Development) · 503
93. 국제상공회의소(ICC : International Chamber of Commerce) ········· 504
94. 국제섬유국(ITCB : International Textile & Clothing Bureau) ········· 504
95. 국제수지보호조항(BOP Article : Balance-of-Payment Article) ········· 504
96. 국제저작권협약(UCC : Universal Copyright Convention) ········· 504
97. 국제통화기금(IMF : International Monetary Fund) ········· 504
98. 권능부여조항(Enabling Clause) ········· 504
99. 권리소진 원칙(Exhaustion 혹은 First sale doctrine) ········· 505
100. 그랜드 파더 조항(GC : Grandfather Clause 조부조항) ········· 505
101. 그린라운드(Green Round) ········· 505
102. 글로벌 본드 ········· 505
103. 금지보조금(PS : Prohibited Subsidies) ········· 505
104. 기러기식 성장 ········· 506
105. 기술장벽(TB : Technical Barriers) ········· 506
106. 기업결합 ········· 506

107. 기업어음(CP) 507
108. 기업지배구조 507
109. 기준가격(Trigger Price) 507
110. 기한이익의 상실 508
111. 기후변화협약(Framework Convention on Climate Change) 508
112. 나이로비 선언(Nairobi Declaration) 508
113. 나이트 트레이더 (Night Trader) 508
114. 남극조약(Antarctic Treaty) 509
115. 납세담보 509
116. 내국민대우(NT : National Treatment) 509
117. 내부거래 509
118. 네가티브 시스템(NS : Negative System) 510
119. 네가티브 컨센서스(NC : Negative Consensus) 510
120. 노동라운드(BR : Blue Round) 510
121. 녹색 GNP(Green GNP) 510
122. 농산물 생산통제제도(SMS : Supply Management System) 511
123. 농업진흥지역 511
124. 누적투표제 511
125. 누적피해 판정(Cumulation) 511
126. 다자간 무역협정(MTN Code : Multilateral Trade Negotiation Code) 512
127. 달러통용제(Dollarisation) 512
128. 당좌거래정지 512
129. 당좌대출 소진율 513
130. 대규모기업집단 513
131. 대기오염물질의 장거리 이동에 관한 협약 513
132. 貸付신탁 513
133. 대손충당금 (貸損充當金) 514
134. 대여권(RR : Rental Rights) 514
135. 대외지불부담(external liabilities) 514
136. 대출금 출자전환 514
137. 대표소송 515
138. 더블워크(Double Work) 515
139. 더치옥션 515
140. 데킬라현상 516
141. 델피 기법 516
142. 도덕적해이 517

143. 도피조항(Escape Clause) 517
144. 동경라운드(Tokyo Round) 517
145. 동경선언 1994(Tokyo Declaration 1994) 517
146. 디폴트(Default) 518
147. 디플레이션 518
148. 딜론 라운드(Dillon Round) 519
149. 런던조약(London Dumping Convention) 519
150. 레버리지(Leverage) 519
151. 로드쇼(Road Show) 520
152. 로마협약 520
153. 롤오버(Roll-Over) 520
154. 리보(LIBOR) 520
155. 리우 선언(Rio Declaration) 520
156. 리콜(Recall) 521
157. 매출액 경상이익률 521
158. 멸종 위기 야생종 보호협약 521
159. 모듈 521
160. 목적세 522
161. 몬트리올 의정서(Montreal Protocol on Substance that deplete the Ozone Layer) 522
162. 『무디스』의 연혁 522
163. 무수익 여신(Non-current Loan) 523
164. 무역관련투자조치(TRIMs : Trated Related Investment Measures) 523
165. 무역어음(Trade Bill) 523
166. 무역정책검토제도(TPRM : Trade Policy Review Mechanism) 523
167. 무역환경소위원회(Sub-Committee on Trade and Environment) 523
168. 무역환경위원회(Committee on Trade and Environment) 524
169. 무역환경 전문가회의(OECD : Joint Session of Trade and Environment Experts) · 524
170. 뮤츄얼 펀드 524
171. 미끼상품(Loss Leader) 524
172. 미연방기금금리 525
173. 미 통상법 525
174. 바이폴라 전략(Bipolar Policy) 526
175. 바젤위원회(바젤 은행감독위원회, BCBS) 526
176. 바젤협약(Basel Convention) 526
177. 반덤핑관세(Anti Dumping Tariff) 526
178. 배드뱅크(Bad Bank) 527

179. 배출부과금(Emission Change) ······ 527
180. 벌처펀드 ······ 527
181. 베른협약(Berne Convention) ······ 527
182. 베이시스 ······ 528
183. 벤처기업 ······ 528
184. 벤치마킹 ······ 528
185. 보조금(Subsidies) ······ 529
186. 보편적이지만 차등적인 책임(Common but Differentiated Responsibilities) ······ 529
187. 복수국간 무역협정(Plurilateral Trade Agreements) ······ 529
188. 복합불황 ······ 529
189. 본원통화 ······ 530
190. 부동산 담보신탁 ······ 530
191. 부실여신 ······ 530
192. 부채비율 ······ 531
193. 분사 ······ 531
194. 분쟁해결(Dispute Settlment) ······ 531
195. 브레튼우즈 협정(Bretton Woods Agreements) ······ 532
196. 비관세장벽(NTB : Non-Tariff Barrier) ······ 532
197. 비교역적 고려요소(NTC : Non-Trade Concern) ······ 532
198. 비엔나 협약(Vienna Convention) ······ 532
199. 빅 딜 ······ 532
200. 사외이사제 ······ 533
201. 사회적 덤핑(Social dumping) ······ 533
202. 사후처리기술(End of Pipe Technology) ······ 533
203. 산업스파이 ······ 533
204. 산업집합체 ······ 534
205. 상계관세(CVD : Countervailing Duty) ······ 534
206. 상설 상소기구(SAB : Standing Appellate Body) ······ 534
207. 상업어음 ······ 534
208. 상업적 주재(Commercial Presence) ······ 535
209. 상용직 근로자 ······ 535
210. 상장폐지 ······ 535
211. 상표권 ······ 536
212. 상품수지 ······ 536
213. 생물다양성협약(Biodiversity Convention) ······ 536
214. 생산과 연계되지 않은 소득보조(Decoupled Income Support) ······ 536

215. 서비스수지 ······ 536
216. 서킷 브레이크 ······ 537
217. 선단식(船團式) 경영 ······ 537
218. 선별성(Selectivity) ······ 538
219. 선적전 검사(Preshipment Inspection) ······ 538
220. 선취매(先取買) ······ 538
221. 세계경제포럼(WEF) ······ 538
222. 세계관세기구(WCO : World Customs Organization) ······ 539
223. 세계지적재산권기구(WIPO : World Intellectual Property Organization) ······ 539
224. 세이프가드(Safeguard : 긴급수입제한조치) ······ 539
225. 소멸조항(Sunset Clause) ······ 539
226. 소비자동향지수(CSI) ······ 539
227. 소비자파산 ······ 540
228. 손비(損費) ······ 540
229. 수량제한(QR : Quantitative Restrictions) ······ 540
230. 수입할당(Quota) ······ 540
231. 수출자율규제(VER : Voluntary Export Restraint) ······ 540
232. 수출쿼터(Export Quota) ······ 541
233. 수출규제의 동결 및 철폐(SS/RB : Standstill and Rollback) ······ 541
234. 수탁 계약서 ······ 541
235. 수확체증의 법칙 ······ 541
236. 순매수 순매도 ······ 542
237. 스몰딜(Small Deal) ······ 542
238. 스크린 쿼터(Screen Quota) ······ 542
239. 스톡옵션 ······ 542
240. 스폿펀드 ······ 543
241. 시장개방요구서(Request List) ······ 544
242. 시장개방요청 및 제안방식(R/O : Request & Offer) ······ 544
243. 시장접근(Market Access) ······ 544
244. 시장 지배적 사업자 ······ 544
245. 시장질서유지협정(OMA : Orderly Marketing Arrangement) ······ 544
246. 신디케이트론 ······ 545
247. 신산업 정책 ······ 545
248. 신속승인절차(FTA : Fast-Track Authority) ······ 545
249. 신속 작업절차(fast track) ······ 546
250. 신용평가등급 ······ 546

251. 신탁계정 ······ 546
252. 실권주(失權株) ······ 546
253. 실세금리 ······ 547
254. 실질소득 ······ 547
255. 아웃소싱 ······ 547
256. 아웃플레이스먼트 ······ 547
257. 안정성비율 ······ 548
258. 양해각서 ······ 548
259. 어음부도율 ······ 548
260. 역외금융 ······ 548
261. 역외펀드 ······ 549
262. 연결재무제표 ······ 549
263. 연불수출(Export on deferred payment basis) ······ 549
264. 영업비밀(Trade Secrets 혹은 Proprietary Information) ······ 549
265. 에스컬레이션 조항 ······ 550
266. 에인절(Angel)투자자 ······ 550
267. 오버나이트(O/N) ······ 550
268. 오버슈팅 ······ 551
269. 오염자부담원칙(3P : Polluters Pay Principle) ······ 551
270. 온실효과(Greenhouse Effect) ······ 551
271. 옵션 ······ 552
272. 완화된 만장일치제(Modulated Consensus) ······ 552
273. 외국인 직접투자 ······ 552
274. 외부참조가격(External Reference Price) ······ 553
275. 외환 가변 예치제(VOR) ······ 553
276. 외환딜러 ······ 553
277. 외환보유고 ······ 554
278. 외환위기 ······ 555
279. 외환할당제(Foreign Exchange Allocation) ······ 555
280. 우루과이 라운드(Uruguay Round) ······ 555
281. 우호통상항해조약(FCN : Friendship, Commerce, and Navigation Treaty) ······ 555
282. 우회덤핑(Circumvention) ······ 556
283. 워크아웃(Work Out) ······ 556
284. 유동성 ······ 557
285. 유동성 함정 ······ 557
286. 유동화전문회사(SPV) ······ 557

287. 유엔환경개발회의 558
288. 유엔환경계획기구(UNEP) 558
289. 유엔 지속개발위원회 558
290. 유전스 558
291. 원산지 규정(Rules of Origin) 559
292. 위생 및 검역조치(SPS : Sanitary Phytosanitary Regulation) 559
293. 의무면제(Waiver) 559
294. 의장권 559
295. 의제 21(Agenda 21) 559
296. 이론주가 559
297. 이자보상배율 560
298. 이전가격 560
299. 인텔샛 560
300. 인포테라(INFORTERRA : International Referral System) 561
301. 일감나누기(Job Sharing) 561
302. 일괄수락원칙(Single Undertaking) 561
303. 일괄인하(Liners Cut) 561
304. 일몰제 561
305. 일반의무사항(General Obligation) 561
306. 자본계정 562
307. 자본수지 562
308. 자본통제 562
309. 자산건전성 분류제 563
310. 자산담보부채권(ABS) 563
311. 자산 디플레이션 563
312. 자유무역협정(FTA : Free Trade Agreement) 564
313. 자체상표 564
314. 잠재된 관세감축(Shadow Tariff Reduction) 564
315. 재사용(Reuse) 564
316. 재활용(Recycling) 564
317. 저작인격권(Moral Right) 565
318. 적합판정절차(Conformity Assessment Procedure) 565
319. 전대차관 565
320. 전자상거래(EC) 566
321. 전자결재 566
322. 전자화폐 566

323. 전환사채(CB) ··· 567
324. 절약의 역설 ··· 567
325. 절차적 지침(Procedure Guideline) ··· 567
326. 정보인프라 ··· 568
327. 정부조달협정(Government Procurement Code) ··· 568
328. 정부출연기관 ··· 568
329. 정크본드 ··· 569
330. 제네바협약 ··· 569
331. 제조물책임(PL)법 ··· 569
332. 제한입찰(프라이빗 옥션:Private Auction) ··· 570
333. 조세지출 예산제도 ··· 570
334. 졸업개념(Graduation Conception) ··· 571
335. 종가세(Ad Valorem Duties) ··· 571
336. 종량세(Specific Duties) ··· 571
337. 중앙은행 스왑 ··· 571
338. 지리적 표시(Geographical Indications) ··· 571
339. 지렛대 효과 ··· 572
340. 지속 가능한 개발원칙(Sustainable Development Principle) ··· 572
341. 지역별 경제고통지수 ··· 573
342. 지재권 연례심사 ··· 573
343. 지적재산권(Intellectual Property Rights) ··· 573
344. 지주회사형 빅딜 ··· 574
345. 지하경제 ··· 575
346. 차별적 수입허가(DL : Discretionary Licensing) ··· 575
347. 차별적용 방식(Two-tier Approach) ··· 575
348. 청산계정 ··· 576
349. 청정기술(Clean Technology) ··· 576
350. 총 대외지출부담 ··· 576
351. 총량쿼터(GQ : Global Quota) ··· 576
352. 총수요 관리 정책 ··· 577
353. 총유동성(M3) ··· 577
354. 총체적인 감축방식(Global Approach) ··· 577
355. 최소시장접근(Minimum Market Access) ··· 578
356. 최종부도 ··· 578
357. 최초교섭국 권한(INR : Initial Negotiation Right) ··· 578
358. 최혜국(MFN : Most-Favored Nation) ··· 578

359. 케네디라운드(Kennedy Round) ··· 578
360. 케언즈그룹(Cairns Group : 농산물 비보조 수출국) ··· 579
361. 코스닥 ··· 579
362. 콜옵션 ··· 579
363. 콜옵션 · 콜 프로비전 ··· 580
364. 쿼드(Quad) ··· 580
365. 크레디트 라인 ··· 580
366. 크프라이스(Check Price) ··· 580
367. 클린뱅크 ··· 580
368. 턴 어라운드 ··· 581
369. 통관기준 무역수지 ··· 581
370. 통합재정수지 ··· 581
371. 통화안정증권 ··· 582
372. 통화지표 ··· 582
373. 특별 세이프가드(Special Safeguard) ··· 582
374. 특정성(Specificity) ··· 583
375. 특허권(patents) ··· 583
376. 파산전담 재판부 ··· 583
377. 파생상품 ··· 583
378. 팍스 시니카 ··· 584
379. 패널(panel) ··· 584
380. 펀더멘털 ··· 584
381. 펜션펀드 ··· 585
382. 평가절하 ··· 585
383. 평화조항(peace Clause) ··· 586
384. 포지티브 시스템(Positive System) ··· 586
385. 포괄적 유보(Generic Reservation) ··· 586
386. 표준소득률 ··· 586
387. 풋옵션 · 신용옵션 ··· 587
388. 프랜차이징(Franchising) ··· 587
389. 프로젝트 파이낸싱 ··· 587
390. 풋백옵션 (Put Back Option) ··· 588
391. 플랜(Plan)B ··· 588
392. 피사취 어음 ··· 588
393. 피치 IBCA ··· 589
394. 핌피현상 ··· 589

395. 하바나 헌장(Havana Charter) ··· 589
396. 하이브리드 방식(Hybrid System) ··· 590
397. 합리적 무시 ··· 590
398. 핫머니 ··· 590
399. 해외발행채권 ··· 591
400. 해외 외화예금 ··· 591
401. 헤징 ··· 591
402. 핵심경제지표 ··· 592
403. 허용가능 최소마진(De Minimis) ··· 592
404. 허용보조금(Green Box) ··· 592
405. 현금흐름 경영 ··· 592
406. 현금 흐름표 ··· 593
407. 협조융자 ··· 593
408. 헤드헌터 ··· 594
409. 혼합관세(CT : Compound Tariff) ··· 594
410. 화의 · 법정관리 ··· 594
411. 환경경영체제 ··· 595
412. 환경마크(E - Mark) ··· 595
413. 환경비용의 내부화 (Internalization of Environment Costs) ··· 595
414. 환경산업(Environmental Industry) ··· 595
415. 환경성적표(Environmental Report Card) ··· 596
416. 환경영향평가(Environment Impact Assessment) ··· 596
417. 환매조건부채권(RP) : 환매채 ··· 596
418. 환포지션 ··· 597
419. 회색지대조치(Grey Area Measure) ··· 597

표 색인

21세기 기업경영의 변화모습 ··· 342
DDA 분야별 주요 쟁점 ··· 69
DDA 협상의제 ··· 69
EU지역의 최근 실질 경제성장율(%) 추이 ··· 399
GATT · WTO의 다자간 무역협상 ··· 59
GATT와 WTO의 차이 ··· 64
IMD의 주요국들의 세계경쟁력 순위 ··· 439
RTA 현황 ··· 323
WTO 관세평가협정상 과세가격 결정방법의 유형 ··· 274
가상적인 국제수지의 경우 ··· 307
개인기업과 법인기업의 장 · 단점 ··· 96
경제객체 ··· 199
경제체제의 유형 ··· 204
국가별 100대 브랜드 가치 합계 ··· 347
국가별 100대 브랜드 수 ··· 347
국제무역정책의 흐름 개관 ··· 250
국제수지표의 기본계정항목 ··· 309
국제수지표의 구성 ··· 310
남북한 주요 경제지표 비교 ··· 417
뉴라운드의 개요 ··· 66
무역입국론과 신통상국가론의 비교 ··· 423
물류 · 유통기지 및 비즈니스 센터로서의 강점 및 약점 ··· 437
물품의 분류 형태 ··· 35
비관세장벽의 종류(GATT) ··· 283
선진국 진입 비용 ··· 362
세계 15대 교역국 ··· 353
소요자금 추정을 위한 점검표 ··· 99
수출입 절차별 이행자 ··· 132
시장경제체제에 있어서 기본 경제문제의 해결 ··· 227
신통상국가 4개국 비교 ··· 434
양국간 경제성장률(GDP 추이) ··· 320

업종별 브랜드 가치 순위 ········ 348
우리나라의 연도별 각종 국가경쟁력 지표 ········ 439
우리나라 환율제도의 변천 추이 ········ 299
은행에 닥치는 각종 위험과 대응방안 ········ 374
자동차의 공급표 ········ 216
자동차의 수요와 공급표 ········ 220
자본주의 경제체제와 사회주의 경제체제의 비교 ········ 202
전통적인 거래알선과 비교 ········ 109
주요국경제성장율추이 ········ 351
중국의 주요 거시경제 지표 추이 및 전망치 ········ 352
커피의 수요표 ········ 209
탄력관세제도의 종류와 주요 기능 및 관련 규정 ········ 265
한국 재벌기업의 변천과 성쇠 ········ 452
환율변동의 효과 ········ 306

그림 색인

EC Plaza 124
PTA 3국의 경제현황 373
UR 성립전 세계무역질서 62
WTO분쟁해결절차 개요 369
WTO 조직구조 63
가격정화유출기구론 240
경제활동의 순환과 경제주체 198
공급의 변화에 의한 시장의 균형이동 224
교환 가능한 변수 분석 334
관세율의 종류 263
관세청 품목분류검색 서비스 119
국제수지의 구성 313
균형가격의 결정 220
기업성과의 결정요인 390
기업 지배구조의 유형 405
기존 무역거래와 전자무역 114
뉴딜정책 382
무역의 성격과 무역학의 연구 분야 36
미주자유무역지대(FTAA) 개요 372
부실은행 정리 방향 374
세계 환경시장 얼마나 커질까? 410
수요량의 변동 - 수욕곡선상의 이동, 수요곡선 자체의 이동 212, 217
수요의 변화에 의한 시장의 균형이동 223
수출입통관제도 268
시장확보능력 334
연도별 유효한 지역무역협정수 변화 추이 324
외국환은행의 대고객매매율(₩/U$) 구조 303
우리 나라 및 남미, CIS, 아프리카 수출액 비교 470
인터넷을 이용한 수출계약 체결 과정 115
자동차의 공급곡선 217
자동차의 공급과 수량의 조합 216

자유경쟁에 의한 시장균형 ········ 225
재정된 매매기준율 산출(예) ········ 301
전통적 거래절차와 전자상거래 비교 ········ 112
전혀 생산되지 않는 재화 ········ 226
정상적인 거래와 부도가 발생하는 경우의 비교 ········ 460
주요국의 1인당 수출액 ········ 469
주요국 지니계수 비교 ········ 456
주요 신흥시장 개방도 지수 ········ 328
중국의 경제계획목표와 주요 정책 ········ 354
중계무역 ········ 40
창업과정 ········ 95
커피의 수요량과 가격의 조합 ········ 210
커피의 수요곡선 ········ 211
통과무역 ········ 40
한국수출입은행 ········ 121
한국수출보험공사 ········ 125
한국의 멕시코 해외투자 추이 ········ 322
한국 · 중국 · 일본 수역 지도 ········ 363
한 · 중 마늘분쟁 일지 ········ 330
해외시장 진출 방법 ········ 154
해외시장 진출 방법의 결정요인 ········ 157
희소성의 문제 ········ 197

※ 이춘삼교수저작목록 ········ 598

Part I
글로벌 무역의 기초

Chapter 1 무역의 의의
Chapter 2 무역의 생성과 발전
Chapter 3 글로벌 무역의 전개

Chapter 1
무역의 의의

I 무역의 개념

사람은 필요로 하는 물품을 직접 만들어 쓰기 보다는 다른 사람이 만든 것을 구입하여 사용하고 있다. 국가간에 있어서도 마찬가지로 자기 나라에서 만든 물품을 외국에 팔아 외화를 벌어들이고, 다시 이 외화를 가지고 국내에 필요한 물품을 외국으로부터 구입하게 된다.

이와 같이 무역이란 인간의 생활을 풍요롭게 하기 위한 재화(goods)와 용역(service)의 이동 현상을 말한다. 그리고 이와 같은 이동 현상은 한 국가 내에서 뿐만 아니라, 국경(frontier)을 넘어 국가와 국가 사이에도 광범위하게 이루어지고 있다.

한 국가 내에서 이루어지는 현상을 내국무역 또는 국내무역(home trade, domestic

trade)이라고 하며 국경을 넘어 서로 다른 국가간에 이루어지는 것을 국제무역(international trade)라고 한다.

무역은 영어로 foreign trade(외국무역), overseas trade(해외무역), world trade(세계무역), international trade(국제무역) 등 여러가지로 표현하고 있다.

무역은 곧 재화와 생산요소의 거래가 해외 시장에서 이루어진 국제거래를 말하며 국가와 국가간에 이루어지는 거래라는 의미에서 국제무역(international trade)이라고 한다. 무역은 또 자국을 중심으로 하여 외국을 대상으로 한 거래라고 하여 외국무역(foreign trade)이라고도 하며 또한 세계 모든 국가가 대상이 되어 이루어진 거래라고 하여 세계무역(world trade)이라고도 한다.

여기서 국제무역은 국가간의 무역 현상을 객관적 입장에서 본 것이며, 외국무역은 국가간의 거래를 특정 국가의 입장에서 본 것이다. 세계무역이란 범세계적인 개념으로서의 무역을 의미한다.

한편, 국제적으로 이루어지는 경제적 거래에는 물품의 국제적인 이동이 중심을 이루고 있으나 오늘날에는 국제간에 이루어지는 경제 거래 형태가 다양해져서 물품 거래 외에 다른 형태의 국제거래도 무역의 범위에 포함시키고 있다.

이러한 면에서 무역을 넓은 의미로 보면 무역에는 국가간에 이루어지는 모든 경제적 거래가 포함된다. 물품 거래는 물론, 외국과의 기술제휴 및 계약 등에 의해 제공한 기술에 대하여 대가를 받는 기술거래와 금융·보험 등의 서비스 제공과 노동력 공급과 같은 용역 거래, 그리고 자본의 이동 즉, 해외 투자와 같은 자본 거래까지도 포함 되는 것이다.

좁은 의미의 무역이란 물품의 수출입을 말한다. [표 1-1]에서 나타난 바와 같이 넓은 의미의 물품(goods)에는 유형재와 무형재가 모두 포함되며, 좁은 의미의 무역에서 말하는 물품이란 이 중에서 유형재만을 가리킨다. 유형재에는 각종의 소비재를 포함한 생활용품은 물론 산업용품까지도 포함된다.

일반적으로 경제발전 수준이 낮은 개발도상국의 경우는 물품 거래가 국제거래의 주요 대상이 되고 있으며, 경제발전 수준이 높은 선진국에 있어서는 모든 국제거래 가운데서 물품 이외의 서비스 및 지적재산권 등의 국제거래가 상대적으로 높은 비중을 차지하고 있다.

【표 1-1】 물품의 분류 형태

넓은 의미의 물품	유형재	생활용품	: 각종 소비재
		산업용품	: 각종 생산재(원료, 설비 등)
	무형재	지적재산권	: 특허권, 상표권, 실용신안권, 의장권, 저작권, 영업신용권: 경영 비법
		용역	: 노동력, 서비스

Ⅱ 무역의 성격과 특성

1. 무역의 복합적 성격

【그림 1-1】 무역의 성격과 무역학의 연구 분야

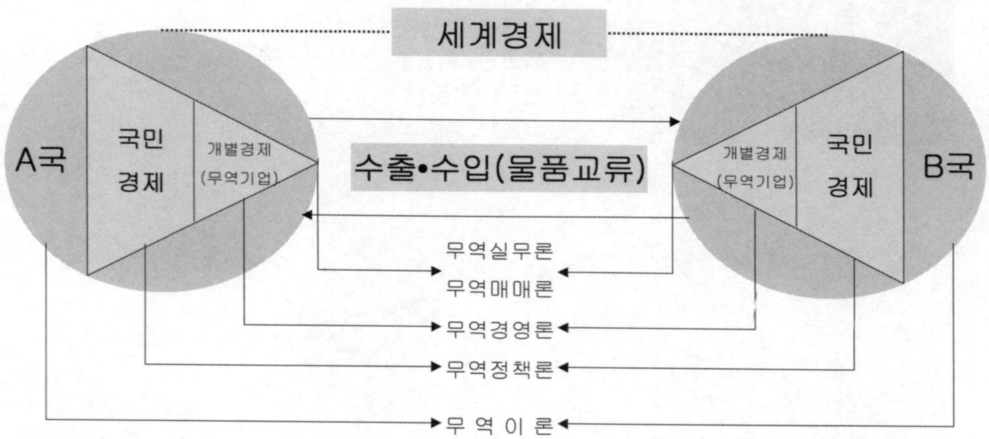

무역은 자연적 조건이 이질적이고 또한 제도·조직·관습 등의 사회적 조건이 상이한 국가와 국가 사이에 이루어지는 물자의 교류 현상으로서 이는 복잡한 제요소로 이루어지고 있으므로 그 성격은 국민경제를 기반으로 하는 기업경제가 세계경제로의 '장(場)'에서 행하는 상거래 활동이다. 왜냐하면 무역은 국민경제에 기반을 두고 있으므로 본질적으로는 국민경제적 성격을 주축으로 하여 실현되는 것이지만 개개의 국민경제는 복잡한 이해관계의 연결에 의하여 국제경제를 이루고 있으며, 또한 무역 기능을 담당하는 기업경제는 널리 세계경제의 '장(場)'에서 각

자가 속하는 국민경제와 직접 접촉을 하고 있기 때문이다. 따라서 무역의 성격을 분석하여 보면 여기에는 기업경제적 성격, 국민경제적 성격, 세계 경제적 성격의 3가지가 혼합하여 병존하고 있는 복합적인 것이라는 것을 알 수가 있다.

2. 무역거래의 특성

국제무역이 상거래라는 점에서는 국내 상거래와 같다. 그러나 무역은 앞에서 살펴본 바와 같이 복잡하고도 고유한 성격이 있기 때문에 다음과 같은 특성을 갖고 있다.

무역은 대체로 해상을 주된 통상경로(通商經路, route)로 삼고 있기 때문에 해상운송 및 이를 기초로 한 모든 제도의 경제적 기능에 의하여 실현된다. 따라서 무역은 고도의 해상 의존성을 지니고 있다.

무역의 실태를 보면 제도 · 조직 · 관습 등이 전혀 다른 외국의 상대방과 거래를 하는 것이므로, 무역 객체에 관한 계약 · 인도 · 결제 등에 있어서 국내 거래에서 볼 수 없는 기업적 위험성이 존재한다.

무역은 세계 자원과 세계시장의 활용을 그 성립 조건으로 하고 있기 때문에 산업과 상호의존 관계에 있다.

무역은 세계 공통의 국제관례 내지 통일된 국제 규칙에 의거하여 실현되므로 특수한 국제 관습성을 지니고 있다.

이 밖에도 무역은 해외시장의 국내시장에 대한 특색, 관세의 장벽, 화폐의 장벽, 정치 · 행정의 장벽, 언어 및 관습의 장벽, 은행계약과의 관련성, 국가 정책에 의한 계약자유의 원칙의 제한, 상대방의 협력 의무, 무역분쟁의 개연성 등 국내 상거래와는 다른 많은 특성을 갖고 있다.

한편, 무역거래의 특성을 다른 관점에서 보면 생산요소 이동의 부자유성을 띤다는 것이다. 고전파 경제학자들은 노동이나 자본 등과 같은 기본적 생산요소가 국내에 있어서 큰 장애를 받지 않고 산업 간에 자유로이 이동하는 데 비해서, 국제간에는 이들이 거의 이동하지 않을 것이라고 생각했다. 따라서 가격결정 원리에 있어서도 국내 거래에는 노동가치설에 입각하고, 국제무역에는 비교생산비설이라는 별개의 원리에 입각한다고 보았다.

다시 말해서 국내에서는 거주 · 영업 · 직업선택 등의 자유와 노동의 이동(저임금지대에서 고임금지대의 이동)이나, 자본의 이동(이자 및 이윤율이 낮은 데에서 높은 곳으로 옮기는 것)이 아무런 제한이나 장애를 받지 않고 일어나나 국제무역에서는 이민의 제한이나 노동의 이동이 제한되고 있다는 점이다. 그리고 자본이동은 노동에 비해서는 활발하지만 그것도 외국에 투자하든가 대부할 때 자본의 종류나 양이 제약을 받게 된다.

그러므로 국내에서는 생산요소의 자유로운 이동으로 임금 · 이자 · 이윤율이 표준화하여 소득 격차가 좁아지는 데 비하여 국제간에는 이들의 이동이 제약을 받고 있기 때문에 소득수준의 격차가 좁혀지지 않는다.

요컨대, 국내 거래는 주로 동일 생산 수준을 향유하는 생산자들 간의 상품 교환으로 이루어지는 거래인 데 반해서, 국제무역은 항상 소득수준이 다른 나라와의 거래라는 특징을 갖고 있다.

III 무역의 형태

무역은 그 거래의 대상이나 이동 방향에 따라 여러 형태로 구분할 수 있는데, 이 가운데 중요한 것만을 살펴보기로 한다.

1. 수출무역과 수입무역

물품의 이동 방향에 따라 구분한 것으로, 수출업자가 물품을 국내에서 국외로 반출하는 경우를 수출무역(export trade)이라 하고, 반대로 수입업자가 물품을 국외에서 국내로 반입하는 것을 수입무역(import trade)이라 한다.

2. 직접무역과 간접무역

무역이 양국의 거래 당사자 사이에 직접적으로 이루어지는 경우를 직접무역(direct trade)이라 하고, 거래 당사자 사이에 제 3자가 개입하여 간접적으로 이루어지는 경우를 간접무역(indirect trade)이라 한다. 간접 무역에는 다음과 같은 것이 있다.

1) 중계무역

무역상이 제 3국으로 수출할 것을 목적으로 물품을 수입하여 가공하지 아니한 상태로, 또는 재포장과 같은 외관상 약간의 변경만을 가하여 다시 수출함으로써 수출액과 수입액의 차액을 얻고자 하는 무역거래가 중계 무역(intermediary trade)이다.

[그림1-2] 의 흐름과 같이 A국이 B국에서 물품을 10만 달러에 수입하여 C국에

12만 달러를 받고 수출하는 형태이다. 즉, A국은 수입액과 수출액의 차액 2달러의 이익이 발생하게 된다.

한편, 중계 무역은 가공무역과도 유사한 점이 있으나, 가공무역은 가공 과정을 거쳐 수출되는 것이고, 중계 무역은 가공 과정을 거의 거치지 않는다는 점에서 차이가 있다. 중계 무역은 일반적으로 중계 무역항을 통하여 이루어지고 있는데, 세계적인 중계 무역항은 싱가포르, 홍콩, 마카오 등이다.

【그림1-2】 중계무역

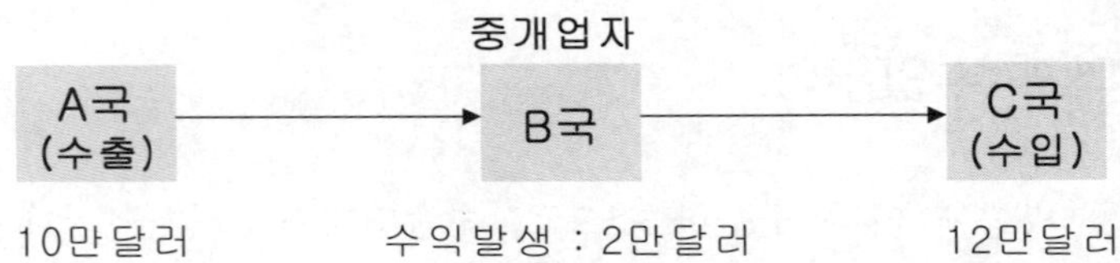

2) 통과무역

수출 물품을 수입국에 수출하기 위하여 운송하는 과정에서 제 3 국을 통과하게 되는 경우, 제 3 국(통과국)의 입장에서 보아 통과무역(transit trade)이라고 한다.

통과 무역은, [그림1-3]의 흐름과 같이 물품이 A국으로부터 C국으로 운송되는 도중에 부득이 제 3 국인 B국을 통과하는 것을 말하며, 제 3 국을 거친다는 점에서는 중계 무역과 같으나, B국이 무역 계약에 전혀 참여하지 않는다는 점에서 중계 무역과 다르다.

【그림1-3】 통과무역

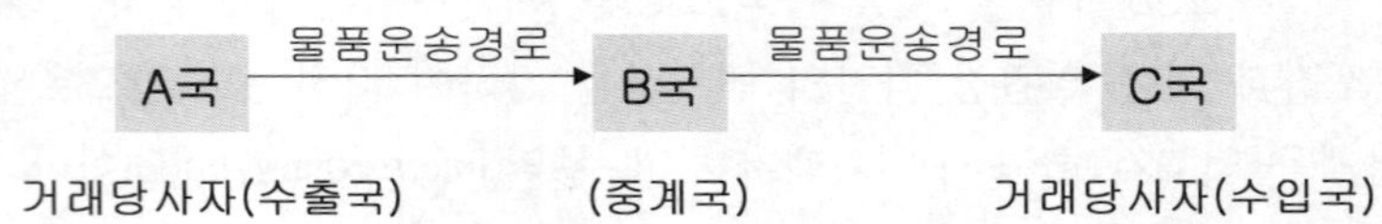

3) 중개무역

중개 무역이란, 수출업자와 수입업자 간의 거래에 제 3 자가 개입하는 거래 형태를 말하는 것으로서, 기본적으로는 제 3 자 즉, 중개업자가 매매계약의 체결에 관여는 하지만 물품의 인도 및 대금의 결제에는 관여하지 않고 단지 중개 수수료의 취득만을 목적으로 개입하게 되는 것이다.

때로는 수출업자가 수입업자를 신뢰하지 못하는 경우가 있기 때문에, 중개업자가 대금의 결제에 관여하는 경우도 있는데, 이때에는 수출업자에게 중개업자가 대금을 지급하고 중개업자의 책임 하에 수입업자로부터 대금을 회수하는 경우도 있다.

3. 유형무역과 무형무역

무역의 대상이 유형이냐 또는 무형이냐에 따른 분류로, 눈으로 볼 수 있는 유형의 물품을 수출입 하는 경우의 무역을 유형무역(visible trade)이라 하고, 자본이나 용역, 기술 이전, 정보제공 등의 무형의 재화를 수출입 하는 경우를 무형무역(invisible trade)이라 한다.

또한 유형 무역은 수출입 통관을 거치기 때문에 무역 통계에 나타나지만, 무형무역은 통관 절차를 거치지 않기 때문에 무역 통계상에는 나타나지 않으나 국제수지표에는 계상된다.

4. 연계무역

연계무역(counter trade)이란, 수출을 할 때에 이에 상응하는 수입을 하기로 약정하는 무역거래로서, 국가간의 수출입의 균형을 이루기 위하여 주로 사용된다.

연계 무역에서는 수출업자가 수출한 수출액과 동등한 금액을 수입하거나 상당한 부분을 수입하고 잔액만을 결제하기도 하는데, 그 유형에 따라 물물교환(bater trade), 구상무역(compensation trade), 대응구매(counter purchase)등으로 나누어진다.

1) 물물교환(bater trade)

외환거래가 발생하지 않은 단순한 물물교환 방식의 무역거래 형태이며, 하나의 계약에 의하여 수출 계약과 수입 계약이 동시에 성립된다. 수출업자가 100만달러에 상당하는 물품을 수출하기 위해서는 반드시 상대방으로부터 동일한 금액만큼을 수입할 의무가 있다. 물물 교환에서는 대금의 수수가 전혀 이루어지지 않는 것이 가장 중요한 특성이다.

2) 구상무역(compensation trade)

물물 교환 방식과 마찬가지로 수출국과 수입국 간의 수출입의 균형을 유지하기 위하여 사용된다는 점에서는 마찬가지이지만 물물 교환 방식에서는 수출업자와 수입업자 간에 전혀 대금의 지급이 이루어지지 않지만 구상 무역에서는 대금의 지급이 이루어진다는 점이 다르다.

또한 구상 무역에서는 수출업자와 수입업자 간에 수출액과 수입액을 정확하게 일치시키지 않고 차액을 제 3 국에게 전가하기도 한다. 즉, 수출업자가 수입업자에게 100만달러 상당의 물품을 수출하고, 이에 대한 대응 수입을 80만달러만 하는 경우, 수입업자는 수출업자에게 차액에 해당하는 20만달러를 제 3 국으로부터 수입하도록 할 수 있다. 이와 같은 형태의 구상 무역을 삼각 무역(triangular trade)이라고 한다.

3) 대응구매(counter purchase)

대응구매 방식도 수출입의 균형을 유지하기 위하여 사용되는 것이므로 수출업자는 수출액에 해당하는 만큼의 수입을 할 의무가 있다는 것은 위의 물물 교환 방식이나 구상 무역과 동일하다. 다만 대응구매의 경우에는 하나의 계약에 의하여 수출과 수입이 동시에 이루어지는 것이 아니라, 별도의 수출 계약과 수입 계약에 의하여 무역을 하게 된다.

한 국가의 무역업자가 먼저 수출을 하고 이에 대한 대금을 지급받으면, 그 대신 이에 대한 의무로서 동액에 해당하는 별도의 수입 계약에 의하여 수입을 하고 대금을 지급하여야만 한다. 따라서 대응구매에서는 대금의 수수가 이루어지며, 먼저 수입을 한 국가는 수출을 할 수 있는 권리를 제 3 국에 양도할 수 있다.

5. 가공무역

1) 일반가공무역(processing trade, improvement trade)

일반가공무역이란 외화 획득을 위하여 수출할 것을 목적으로 원료의 전부 또는 일부를 해외에서 수입하여 가공한 후 수출하는 것을 말한다. 이러한 가공무역은 가공을 어디에서 하느냐에 따라 분류되는데, 자국에서 할 경우를 능동적가공무역(active processing trade)이라 하고, 외국으로 원자재를 보내어 그곳에서 가공할 경우를 수동적가공무역(passive processing trade)이라 한다.

2) 수탁가공무역(processing trade on trust)

원자재를 가공하여 완제품을 생산함으로써 얻게 되는 가득액을 목적으로 완제품의 생산에 필요한 원자재의 전부 또는 일부를 거래 대상자의 위탁에 의하여 수입하여 이를 가공한 후 위탁자 또는 위탁자가 지정하는 자에게 수출하는 거래이다. 즉, 외국의 거래 상대방의 위탁을 받아 원자재의 일부 또는 전부를 수입하여 가공한 후, 그 거래 상대방 또는 그가 지정하는 자에게 수출하고 계약 조건에 따라 가공임과 운임, 보험료, 창고료, 이자 등을 얻는 거래이다.

가공할 원자재 수입시 유상이냐 무상이냐에 따라 유환수탁가공무역과 무환수탁

가공무역으로 나눈다. 특히, 무환수탁가공무역은 원자재 수입시 자금부담이 없으므로 가공업자에게 매우 유리하며, 이는 외국의 기업이 가공 국에 자회사를 설립하여 자주 이용하는 형태이다.

3) 위탁가공무역 (processing trade on consignment)

국내에서 완제품을 생산하는 것보다 해외에서 생산하는 것이 더 효율적인 경우에 해외의 생산업자에게 원자재의 일부 또는 전부를 수출하여 이를 가공한 후 가공임을 지급하는 조건으로 다시 수입하는 거래를 말한다.

위탁가공무역은 해외의 저렴한 인건비 및 유리한 입지 등의 잇점을 이용하기 위하여 주로 사용되나, 때로는 선진 기술을 활용하기 위하여 선진국에 생산을 위탁하기도 한다.

4) 보세가공무역(bonded processing trade)

가공무역의 일종으로 보세가공무역이 있는데, 이는 정부가 지정한 보세지역의 보세공장에 가공설비를 설치하여 외국에서 들여온 원자재에 대하여 관세를 부과하지 않고, 보세공장 내에서 가공하여, 이를 다시 외국으로 수출하는 거래 형태이다.

6. 기타의 무역

1) 산업설비수출

산업설비수출을 일명 플랜트수출(plant export) 이라고도 한다. 각종 물품을 제조하기 위한 기계나 장치 등의 건설, 그리고 그 설치 및 운영에 필요한 기술과 지식 등이 결합된 종합수출을 말한다.

한편, 산업설비수출의 일종으로서 턴키(turn key) 방식의 수출이 있는데, 수출업자가 공장 설비는 물론 공장의 가동 방법까지 전수해 주기로 하는 것으로서 수입업자는 그 공장의 키만 돌리면 된다는 의미의 "Turn key"라는 용어를 사용한다.

2) 녹다운수출

녹다운(knock-down)방식 수출이란 완제품을 수출하는 것이 아니라, 상품의 부품이나 반제품을 조립할 수 있는 설비와 능력을 가지고 있는 현지 거래처 앞으로 수출하고, 실 수요지에서 제품을 완성하도록 하는 현지 조립 수출 방식이다.

이러한 형태는 선진국의 자동차 등 주로 기계류 수출에서 흔히 볼 수 있는데, 이 방식을 이용하면 완제품에 대한 수입 제한이나 고율의 수입관세가 부과되는 것을 피해서 상대 시장에 진입할 수 있는 장점이 있다.

3) 관광수출

관광수출이란 외국에서 많은 관광객을 유치함으로써 상품 수출과 같은 외화 획득의 효과를 올리는 것을 말한다. 상품수출과 달리 자국의 고적이나 풍물을 판매하는 무역으로서 국제수지상 보이지 않는 수출을 구성한다. 관광수출은 관광 소득과 함께 자국 상품에 대한 선전 효과도 거둘 수 있다. 유럽의 스위스, 이탈리아, 프랑스, 스페인 등이 대표적인 관광수출국이다.

4) 기술수출

기술수출은 외국에 자국이 소유하고 있는 ①지적 재산권(특허권, 상표권) 의 양도, ②산업재산권에 대한 사용권의 설정, ③제조기술 및 경영기술 등의 제공을 말하며, 이는 주로 기술이 개발된 선진국에서 개발도상국에 대하여 이루어진다.

5) 기업수출

기업수출이란 해외직접투자(foreign direct investment)를 통하여 해외에 합작 투자하거나 현지에 자회사를 설립하는 등의 투자 행위를 수출의 관점에서 본 것이다.

6) 전자무역

전자무역이란 무역의 전부 또는 일부가 컴퓨터 등 정보처리 능력을 가진 장치와 정보통신망을 이용하여 이루어지는 거래를 말한다.

전자무역은 재화 또는 서비스의 국가간 거래인 무역 행위의 본질적 업무를 인터넷을 포함한 IT수단을 활용하여 수행하는 무역활동을 말하며[1], 해외 마케팅에서 대금결제까지의 무역 업무를 인터넷 등의 정보통신 수단을 이용하여 처리함으로써 보다 편리하고 신속하며 아울러 획기적인 비용절감 효과를 얻을 수 있는 새로운 무역 패러다임을 의미한다.

전자무역은 단순히 무역거래 방식을 전자적으로 전환하는 것뿐만 아니라, 국민경제 전반의 구조와 프로세스의 개혁을 수반하는 국민경제적 중요성을 내포하고 있어 단순히 거래 방식의 변화가 아니라 전통 무역 산업을 포함한 국민경제구조와 프로세스의 혁신을 포함하는 혁명적인 변화를 의미한다.

---

1) 전자무역과 전자거래의 관계와 관련하여 전자무역은 인터넷 등의 정보통신망을 통해 무역 절차가 이루어지는 것을 말하며, 전자거래는 인터넷 등의 정보통신망을 통해 재화나 용역의 거래가 이루어지는 것을 말한다. 전자문서를 이용하여 인터넷 등의 정보통신망을 통해 재화와 용역을 거래한다는 것은 공통적이나, 전자거래는 국내 거래와 국경을 넘는 거래 모두가 포함되나, 전자무역은 국경은 넘는 거래만 해당하고, 거래절차가 아닌 외환·상역·통관절차가 포함되며, 증여에 의한 물품 등의 이동도 포함된다. '국경을 넘는 거래'인 경우 전자거래 및 전자무역 모두에 해당하나, 전자무역 촉진법이 전자거래기본법의 특별법에 해당하므로 우선적으로 적용된다.

Chapter 2 무역의 생성과 발전

I 무역의 발생

오늘날 국제경제 환경 속에서 무역은 필요 불가결한 존재이다. 그러나 무역은 자본주의 시대와 함께 생겨난 것은 아니다 무역의 역사는 자본주의의 역사보다 오랜 역사를 가지고 있는데 생산물이 상품으로 교환될 때, 즉 고대 오리엔트 시대부터 존재하면서 이익을 추구하고 있었다. 막스 베버(Max Weber)는 사람이 상거래를 할 '영리의 충동', 즉 금전욕은 인간의 역사와 함께 부수적으로 행해지고 있었다고 하였다.

원래 무역의 발생은 편력상업(遍歷商業, wanderhandle) 형태를 취하고 있었다. 그것은 나무나 돌・뼈・청동으로 만든 것이 가끔 원산지에서 멀리 떨어진 곳에서 발견되고 있는 사실은 선사시대에 이미 교역이 이루어지고 있었다는 증거이다.

그런데 선사시대의 상업의 형태와 범위에 대한 견해는 확실하지 않다. 즉 교역 대상물이 국지적인 생산물인가, 아니면 외부로부터 수입한 것인가, 또 교역문제였는지, 아니면 약탈문제였는지, 혹은 유랑민(gypsy)이 버린 것인지 확실하지 않다.

그러나 확실히 말할 수 있는 것은 증여(贈與)가 교환을 대용하고 있었다는 데 있다. 그리하여 증여물(munera, dona, wenia, benedictoiones)의 교환이 매매 형식으로 바뀌어 지고 증여물의 교환이야 말로 무역의 선구로써 이때부터 시대의 흐름과 함께 무역이 발전하였다고 한다.[2)]

이와 함께 교환과 함께 약탈도 자행되고 있었다. 바이킹(Viking)은 대체로 상인이었던가, 아니면 약탈자였든가를 결정하기가 어렵다. 이들은 항구에 입항할 때, 평화의 상징으로 마스트에 적기(赤旗)를 게양하여 교환이 끝나면 적기를 내려 흑기(黑旗)를 달아 즉시 약탈행위와 해적행위를 일삼아 왔다.

'Gewinn'(Winnunge) 즉 이익은 원래 전리품을 뜻하는 것인데 'Lucrum'(Lohn) 즉 보수(報酬)와 같은 뜻이다. 그리하여 교역에 있어서 폭력 행위뿐만 아니라 상인의 사기와 책략이 동원되기도 하였다. 즉, 교환(交換)이란 말인 Tauschen이 사기란 말의 Taüschen으로 변형되는 것을 보더라도 상인(negotiator, mercator, mercender)은 사기사(詐欺師)와 같은 뜻으로 사용되어 싼값의 상품을 팔기 위해 부정행위를 일삼는 사람으로 간주하게 되었다.

또한 상업과 예배(禮拜)는 밀접한 관계에 있었다. 즉 Messe · Feriae라는 말이 예배라는 뜻과 세시(歲市)의 뜻으로도 사용되었다. 교역은 일정한 장소에 집중하게 되고 일정한 시일에 행해지게 되었다. 거래 역시 시장 개최 기간 중 시장에서 이루어져야 하며 거래는 보통 축제일의 예배가 있었던 일요일 혹은 축제일에 이루어지고 있었다.

Seiler[3)]에 의하면 mangon 즉 상업을 영위한다(mangere, mangari, manger)는 말은

2) Stern. Handle, *Reallexikon der gern, Altertumskunde*, 11, 3. Aufl., 1944.
3) Seiler, *Entwicklung der deutschen kultur*, 1925. 1. 2, Aufl., S. 86.

그 후 철물상·어물상·모직물상으로 전환되었는데 원래 인신매매를 뜻하는 것으로 상업이 아니라 약탈상업(掠奪商業), 즉 약탈한 상품(노예)판매였다고 한다는 말을 빌리지 않더라도 짐작이 간다.

무역의 기원에 관한 연구는 인류 최초의 교환에 관한 연구가 된다. 인류학자가 증명한 바에 의하면 인류는 고립하여 존재한 바 없었다. 처음부터 집단사회를 형성하여 생활하고 있었으며, 석기시대에 있어서도 각종의 교환이 이루어지고 있었다. 순수한 경제조건으로 생각한다면 교환이 이루어지려면 집단 속에 어떤 잉여부분이 있어야 한다. 그러나 실제로는 그 이전 단계에 있어서도 물물교환(bater trade)·침묵(沈黙)무역(silent trade)·무언(無言)무역(mute trade)이란 형태로써 교환이라는 경험을 거듭하고 있었다.

이 시대를 가리켜 일반적으로 자연경제 또는 자급자족 경제의 시대라 하는데 시대의 진전에 따르는 경제발전 속에서 공동체의 교류도 빈번해지고 나아가서 그 범위도 광범해졌다. 무역의 고대 형태는 이 공동체 간의 물물교환까지 거슬러 올라갈 수 있다. 즉, 원시생활을 영위한 공동체 상호간에 처음으로 이루어졌다고 볼 수 있는 무언의 거래, 서로 말을 주고받는 일없이 우연한 기회에 서로 암묵리에 체결되는 물물교환을 가리키는 것이다. 예컨대 영어의 'trade'는 'tread'(밟아다니다)라든가, 'track'(발자취)와 관련된다. 또한 'track'란 말은 교역 혹은 물물교환을 한다는 뜻이다. 더욱이 일반적으로 상업을 뜻하는 불어와 영어의 'commerce'는 라틴어인 'commercium'에서 연유되었으며, 원래의 뜻은 상품(merx)을 가지고 다닌다는 데서 온 것이다.

오늘날 우리가 사용하고 있는 무역이란 용어는 고대 중국의 고전인 『사기(史記)』에 기록된 '이물상무역(以物相貿易)', 혹은 『십팔사략(十八史略)』의 '무역의복회전수주(貿易衣服回轉數周)'라는 말에서 비롯된 것이라고 한다. 여기서 무(貿)와 역(易)이라고 하는 것은 어느 것이나 교환이라든가 매매를 뜻하는 것인데 엄격히 말한다면 바뀐다거나 탈바꿈한다는 뜻이다. 영어에서는 이를 trade라고 하는데 이것 역시 물물의 교환이나 혹은 거래를 의미하는 것이 된다.

II 경제생활과 무역

인간은 혼자 고립하여 생존할 수 없고 자연과 사회적 관련 속에서 경제생활을 영위해 왔다. 경제생활은 인간 생활의 기초적·물질적 측면이라는 점에서 법률·종교·예술 등과 달리 생존에 필요한 여러가지 물자를 획득하여 이를 소비하고 있다.

따라서 경제생활의 일환인 무역의 역할도 근본적으로는 이러한 자연환경의 차이와 사회적·국제적 분업에 따른 상호 의존관계 속에 생존하기 위해서는 여러가지 물자교환이라는 넓은 의미로서의 무역활동이 필요하며, 또한 현실의 경제생활은 이러한 무역활동이 다하는 사회적 규모로서의 물자 수급 조정 기능의 도움을 받아 계속되고 있기 때문이다.

오늘날의 국제경제 관계하에서 소비자는 필요한 소비물자를 자국에서 생산하지 않고 타국에서 생산된 물자를 상품으로 시장에서 구입하여 충당하기도 한다. 또한 생산자 역시 노동성과인 생산물을 스스로 소비하지 않고 상품으로 시장에 제공하여 다른 나라 소비자에게 판매한다. 이처럼 생산자와 소비자 간에는 시장경제 메커니즘을 통하여 수많은 상거래 망이 국경을 넘어 미지의 불특정 다수의 생산자와 소비자를 연결시키게 된다. 이러한 의미에서 우리들의 경제생활은 시장경제, 나아가서는 국제경제, 때로는 제약되고, 때로는 확산되어 활동하고 있다.

이처럼 오늘날 인간의 경제생활(생산↔소비)은 시장에 있어서의 상품매매 거래 행위를 통해서, 즉 상품유통 관계의 매개로 영위되고 있다. 그리하여 상품매매 거래 행위가 생산활동에서 상대적으로 독립하여 행해질 때, 상품을 구입하고 다시 판매하는 거래 행위는 생산과는 별도의 독립된 전문적인 직업으로 형성된다. 이

것이 본래의 뜻인 상업이며, 이것이 국경을 넘어서면 국제무역이라 한다. 이러한 무역거래망이 경제생활 전반에 걸쳐 확대되고 있으므로 무역의 위치는 날로 커지고 있는 것이다. 이러한 본질적 무역 이외에 화폐·신용업무·보험·운송·보관 등도 무역거래에 부수적으로 행해지고 있다.

Chapter 3

글로벌 무역의 전개

I 국제무역질서의 변천추이

제2차 세계대전 이후 국제무역 환경은 매 10년을 주기로 무역협력조성기(1940년대), 원조무역기(1950년대), 무역자유화기(1960년대), 관리무역기(1970년대), 신자유무역기(1980년대 이후)로 구분할 수 있다.

1. 무역협력조성기(1940년대)

종전을 앞둔 1944년부터 한국동란까지의 1940년대 후반은 전후의 경제 부흥과 무역 확대를 위하여 범세계적인 협력 기구로서 브레튼우즈(Bretton Woods) 협정에 따라 국제통화기금(IMF : International Monetary Fund)과 세계은행(IBRD : International Bank for

Reconstrustion and Development)이 창설되었고, 아바나헌장(Havana Chart)의 정신에 따라 관세와 무역에 관한 일반협정(GATT)이 탄생된 시기이다. 이들 IMF, IBRD, GATT는 자유무역주의 사상과 시장경제의 원리에 따라 세계경제를 이끌고 간 전후의 3두 마차라고도 할 수 있다.

GATT가 무역의 자유화에 의한 세계무역의 확대를 추구하고, IMF가 환(換)의 안정과 대외 경제의 자유화를 통해 국제거래를 원활히 하며, IBRD는 장기자본의 조달과 공급으로 전후 경제의 부흥과 경제개발을 위하여 설립되었다.

2. 원조무역기(1950년대)

1950년대의 10년은 한국동란을 계기로 동서 냉전이 더욱 심화되어 자본주의를 대표하는 미국과 공산권을 대표하는 소련을 양극으로 하는 원조 무역이 주축을 이루던 시기이다.

이 시기에는 원조에 의해 일방적으로 무역이 이루어졌기 때문에 무역 질서나 무역장벽은 문제시되지 않았으며, 선진국을 막론하고 미·소의 전후 부흥원조, 구호원조, 개발원조가 정치적인 관계에 의해 일방적인 무역 통로를 통하여 무역이 이루어진 시기이다.

3. 무역자유화기(1960년대)

1960년대는 케네디라운드의 타결과 함께 일반특혜관세(GSP)제도 창설의 기반을 마련한 자유무역기라 할 수 있다. 1958년부터는 유럽의 여러 나라들이 통화의 자유호환성을 회복하고 상업적인 상호 무역을 늘려감에 따라 1960년대에 들어서는 무역장벽의 완화가 선진국 간에 주요 관심사가 되었다.

뿐만 아니라, 개발도상국들도 동서 해빙과 함께 경제적 독립을 해야겠다는 정치적

자각이 높아감에 따라 UN을 중심으로 선진국들의 파격적인 무역장벽의 완화를 요구하였다. 이러한 범세계적인 무역자유화 분위기 속에서 미국은 GATT 창설 이래 6차에 해당하는 케네디라운드(Kennedy Round)를 주도적 입장에서 성공시킴으로써 선진국들의 관세는 평균 35%가 인하되어 세계무역자유화에 크게 기여하였다.

한편 UN을 중심으로 원조보다는 수출 확대를 요구하는 개도국들은 1964년에 UN무역개발회의(UNCTAD)를 창설하였으며, UNCTAD를 통하여 선진국에게 일방적인 특혜관세를 요구하게 이르렀다. UNCTAD 1·2차 총회를 거치는 동안 선진국은 개도국의 수출품에 대해서 일반특혜관세(Generalized System of Preferences : GSP)를 부여하기로 원칙을 결정하여 1970년 10월 GSP제도를 탄생시켰다.

4. 신보호무역기(1970년대)

1960년대를 통하여 미국은 해외군사비 지출과 무역수지 악화 등으로 국제수지 적자가 누증되어 기축통화(基軸通貨 : Key Currency)로서 달러 가치의 신뢰성이 크게 문제되었다. 동시에 세계경제의 지도적인 입장을 견지해 온 미국 경제가 점차 약화되면서 미국의 전통적인 보호무역이 서서히 고개를 들기 시작했고 이러한 움직임은 전 세계적으로 파급되었다.

한편, 경제대국으로 발전한 일본은 급속한 수출 신장과 보유 외환을 배경으로 국제자원 시장을 통해 각종 자원에 대하여 환물 투기를 자행함으로써 국제자원재의 거래를 상당히 크게 혼란시켜 국제무역 질서를 교란시켰다. 또한 1973년 10월 석유파동이 일어남에 따라 선후진국을 막론하고 국제수지 방어를 위한 보호무역 조치를 노골적으로 강화함으로써 GATT체제가 지향하는 자유로운 세계무역은 큰 시련을 맞이하게 되었다.

이와 같은 각국의 보호무역주의의 대두에 대한 반작용으로 세계무역 질서를 새로이 형성하려는 국제적 노력이 GATT체제하에서 다자간무역협상(Multilateral Trade Negotiation : MTN)을 통하여 이루어졌다.

5. 관리무역기(1980년대)

1990년대의 국제무역 조류는 수출입 물품의 가격 관리와 수량통제 하에서 정부에 의해 무역이 관리되는 이른바 관리무역기라고 할 수 있다. 우선 가격 면에 있어서는 주요 1차 산품들은 거의가 국가가 관리하는 가격으로 수출되든지 또는 국제상품협정이나 국제상품카르텔에 의해서 가격이 관리되어 왔다.

무역규범면에 있어서도 대외무역에 정부가 깊이 개입하여 질서 있는 무역(Orderly Marketing)이나 자유무역의 관리(Managed Free Trade)를 통해 국가가 간섭하거나 관리하고 있다. 특히, 1979년에 타결된 MTN도 국별로 다양한 무역관리 체계를 국제적인 수준에서 조화하고 통일한 협상이라고 볼 수 있으며, GATT체제 밖에서 이루어지고 있는 보호주의를 GATT 내로 끌어들여서 관리하는 무역이라고 볼 수 있다.

이 시기는 가격 및 수량 면에서 정부가 개입하고 무역제도 면에서 정부의 기능을 강화하는 이른바 관리무역기라고 할 수 있을 것이다.

6. 신자유무역기(1990년대 이후)

1980년대 중반부터 일본이 엄청난 무역 흑자를 내고 반대로 미국은 천문학적 무역 적자에 시달리는 등 각국 간의 무역 불균형이 심해지면서 다시 보호무역주의가 고개를 들기 시작했다.

이에 자유무역체제의 위기를 의식한 GATT가 무역 질서의 흐름을 자유무역체제로 되돌리기 위해 1986년 9월부터 1993년 12월까지 7여년에 걸쳐 타결된 것이 GATT의 제8차 다자간 협상인 우루과이라운드(UR : Uruguay Round)이다.

자유무역체제의 수호라는 배경과 함께 UR탄생의 중요한 배경은 산업사회의 발달에 따라 서비스, 지적재산권 등 새로운 분야의 무역이 증대되고 있다는 사실이다. 즉, 지금까지 GATT체제는 주로 공산품 교역을 중심으로 세계무역질서를 주도해 왔으나, UR협정 발효와 동시에 사라진 GATT체제는 국제통상 분쟁을 해결할 힘이 거의 없었다. 또한 기존의 GATT체제에서 다루지 못했던 무형의 국제거래인 서비스 및 모든 산업·모든 형태의 교역 및 투자 활동을 포괄하게 됨으로써 이들 분야를 포함하는 새로운 국제무역 규범이 필요했던 것이다.

WTO는 GATT를 흡수·통합하는 기구로 세계통상질서를 새로운 자유무역으로 이끌어 가기 위해 GATT에 비해 권한과 역할이 크게 강화되었다. 과거보다 훨씬 강한 법적 구속력을 행사하는 것은 물론이고 국가간의 통상 마찰이 WTO 아래서 단일한 분쟁 해결 절차를 통해 해결하게 된다.

따라서 향후 세계무역의 기본 틀이 될 UR협정의 기본정신은 정부의 지원 축소와 기업 간의 자유경쟁에 의한 적자생존, 바로 이것이 WTO체제가 추구하는 새로운 세계무역질서이다.

Ⅱ GATT(1947)와 무역자유화

1. GATT의 성립

1930년 세계대공황 이후 세계 각국은 보호무역주의를 채택하여 세계는 무역 전쟁에 휘말리게 되었고, 1933년 미국이 금본위제에서 이탈함으로써 각국의 통화불안과 국제결제 상의 문제점이 노출되면서 국제경제 질서가 혼란에 빠지게 되자, 이를 해결하기 위한 국제적인 노력이 계속되었다.

1944년 브레튼우즈회담(the Bretton Woods Conference)에서 미국을 비롯한 연합국의 대표들은 종전 이후 세계경제 질서를 회복하기 위한 여러 차례의 협의를 거듭한 결과 국제 통화의 안정을 위하여 국제통화기금(International Monetary Fund ; IMF)을 창립하고, 자유무역의 확대를 위한 국제기구로 국제무역기구(International Trade Organization ; ITO)를 1945년 설립하고, 1947년 쿠바의 아바나에서 이 기구의 설립을 위한 초안을 작성, 1948년 53개국의 조인을 얻어 국제무역기구헌장이 채택되었는데, 이 헌장을 ITO헌장 또는 아바나 헌장이라 한다.

그러나 이 국제무역기구는 자유무역의 지나친 이상에 치우쳐 당시 각국의 국내경제 사정과 국제경제질서에 부합되지 못하여 결국 무산되었고, 1947년 제네바에서 ITO헌장의 초안중 일부인 관세 및 무역에 관한 규정을 발췌하여 23국이 서명함으로써 기구의 형태가 되지 못하고 국가간의 협정의 형태인 '관세 및 무역에 관한 일반협정'(GATT : General Agreement on Tariffs and Trade)이 출범하게 되었다.

결국 불완전한 기구가 되기는 했으나, GATT는 자유무역을 통해 세계 교역 증대와 인류의 공존·공영 및 후생을 증진시킨다는 취지하에 1948년 1월 1일을 기해 협정문이 발효되었다.

우리나라는 1951년 9월 GATT가입을 이해 TORguay라운드에 참가하였으나 6.25 동란으로 연기되었고, 그 뒤 1967년 4월 14일 60개 품목의 관세양허로 비로소 GATT에 가입하였다.

2. GATT의 기본원칙

GATT는 국제무역의 증대를 통한 전 세계의 경제발전을 궁극적인 목표로 삼고 있다. GATT는 협정문에서 그 이념으로 인류의 생활수준 향상, 완전고용의 실현 및 실질 소득과 유효수요의 증대, 세계 자원의 완전 이용, 상품 생산과 교역의 확대 등을 제시하고 있다. 이러한 기본 목표를 달성하기 위해 GATT는 자유무역주의, 무차별주의, 다자주의 등의 일반 원칙을 두고 있다.

1) 자유무역주의

GATT는 국제 교역에 있어 가장 중요한 원칙으로 자유무역주의를 제창하고 있다. 즉, GATT는 비교우위에 근거한 재화의 자유로운 국제간 이동을 저해하는 제요소를 배제한다는 것이다.

2) 무차별주의(최혜국대우원칙)

자유무역을 지향한다고 해서 GATT가 전 세계의 모든 무역장벽을 제거할 수는 없다. 이에 따라 GATT는 그 무역장벽의 제거에 장애가 되지 않도록 하나의 제약을 가하고 있는데, 그것이 무차별주의이다. 무차별주의란 한 국가가 보호무역의 수단을 사용할 때 그 보호무역 수단은 수출국이 누구인가에 따라서가 아니라 모든 국가에 대하여 차별 없이 시행되어야 함을 의미한다.

3) 다자주의

GATT가 비록 자유무역의 실현이라는 이상을 실현하기 위해 많은 규정을 포함하고 있지만 국제무역에서는 분쟁과 마찰이 항상 따르게 마련이다. 다자주의는 이러한 현실적 인식에서 출발한 것이다. 즉, 무역 문제에 있어 국가간 분쟁과 마찰이 발생할 경우에는 분쟁 당사국 사이에 해결할 것이 아니라 다자간 차원에서 해결되어야 함을 의미하는 것이다.

3. GATT의 성과 및 다자간무역협상

범 세계주의 차원에서 출발한 GATT는 관세 장벽의 대폭적 경감, 비관세장벽(Non Tariffs Barrier : NTB)에 대한 규범 마련, 개도국 우대 조치의 합법화 등을 통해 자유, 공정무역과 세계무역의 획기적 증대에 기여했다. 또한 체약국을 1942년의 22개국에서 1993년의 117개국으로 확대시키고 세계무역량의 91%를 점유하는 등 세계무역을 대부분 GATT체제로 편입시키는 등 많은 업적을 남겼다.

한편, GATT는 다자간무역협상을 통해 국제무역을 저해하고 있는 관세와 비관세장벽을 제거하거나 완화하여 무역을 확대하고, 이를 통하여 각국의 경제성장과 국제경제의 균형 발전을 도모하였다.

이러한 일반관세협상은 GATT의 전 가맹국이 한자리에 모여 동시에 협상을 추진하기도 하지만, 대체로 2국간 쌍무적으로 주요 대상 품목을 중심으로 추진되었다. 그리고 2개국 간의 관세인하협정에 의하여 결정된 새로운 관세율은 GATT의 최혜국 대우의 원칙에 따라 협상 당사국은 물론 모든 GATT 가맹국에도 차별 없이 적용된다.

1947년 제1차 일반 관세 협상부터 제5차 딜론 라운드(Dillon Round)까지의 GATT 협상은 2국간에 품목별로 교섭된 관세율이 모든 가맹국에 적용되는 관세인하협상

방식이다. 따라서 주 협상 대상이 수입품에 대한 관세율 인하로 1950년대에 EEC, EFTA 등 지역경제통합체의 결성에 대한 대응 조치로 추진되었으며 대체로 미국에 의하여 주도되었다. 이러한 GATT 초기의 다자간 무역 협상은 일반관세협상으로 주로 관세인하협상이 추진되었다.

【표 3-1】 GATT·WTO의 다자간 무역협상

횟수	명칭	기간	참가국	개최 장소	신양허품목수 및 평균관세인하율		비고
1	일반관세협정	47.4~47.10	23	Genava-Swiss	45,000 (100억달러)	불명	
2	일반관세협정	49.8~49.10	33	Annocy-France	5,000	불명	
3	일반관세협정	50.9~51.04	34	Torquay-English	9,700	불명	
4	일반관세협정	56.1~56.05	22	Genava-Swiss	3,000 (25억달러)	불명	
5	딜론라운드	61.5~62.07	45	Genava-Swiss	4,400 (49억달러)	7%	
6	케네디라운드	64.5~67.06	54	Genava-Swiss	30,000 (4,000억달러)	35%	반덤핑협정 체결
7	동경라운드	73.9~79.04	99	Tokyo-Japan	27,000 (1,550억 달러)	33%	9개 MTN협정 체결
8	우루과이라운드	86.9~93.12	117	Pun ta del esta -Uruguay		33%	WTO설립
9	도하개발어젠다 (DDA)	2001. 11~	149	Doha -State of Qatar			협상 진행 중 2006년 말 타결 목표

4. GATT의 한계

이러한 업적에도 불구하고 GATT는 출범 당시에 원래의 목적에 따라 설립되지 못하고 임시적인 사무국 성격을 가지고 출범하였기 때문에 많은 한계를 지니고 있었다.

첫째, 자유무역주의와 함께 GATT의 일반원칙이라고 할 수 있는 무차별주의와 다자주의 역시 세계경제의 블록화 현상과 쌍무주의의 대두로 크게 위협받게 되었다.

둘째, 기구의 형식은 취했으나 국제무역기구(ITO)의 설립 실패로 임시 사무국적인 성격을 가지고 출발하였기 때문에 국제기구로서의 체제성 미비, 법적구속력 약화 등이 나타났다.

셋째, 1차 상품에 관한 협정을 제외시키는 등 국제무역의 단편적인 문제만 취급하였다. 마지막으로 선진 공업국 간의 무역 문제를 취급하는 데에는 적당한 기구였으나 1차 상품의 수출국과 개도국의 문제를 취급하는 데 한계를 지니고 있었다.

따라서 세계 경제발전에 상당한 기여를 한 것은 사실이나 상기와 같은 자체적 한계성 때문에 GATT체제는 WTO체제라는 보다 강력한 기구로서 나타나게 된 것이다.

Ⅲ WTO체제의 생성과 전개

1. UR협상의 타결과 WTO체제의 출범

1) 우루과이라운드의 추진 배경

GATT는 그동안 7차례의 다자간 무역 협상을 통하여 국제무역의 발전에 크게 기여하였다. 경제성장이 순조로 왔던 선진 공업국 경제는 1960년대에 들어서면서 둔화되고 신생 독립국과 1차 산업 위주의 수출국들의 경제성장은 더욱 침체되었다. 이러한 추세는 1970년대에 계속되었으며, 1 · 2차 석유파동(Oil Shock)도 겪게 되었다. 더욱이 1980년대에 접어들면서 나타나기 시작한 선진국들의 저성장, 고실업, 신흥공업 제국의 성장과 선진국들의 산업구조조정 실패로 자유무역주의, 무차별주의, 다자주의를 일반 원칙으로 하는 GATT체제를 크게 약화시켰으며, 새로운 국제무역 체제의 필요성을 제고시켰다.

일본과 신흥공업국의 부상으로 매년 막대한 무역수지 적자에 허덕이게 된 미국 등은 이를 보전하기 위해 교역 상대국에 자국만큼의 시장 개방을 요구하는 쌍무주의를 보다 선호하게 되었다. 또한 세계경제의 블록화 현상이 더욱 촉진되면서 EU(유럽연합), NAFTA(북미자유무역지역) 등이 새로이 생성되어 무역에 있어서의 무차별주의를 무색케 하고 있다. GATT체제의 약화는 세계경제의 구조적 변화라는 외생적인 요인과 아울러 GATT체제 자체의 내부적인 결함에도 크게 기인하였다.

GATT는 세계적인 기구로서의 단일체적인 역할과 기능을 수행하지 못함으로써 여타의 국제기구와는 달리 의사 결정 권한이 극히 제약되었고, 결정사항에 관한 집행력도 크게 결여되었다. 가입국의 의무 불이행에 따른 분쟁이 발생하여도 효과적인 대응 능력도 보유하지 못했으며, GATT는 첨단 기술 제품과 서비스 등 새로운 무역이 계속 대두되고 있음에도 이에 대한 적절한 규범을 제시해 주고 있지 못한 실정이었다.

이상과 같은 내외적 요인으로 GATT를 중심으로 한 다자간 교역 체제가 크게 약화되자 GATT는 1990년대 및 2000년대의 국제 교역질서를 강화하기 위하여 1986년 9월 우루과이라운드를 공식 출범 시켰다.

【그림 3-1】 UR 성립전 세계무역질서

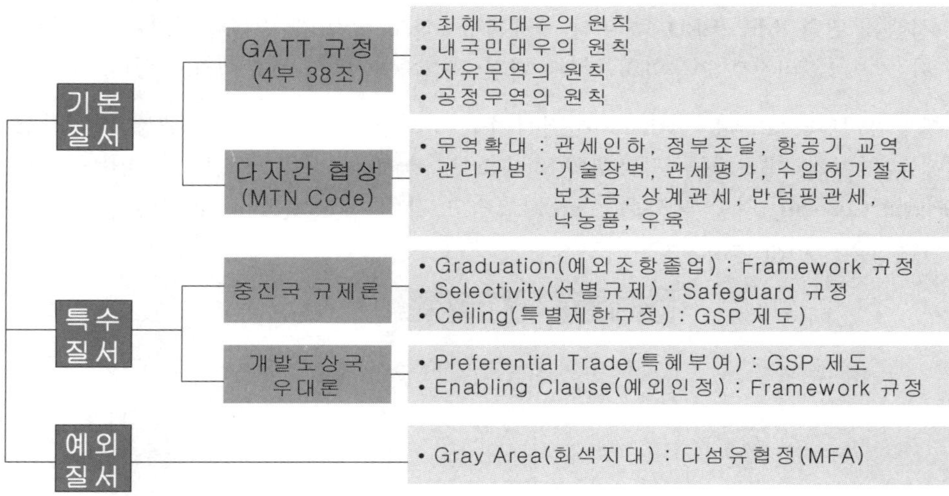

2) UR협상의 타결 및 WTO체제의 성립

1986년 9월 우루과이의 푼타 델 에스테(Punta Del Este)에서 협상을 개시하여 7년 반 동안 끌어온 우루과이 협상은 1994년 4월 12~15일 모로코의 마라카쉬(Marrakesh)에서 개최된 UR 각료 회의를 끝으로 협상이 타결되었다. 전 세계 총 협상 참가국 125개국의 대표들은 GATT의 한계를 극복하고, 향후 국제무역 질서를 더욱 효과적으로 규율하기 위하여 세계무역기구(WTO : World Trade Organization)를 신설하는 데 합의하게 되었다.

이에 따라 1947년 10월 제정되어 그간 47년여 동안 세계 교역을 관할해 온 GATT체제는 신GATT체제라 할 수 있는 WTO체제가 출범함으로써 그 막을 내리게 되었다.

2. WTO기능과 조직

WTO는 ① WTO협정, 다자간·다수간 무역협정의 효율적 이행 및 운영을 위한 토대 제공 ② 다자간 무역협상의 장소 제공 ③ 분쟁 해결 기구를 통한 회원국 간의 무역분쟁 해결 ④ 무역정책기구를 통한 각 회원국의 무역정책의 검토 ⑤ 일관된 세계경제 정책 시행을 위한 IMF, IBRD 등 여타 국제기구들과의 협력 ⑥ WTO관할 사항에 대한 정부 간 기구 및 비정부 기구와의 협의·협정 체결 등의 기능을 수행하고 있다.

한편 WTO의 조직은 최고 의사결정기구로 회원국의 대표들로 구성되며 최소 2년에 한 번씩 개최되는 각료회의(Ministerial Conference)를 중심으로 일반 이사회(General Council), 각종 이사회(Council)그리고 각종 위원회(Committe)들로 구성된다.

【그림 3-2】 WTO 조직구조

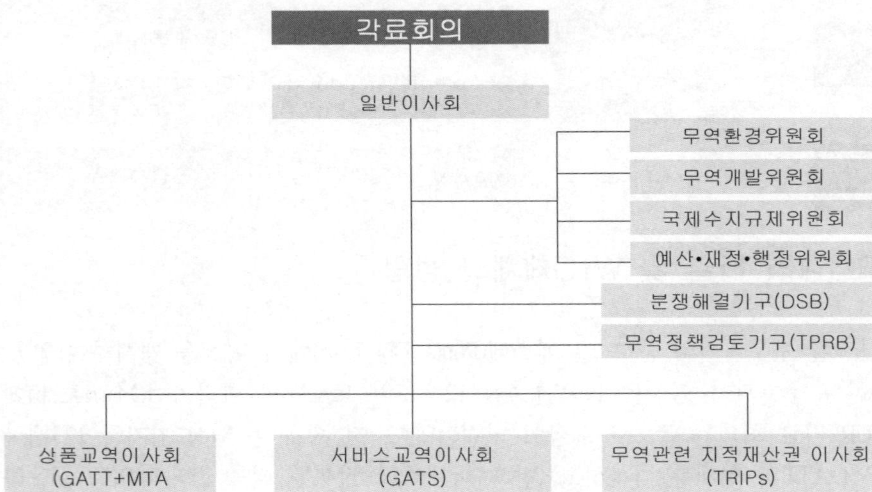

3. WTO체제의 특징

WTO체제는 GATT체제에서는 볼 수 없는 세계 각국의 시장 개방 확대 조치, 공정하고 명료한 무역 규범을 마련하여 규범 이탈자에 대한 제재를 강화할 수 있는 효과적인 분쟁 해결 절차를 마련하는 등 많은 특징을 가지고 있다.

이러한 내용은 아래의 표와 같다.

【표 3-2】 GATT와 WTO의 차이

내용 \ 체제	GATT	WTO
기구의 성격	- 국제협정일 뿐 엄밀한 의미의 국제기구는 아니었음 - 불완전한 브레튼우즈 체제	- 국제법인으로서 국제기구의 역할을 수행 - 브레튼우즈 체제의 완성
국제무역 규율범위	- 공산품과 일부 농산물 - 농산물과 서비스의 교역 제한 허용됨	- 농산물, 공산품, 서비스 등 국제적으로 교역되는 모든 상품
국제규범	- 포괄적인 무역규범의 제정에는 실패 - 보조금 협정과 반덤핑 협정의 제정 - NTB(Non-Tariff Barriers)에 대한 규범 제정을 시도했으나 실패	- 관세 및 비관세 장벽 완화 - 17개 다자간 협정과 4개의 복수간 협정 포괄 - 서비스무역협정(GATS) 제정 - 지적재산권 협정(TRIPs) 제정 - 반덤핑 관세 부과 기준 강화 - 보조금의 운용 기준 강화 - 세이프가드 협정을 통해 회색조치 철폐 의무화
분쟁해결 절차	- 상설 분쟁 해결 기구가 없음 - 무역분쟁에 대한 권고안만 제시 - 교차보복(cross-secter retaliation) 없음	- 상설 분쟁 해결기구인 DSB의 신설과 상소기구의 신설 - 분쟁 해결의 단계적 절차와 이행기간 명료화 - DSB결정사항의 집행 용이 (negative consensus채택) - 교차보복(cross-sector retaliation)이 가능
새로운 규범 설정	- 서비스, 지적재산권, 투자조치 등에 대한 규범이 없음	- 서비스, 지적재산권, 투자조치도 규율 대상에 포함 - 서비스협정체결(서비스 규율 원칙, 양허계획표 작성) - 지적 재산권 관련 국제규범제정(특허권, 상표권 등의 보호 기준 및 절차 마련)

4. WTO 체제의 기본원칙

1) 최혜국대우(Most-Favoured Nations Treatment)원칙

최혜국대우원칙은 특정 국가에 대하여 다른 국가보다 불리한 교역조건을 부여해서는 안 된다는 원칙으로 세계무역기구 체제의 모든 분야에서 요구되는 핵심원칙이라 할 수 있다. 서비스 교역에 관한 일반협정은 각국이 이 원칙에 대한 예외를 최혜국 대우 일탈 목록에 기재하도록 함으로써 예외를 인정하고 있다.

2) 내국민대우(National Treatment)

내국민대우원칙은 외국인과 내국인을 똑같이 대우해야 한다는 원칙으로 TRIPS에서는 이 원칙의 무조건 적용이 요구되나, GATS에서는 내국민대우원칙 적용에 대한 구체적인 약속을 국별 양허표에 기재하도록 하고 있다.

3) 시장접근(Marker Access)보장

시장접근보장원칙은 관세나 조세를 제외한 용역의 공급에 대한 일체의 제한을 철폐해야 한다는 원칙으로 내국민대우원칙과 함께 시장 개방의 양대 요소를 이루고 있다. GATS 등에서는 국별 양허표에 분야별로 구체적인 시장 접근 범위를 정하도록 하고 있다.

4) 투명성(Transparency)의 원칙

각국의 행정·사법기관의 의사 결정이나 법령 적용, 제도 운용이 합리적이며 예측 가능하여야 하고 결정에 관한 이유가 고지되어야 하며, 그러한 결정의 기초가 되는 모든 법령 및 자료들이 공개되어야 한다는 원칙으로 개방의 실질적인 요소라 할 수 있다. 투명성의 원칙은 세계무역기구 체제의 일관된 원칙이나 국가안전보장에 관계되는 내용, 법집행에 위해가 되는 사항, 영업상의 비밀 등 특정한 경우에는 예외를 인정하고 있다.

5. 신통상의제의 대두

1994년 4월 15일 마라케쉬에서 UR 다자간 무역협상의 결과를 구체화하는 최종 서명을 하기 위해 참가한 각국의 각료들은 UR이후의 새로운 의제로서 환경, 노동, 기술, 경쟁 정책을 무역에 연계시킨 소위 "4R"인 Green Round, Blue Round, Technology Round, Cooperative Round 등 이른바 뉴라운드 출범에 대해 논의하였다.

이후 1996년 12월 싱가포르에서 개최된 제1차 WTO 각료 회의에서는 이미 WTO 내에서 활발히 논의되고 있는 무역-환경 의제를 포함하여 투자(IR ; Investment Round), 부정부패(CR ; Corruption Round)의 WTO체제 내 편입 가능성에 대한 논의가 중요한 의제로 다루어 졌다. 아직 무역-환경을 제외하고는 WTO의제로 채택 여부에 대한 공감대가 형성되어 있지 않은 상황이나, WTO가 더욱 정착되어 감에 따라 신 통상 의제에 대한 WTO의 관심도도 더욱 점증될 전망이다.

이러한 뉴 라운드는 UR이 관세 · 비관세장벽의 축소 및 제거를 통해 세계 교역의 자유화를 도모하는 반면에 뉴라운드는 환경, 노동, 기술 보호, 경쟁 정책 등이 미비한 국가에 대한 무차별적인 무역 보복의 명분을 제공하고 있다.

【표 3-3】 뉴라운드의 개요

구 분	주 요 내 용
무역과 환경 (Green Round)	환경과 무역을 연계시키는 국제 규범
무역과 노동 Blue Round	노조 활동 제한 등 무역에 영향을 주는 노동조건과 무역의 연계장치 마련
무역과 기술 Technology Round	가격경쟁에 영향을 주는 정부의 연구개발 보조금 규제
무역과 경쟁정책 Comperteive Round	수출카르텔, 배타적 기업 관행, 유통망 참여 제한 등 각종 경쟁 제한 요소의 철폐와 경쟁 조건의 형평성 보장 요구
무역과 투자 Investment Round	공정한 국제 투자 여건의 성립
무역과 부패관행 Corruption Round	다자간 무역 체제 내의 공정한 경쟁을 왜곡시키는 각국 정부의 반부패 제도 및 관행 제거

신 통상의제는 그 성격에 따라 다양할 수 있으나, 무역 외적인 사회문화적 요소를 도입하여 이를 기초로 일정 범위 내에서 무역을 제한하려는 분야와, 세계 경제의 범세계화 현상을 기초로 실질적인 시장 접근을 확대하려는 분야로 대별될 수 있다. 즉, 환경, 노동기준, 부패관행 등에 대하여 적절한 무역 제한을 도모하고 있는 한편, 직접투자와 경쟁정책 등은 국경 없는 세계경제에서의 시장 접근을 추구하고 있다.

WTO 출범 이후 제기되고 있는 신 통상 의제(New Round, New Trade Agenda)를 각각 성격에 따라 정리하면 아래의 그림과 같다. WTO가 무역과 관련된 사안에 대해 정부 차원에서 문제를 다루는 협정이므로 빗금 친 영역으로 정의되고 있다. 그러나 신 통상 의제는 그림에서 보는 바와 같이 이 영역으로부터 다양하게 벗어나고 있음을 알 수 있다.

【그림 3-3】 WTO의 관할 범위와 신 통상 의제의 위치

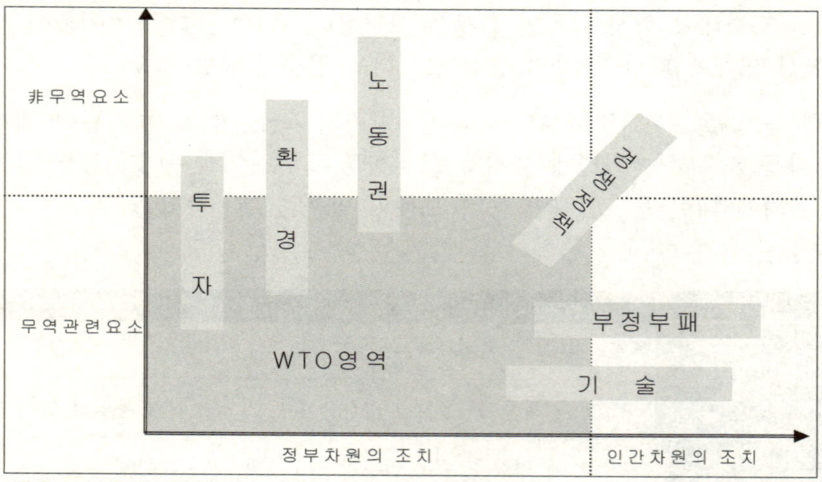

자료 : 이춘삼, 현대무역학개론, 동성사, 1997. p73

즉, 환경과 노동문제는 무역 요소를 벗어나고 있는 반면, 투자는 무역과의 상호보완성에 따라 상당 부분 무역 내로의 접근되어 있다 할 수 있다. 한편, 부정부패는 정부조달협정 차원에서 접근하게 되면 기업 행태에 대한 논의는 필수적이

며, 경쟁 정책은 정부 차원과 민간 차원이 혼재되어 있을 뿐만 아니라, 무역 외적 요소인 국내시장 구조까지도 포괄하고 있다.

6. 도하개발아젠다(DDA : Doha Development Agenda) 협상

제2차 세계대전 이후 50여 년간 세계무역의 급속한 성장은 전례 없는 세계 경제성장의 원동력이 되었으며, 이와 같은 급속한 세계무역의 확대는 GATT가 주도한 무역자유화에 의해 가능하였다.

GATT는 주기적으로 모든 회원국이 참여하는 일련의 다자간 무역협상("라운드"라고 불림)을 진행하여, 관세를 비롯한 무역장벽을 감축함으로써 자유무역을 촉진하였다. 다자간 무역협상은 지금까지 모두 8차례 있었는데, 시장 개방을 확대하고 자유로운 무역 규범을 확립함으로써 국제무역과 세계경제의 성장에 크게 기여하였으며, 특히 1986년에서 1993년까지 진행되었던 우루과이라운드(UR) 협상은 1995년 세계무역기구(WTO)를 출범시켰다.

1990년대 후반부터 WTO 회원국들은 UR이후에도 남아 있는 무역장벽을 감축하고, 국제경제 환경의 변화에 따른 새로운 무역 문제를 다루기 위해 또 하나의 무역협상 라운드를 시작하는 방안을 논의하였는데, 2002년부터 WTO에서 진행되고 있는 새로운 다자간 무역협상을 DDA(도하개발아젠다) 협상이라고 부른다.

WTO 회원국들은 UR협상을 타결하면서 농산물과 서비스 분야의 시장 개방 내용이 미흡하다고 판단하여 2000년부터 추가적인 자유화 협상을 시작하기로 약속하였으나, 다수 국가는 세계무역 환경의 변화를 반영할 새로운 무역 규범이 필요하므로 다른 분야에서도 추가적인 협상을 시작할 것을 희망하여, 3년반의 논의를 거쳐 2001년 카타르의 수도 도하에서 개최된 제4차 각료 회의에서 DDA 협상의 출범을 선언하는 각료 선언문을 채택하였다.

DDA 협상은 과거의 어느 다자간 무역 협상보다 포괄적인 의제를 다루고 있는데 DDA 주요 협상 의제와 쟁점은 [표3-4]와 [표3-5]에서 보는 바와 같다.

【표 3-4】 DDA 협상의제

구분	의제
시장 개방 관련 의제	농업, 서비스, 비농산물(공산품, 임 · 수산물)
규범 관련 의제	
기존 협정 개정	반덤핑, 보조금/수산 보조금, 지역 협정, 분쟁 해결
신규범 제정	투자, 경쟁 정책, 무역원활화, 정부조달 투명성
기타	환경, 지적재산권

※ 협상과 병행하여 개도국 개발 문제를 별도로 검토

【표 3-5】 DDA 분야별 주요 쟁점

분야	쟁점	쟁점
농업	· 미국, 케언즈그룹 등 농산물 수출국은 농산물 관세와 보조금의 대폭 감축을 추진 - 미국은 모든 농산물 관세를 25% 이하로 감축 주장	· EU, 일본, 우리나라 등 농산물 수입국은 점진적 자유화를 추진하는 한편 식량 안보, 농촌 개발, 환경보호 등 비교역적 관심(Non-Trade Concerns)의 반영을 주장
서비스	· 미국·EU 등 선진국은 금융·통신·환경·전문직 서비스 등 폭넓은 분야의 개방을 추진 - 우리나라는 통신·건설·해운 등 분야 개방 추진	· 개도국은 이에 대해 소극적 입장을 표명하면서 인력 이동의 자유화를 요구
비농산물	· 선진국과 우리나라는 전반적으로 높은 수준인 개도국의 관세 인하를 촉구	· 개도국은 섬유 등 개도국이 경쟁력을 갖고 있는 품목에서의 선진국 무역장벽 감축을 요구
반덤핑	· 미국은 개정에 소극적 입장	· 우리나라·일본 등 다수국은 반덤핑 협정의 개정을 적극 추진
수산 보조금	· 미국, 뉴질랜드 등 수산물 수출국은 특별 규제 도입을 주장	· 우리나라, 일본은 수산물만 별도 취급하는데 반대
환경	· EU는 환경보호를 위한 무역 제한조치의 허용 범위 확대를 추진	· 다수국이 반대하고 있으며 우리나라는 유보적 입장
싱가포르 이슈	· 선진국과 우리나라는 WTO 규범의 조기 수립을 추진	· 개도국은 소극적 입장
개도국 관심 사항	· 선진국은 미온적 입장 - 우리나라는 중도적 입장	· 개도국은 개도국 관심 사항의 우선 해결 주장

한편, DDA협상은 UR 협상과 마찬가지로 모든 의제에 대한 논의를 동시에 진행하여 동시에 종결하고, 모든 참가국이 각 의제에 대한 협상 결과를 모두 수용하는 일괄 타결 방식(single undertaking)을 채택하고 있는데, 이는 협상 타결에 필수적인 주고받기(give and take)를 용이하게 하기 위한 것으로 이해할 수 있다.

Ⅳ 지역 경제통합과 FTA

1. 경제통합의 의의

1) 경제통합의 개념

경제통합(economic integration)이란 한 지역의 여러 나라가 무역, 산업, 재정, 금융, 통화 등에 관한 경제협정을 체결하여 하나의 새로운 광역 경제권을 결성한 후 역내에서 상품 및 생산요소의 자유로운 이동을 보장하고 산업구조를 조정하며 재정, 금융, 통화 면에서 상호 보조조치를 취하는 지역적 경제 조직체를 의미한다. 경제 통합체는 여러 동기로 결성되고 있으며 그 특징도 독특하다.

2) 경제통합의 결성 배경

(1) 경제정책의 한계 극복

경제통합체 결성은 1국의 경제정책의 한계를 극복하려고 하기 때문이다. 1국의 자주적 경제정책의 한계를 인근 국가와의 협조를 통해 극복하고 각국의 경제적 차별 조치를 제거하여 상호간 경제정책을 조정함으로써 경제활동을 조화적으로 발전시킬 경우 그 국가뿐만 아니라 다른 국가의 경제적 효율성도 향상된다. 어느 지역의 다수국이 무역 등에 관한 경제협정을 체결하여 하나의 새로운 광역 경제권을 결성한 후 역내에 있어서의 상품 및 생산요소의 자유로운 이동을 보장하고 경제부문에서 상호 보조조치를 취할 경우 당해 국가의 경제적 이익이 향상된다.

(2) 지역적 무역자유화 실현

경제통합체 결성은 세계적 무역자유화에 한계가 있기 때문이다. 세계적 무역자유화를 추구하기 위하여 창설된 GATT는 관세와 그 외 무역 장애를 경감시키고 국제무역상의 차별대우를 폐지함으로써 세계적인 무역자유화에 상당히 기여해 온 것이 사실이지만 그 체계성이 미비한 국제 협정과 구속력이 미약한 규정에 입각하고 있으므로 그 기능이 점차 약화되어 다각적, 자유·무차별무역(multilateral, free and non-discriminative trade)의 이상을 실현시키지 못하고 있다.

(3) 규모의 경제 실현

경제통합체 결성은 시장의 광역화를 통해 규모의 경제를 실현시키려고 하기 때문이다. 시장 규모가 협소할 경우 기업 간의 자유경쟁이 실현되지 않고 시장이 정체되어 경제의 악순환이 해소되기 어렵기 때문에 경제성장은 둔화되기 마련이다. 그러나 시장 규모가 확대될 경우 규모의 경제가 실현되어 '대 시장화→경쟁의 격화→대량생산방식으로의 전환→생산비의 하락→가격의 하락→대중 소비의 증가→생산의 증가'라는 다이나믹한 경제 순환의 확대 과정이 이루어져 경제성장이 촉진될 수 있는 것이다.

(4) 개발도상국 경제통합의 필요성

개발도상국 간의 지역적 경제통합체가 결성되고 있는 것은 무역장벽의 철폐, 규모의 경제 실현, 개발사업의 공동 참여, 1차 산품 문제의 공동해결, 자원의 공동 이용 등을 도모하기 위함이다. 즉 개발도상국들은 인근 국가의 무역장벽을 제거하기 위해서는 지역적 경제통합체를 결성해야 할 필요성을 인식하게 되었다. 그리고 개발도상국은 시장 광역화로 초래되는 규모의 경제 이익을 얻기 위해서는 경제통합체를 결성해야 할 필요성도 인식하게 되었다. 또한 개발도상국들은 그들이 경제개발에 필요한 개발사업에 공동으로 참여함으로써 경제적 효율을 향상시키기 위하여 경제통합체의 결성을 추진해 온 것이다.

3) 경제통합체의 특징

(1) 역내 우선주의 적용

경제통합체는 역내 우선주의를 취하는 점이 특징이다. 경제통합체의 역내 우선주의란 그 역내 국간 관세의 완전 혹은 부분적인 철폐, 수량제한조치의 철폐 등을 통해 상품과 생산요소의 자유로운 이동을 보장할 뿐만 아니라 무역, 산업, 금융, 재정, 통화, 외환 등 경제 분야 전반에 관한 협정 체결을 통해 공통정책을 시행함으로써 역내국가의 이익을 추구하는 행위를 말한다.

(2) 역외 차별주의 적용

경제통합체는 역외 차별주의를 지향하는 점이 특징이다. 경제통합체의 역외 차별주의란 그 역내 국간 관세의 전면적 혹은 부분적 철폐 및 무역 제한조치의 제거를 통해 상품 및 생산요소의 자유로운 이동을 보장하는 반면에 동맹국 이외 여러 나라에 대해서는 공통 관세 부과, 원산지 규정 적용, 공정 무역 및 상호주의 강화 등을 통해 차별 조치를 취하는 행위를 말한다. 경제통합체의 역외 차별주의는 상품과 생산요소의 이동에 한정되지 않고 산업, 재정, 금융, 통화, 외환 등 모든 경제 분야에도 적용되고 있다.

(3) 광역시장권 형성

경제통합체는 광역시장권을 형성하는 점이 특징이다. 시장 규모의 광역화가 형성될 경우 대량 소비와 대량생산이 이루어지고, 이에 따라 산업 간의 경쟁이 격화되어 기술혁신이 초래되고 생산능률이 향상된다. 그리고 내부경제와 외부경제의 효과가 발생되어 경제는 동태적으로 발전되어 경제적 후생이 증대된다. 또한 역내에서는 광역시장권이 단일 시장으로 작용할 수 있도록 관세 장벽과 비관세장벽이 철폐되어 상품과 생산요소가 자유롭게 이동된다.

(4) 공동체 경제정책 실시

경제통합체는 경제정책을 공동으로 조정하거나 혹은 이를 공통으로 시행하는 점이 특징이다. 경제정책이 공동 혹은 공통으로 시행되고 있는 부분은 통상, 산업, 농업, 수송, 재정, 금융, 통화, 과학기술, 에너지, 경쟁 규제 등 여러 부문이다. 경제통합체 내에서 공동 혹은 공통의 경제정책이 시행되고 있는 것은 가맹국이 동태적 국제 분업의 촉진, 자원의 최적 배분, 경제 효율의 극대화, 산업간 경쟁의 배제, 역내 산업의 결속 등을 도모하기 위함이다.

2. 경제통합의 유형과 분류

경제통합의 유형으로서는 경제동맹, 관세동맹, 자유무역지역, 공동시장, 완전경제통합 등을 들 수 있다. 경제통합은 그 유형별로 기능적 통합과 제도적 통합으로 나눌 수 있으며, 범위별로 부분별 통합과 전반적 통합으로 나눌 수 있다. 그리고 이는 경제발전 단계별로 수평적 통합과 수직적 통합으로 나눌 수 있다.

경제통합의 종류와 포괄 범위 그리고 주요 경제블럭별 통합 단계와 회원국 수는 【그림 3-4】와 【표 3-6】에서 보는 바와 같다.

【그림 3-4】 경제통합의 종류와 포괄 범위

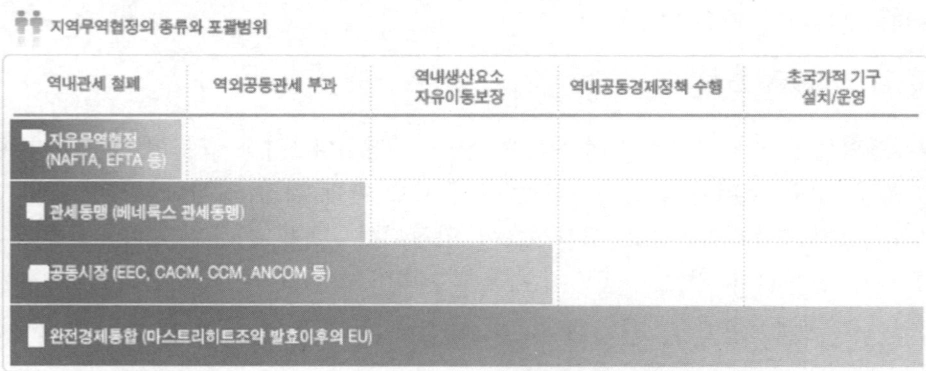

자료 : 외교통상부(www.mofat.go.kr), 국가/기구정보>국제기구/지역협력체 > FTA

【표 3-6】 주요 경제블럭별 통합단계와 회원국

지역	명칭	설립년도 및 통합형태	주요 참가국
유럽	EU(유럽연합)	1958년 창설 1968년 관세동맹 1993년 공동시장	서독, 프랑스, 네덜란드, 벨기에, 룩셈부르크, 이탈리아, 영국, 덴마크, 아일랜드, 그리스, 스페인, 포르투갈, 오스트리아, 핀란드, 스웨덴 (15개국) 2004년 제5차 확대(10개국) : 헝가리, 폴란드, 체크, 슬로베니아, 에스토니아, 사이프러스, 라트비아, 리투아니아, 몰타, 슬로바키아 (현재 25개국)
	EFTA(유럽자유무역연합)	1960년 자유무역협정	오스트리아, 핀란드, 아이슬란드, 노르웨이, 스웨덴, 스위스(6개국)
대양주	NAFTA(북미자유무역협정)	1994년 자유무역협정	미국, 캐나다, 멕시코 (3개국)
아시아	AFTA (ASEAN자유무역권)	1993년 자유무역협정	인도네시아, 말레이시아, 싱가포르, 필리핀, 타이, 브루나이 (6개국)
중남미	MERCOSUR (남미공동시장)	1995년 자유무역협정	아르헨티나, 브라질, 파라과이, 우루과이 (4개국)
	LAIA (라틴아메리카 자유무역연합)	1961년 자유무역협정	아르헨티나, 브라질, 칠레, 멕시코, 파라과이, 페루, 우루과이, 에콰도르, 콜롬비아, 볼리비아, 베네수엘라(11개국)
	CACM(중미 공동시장)	1961년 관세동맹	코스타리카, 과테말라, 엘살바도르, 온두라스, 니카라과(5개국)
	ANCOM(안데스공동시장)	1991년 공동시장	볼리비아, 콜롬비아, 에콰도르, 페루, 베네주엘라, 파나마(6개국)
	CARICOM(카브리공동시장)	1973년 자유무역협정	안티구아 버뮤다, 바베이도스, 가이아나 및 카브리해 영연방제국 - 벨리스(온두라스), 도미니카, 그레나다, 아이티, 자메이카, 몬세데스트, 세인트 크리스토퍼 네비스, 세인트루시아, 세인트 빈센트, 트리니다드 토바고- 등 (15개국)
	G3 (중미 3국그룹 자유무역협정)	1993년 관세동맹	멕시코, 베네수엘라, 콜롬비아(3국)

지역	기구	연도/형태	회원국
아프리카	ECOWAS (서아프리카제국공동체)	1975년 관세동맹	베넹, 감비아, 라이베리아, 나이지리아, 부르키나파소, 가나, 말리, 세네갈, 깝베르데, 기니, 모리타니, 세에라리온, 코트디부아르, 기네비소, 니제르, 토고(16개국)
	AMU (아랍, 마그렙동맹)	1988년 자유무역협정	모로코, 알제리, 튀니지, 리비아, 모리타니(5개국)
	ECCAS (중부아프리카 국가경제공동체)	1983년 관세동맹	부룬디, 카메룬, 중앙아프리카 공화국, 콩고, 가봉, 적도기네, 루안다, 쌍토메프린시페, 챠드, 자이드 (10개국)
	COMESA (남동부 아프리카 공동 시장)	1993년 자유무역협정	이디오피아, 소말리아, 우간다, 케냐, 탄자니아, 앙골라, 루안다, 부룬디, 말라위, 잠비아, 짐바브웨, 스와질랜드, 모잠비크, 레소토, 코모로, 모리셔스, 수단, 지부티, 나미비아, 이집트, 에리트리아, 마다카스카르, 세이셜 군도 (23개국)
	SADC (남부 아프리카 관세동맹)	1969년 관세동맹	보츠와나, 레스토, 스와질랜드, 나비비아, 남아프리카 공화국(5개국)
중동	ACM(아랍공동시장)	1974년 공동시장	이라크, 쿠웨이트, 요르단, 시리아, 이집트(5개국)
	GCC (걸프 협력 위원회)	1983년 관세동맹	사우디아라비아, 쿠웨이트, 아랍에미레이트 연합, 카타르, 바레인, 오만 (6개국)

자료 : 외교통상부(www.mofat.go.kr), 국가/기구정보>국제기구/지역협력체 > FTA

1) 경제통합의 유형

(1) 자유무역지역

자유무역지역(free trade area)이란 다수국이 무역에 관한 협정을 체결하여 그들 국가 경역을 하나의 광역적인 자유무역지역으로 설정한 후 이 지역 내의 수출입 상품에 대해 관세나 무역 제한조치를 철폐하여 상품의 자유로운 이동을 보장하려고 하는 경제통합체를 말한다. 그 대표적인 것은 NAFTA(1992), EFTA(1960), LAFTA, 그리고 오스트레일리아 및 뉴질랜드 자유무역협정(1965) 등이다.

(2) 관세동맹

관세동맹(customs union)이란 여러 나라가 관세에 관한 동맹을 체결하여 동맹국 상호간의 수출품에 대해 관세의 감면 조치를 취하지만, 동맹국 이외의 여러 나라 수출품에 대해서는 차별적인 공동관세를 부과하는 경제통합체를 말한다. 관세동맹의 결성 목적은 동맹국 상호간의 수출입 물품에 대해 관세를 경감 혹은 철폐하여 무역자유화를 실현하기 위함이다. 그 대표적인 것은 베네룩스 관세동맹, 구 프랑스령 아프리카 관세동맹(1959), 적도 아프리카 관세동맹 등이다.

(3) 공동시장

공동시장(common market)이란 다수국이 무역 및 외환에 관한 협정을 체결하여 하나의 새로운 광역 경제권을 결성한 후 역내 국간의 상품 및 생산요소의 자유로운 이동을 보장하는 경제통합체를 말한다. 공동 시장의 궁극적 목표는 역내 국간 상품 및 생산요소의 자유로운 이동을 국내시장의 경우와 같이 보장하려고 하는 것이다. 그 대표적인 것은 EC 등이다.

(4) 경제동맹

경제동맹(economic union)이란 여러 나라가 산업, 재정, 금융, 통화, 무역, 외환 등에 관한 경제협정을 체결하여 이 부문의 경제정책을 상호 조정하면서 보조조치를 취하는 경제통합체를 뜻한다. 경제 동맹의 결성 목적은 각국에서 독자적으로 실시하는 대내외의 경제정책이 인근 국가와의 마찰을 초래시켜 경제적 갈등을 유발시킬 위험성이 있으므로 이를 방지하기 위해 경제 전반에 관한 협정을 체결하여 각 부문의 경제정책을 상호 조정하면서 보조조치를 취하기 위함이다. 그 대표적인 것은 EEC(1958), LAFTA(Latin American free Trade Association ; 라틴 아메리카 자유무역연합 1962), 베네룩스(Benelux) 경제동맹(1960) 등이다.

(5) 완전경제통합

완전경제통합(complete economic integration)이란 다수국이 경제 동맹에 관한 협정을 체결하여 가맹국에서 실시되고 있는 경제정책을 조정하는 데만 그치지 않고 초국가적 기구 설립으로 통화, 금융, 재정, 사회, 경기 정책 등을 통합함으로써 사실상 새로운 국가를 결성하는 것과 다름없는 하나의 조직체를 구성하는 경제통합체이다. 따라서 완전경제통합은 경제적 통합뿐만 아니라 궁극적으로 정치적 통합까지 수반되는 형태이다. EU는 이를 지향하고 있다.

2) 경제통합의 분류

(1) 기능적 통합과 제도적 통합

경제통합은 유형별로 기능적 통합과 제도적 통합으로 나누어진다. 기능적 통합(functional integration)이란 통합체 가맹국이 주권을 가지고 있으면서 협력을 하는 경제통합의 유형이고, 제도적 통합(institutional integration)이란 각 가맹국이 상호 결합하여 초국가적인 기구를 창설하는 유형이다.

(2) 부문별 통합과 전반적 통합

경제통합의 범위는 부문별 통합과 전반적 통합으로 구분된다. 부문별 통합(sectional integration)이란 통합체 가맹국의 특정 산업부문간에 통합이 이루어지는 유형이며, 전반적 통합(overall integration)이란 통합체 가맹국의 전산업부문에 걸치는 통합 유형이다.

(3) 수평적 통합과 수직적 통합

경제통합은 경제개발 단계에 따라 수평적 통합과 수직적 통합으로 나누어진다. 수평적 통합이란 경제의 발전 단계가 거의 비슷하고, 국민경제구조가 동질적이고 유사한 국가간에 결성되는 경제적 결합을 말한다. EC가 그 대표적 유형이다. 수직적 통합은 경제발전 단계가 상이하고 경제구조가 이질적인 국가간에 결성되는 통합 형태이다. 제2차 세계대전 이전 저개발국에 대한 선진국의 식민지 통치는 수직적 통합의 대표적 형태이었다.

3. 경제통합의 효과와 영향

경제통합의 경제적 효과는 정태적효과와 동태적효과로 나누어 볼 수 있다. 정태적 효과는 주로 무역창출 효과와 무역전환 효과로 발생되며, 동태적효과는 경제통합에 따른 경제의 동태적 변화로 발생된다. 한편 경제통합체는 역내우선주의, 역외차별주의를 취하고 있으므로 이는 역내국, 역외국 그리고 세계경제에 커다란 영향을 미치고 있다.

1) 경제통합의 효과

(1) 정태적효과

경제통합의 경제적 효과는 그 통합 형태에 따라 다르다. 경제통합체는 대부분 관세 동맹이나 공동 시장을 주축으로 결성되므로 그 경제적 효과는 공통성이 있다. 경제통합의 정태적 효과로서는 일정한 시점에 있어서의 생산능률 개선, 소비 향상, 교역조건 개선 등을 들 수 있다. 경제통합의 정태적 효과는 주로 무역창출 효과와 무역전환효과에 의해 발생되는 것이다.

관세동맹 결성으로 무역창출효과와 무역전환효과가 발생되어 가맹국 간의 무역이 창출되고, 한편 역외국들과의 무역이 역내국들 간의 무역으로 전환되는 경우 가맹국에서는 정태적으로 특화의 이익과 교환의 이익을 얻을 수 있다. 그러나 무역창출효과는 자원을 능률적으로 배분시키고 무역전환효과는 이를 비능률적으로 배분시키는 경향이 있으므로 전자의 이익이 후자의 이익을 초월해야 무역 이익이 증대된다. 무역창출효과와 무역전환효과를 통해 관세동맹의 경제적 효과를 설명한 학자가 바이너(J. Viner)이다.

① 무역창출효과

무역창출효과(trade creating effect)란 관세동맹 결성으로 역내에서 관세가 철폐되면 종래 관세 보호 하에서 높은 비용으로 생산되던 역내 상품의 생산량은 감소되고 역내 타국의 싼 상품이 수입됨으로써 무역이 새로 창출되는 효과를 말한다.

【그림 3-7】 무역창출효과

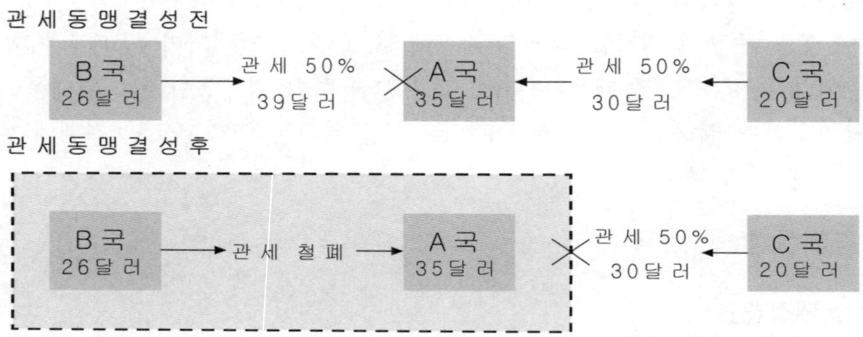

예를 들어 고정 환율제도 하에서 한 상품의 가격이 A국에서는 35달러, B국에서는 26달러, C국에서는 20달러라고 하자. 각국에서 관세가 부과되지 않을 경우 이 상품은 C국에서 A · B 양국으로 이동되거나 혹은 B국에서 A국으로 이동될 것이다. 그러나 A국이 B · C 양국 상품에 대하여 각각 100%의 관세를 부과하면 [그림]의 경우처럼 B국 상품은 52달러, C국 상품은 40달러가 된다. 따라서 A국과 B · C국간에 무역은 이루어지지 않는다.

그런데 A · B 양국이 관세동맹을 결성하여 역내 관세를 철폐하고 이와 더불어 역외국인 C국에 대하여 차별적인 공통관세를 부과하면 A국에서는 그 상품 생산을 중단하고 이를 B국으로부터 수입할 것이다.

한편 A국은 그 상품 생산을 포기하는 대신 국내에서 생산되는 다른 상품의 생산비가 B국에 비해 싸다면 이를 B국에 수출할 수 있을 것이다. 이로써 A · B

양국은 비교우위 원리에 따라 보다 유리한 상품에 각각 특화함으로써 새로운 무역을 창출할 수 있을 것이다. 이를 무역창출효과라고 한다.

② 무역전환효과

무역전환효과(trade diverting effect)란 관세동맹 결성으로 동맹국 내에서 관세가 철폐되고 비동맹국에 대해 차별관세가 부과됨에 따라 종래 싼 상품을 공급하던 나라와의 무역이 동맹국 내의 비싼 상품을 공급하는 나라로 전환되는 효과를 말한다. 관세동맹국 내의 무역 이익이 증대되기 위해서는 무역창출효과가 무역전환효과보다 커야 한다.

【그림 3-8】 무역전환효과

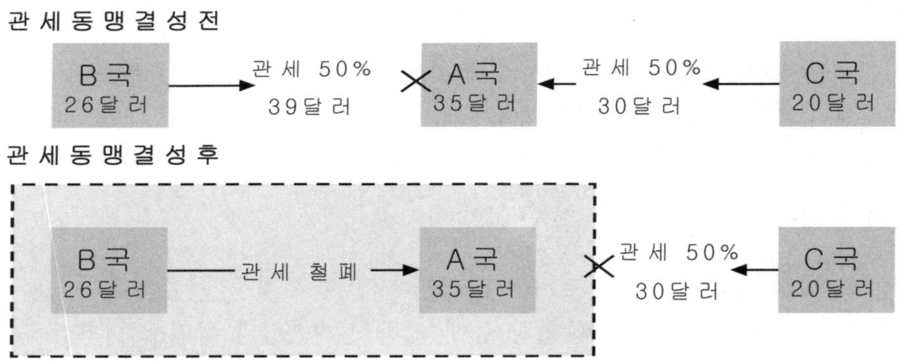

무역창출효과에서 살펴본 예의 경우처럼 상품가격이 A · B · C국에서 각각 35달러, 26달러, 20달러라고 하자. 관세동맹 결성 전 A국이 B · C 양국 상품에 대해 각각 50%의 관세를 부과하면 [그림]의 경우처럼 B국 상품가격은 39달러, C국 상품가격은 30달러가 된다. 이 경우 관세가 부과된 B국 상품가격이 A국의 상품가격보다 비싸므로 A · B 양국 간에 무역이 이루어지지 않는다. 그러나 관세가 부과된 C국 상품가격이 A국 상품가격보다 약간 싸므로 A국은 C국으로부터 상품을 수입할 것이다.

그런데 A·B 양국이 관세동맹을 결성하여 관세를 철폐하면 역내에서 B국 상품가격이 C국의 가격보다 싸게 된다. 따라서 A국은 관세동맹 결성으로 종래 C국으로부터 수입하던 것을 B국으로부터 수입하게 될 것이다. 이와 같이 관세동맹 결성으로 역외 저(低)생산비 공급원에서 역내 고(高)생산비 공급원으로 무역이 전환되는 효과를 무역전환효과라고 한다. 무역전환효과로 A국은 손실을 면치 못하지만 무역창출효과가 무역전환효과보다 한층 더 클 경우 A국은 무역상의 이익을 얻을 수 있다.

③ 무역창출효과 증대조건

관세동맹이 결성되면 자원은 무역창출효과에 의해 능률적으로 배분되고 무역전환효과에 의해 비능률적으로 배분된다. 따라서 무역창출효과가 반드시 무역전환효과보다 커야만 무역 이익이 증대되는 것이다.

관세동맹국내의 후생을 증대시키기 위해서는 무역창출효과가 반드시 무역전환효과보다 커야 한다. 최초의 관세율이 높을수록, 동맹국과 역외국과의 생산비차가 작을수록, 수요·공급곡선이 탄력적일수록 무역창출효과는 크게 되는 것이다.

(2) 동태적효과

경제통합의 동태적 이익으로서는 장기간에 걸쳐 투자증가, 소비증가, 교역확대, 기술혁신, 경쟁격화, 생산능률 향상 등에 의한 경제성장과 국민소득 향상을 들 수 있다. 경제통합으로 광역경제권이나 대(大)시장이 형성되어 무역장벽이 완화되는 경우 내부경제와 외부경제가 발생되고 투자와 소비가 증가되며 기술혁신과 경쟁격화가 초래됨으로써 생산능률이 향상된다. 이에 따라 경제통합체 내부에서는 물론 역외국들과의 교역이 증대되어 경제성장은 촉진된다. 그리고 국민소득은 더욱 증가되어 국민의 경제적 후생이 개선된다.

시토프스키(T. Scitovsky)는 경제통합이 결성됨에 따라 '대시장화→경쟁격화→대량생산방식화→생산비 하락→가격 하락→대중소비 증가(시장 확대)→경쟁격화'라는 경제순환의 확대적 과정을 통해 경제통합의 이익이 발생된다고 주장하였다.

2) 경제통합의 영향

경제통합체는 역내우선주의, 역외차별주의에 입각하여 가맹국 상호간 관세인하 혹은 철폐를 통해 우대 조치를 부여하지만, 역외국에 대해서는 공통관세제를 채택하여 차별 조치를 취하기 때문에 가맹국은 경제적으로 이익을 얻을 수 있으나 비가맹국은 불리한 영향을 받지 않을 수 없다.

가맹국은 무역전환에 따르는 손실을 무역창출효과로서 보충할 수 있으나, 비가맹국은 무역전환에 의한 손실을 피하기 어렵다. 따라서 비가맹국은 경제적 불리성을 면할 수 없는 것이다. 무역전환에 의한 영향은 공통관세율에 따라 결정되며 이는 또한 관세동맹국에 대한 역외 여러 나라의 수출 구성, 주요 수출품에 대한 역외 관세율, 역내 여러 나라의 생산의 공급 탄력성에 따라 결정되는데, 만약 역내 여러 나라에 대한 역외 여러 나라의 무역의존도가 크다면 역외 여러 나라는 심각한 타격을 받지 않을 수 없다.

관세동맹으로 발생되는 무역전환 효과는 교역조건과 밀접한 관련을 맺고 있다. 역내 여러 나라는 시장 확대로 상품의 판매 기회가 확대되어 수출가격이 상승되고, 역외 여러 나라로부터의 수입량이 감소되어 수입가격이 하락된다면 무역 이익은 역외 여러 나라에서 역내 여러 나라로 전환될 가능성이 있다. 따라서 역외 여러 나라는 교역조건이 악화되고 국제수지가 악화된다면 무역상의 손실을 입게 된다. 이것은 비단 교역조건이 악화되기 때문일 뿐 아니라 대외 무역량이 상대적으로 감퇴되기 때문이다.

한편 역내 여러 나라의 생산성과 실질소득 면의 다이나믹한 변화에 의하여 역외 여러 나라는 영향을 받는다. 생산성 향상은 상품의 가격을 하락시켜 수출을 확대시키고 수입을 감소시키므로 역내 여러 나라에서는 특혜관세제도의 대용적

효과가 발생된다. 역내 여러 나라의 실질소득이 증가되고 경제성장이 촉진됨으로써 원자재를 비롯한 식량, 소비재 등 수입수요가 팽창된다면 역외 여러 나라는 종래 무역전환으로 입었던 손실을 어느 정도 보상받을 수 있으며, 손실 이상의 이익을 얻을 수도 있는 것이다. 물론 이것은 역내 여러 나라의 소득 증가의 수준, 경제성장의 상태, 그리고 수입수요의 상태 등에 달려 있으며, 역외 여러 나라의 무역구조나 수출상품 패턴에 따라 결정되는 것이다.

4. 경제통합의 세계적 과제

경제통합체는 역내국 간에는 관세철폐, 상품 및 생산요소의 자유로운 이동 보장, 무역·산업·재정·금융·통화정책의 공통화 등을 도모함으로써 역내우선주의를 취하고 역외국에 대해서는 공통 관세 부과, 원산지 적용, 공정무역 및 상호주의 강화 등을 실시함으로써 역외차별주의를 취하기 때문에 이에 대한 세계 경제적 과제가 대두되고 있으며 또한 국민경제적 차원의 대책 강구가 요청되고 있다.

경제통합은 최근 국제경제에 있어서 하나의 조류인데 이것은 제2차 세계대전 전의 경제 블록과는 본질적으로 다르다. 전후의 경제통합은 경제발전 단계가 거의 비슷하고 국민경제구조가 동질적인 국가 상호간의 결합인 데 비하여, 전전의 경제 블록은 종주국을 중핵으로 결성된 통합체였다. 비록 전후의 경제 통합이나 전전의 경제 블록은 모두 광역경제권을 형성하여 규모의 경제의 이익 추구를 도모하였으나 그 목적이 다르다.

경제통합은 한 나라의 자주적 경제정책의 한계를 국제협력에 의하여 타파하고 통합체 내부에 있어서 경제의 균형적 성장을 도모하는 데 그 목적이 있으나, 경제 블록은 식민본국의 자립 경제권을 확립하는 데 그 주요 목적이 있었던 것이다. 그리고 선진국 간의 경제통합과 개발도상국 간의 경제 통합도 그 공통성이 없지 않으나 선진국 간의 경제통합은 자유무역, 자유경쟁 실현에 중점을 두고 있는 데 비하여, 개발도상국 간의 경제통합은 모노컬쳐적인 산업구조를 타파하고 공업화를 달성하기 위하여 경제개발계획을 상호 조정하고 이로써 경제적 발전을 추구하려는 데 그 목적을 두고 있다.

경제통합은 통합체 내부에 있어서 무역창출효과와 무역전환효과를 발생시킬 뿐 아니라 시장 확대를 통해 내부경제, 외부경제, 경쟁의 가속화, 기술 변화의 가속화, 불확실성의 감소 등을 초래시키며, 나아가 생산의 동태적 증가를 도모함으로써 경제성장을 촉진시키고 경제적 후생을 향상시킨다. 따라서 경제통합의 필요성이 요청되고 있는 것이다.

그러나 통합체 내부에 있어서 가격 메커니즘이 효율적으로 작용하지 못하고, 이것이 이끄는 방향으로 생산과 소비의 재분배가 합리적으로 이루어지지 않거나 더욱이 대기업이 독점가격 형성 등 독과점 체제를 강화할 경우 통합체 내부에 있어서 경제의 안정적 성장은 저해되지 않을 수 없는 것이다. 그러므로 완전고용정책 등을 비롯하여 공정경쟁을 위한 독점 규제, 재정 · 금융 · 사회정책 등의 통일과 조정 등 제도적 또는 정책적 조치가 선행되어야 할 것이다.

경제통합은 필연적으로 역내우선주의, 역외차별주의에 입각하여 경제활동을 운영하지 않을 수 없다고 하더라도 각국이 한결같이 자국이나 통합체의 이익을 추구하려고 노력하면서 역외 여러 나라에 대해 배타적 차별 조치를 강화한다면 세계경제는 수개의 경제권으로 분할되고, 이로써 국제경제의 균형적 성장은 파괴될 것이다. 그러므로 국제무역 확대를 통한 세계경제의 균형적 성장을 촉진시키기 위해서는 1국의 입장, 통합체 전체의 입장, 세계적 입장 등 3자간의 입장이 원활하게 조화되지 않으면 안 된다. 이는 오늘날 국제경제가 직면한 하나의 과제이다.

Ⅴ OECD

1. 성립

경제협력개발기구(OECD : Oganization for Economic Cooperation and Development)는 제2차대전 직후인 1947년 유럽 부흥을 목적으로 미국이 구상한『마샬플랜』에 따라 결성된 유럽경제협력기구(OECD)를 토대로 1961년 9월 30일 서유럽 18개국과 캐나다, 미국 등 자본주의 국가를 중심으로 설립된 기구이다. 그러나 엄격한 의미에서는 경제협의체로서 WTO와 같은 강력한 국제기구는 아니나 세계경제에 미치는 그 영향력은 대단하다. 세계경제의 운영 전략을 수립하거나 정책 방향을 제시함으로써 1960년대에는 경제성장의 촉진, 1970년대에는 에너지 및 경제위기의 극복, 1980년대는 세계경제의 불황 극복 등 세계경제의 현안을 해결하는데 실질적인 영향력을 행사하여 왔다.

최근 OECD는 냉전 체제의 소멸 이후의 새로운 국제 질서에 부응하여 일부 선발 개발도상국과 동구권 국가들을 포함하는 소위 '같은 생각을 가진(Like-Minded)' 국가들의 모임으로 변화하고 있으며, 세계경제에 미치는 영향력이 더욱 확대될 것으로 전망되고 있다. 현재 OECD는 범세계적인 경제개발기구로의 이행을 모색하고 있다.

현재 총 회원국은 30개국이며, 우리나라와 헝가리, 폴란드, 체코 등이 OECD 이행국가(Partners in Transition : PTI)로 각종 위원회에 참가하고 있다. 우리나라는 1995년 3월 29일 가입신청서를 제출하고 1996년 10월 11일부로 29번째 가입국이 되었다.

【표 3-7】 OECD 연대별 회원국 현황

년도 \ 내용	회원국	비고
1960년대	오스트리아, 벨기에, 덴마크, 프랑스, 독일, 그리이스, 아이슬랜드, 이탈리아, 룩셈부르크, 네덜란드, 노르웨이, 포르투갈, 스페인, 스웨덴, 스위스, 터키, 영국, 미국, 캐나다.	창설멤버
	일본(1964), 핀란드(1969)	
1970년대	오스트레일리아(1971), 뉴질랜드(1973)	
1990년대	멕시코(1994), 체코슬로바키아(1996), 헝가리(1996), 폴랜드(1996), 한국(1996), 슬로바키아(2000)	

한편, 주로 선진국들인 OECD 회원국들의 인구는 전 세계 인구의 18%에 불과하나, 통합 경제 규모가 전 세계 GDP의 85%이상을 차지하는 등 막강한 경제력을 보유하고 세계 경제 운용을 주도해 나가고 있다.

2. 목적

OECD 협정문 제1조에 명시된 내용을 근거로 OECD 설립의 목적을 살펴보면 다음과 같이 세 가지로 요약할 수 있다.

첫째, 통화안정을 유지하면서 고도의 경제성장을 촉진시키고 고용증대 및 생활수준 향상을 도모한다.

둘째, 개발도상국의 건전한 경제개발 지원을 한다.

셋째, 무차별, 다자적 자유무역 기초 위에서 세계 무역확대에 기여한다.

이러한 목표를 달성하기 위해 회원국들은 ① 자국 경제 자원의 효율적인 이용을 촉진하고, ② 과학, 기술 분야에서 자원 개발과 연구활동을 촉진하고, ③ 재정금융상의 안정을 달성하고 타국 경제를 위협하는 사태를 방지할 수 있는 정책을 시행하며, ④ 제품 및 서비스 교역상의 장애요인을 제거하고 자본이동의 자유화를 촉진하며, ⑤ 기술원조 및 수출시장 확대를 통해 개도국의 경제발전을 지원하기로 합의하였다. 또한, OECD의 제반 목표와 목표 달성을 위한 약속 사항을 이행하기 위해 회원국들은 항시 정보를 교환하고, 지속적인 협의와 연구를 시행하고 합의된 계획에 참가하며, 긴밀히 협력하고 특정한 경우에는 합의된 조치를 취한다는 것이다.

특히, OECD의 기본 목적을 효과적으로 수행하기 위한 주요 수단의 하나로서 경상외 무역거래와 자본이동에 대한 자유화 규약이 주요 원칙을 법적 의무 사항으로 채택하여 회원국들로 하여금 준수하도록 하고 있다.

3. 성격

OECD는 국제 규범을 직접 교섭·제정하는 기구는 아니지만, 세계 시장경제의 개발을 위한 새로운 경제 질서가 맨 처음 논의되는 장(場)으로서, UR협상의 농업 보조금, 서비스, 지적재산권 협상에서 볼 수 있듯이 새로운 통상 이슈는 OECD 회원국 간 협상을 거쳐 합의(Consensus)를 이룬 뒤 범세계적으로 공론화되는 과정을 거친다는 점이다.

현재 환경, 노동, 기술, 경쟁 정책, 다자간 투자, 반부패 문제 등 향후 세계 경제 질서에 중요한 영향을 미치게 될 통상 현안에 대한 국제 규범의 정립 논의가 진행 중이다.

여기서 알 수 있듯이 여타 국제기구가 무역, 통화, 환경, 개발 분야 중 특정 분야만을 다루는데 비해, OECD는 경제정책은 물론 경쟁, 에너지, 고용, 교육, 소비자 보호 등 모든 경제·사회문제를 포괄하는 통합적인 경제 기구로 각 경제정책 상호간의 관계를 종합적인 시각에서 연구할 수 있는 장점을 지니고 있다.

그러나 OECD는 GATT/WTO와 같이 시장 개방이나 국가간 무역분쟁 해결을 위한 협상(Neogotiation)기구가 아니고 회원국 간의 상호 관심분야에 대한 정책을 협의(Consultation)하는 클럽적 성격을 가지고 있다는 한계성을 가진다.

또한 OECD는 참가 범위, 논의 대상 및 기능면에서 G-7 및 WTO와 구별되어진다.

G-7 정상회담 및 재무장관 회의는 선진 7개국 간의 국제 정치, 세계경제 운용 등에 대하여 현안 과제 위주로 정책 협력을 하는 모임이며, WTO는 대부분의 전 세계 국가가 참여한(149개국) 가운데 국제무역 질서를 중심으로 한 국제 규범의 제정과 이행 등 국가간 협상에 중점을 두고, 의사 결정 방식도 표결 방식을 채택하고 있다.

반면, OECD는 무역을 포함한 전반적인 경제・사회정책에 대하여 모든 회원국 정부 간의 협의・조정이 이루어지고 중장기적 측면에서의 세계 경제 질서 형성이 협의되는 기구라는 것이다.

요컨대, OECD는 협의 과정에서 회원국의 입장을 적극 주장할 수 있고 G-7 회의나 WTO 와 구별되는 별도 협의의 장으로 이해되어야만 할 것이다.

4. 주요활동

OECD의 전반적인 활동은 크게 3가지로 구분되는데, 그 첫 번째는 각 회원국의 주요 경제・사회문제에 대해 토의를 통한 문제의 본질을 규명하고, 대안을 모색하는 활동이며, 두 번째는 WTO, 환경협상 등 주요 국제회의에서 논의될 사안에 대하여 회원국들이 사전에 의견 교환 및 협의를 통해 공동해결책 및 전략을 강구하는 것이며, 셋째는 주요 국제경제문제에 대하여 회원국 간 적용시킬 규범을 만들어 공표・시행함으로써 국제경제 질서 향상의 역할을 하는 것 등이다.

OECD는 보다 자유로운 거래가 보장되는 국제경제 환경을 조성하기 위한 주요 수단으로 1961년 12월 OECD이사회의 결정사항으로 양대 자유화 규약인 '경상무역외거래 자유화규약'(Code of Liberalization of Current Invisible Operations)과 '자본이동 자유화규약'(Code of Liberalization of Capital Movement)을 채택하였다.

경상무역외거래 자유화규약은 무역거래 및 서비스거래에 따른 자금의 대외지급 및 이전의 자유화뿐만 아니라 국제간 서비스거래 관련 계약 체결의 자유화를 포함하고 있으며, 주요 내용은 서비스의 국경 간 거래 체결의 자유화와 그에 수반되는 대가 지급의 자유화라고 할 수 있다.

자본이동 자유화규약은 직접투자를 포함하여 단기 및 장기자본거래 등 국가간의 가능한 모든 형태의 자본거래를 자유화 항목으로 포함함으로써 직접투자, 부동산거래, 단기금융시장거래, 자본시장거래, 담보 및 신용, 외환거래, 파생금융상품거래, 개인적 자본거래 등 국가간 자본거래의 거의 모든 유형이 포함된 유일한 자본거래관련 규범이다.

Part II
무역업 창업

Chapter 4 전자무역의 창업
Chapter 5 전자무역마케팅
Chapter 6 전자무역 절차

Chapter 4 전자무역의 창업

Ⅰ 전자무역과 창업

1. 전자무역 창업의 의미

전자무역은 물품과 용역 또는 전자적 형태의 무체물의 수출·수입 행위의 전부 또는 일부를 위임하거나 행하는 자로서 무역거래자에 의해 수행된다.[4)]

종래의 무역이 전화와 팩스, 우편을 이용한 무역이라면 전자무역은 컴퓨터와 인터넷을 이용한 무역이라고 할 수 있다. 또한 시간적, 공간적 제약 없이 무역거래가 일어나는 것도 기존의 무역과 전자무역의 차이점 중의 하나이다. 제품을

4) 대외무역법 제2조 제3호.

알리기 위해 해외에 직접 나가야 했던 것을 이젠 컴퓨터를 이용해 인터넷에 신제품을 올려 누구든 실시간에 제품 안내를 볼 수 있게 한다.

전자무역은 컴퓨터 한 대만 있어도 시작할 수 있는 소호 창업이자 소자본 창업의 범주에 넣을 수 있다. 최근 가정이나 작은 사무실 등에서도 쉽게 연결 가능한 인터넷 전용선을 사용하여 신속한 서류 이동, 저렴한 비용으로 세계 어느 곳과도 정보를 주고받을 수 있기 때문에 창업을 준비하는 사람이라면 아주 매력적인 창업 소재이다.

기존의 무역 방식에서는 소규모의 영세 무역업체에게 국제전화나 국제팩스 사용료의 부담이 적지 않았지만 지금은 인터넷을 이용한 인터넷 폰이나 인터넷 팩스를 이용하거나 KTNet을 통한 전자문서교환(EDI)서비스를 이용하면 부담을 크게 줄일 수 있다. 많은 자금을 투자하여 해외시장을 개척할 수 없는 중소기업체에게는 전자무역이 정보화 시대에 살아남을 수 있는 길 중의 하나가 될 것이다.

2. 전자무역창업의 유형

전자무역의 구현을 위한 창업은 단계적 접근이 가능하며, 먼저 1단계로 일정한 수수료를 받고 회사나 제품을 해외에 홍보하고 각종 무역 관련 정보의 수집, 분석 및 잠재 거래선 발굴 등을 통해 국내 무역업체가 잠재적인 해외 거래처와 국제거래가 성사될 수 있도록 일종의 무역거래 중개 내지 거래 알선 서비스를 제공하는 단계이다. 이러한 활동은 상대적으로 정보화가 뒤떨어진 국내 중소기업들을 대상으로 인터넷상에서의 수많은 국내외 거래 알선 사이트로부터 수집, 분석한 무역거래 정보를 제공하고 무역거래를 중개한다는 점에서 큰 위험부담이나 비용이 들지 않는다는 장점이 있다.

이러한 1단계에서의 국제무역에 대한 경험 축적과 국내외 거래처를 확보한 후에 다음 2단계에서는 정식으로 한국무역협회에서 무역업 고유번호를 부여받고 자기 명의로 자기 책임 하에 물품을 수출 또는 수입을 하도록 한다. 그러나 국제간 정보교환 및 커뮤니케이션에 큰 장점을 가지는 인터넷을 활용한 비즈니스라는 측면과 국내 내수 경기가 침체국면이라는 점을 감안할 때, 국내 영업을 전제로 하는 수입보다는 해외 영업을 위주로 하는 수출을 하는 것이 바람직하다고 할 수 있다.

마지막 전자무역의 3단계는 수출을 통해 다져진 비즈니스 경험과 안정된 거래처 확보 등을 바탕으로 수출뿐만 아니라 수입도 취급하는 명실상부한 무역업체로서 다양한 국제 비즈니스 활동을 전개하는 단계이다.

Ⅱ 전자무역 창업과정

1. 창업예비절차

【그림 4-1】 창업과정

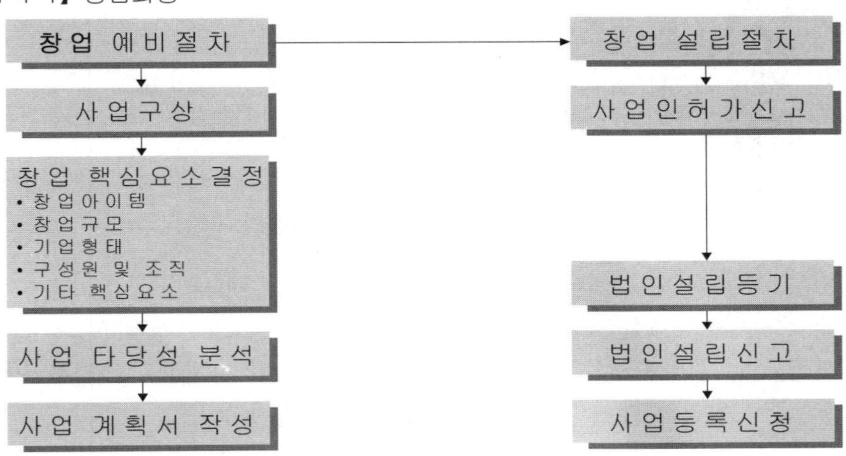

창업예비절차는 사업구상을 구체화하는 단계에서 시작된다. 사업구상은 각종 사업 아이디어를 내고 그 타당성을 따져 범위를 좁혀 나감으로써 유망하고 자신에게 적합한 사업 아이디어를 찾는 과정이다. 모든 아이디어가 사업화될 수 있는 것은 아니며, 또 스스로가 가진 자원이나 능력의 한계를 벗어나는 아이디어도 그다지 의미가 없다.

창업자 자신이 감당할 수 있는 범위 내에서 창업규모, 기업형태, 창업멤버 등을 결정해야 하며, 이에 따라 소요자금도 차이가 나게 된다. 그러나 어느 정도 기반과 자신이 생길 때까지는 법인기업보다는 개인기업 형태로 창업자 혼자서 모든 일을 처리하고 준비하는 것이 좋다([표] 참조).

【표 4-1】 개인기업과 법인기업의 장·단점

구분 \ 장·단점	장점	단점
개인기업	이윤을 기업주가 독점 설립용이 적은 자금 소요 신속한 의사 결정 영업상 비밀 유지 가능 인적 관계 기밀	기업주의 무한책임 기업 영속성 부족 자본 조달 능력의 한계 경영 능력의 한계 납세 상 불리
법인기업	대자본 조달 용이 주주의 유한 책임 주식의 양도·매입 자유 소유와 경영의 분리 높은 공신력	설립 절차 복잡 대표자의 이윤 축소 의사 결정의 지연 주주 간의 대립 우려

이러한 창업 핵심 요소를 결정한 뒤에는 사업의 내용, 경영방침, 노하우 및 기술력, 추정 손익계산서(시장성, 수익성, 소요자금, 자금조달 방법 등), 전문인력수급, 서버구입, 성장가능성 등에 대해 컨설팅 업체나 회계사 등 외부 기관이나 제3자에게 사업 타당성 분석을 의뢰하는 것이 바람직하다.

전자무역을 위한 창업 과정은 일반적인 창업 과정과 큰 차이는 없지만, 사업 장소로서 인터넷 웹사이트를 구축하고 인터넷을 이용한 마케팅을 구사한다는 것이 두드러진 특징이라고 할 수 있다.

전자무역은 전 세계를 대상으로 하는 거래이기 때문에 특정 국가를 대상으로 고민해야 할 의미는 없다. 단지 전 세계적으로 어떠한 아이템이 전자무역에 적합한 아이템인가를 고려해야 한다. 이 때, 현재 만족되지 않는 욕구를 새로이 만족 시키는 제품·서비스, 공급의 부족을 만족시키는 제품·서비스, 유리한 조건 때문에 기존 상품과 성공적으로 경쟁할 수 있는 제품·서비스 등을 고려할 수 있다. 모든 아이템이 전자무역의 대상이 될 수는 있겠지만 현재 주로 거래되는 아이템을 알아보는 것도 중요한 의미를 가진다.

2. 창업설립절차

1) 사업자등록

사업구상, 창업 핵심 요소결정, 사업타당성 분석 및 사업계획서 작성 등의 창업 예비 절차가 끝나면 사업자등록 및 무역업등록 등 본격적인 창업 설립 절차를 밟게 된다. 창업의 규모나 업종에 관계없이 모든 창업자는 사업을 시작한 날로부터 20일 안에 구비 서류를 갖추어 관할 세무서의 민원봉사실에 사업자등록을 신청하여 사업자등록증을 교부받아야 한다.[5)]

이러한 사업자 등록 신청시에는 먼저 상호를 확정하고, 업태를 결정하는 것이

5) 필요한 지참 서류로는 사업장에 대한 임대차계약서 또는 사업장 사용허가서, 본인 신분증, 인장 등을 가지고 가면 된다. 다른 지역에 별도의 사업장이 있는 경우에도 사업자 등록이 가능하다. 즉, 한 개인이 복수의 사업장을 가지고 있는 경우에는 별도의 사업자등록을 할 수 있다. 그러나 사업자등록을 할 때 굳이 별도의 사무실을 얻을 필요는 없다. 자신의 집 주소를 그대로 신고해도 무방하다.

다. 무역업을 하기 위한 업태로는 도・소매업(수출과 수입을 하는 업태)과 서비스업(무역대리업과 무역대행업을 할 수 있는 업태)이 있다.[6]

이때 연간 매출액이 4,800만원 이하이면 과세특례자, 1억5천만원 미만이면 간이과세자, 그리고 1억5천만원 이상인 경우에는 일반과세자로 등록 신청을 해야 한다. 과세특례자나 간이과세자는 고객의 입장에서 볼 때 영세하여 지속적인 거래나 유지보수가 어렵다고 인식될 뿐만 아니라 세금계산서 발행이 안 됨으로 부가가치세 환급이 곤란하다는 점 때문에 거래 상담시 불리할 수 있다. 따라서 가급적 일반과세자로 사업자등록을 하는 것이 바람직하다

2) 무역업 고유번호 신청 및 부여

무역업 창업의 경우 대외무역법 제2조 1호의 규정에 의한 무역을 업으로 하고자 하는 자는 무역업 고유번호를 한국무역협회에 신청해야 하며, 한국무역협회장은 접수 즉시 신청자에게 무역업 고유번호를 부여하여야 한다.[7]

무역업 고유번호 신청은 무역업고유번호부여(신청)서 1부(소정양식)와 사업자등록증 원본 1부를 구비하여 한국무역협회 본・지부에서 업체의 소재지와 관계없이 편리한 지역에서 신청 가능하다.

2000년에 무역업신고제도는 폐지되었더라도 무역협회 회원 가입은 여전히 필

6) 별일이 없는 한 2개를 동시에 신청해 두는 것이 편리하다. 이러한 업태가 분류되어 잇는 업종 코드로는 도소매업 중 수출업은 519111이며, 산업용 재화 수입업은 519112, 기타 수입업은 519113이다. 그리고 서비스업으로서 수출주선업은 749925이며 오퍼업은 749927이다. 이러한 업종 코드는 사업자등록신청서 작성시에 필요한 내용이다. 인터넷 창업의 경우에는 '업태'란에는 인터넷 창업의 특성상 부가통신 외에 필요에 따라 통신판매, 도소매, 무역업, 도서출판업 등 자신이 희망하는 사업을 기재하면 된다.

7) 산업자원부장관은 대외무역법시행령 제30조 및 제31조의 규정에 의한 전산관리체계의 개발・운영을 위하여 무역거래자별 무역업 고유번호를 부여할 수 있다. 무역거래자는 관세법 제241조 규정에 의한 수출(입)신고시 무역업고유번호를 수출(입)자 상호명과 함께 기재하여야 한다.

요하다.[8] 약간의 비용 부담이 있겠지만 신뢰도 제고 차원에서 초기 창업자는 가입하는 것이 바람직하다. 무역협회의 무역전문사이트를 정규회원으로 이용하기 위해서는 무역업등록번호가 있어야 한다.[9]

3. 창업준비 및 소요자금조달

객관적인 사업 타당성 분석이 끝나고 창업자 본인이 앞으로의 사업 전개에 대한 장·단기적 사업계획서를 작성하고 난 후, 가급적이면 자신이 직접 창업비용을 마련하고 부족한 부분에 대하여 은행, 창업투자회사, 중소기업진흥공단 등으로부터 창업자금을 융자받는 것이 바람직하다. 창업자금을 전적으로 외부로부터 조달할 때 원리금 부담으로 인해 원만한 사업을 유지해 나가기가 힘들기 때문이다. 또한 거래 알선을 의뢰하는 고객을 확보하고 실제로 거래가 성사되어 그 대가로 일정한 수수료를 받기까지는 상당한 기간이 소요될 수 있음을 감안하여 운영 자금의 조달에도 신경을 써야 한다.

소요자금은 크게 고정자금과 운전자금으로 나누어 살펴 볼 수 있다([표] 참조). 고정자금은 사무실 확보, 컴퓨터 등 장비 설치, 인터넷 접속 등이 큰 몫을 차지하며, 운전자금은 먼저 1개월분을 추정하고 예상 현금 흐름에 따라 3~6개월 또는 1년분을 추정한다.

【표 4-2】 소요자금 추정을 위한 점검표

고 정 자 금			운 전 자 금		
구분	항 목	금액	구분	항 목	금액
A	장비		A	상품구입비	
	- 컴퓨터		B	판매비 및 일반 관리비	

8) 대외무역법 개정시 경과규정(부칙 제2조)에 의해 2001년 1월 1일부터 무역업신고제는 폐지되었다.
9) 무역협회의 회원가입은 http://biz.kita.net 참조.

	- 프린터			- 인건비(피고용자가 있을 경우)	
	- 컴퓨터 통신장비			- 사무용품비	
	- 복사기			- 광고비	
	- 통신 가입비			- 전문가 자문비	
	- 스캐너			- 통신비(전화, 우편, 컴퓨터 통신)	
	- 소프트웨어			- 간행물 구독료	
	- 전화기 및 가입비			- 단체회비	
	- 기타 장비			- 교통비	
B	집기 및 장치			- 임차료1(창고, 집기 등의 월세)	
	- 사무책걸상			- 임차료2(사무실 월세)	
	- 캐비넷			- 광열비	
	- 간판		C	기타	
	- 선반				
	- 진열장				
	- 칸막이				
	- 조명				
C	개수비				
D	면허비				
E	단체가입비				
F	사무실 임차 보증금				
G	창고 임차 보증금				
H	기타				
합계			합계		
* 총소요자금 = 고정자금 + 운전자금 + 창업준비 및 예비비					

4. 웹사이트 구축과 활용

전자무역을 위한 창업과정은 일반적인 창업과정과 큰 차이는 없지만, 사업 장소로서 인터넷 웹사이트를 구축하고 인터넷을 이용한 마케팅을 구사한다는 것이 두드러진 특징이라고 할 수 있다. 따라서 웹사이트 구축과 이의 활용을 고려하여야 한다.

웹사이트의 구축은 먼저 홈페이지의 주소라고 할 수 있는 도메인네임(Domain Name)을 결정한 후 마케팅전략과 정보기술이 효율적으로 조화를 이룰 수 있도록 홈페이지의 내용을 작성하고 실제로 제작하는 과정을 밟게 된다.

도메인네임은 국제인터넷정보센터(InterNIC, http://www.internic.org), 한국인터넷정보센터(KRNIC, http://www.nic.or.kr) 등과 같은 지역별 비영리 망 관리 기관에 인터넷상에서 온라인으로 등록신청을 하고 인터넷 주소를 부여받는다. 보통 미국은 기업의 경우 기업명 뒤에 com을 붙이고 한국의 경우 co.kr이 된다. 도메인네임을 정할 때 com을 쓸 것인지 co.kr을 쓸 것인지를 결정하는 것도 중요하다. 한국을 상대로만 마케팅을 한다든지, 가장 한국적인 것을 팔기로 했다든지 그 외 특별한 이유가 없는 한 com을 쓰는 것도 고려해 볼 만하다.

한편 웹사이트의 제작은 창업자 스스로 만드는 방법과 외부 아웃소싱으로 만드는 방법으로 나누어 볼 수 있다. 적은 비용으로 홈페이지를 제작하기 위해서는 창업자나 파트너가 직접 만드는 것이 좋겠지만, 이것은 웹 디자이너, 웹 프로그래머, 웹 마케터 등의 능력을 모두 갖추고 있을 때 가능하다는 점에서 그리 쉬운 일이 아니다. 따라서 홈페이지 제작을 외부의 전문 업체에 맡기는 경우가 많은데, 이때 각 페이지별로 창업자의 마케팅전략이 담긴 스토리 보드를 작성하고 이를 기초로 들어갈 주요 내용과 디자인, 연결될 각 사이트들을 미리 그려두는 등 체크 포인트를 만들어 두는 것이 중요하다.

이러한 웹사이트의 설계는 표적시장에의 접근이 용이하고 갱신이나 조정이 쉬우며, 특이하고 전문화된 내용을 담고 있어야 한다. 또한 고객과 상호작용이 가능하도록 하고 그래픽과 텍스트를 잘 조화시켜야 한다. 그리고 제작 의뢰시 디자인의 일관성과 프로그램, 디자인 등에 대해 지속적인 유지보수 및 관리가 가능한가를 점검해야 한다.

다음으로 인터넷에 웹사이트를 갖기 위한 네트워크의 구축에는 자체 서버

(server)를 갖거나 인터넷 서비스업체의 웹호스팅(web hosting)이나 웹하우징(web housing) 서비스를 이용하는 두 가지 방법이 있다. 자체 서버를 가진다는 것은 자기 집을 갖는다는 것과 같은 의미인데, 서버 컴퓨터와 소프트웨어, 전용선 및 이를 운용하고 관리할 전문인력이 필요하다. 인터넷을 잘 모르거나 대규모 사업이 아닌 경우 자신의 독립적인 서버를 비싼 비용을 들여 구축하기보다는 웹 호스팅이나 웹 하우징 서비스를 이용하는 것이 웹사이트 관리의 부담이나 초기 창업비용에 대한 부담을 줄일 수 있는 장점이 있다.

이러한 네트워크 구축 방법이 결정되면 제작 완료된 서버에 홈페이지를 올리고 이를 활용하기 위한 인터넷 접속을 해야 한다. 인터넷에 접속하기 위해서는 인터넷 서비스 제공업체(ISP)에 가입하여야 하는데, 이러한 ISP의 선택은 매우 중요하다.

어떤 종류의 기술 환경을 제공해 주는지, 속도는 얼마나 빠른지, 24시간 서비스가 가능한지, 제공되는 서비스와 비교하여 이용요금은 적당한지, 웹사이트 방문 또는 접속통계 등 부가서비스가 가능한지, 보안 유지는 철저히 되고 있는지, 업체 자체의 사회적, 업계 내 신용도는 어떤지 등을 고려하여야 한다.

Chapter 5 전자무역마케팅

I 무역마케팅전략의 변화

국제무역거래는 해외시장조사에서부터 출발한다. 해외시장조사의 결과가 만족스러워야 현지에 있는 잠재고객을 물색하고, 거래처를 선정할 수 있을 것이다.

국제무역거래에 있어서 상품을 수출하고자 할 때는 우선 목표시장(target marketing)을 선정하고 진출 전략을 수립하는 것부터 시작해야 한다. 이러한 전략을 수립하기 위하여 수출상품에 대한 해외 시장조사가 선행되어야 한다. 또한 무역거래를 성공적으로 수행하려면 거래 상대방에 대한 철저한 분석이 이루어져야 한다. 이러한 일련의 활동을 해외마케팅 또는 수출마케팅이라고 한다.[10)]

10) 해외 마케팅은 그 원리에 있어 국내 마케팅과 동질성을 지니고 있지만, 후자는 국내시장 지

해외시장에 대한 조사분석은 기업의 자체적인 현지 기구 및 조직을 활용하거나 현지에 직접 방문하는 방식이 있을 것이다. 또 다른 방법은 거래은행이나 무역협회, 무역투자진흥공사 등이 보유하고 있는 자료를 통해 조사하는 방식이 있다. 해외시장의 직접조사방법이 가장 정확할 수 있으나 많은 비용과 시간이 소요된다는 점에서 비효율적이라고 할 수 있는 반면, 간접조사방법은 비용과 시간을 절약 할 수 있다는 이점에 비하여 정확성이 떨어진다는 단점이 있다.

그러나 전자무역을 하고자 하는 소호창업자나 중소기업체는 자신들의 상품을 인터넷에 홈페이지를 만들어 올리거나 무역거래 알선사이트에 상품 카탈로그를 만들어 올림으로써 마케팅을 시작할 수 있다. 그리고 수출하고자 하는 상품을 미지의 잠재 바이어들에게 쉽게 알릴 수 있는 거래 알선사이트를 이용한다. 특히 바이어와의 접촉도 전자우편(e-mail)을 통해 빠르게 진행할 수 있다. 또한 수출품 운송은 항공회사와 해운회사에서 운영하는 사이트를 방문하여 운송 일정이나 수출 물품의 운송에 대한 내용을 확인할 수 있으며 수출 화물의 운송을 대신해 줄 운송주선인에 대한 정보도 얻을 수 있다.

인터넷에 있는 자료를 무조건 믿을 수는 없지만, 기존의 문헌조사에 비하여 만은 정보를 일시에 얻을 수 있으며, 정부기관 등에서 나온 공신력 있는 자료를 함께 분석함으로써 효율성을 높여 나갈 수 있다. 인터넷을 통해서 얼마나 많은 정보를 구할 수 있는가보다는 그 정보를 어떻게 정리·가공하여 내 정보로 만드는가가 더욱 중요하다.

인터넷과 문헌을 통하여 객관적인 정보를 수집하여 분석한 후, 분석 결과를 바탕으로 세부 조사 대상을 선정하여 직접 조사에 들어가는 것이 가장 효율적일 것이다.

향임에 비추어 전자는 국제시장 지향이라는 관점에서 독자적인 이질성을 갖고 있다. 즉, 해외 마케팅을 국내 마케팅과 분리하는 주된 요인은 그 대상 시장 환경이 상위하기 때문이다. 여기서 말하는 시장 환경(market situation, market circumstances)이란 시장을 형성하는 제반 상황과 조건 및 시장을 둘러싼 모든 환경 인자를 말한다.

Ⅱ 해외시장 조사와 거래선 발굴

1. 해외시장조사 기법

해외 시장을 조사하는 기법은 다양하겠지만 무역업체에서 손쉽게 접근할 수 있는 것이 수출입 통계분석이다. 특정 품목의 연도별, 국가별 수출입 실적을 분석하면 그 품목이 언제, 어느 국가에 수출이 되는지를 파악할 수 있다. 이렇게 파악된 국가를 대상으로 수출마케팅을 시작하고 해당 국가의 품목별 바이어 리스트를 입수하여야 한다. 과거 이러한 마케팅 활동을 오프라인에서 수행하였으나 인터넷이 확산된 현재는 다양한 웹사이트를 활용하여 정보를 수집하고 가공하여 전략을 세우는 것이 가능하게 되었다. 이러한 리스트를 입수하는 방법으로는 웹사이트의 활용, CD-ROM 및 디렉토리 등을 참고하면 된다. 그러나 입수한 바이어가 전부 신뢰성 있는 바이어는 아니기 때문에 거래제의 단계에서 계약이행에 이르기까지 일목요연하게 해외 바이어를 철저히 관리해야 한다.

인터넷을 활용하여 수출마케팅 활동을 한다고 할지라도 사전 철저한 시장조사를 수행해야 하는 것은 변화가 없다는 점을 인식하는 것이 매우 중요하다.

2. 거래선 발굴방법

국제무역의 현장에서 신뢰할 수 있는 거래선을 발굴하는 데에는 잠재 거래선에 대한 연락점 정보를 얻고 해당 업체의 신용도 조사, 거래조건 상담 등을 거쳐 정식 계약 체결까지 이루어지는 데에는 많은 시간, 비용, 그리고 노력이 들고 오랜 기간의 예비 접촉이 요구된다.

기존에는 한국무역협회(KITA), 대한무역투자진흥공사(KOTRA) 등 국내 무역진흥기관의 거래알선실 또는 한국 주재 외국대사관의 상무관실, 무역 유관기관 등을 찾아가서 거래 희망 업체의 정보를 얻거나 이들 두 기관이 발행하는 일간 무역, 해외시장정보 등의 무역정보지를 통해 거래선을 발굴하고, 거래 상담은 국제팩스나 전화, 또는 국제우편으로 해 왔다.

또한 거래선을 발굴하기 위해서 해외 홍보용 카탈로그를 제작하여 예상 거래선에게 배포하거나 국내외 광고매체를 활용할 수 있다.

보다 적극적인 거래선 발굴 방법은 해외전시회 및 박람회에 참가하는 방법이 있다. 이는 현지에서 직접 바이어와 상담을 통하기 때문에 가장 효과적인 방법이라고 할 수 있으나 비용과 시간적인 면에서 부담이 되는 것은 사실이다.[11]

그러나 이제는 이러한 전통적인 거래선 발굴 방법에 의존할 필요가 없다. 현재 인터넷상에는 전 세계기업 및 무역업체에 대한 연락점 정보뿐만 아니라 재무정보, 동향정보, 특허정보, 전시회정보 등을 유료 또는 무료로 제공해 주는 전문 웹사이트들이 많다. 특히 일방적인 무역정보의 제공 내지 검색에서 한 걸음 더 나아가 거래알선까지 해 주는 전문 웹사이트들이 등장하고 있어 이를 잘 활용하면 보다 효과적으로 거래선을 발굴할 수 있다.

3. 거래선 신용조회

국제무역거래는 수출자와 수입자가 떨어져 있어 직접적인 만남으로 협상을 하는 것이 아니라 팩스 또는 전자우편과 같은 통신수단을 이용하여 계약을 체결하게 된다. 또한 상호 교환하는 서류만으로 거래가 성사되므로 거래 상대방의 신용조사는 매우 중요하다.

---

11) 따라서 전시회 참가는 철저한 준비와 접촉할 바이어의 명단을 갖고 상담 일정을 수립하여 참가하여야 한다.

신용조회는 말 그대로 상대방의 전반적인 신용상태에 대한 조회를 하는 것으로 필수적으로 해야 할 내용은 일반적으로 거래상대방 기업의 Character와 Capital 및 Capacity를 들고 있는데 이를 신용도 측정 요소로 3C's라고 한다. 이외에도 거래조건(Condition), 담보능력(Collateral), 거래통화(Currency), 국가(Country) 등이 있다. 이러한 신용조회의 측정요소 중 가장 중요한 것은 Character이다. 그 이유는 원거리간의 매매인 국제무역은 무엇보다도 신용이 중시되어야 하기 때문이다. 무역에 있어서 Market Claim을 미연에 방지할 수 있도록 Character에 대한 면밀하고 철저한 조사 파악이 원활한 거래의 성취에 있어서 요체라 할 수 있다.

신용조회는 당사자 간에 직접 하는 것이 아니고 객관적인 제3자의 조회 내용을 참조하여 판단하는 것이다. 수출업자와 수입업자는 상대방이 제공한 신용조회처 또는 자신이 알고 있는 공정한 기관이나 업체로서 상대방에 대하여 잘 알고 있는 제3자를 선정하여 신용조회를 의뢰하게 된다.

신용조회는 일반적으로 거래 상대방의 거래 은행을 통하여 하는 경우가 대부분이며, 상대국의 거래처 또는 상공회의소 등을 활용하기도 한다.[12)] 조회처가 은행일 경우에는 Bank Reference(은행신용조회처)라고 하며, 무역유관기관인 경우에는 Trade Reference(동업자 신용조회처)라고 한다.

거래의 중요성이 인정되거나 향후 무(無)신용장 방식의 거래까지 허용할 것으로 예상되는 경우에는 전문적인 신용조사기관을 통하여 조사하는 것이 좋으며 해외의 국제 상업 흥신소 등에 신용조사를 의뢰할 수도 있다.

국내의 전문적인 신용조사기관으로는 수출보험공사(www.keic.or.kr), 신용보증기금(www.shinbo.co.kr), 대한무역투자진흥공사(www.kotra.or.kr) 등이 있는데 이들 기관에서는 무역업체의 위탁 내용에 따라 유료 또는 무료로 신용조회 서비스를 실시하고 있다.

12) 거래 은행이나 상공회의소 등을 통하여 신용조회를 할 경우에는 실질적인 내용 없이 형식적인 조사에 그칠 소지가 있다. 이 경우를 대비하여 기존에 잘 알고 있는 현지 업자를 통하여 조사하는 것이 바람직하다.

II 전자무역거래알선

1. 전자무역거래알선의 개념

중소 무역업체의 경우 인터넷으로 무역정보를 검색하여 활용할 수 있는 정보화 환경을 갖추고 있지 못할 경우도 있을 뿐만 아니라 전문인력도 부족한 것이 현실이다. 따라서 하루에도 수없이 쏟아지는 방대한 무역정보를 체계적으로 수집, 분석하여 국내 무역업체에게 제공하고, 특히 해외 수출을 희망하는 중소기업들을 대상으로 잠재적 거래처를 발굴 내지 거래알선이 필요하다.

전자무역거래알선은 무역업체가 인터넷을 이용하여 자사의 회사정보 및 상품정보를 전 세계 바이어에게 홍보하는 동시에 웹사이트에 등록되어 있는 오퍼정보를 검색 또는 열람하여 거래선을 발굴하는 것을 의미한다. 이러한 기능을 지원하는 웹사이트를 거래알선 사이트(e-marketplace) 또는 무역 사이트라고 칭하며 최근 무역 유관기관 및 개별 업체에서 다양한 사이트가 개발, 운영되고 있으므로 무역업체는 이를 활용할 수 있다.[13)]

2. 전자무역거래알선의 활용

인터넷을 통하여 거래선을 발굴하려면 무역업체는 우선 전자메일과 홈페이지

13) 전자무역거래알선 사이트는 오퍼정보 열람(View Trade, Leads), 오퍼정보검색(Search Trade Leads), 오퍼 등록(Post Trade leads), 상품 카탈로그 정보의 검색(View Products), 홈페이지 자동작성 시스템(My Homepage), 주문형 오퍼정보 수신(Trade Alerts) 거래오퍼 관리시스템(Manager Trade Leads)등의 기능을 제공한다.

를 보유하여야 한다. 이는 거래선을 발굴하는데 필수적인 요소이기 때문에 많은 웹사이트에서 무료로 제공하고 있다. 이러한 요소를 구비하여 거래선을 발굴하는데 구체적으로는 먼저 홈페이지 또는 웹사이트의 구축을 통한 상품 홍보를 해야 하고 전자메일을 통한 거래제의 서신을 발송해야 한다.

또한 뉴스그룹 등 동호인 집단에 대하여 집중적으로 홍보할 뿐만 아니라 해외 유명 검색엔진에 홈페이지 주소를 등록하여 바이어를 유인하여야 한다. 한편 전자 카탈로그의 제작을 통한 홍보와 웹사이트의 상호링크를 통한 홍보, 해외 유력 사이트와의 상호 무료광고 교환을 추진하고 세계 유력 거래알선 사이트도 검색하여야 한다.[14)]

【표 5-1】 전통적인 거래알선과 비교

전통적인 방법	전자무역거래알선
디렉토리 간행물 활용 CD-ROM 정보검색	전자 거래알선 사이트 오퍼정보 검색 온라인 웹디렉토리 검색
해외 홍보매체 광고 카탈로그 제작 및 배포	전자 카탈로그 제작 개별업체 홈페이지 제작 및 홍보
전시회 및 박람회 개최	Cyber Fair 참가

자료 : 한국무역협회, 『전자무역』, 2003., p. 54.

14) 국내의 경우 ecKorea(http://www.eckorea.net), EC21(http://www.ec21.com), BuyKorea((http://www.buykorea.org), GlobizKorea.com(http://www.gobizkorea.com/) 등이 대표적인 거래알선 사이트들이다. 또한 해외의 대표적인 거래알선 사이트로는 세계무역센터협회(http://www.wtca.org), Trade Point USA(http://www.i-trade. com), Sellers-Buyers International(http://www.ace-uk.com), Trade Leads(http://www. tradeleads.com), Access Trade (http://www.access-trade.com), AsianNet (http://www.asiannet.com/bizupdates) 등을 들 수 있다.

Chapter 6 전자무역 절차

I 개요

전자무역의 절차를 구체적으로 살펴보면, 수출의 경우 우선 수출업자가 상품을 인터넷 가상공간에 전시를 하면 이를 구매하고자 하는 수입업자는 인터넷 전자우편으로 가격 상담 및 계약 체결을 하게 된다. 이때 물품은 일반 우편이나 택배로 발송하고 대금은 신용카드와 같은 전자화폐를 이용해 전자은행을 통해 결제한다. 따라서 고객과 기업간, 기업과 기업간에 이러한 전자무역 절차를 적용하기 시작하면서 국제상거래에 큰 변화를 몰고 오고 있다. 물론 아직 수출입 업체의 신용이나 거래 내용의 보안 유지에 해결해야 할 문제가 남아 있지만, 이러한 문제는 신용정보를 처리해 주는 인터넷 인증기관들이 차츰 발전해 가면서 해결될 것 이다.

이와 같은 상거래 패턴의 변화를 신용장을 이용한 전통적 수출입 절차와 비교해 보면 계약체결에서 대금결제에 이르는 과정의 상당 부분은 절차상의 차이가 있다. 특히 매도인 및 매수인, 즉 거래의 직접적 당사자들이 담당하던 운송 및 보험 업무가 전문 운송인이 전담하게 되는 등 유통 채널의 많은 단계가 변모하였다. 국제무역에서의 대금결제는 전통적인 관점에서 본다면 은행 중심으로 이루어졌으나 전자상거래가 확산되면서 신용카드회사를 비롯한 전문 결제기관들이 출현하여 담당하고 있다.

【그림 6-1】 전통적 거래절차와 전자상거래 비교

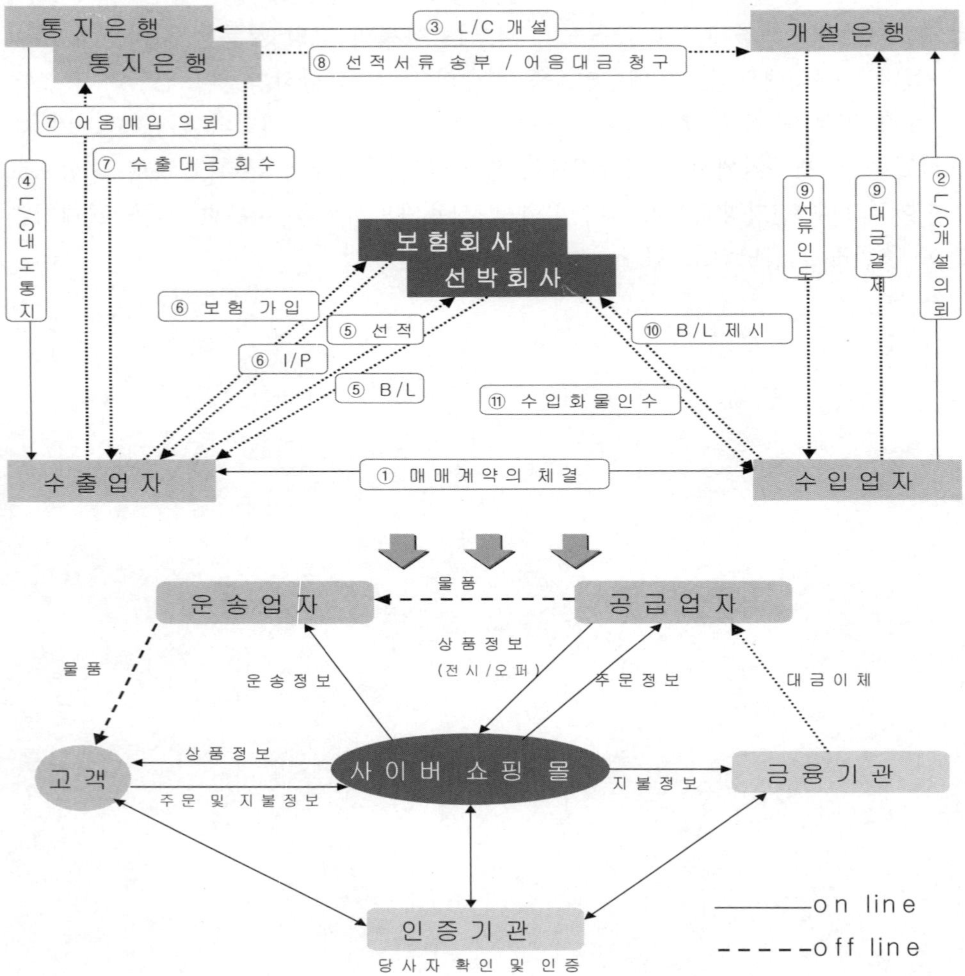

자료 : 이춘삼, 『국제상무론』 동성사, 2001. p90

Ⅱ 무역절차의 단계별 비교

일반적으로 국제무역이 이루어지는 일반적인 과정은 기능별로 크게 6가지로 분류할 수 있다. 먼저 시장이나 제품, 그리고 바이어에 대한 '정보수집 활동'과 기업과 제품을 알리려는 '광고마케팅 활동'이 있다. 다음에는 발굴된 바이어와의 거래조건 협의와 각종 절차를 밟기 위한 '의사교환 활동'이 있게 된다. 그리고 격지간에 있어서 상품 공급에 대한 대가를 교환하는 '대금결제과정'과 상품을 수입업자에게 보내는 '물류운송 과정'과 사후관리 단계가 있다.

전자무역의 경우 기존의 국제무역구조와 비교해 볼 때 진행 순서에는 별다른 차이가 없다고 할지라도 방법이나 수단에는 큰 차이가 있게 된다.[15] 먼저 거래처를 발굴하거나 광고 마케팅을 하는 방법이 크게 달라지게 되며, 상담 및 계약체결을 위한 의사교환 방식도 기존과는 전혀 다르게 된다. 또한 대금결제도 무역카드 등 전혀 다른 수단이 이용되며, 상품의 운송이나 물류 역시 항공운송, 국제특송 등이 활발하게 이용되고 화물운송 과정도 인터넷상에서 화주가 직접 추적, 확인해 볼 수 있게 된다.

그러므로 향후에는 상품이나 서비스의 개발 단계에서부터 인터넷을 활용한 전 세계를 대상으로 한 광고 및 마케팅을 염두에 두어야 한다. 이와 함께 전자무역에 적합한 신제품의 개발과 함께 효과적인 주문처리, 고객관리 및 대금결제 등을 위한 내부 체제를 갖추는 것이 필요하다.[16]

---

15) 문희철 · 심상렬, 「무역자동화와 EDI」, 무역경영사, 1998.
16) 권순범 외 4명, 「인터넷이 기업경영을 바꾼다」, 영진출판사, 1998, p.58.

【그림 6-2】 기존 무역거래와 전자무역

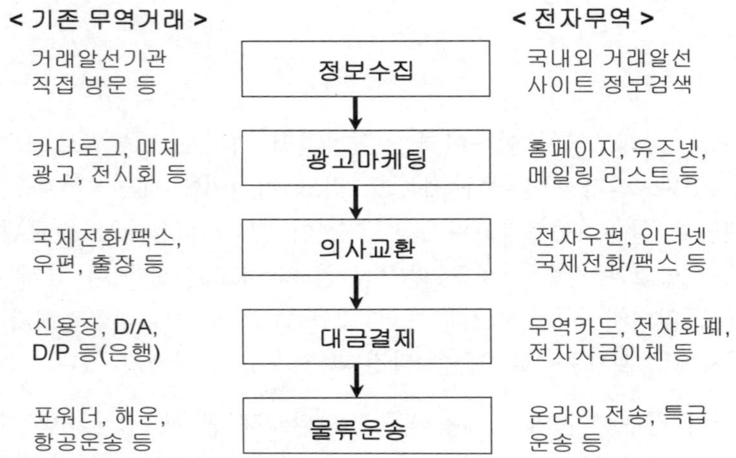

자료 : 심상렬, "국제무역에서의 전자상거래 구현 사례 : KTNET", 「CALS/EC Korea '98 발표 논문집」, 한국CALS/EC학회, 1998. 10.

1. 해외홍보와 거래선발굴

수출업체의 경우 인터넷상의 자사 홈페이지나 거래알선 사이트, 유즈넷, 메일링 리스트 등을 통해 자사 제품과 서비스에 대한 홍보를 할 수 있으며, 정보검색을 통해 국내 및 해외의 신제품이나 거래선에 대한 정보를 신속하게 입수할 수 있다. 회사와 상품에 대한 정보는 물론 오퍼등록, 조회 등을 통한 거래처 발굴 등은 무료 또는 유료로 운영되는 국내 및 해외의 각종 무역거래알선 사이트를 이용하여 효과적으로 수행할 수 있다.

따라서 향후에는 인터넷을 통해 무역에 필요한 각종 정보를 검색하고 적극적으로 거래알선 사이트를 활용할 수 있는 능력과 함께 자신의 사업 목적에 적합하게 정보를 가공하여 전략정보를 창출하는 능력이 보다 중요하게 되었다.

또한 전자우편, 인터넷팩스 및 인터넷폰 등을 이용하여 훨씬 저렴하고 효율적으로 거래상담과 계약체결을 할 수 있다. 인터넷폰과 인터넷팩스를 이용할 경우 국가에 따라 다소 차이가 나기는 하나 평균해서 볼 때 국제통신비용을 절반 이하로 줄일 수 있다.[17] 또한 접속 속도가 충분히 빠르다면 직접 만날 필요 없이 화상회의를 통해 거래 협상을 마무리 지을 수 있다.

【그림 6-3】 인터넷을 이용한 수출계약 체결 과정

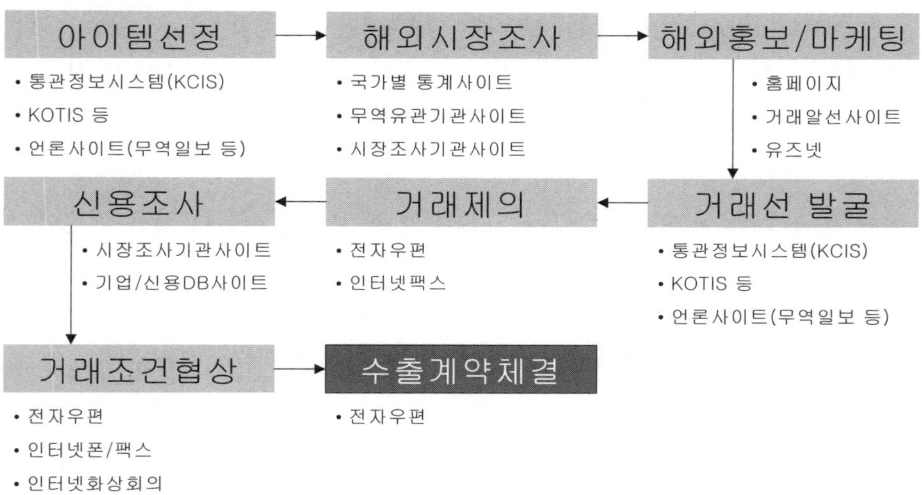

자료 : 심상렬, "산·학·관 협력을 통한 인터넷 무역 활성화 방안", 「통상정보연구」 제1권 제2호, 1999. 12. pp. 367 - 368.

---

17) 미국의 경우 기존 국제전화와 국제팩스는 분당 840원의 비용이 소요되었으나 인터넷폰과 인터넷팩스는 200원대에서 이용할 수 있다.

2. 대금결제와 물류운송

국제무역결제를 위한 신용장(L/C)제도가 무역카드(Trade Card) 등 전자결제 시스템의 개발 및 도입으로 그 존립 기반이 점차 위축되어 가고 있다.

세계무역센터협회(WTCA)와 E.M. Warburg, Pincus & Co., GEIS, Marsh 등을 중심으로 추진되고 있는 무역카드 서비스[18]는 운송 중에 전매를 하지 않는 소규모 제품의 거래를 주된 대상으로 무역대금의 결제 과정에서 신용장을 배제하고 EDI 국제표준을 이용한 계약의 체결, 계약이행을 증명하는 서류의 제공, 그러한 서류의 일치여부 점검, 대금지급의 수권지시 등을 수행한다.

물류운송의 경우에도 주문과 동시에 상품을 공급받고자 하는 소비자들의 욕구에 발맞춰 현지생산, 현지보관, 현지배달이라는 상품배송 시스템과 함께 지능형 운송시스템(ITS : Intelligent Transport System)이 구축되어 나갈 것이며, 이를 위한 인터넷의 활용도 활성화될 것으로 전망되고 있다.

이제 무역업체들은 인터넷상에서 자신이 보낸 긴급한 서류나 상품 견본이 상대방에게 전달되기까지의 전 과정을 인터넷상에서 추적해 볼 수 있다. 즉 Federal Express, UPS, DHL 등 국제특송 서비스업체의 인터넷 홈페이지에 들어가서 접수번호를 입력하면 현재 어떠한 배달상태에 있는지를 즉시 알 수가 있다.

이러한 화물추적 시스템은 국제특송에만 가능한 것이 아니다. 우리나라의 경우 1997년 10월 이후 세관에 대한 모든 수출입신고와 보세화물 반출입신고를 전자문서교환(EDI) 방식으로 처리하고 있다. 이에 따라 관세청의 통관정보시스템(KCIS)을 통해 무역업체들은 인터넷상에서 품목별, 국가별, 업체별 무역통계

18) 1998년 미국의 수입업자 Avalon Products와 대만의 수출업자 Most-Brite간에 US$21,600 규모의 유모차 거래가 이루어졌으며, 우리나라의 경우 1999년 11월 8일 LG상사가 미국의 정보통신기기 제조업체인 퀀텀 및 아이오메가사와 정식 거래에 들어갔다고 보도되었다(한국경제신문, 1999. 11. 23).

는 물론 수출입신고 수리여부 확인, 수입화물 추적 등을 할 수가 있다.

또한 컨테이너 운송업체에 화물을 맡긴 화주들도 인터넷상의 홈페이지에서 컨테이너 접수번호 입력 등을 통해 손쉽게 화물의 운송 상태를 파악할 수 있다. 따라서 이제 무역업체들은 통관이나 화물운송과 관련한 업무의 불확실성을 줄이고 보다 신속하게 업무를 처리할 수 있게 되었다.

한편, Bolero Operations Ltd.(BOL)[19]에 의해 1994년 6월부터 추진되어 1999년 상반기에 시범 서비스를 개시한 볼레로 프로젝트(Bolero Project)는 선화증권(B/L)을 포함하여 무역서류 전반에 걸친 전자화를 추구하고 있어 향후 국제거래에 커다란 변화를 초래할 것으로 보인다.

III 전자무역 수출절차

1. 개요

인터넷 수출절차는 국제상인 간의 거래이므로 국내거래보다는 그 절차나 실무 내용이 복잡하며 전문적인 면이 많다. 그러므로 수출업자(매도인)는 국내 무역관련 법규와 국제상관습을 명확히 이해하여 수출거래의 형태나 수출절차의 각 단계에서 필요한 가장 적합한 법규 및 상관습을 선택하여 국제거래에서 오는 상업적 위험을 제거하여야 한다. 일반적인 인터넷 수출절차를 간단히 살펴보면 다음과 같다.

19) 국제은행간 대금결제기구(SWIFT)와 TT Club(Through Transport Club) 등이 출자하여 설립된 중립적 조직으로서, 1995년에 설립된 사용자 그룹인 Bolero 협회와 더불어 범세계적으로 무역서류의 전자화를 통한 상업적 서비스를 추진하고 있다.

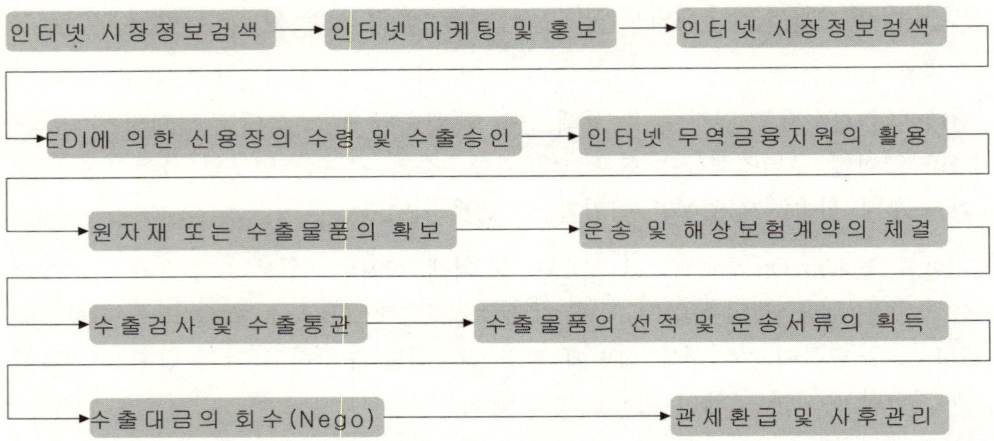

2. 전자무역 수출절차

1) 수출계약의 체결

인터넷을 이용해서 해외시장조사를 거쳐 바이어를 물색하였다면 수출업자는 자신의 취급하고자 하는 물품에 대한 국내 무역관련 법규를 검토하여 수출의 허용여부를 확인하여야 한다. 관세청사이트의 품목분류 검색서비스를 통하여 관련 정보를 찾을 수 있다.

수출에 아무런 문제가 없다면 수출업자는 해당 바이어의 신용조사를 하여야 한다. 신용조사의 결과 신용에 별다른 하자가 없다면 수출교섭과정을 통하여 수출계약을 체결하게 된다.

수출계약이 체결되게 되면 무역계약의 조건에 따라 수입업자는 수출업자에게 신용장 등을 수출자 앞으로 발행하고 신용장 등을 수취한 수출자는 동 신용장이 계약 내용과 일치하는지 여부를 검토한 후 수출 물품을 계약조건 및 신용장 조건에 따라 수입자에게 인도하기 위해 수출 승인 등 수출 이행 절차를 진행하여야 한다.

【그림 6-4】 관세청 품목분류검색 서비스(www.customs.go.kr)

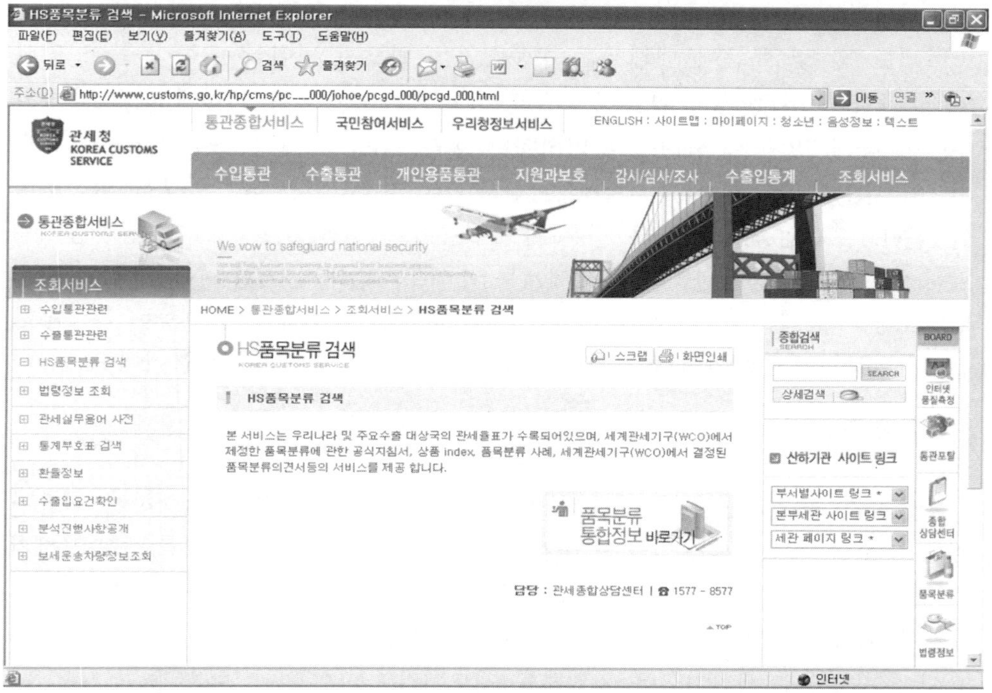

2) 신용장의 검토

신용장을 통지은행에서 수취한 수출업자는 신용장의 조건이 계약 내용과 일치하는지 여부를 면밀히 검토하여야 한다. 만일 수출환어음 매입시에 문제를 발견하고 신용장의 조건을 충족시키지 못할 땐 수출자는 대금회수를 적기에 할 수 없는 등 불이익을 당하게 된다. 만일 신용장 상의 내용이 불분명하거나, 불확실한 점이 있다면 은행에 이를 조회·확인함과 동시에 지체 없이 개설 의뢰인(매수인, 바이어)에게 조건 변경을 요구하여야 한다.

3) 수출승인

아직도 몇 몇 물품에 대해서는 수출승인을 반드시 받아야 하는 품목이 있다(예 : 산업설비수출 등). 이 경우, 당해 품목의 수출승인이 이전에 해당 품목의 수출이 규제되었는지 사전에 확인하여야 한다. 이를 위해서는 수출하고자 하는 품목을 수출입공고 등에서 제한되는 품목으로 지정되었는지의 여부를 확인하여야 한다. 수출입공고 등이라 함은 수출입공고, 수출입별도공고 및 통합공고를 말하는데, 수출입품목관리의 공고체계는 대외무역법에 근거한 수출입공고, 수출입별도공고 등과 기타 개별법에 의한 제한 내용을 취합해서 공고하는 통합공고 등을 말한다. 수출승인의 유효기간은 수출을 승인한 날로부터 1년 이내이다.

4) 무역금융

수출자는 수출신용장(또는 내국신용장)을 근거로 무역어음을 발행하여 필요한 자금을 조달할 수 있다. 이는 수출업자의 자금부담을 덜어주고 수출을 촉진하기 위하여 수출물품 제조를 위해 국내에서 물품을 구매할 경우 원자재구매자금, 수출물품 제조를 위해 물품을 수입할 경우 원자재 수입자금 및 제조·생산에 소요되는 자금으로 생산자금을 지원하는 제도이다.

한국수출입은행(www.koreaexim.go.kr)이 운영하는 사이트에 들어가면 수출입무역에 필요한 자금대출, 지원제도, 대출조건 등 무역금융과 관련된 많은 정보를 구할 수 있다. 이노넷(www.innonet.net)에서도 무역금융, 수출금융지원제도와 관련한 많은 정보를 찾을 수 있다.

【그림 6-5】 한국수출입은행(www.koreaexim.go.kr)

5) 수출물품의 확보

수출물품을 확보하는 방법으로는 수출물품의 구매와 원자재의 국내·외 조달을 통한 수출물품의 제조 등이 있다. 만일 물품이나 원자재를 국내에서 조달하고자 하는 경우에는 내국신용장에 의한 방법과 구매승인서에 의한 방법 등 두 가지의 방법이 있다.

(1) 내국신용장

수출자는 수출용 완제품이나 소요 원료를 공급하는 국내 생산업체 또는 유통업자와 물품공급계약을 체결하고 자신의 거래외국환은행을 통해 공급업자를 수혜자로 하는 내국신용장을 개설, 당해 물품을 공급받게 된다.

(2) 구매승인서

내국신용장의 개설이 어려운 상황에서 외화획득용 원료 및 완제품 구매를 원활히 하기 위하여 내국신용장에 준하여 발급하는 증서를 이용하는 방법이다. 수출지원금융제도를 이용하여 외화획득용 원자재를 조달하는 경우에는 원료의 양을 정확히 산출할 필요가 있다. 이를 소요량증명제도라 한다.

6) 운송계약의 체결

수출자는 수출계약조건이나 신용장 등엣 정한 소정의 선적 기일 내에 물품을 선적하여야 하므로 선적기일내 선적(적재)이 가능한 운송회사와 운송계약을 체결하고 수출화물의 선적준비를 하여야 한다. 수출계약서에서 채택한 정형거래조건인 FCA, FOB 조건일 경우에는 수입업자가 운송을 준비하여야 하지만, CIP, CIF 조건일 경우에는 수출업자가 운송계약을 체결하여야 함은 물론 운송보험 또는 운송계약의 의무부담과 운송의 종류 등은 채택한 정형거래조건과 밀접한 관련이 있으므로 이를 충분히 이해하여야 한다.

물품 선적 후 취득하는 운송서류는 신용장조건과 밀접한 관련이 있으므로 신용장상의 운송서류 조건을 면밀히 살펴보아야 한다. 물론 항공운송으로 매매계약을 체결한 경우에는 항공운송계약을 체결하여야 한다.

Clearfreight(www.clearfreight.com)에서는 해상운송뿐만 아니라 항공운송에 대한 견적을 제공하고 있으며 운송관련 정보나 관련 사이트를 링크하여 무역운송과 관련한 다양한 정보를 제공하는 매우 유용한 사이트이다.

또한 한국복합운송주선인협회에서 운영하는 Kiffa(www.kiffa.or.kr)에서도 해상 및 항공운송과 관련한 자료와 운송업체의 연락처를 제공하고 있어 유용한 정보를 찾을 수 있다.

7) 운송보험계약의 체결

운송보험계약체결의 의무부담 또한 채택한 정형거래조건에 따라 달라지게 된다. 채택한 정형거래조건이 CIF인 경우에는 수출자가, FOB 및 CFR인 경우에는 수입자가 해상적하보험에 부보하여야 한다. CIF 조건의 경우 수출자는 보험회사에 해당 적하보험 가입을 요청하고 보험료를 지급하면 보험회사는 보험증권을 발행하게 된다. 그러나 복합운송에 자주 사용되는 CIP 조건을 채택한 경우에도 해상구간 이외의 구간도 포함하는 운송보험계약을 수출자가 체결하여야 한다.

또한 종합무역정보서비스제공 및 무역거래알선 사이트로서 국제적인 네트웍을 형성하고 있는 EC plaza(www.ecplaza.net)에서도 해상적하보험과 관련한 정보를 제공하고 있다. 이 사이트는 무역업자들에게 매우 유용한 정보를 많이 제공하고 있으므로 친근하게 이용할 필요가 있다.

한편, 수출보험의 경우에도 수입자 신용조사의뢰부터 수출보험 부보까지 수출보험 이용을 쉽고 빠르게 One-Stop으로 처리할 수 있는 통합 서비스로써, 현재 신용조사의뢰, 한도신청, 수출통지, 결제통지 및 조회서비스를 제공하고 있는 한국수출보험공사의 사이버수출보험(CYBER KEIC)을 이용할 수 있다.

【그림 6-6】 EC Plaza(www.ecplaza.net)

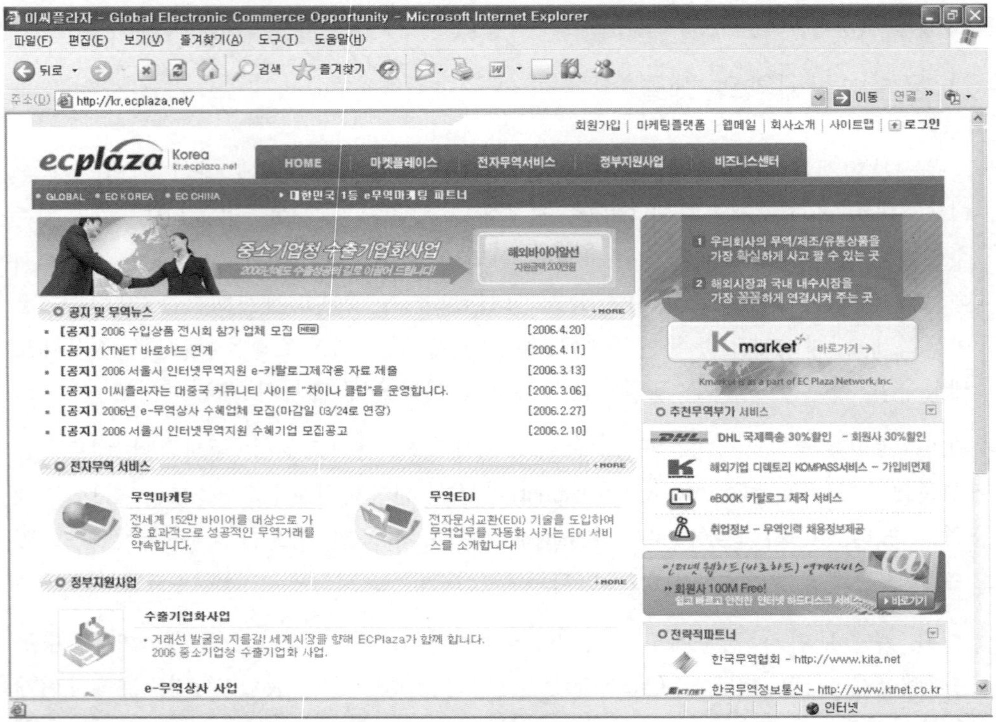

【그림 6-7】 한국수출보험공사(www.keic.or.kr)

8) 수출통관

수출통관절차는 수출시 반드시 이행하여야 할 법적 절차로서 수출 물품을 세관 검사를 받고자 하는 장소에 장치하고 세관에 수출신고를 필한 후, 필요한 세관수출검사를 거쳐 수출신고, 수리를 받아 당해 수출물품을 선박(또는 항공기)에 적재하게 된다. 현행 수출신고는 EDI 방식으로 이행하고 있으며, 내륙지의 세관(ICD에서도 가능)에서 통관절차를 거친 후 내륙운송을 한 후 선적을 할 수도 있다.

수출신고 수리를 받은 물품은 선적항으로 운송되어 선적되는데 선적 후에도 세관에서는 당해 물품의 선적을 확인하게 된다. 이로써 수출통관절차가 끝나게 된다.

9) 수출대금의 회수

선적이 완료되면 수출업자는 제반 선적서류를 준비하여 수출대금을 회수하게 된다. 수출업자가 수출대금을 회수하기 위해서는 거래은행과 외국환거래약정을 체결하고 선적을 이행한 후 환어음과 선적서류를 작성·준비하여 이 환어음의 매입, 추심을 거래은행에 의뢰하게 된다. 이때 외국환은행(매입은행 또는 추심의뢰은행)은 환어음을 지급인(개설은행, 매수인) 앞으로 송부하여 수출대금을 회수하게 된다.

외국환거래약정체결은 최초의 거래시에 이루어지며 외국환거래약정의 방법은 외국환은행이 작성한 일정한 서식에 수출자가 서명 날인하여 체결하게 된다. 이는 수출환어음의 매입행위가 일종의 여신행위이므로 수출환어음의 매입에 관해서 담보, 책임 등에 한계를 명확히 하기 위한 것이다.

신용장에 의한 대금결제에서 수출자는 신용장 조건에 일치하는 환어음과 선적서류를 준비하여야 하는데 환어음(Bill of Exchange)은 국제무역거래에서 수출자가 수입자에게 채권액을 지명인 또는 소지인에게 일정한 기일 및 장소에서 무조건 지급할 것을 위탁하는 요식의 유가증권을 말하는 것이며, 선적서류

(Shipping Documents)는 신용장에서 요구하는 제반서류 전체를 이르는 것이다.

운송서류(Transportation Documents)는 화물의 선적을 증명하는 서류를 말하는데 B/L, SWB, AWB, MTD 등이 있다. 일반적으로 수입자가 요구하는 선적서류에는 선화증권(B/L : Bill of Lading), 보험증권(Insurance Policy), 상업송장(Commercial Invoice), 포장명세서(Packing list) 이외에 영사송장(Customs Invoice), 원산지증명서(Certificate of Origin), 세관송장(Customs Invoice), 검사증명서(Certificate of Inspection), 중량용적증명서(List of Weight and Measurement) 등이 있다. 거래은행에 매입의뢰시 서류의 불일치에 의한 환어음의 부도처리가 자주 발생하므로 수출자는 신용장통일규칙(UCP)을 잘 숙지하여야 한다.

10) 관세환급

관세환급제도란 수출용 원자재를 수입할 때에 납부한 관세 및 내국세 등을 당해 원자재를 사용하여 제조한 물품을 수출한 경우에는 특정한 요건에 해당하는 경우에는 그 전부 또는 일부를 되돌려 주는 제도를 말한다. 관세환급은 수출용원재료를 수입하는 때에 납부한 관세 등을 일정기간 내에 수출 등에 제공한 때에 수출업자 등에게 되돌려 주는 것이기 때문에, 환급대상이 되기 위해서는 우선 제품을 수출 등에 제공하여야 한다. 수출용원재료의 수입은 일정한 기간 내에 수출 등에 제공하게 되면 관세환급의 대상이 된다.

관세환급액의 산출방법은 정액환급률표의 적용여부에 따라 개별환급과 정액환급이 있다. 개별환급은 정책환급률표에 기재되어 있지 않은 수출물품 등에 소요된 원재료를 수입하였을 때 납부한 관세 등을 소요량증명서, 수입신고필증 등에 의해 일일이 환급액을 산정하여 환급하는 방법을 말하며, 간이 정액환급은 수출물품별로 환급해야 할 금액을 사전에 정하여 정액환급률표에 기재해 놓고 그러한 물품이 수출되었을 때 수출신고필증만 제시받아 환급금액을 그대로 환급해 주는 방법을 말한다. 관세환급은 물품을 수출 등에 제공한 날로부터 2년 이내에 신청되어야 한다.

일정한 요건을 갖추어 일괄납부업체로 지정을 받은 자가 수출용원재료를 수입할 때에 일정기간 이내에 수출 등에 제공할 것을 조건으로 관세 등을 부과는 하되 징수는 하지 아니한 상태에서 통관하여 물품을 생산하도록 하고, 그 물품이 수출된 후 환급 받아야 할 금액과 관세 등을 상계처리하도록 하는 사후정산제도도 ·1997년 7월 1일부터 시행되고 있다.

III 전자무역 수입 절차

1. 개요

전자무역 수입절차는 전자무역 수출절차와 마찬가지로 국내의 대외무역법, 외국환거래법 및 관세법 등 무역관련법규와 INCOTERMS, 신용장통일규칙 등 국제무역관습규정 등이 상호 관련되어 각 절차에 적용되고 있으므로 수입자는 각 단계별로 적용할 가장 적합한 법률 및 관습 등을 신중하게 적용하여야 한다. 수입절차를 진행함에 있어서도 인터넷을 잘 활용하면 무역업무를 효율적으로 처리할 수 있다.

2. 전자무역 수입절차

1) 수입물품의 선정

우선, 전자무역 관련사이트를 통하여 수입물품을 선정하여야 한다. 이 때 당해 물품의 수입비용을 잘 분석하여 국내시장에서 경쟁력을 가지고 있는지를 잘 검토하여야 한다. 뿐만 아니라 당해 물품의 국내시장 규모나 판매(유통)채널을 사전에 확보해 두어야 한다. 수입 아이템을 선정할 때에는 다른 수입처에서 미처 관심을 가지고 있지는 않지만 국내 수요 유발이 예상되거나 가능한 것 또는 틈새시장이 존재하는 물품을 선정하는 것이 유리하다. 좋은 수입 아이템을 선정을 하려면 인터넷을 활용하여 국내의 시장 정보와 경제 동향을 잘 관찰할 필요가 있다, 수입무역상에게 인터넷 서핑(surfing)은 매우 중요한 요소라 할 수 있다. 수입물품이 선정되면 인터넷 무역거래알선 사이트를 활용하여 보다 경쟁력 있는 조건을 제시하는 기업과 수입계약을 체결하여야 한다. 이 경우에도 상대방의 신용조사는 필수적이다. 왜냐하면 대금의 선불을 요구해 놓고 물품을 선적하지 않는 수출상도 있기 때문이다.

2) 수입계약의 체결

수입계약이란 국제간에 발생되는 물품매매계약(Contract of Sale)으로서 매수인(Buyer)이 물품대금을 매도인(Seller)에게 지급할 것을 약속하고 매도인은 매수인에게 물품의 소유권을 양도하여 인도할 것을 약정하는 계약을 말한다. 수입계약은 수출계약과 마찬가지로 매수인이 매도인으로부터 오퍼(Offer)를 받고 매수인이 이에 대한 승낙(Acceptance)을 하게 되면 계약이 성립하게 된다.

오퍼는 특별히 정해진 형식이나 방식이 있는 것이 아니라 거래대상물품, 거래방식 등에 따라 다양한 형태를 가지고 있다. 하지만 일반적으로 오퍼상 기재되는 항목은 품명(commodity name), 수량(quantity), 단가(unit price), 대금결제방법(payment condition), 보험(insurance), 원산지(origin), 유효기간(validity), 선적기일(shipping date), 포장방법(packing method) 그리고 발행일자(offer date) 등이다.

일반적으로 수입자는 수출자와 매매계약을 체결하기 전에 향후 거래 기준이 되는 일반거래조건(General terms and conditions) 협정을 체결하게 된다.

3) 수입승인

수입하고자 하는 물품이 수입제한 품목인 경우에는 별도의 수입승인을 얻어야 한다. 수입승인은 수출승인과 마찬가지로 1년간 유효하며 필요한 경우 20년 범위 내에서 연장이 가능하다. 수입승인 대상 물품을 수입하고자 하는 자는 매 계약 건별로 구비서류를 갖추어 산업자원부장관에게 승인을 신청하여야 하지만, 산업자원부장관은 대금결제에 관한 사항이 승인 및 사후관리대상에서 제외됨에 따라 수입승인 권한을 외국환은행에게 각 품목별 추천기관으로 변경하여 위탁하고 있다.

4) 신용장 개설

수입계약서에서 무역대금결제를 신용장 방식으로 체결한 경우에 수입자는 수입승인을 받은 후 자기의 거래외국환은행에 신용장발행을 신청하여야 한다. 신용장은 개설은행이 해외 수출업자에게 신용장 조건과 일치하는 서류가 제시되면 수입화물의 대금을 지급하게다는 조건부 지급확약서이다. 개설은행은 개설의뢰인(수입자)와 수입신용장 개설전에 외화지급보증약정의 체결이나 전액 담보금을 요구하기도 한다.

5) 운송 및 보험계약의 체결

수입자는 수입계약서에서 정형거래조건을 FCA 또는 FOB로 채택하였다면 자신이 운송계약을 체결하여야 한다. 또한 수입자는 채택한 정형거래조건이 CIF 또는 CIP 조건이 아니라면 운송 중의 물품에 대하 위함을 자신이 부담하게 되므로 자신을 위하여 운송(해상)보험계약도 체결하여야 한다.

6) 수입대금결제

수출업자도 선적 후 자신의 외국환은행에 매입을 의뢰하여 수출대금을 회수하고자 할 것이다. 이 때 환어음과 운송서류 등을 매입한 수출국의 매입은행은 개설은행 앞으로 매입한 서류들을 송부하게 되는데, 수입국의 개설은행은 접수한 서류를 심사하여 신용장조건과의 일치가 확인되면 개설의뢰인(수입업자)에게 선적서류가 도착했음을 통지한다. 개설의뢰인은 선적서류를 인수받기 위해서는 수입대금을 결제하여야 한다.

선적서류를 인수받은 수입자는 수입대금을 결제한 후 선적서류를 인도 받아 수입통관절차를 이행하게 된다. 만일, 수입물품은 도착항에 도착하였으나 선적서류의 송달 지연으로 수입화물의 인수지연이 발생하는 경우에는 개설은행으로 수입화물선취보증서(Letter of Guarantee : L/G)를 발급받아 수입물품을 인수받게 된다.

즉, L/G의 발급은 선적서류 도착 전 물품의 인도로부터 발생하는 모든 문제를 개설은행이 책임지고 차후에 선화증권 원본이 도착하면 이를 선박회사에 제출할 것을 보증하는 개설은행의 보증서이므로 선적서류의 원본을 인도하는 것과 동일한 효과를 가지게 된다. 이때 외국환은행이 L/G를 발급하게 되면 신용장조건과 일치하지 않는 선적서류가 도착하여도 매입은행에 대하여 수입어음의 인수를 거절할 수는 없다.

7) 수입통관

외국으로부터 수입되는 물품이 우리나라에 도착하면 수입업자는 동 물품을 하역하여 보세구역에 반입하여 장치한 후 수입통관을 하기 위하여 세관에 수입신고를 해야 한다. 수입신고란 수입되는 물품에 대하여 수입하겠다는 의사표시를 세관장에게 하는 것을 말하는데, 수입신고를 함으로써 적용법령 및 과세물건 그리고 납세의무자가 확정되는 것이다.

수입신고 시기에 따라 수입신고는 출항전 신고, 입항전 신고, 보세구역 도착전 신고 그리고 보세구역 장치 후 신고 등 4단계가 있다.

수입업자는 수입신고필증을 제시하고 물품을 보세구역으로부터 반출한 후 세관에서 세액심사를 받으며, 관세 등을 납부하고 수입면장을 교부받아 보세구역에서 그 물품을 반출해 가게 된다.

8) 수입물품의 처분

수입면허를 받아 보세구역으로부터 반출한 수입물품은 그 용도에 따라 처리하게 되는데, 일반적으로 원자재인 경우에는 공장의 창고로, 물품인 경우에는 유통창고로 이동하게 된다. 이러한 이동을 위해서도 수입자는 사전에 내륙운송(자가운송이 불가능한 경우)을 수배해 두어야 한다.

일반적으로 수입절차는 수출절차와 반대로 이해하면 된다. 일반적인 수출입 절차를 정리한 표는 다음과 같다.

【표 6-1】 수출입 절차별 이행자

절차	이행자
수출입 마케팅(거래제의)	수출자, 수입자
무역계약 체결(개별계약, 포괄계약)	수출자, 수입자
수입 승인	수입자
신용장개설	수입자
신용장 수령	수출자
수출물품 확보	수출자
수출승인	수출자
수출신고 및 수출면허	수출자
해상보험부보	수출자, 수입자
수출물품 선적	수출자
수출대금 회수	수출자
수입대금지급과 선적서류 수령	수입자
수입신고 및 수입면허	수입자
수입물품 수령	수입자
수입물품 국내유통	수입자

Part Ⅲ
글로벌 무역경영

Chapter 7 세계화와 기업경영의 글로벌

Chapter 8 국제기업의 경쟁전략

Chapter 9 국제문화환경과 글로벌리더십

Chapter 7

세계화와 기업경영의 글로벌화

I 글로벌 경영의 주요 원인

오늘날 세계경제 변화의 특징은 한마디로 국경 없는 경제의 전개로 집약할 수가 있다. 이는 국제무역의 확대에 의한 세계시장의 형성, 통신 · 정보 · 수송 · 기술의 혁신에 의한 거리의 축소, 기업활동의 증가와 경영확대, 냉전체제의 종식, 경제블록의 대두 등이 그 요인이 되고 있다. 특히 기업들은 전 세계를 대상으로 경영자원을 동원하여 투자하고 있으며, 기술개발, 자금 및 원자재의 조달, 생산, 판매 등 모든 경영활동을 전 세계적으로 전개하는 글로벌(global) 전략을 추구하고 있다.

글로벌화(globalization)는 세계화라는 말과 같은 의미로 이해되고 있다. 이것은 어떠한 활동이 국경을 초월하여 범세계적으로 이루어진다는 뜻으로서 세계가 하나의 국가라는 모델을 지향하고 있다. 기업은 글로벌화의 첨병 역할을 담당하는 주체로서 자본과 기술을 토대로 환경변화에 민감해야 하는 속성을 가지고 있다. 따라서 글로벌화는 오늘날과 같이 좁아진 세계경제에서 기업들이 따르지 않으면 안될 보편적 가치이며 생존전략의 수단이다.

입(Yip)교수는 이같은 글로벌화를 촉진하는 요인으로 시장요인, 비용요인, 정부요인 및 경쟁요인의 네 가지 요인을 제시한 바 있는데, 다음의 내용은 이들 요인을 토대로 기업들의 경영 글로벌화를 촉진시키고 있는 변화요인을 설명한 것이다.

1. 시장요인의 변화

최근 들어 수송, 통신수단의 비약적인 발달에 힘입어 국가와 국가의 울타리는 점차 낮아지고 사람, 물건, 돈, 정보의 국가간 교류가 매우 활발해지게 되었다. 이에 따라 전 세계적으로 상이한 지역에 있는 소비자들임에도 불구하고 공통적인 소비자 욕구를 갖게 되었으며, 이러한 욕구를 겨냥한 혁신 선도국가의 부상과 함께 이전 가능한 마케팅 활동과 글로벌 유통채널이 도입되었다. 이러한 것들이 지금의 세계를 크게 변화시킨 요인이 되었는데 경제적으로는 무(無)국경경제(borderless economy) 또는 글로벌 경제를 실현시키게 되었다. 더욱이 1994년의 UR 협상 타결에 의해 세계는 하나의 시장 시대를 향해 나가고 있는데, WTO체제의 출범으로 대표되는 새로운 세계무역규범은 교역자유화의 범위를 공산품, 농산물뿐만 아니라 서비스, 투자, 지적재산권 등 교역이 가능한 거의 모든 분야에 이르기까지 확대하고 있어 글로벌 경영을 더욱 촉진시킬 전망이다.

이러한 무국경경제 또는 글로벌경제를 실현시키고 있는 것은 국경을 초월한 기업활동임은 주지하는 바와 같다. 사실상 기업의 다국적화 또는 글로벌화는 오랜 기간에 걸친 기업의 해외시장을 향한 도전의 결과이다. 그러나 한편으로 경제규범의 범세계화 확산은 모든 국가가 동일한 규범 하에서 경쟁해야 함을 뜻하므로 각국의 기업들에게 새로운 기회의 제공과 동시에 도전으로 작용하고 있다. 이 같은 시장 여건의 변화는 기업 생존을 위한 무한 경쟁을 요구하고 있다.

2. 비용요인의 변화

OECD의 정의에 의하면 산업의 글로벌화(globalization of industry)란 주요 외국시장으로의 참여와 현지국 시장의 기호에 맞춘 제품을 생산하기 위한 국제적 규모의 생산조직화를 의미한다. 이를 위해 기업은 각국의 비교우위를 최대로 활용하여 비용을 최소화하기 위해 전 세계로부터 생산요소와 지원서비스를 획득하게 된다. 다시 말하면 글로벌화 되는 시장의 수요에 대응하여 낮은 비용의 투입을 목적으로 기업활동 중 특히 생산부문의 글로벌화, 즉 해외 생산이 증대되는 것이다.

해외 생산의 증가세는 지난 1980년대를 통틀어 국내 생산 및 무역보다 훨씬 높았다. OECD의 연구 결과에 의하면 오늘날 가장 글로벌화가 많이 진전된 산업은 자동차, 전자, 화학 및 의약품 산업으로 지적된다. 자동차, 화학 및 의약 등 주요 산업에서 세계 100대 기업의 국내자산과 해외자산 비중을 살펴보면 해외자산의 비중이 큰 산업은 자동차, 전자, 식품 및 음료, 금속, 화학 및 의약의 순서이다. 자동차 산업의 경우 총 자산 규모는 8,290억달러인데 이중 해외 자산 규모는 6,150억달러로 국내 자산 규모의 무려 2.9배에 이른다. 다음으로 전자산업은 총 자산 규모 7,710억달러 중 해외 자산 규모가 4,660억달러로 국내 자산 3,050억달러의 1.5배에 달한다. 이러한 현상은 기업들이 국내에 투자하기보다는 해외 투자에 더 큰 비중을 두어 왔으며 수출보다는 해외 생산에 더 높은 우선순위를 두고 있음을 의미한다.

앞으로 급속한 기술발전과 함께 기업이 필요로 하는 기술의 범위도 급격히 확대될 전망이나 이러한 변화는 오히려 개별기업의 전 분야에 걸친 독자적인 기술개발에 제약이 되고 있다. 이를 위해서는 개별기업 차원의 독점적 기술 이용 보다는 기업 간 협력을 통해 공동 개발을 추진하거나 인수·합병(M&A)을 통한 다른 기업의 자원을 활용하는 방안이 필요하다.

3. 경쟁요인의 변화

글로벌경영을 촉진시키는 또 다른 요인으로 치열해지는 세계 기업간 경쟁을 들 수가 있다. 이러한 기업간 경쟁은 1980년대 중반 이후 대두된 것으로서 기존의 경쟁 패러다임과는 전혀 다른 새로운 패러다임이다. 미국 대통령 자문위원회의 하나인 경쟁력위원회는 지난 1985년 1월에 제1회의 보고서를 발표한 바 있는데, 그 보고서의 제목은 [글로벌 경쟁 - 새로운 현실]로서 이미 80년대 중반부터 글로벌 경쟁의 패러다임을 제시하고 미국정부, 산업계, 기업에 대하여 국제경쟁의 격화에 대처하여 할 여러가지 방책을 담고 있다. 1980년대부터 논의되어 온 우루과이라운드협상이나 새로운 경제블록권으로 등장하게된 북미자유무역협정(NAFTA)과 유럽연합(EU) 등은 세계 각국의 모든 기업으로 하여금 대외 경영전략에 대대적인 수정을 하도록 만들었다. 이 같은 변화는 과거의 환경변화와는 다른 중요한 의미를 가지고 있다. 이는 기존의 다국적기업과는 달리 국가 단위를 넘어 전 세계를 하나의 단일한 시장으로 경쟁하는 초국적기업 즉, 글로벌기업이라는 새로운 기업 개념의 등장을 의미한다.

하버드대학의 포터교수도 다국적기업이 모국을 중시하는 국가위주의 개념인 반면에, 초국적기업은 기업을 중심으로 글로벌 시장을 경영하는 자본 중심의 개념이라고 설명하면서, 이러한 초국적기업의 등장은 1990년대 들어 급격히 증가하고 있다고 밝히고 있다. 우리나라의 경우에도 경영의 글로벌화는 국제화와 개방화를 국가경영 전략의 하나로 내걸고 있는 정부 정책과 맞추어 국내 기업들에게도 새로운 세계적 경영조류에 적응할 수 있는 수단으로 인식되어야 할 것이다. 경쟁이 세계적 규모로 전개되고 있기 때문에 우리 정부, 산업계, 기업에서도 새로운 현실에 도전하기 위한 정책 및 경영 전략이 요구되고 있다. 더욱이 1990년대 중 우리 경제와 기업 경영은 무역과 해외 투자 면에서 국제적으로 위상이 높아짐에 따라 국제적 시야와 함께 정책 운영 및 기업의 경영 전략을 재검토할 필요성이 커지고 있다.

4. 정부요인의 변화

세계를 국경 없는 경제로 묶는 글로벌화 현상이 발전하면서 다른 한편으로는 경제 블럭을 형성하는 지역주의가 동시에 확산되고 있다. 유럽연합(EU)은 1958년 관세동맹으로 출발한 이래 1993년 역내 단일 시장을 완성하였으며, 이미 유러화 단일 통화의 창출 을 통해 완전경제통합의 길을 가속화하고 있다. 미국은 캐나다, 멕시코와 함께 북미자유무역협정(NAFTA)을 체결하여 1994년 1월부터 역내국간 관세를 철폐하는 지역화에 착수하였다. 이처럼 최근 세계경제의 특징은 EC 통합, 미국을 중심으로 한 NAFTA와 북미경제권의 형성, 아시아 태평양 중심의 경제연합체의 태동 등 세계경제가 지역주의화하고 있다.

이처럼 기업경영의 글로벌화란 기업활동의 세계화를 말한다. 이것은 기업이 전 세계 여러 지역의 경영자원과 고객요구를 자사의 역량에 결합시켜 새로운 경쟁력을 창출함으로써 세계시장에 대응하는 과정이다. 이 같은 의미에서 경영의 글로벌화는 상품과 서비스에 대해 다양한 지역에 있는 고객들의 개별적 욕구와 범세계적 특성을 조화시키면서 전 세계에서 사업을 수행하는 것으로 정의할 수 있다. 오늘날 경영의 글로벌화가 두드러짐에 따라 기업활동의 동시화(同時化)현상과 함께 경제운용 방식의 동질화가 초래되는 무국경경제(borderless economy)가 날로 확장되고 있다.

한편, 펄뮤터(Perlmutter)라는 학자는 기업이 국제경영활동을 수행하는 데 있어 세가지의 기본적인 접근 방식을 가질 수 있다고 하였다. 즉, 자국중심주의적인 접근방식(ethnocentrism)과 현지국중심적인 접근방식(polycentrism), 그리고 세계중심적인 접근방식(geocentrism)이 그것이다. 이는 곧 기업의 국제화와 직결된 것이기도 하다.

자국중심주의란 본국(home country)에서 사용하는 경영방침과 스타일을 외국에서도 그대로 사용하는 것으로서 현지국(host country)에서의 이해나 적응에 별 관심을 두지 않는다. 따라서 현지 책임자도 본국에서 파견된다. 어느 정도 민족적 우월감이 깔려 있는 행동 양식이라 하겠다.

이에 반해 현지국중심주의는 현지의 상황에 대한 이해와 적응을 최우선으로 고려하는 접근 방법이다. 즉, 현지 사정을 가장 잘 아는 사람은 역시 현지인이기 때문에 현지인 채용을 우선하고 '로마에 가면 로마법을 따른다'는 인식하에 경영활동을 수행해 나가는 것이다.

세계중심주의는 국가나 국적을 문제 삼지 않는다. 다만 그 상황, 그 나라에 가장 적합한 경영방식이 무엇이며 그 자리에 가장 적합한 경영자가 누구인가가 경영활동의 중요한 행동 지침이 된다. 따라서 이러한 접근법을 택하는 기업이 진정으로 국제화된 기업이라 할 수 있다. 즉 외형적으로 아무리 많은 국가에 자회사를 두고 해외 부문에 생산 및 매출 비중이 아무리 큰 기업이라 해도 기본적인 경영 행태가 앞의 두 원칙에 머문다면 국제화 정도가 높다고 보기 힘들다는 것이다.

펄뮤터는 원래 다국적기업의 진화 과정을 설명하면서 위의 세 가지 행동 양식을 중요한 기준으로 사용하였으며 세계중심적인 행동 양식을 보이는 기업을 다국적기업으로 보았다. 그러나 후에 글로벌기업(global corporation)이라는 개념이 등장하면서 과거 다국적 기업의 개념을 대체하기 시작하였다. 이에 따라 다국적기업은 다수의 독립된 국가 시장을 대상으로 현지 지향적인 경영활동을 펴나가는 기업이라는 의미로 전락하고 있는 형편이다. 즉 다국적(multinational)이라는 단어가 함축하고 있는 의미를 다만 '다수의 국내시장을 가지고 있는'(multidomestic)정도로 해석하는 경향이 있는 것이다.

II 국제기업

1. 국제기업의 개념

기업의 국제적인 활동은 국경을 넘어서 이루어지는 모든 경영활동을 의미한다. 국경을 넘는 경영활동에는 제품, 서비스, 자본, 인력, 기술 및 경영관리 등이 모두 포함되며, 이러한 국제적인 활동을 수행하는 기업을 국제기업이라고 부를 수 있다. 그러면 국제기업이 되기 위해서는 어떤 속성을 갖추어야 하는가? 이러한 질문은 국제사업활동을 실제로 수행하고 있는 주체, 즉 국제기업을 어떻게 정의하고 파악하느냐에 관한 것이다.

우선 국제기업의 원조라고 말할 수 있는 다국적기업(multinational enterprise)에 대하여 살펴보자. 다국적기업은 제 2 차 세계대전 이후 기업의 집중과 합병으로 거대기업이 출현함에 따라 미국기업을 중심으로 등장하였다. 여기에 통신과 교통수단의 발달은 전 세계 소비자의 수요를 동질화시킴으로써 제품의 현지 적합성을 높이고, 전 세계시장을 하나의 단일 시장으로 통합시켰다. 또한 통신과 교통수단의 발달은 해외자회사에 대한 본사의 통제를 용이하게 하고, 범세계적 차원의 전략 수행을 가능하게 함으로써 기업의 다국적화를 촉진시켰다. 이 같은 다국적기업의 등장은 전통적인 무역이론의 체계를 그 가정에서부터 깨뜨렸다. 다국적기업은 자본만을 국제적으로 이동시킨 것이 아니라 인력 · 기술 · 서비스 · 경영관리능력 등 모든 경영 자원을 국제적으로 이동시키면서 국제적인 경영활동을 전개하고 있다.

다국적기업은 오늘날 국제경영에서 핵심적인 역할을 하고 있으나, 이에 대한 정의는 통일되어 있지 않는 실정이다. 기업의 구조적인 면을 강조하여 활동하는 국가의 수, 또는 대주주나 최고 경영자들의 국가적 구성에 의해 파악하려는 기준이 있는가 하면, 경영 성과의 측면에서 해외로부터 얻어지는 또는 해외에 있는 이익, 매출, 또는 자산의 절대 액 또는 상대적 비율의 크기로 기준을 삼고자 하는 경우도 있다. 그런가 하면 최고 경영자의 행태적 특정, 예를 들면 경영의사 결정 시 범세계적 관점을 가지는가의 여부를 기준으로 해야 한다는 주장도 있다.

원래 다국적기업이란 용어는 구미(歐美) 학자들에 의하여 붙여졌다. 앞의 주장들에서 보듯이 어느 쪽으로건 다국적기업이란 용어가 하나로 통일된 정의를 가지기는 어렵다. 다만, 논의의 목적과 상황에 따라 실용적으로 정의할 수밖에 없을 것이다. 그러나 분명한 것은 하나의 다국적기업은 2개 이상의 국가에 영업기반을 가지고 있으며, 이들이 공통된 소유지분에 의해 연결되어 있다는 것이다.

이 책에서는 기업활동의 국제화를 추진하고 있는 기업을 국제기업이라고 하며, 국제기업을 국제적인 기업활동이 기업 내에서 차지하는 비중이 상당히 높은 기업으로 정의한다. 이 같은 정의를 따르면 국제기업은 앞에서 살펴본 다국적기업을 포함하는 보다 넓은 개념이 되며, 국제기업에는 다음에서 살펴볼 수출기업, 다국적기업 및 글로벌기업 등의 유형이 모두 포함된다. 이처럼 포괄적인 개념을 빌리면 우리나라의 무역회사, 건설회사 및 대부분의 제조업체들이 국제기업에 해당하게 된다.

2. 기업의 국제화단계

기업은 새로운 사업기회에 도전하고 경쟁에서 우위를 확보하면서 한 국가의 산업 성장을 주도한다. 기업의 국제화는 기업에게 중요한 사업기회이면서 경쟁의 장을 제공한다. 그러면 기업의 국제화란 무엇인가? 기업의 국제화는 국내에서 기업활동을 하는 국내 기업이 점진적인 발전 과정을 거쳐서 해외시장으로 진출함으로 국제기업이 되는 과정을 말한다.

이러한 기업 국제화의 단계는 다음과 같이 요약할 수가 있다. 어느 나라에서 산업주기가 수출 단계에 이르면 그 나라의 기업은 수출기업으로 성장하고 해외생산단계에 이르면 그 나라의 기업은 다국적기업으로 발전하게 된다. 그 나라가 해당산업에서 세계적 주도권을 잡게 되면 그 나라 기업은 글로벌기업으로 도약하게 된다. 이러한 기업 국제화의 과정을 단계별로 살펴보면 다음과 같다.

1) 1단계 : 국내기업

기업의 초기단계는 일부 예외적인 경우를 제외하고는 국내사업만을 위주로 한다. 이것은 해외 사업의 높은 위험, 소규모 기업의 경영능력 부족 등에 따라 국내사업을 통한 기반 확보와 경험축적이 유리하기 때문이다. 산업 특성이나 경쟁 여건에 따라 대기업의 경우에도 국내 기업으로 머물러 있을 수 있으나, 이는 폐쇄되어 있거나 경쟁이 없는 독점적 공기업 등에 한정된다. 시장이 개방되고 국내 경제가 세계경제에 편입되게 되면 기업들은 생존을 위해서도 해외로 진출할 수밖에 없다.

2) 2단계 : 수출기업

기업의 해외사업은 수출에서부터 시작된다. 여기에서 요구되는 것은 경쟁국에 대비한 수출경쟁력의 확보이다. 초기에는 OEM 등을 통해 간접 수출을 하지만 점차 자체 브랜드로 시장을 개척하고 해외 영업망을 구축하거나 현지 유통에 직접 진출하기도 한다(Original Equipment Manufacturing : OEM → Original Design Manufacturing : ODM → Original Brand Manufacturing : OBM). 그러나 기업의 해외 사업은 국내에서 생산된 제품을 수요가 있는 외국시장에 판매하는 수준에 머물러 있다.

3) 3단계 : 다국적기업

수출기업의 다음 단계는 다국적기업이다. 이는 해외직접투자를 통해 해외에 생산 거점을 마련하는 것이다. 해외 투자를 하는 이유는 크게 두 가지로 설명할 수 있다. 첫째는 우리나라의 신발·섬유산업과 같이 그간의 값싼 노동력으로 상품을 생산하여 세계시장에 수출하여 왔으나, 인건비 상승으로 국내시장에서 채산성을 못 맞출 경우 인건비가 싼 개발도상국으로 생산 거점을 옮기는 것이다. 둘째는 수출 대상국의 수입 제한, 고용 창출 요구 등의 압력을 받아 현지에 진출하는 경우이다. 즉, 수입장벽을 극복하고 시장침투를 하기 위한 현지 생산이다. 한편 기업의 전략에 따라서는 제 3국 수출을 위한 생산기지 건설, 통합된 구매활동, 첨단 기술이나 자연자원 획득을 위한 투자도 일어나게 된다. 이 단계는 기업이 현지 국가의 내부자가 되는 단계로서 본사 중심의 경영이 이루어진다.

4) 4단계 : 글로벌기업

한편, 다국적기업의 단계에서 한 단계 발전하면 글로벌기업이 된다. 세계시장 전체를 하나의 자재 조달원, 생산기지, 판매시장으로 보고, 경영의 모든 활동을 지구상의 최적지에서 영위하는 글로벌기업이 되는 것이다. 기업이 세계적 경쟁우위를 갖추기 위해서는 범세계적 차원에서 자원을 조달하고 전략을 통합할 필요가 있다. 동시에 현지국의 요구에 부응하여 경영의 현지화와 지역사회 공헌에도 노력해야만 한다. 이 단계가 되면 원래의 국적이나 본사 개념은 상당히 희미해지며, 지역 본사 체제가 정비되고 다양한 기업들과 복잡한 제휴 관계를 맺게 된다.

이와 같이 기업의 국제화 초기에는 기업활동은 주로 본국에서 이루어지며 생산된 제품을 해외시장에 수출하는 수출기업의 형태를 취한다. 그런데 이러한 수출기업이 세계시장 진출을 확대시켜 나가려 할 때는 근본적으로 서로 다른 두 가지 접근 방법을 선택하게 된다. 하나는 글로벌화(globalization)이며, 다른 하나는 현지화(localization)이다. 글로벌화는 위에서 설명한 것과 같이 세계시장을 하나의 시장으로 간주하고 가능하면 표준화된 제품을 대량생산하여 본사 주도의 해외시장 관리를 통하여 세계시장을 진입하는 전략 방향이다. 이와는 달리 현지화는 지역별로 현지국가의 시장 요구에 맞는 제품을 차별화하고 지역별 또는 국가별로 권한의 위임을 통하여 현지 경쟁력을 높여 나가는 전략이다. 전자의 글로벌 접근 방법을 중시하는 기업이 순수한 의미의 글로벌기업이며, 후자의 현지화 접근 방법을 중시하는 기업이 다국가기업 즉, 다국적기업이다.

그러나 앞에서 살펴본 것과 같이 1980년대 이후 기업 국제화를 추구하는 기업들에게 중요한 영향을 미치는 환경변화가 나타나고 있는데, 지역별 또는 국가별로 분리된 전 세계시장이 하나의 시장으로 변모하는 산업의 글로벌화가 바로 그것이다. 이러한 환경변화에 대응하여 현지화를 추구하던 기업들이나, 글로벌화를 중시하던 기업들이 모두 글로벌기업을 향하여 그들의 경영전략 방향을 수정하고 있다.

순수한 의미의 글로벌기업은 글로벌화를 유지하는 가운데 현지화를 강화시키는 글로컬리제이션(glocalization)으로 나가고 있으며, 다국적기업들은 현지화를 바탕으로 글로벌화를 강화시키는 글로컬리제이션으로 나가고 있다. 다시 말하면, 현지화된 사업의 공유와 통합을 통하여 세계 사업성과의 극대화를 추구하고 있다. 이러한 의미에서 글로벌기업은 현지화를 바탕으로 글로벌화를 추구하는 글로컬기업(glocal company)이라고도 할 수 있다.

3. 국제기업 활동의 대상과 영역

국제기업의 활동은 수출, 국제적인 계약에 의한 계약거래 및 해외직접투자 등 세 가지 영역으로 크게 나눌 수 있다. 수출은 가장 일반적인 국제기업의 사업 형태이며 간접수출, 직접수출, 지사 및 현지법인 설치 등의 방법으로 수출이 이루어진다. 간접수출은 수출업자나 수출대리인을 통한 상품 수출을 의미한다. 직접수출은 외국의 수입업자나 중간상인에게 직접 상품을 수출하는 경우로서 가장 일반적인 형태의 국제기업활동이다. 직접수출의 물량이 많아지고 해외 수요가 늘어나면 기업은 외국에 직접 상품을 판매할 지사나 현지법인을 설립하게 된다.

국제적인 계약에 의한 활동에는 국제기술이전계약, 프랜차이징, 경영관리계약 등이 있다. 국제기술이전(licensing)계약은 일정한 기술사용료를 받고 특정 기술을 사고 파는 약정을 말한다. 프랜차이징은 제품 · 가격 · 광고 등 포괄적인 제조 또는 마케팅의 노하우(know-how)를 제공함으로써 소비자가 본사와 똑같은 제품과 서비스를 받는다는 느낌을 갖도록 하는 기업활동이다. 경영관리계약은 일정 기간 동안 기업을 대신 경영하여 줌으로써 경영시스템과 경영관리의 노하우를 이전하고 그 대가를 받는 계약을 말한다.

국제기업의 활동 중에서 가장 본격적인 활동은 해외투자(foreign investment)이다. 해외투자란 외국에 있는 기업의 주식 일부 또는 전부를 소유하여 배당 또는 이자 수입 등을 얻거나 직접 사업에 참여하는 것을 말한다. 해외투자에는 직접 경영에 참가하여 경영 통제권을 행사하는가, 또는 직접 경영에는 참가하지 않고 배당이나 이자 수입만을 바라는가에 따라 해외직접투자와 해외간접투자로 나누어진다.

해외직접투자는 그 소유지분이 100%인가 또는 그보다 작은가에 따라 단독투자와 합작투자로 구분되며, 투자 방식에 있어서도 해외에 있는 기존의 기업을 매입하는 인수 · 합병(M&A) 방식과 기업을 새로이 설립하는 기업신설(green field investment) 방식으로 나누어진다.

최근 들어 기업의 국제경영활동은 전통적인 국제무역보다는 해외직접투자에 의한 국제생산활동이 세계의 총수출을 능가하고 있다. 해외직접투자는 최근의 세계화 추세를 주도하고 있으며 앞으로도 이러한 추세는 상당기간 지속될 것으로 기대된다.

4. 국제기업과 국내기업의 차이점

국제기업도 기업이라는 측면에서는 국내기업과 그 형태면에서는 다를 바가 없다. 그러나 국제기업은 세계적 환경을 적응하면서 활동을 해야 하므로 기업경영에 영향을 줄 수 있는 각국의 다양한 환경 즉, 경제적, 법적, 문화적, 정치적 변수들을 고려하여야 한다. 따라서 국제기업은 단순히 국내기업의 연장이라고만 보기 어렵고, 그 본질에 있어 중요한 차이가 있다. 이와 같은 차이는 대체로 다음과 같은 원인에서 생긴 것으로 볼 수 있다.

첫째, 국제기업은 다수의 국가에서 활동하기 때문에 국내기업에 비해 보다 다양하고 복잡한 환경요인과 제도에 의해 영향을 받는다는 점을 들 수 있다. 국내기업은 한나라의 환경에만 친숙하면 그만이다. 이에 반해, 국제기업은 여러 나라의 환경요인과 제도에 대한 정보를 수집하고 분석해야 하는 경우가 많다. 이들은 어떤 특정 환경요인에 대해 각각의 개별국가에 대한 정보가 필요할 뿐 아니라, 모국과 현지국간의 관계에 대해서도 알아야 하므로 문제가 더욱 복잡해진다. 예를 들면, 해외자회사가 있는 각 국가의 소득세율에 대해서 뿐만 아니라, 그 국가와 본국간에 이중과세 면제협정이 체결되어 있는가의 여부도 파악해야 한다.

둘째, 이와 같이 다양하고 복잡한 환경과 제도는 그 만큼 기업의 위험을 증대시키게 된다는 점을 들 수 있다. 정부규제와 노조 및 소비자 운동단체와 같은 사회압력그룹의 형태와 영향력은 국가마다 차이가 있고, 외국기업에 대한 입장도 각각 다르다. 그 차이가 기업이 당면하는 외부와의 갈등과 정치적 위험의 크기를 결정하는 중요한 변수가 된다. 또한 각국의 통화가 서로 다르고, 이들간의 상대적 가치가 변하기 때문에 발생하는 외환위험도 국제기업만이 당면하게 되는 고유한 위험이다.

셋째, 국내기업은 환경과 제도를 주어진 것으로 보는데 반해, 국제기업은 보다 적극적인 입장에서 이를 관리하고 선택한다. 국제기업은 보다 다양하고 큰 위험에 접하고 있으나, 그 만큼 높은 수익률을 기대한다. 기업의 위험과 기대수익률이 함께 늘어나지 않는다면 기업은 큰 위험을 감당하려 들지 않을 것이다. 국제기업은 각 국가의 고유한 위험을 보다 적극적으로 관리할 수 있고 전략적 선택에 의해 위험을 분산할 수 있기 때문에, 국내기업에 비해 위험과 기대수익률의 결합을 보다 유리한 수준에서 유지할 수 있다.

국제기업의 이와 같은 선택은 결과적으로 각 국가에 유리한 영향과 불리한 영향을 함께 주게 된다. 기술과 각종 경영기법이 국제기업에 의해 국제적으로 이전됨에 따라 현지국의 기술과 경영수준이 향상될 수 있으며, 국제기업에 의한 경쟁심화는 현지 기업들의 경제적 효율성을 증대시키게 된다. 반면, 국제기업 특히 다국적기업은 서구적, 자본주의적, 독과점적 성격이 강하여 현지의 고유한 문화와 현지국민들의 가치관에 부정적 영향도 적지 않게 미치게 된다.

국제기업이 지니는 이 같은 양면성 때문에 현지국들은 한편으로는 이들을 유치하기 위해 여러가지 유인을 제공하면서도, 또 다른 한편으로는 이들을 지나칠 정도로 규제하기도 하는 것이다. 우리나라도 기업의 국제화가 점차 빠른 속도로 진전되고 해외투자기업도 크게 늘어나는 만큼, 국제기업에 대한 편견에서 벗어나 이제는 공정하게 성과를 가리려고 하는 투자 모국의 입장으로 전환할 필요가 있다.

Chapter 8 국제기업의 경쟁전략

I 산업과 경쟁의 글로벌화

1. 국제화·현지화·세계화의 의미

오늘날 세계는 시간적, 공간적으로 더욱 좁아지고 있으며, 궁극적으로 지구촌이라는 하나의 시장을 향해 나아가고 있는 추세이다. 특히 우루과이라운드 협상이 타결되고, 1995년 WTO가 출범한 이래 우리나라는 마치 전 국민이 국제화, 세계화라는 골인점을 향한 달리기 경주를 시작한 듯한 느낌을 준다. 이미 정부의 각 부처나 민간경제단체, 언론 등에서는 국제화, 세계화를 준비하기 위한 기구를 설치하였다. 이렇듯 우리 주변을 휘몰아치는 국제화, 세계화란 과연 무엇을 의미하는가? 그리고 우리에게 어떤 혜택과 부담을 가져다주는가?

원래 국제화(Internationalization)란 표현은 1950년대 미국 기업들이 유럽과 일본 시장으로 진출하면서 사용하기 시작한 용어이다. 당시 이들은 막강한 자금력과 절대적인 기술 우위를 바탕으로 국내에서 대량 생산한 우수한 품질의 제품을 전쟁 후유증에서 미처 벗어나지 못한 유럽과 일본으로 수출하면서 시장을 지배했다. 즉 국제화란 국내에서 생산한 제품을 해외 시장으로 수출하는 단계인 것이다. 이러한 일을 주로 담당하는 기업을 국제기업이라고 부른다. 국제화 단계에서는 높은 품질의 제품을 누구보다도 싸게 생산하는 능력이 필요하다.

그러나 수입국들은 자국 내에 어느 정도 생산 능력을 갖추게 되고 오일쇼크 이후 나타난 경기 침체로 인해 자국 시장을 보호하려는 수입규제 정책을 펴게 되었다. 이 무렵 현지 시장에는 소비자들에게 보다 밀착된 서비스를 제공하는 경쟁기업들도 출현하게 되었다. 따라서 수출기업들은 이에 대처하기 위하여 현지 시장의 유통분야에 침투하고 더 나아가 현지에서 생산활동을 벌이는 현지화(Localization)를 추진하였다. 현지화란 기업이 현지국에 진출하여 국가 단위로 각기 다른 전략을 수행하는 것을 의미하며 이러한 일을 수행하는 기업을 다국적 기업이라 부른다. 현지화 단계에서는 각 지역의 제도, 문화, 관습 등과 아울러 현지 소비자에 대한 전문적인 지식과 이해를 바탕으로 하는 마케팅 능력이 필요하다.

1980년대 들어 운송 및 통신 수단이 비약적으로 발전하면서 생산과 판매 활동을 여러 나라에서 수행하던 기업은 이들 활동을 하나의 시각에서 총괄적으로 조정함으로써 더 나은 성과를 얻을 수 있게 되었다. 이같이 기업이 국가 단위로 각기 다른 전략을 취하는 것에서 벗어나 전 세계 시장을 하나의 시장으로 보고 동일한 전략을 수행하는 단계를 세계화(Globalization)라고 하며 이러한 일을 담당하는 기업을 세계 기업이라고 부른다. 세계화 단계에서는 수많은 지역 시장을 네트워크로 연결시켜 효율적인 관리와 새로운 사업 기회를 창출하는 동적인 정보 관리 및 전략 능력이 요구된다.

이같이 국제화, 현지화, 세계화라는 세 단계를 통해 기업은 해외로 진출하여 현지에 뿌리를 내리고 더 나아가 세계 시장에서 경쟁하게 되는 것이다.

오늘날 세계 모든 곳에서 경쟁이 심화되는, 소위 무한경쟁시대를 맞이하게 된 한국 기업이 생존하기 위한 유일한 대안은 국제화, 현지화, 세계화뿐이다. 우리나라 국내시장은 협소해 국내 기업에게 충분한 성장 기회를 제공할 수 없는 반면에 해외시장은 국내시장 보다 훨씬 넓어 보다 많은 성장 기회를 제공해 주기 때문이다. 또한 전면적으로 개방되고 있는 국내시장에서 살아남기 위한 최선의 방어는 공격이다. 국내로 진출하는 외국 기업과 싸워 이기기 위해서는 그들 기업의 본거지인 해외시장에 나아가 그들과 경쟁하는 능력을 길러야 한다.

그러나 국제화, 현지화, 세계화를 현명하게 추진하지 못하면 기업과 국가경제에 서로 다른 효과를 가져 올 수 있다. 예컨대 한국 근로자의 입장에서 볼 때, 수출중심의 국제화 단계에서는 국제기업은 국내에서 더 많은 일자리를 제공해 주기 때문에 기업과 국가의 이해관계는 일치하게 된다. 기업이 수출 물량을 늘릴수록 국가경제는 부강해지기 때문이다. 그러나 현지 시장 중심의 현지화 단계에서는 기업은 국내의 일자리를 늘릴 수도 있고 줄일 수도 있다. 외국에 공장을 세움으로써 수입규제로 막혔던 그 나라 시장이 뚫린다면, 현지 공장에 필요한 부품을 한국에서 생산하여 수출하게 되고, 그 결과 부품 생산을 위한 일자리가 늘어나게 된다. 그러나 기업이 기술 개발과 생산성 향상에는 소홀히 한 채 단순히 임금이 낮은 해외로 생산 기지를 옮기는 손쉬운 방법만을 쓴다면 그 만큼 국내 일자리는 줄어들게 된다. 이러한 경우를 산업의 공동화(空洞化) 현상이라고 한다.

세계화 단계가 되면 기업과 국가사이에 이해관계가 더 복잡하게 얽힌다. 이 단계에서 한국 기업의 입장에서는 전 세계 시장을 상대로 최적의 생산 기지에서 최선의 경영활동을 하는 것이 경쟁력을 기르는 지름길이다. 그리고 그 기업은 전 세계의 부를 증가시키는데 상당한 공헌을 할 것이다. 그러나 이 때 증가된 부를 어느 국가가 차지할 것인가는 기업 경영자의 선택에 달렸다. 고용 기회와 부가가치를 창출하는 위치가 반드시 모국일 필요는 없기 때문이다. 이들은 본사 위치를 정보·통신 면에서 더 유리한 지역으로 옮길지도 모른다. 따라서 그 기업의 모국, 즉 한국이 가장 큰 혜택을 얻으리라는 보장은 할 수 없게 된다.

이렇듯 한국 기업의 국제화, 현지화, 세계화는 해당 기업에게 필요하고 바람직한 방향이지만 한국 경제에도 무조건 좋은 결과를 가져오는 방향이라고 단정할 수는 없다. 그렇다고 해서 정부가 기업의 국제화, 현지화, 세계화를 무작정 막을 수도 없는 노릇이다. 왜냐하면 그 길은 기업이나 국가가 모두 망하는 지름길이기 때문이다. 기업에게도 득이 되고 국가경제에도 득이 되는 국제화, 현지화, 세계화의 길을 모색하기 위해 기업은 적절한 국제 경영 전략을 수립해야 되고 국가도 정책과 제도를 개선해서 국가 경쟁력을 키울 수 있어야 한다.

2. 국제화를 촉진시키는 요인

앞 절에서 국제화, 현지화, 세계화를 구분하여 설명하였다. 그러나 이는 모두 해외 지향성을 의미하는 것으로 일상생활에서는 이를 한마디로 국제화라고 말하기도 한다. 따라서 국제화는 두 가지 의미로 사용될 수 있는데 넓은 의미의 국제화는 앞에서 말한 국제화, 현지화, 세계화를 종합하는 개념이며 좁은 의미의 국제화는 세 가지 해외 지향성 중 첫 번째 단계를 의미한다. 아래에서는 넓은 의미의 국제화에 초점을 두고 기업의 국제화 촉진 요인을 살펴본다.

1) 무역장벽의 감소

국제화를 촉진시키는 첫 번째 요인은 전 세계적으로 무역장벽이 낮아지고 있으며 자본의 이동도 자유로워지고 있다는 점이다. WTO 체제의 출범에 따라서 각국에서 무역장벽이 없어지고 있고, 지적 재산권에 대한 보호가 강화됨에 따라 기술 이전도 훨씬 자유로워졌다. 자본시장도 점점 개방되어 국가간의 자본이동이 전 세계적으로 활발하게 일어나고 있다.

2) 자본집약적 생산방식의 확산

국제화를 촉진시키는 두 번째 요인은 자본집약적인 생산방식과 그에 따른 규모의 경제가 점점 더 중요해진다는 점이다. 전 세계적으로 거의 모든 산업에서 가장 두드러진 추세 중의 하나는 생산방식이 노동집약적인 생산방식으로부터 점차 자본

집약적인 생산방식으로 전환되고 있다는 것이다. 따라서 거의 모든 산업에서 인간의 노동력이 자동화된 기계, 로봇, 컴퓨터로 조작되는 정밀기계로 대체되고 있는 것을 볼 수 있다. 이같이 노동 비용이 점차 감소하는 반면에 자본 비용이 차지하는 비중은 크게 증가함에 따라서 규모의 경제도 커지게 된다. 자본재에 대한 투자를 회수하려면 대규모 생산 체계를 갖추지 않으면 안 되기 때문이다. 따라서 이 같은 산업에 있는 기업들은 단지 국내시장만 보고는 이렇게 큰 설비투자를 감행하기가 어렵기 때문에, 전 세계 시장을 염두에 두고 투자 결정을 한다. 특히 자동차, 전기, 전자, 철강, 항공기, 반도체, 화학 산업들은 이러한 경향이 크다.

3) 기술진보와 R&D 투자

국제화를 촉진시키는 세 번째 요인은 빠른 기술 진보와 이를 뒷받침하는 높은 R&D 투자이다. 예를 들어, 첨단산업이라 할 수 있는 전자, 통신, 컴퓨터, 정밀 화학 등에서는 총 매출에서 연구개발 비용이 차지하는 비중이 낮게는 7~8%에서 높게는 15%까지도 소요된다. 이와 같이 연구개발 비용이 많이 소요되는 산업에서는 국내시장 만으로는 그처럼 높은 연구개발비를 충당하기 힘들다. 이와 같은 첨단산업에서는 전 세계 시장을 염두에 두고 제품을 개발하고 판매하여야 지속적으로 연구개발 투자를 할 수 있다. 실제로 1980년대 이후 화학산업과 의약품산업에서 급속도로 국제화가 진행되어 많은 기업들이 해외 진출을 꾀하였고 또한 화학 산업 내 기업들 간에 인수 합병이 활발히 이루어졌다.

4) 소비자수요의 동질화

최근 들어 전 세계 소비자들은 의식구조의 차이가 점차 줄어들고 공통의 욕구가 증가하는 경향을 보이고 있다. 그 결과 전 세계의 사람들이 동일한 것을 보고 느끼고 경험할 수 있게 되었다. 교통 및 통신 기술의 발달은 전 세계적으로 소비자 수요의 동질화를 촉진시켰고 기업도 이제는 적은 종류의 제품만으로도 여러 시장에 진출할 수 있게 되었다.

Ⅱ 해외시장 진출 전략

1. 해외시장 진출 방법

기업이 해외시장에 진출할 때 활용할 수 있는 전략적 대안은 크게 수출, 계약, 직접 투자의 3가지 유형이 존재한다. 이러한 진출 방식들의 개괄적인 특징을 살펴보면 다음과 같다.

【그림 8-1】 해외시장 진출 방법

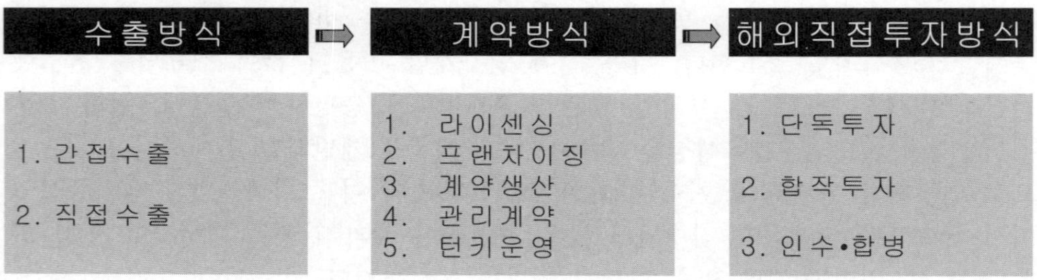

첫째, 수출 방식이다. 상품의 국제간 이동인 수출은 특정 제조업체가 해외시장에 진출하거나 개입할 때 활용할 수 있는 여러 전략적 대안 중에서도 가장 기본적인 전략이라고 할 수 있다. 수출은 크게 간접수출과 직접수출로 나누어진다. 간접수출이란 종합무역상사나 수출대행업자를 통해 이루어지는 것으로 제조기업이 직접 수출관련 업무를 수행하지 않으므로 해외시장을 개척하는데 큰 노력이 필요하지 않다. 이러한 간접수출 방식은 수출대행기업이 해외시장 개척, 제품계획, 제품에 대한 판촉활동 등을 담당하게 된다. 이에 비해서 직접 수출은 제조업체가 자신의 수출전담 부서나 계열 무역회사를 통하여 해외시장 개척, 현지 중개상 관리, 판촉 행위 등 수출 제반 업무의 기능을 직접 수행하는 방법을 말한다.

둘째, 계약형태의 진출방식이다. 계약형태의 진출방식은 기업이 자신의 무형자산인 기술, 상표, 물질특허, 저작권과 같은 지적 소유권, 컴퓨터 소프트웨어와 같은 기술적 노하우, 경영관리, 마케팅과 같은 경영적 노하우 등의 사용권을 허락하는 계약을 현지 기업과 체결하여 해외시장에 진출하는 방법이다.

이러한 계약형태의 진출방식 중 중요한 것은 라이센싱, 프랜차이징, 계약생산이다. 라이센싱은 기술 공급자가 일정한 대가를 받고 무형자산이나 권리를 기술도입자에게 일정 기간 그 사용권을 허락하는 계약이다. 라이센싱은 보편적으로 다음과 같은 목적으로 해외 사업에 활용된다. 첫째, 현지국에 수출이나 해외 직접투자에 대한 장벽이 존재할 경우, 라이센싱은 무역장벽과 정부의 규제를 넘는 하나의 방법이 될 수 있다. 둘째, 상품을 국가간에 직접 이동시키는데 소요되는 물류비용이 큰 경우, 라이센싱은 물류비용을 피하는 효율적인 대안이 될 수 있다. 셋째, 현지국의 정치적 위험이 큰 경우, 기업들은 위험부담을 줄이기 위해 해외직접투자보다는 라이센싱을 선호하게 된다.

그러나 라이센싱은 다음과 같은 단점을 가지고 있다. 첫째, 라이센싱은 자사의 기술이나 상표에 대한 보호가 어렵다. 둘째, 라이센싱은 경쟁자를 육성하는 위험이 있다.

프랜차이징이란 영업본부가 일정한 대가를 받고 가맹회사에게 상표의 사용권을 포함한 표준화된 패키지 상품, 가맹점의 경영방법에 대한 관리용역과 마케팅 노하우를 제공하는 계약이다. 프랜차이징은 켄터키프라이드치킨이나 피자헛 같은 음식점과 호텔, 주유소 등의 서비스 업종에서 많이 이루어진다. 프랜차이징의 이점은 다음과 같다. 첫째, 적은 자본으로 해외

시장 확대가 가능하다. 둘째, 표준화된 마케팅을 수행하므로 광고에서 규모의 경제를 활용할 수 있다. 셋째, 각 가맹점에게 동기를 부여할 수 있다. 그러나 프랜차이징은 브랜드나 제조방법에 대한 통제를 유지하기가 힘들며 장기적으로 경쟁자를 키울 수 있다는 단점이 있다.

계약생산은 국제기업이 진출대상국에 있는 기존의 제조업체로 하여금 일정한 계약조건하에서 제품을 생산하도록 하고, 이를 현지국 시장이나 제3국 시장에 판매하는 전략으로서 라이센싱과 해외직접투자의 중간형이라고 할 수 있다. 이른바 OEM 방식도 주문을 주는 입장에서 보면 일종의 계약생산이라고 할 수 있다.

계약생산에 의하면 해외생산에 필요한 설비투자 없이도 일반적으로 라이센싱으로는 어려운 마케팅에 대한 통제에 있어서 해외직접투자와 유사한 이점을 누릴 수 있다. 그러나 적당한 제조업체의 물색이 어렵고, 또 제조업체가 나타났다하더라도 만족할 만한 품질을 유지하기 위해서는 막대한 기술원조가 요구되는 경우도 있다. 이러한 관점에서 계약생산은 해외시장에 진출하려는 기업의 경쟁적 우위가 제품의 생산보다는 마케팅에 있는 경우에 빈번히 활용되는 전략이다. 이 방식을 사용하는 회사로는 Reebok과 Nike가 대표적이다.

이 밖의 국제계약방식으로는 경영관리계약과 턴키운영(turn-key operation)이 있다. 경영관리계약이란 특정 기업이 일정 기간 동안에 다른 국가에 있는 특정 기업의 일상적인 운영을 관리할 수 있는 권리를 계약하는 것으로 경영시스템과 노하우를 이전하고 그 대가를 받게된다. 경영관리계약은 독자적으로 체결되는 경우는 극히 드물며 대개 합작투자나 턴키운영의 일환으로 사용된다. 관리계약만 놓고 보면 리스크가 낮은 해외시장 진출방법이지만 해외시장에 영구적인 교두보를 확실하게 구축하지 못한다는 단점이 있다. 턴키운영은 생산설비 건설시, 모든 설비가 완공되고 가동되어 생산이 개시될 수 있는 시점에서 소유주에게 인도하기로 하는 계약 형태를 지칭한다.

셋째, 해외직접투자는 특정한 기업이 해외에서 경영지배 또는 통제권을 행사함으로써 직접사업을 수행하기 위하여 투자하는 것을 의미한다. 따라서 해외직접투자에는 유형의 경영자원인 자본뿐 아니라 무형의 경영자원인 기술, 특허, 상표권, 경영 또는 마케팅 노하우 등 기업의 각종 자원이 패키지 형태로 해외에 이전되는 특징이 있다. 해외직접투자는 가장 적극적인 해외시장 진출방식이기는 하나, 그만큼 높은 위험이 뒤따른다. 해외직접투자는 소유지분에 따라 단독투자와 합작투자로 구분되며, 기업의 설립형태에 따라 새로운 기업의 신설과 인수·합병으로 구분된다.

2. 진출방식의 결정요인

기업들이 해외시장 진출시에 활용할 수 있는 다양한 전략적 대안들 중에서 가장 적절한 진출방식을 선정하기 위해서는 [그림 8-2]에서 보듯이 기업내부요인과 외부환경요인에 대한 분석이 필요하다.

【그림 8-2】 해외시장 진출방법의 결정요인

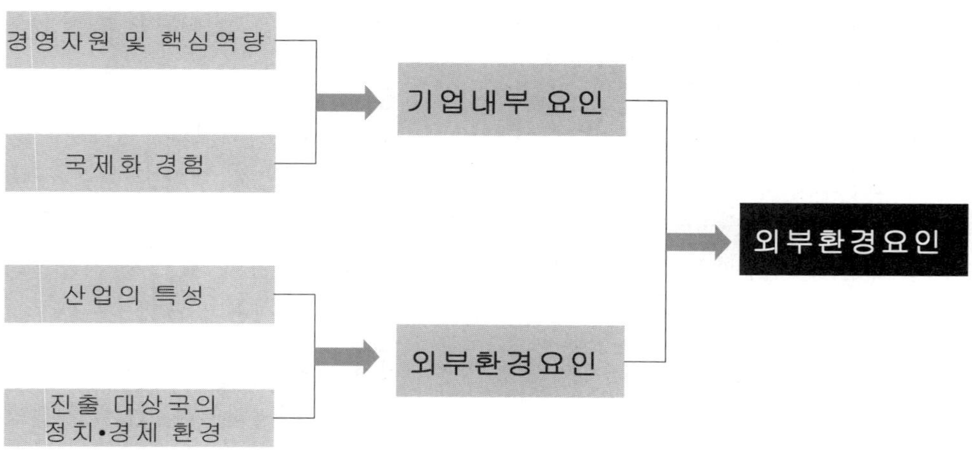

먼저 기업내부 요인 면에서 볼 때 기업이 갖고 있는 경영자원과 핵심역량, 즉 그 기업이 갖고 있는 기술, 브랜드. 기업자원의 크기와 국제화 경험은 기업의 해외시장 진출 방법에 큰 영향을 미친다. 예를 들어 기술력이 강한 기업이나 유명 브랜드를 보유하고 있는 기업은 합작투자나 라이센싱보다는 단독투자를 선호하는 경향이 있으며, 국제화 경험이 많거나 기업자원이 풍부할수록 상대적으로 진출 대안의 선정 폭이 넓어지고 위험의 크기가 크며 본사 통제의 필요성이 큰 진출방법까지도 적극적으로 고려하게 된다. 외부환경 요인 면에서 기업은 진출대상국가의 다음과 같은 투자환경을 고려할 필요가 있다. 첫째, 진출대상국 정부가 높은 관세율이나 수량제한, 기타 무역장벽 등의 규제정책을 시행한다면 기업은 수출보다는 여타의 진출방법을 선호하게 된다. 둘째, 진출 대상국의 정치적 위험이 큰 경우, 기업은 현지국에 대한 개입 정도가 상대적으로 낮은 진출방법을 선호하게 된다. 셋째, 진출 대상국의 생산요소 가용성 즉, 원자재, 노동력, 에너지 등의 부존량과 가격은 직접투자를 통한 현지생산 여부를 결정하는데 중요한 고려 요인으로 작용한다. 넷째, 교통, 통신, 항만 등 진출 대상국의 경제 하부구조가 발달할수록 현지생산 비용을 크게 낮출 수가 있으므로 진출방법의 선정에 많은 영향을 미친다. 다섯째, 현지국의 시장 규모가 클수록 직접수출이나 현지생산을 위한 직접투자가 선호되며 반대의 경우는 간접수출이나 라이센싱 등의 진출방식이 선호되는 경향이 있다.

산업특성 역시 진출방법 선정에 영향을 준다. 예를 들어 규모의 경제가 큰 산업의 경우, 각국마다 공장을 설치할 수가 없으므로 지역별로 생산 거점을 구축하고 인근 지역에 수출하는 진출방법을 택할 필요가 있다. 서비스 산업인 경우에는 프랜차이징과 같은 계약방식의 진출전략이 선호되는 경향이 있으며 기술발전이 빠른 산업에서는 라이센싱 방식의 진출전략이 이용되는 경향이 크다.

루트(F. R. Root)는 기업의 해외시장 진출방식을 점진적 과정을 거치면서 해외시장에의 개입 정도를 높여 가는 진화론적 관점에서 설명하였다. 앞에서 설명한 시장진출 결정요인들을 고려하여 기업이 해외진출을 시작하게 되면, 해외영업에 따르는 높은 불확실성과 해외시장 지식의 부족 또는 사전경험의 부족으로 위험도가 낮은 진출방법에서 시작하여 위험도가 높은 진출방법으로 옮아가는 학습 과정을 필요로 하게 된다. 일반적으로 제조기업들은 간접수출→직접수출→합작투자→단독투자의 경로, 혹은 간접수출→직접수출→현지의 판매자회사를 통한 수출→단독투자의 두 가지 경로를 통하여 해외시장에 개입하게 된다. 서비스업의 경우에는 라이센싱을 통한 진출방식을 먼저 선택하기도 한다.

이와 같이 기업의 국제화 과정은 하나의 점진적인 학습과정으로서 점차 해외시장에 몰입하는 정도가 높은 진출방법으로 계속해서 발전시켜 나가는 것이다. 그러나 기업이 갖고 있는 경영자원, 국제화경험, 산업의 특성, 진출대상국의 환경에 따라 어느 특정 단계에 머무르거나, 단계를 건너뛰기도 한다. 또한 기업들은 다양한 진출방식을 동시에 병행할 수도 있다.

III 국제경쟁전략

1. 국제경쟁전략의 개념

기업활동의 궁극적인 목표는 이익을 남기고자 하는 것이다. 그런데 이익은 매출액에서 비용을 뺀 것이므로 기업에게 있어 이익 증대는 결국 매출액을 증대시키는 방법과 비용을 절감시키는 방법에 의해 달성될 수 있다. 전자는 소비자를 만족시켜 소비자들이 제품에 대해 더 높은 가격을 지불하고자 하도록 제품의 가치를 차별화 하는 방식이고, 후자는 가장 비용절감적인 경영활동을 수행하는 방법을 추구하는 것이다.

경쟁전략이란 기업이 이익을 위해 사용할 수 있는 이들 두 가지 방식이 가능하게 하기 위해 기업들이 취하는 여러가지 조치이다. 즉 경쟁전략은 소비자의 요구에 부합하는 제품을 제공함으로써 가치를 증가시키거나 가치창출 활동에 수반되는 비용을 줄이는, 제반 기업활동에 관한 것이다.

포터(M. Porter)는 국제경쟁전략을 가치활동을 어느 한 국가에 집중배치 하거나 세계 여러 곳에 분산되어 있는 가치활동을 조정하거나, 또는 이 두 가지를 동시에 추구하는 방식으로 세계 여러 국가 시장에 진출해 있는 기업들이 경쟁우위를 얻고자 하는 전략으로 정의한다. 이 말에는 두 가지 요인이 내포되어 있다. 첫째 요인은 국제경쟁전략은 경쟁우위를 얻고자 하는 전략이라는 점이다. 앞에서 언급한 바와 같이 경쟁우위에는 원가우위와 차별화우위 두 가지가 있다. 원가우위는 가치활동에 수반하는 비용을 줄임으로써 경쟁기업보다 더 낮은 원가로 제품을 공급할 수 있는 능력이다. 차별화 우위는 소비자의 요구에 잘 맞는 제품을 제공함으로써 가치를 증가시키고 기업은 이를 통해 차별화에 대한 대가로서 더 높은 가격을 요구할 수 있는 능력이다. 두 번째 요인은 여러 국가나 여러 지역에서 이루어지고 있는 사업활동을 조정하고 통합하는 전략이라는 점이다. 국제경쟁전략은 경쟁범위를 여러 국가 시장으로 하는 전략이기 때문에 여러 국가 시장에서 전개되는 사업활동을 조정하고 통합함으로써 기업 특유의 경쟁우위를 얻게 된다.

2. 경쟁전략의 종류

포터는 본원적 경쟁전략의 유형으로 저원가(cost leadership)전략, 차별화(differentiation)전략, 집중화(focus)전략의 세 가지로 분류하였다.

1) 저원가전략

저원가전략이란 특정 기업이 원가를 낮추기 위한 일련의 정책을 통하여 산업에서 원가상의 우위를 달성하고 이것을 이용하여 다른 기업들과 경쟁하는 전략이다. 이 때 저원가의 원천은 여러가지이며 산업에 따라 다르다. 그 원천은 대량생산을 통한 규모의 경제, 생산자동화, 생산성 제고, 효율적인 물류 시스템, 저렴한 원료원 확보, 합리적인 노무관리, 독점적 기술 등 여러가지가 있을 수 있다. 일반적으로 저원가 생산자는 표준화되고 필수적인 기능만을 수행하는 제품을 판매하는 것이 보통이며, 규모의 경제를 확보하고 가능한 모든 원천으로부터 절대적인 비용상의 이점을 확보하는 것에 중점을 둔다.

특정 기업이 저원가전략에 성공한다면 경쟁이 심한 경우에도 산업 전체의 평균보다 높은 수익을 얻게 될 것이다. 즉 과도한 경쟁으로 인하여 경쟁기업이 이익을 남기지 못할 때에도 원가상의 수익을 올릴 수 있게 되기 때문이다. 그러나 저원가전략을 채택하는 기업이라고 해서 어느 정도의 제품차별화는 무시할 수는 없다. 만약에 저원가전략을 추구하는 기업이 생산한 제품이 여러가지 면에서 경쟁기업의 제품보다 떨어져, 구매자들에게 싼게 비지떡이라는 느낌을 준다면 그 기업은 제품을 판매하기 위하여 판매가격을 낮출 수밖에 없을 것이다. 그러한 경우에는 아무리 저원가를 달성했다 하더라도 경쟁상의 우위를 달성할 수 없을 것이다.

2) 차별화전략

차별화전략을 추구하는 기업은 자사가 생산하는 제품의 특성이 같은 산업 내의 다른 기업들이 생산하는 제품의 그것보다 독특하다는 느낌을 고객에게 줄 수 있어야 한다. 차별화전략을 택하는 기업은 그 산업의 고객들이 중요하다고 생각하는 제품의 속성들을 정확히 파악하여 고객의 욕구를 독특하게 충족시킬 수 있어야 한다. 차별화의 방법은 산업마다 다르나 일반적인 차별화의 원천은 고객에 대한 서비스, 디자인, 상표이미지, 기술, 품질, 유통경로 등이 있다. 이 전략에 성공한 기업은 제품의 독특성 때문에 자기가 생산한 제품을 산업의 평균가격 이상으로 팔 수 있게 된다. 또한 고객에 의한 상표충성도와 가격의 비탄력성으로 인하여 가격경쟁에 시달리지 않아도 되며, 이윤을 증가시키기 위해 낮은 원가체계를 반드시 가져야 할 당위성도 없다.

그러나 차별화전략을 채택한다고 해서 원가를 무시해도 좋다는 이야기는 아니다. 다만 원가가 제일의 전략적 목표가 아니라는 것뿐이다. 차별화에 성공한 기업은 자사 제품의 가격이 산업평균가격을 초과함으로써 발생하는 가격프리미엄이 차별화를 위하여 추가되는 비용을 초과하는 경우에 산업 평균보다 높은 이익을 올릴 수 있다. 따라서 차별화전략을 추구하는 기업은 비용 문제에도 신경을 써야 한다. 바꾸어 말한다면 차별화전략을 택하는 기업은 차별화와 관련이 없는 모든 분야의 비용을 절감하여 경쟁기업과 비슷한 비용으로 생산하되 제품의 특성을 살려 가격프리미엄을 확보해야 산업평균 이상의 영업성과를 얻을 수 있을 것이다.

3) 집중화전략

이 전략은 산업내의 광범위한 시장을 경쟁 시장으로 하는 앞의 두 전략과는 달리, 산업내의 경쟁 범위를 좁게 선택하는 전략이다. 집중화전략을 추구하는 기업은 산업내의 특정 세시장이나 소수의 세시장들을 선정한 후, 이 목표시장의 수요를 경쟁기업들 보다 더 능률적으로 충족시킬 수 있는 전략을 구사한다. 집중화전략을 채택하는 기업은 세시장에 가장 적합한 전략을 개발함으로써 산업 전체적으로는 경쟁상의 우위를 보유하고 있지 못하나 목표 시장 내에서는 경쟁상의 우위를 확보하려 한다. 따라서 이 전략은 기업의 역량이나 자원 면에서 다소 떨어지는 후발기업이나 중소기업이 주로 채택한다.

집중화전략에는 목표로 한 세시장에서 저원가로 경쟁하는 저원가 집중화전략과 제품차별화로 경쟁하는 차별화 집중전략이 있다. 어떤 종류의 집중화전략을 추구하든지간에 특정 기업이 집중화전략으로 성공할 수 있으려면, 산업 내에서 그 기업이 목표로 하는 세시장과 다른 세시장들 사이에 수요 면에서 차이가 있어야 된다. 세시장들 간에 차이가 있으면 여러 세시장들의 수요를 동시에 충족시키는 기업보다는, 특정 세시장의 수요를 집중적으로 공략하는 기업이 그 시장의 수요를 보다 잘 충족시킬 수 있는 가능성이 높다.

3. 본원적 경쟁전략의 위험요인

세 가지 본원적 경쟁전략은 각기 다른 유형의 이점을 가지고 있듯이 서로 다른 위험요인을 내포하고 있다. 따라서 기업이 경쟁전략을 선택할 때에는 이러한 위험요인들을 명확히 파악해야 할 필요가 있다.

1) 저원가 전략의 위험요인

저원가전략을 추구하는 기업들은 다음과 같은 위험에 직면하기 쉽다. 첫째, 과거의 투자나 교육훈련을 헛되이 만드는 기술상의 변화로 경쟁기업이 더 낮은 원가로 제품을 생산하는 경우. 둘째, 모방에 의하거나 최신 시설에 대한 투자로 경쟁업체들이 저원가 방법이나 기술을 터득한 경우. 셋째, 지나치게 원가 감소에만 집착한 나머지 소비자의 기호가 변화하는 것을 깨닫지 못하는 경우. 넷째, 경쟁기업의 비가격 우위요소를 상쇄하기에 충분한 가격차이를 보장해 주던 기업능력이 감소한 경우 등이다. 따라서 저원가전략의 추구 시에는 원가 절감이 실제로 제품수요에 어떤 영향을 주는지를 항상 염두에 두어야 한다.

2) 차별화전략의 위험요인

차별화전략도 다음과 같은 위험을 수반한다. 첫째, 저원가전략을 채택하고 있는 경쟁기업과의 가격 차이가 너무 커서, 소비자는 낮은 가격에 이끌려 차별화전략을 채택한 기업의 상품구입을 포기하게 되는 경우이다. 둘째, 경쟁자가 차별화된 제품의 독특성을 쉽게 모방할 수 있는 경우, 차별화에 따른 프리미엄 가격을 유지하기가 어렵다. 특히 차별화가 서비스의 질이나 상표 이미지와 같이 무형자산에 의한 것보다는 디자인이나 제품의 기능과 같은 물리적 특성에 의한 것일수록 모방은 쉬워진다. 셋째, 소비자의 기호와 수요가 변화되어 차별화 요소에 대한 욕구가 줄어드는 경우이다. 따라서 차별화를 추구하는 기업은 항상 제품의 독특성과 변화하는 시장욕구를 조화시키고자 노력해야 한다.

3) 집중화전략의 위험요인

첫째, 특정 세시장에만 집중하기 때문에 넓은 범위의 시장에서 경쟁하는 기업에 비해 원가면에서 불리할 수 있다. 이러한 불이익을 회피하기 위해선 수요의 독특성이 큰 세부시장을 선택해야 한다. 둘째, 목표로 한 세시장 자체가 기술상의 변화 또는 고객욕구의 독특성 감소로 사라질 수 있다.

4. 국제경영전략의 경쟁우위 원천

기업이 성공적인 국제경쟁전략을 수립하기 위해 경쟁우위의 원천은 어디에서 찾아야 할 것인가? 기업 특유의 우위라고 불리는 경쟁우위의 원천은 기업이 활용할 수 있는 많은 유형자원과 무형자원에서 찾아볼 수 있지만 그 중 중요한 것은 다음의 몇 가지로 압축할 수 있다.

1) 생산요소 비용의 국가간 차이

생산요소 비용의 국가간 차이에 따른 비교우위는 가장 기본적인 경쟁우위의 원천이다. 국가간 생산요소의 이동이 자유롭지 못한 경우, 국가간의 요소부존도의 차이는 생산요소 비용의 차이를 가져온다. 그런데 기업이 수행하는 가치활동들은 요소 집약도 면에서 각각 다르다. 따라서 각각의 가치활동들이 집약적으로 사용하는 생산요소의 비용이 가장 저렴한 국가에 가치활동을 배치하는 경우에 그 기업은 비용상의 우위를 차지할 수 있다. 다국적 기업은 국가간에 발생하는 노동비용과 자본비용의 차이를 활용함으로써 발생하는 경쟁우위와 더불어 국가간에 나타나는 원자재, 인적자원, 소비자 기호, 유통체계 등을 활용함으로써 경쟁우위를 가져올 수 있다.

2) 규모의 경제

규모의 경제는 기업의 생산규모가 커짐에 따라 제품의 생산에 필요한 제반 기능의 단가가 하락하는 것을 말한다. 규모의 경제가 주는 전략적 의미는 생산규모를 확대하여 규모의 이익을 누릴 수 있도록 해야 한다는 것이다. 기업은 전 세계로 시장을 확대함으로써 생산, 운송 및 구매, 연구개발, 마케팅, 판매원 활용, 유통 등의 가치창출 활동에서 규모의 경제를 활용할 수 있다.

3) 범위의 경제

범위의 경제란 2개 이상의 제품을 연계하여 생산할 때 소요되는 평균비용이 이들 제품을 별도로 생산하는 경우에 소요되는 비용보다 더 적은 경우를 말한다. 범위의 경제는 관련된 여러 사업부를 가진 기업에서 비용을 사업부 간에 공동으로 분담하는 경우에 주로 나타난다. 또한 범위의 경제는 생산설비 등 여러 유형의 자원을 공동으로 사용할 수 있을 때와 정보와 지식을 사업부간에 공동으로 활용할 수 있을 때도 발생한다.

예를 들어 산업용 전자산업과 가전산업을 병행하고 있는 기업은 시설 및 기술의 공유로 단일 사업만을 영위하고 있는 경쟁자보다 저렴한 비용으로 제품을 생산할 수 있다. 다만 범위의 경제는 자금이나 기술 등 기업의 보유자원이 그것을 능률적으로 뒷받침할 수 있을 때 가능하다. 범위의 경제는 경쟁우위를 제공하는 중요한 원천으로 작용하여 여러 사업부를 가진 기업의 성장을 설명해 주며, 이러한 기업의 전략적 능력을 국제적으로 활용하는데 있어 중요한 개념이 된다.

4) 기술우위

기술은 산업내 기존 기업간의 경쟁구조와 산업의 수익성에 지대한 영향을 미치며 나아가 새로운 산업을 창출하거나 산업구조의 변화를 초래하기도 한다. 그러나 기술개발 그 자체만으로 기업의 경쟁우위나 수익성을 항상 보장하는 것은 아니다. 자신이 발명하거나 획득한 기술이나 노하우를 보호하고 이를 상업화하는데도 좋은 아이디어를 가져야 한다.

포터(M. Porter)는 기업에 경쟁우위를 가져다주는 기술발전의 바람직한 방향으로 첫째, 기술이 기존 제품의 비용을 낮추거나 차별화 수준을 높일 때. 둘째, 기술이 기업의 선도적인 시장 진입 전략에 도움을 가져다 줄 때. 셋째, 기술이 전반적인 산업구조의 개선을 가져올 때 등을 지적하였다.

기술은 기업의 모든 가치활동에 체화되어 있는데 이들 중 대표적인 기술은 연구개발기술, 설계기술, 제조기술, 자재취급기술, 수송기술, 정보시스템기술, 마케팅기술 등이다. 이러한 기술은 기업에 경쟁우위를 가져다주며, 이를 바탕으로 기업은 해외에 진출하여 초과 수익을 추구하게 된다.

5. 국제경쟁전략의 모형

1) 통합-적응 모형

이모형은 프라하라드(C. K. Prahalad)와 도즈(T. Doz)가 주장한 것으로 국제적으로 경쟁하는 기업의 경우, 상반되는 두 가지 압력에 동시적으로 노출된다는 점을 전제로 한다. 하나는 국제경쟁전략을 범세계적으로 통합하라는 압력이고 다른 하나는 국제경쟁전략을 현지에 적응시키라는 압력이다.

먼저 범세계적 통합의 압력으로 작용하는 요인들을 살펴보면 첫째, 전 세계에 걸쳐 공급자들의 가격과 서비스를 비교하여 제품구매를 결정하는 범세계적 소비자들의 등장, 둘째, 세계시장을 목표시장으로 하는 범세계적 경쟁자들의 출현, 셋째, 대규모 투자를 회수하기 위해 보다 넓은 시장을 상대로 마케팅 활동을 전개해야 하는 R&D집약적 산업의 등장, 넷째, 소비자 욕구의 동질화 경향, 다섯째, 규모의 경제와 국가간 요소비용 차이를 이용하게 하는 비용절감에 대한 압력 등이다.

이에 반해 현지적응 압력으로 작용하는 요인들을 보면 첫째, 소비성향의 국가별 이질성. 둘째, 각국 간 유통경로나 광고방법과 같은 시장구조의 상이성. 셋째, 현지국 정부의 현지적응화 압력. 넷째, 현지국내 대체품의 존재 등이다.

이상에서 보았듯이 다국적 기업이 범세계적 통합과 현지적응의 요구 하에서 어떠한 전략을 택할 것인가는 각 기업들이 인식하는 개별 요인들의 크기에 따라 달라질 것이다. 통합-적응 모형에서는 산업압력에 대한 기업의 대응을 범세계적 통합전략, 현지적응전략, 그리고 다중심전략 등 세 가지 유형으로 분류하고 있다.

범세계적 통합전략(global integration strategy)은 다국적기업의 여러 자회사가 본사에 의해 직접적으로 지휘, 통제를 받으며 특히 생산이나 마케팅 면에서 자회사들 간에 긴밀한 상호의존성을 갖는 경우의 전략을 말한다. 이 전략은 보통 중앙집권적 조직구조를 가진다. 이 전략은 기업경영자들이 지구적 통합의 압력을 높은 수준으로 인식할 때 나타나는 기업의 대응유형을 나타낸다.

다중심전략(multi-focal strategy)은 자회사들간의 자율적인 경영원칙 하에 각 지역내 자회사간 조정과 상호협력을 갖는 것을 의미한다. 이 전략은 현지시장에 대한 적응압력은 높은 수준으로 인식하면서 동시에 세계 여러 국가 시장에서 전개되는 사업을 통합하게 하는 압력 또한 높은 수준으로 평가될 때 나타나는 기업의 대응 유형이다.

현지적응전략(local responsiveness strategy)은 개별국가의 환경에 맞추어 마치 그 나라의 기업처럼 현지국에서 자율적으로 활동하도록 하는 것을 말한다. 따라서 자회사는 현지의 경쟁자나 소비자의 요구에 반응하여 독자적으로 결정을 내리게 된다. 이 전략은 주로 분권적 조직구조를 갖게 된다. 현지 적응 전략은 기업경영자들이 현지적응 압력을 높은 수준으로 인식하는 반면 지구적 통합압력을 낮은 수준으로 인식할 때 나타나는 기업의 대응 유형이다.

2) 부가가치활동의 배치와 조정 모형

이모형은 국제경쟁전략의 유형을 가치활동을 국제적으로 배치하고 조정하는 방법에 따라 분류하고 있다. 가치활동의 배치란 R&D, 생산, 마케팅, 애프터서비스 등의 활동이 수행되는 입지가 특정국에 집중되어 있는가 또는 분산되어 있는가를 의미하고, 가치활동의 조정이란 서로 다른 나라에서 수행되고 있는 동일한 가치활동이나 관련 있는 가치활동이 상호 조정되는 정도를 의미한다.

따라서 가치활동의 집중은 본국을 중심으로 소수 지역에 각 가치활동을 집중배치하는 것을 의미하며, 분산은 기업의 각 가치활동을 여러 지역에 분산시켜 많은 나라에 자회사를 두는 것을 의미한다. 그리고 높은 조정수준이라는 것은 본부에서 높은 통제를 추구하는 중앙집권화된 조직구조를 의미하며, 낮은 조정수준은 자회사의 높은 자율성을 추구하는 분권화된 조직구조를 의미한다.

배치-조정 모형에서는 네 가지 유형의 국제경쟁전략을 제시하고 있다. 각각의 전략유형을 구체적으로 살펴보면 다음과 같다.

첫째, 수출중심전략은 대부분의 가치활동을 지역적으로 집중시키되 가치활동간 조정은 별로 하지 않는 전략이다. 가치활동 중 규모의 경제에 민감한 기능들은 가급적 한 국가에 집중시켜 수행하고 현지에서 필요한 기능만을 분산시켜 각 지역별 적응 요구에 부응하는 전략이다. 바꾸어 말한다면, 생산기능은 본국에 집중시키고 마케팅 기능은 현지 유통상에게 위임시키는 전략이다. 이러한 전략은 생산시설의 집중을 통해 규모의 경제를 활용하므로 저원가를 달성하기가 쉬우며, 해외사업에 따른 위험을 축소하면서 단기간에 비교적 많은 국가로 진출하는데 유용한 전략이다. 그러나 현지 시장을 깊숙이 침투하지 못하고, 해외시장 경험을 축적하기가 어렵고, 보호무역에 취약한 약점을 지니고 있다.

둘째, 단순한 글로벌 전략은 가치활동 중 규모의 경제에 민감한 부분들은 가급적 하나의 국가에 집중시키고, 소비자 가까이 위치해야 하는 기능만 최소한으로 분산시키는 전략이다. 그것도 표준화를 통해 개별국가간의 차이를 좁히도록 본사에서 철저하게 조정한다. 즉 생산활동은 주로 본국이나 유리한 생산입지에 집중시켜 규모의 경제를 활용하지만, 현지에 판매 자회사를 설립하여 본사의 통제하에 고객을 상대로 한 마케팅 활동을 직접 담당하는 경우가 여기에 속한다. 이는 저원가를 달성하면서 현지 시장을 어느 정도 깊숙이 침투할 수 있으며, 해외시장 경험을 축적할 수 있는 전략이다. 그러나 이 전략은 보호무역과 현지국의 투자유인 및 현지생산 압력에 취약하다. 이러한 전략의 대표적인 예로 1960~1970년대 일본의 국제기업을 들 수 있다. 일본기업들은 미국과 유럽을 중심으로 한 주요 국가에 판매 자회사를 설립해 두고, 이런 소수의 자회사를 본사에서 강력하게 통제하여 왔다.

셋째, 국가중심전략은 가치활동의 대부분이 개별국가에 분산되어 수행되지만 서로 다른 국가에 위치한 가치활동이 서로 조정되지 않는 전략형태이다. 이 때 각 국에 위치한 자회사는, 동일한 유형의 가치활동을 수행하는 자회사들을 국별 수요 충족을 위하여 수평적으로 분산시킨 형태를 취한다. 이 전략은 개별국가에의 적응이 중요한 산업에 종사하는 기업이 추구하는 전략이다. 이 전략을 추구하는 기업들은 대체적으로 각국 시장의 매력도와 각국 시장에서 자사가 보유한 경쟁력을 평가하여, 매력도가 높고 자사의 경쟁능력이 높은 국가에 자회사를 설치해 두고 자회사의 운영은 자회사에게 일임하고, 본사와 자회사간의 긴밀한 협조관계는 갖지 않는다. 이 전략은 국별 경쟁산업에는 적합한 전략이지만 지구적으로 경쟁하는 산업에는 적합하지가 않다. 국가중심전략의 예는 GM을 들 수 있다. GM은 세계 여러 국가에 별개의 제조공장을 두었을 뿐만 아니라, 심지어 지역에 따라 서로 다른 상표명을 사용하는 전략을 구사한 바 있다.

넷째, 고도의 글로벌전략은 대부분의 가치활동이 국제적으로 분산되고 배치되지만 분산된 가치활동에 대해서는 철저한 중앙통제와 조정을 행하는 전략유형이다. 이 전략을 추구하는 기업들은 세계 여러 지역에 상이한 가치활동을 수행하는 자회사를 설립한 후, 시스템 통합전략하에 이들을 하나의 기업으로 묶고 있다. 가치활동 중 생산활동을 예로 들면, 시스템에 속하는 각 공장이 하나 또는 소수의 제품이나 부품의 생산에 특화하여 한 지역의 수요 전체 또는 세계시장의 수요 전체를 대상으로 필요한 모든 부품이나 제품을 집중적으로 생산하는 것이다. 이러한 형태로 분산생산된 제품이나 부품은 국제기업의 각 부문간에 교환되어, 각국의 수요를 충족시키는데 사용된다. 이러한 전략은 지구적 산업이나 성숙된 산업에서 경쟁하는 기업에게 유효한 전략이다. 이러한 산업에서는 고객이 제품의 성능과 가격에 대하여 상당한 지식을 가지고 제품을 구매하기 때문에 특히 가격수준에 민감하다. 그러나 이러한 유형의 전략은 저원가전략을 추구하는 기업에게만 유효한 것은 아니다. 예를 들면 제품차별화전략을 추구하는 IBM은 가치활동의 국제적 합리화를 통하여 제품차별화에 규모의 경제를 이용하고 있다.

이상의 여러가지 국제경쟁전략 중에서 어떤 것을 선택하여 실행하는가 하는 것은 어떤 전략이 자사의 국제적이 경쟁우위를 확보하는 데에 효과적인가에 따라서 결정되기 때문에 자사에게 가장 유리한 전략을 선택하기 위해서는 가치활동의 지역적 집중에 따를 장단점과 분산된 가치활동의 조정통제에 따른 장단점을 이해해야 한다.

Chapter 9 국제문화환경과 글로벌리더십

I 국제문화환경의 중요성

국제비즈니스에서 문화적 다양성은 가장 골치 아픈 변수이다. 따라서 글로벌한 기업에서는 다양성에 대한 고민이 필요하다.

국내사업 위주의 기업에서는 시장, 고객, 구성원들의 사회·문화적 특성이 거의 유사하기 때문에 다양성에 대한 고민은 거의 필요 없다. 그러나 많게는 수십 개의 국가에 진출해 있는 기업들은 그만큼 많은 다양성에 직면하게 되는 것이다.

세계화시대를 살아가면서 우리의 세일즈맨들이 지구촌 구석구석을 누비며 교역중대에 힘을 쏟고 있다. 외국과의 상거래에 있어 우리는 상대국의 고유문화에 따라 상관습과 관행이 상이하다는 점을 간과해서는 안 될 것이다.

상담에 성공하기 위해서는 무엇보다 상대를 알고 이에 대한 대응책을 강구해야 한다. '지피지기(知彼知己) 백전백승(百戰百勝)'이라는 말은 단지 옛말이 아니라 지금의 세일즈 현장에서 살아 움직이는 말이다.

처음 해외를 방문하는 세일즈맨이나 여행자들은 현지국의 고유한 문화나 전통적인 관습에 대한 사전 지식이 부족하여 종종 큰 실수를 범하는 예가 많다.

더욱이 최근에는 많은 사람들이 세계 각국을 누비며 국위를 선향하고 있는 반면 상대국의 전통적인 관습을 몰라 실수를 범하기도 한다. 이로 인해 모처럼 애써 구축한 신뢰 관계가 무너지고 거래에도 많은 손실을 자초하므로 이에 대한 최소한의 대응책이 요구된다.

문화의 차이를 넘어 협상에 성공하기 위해서는 해당국의 문화, 종교 및 국민성 등을 사전에 숙지함으로써 효과적인 세일즈를 할 수 있다.

세일즈차 해외에 나갈 때에는 세일즈맨은 필히 해당국의 문화, 국민성 및 가치관 등을 사전에 숙지하고 이들 문화와의 친밀성을 갖도록 노력하면 어느 정도 실패를 사전에 예방할 수 있다.

해외 파견자에게 필요한 제 지침을 소개하면 다음과 같다.

① 세일즈맨은 타인과 잘 협조하는 능력을 기른다.

② 방문국 문화에 대한 사전 지식을 숙지하고, 문화적 차이에 민감해야 한다.

③ 현지 문화와 국민에 대해 진심에서 우러나는 관심과 존경을 갖고 의사소통을 한다.

④ 마음을 열고 외국 문화에 대한 관용을 보인다.

⑤ 새로운 문화와 사고, 시련에 대한 적응성과 환경에 순응하는 능력을 기른다.

⑥ 자신의 문화와 상대방 문화의 차이점을 비교하여 숙지한다.

⑦ 행동의 규칙을 알 때까지 삼가서 행동한다.

⑧ 해당국의 상관행 및 상관습도 숙지한다.

⑨ 모든 것을 단번에 달성하겠다는 행동을 삼가고, 현지어도 배우려고 노력하는 데 대해 그들을 감사하게 생각한다는 점도 숙지한다.

Ⅱ 글로벌리더십

글로벌 리더십이란 "글로벌 차원에서 사업의 전략적 방향을 설정하고 구성원들을 조정/배치할 수 있는 통합 역량"이라고 할 수 있다. 국내사업 위주의 기업에서는 시장, 고객, 구성원들의 사회/문화적 특성이 거의 유사하기 때문에 다양성에 대한 고민은 거의 필요 없다. 하지만 글로벌화된 기업에서는 고객이나 종업원들이 다양한 문화권에 살고 있다. 따라서 리더는 이들의 다양한 니즈를 이해하고 이에 적합한 제품을 제공하며 내부 운영 시스템을 갖추는 것에 대부분의 역량을 쏟는 것이 중요하다.

글로벌 리더십의 구체적인 역량은 기업이 당면한 개별 환경과 사업적 여건에 따라 다를 수밖에 없다. 세계적인 경영 석학인 드러커(P. Drucker) 교수는 "모든 환경에 들어맞는 리더십 역량은 존재하지 않는다."라고 하였다. 성공한 글로벌기업의 리더가 다른 기업에서 반드시 성공한다고 할 수는 없는 것이 바로 이 때문이다

글로벌 리더십을 이야기할 때 통상 "생각은 글로벌하게, 행동은 현지에 맞게(Think Globally, Act Locally)"라는 말이 꼭 뒤따르게 된다. 이 말은 본의와는 달리 사업 계획이나 중요 의사 결정은 본사에서 하고, 현지에서는 본사에서 결정된 사안에 맞게 실행하면 된다는 식으로 이해될 가능성이 높다. 따라서 이 말은 글로벌 리더십을 개발하는데 있어 적합하지 못한 말일 수도 있다.

오히려 "생각은 현지에 맞게, 행동은 글로벌하게(Think Locally, Act Globally)"라는 말이 글로벌 리더십 개발에 있어서는 더 적합할 수 있다. 현지 고객을 만족시키기 위해서는 현지의 문화와 사회적 특성을 깊이 있게 이해하고, 현지 고객의 니즈를 제대로 파악해 내야만 하기 때문이다. 즉, "해외 현지의 사고방식으로 생각하는 것(Think Locally)"이 필요한 것이다.

또한 현지 고객의 니즈를 파악하였다면, 기업에 부가가치를 제공할 수 있도록 제품을 가장 효율적으로 생산하여 고객에게 전달해야 한다. 이는 전 세계적인 자원의 통합과 조정에 의해 가능하다. 즉, "실제 자원의 배분이나 통합이 글로벌하게 이뤄지는 것(Act Globally)"이 기업의 효율성 및 고객 만족도 제고에 바람직할 것이다. 기업 환경은 다국적 기업에 의해 세계의 산업이 재편되고 경제구조마저 변화되는 글로벌 시대로 접어들었다. 따라서 우리 기업들이 이러한 환경변화에 적응하고 글로벌 시장 경쟁에서 승리하기 위해서는 차별화된 핵심 역량과 더불어 글로벌 리더십을 확보할 필요가 있다.

기업 환경은 다국적 기업에 의해 세계의 산업이 재편되고 경제구조마저 변화되는 글로벌 시대로 접어들었다. 따라서 글로벌 시대 시장 경쟁에서 승리하기 위해서는 글로벌 리더십을 확보하는 것이 다른 핵심 역량을 확보하는 것만큼이나 중요하다 하겠다.

III 국제비지니스매너

1. 상담요령

국제무역거래를 훌륭히 수행하려면 우선 목적시장을 국내시장처럼 분명히 파악하고 이들 지역 거래처의 정치, 경제, 문화, 기후, 시장조건 등 전반적인 개황과 제품의 수요와 공급, 유통구조 등 세부적인 내용을 조사한 다음 그 지역의 상관습 내지 상관행까지도 숙지한다면 유효한 마케팅전략을 세울 수 있다.

다음은 우리 세일즈맨들이 상담을 성공적으로 마무리 지울 수 있는 상담 요령 및 유의 사항을 소개한다.

첫째, 세일즈맨은 거래선과 처음 접근시 두려움을 갖지 않도록 하며 팔려고 하는 마음과 자신감이 있어야 한다. 또한 접근시 되도록 상대방에게 꼭 팔겠다는 강한 인상을 주는 것보다는 상대방이 부담 없이 상담에 임하도록 유도하며 인사법이나 앉는 법까지도 상대방의 관습에 따른다.

둘째, 거래선 접근에 성공하기 위해서는 밝은 표정과 단정한 복장을 갖추도록 한다. 세일즈맨은 상대방으로부터 한번 만나 보아도 좋겠다는 인상과 호기심을 주도록 밝은 표정을 지으며 인간은 상대방의 표정을 보고 그 사람의 인격을 측정한다는 점에 유의한다.

그러므로 세일즈맨은 늘 상황에 맞추어 좋은 연기력을 나타낼 수 있도록 노력하고 의복도 그 나라 경제나 생활 여건에 맞는 것을 착용함으로써 서로의 거리감을 해소하고 일체감을 조성할 수 있다.

한편 방문 전 사전 약속을 할 때 "바쁘다" 또는 "시간이 없다"고 하면, 몇 분간의 예의적인 방문을 요청하면 대부분 시간을 할애해 줌으로 적극적인 접근 방법을 써야 한다.

셋째, 세일즈맨은 거래처와 첫인사를 나눌 때 상대방의 인품이나 성격 및 지식수준 등을 재빨리 파악해야 하며 이에 맞는 상담을 전개한다. 상대방의 호칭은 가능한 한 First Name만으로 하고 한국적 예의를 지키며 경쟁사에 대한 가격이나 제품의 특성을 언급하면 이들 경쟁사를 비방하지 말고 오히려 칭찬을 해주는 여유를 보여주어야 한다.

자사제품을 설명할 때에는 일반적인 사항보다는 경쟁사들 제품보다 무엇이 다르며 어떤 특징을 갖고 있다는 등 그 제품의 특징에 초점을 두고 설명하며, 같은 생산비로 생산되는 제품이라도 색상이나 디자인 등이 새로운 것은 다소 높은 가격으로 오퍼하고 견적 가격은 소수점 이하 두 자리 숫자까지 표시한 가격을 제시하며, 되도록 경쟁사들보다 다소 높은 가격으로 오퍼한다.

한편 상대방이 반대 가격을 제시하면 바로 수락할 수 있다 하더라도 난처한 표정을 지으며 전자계산기로 한두 번 원가 계산을 하는 척하며 다소 수정된 가격을 제시한다. 가격절충은 대부분 상호 제시된 중간선에서 절충되므로 상대방이 절충안을 낼 때까지 인내하며 대화를 이어가고 상대방의 최후 가격을 수락할 때에는 합당한 이유를 들어 수락해 준다. 그리고 차기 주문부터는 가격 인상을 해 달라고 요청한다.

넷째, 자사제품의 품질 내지 신뢰성을 높이려면 일본의 ○○사에도 수년간 공급하고 있다고 하면 된다. 그러나 일본 거래선일 경우 미국이나 구주 지역의 ○○사에도 많은 주문을 받고 있다고 간접적으로 시사하는 것도 좋은 방법이라고 할 수 있다.

회사의 규모에 대하여 질문을 받으면 선진국일 경우 연간 매출액을 미화로 환산해서 설명하면 된다. 한편 주문량은 상대방이 부담가지 않는 범위 내에서 타결하고 포장은 그 제품의 판매촉진과 제품의 보호라는 측면에서 특별히 유의해야 한다.

대부분의 시장에서 제품이 그 시장에서는 환영받을 가능성을 가지고 있으면서도 부적당한 포장 때문에 팔리지 않는 경우가 있다. 특히 해당 지역의 기후나 색상, 디자인 및 용기의 크기 등에 따라 판매부진 내지 클레임까지 발생하는 경우를 자주 접하게 되므로 포장에는 특히 해당국의 특성에 따라 세심한 배려를 해야 한다.

선적기간도 되도록 여유를 갖고 주문을 받으며 월말까지 선적을 할 수 있더라도 다음 달 월초로 잡는 것이 선적지연 예방은 물론 적기선적으로 인해 수입선으로부터 신뢰를 받는다.

다섯째, 선직국 거래처와의 상담은 되도록 본론 내지 결론적인 면부터 하고 단시간 내에 매듭짓도록 하며 매사 논리적이고 수치적으로 설명한다.

그러나 후진국 거래처일 경우 인간적인 면을 다져놓고 상담에 임한다. 그리고 상담할 때 상대방의 언어 수준에 맞추도록 한다. 또한 후진국 거래처와의 대화할 대에도 상대방의 문화나 종교 등 좋은 면만 칭찬한다든지 이들이 싫어하는 국민을 간접적으로 질책하는 것도 상호 일체감 조성에 효과적일 것이다.

상담할 때 의사결정은 상담이 끝나기 전에 한다. 매사 윗사람에게 확인한 후 답한다면 의사결정권이 없는 사람으로 간주되므로 사전에 세심한 준비를 갖고 상담에 임하며, 상담 중에는 본건과 관계가 없거나 알 수 없는 말을 상대방이 할 경우 상대방의 의미나 말의 뜻을 묻지 않고 그냥 싱긋이 미소를 지으면 된다.

여섯째, 상담이 끝나면 그 내용을 다시 정리하여 서면이나 구두로 확인한다. 거래는 신뢰를 바탕으로 해야 하므로 신뢰성 및 우정도 돈독하도록 노력한다.

일곱째, 거래선 초대시에는 상대방의 기호에 맞는 장소로 예약하고 웨이터의 안내를 받아 먼저 내어 주는 의자가 상석이므로 중요한 사람부터 앉도록 권한다.

메뉴를 볼 때에는 천천히 보면서 상대방이 선정하도록 하고 반대로 초대를 받을 경우 우리보고 선정하라고 하면 중간 가격의 음식을 택하면 된다.

초대시 거래에 관한 이야기는 피하고 상대방의 취미나 공동 관심사에 대해 자신의 기억과 지식을 토대로 하면 된다. 테이블 매너는 음식을 맛있게 먹기 위한 약속이므로 테이블 매너에도 익숙하도록 한다.

식사 전에 식욕을 증진시키기 위한 칵테일의 대표적인 것으로는 남성의 경우 마티니가 있으며 술을 잘 마시지 못하는 여성은 진저엘이나 코크를 주문하여 다른 사람과 보조를 맞추는 것도 예의에 속한다.

빵은 수프를 끝낸 다음에 먹으면 입에 넣은 음식은 부득이한 경우를 제외하고는 그대로 삼키며 생선은 아무리 맛있다 하더라도 뒤집어서 반대쪽을 먹지 않는 것이 상식이다.

흡연은 디저트가 끝난 다음에 하고 거래선 부인이 초대에 참석시에는 그 부인의 미나 의상 등에 대해 칭찬하고 남편의 장점도 언급한다.

중요한 거래처일 경우 한 번 집에 초대하는 것도 중요한 의미를 가지고 있으며 테이블 매너도 상대방 관습에 따라 처신하면 된다.

폐쇄적인 중동 지역에서도 중요한 고객일 경우 집에 초대하며 개방적인 가정에서는 부인까지도 소개해 준다.

여덟째, 선물은 공개적인 장소에서 주는 것은 삼가며 상대방에게 부담이 가지 않는 오래 기억할 수 있는 물건을 택하면 된다. 선물을 어떤 것을 줄지 모를 때에는 가급적 쇼핑 안내시 본인이 관심을 많이 갖는 것을 사주는 것도 한 방법일 수 있다.

선물이란 인간의 마음을 약하게 만들며 선물을 받고 기분 나빠할 사람은 거의 없다. 그래서 선물은 상호 유대관계뿐만 아니라 세일즈에도 중요한 몫을 한다는 점도 유의한다.

특히 빈손으로는 일본에 출장을 가지 말라고 할 정도로 선물에 대한 의미를 크게 부여하는 나라가 많다는 점을 인식해야 한다. 빈 낚시로 물고기를 잡을 수 없듯이 선물이란 세일즈맨의 '구급약'이라는 점을 다시 한 번 강조하고 싶다.

2. 초대시 예의

국제무역거래에서 빼놓을 수 없는 중요한 것 중의 하나가 거래선 초대라고 말할 수 있다. 초대의 의미는 상대방을 즐겁게 해주려는데 있으며 특히 이를 통해 상호 신뢰 관계가 두터워지고 우의가 증진된다. 그러므로 초대에 적극적으로 응해야 하며 초대를 거절하면 상대방은 큰 모욕으로 생각한다.

상대방 초대시에는 우선 상대방이 큰 부담을 느끼지 않는 곳을 택하며 가급적 한국적인 분위기를 느끼면서 맛있게 요리를 즐길 수 있는 장소를 택하면 된다.

대부분의 거래선들은 우리와는 달리 마시는 것보다 요리에 신경을 쓰고 있다는 점을 인식하며 지나치게 화려한 분위기에 초점을 두면 오히려 상대방에게 큰 부담을 주며 역효과를 받게 된다. 상대방 초대시에는 그 나라의 식생활 관습을 고려한 후 초대장소를 택하고 특히 종교적 이유로 금기시하는 요리를 제공하는 장소는 피해야 한다.

무역은 낮의 무역과 밤의 무역이 있다고 할 만큼 낮에 아무리 상담이 잘 이루어지도록 분위기를 조성하였다 하더라도 저녁 초대가 상대방에게 불편을 주었다면 상담은 실패로 이어진다. 이처럼 저녁 초대는 무역에서 큰 비중을 차지하고 있다.

초대시에는 상대방의 직위나 나이 등을 고려한 후 되도록 상대방과 동등한 위치에 있는 사람이 접대하는 것이 바람직하다. 요즈음 대기업의 경우 매일매일 외국인 접대에 시달린 나머지 큰 고객이 아닐 경우 사원이 접대하도록 한다. 이 경우 상대방은 자신이 경시되었다고 생각하며 서로의 수준차로 대화도 불편해지고 지루한 시간을 보낸 셈이 되므로 그 날의 접대는 실패로 끝난다.

고객의 경우 한 번 집에 초대하면 거래처들은 크게 감사해 한다. 그러나 요즈음은 세계 어느 나라에서건 고급 레스토랑에서 접대를 한다. 이때에 전망 좋은 장소를 사전에 예약하고 안내원(Head Waiter)의 안내를 받아 웨이터가 먼저 빼어주는 의자가 상석이므로 중요한 사람부터 앉도록 하며 사람들의 왕래가 많은 통로나 출입구에서 가까운 곳은 말석이므로 초대한 쪽에서 앉으면 된다.

테이블에 앉을 때에는 주먹 두 개 정도 떨어져 앉도록 하며 모두들 자리에 앉은 다음 냅킨을 무릎 위에 펴면 된다.

메뉴에는 일반적으로 애피타이저, 수프, 생선요리, 육류요리, 샐러드, 디저트, 커피 순으로 배열되어 있어 자신이 원하는 것을 선택하면 된다.

식사시 나이프와 포크는 바깥쪽으로부터 접으면 되고 생선용 나이프와 포크는 보통 철제보다 은제를 사용하는데 이는 생선이 육류보다 연하고 맛도 섬세하므로 맛을 해치지 않으려는 데 있다. 포크나 나이프 등이 바닥에 떨어지면 이것을 집어 주는 일은 웨이터가 할 일이지 자신이 할 일이 아니며 와인 마개를 따는 등의 일도 웨이터가 한다. 이럴 경우 웨이터에게 감사하다고 말할 필요는 없다.

식사가 끝난 다음에는 나이프 및 포크는 접시의 중앙에서 우측으로 뉘어서 가지런히 놓아두며 식기도 웨이터가 치워 줌으로 식사가 끝나면 손을 무릎 위에 놓고 있으면 된다.

식사중 급한 전화 등을 할 경우를 제외하고는 입에 넣었던 음식은 그대로 삼키며 빵은 수프를 끝낸 다음 손으로 알맞게 떼어 먹으며 빵가루가 떨어질 경우에는 접시 위에서 떼어 먹으면 된다.

흡연은 디저트가 끝난 다음에 하는 것이 바람직한 매너이다. 프랑스인의 경우 담배를 식사 전에 피울 경우 맛을 모르는 무식한 사람으로 간주하여 얼굴을 찡그린다.

이처럼 테이블 매너는 식사를 즐겁게 하기 위한 약속이므로 세일즈맨은 서구인들과의 식사시 테이블 매너에 각별히 주의하고 이들의 관습에 적응토록 노력해야 한다. 더욱이 만찬시 식사는 상대방 속도와 보조를 맞추어야 하고 상대방 관습을 모를 경우 이들의 관습을 살피며 행동하면 된다.

초대시에는 상대방이 흥미를 가질 대화의 소재도 준비하고, 되도록 거래관계 등 사업 이야기나 상대방이 터부시하는 정치, 경제, 문화 및 종교 등도 언급치 말아야 한다. 되도록 그 나라 문화의 우수성이나 스포츠, 개인의 취미 및 여행담 등은 무난한 대화의 소재가 된다. 상대방의 관심을 유도하기 위해 부족한 지식을 근거로 상대방과 대화를 하면 신뢰성이 없는 사람으로 간주되므로 명확한 지식을 토대로 하여 언급하면 된다. 서구인이 아닌 국민들도 그들 나름대로의 오랜 식생활 관습을 갖고 있어 이들의 관습대로 처신하면 상호 일체감 조성에 효과적이다.

그 예로 중동인이나 일부 아시아 국민들은 음식을 오른손만 사용하여 손으로 음식을 들고 있다. 이때에 이들 관습대로 스푼 대신 손을 깨끗이 씻고 오른손으로 식사를 하면 기쁘게 생각하며 우의가 더욱 돈독해진다. 이들은 왼손은 불결한 것을 만질 때에만 사용한다는 점에도 유의해야 한다.

식사 후 상대방을 즐겁게 해주려고 상대방에게 노래를 부르도록 요청하는 것은 상대를 난처하게 한다. 물론 일본인은 예외이겠으나 대부분 연설을 하라고 하면 기꺼이 받아들이지만 음악은 듣는 것으로 만족해한다. 이슬람에서는 음악은 인간의 마음을 약하게 한다하여 이를 금하고 있을 정도이다.

팁에 대한 관행도 나라에 따라 다르다. 팁을 지나치게 많이 준다든지 적게 주는 것도 상대를 당황하게 한다. 또한 팁을 받는 것을 모욕적인 행위로 받아들이는 나라도 있다.

이처럼 나라별로 지역별로 다양한 문화 속에 살고 있는 거래처들과의 거래를 성공적으로 마무리 짓고 계속적인 거래 관계를 유지하기 위해서는 국별 · 지역별 상관습에 대한 이해를 높이고 이들의 관습에 자연스럽게 적응될 수 있는 것이 능력 있는 전문 세일즈맨이 될 수 있는 지름길이 된다.

관습은 계약으로 이어지며 문화의 차이에 따라 상관습이 다르다. 더욱이 국제간의 통일화된 관습이 정형화되지 않은 상황에서 국별 · 지역별 상관습은 그 어느 때보다 중요시되고 있다.

3. 국별·지역별 협상전략

협상의 능력은 경영자나 세일즈맨에 있어 필요불가결한 기술(Skill)이다.

국제무역협상에 있어서의 커다란 실수는 통상 세일즈맨이 깨닫지 못하는 무의

식적인 자기민족중심주의적 가정, 특히 언어가 다르다 해도 자국내 국민들과 마찬가지로 생각하고 행동한다는 확신에서 찾아볼 수 있다.

그러나 협상이란 긴장의 연속 속에서 상대방의 행위에 영향력을 미치기 위해 모든 정보와 영향력을 사용하는 것으로 이해되고 있으며, 주로 문화의 차이에 따라 협상 방법이나 관행이 다르다. 왜냐하면 문화란 한 집단만이 갖는 고유한 신조와 독특한 생활 방식이기 때문에 민족에 따라 생각하는 가치관이 다르다.

실례로 미국인은 협상시 매사 행동이나 목표는 예정되고 기한 내 끝내려는 데 비해 중국인은 협상을 통해 삶의 기쁨을 찾는다는 여유를 보이며 시간을 정하고 협상을 하는 것은 궁지에 몰린다고 생각한다.

일본인들의 경우 최고의 미덕은 집단을 우선으로 내세운 조화정신에 두고 있어 매 거래에 관련된 결정은 상향식(Bottom-up) 의사결정으로 협상이 타결되기까지 많은 노력과 시간이 요하며, 러시아인들의 무역협상은 정치외교 교섭과 마찬가지로 협상시 주도권을 잡고 매사 지연작전으로 상대를 초조하게 만들어 어부지리를 얻으려는 전술을 쓰고 있다.

한편 이슬람법이 이들 '생활의 일체를 총괄'하는 중동인들은 협상은 하나의 게임이며 취미라고 생각한다. 이들은 삶의 기쁨을 협상을 통해 얻으려 하기 때문에 매사 바쁜 것이 없고 모든 것은 신의 뜻에 따라 결정하는 시장 상술에 능한 사람이다. 이처럼 각국의 협상하는 자세나 방법은 그 나라 문화의 특성에 따라 큰 차이를 보여준다.

그러므로 문화를 넘어선 협상에 성공하기 위해서는 국별·지역별 협상 관행을 숙지하고 이에 맞는 진출 전략을 설계 및 경영함으로써 실패를 사전에 예방하고 효율적인 마케팅을 할 수 있다 하겠다.

다음은 주요 교역상대국의 국민성, 상관행 및 상관습을 개략적으로 서술한다.

1) 유태인

유태인과의 상거래시 주의할 점을 요약하면 다음과 같다.

· 숫자와 어학에 능하다.
· 암산의 천재이다.
· 철저한 현금주의 사상을 갖고 있다.
· 메모가 습관화되어 있다.
· 상담은 되도록 본론부터 시작한다.
· 이익이 있는 한 거래 관계는 지속된다.
· 인간미가 없으며 자기 보호에 강하다.
· 잡학에 능하므로 대화의 소재가 풍부하다.

매사 계산적이며 분명한 국민이므로 이들의 관습 내지 관행에 맞도록 해야 하며, 계약 또한 합의 내용대로 이행만 하면 오히려 거래가 타 국민과의 거래보다 수월하다. 또한 이들은 불황이라 할지라도 구매량은 늘 적정선을 유지하고 있다.

2) 일본인

일본인과의 상거래상 특징적인 점을 요약하면 다음과 같다.

· 인간과 자연과의 조화를 중시한다.
· 단결, 집단우선 정신과 양면성을 보인다.
· 소개자의 위치가 중요하다.
· 상담시 NO라는 단어를 즐겨 쓰지 않는다.
· 의사결정은 상향식(Bottom-up)이다.
· 인간관계를 중시한다.
· 대면접촉을 선호한다.
· 엄격한 납기가 요구되는 시장이다.
· 기록을 중시한다.
· 상대방 입장을 고려한 후 행동한다.
· 질투심이 강한 국민이므로 특정인 편애를 지양한다.
· 약속과 신용은 절대적이다.

세일즈차 일본을 방문하려면 우선 회사가 기꺼이 제고할 수 있는 것이 무엇이며, 무엇을 얻을 것인가를 생각하고 협상팀에게 협정에 이르도록 충분한 시간을 주어야 한다.

일본의 경영자는 서면보다 대면접촉을 선호한다. 그러므로 처음 방문시에는 최고경영자급들을 만나 친숙해지는 것으로 만족해야 하며 상대방의 호칭은 나이나 직위 등을 고려하여 사장일 경우 사장(사쬬상)이라는 직책만 호칭한다.

막상 협상 테이블에 앉으면 일본인들은 대부분 상대방의 말을 경청하나 반응이 없어 일을 착수하는데 어딘가 마음이 내키지 않는 것같이 보인다. 그러나 인내를 미덕이라고 생각하는 일본인들은 매사 상대방의 기분이나 입장을 살피고 고려하여 발언하거나 행동한다.

더욱이 좋고 나쁠 것을 확실히 표현하지 않는 습성은 마찰을 피하려는 전통에서 비롯된 것이다. 그러므로 성급히 일을 끝맺으려고 부적당한 양보까지 내놓는다면 협상은 실패로 끝난다.

일본사람과의 협상에서 공통되는 혼돈의 원칙은 'Yes'의 의미이다. 일본사람에게 'Yes'는 단순히 그가 이해한다는 것이지 그가 동의한다는 말은 아니다.

더욱이 'No'라는 말을 해야 할 때 그들은 '생각해 보겠다' 또는 '고려해 보겠다'라는 식으로 답변한다. 이는 상대방을 난처하게 하는 것을 싫어하기 때문이다. 또한 이들과의 충격요법을 사용한다 해도 통할 리 없다. 왜냐하면 이들은 듣는 문화에서 살아온 탓도 있으며 협상의 주제가 협상팀 전원이나 회사의 관련자 전원이 동의하지 않는다면 어떠한 것도 말하려 하지 않기 때문이다.

그러므로 조심성 있게 단계별 설명을 해주고 질문할 수 있는 충분한 기회를 주어 당사자가 시실을 입증하기 위해 함께 일하는 것같이 느끼게 한다. 이처럼 일본인과의 장기간을 요하나 일단 계약이 이루어지면 신속히 실행에 옮긴다.

결국, 일본사람들과의 협상시에는 시간적 여유를 갖고, 처음부터 일방적인 조건제시에 삼가고, 자주 담당자까지도 접촉하여 인간관계를 돈독히 하며, 장기적이고 독점적인 사업관계 유지가 그 어느 시장보다 중요시된다 하겠다.

3) 중국인

중국인의 상관행을 요약하면 이들은 다음과 같다.

· 개인보다는 집단과의 조화를 중시한다.
· 혈연, 지연 등을 중요시한다.
· 주인의식이 강하다.
· 상담시 본심을 타인에게 노출하지 않는다.
· 돌다리도 두드리는 습성이 있다.
· 여유가 있는 국민이다.
· 계약서보다 융통성을 중시한다.
· 신용을 제일로 삼고 체면을 중시한다.
· 상담시 상대를 높여 주는 연기력이 풍부하다.
· 한 사람을 믿는 데나 돈을 버는 단위는 10년으로 한다.
· 쓸데없는 가정을 싫어하고 현실에 처한 대로 일을 풀어 간다.
· 말이 많은 사람은 소인으로 취급한다.
· 현금주의와 돈의 중요성을 아는 국민이다.

서구의 어느 회사 대표는 동일한 문제를 가지고 협상할 때 미국에서 일주일 소요되는 일이 프랑스에서는 2일, 브라질에서는 3일 걸리는 데 비해 중국에서는 수개월이 소요된다고 지적했다.

중국인들은 시간 엄수는 중요하지 않고 상황에 따라 신축성이 있다고 믿으며, 매사 행동에 옮기기 전에 오랜 지연이 때때로 필요하다고 생각한다. 그러므로 중국인과 협상에서 성공하려면 우선 인내심과 성실성이 요하며 이들의 거래관습과 사회관습 등 중국문화와의 친밀성을 갖는 것이 무엇보다 중요하다.

중국인과의 협상시 대응책으로서는 이들은 팔고 사는 것이 생활의 수단만을 아니라는 점과 매사 시간적 여유와 끈기를 가져야 한다. 이들과의 거래시 사소한 것이라도 흠을 잡아 할인하려는 습성에 충분한 대처가 필요하며 거래시 늘 '히든카드'를 갖고 있어 거래가 불리할 때 이를 제시하기도 한다.

이들은 계약보다 언약을 중시하기 때문에 구두약속이라도 일단 합의한 것은 성실히 이행하는 노력이 중요하다.

4) 미국인

문화적 관점에서 본 미국인의 특징은 다음과 같다.

· 일등 국민이라는 자부심에 차 있다.
· 세계는 정신이 아니고 물질이다.
· 인간은 자연을 지배하여야 한다고 믿는다.
· 집단보다는 개인을 중요시한다.
· 대화시 눈을 보고 상담해야 한다.
· 매사 솔직하고 개방적이며 직선적이다.
· 침묵은 금이 아니라 오히려 무능을 표시하므로 대등한 입장에서 상담한다.
· 모든 행동은 목적을 가져야 한다.
· 매사 명시적으로 분명히 해야 한다.
· 시간은 귀중해서 시간의 엄수가 중요하다.
· 협정은 구두로 이루어져야 하고 명시적이어야 한다.
· 계약서에는 당사자의 상호 책임을 세부적으로 명시하고 법률적인 효력이 있어야 한다.

시간의 중요성을 알며 합리적이며 논리적인 미국인들은 협상시 주제에 대해 명시적 동의를 요구하며 일을 신속히 매듭지으려고 한다. 그래서 이들은 절박한 의사결정에 익숙해져 있고 최종적 결정을 내릴 권한을 갖고 있는 경우가 있다.

미국인들은 교섭에 임할 때 'Give & Take' 방식을 취하는 데 익숙하고 오퍼(Offer) 제시시 적정가격을 제시하며 상대가 주저하고 있으면 수정가격도 제시하여 일을 끝내려고 하므로 어려운 협상 관행을 숙지했다면 협상 전략으로 일본인들과 같은 협상 방식을 취하는 것도 유리한 협상을 할 수 있는 하나의 방법이 될 것이다.

5) 남미인

남미인들의 국민성과 상관행을 요약하면 다음과 같다.

· 정열적이고 낙천적이며 인정이 따뜻한 국민이다.
· 마냐나(내일)의 사고방식이 팽배해 있다.
· 자존심이 강하다.
· 유명 브랜드와 외제품의 선호도가 높다.
· 가격이 시장을 주도한다.
· 구매는 CIF 조건(운임 보험료 포함 가격)으로 백화점식 구매를 한다.
· 큰 폭의 커미션을 좋아한다.
· 국제무역관습에 익숙하지 못하다.
· 계약에 대한 이행이 어려운 나라이다.

신의 축복을 받은 남미인들은 바쁜 것이 없으며, 오늘 못다한 일은 내일로 미루며 매사 안일하게 생각하므로 약속된 일이 무너지는 일이 많다.

상담은 주로 과·부장(Gerencia) 이상을 상대로 하며 이들은 의사 결정권을 갖고 있는 경우가 대부분이다. 협상시 상대방의 자존심을 상하게 하는 언사는 피하고 타결되지 못한 문제는 다음으로 미룬다.

문제점은 점심 초대 시간(주로 2~3시간)을 이용하여 간접적으로 문제 해결을 시도하고 여의치 못할 경우 저녁에 부부 초대시 부인과 남편의 장점을 부각시키면 다음날 협상이 예상 외로 쉽게 풀린다.

이들과 맺은 계약서나 서류상의 서명은 과신하지 말고, 일과 레저를 반반씩 하며 이들 페이스에 맞추어 행동한다. 신용장(Latter of Credit : L/C)도 제3국의 일류은행(Prime Bank)에서 확인된 것이라야 안전하다는 점에 유의한다.

6) 유럽인

구주시장의 특성과 상관행을 요약하면 다음과 같다.

· 합리적인 사고가 타 지역에 비해 강한 국민이다.
· 보수성이 강한 구주인들은 유행보다는 실용적이고 내구성이 강한 저가품을 선호한다.
· 계획 구매를 원칙적으로 한다.
· 소량주문에서 대량주문을 한다.
· 의리나 인정보다는 논리적이다.
· 일단 신용을 잃으면 회복이 어렵다.
· 식민지 근성으로 자기 위주의 거래를 강요한다.

보수성이 강한 유럽인들은 상대방의 신용을 확인한 후 거래를 하며 실용적인 저가품을 선호한다는 점에 유의하고, 상담시 한국적인 예의를 갖추고 논리적인 협상에 대한 대비책이 요구된다.

또한 상대방의 자존심도 채워 주고 정확한 품질, 적기 선적이 타 지역에 비해 더욱 강요된다는 점에도 유의한다.

그리고 단기간에 거래처를 확보한다는 것은 잘못된 생각이며, 시간을 갖고 계속 방문하는 방법 또한 유효한 마케팅전략이라 할 수 있다.

7) 러시아인

러시아인과 거래시 유럽인이 아닌 러시아인과의 거래를 한다는 점을 인식하고, 다음과 같은 특성에 유의한다.

· 러시아적 민족성과 소비에트체제라는 두 개의 특성이 혼합된 인간과의 교섭이다.
· 대국을 존중하고 소국을 경시한다.
· 애교라고는 전혀 없고 패배를 싫어하는 근성을 갖고 있다.
· 협상에 있어 철저한 경쟁심을 유도한다.
· 제품 구매시 각종 오퍼(Offer) 가운데 좋은 점만을 뽑아 모자이크식의 이상형을 각국에 제시하여 상담을 유리하게 이끈다.
· 바자르상술(시장상술)의 애호가이다.

· 매사 지연작전으로 상대를 초조하게 하여 유리한 계약을 유도한다.

러시아인과의 교섭시에는 충분한 시간적 여류를 갖고 그들의 슬로 페이스(slow pace)에 맞추고 자기 정당화를 감행하는 데 게으르지 않는 국민이므로 이에 대한 대비책이 있어야 하며, 상대를 높여 주고 서열에 관심이 많다. 이들은 인정도 통하는 국민이며, 웃음에 약한 면도 있다.

결국 상담시에는 그들의 권한 내에서 융통성을 구하는 것이 대 러시아 협상의 중요한 해결책이라 할 수 있다.

8) 중동인

중동시장의 특성은 다음과 같다.

· 기후나 경제 여건에 따라 시장의 다양성을 갖고 있다.
· 가격이 중요시되는 시장이다.
· 능력 있는 Agent와 수입상 선정이 필수적이다.
· 정부의 구매 비중이 높은 시장이다.
· 중계무역이 성행한다.
· 수입 관세율이 낮다.
· 이스라엘에 대한 배척(boycott)이 철저한 시장이다.

이 지역 상관행 및 상관습의 특징은 다음과 같다.

· 이슬람 교리에 기초한 특수한 상관습이 생성되었다.
· 이슬람법(Sharia)이 국제무역관습보다 우위이다.
· 이슬람 교리에 역행되는 여하한 계역도 무효이다.
· 자국내의 고객과는 신용과 충성심이 유지된다.
· 바자르 또는 수우끄멘탈리틸(시장상술)의 애호가이다.
· 계약은 상대의 출발 시간 직전에 매듭지으려는 관행에 익숙하다.

이상과 같이 이 지역은 이슬람에 기초한 상관행 및 관습이 생성되었으며 다른 지역과는 큰 차이를 보여주고 있다. 이들은 협상시 시간을 정하고 결정을 한다면 궁지에 몰린다고 생각하므로 매사 여유를 갖고 상담에 임하며, 상대가 시간에 쫓

길 때까지 기다려 마지막에 결정을 하려고 하는 데 일숙하다.

일단 계약이 체결되어도 이행 여부 인샬라(Inshallah : 알라신이 허락하신다면) 식으로 계약이 이행되지 않는 경우가 많으며, 계약불이행은 하나님의 뜻이 아니기 때문이라고 생각하는 신의 뜻에 따라 행동하면서 사는 국민이다.

남을 의심하고 외국인에 대해 배타심이 강한 중동인들과의 협상시에는 우선 신뢰성을 높이고 신용을 쌓으며, 이슬람에 역행되는 언사, 특히 이슬람과 타종교와의 비교 등은 삼가야 한다.

어느 미국인 세일즈맨이 협상중 중동인이 제공한 아랍 특유의 커피를 거절하였다고 하여 거래가 실패한 사례가 보여주듯이 특수한 이질 문화권 속에 있는 지역이라는 점에 특히 유의한다.

9) 인도인

인도인의 특성은 다음과 같다.

· 정에 약하며 잔재주에 능하다.
· 말하기를 즐겨 한다.
· 소심한 성격으로 강자에게 약하고 약자에게 강한 면을 보인다.
· 자기 이익을 위해서는 수단과 방법을 가리지 않으며, 돈을 벌기 위해서는 무슨 일이고 하는 국민이다.
· 상거래시 신의가 다소 결여되어 있다.

인도인은 미사여구, 즉 말재주에 능하므로 이에 현혹되어서는 안 된다. 또한 상거래시 불리할 경우 자기 합리화에 타고난 재주를 갖고 있으며, 오랫동안 영국의 식민지 및 계급사회에서 생활해 온 습성이 있는 국민이므로 인간적인 측면에서의 거래관계 유지가 이들과의 거래시 중요시되고 있다.

10) 호주인

호주인의 특성은 다음과 같다.

· 성격이 급한 면이 있어 상담은 본론부터 한다.
· 소량 주문에서 대량 주문을 하는 상관습이 있다.
· 한국 상품을 동남아 상품으로 간주하는 경향이 있다.
· 소비 제품에 관한 한 유태인이 대부분 시장을 주도한다.
· 노조가 가장 강력한 나라이다.
· 고가품, 고품질을 선호하며, 저가품 시장은 전무한 상태이다.

호주인들은 성격이 급하고 경영주가 대부분 거래에 직접 관여하고 있어 통신문 작성시 정중한 말을 써야 하며, 시차가 비슷하므로 매사에 신속한 회신이 요망된다.

그리고 저가품 시장이 전무하므로 철저한 품질관리가 요망되고, 당초의 견품과 선적품이 일치하지 않으면 클레임이 제기되고 있다. 또한 영국계가 호주 국민의 주류를 이루고 있어, 매 거래는 합리적인 방법과 이들의 보수적인 성격에 적응하도록 해야 한다.

한편 효과적인 판매를 위해서는 처음 소량 다품종 주문에 대하여 성실히 이행하면 대량 주문을 기대할 수 있다. 따라서 빈번한 접촉이 필요하다.

11) 아프리카인

아프리카 시장의 특성은 다음과 같다.

· 가격이 시장을 주도한다.
· 허세가 많고 말도 잘하며 과장된 표현에 유의한다.
· 단순한 국민이므로 제품의 설명은 될 수 있는 대로 간단하고 쉽게 한다.
· 자존심이 강한 국민이므로 상대를 높여 주면서 다정한 면을 보여 준다.
· 상담시에는 상대방과의 거리를 되도록 가깝게 한다.
· 상대방 부인이 상담에 관여할 때 여성이라고 경시하지 않고 오히려 부인의 장점이나 미모에 대해 칭찬한다.
· 아프리카에서는 뚱뚱한 여성이 미인으로 간주된다는 점에도 유의한다.
· 견적서 제시의 경우에는 견적된 가격에 10% 이상 할인을 요구하므로 이에 대한

대비책도 갖고 상담에 임한다.

- 신용장(L/C)은 필히 확인신용장(Confirm L/C)이 요구된다.
- 상대방 회사의 규모는 전화 대수나 텔렉스 등으로 판가름된다.
- 신용이 없어 계약도 이행되지 않는 경우가 매우 빈번한 시장이다.

허세가 많고 말이 많으며 허황된 거래를 제의하는 사람이 많고, 신용도 없어 거래선 선별에 유의해야 하며, 제품의 설명은 되도록 쉽게 하고, 예의를 갖추어 이들의 페이스에 맞추어 상담을 마무리 짓는다. 장기적인 거래를 위해서는 우선 우정을 쌓으며, 일체감 조성을 하는 것이 아프리카 시장 공략의 기본이다.

문화란 민족에 따라 다른 가치관을 갖고 있다. 그러므로 업무의 효과를 높이기 위해서는 국별, 지역별 고유의 문화를 이해해야 한다. 협상에 임하는 경영자는 우선 해당 지역 국민의 태도, 가치관 및 사고방식에 대하여 공감하고, 행동의 규칙을 알 때까지 삼가서 행동하며, 말하기 전에 듣는 편이 좋고, 즉흥적인 대답은 피해야 한다.

또한 현지인과의 관계에서 융통성을 보이며, 모든 것을 한 번에 달성한다는 기대는 버리는 편이 좋다.

Part Ⅳ

글로벌무역이론·정책

Chapter 10 무역경제
Chapter 11 무역정책
Chapter 12 환율과 국제수지

Chapter 10 무역경제

I 시장경제란 무엇인가?

1. 경제생활과 경제문제

1) 경제문제와 희소성

현대사회에서 살아가는 사람들은 자신에게 필요한 모든 재화나 서비스를 스스로 만들어서 사용할 수가 없다.

대부분의 사람들은 다른 사람들이 필요로 하는 한두 가지의 재화나 서비스 생산과 관련된 일을 하게 된다. 사람들이 만든 재화나 서비스는 시장을 통해서 교환된다. 생산활동에 기여한 대가를 소득이라 하며, 이 소득은 생산에 필요한 자원을 제공한 사람들에게 분배된다. 각 개인은 분배받은 소득으로 재화나 서비스를 사서 소비한다.

농부는 쌀을 생산하고 시장에 팔아서 소득을 얻는다. 이 소득으로 다른 사람들이 생산한 여러 재화나 서비스를 사서 소비한다. 의사가 환자를 진료하고 의료비를 받는 것은 의사가 진료서비스를 환자에게 파는 것으로 볼 수 있다. 이와 같이 의사는 진료서비스를 생산하고 이를 환자에게 팔아서 소득을 얻으며, 간호원에게 소득의 일부를 분배한다. 농부나 의사에 의해 생산된 쌀과 진료서비스는 교환의 과정을 거쳐서 여러 사람에 의해 소비된다.

사람들이 생활에 필요한 재화와 서비스를 생산, 교환, 분배 그리고 소비하는 행위를 경제행위라고 하며, 경제행위와 관련하여 일어나는 문제를 경제문제라고 한다. 경제문제는 '우리가 원하는 모든 것을 얻을 수는 없다'라는 사실에서 비롯된다. 인간의 욕망은 끝이 없지만 그 욕망을 충족시킬 수 있는 물질적 수단은 한정되어 있다. 대부분의 사람들은 사고 싶어 하던 자동차를 사게 되면 처음에는 좋아하지만 조금 지나면 더 나은 자동차를 갖고 싶어 하고, 나아가 더욱 좋은 환경에서 살고 싶어 한다. 그러나 이처럼 늘어나는 사회 구성원의 욕망을 채울 수 있을 만큼 충분한 자원은 어디에도 없다.

인간의 욕망은 무한하지만 자원은 한정되어 있다는 사실을 희소성의 법칙(law of scarcity)이라고 한다. 사회 구성원의 욕망은 그 욕망을 충족시켜 줄 수단인 자원을 항상 능가하는 현상을 희소성의 법칙이라고 할 수도 있다. 희소한 자원으로 사람들의 욕망을 최대한 충족시켜 주기 위해서 어떻게 자원을 사용해야 하는가라는 질문으로부터 모든 경제문제는 시작된다.

우리가 가지고 있는 경제적 자원(economic resources)은 토지 · 산림 · 광물과 같은 자연자원, 육체와 정신으로 구성되어 있는 인적자원(human resources), 그리고 사람이 자연자원을 이용하여 만든 기계 · 건물 · 도로와 같은 생산수단으로 크게 나눌 수 있다.

이와 같은 경제적 자원은 사회 구성원의 욕망을 충족시키기 위하여 사용된다. 한정된 경제적 자원을 어떻게 선택적으로 이용하여야 사회 구성원의 욕망을 최대한으로 충족시킬 수 있는가라는 과제를 해결하기 위해 경제문제가 생기는 것이다.

【그림 10-1】 희소성의 문제

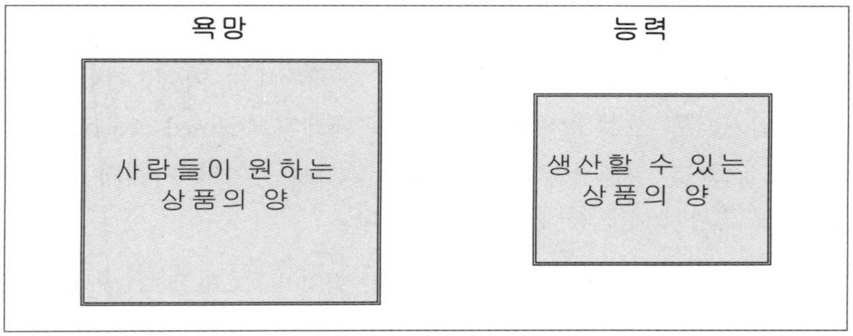

경제문제는 경제적 자원이 희소하기 때문에 발생하며 이를 해결한다는 것은 희소한 경제적 자원을 어떻게 활용하는 것이 최선인가를 선택하는 것이라고 할 수 있다. 그러므로 경제적 자원의 희소성과 선택은 서로 밀접한 관계가 있다. 어떤 자원이 희소하지 않으면 구태여 그 자원에 대하여 최선의 활용 방법을 선택하지 않아도 될 것이다. 경제적 자원의 희소성과 선택은 서로 밀접한 관계를 유지하면서 경제학의 본질을 이룬다.

2) 경제행위

인간이 그들의 생활에 필요한 물질적 수단을 획득하고 사용하는 것과 관련되는 행위를 경제행위라고 한다. 재화나 서비스를 생산하고 교환하며 소비하는 행위, 그리고 소득을 분배하는 행위가 경제행위이다.

경제행위를 수행하는 과정에서 의사결정을 하는 주체를 경제주체라고 하며, 경제주체는 크게 가계, 기업, 정부로 분류된다.

가계는 노동, 자본, 자연자원(토지) 등의 생산요소를 제공하는 대가로 소득을 얻어 소비활동을 하는 소비주체이며, 기업은 생산요소를 이용하여 이윤을 얻기 위해 생산활동을 하는 생산주체이며, 정부는 가계와 기업으로 구성되는 민간 부문의 경제 활동을 조정하고 규제한다. 아울러 가계와 기업으로부터 조세를 징수하여 기업에서 생산한 재화와 서비스를 소비하고 공공의 이익을 위한 국방·치안·교육 등과 같은 서비스를 생산하는 소비 및 생산 주체이다.

한 나라의 국민경제만 분석 대상으로 하면 경제주체는 가계, 기업 및 정부뿐이다. 이처럼 대외거래를 고려하지 않는 경제를 폐쇄경제(closed economy)라고 한다. 외국과의 거래가 있는 경제가 개방경제(open economy)이며 가계와 기업 및 정부 외에 외국 또는 해외가 경제주체로서 추가된다.

경제주체들간의 경제활동을 실물의 흐름과 화폐의 흐름으로 구분하여 순환이 이루어지는 과정을 보여 줄 수 있다.

【그림 10-2】 경제활동의 순환과 경제주체

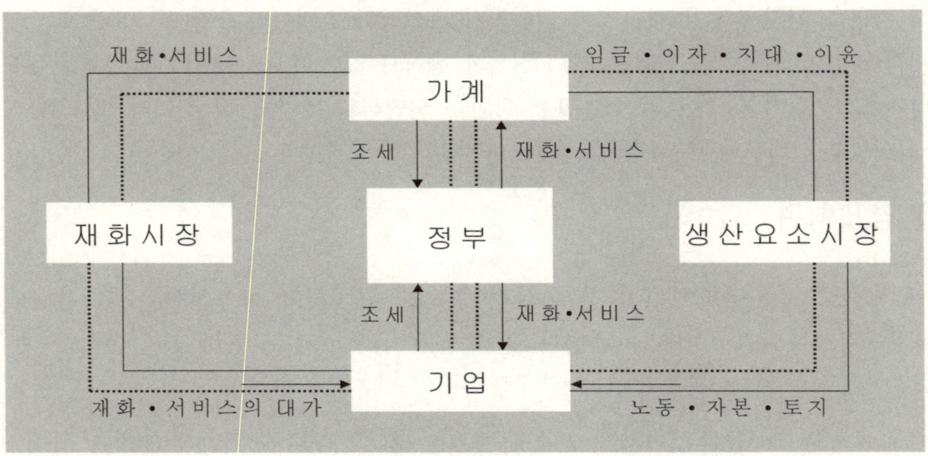

인간의 욕망을 충족시키기 위한 수단에는 희소성의 법칙이 적용되지 않는 시골의 공기, 햇빛 등은 대가를 지불할 필요가 없이 자유롭게 이용할 수 있는 재화이

므로 자유재(free goods)라 하고 희소성의 법칙이 적용되어 경제문제의 대상이 되는 욕망 충족 수단을 경제재(economic goods)라고 한다.

경제재는 경제행위의 대상이기 때문에 경제객체라 한다. 경제재는 형체가 있는 것과 없는 것으로 구분할 수 있으며 형체가 있는 경제재를 재화(goods), 없는 것을 서비스(service)라고 한다. 재화는 용도에 따라 소비재와 생산재로 구분된다. 기계나 공장의 건물 등은 생산재이며, 가정에서 소비하는 음식물은 소비재이다. 어떤 재화가 생산에 쓰이느냐 또는 소비에 쓰이느냐는 그 재화의 속성에 달려 있는 것은 아니다. 같은 재화이더라도 소비에 사용되느냐 생산에 사용되느냐에 따라 소비재와 생산재로 구분된다.

예를 들면 쌀이 제과 공장에서 과자의 원료로 사용되면 생산재가 되고, 가정에서 밥을 짓는데 쓰이면 소비재가 된다. 서비스는 근로자의 노동, 상인의 도소매 활동, 통신, 운송, 그리고 음악가의 연주 등과 같이 사람이나 재화 또는 어떤 기관이 제공하는 것으로서 사람들에게 유용한 모든 활동이나 기능을 말한다. 서비스는 형체가 없기 때문에 무형재라고도 한다. 또한 서비스를 재화의 생산, 교환, 분배, 소비와 관련된 경제활동으로도 볼 수 있다. 서비스의 경우에도 재화처럼 용도에 따라 생산 서비스와 소비 서비스로 구분할 수 있다. 근로자의 노동, 상인의 도소매 활동은 생산 서비스이며, 음악가의 연주와 관광 등은 소비 서비스이다.

경제객체는 다음과 같이 요약될 수 있다.

【표 10-1】 경제객체

- 욕망충족의 수단
  - 대가 없이 획득 가능 : 햇빛, 바닷물
  - 경재제
    - 재화
      - 생산재 : 공장의 건물, 기계, 과자 원료의 쌀
      - 소비재 : 가정에서 먹는 쌀
    - 서비스
      - 생산 서비스 : 철도 회사의 운송, 근로자의 노동
      - 소비 서비스 : 관광, 음악회의 연주

※ 관계재(= 준경제재) : 대인관계에서 경제적 가치가 부여되는 것 - 영업권, 특허권

생산재는 생산의 수단이므로 생산요소가 된다. 생산요소는 자연에 의해 주어진

자원(또는 토지) 및 노동과 같은 보완적 요소, 그리고 사람이 만든 생산수단인 중간재, 기계장치, 공장 건물과 같은 자본(또는 자본재)으로 구분할 수 있다.

재화 중 특수한 형재로서 특정의 대인관계에서 경제적 가치가 부여되는 것이 있으며 영업권(goodwill), 특허권(patent) 등이 그 예이다. 이러한 재화를 관계재 또는 준경제재라고 한다. 그리고 사고파는 재화와 서비스를 상품(commodity)이라고 한다.

자원은 한정되어 있으므로 어떤 자원을 한 용도에 사용하게 되면 그 자원은 다른 용도에는 쓸 수 없게 된다. 이 때 한 용도의 비용은 그 용도를 선택함에 따라 포기하게 되는 다른 용도의 가치이다. 그런데 자원은 여러 용도에 쓰일 수 있으므로 포기하게 되는 다른 용도의 가치이다. 그리고 자원은 여러 용도의 가치를 비용으로 본다.

다시 말하면 한정된 자원으로 선택을 하게 되면 그 선택으로 인하여 다른 대안을 포기해야 한다. 이 때 포기하는 대안의 가치가 어떤 대가가 따르는지 정확히 알아야 한다. 여러 선택의 가능성 중에서 가장 적은 대가를 치르는 것을 택하는 것이 가장 합리적인 선택이 된다. 경제학에서 사용하는 비용은 선택의 대가를 말한다. 이러한 비용을 기회비용이라고 한다.

어떤 활동(action)의 기회비용(opportunity cost)이란 그 활동을 선택함으로 말미암아 포기하게 되는 여러 대안 중에서 최선의 대안이 가진 가치이다. 예를 들어 어떤 사람이 고등학교를 졸업하고 대학에 진학할 수 있고, 노래를 연습하여 가수가 될 수도 있으며, 기업에 취직을 할 수도 있다고 하자. 이 사람이 대학에 진학할 때의 기회비용은 재학 기간의 등록금, 도서구입비, 교통비 등을 합한 것이 아니라 대학 진학으로 포기하게 되는 가수나 직장인 중, 더 나은 데서 얻을 수 있는 소득이다.

3) 근본적 경제문제

어떤 국가가 특정의 시기에 직면하는 경제문제는 무수히 많고 다양할 수 있다. 그러나 어느 사회나 어떤 시기에도 적용되는 경제문제를 몇 가지로 한정지을 수 있으며, 이러한 문제를 근본적인 경제문제라 한다. 경제학자들은 다양한 경제문제를 다음과 같은 3가지의 기본 문제로 압축해 볼 수 있다. ① 무슨 재화와 서비스를 얼마나 생산할 것인가(What and how much to produce), ② 어떤 방법으로 생산할 것인가(How to produce), ③ 누구를 위하여 생산할 것인가(For whom to produce).

① 무슨 재화나 서비스를 얼마나 생산할 것인가라는 문제는 자원의 배분(resource allocation)과 관련된다. 어떠한 경제사회든지 한정된 자원으로 생산할 재화나 서비스의 종류와 수량을 결정해야 한다. ② 어떤 방법으로 생산할 것인가는 생산조직과 생산기술의 선택에 관한 문제이며 효율적인 생산과 관계가 있다. 재화나 서비스의 배분은 소득의 분배에 의존한다. 고소득자는 저소득자보다 더 많은 재화나 서비스를 소비할 수 있으므로 ③ 누구를 위하여 생산할 것인가는 결국 소득분배의 문제라고 할 수 있다.

2. 경제체제

근본적인 경제문제를 해결하는 방법은 그 사회가 어떠한 사회제를 유지하는가에 따라 달라진다. 한 유형의 경제질서를 유지하기 위하여 경제제도들을 정하고 운영해 나가는 경제조직을 경제체제(Economic System) 라고 한다.

1) 자본주의의 특징

자본주의 체제가 성립하기 위해서는 경제행위를 하는 개인의 신분이 종속에서 탈피되어야 하고 자본가와 노동자 계급이 생성될 수 있는 여건이 형성되어 상품시장이 발달해야 한다. 이러한 요건들은 영국을 비롯한 서유럽 국가들에서 먼저 갖추어지기 시작하였다.

자본주의 경제체제의 기본적인 특징은 광범위한 사유재산제도의 허용과 경제적 자유의 보장이다. 사유재산제도는 재산의 소유, 사용 및 처분이 소유주의 재량에 의해 이루어지는 제도이다. 한편 경제적 자유란 경제생활에 따르는 계약, 영업, 직업의 선택, 거주지의 선택 등에 관한 의사결정이 자유롭다는 뜻이다. 자본주의는 개인과 기업이 사유재산제도와 경제적 자유에 기초하여 법률이나 관습에 위배되지 않는 범위 내에서 자유롭게 경쟁하며 사적인 이익과 행복을 추구할 수 있는 경제체제이다.

자본주의 경제에서는 생산수단을 가지고 있는 자본가가 이윤을 얻기 위하여 노동자를 고용하여 상품을 생산한다. 생산물은 물론 노동과 기계와 같은 생산요소까지도 시장에서 자유롭게 거래된다.

오늘날 모든 국민경제의 경제체제는 자본주의 경제체제와 사회주의 체제로 나누어져 있으므로 사회주의 체제와 비교하여 자본주의 체제의 특징을 살펴보자.

산업혁명이 처음으로 시작될 때부터 나타난 자본가와 노동자 간의 빈부의 격차, 자본주의 체제가 진행되면서 발생한 공황 등 자본주의의 모순을 극복하기 위하여 사회주의 체제가 등장하였다. 사회주의 경제의 기본 특징은 생산수단의 국·공유화, 그리고 중앙계획기관의 계획과 명령에 의한 경제의 근본적 문제 해결 등이다. 생산수단은 사유화가 허용되지 않고 국가나 공공단체가 공동으로 소유하며 생산·분배·교환이 국가의 계획에 의하여 이루어진다. 무엇을 얼마나 생산하며, 어떻게, 그리고 누구를 위하여 생산하느냐의 근본적인 경제문제가 중앙계획당국의 의사결정에 의하여 이루어지므로 사회주의 경제를 계획경제라고도 한다. 사회주의 경제체제가 추구하는 가치는 자본주의 체제에서 중요시하는 효율과 자유 대신 형평과 자립이다.

이러한 자본주의 체제와 사회주의 체제를 대비해 보면 아래의 표와 같다.

【표 10-2】 자본주의 경제체제와 사회주의 경제체제의 비교

체제별 비교 / 내용	자 본 주 의	사 회 주 의
추구하는 가치	효율·자유	형평·자립
생산수단의 소유	사유	국유 및 공유
경제운영 주체	개별경제 주체	중앙계획 당국
자원배분 기구	가격 기구	계획
경제행위의 동기	이윤/손실	포상/벌
조정기구	시장	명령
경제의 운영원칙	개인주의·경쟁원칙	집단주의·협동원칙
생산의 방향	시장 지향적	목표달성 지향적
의사결정 방식	분권화	중앙집권화

2) 경제체제의 최근 동향

사회주의 경제체제의 종주국인 소련은 1917년 레닌(V. I. Lenin)에 의하여 창설되었으나, 1991년 해체되었다. 소련의 경제는 1970년대까지만 하더라도 비교적 성공적이었으나 1980년대 이후 기울어지기 시작하여 중앙계획의 기능을 완화하고 제한된 한도 내에서 기업의 사유화를 허용하였으나 큰 성과를 얻을 수 없었다. 소련뿐만 아니라 체코를 비롯하여 헝가리, 폴란드, 동독 등이 1980년대 말 이후 사회주의 체제를 포기하고 시장경제 체제로 전환하고 있으며 중국도 이와 비슷한 방향으로 전환이 이루어지고 있다.

사회주의 경제체제가 붕괴된 원인은 계획당국에 의한 자원배분이 비효율을 초래하기 때문이다. 그리고 중앙계획당국의 계획이 경직되고 변화에 제대로 대응하지 못하여 합리적인 조정이 이루어질 수 없고, 정치적 · 이념적 논리가 경제를 지배하여 개인의 자유가 제약되며 독재정치를 초래하기 때문이다.

한편, 자본주의 경제는 1930년대에 대공황을 경험함에 따라 이를 극복하기 위하여 많은 국가에서 일부 기간산업(철강, 시멘트, 에너지 산업과 같이 한 나라 산업이 바탕이 되는 주요 산업)을 국유화하였다. 한편 사유재산권이 공공의 복리에 적합하게 행사될 수 있도록 정부가 규제해야 하며 분배의 공평과 경제안정을 달성하기 위해 정부가 적극적인 역할을 수행해야 한다는 주장이 등장하게 되었다.

2차대전 이후 자본주의 국가에서는 사유재산제도와 시장경제의 기본 틀을 유지하면서 자본주의의 결점을 시정하기 위하여 정부가 경제에 부분적으로 개입하게 되었다. 이와 같이 자본주의의 기본 원리를 주축으로 하고 정부의 계획 및 조정 기능을 보완적으로 활용함에 따라 민간 부문의 활동과 정부 부문의 활동이 공존하는 혼합된 체제가 성립되었으며, 이를 혼합자본주의 경제 또는 혼합경제(mixed economy)라고 한다. 한편 사회주의 경제체제에서 시장원리를 부분적으로 도입하여 경제를 운용하는 체제도 혼합경제체제라고 한다.

이를 구체적으로 소개하여 보면 다음과 같이, 경제활동의 조정방법을 가격과 명령, 생산수단의 소유방법이 사적소유와 국가소유로 구분해 보면 다음과 같은 네 가지 유형으로 구분할 수 있다.

【표 10-3】 경제체제의 유형

소유방법 \ 경제활동 조정방법		경제활동의 조정방법	
		가격	명령
소유방법	사적소유	시장경제체제 미국, 일본	복지국가체제형 영국, 스웨덴
	국가소유	시장사회주의 유고슬로비아, 헝가리	계획경제체제 구소련, 중국, 북한

오늘날 북한, 쿠바 등 극히 소수의 나라 외에는 지구상의 대부분 국가들이 혼합경제체제를 유지하고 있다. 그리고 구소련에서 독립한 나라들과 과거 사회주의 체제를 유지하던 동유럽 국가들은 시장경제를 광범위하게 도입해 나가고 있다.

3. 수요와 공급

1) 수요

(1) 가격의 기능

① 가격의 종류

자본주의 경제체제에서 사람들은 생활에 필요한 재화나 서비스를 시장에서 구입한다. 시장에서 재화나 서비스 한 단위를 얻기 위하여 지불하는 화폐액을 절대가격(absolute price)이라고 한다. 우리가 흔히 사용하는 '가격'은 화폐의 단위로 표시되는 절대가격이다. 재화나 서비스의 양을 나타내는 단위는 무게, 시간, 길이 등으로 상황에 따라 편리하게 정해지며 이러한 단위에 따라 절대가격이 매겨진다.

경제학에서는 화폐를 고려하지 않고 재화들만으로 분석하는 경우가 있으며 이때에는 상대가격이 유용한 개념이 된다. 상대가격(relative price)은 일반적으로 화폐 대신 비교하는 다른 상품의 수량으로 표시된다.

쌀 1말을 사기 위하여 10,000원을 지불해야 하고 구두 1켤레에 30,000원이라고 하면 쌀 1말의 절대가격은 10,000원이며, 구두 1켤레의 절대가격은 30,000원이다. 한편, (구두로 표시한)쌀 1말의 상대가격은 구두 1/3 켤레, (쌀로 표시한)구두 1켤레의 상대가격은 쌀 3말이다.

사회주의 경제체제에서 수요와 공급의 조정은 중앙계획기관의 계획에 의해 이루어지므로 시장에서 형성되는 가격의 개념은 존재하지 않는다. 그러나 계획을 수립할 때 계산의 편의상 재화나 생산요소에 대하여 인위적으로 가격을 정한다. 이러한 인위적인 가격을 계산가격(accounting price)이라고 한다.

시장에서 결정되는 현실의 가격이나 인위적인 계산가격과 달리 자원의 효율적인 배분과 관련하여 중요한 의미를 가지는 잠재가격(shadow price)은 어떤 재화의 기회비용을 정확하게 반영하는 가격을 뜻한다. 한 재화의 기회비용은 그 재화의 생산으로 말미암아 포기하게 되는 다른 재화의 생산가능량 또는 생산가능량의 가치이다. 어떤 목수가 일정량의 목재와 못으로 책상 하나를 만들 수 있거나, 의자 둘 혹은 탁자 하나를 만들 수 있을 때 목수가 책상 하나를 만든다면 책상 하나의 기회비용은 포기하게 되는 의자 둘 또는 의자 둘이 가지고 있는 가치이다(의자가 탁자보다 가치가 크다고 할 때).

② 생산자와 소비자의 선호 등 : 가격

가격은 수요자와 공급자의 선택을 조정하는 역할을 한다. 재화의 가격은 소비자의 소비활동과 생산자의 생산활동에 관한 조절자(regulator)로서 사회구성원의 소비수준과 생산수준을 조절한다. 소비자는 그의 소득과 다른 재화에 관한 정보를 고려하여 가격이 비싸다고 생각하면 사지 않고 싸다고 판단할 때 사려고 한다. 생산자는 주어진 가격으로 이윤이 날 수 있는지 없는지를 고려하여 생산의 여부를 결정하게 된다.

한 사회에서 생산되는 재화와 서비스는 자원의 제약으로 인하여 일정한 범위 내로 제한이 된다. 그런데 물건을 파는 사람은 가장 비싼 값에 사려고 하는 사람에게 물건을 팔고, 물건을 사는 사람은 가장 싸게 파는 사람으로부터 물건을 사려고 한다. 따라서 한정된 재화와 서비스에 대하여 가장 높은 가치를 부여하고 가장 비싼 가격을 지불하여 소비하려는 소비자부터 순서대로 상품의 배분이 이루어진다. 생산자의 경우 가장 싸게 공급할 수 있는 생산자부터 차례대로 시장에서 생산품을 팔 수 있게 된다.

이처럼 가격은 사람이 조절하지 않더라도 상품이 필요한 사람에게 배분되도록 하고 반면에 가장 효율적으로 생산할 수 있는 생산자가 우선적으로 공급할 수 있게 한다. 이에 따라 가장 효율적인 생산자가 자원을 더 많이 이용할 수 있게 된다.

생산자와 소비자가 가격을 기준으로 자유롭게 경제활동을 수행하면 가격의 자율적인 배분기능에 따라 시장에 팔고자 하는 양과 사고자 하는 양이 일치되는 방향으로 조정되어진다. 이와 같이 팔고자 하는 양과 사고자 하는 양이 일치되도록 조정하는 가격의 기능을 가격의 매개변화적 기능(parametric function of prices)이라고 한다.

가격의 매개변수적 기능이 작용할 수 있도록 성립된 시장조직을 자유시장기구 또는 가격기구라고 한다. 가격기구는 보이지 않으면서 사람의 손과 같이 자원을 효율적으로 배분하는 기능을 수행하므로 아담 스미스(Adam Smith)는 이를 '보이지 않는 손'(invisible hand)이라고 한다.

(2) 수요의 개념과 결정요인

① 수요의 개념

수요자가 일정 기간 동안 주어진 가격 수준에서 상품을 구입하려는 의도를 수요(demand)라 하고, 구입하려는 재화나 서비스의 수량인 수요량(want)은 사람들이 재화나 서비스를 가지기 원하는 제한되지 않은 막연한 소망 또는 구체적인 계획을 마련하는 경우에 적용되는 개념이다.

수요량은 다음과 같은 성질이 있다. 첫째, 수요량은 실제로 구입한 양과 일치될 필요가 없으며 다만 주어진 조건에서 의도하는 최대 수량이다. 둘째, 수요량은 기간 단위로 측정되는 유량변수이다. 어떤 사과 수요량은 하루 1개이면 일주일에는 7개이고 일 년에는 365개라고 볼 수 있다. 이와 같이 기간이 명시되어야 어떤 상품의 수요량을 말할 수 있다.

② 수요의 결정요인

수요량을 결정하는 요인은 여러가지가 있다. 그러나 수많은 개인으로 구성된 시장을 전제할 때 비교적 중요도가 큰 요인으로는 재화의 가격, 연관재의 가격, 소득수준, 장래의 예상가격, 인구, 취미나 기호 등 여섯 가지를 들 수 있다.

ⅰ) 재화의 가격(price : P)

어떤 재화의 수요량은 그 재화의 가격에 의해 결정된다. 다른 조건이 일정할 때(other things being equal), 재화의 가격이 높을수록 그 재화에 대한 수요량은 줄어든다. 이와 같이 수요량과 가격이 서로 반대 방향으로 변하는 것을 수요의 법칙(law of demand)이라 한다.

그러나 이러한 재화의 가격이 항상 그렇게 움직이는 것은 아니다. 이러한 수요의 법칙이 적용되지 않는 재화가 있다. 1845년 아일랜드에서 기근이 심할 때, 감자가격이 올라가는데도 불구하고 감자의 수요가 늘어나는 현상을 발견한 사실이 있다. 이러한 사실에서 발견한 학자의 이름을 붙여 기펜재(Giffen goods)라고 부른다.

ⅱ) 연관재의 가격(price of related goods : P_r)

소비자가 어떤 재화의 수요계획을 마련할 때 연관재, 즉 관계가 있는 다른 재화의 가격도 함께 고려한다. 관계가 있는 재화를 연관재라고 하며 대체재와 보완재로 구분할 수 있다. 대체재(substibute goods)는 사과와 배, 커피와 홍차 등과 같이 용도가 비슷하여 어느 것을 소비하여도 만족도에 큰 차이가 없는 재화로서 대체관계에 있는 재화이다. 사과의 대체재인 배의 가격이 올라가면 사과의 수요량은 늘어난다.

보완재(complementary goods)는 대체재와 반대로 함께 소비할 때 더 큰 만족을 얻을 수 있는 재화로서 커피와 설탕, 바늘과 실 등과 같이 보완관계에 있는 재화이다. 커피는 설탕과 함께 소비함으로써 더 큰 만족을 얻을 수 있으므로 설탕은 커피의 보완재이다. 보완관계에 있는 설탕의 가격이 올라가면 커피의 수요량은 감소한다.

대체재인가 아닌가 또는 보완재인가 아닌가는 개인에 따라 차이가 날 수 있다. 대체관계와 보완관계에 있지 않는 두 재화를 서로 독립관계에 있다고 한다. 독립관계에 있는 재화를 독립재라 한다.

iii) 소득(income : I)의 수준과 분포

다른 조건이 변함없으면 소비자들의 평균 소득이 늘어날 때 소비자들은 재화의 소비를 늘리고, 소득이 감소할 때는 더 적은 양의 재화를 사려고 할 것이다. 대부분의 재화는 소득이 늘어날 때 그 수요가 증가하며, 이러한 재화나 서비스를 정상재(normal goods)라 하고 소득이 늘어남에도 불구하고 수요가 감소하는 재화나 서비스를 열등재(inferior goods)라고 한다.

iv) 장래의 예상가격(expected future price : P_e)

어떤 재화의 가격이 곧 올라갈 것으로 기대하면 지금 더 많은 재화를 구입하고 가격이 더 높은 장래에 가서는 더 적은 양을 사려고 할 것이다. 반대로 가까운 장래에 가격이 내려갈 것으로 기대하면 현재 소비를 줄이고 가격이 하락하는 장래에 재화의 소비를 더 늘릴 것이다.

v) 인구(population : N)

수요는 인구의 크기와 구성에 의해서 영향을 받는다. 일반적으로 인구가 증가하면 대부분의 재화수요는 늘어난다. 그러나 이 경우 인구의 단순한 증가로서는 수요증대를 기대할 수 없고 구매력을 가진 인구가 늘어날 때 수요는 변한다. 또한 인구의 구성비가 성별, 연령별로 변화하면 재화의 특성에 따라 수요가 변하게 된다.

vi) 소비자의 선호(preferences : P_f)

어떤 재화에 대한 수요는 소비자들의 선호 및 기호의 영향을 받는다. 선호는 재화나 서비스에 대한 개인의 태도를 말한다. 선호는 앞서 본 다섯 가지 요인과 달리 직접적으로 관찰하거나 계량화하는 것이 쉽지 않다. 그렇기 때문에 대부분의 경제학자들은 수요분석에서 선호는 천천히 변하므로 큰 영향을 미치지 않는다고 가정하여 계량에서 제외한다.

③ 수요함수와 수요곡선

수요량과 수요를 결정하는 요인들의 관계를 수리적으로 표현한 것을 수요함수(demand function)라 한다. 커피의 수요량을 D_c라 하고, 수요에 영향을 미치는 커피의 가격을 P_c, 커피와 관련 있는 재화의 가격을 P_r(P_r은 커피와 보완관계에 있는 설탕의 가격, 대체관계에 있는 홍차의 가격 등 여러 가격을 포함한다), 소득의 수준과 분포를 I, 장래의 예상가격을 P_e, 인구를 N, 소비자의 선호를 P_f라 하면 커피의 수요함수는 다음의 표와 같이 표현된다.

$$D_c = f(P_c,\ P_r,\ I,\ P_e,\ N,\ P_f)$$

【표 10-4】 커피의 수요표

수요조합(표시기호)	가격(커피 1잔당 금액)	수량(하루의 수요량)
a	1,000원	5,000잔
b	1,500원	3,000잔
c	2,000원	2,000잔
d	2,500원	1,500잔
e	3,000원	1,000잔

【그림 10-3】 커피의 수요량과 가격의 조합

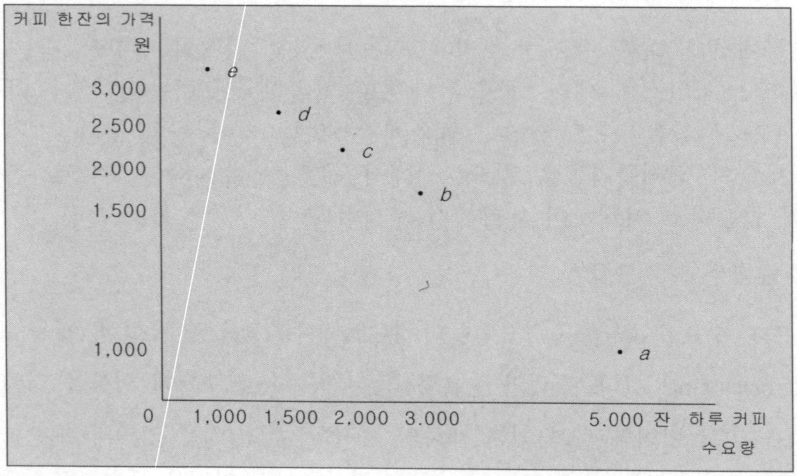

여기서 f는 D_c와 P_e, P_r, …… P_f 사이에 함수관계가 있다는 것을 나타내는 기호이다.

커피의 수요를 분석하기 위해 수요의 결정 요인을 모두 고려할 수도 있으나 커피 수요량(Dc)과 가격(Pc)과의 관계를 명확하게 밝히기 위하여 커피 가격 이외의 요인들은 일정불변으로 가정한다. 그러면 커피의 수요함수는 다음과 같이 단수한 형태로 표현할 수 있다.

$$Dc = f(Pc)$$

소비자의 구매계획에 영향을 미치는 관련이 있는 재화의 가격(Pr), 소득수준(I), 장래의 예상가격(Pe), 인구(N) 및 소비자의 선호(Pf)가 일정할 때 각 가격 수준과 이에 대응하는 수요량의 관계를 표시한 것을 수요표(demand schedule)이다.

어떤 집단의 가격에 따른 하루의 수요량을 나타낸 커피의 수요표가 [표 10- 4]와 같다고 하자. 커피의 수요량과 가격의 관계를 명확하게 볼 수 있도록 그림으로 표시해 보자.

가로축에 수요량을 나타내고, 세로축에 가격을 표시하는 좌표에 [표 10-4]를 나타내면 [그림 10-3] 및 [그림 10-4]가 된다. [그림 10-3]에서 a점과 b점 중간에도 1,000원과 1,500원 사이의 많은 가격이 있고, 이에 대응하는 5,000잔과 3,000잔 사이에 다양한 크기의 수요량이 있을 것이다. 경제학에서 그래프를 그릴 때 보통 연속되는 선으로 표현하는 경우가 많다.

【그림 10-4】 커피의 수요곡선

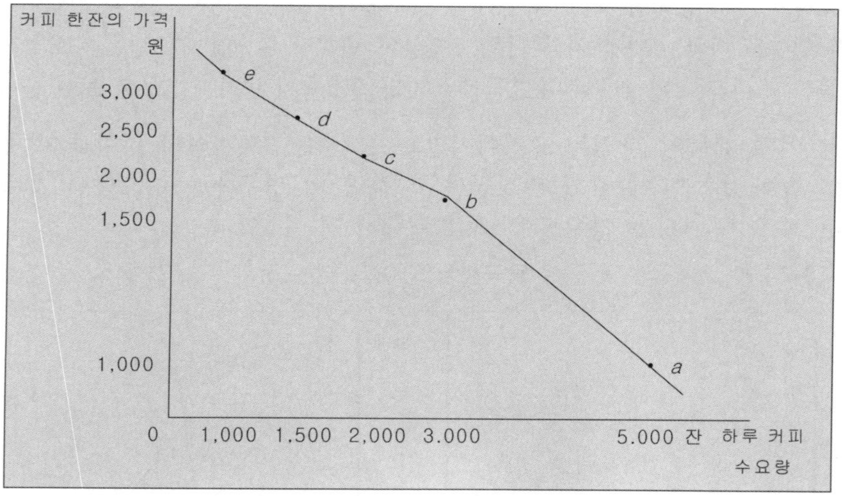

현실적으로 기계장치의 수요곡선을 그릴 경우 연속되는 선으로 표현하는 것은 적절하지 않다고 볼 수 있다. 그러나 경제학에서 그래프에 표현되는 모든 재화는 대부분 무한히 세분하여도 상관없는 재화로 가정한다. 이러한 가정에 따라 [그림 10-4]에서 D와 같이 연속되는 곡선으로 그릴 수 있고 이를 커피의 수요곡선이라 한다.

커피의 수요곡선은 커피의 소비자가 각 소비량에서 추가로 한 잔을 구입할 때 기꺼이 지불하려는 가장 높은 가격을 나타내는 것으로 볼 수 있다. 이용 가능한 재화의 수량이 많으면 가격은 낮을 것이고, 수량이 적으면 가격은 높아질 것이다. 한편, 가격을 기준으로 하면 수요곡선은 주어진 가격에서 소비자가 구입하려는 최대의 수량을 뜻하는 것으로 볼 수도 있다.

가격이 떨어지면 수요가 늘어나기 때문에 수요곡선은 오른쪽 아래로 향하는 곡선의 형태가 되며, 이는 수요의 법칙을 반영하는 것이다.

④ 수요량의 변화와 수요의 변화

커피의 수요량은 커피의 가격에 따라 변한다. 커피의 가격이 올라가면 커피의 수요량은 감소하고 가격이 떨어지면 수요량은 증가한다. 이와 같이 어떤 재화의 가격이 변하고 수요에 영향을 미치는 가격 외의 다른 요인들이 변하지 않으면 수요량은 수요곡선을 따라 이동한다. 아래 그림 왼쪽은 수요곡선을 따라 수요량이 변하는 경우를 보여 준다.

만약 어떤 재화의 가격은 고정이지만 수요자의 수요계획에 영향을 미치는 다른 요인들이 변하면 '수요가 변화한다'고 하며 이 경우에는 수요곡선 자체가 이동한다. 수요가 변하는 경우를 아래 그림에서 볼 수 있다.

【그림 10-5】 수요량의 변동 - 수욕곡선상의 이동, 수요곡선 자체의 이동

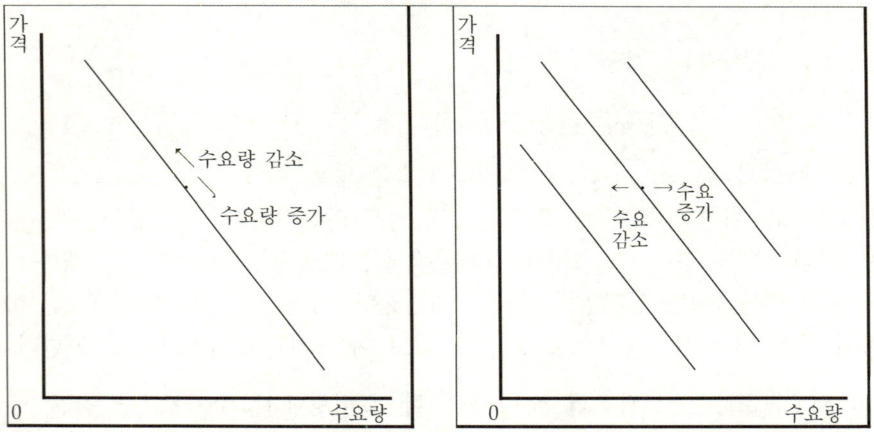

수요를 감소시키는 요인들은 대체재 가격의 하락, 보완재 가격의 상승, 소득의 감소(정상재인 경우), 미래의 예상가격 하락, 구매력 있는 인구의 감소를 들 수 있다. 반면 수요의 증가 요인은 대체재 가격의 상승, 보완재 가격의 하락, 소득의 증가, 미래의 예상가격 상승, 인구증가 등이다.

대체재와 보완재 가격의 변동과 수요변동의 관계를 커피의 경우로서 살펴본다. 커피의 대체재인 홍차의 가격이 하락하면(커피의 가격은 불변으로 가정) 소비자들은 커피 대신 상채 가격이 싸진 홍차 수요를 늘리고 커피 수요를 줄일 것이다. 반면에 커피와 보완관계에 있는 설탕의 가격이 비싸지면 커피 소비의 대가가 더 커지고 결과적으로 커피의 수요가 감소할 것이다. 당연히 설탕 가격이 싸지면 커피의 수요도 늘어난다.

2) 공급이란 무엇인가

(1) 공급의 개념과 결정요인

① 공급의 개념

생산자(기업)가 일정기간 동안 주어진 가격수준에서 어떤 재화나 서비스를 판매하려는 의도를 공급(supply)이라 하고 판매하기 위해 계획한 수량을 공급량(quantity supplied)이라 한다.

공급량도 수요량과 마찬가지로 다음과 같은 두 성질이 있다. 첫째, 공급량은 실제 판매된 수량과 같을 필요가 없고 다만 판매하기 원하는 계획된(의도된) 양이다. 생산자는 일정한 양을 주어진 가격보다 판매하려 해도 소비자가 사지 않으면 실제 판매량은 생산자가 의도하는 양보다 줄어들 수밖에 없다. 둘째, 공급량은 하루, 일주일, 일 년 등과 간이 기간 단위로 측정되는 유량변수이다.

② 공급의 결정요인

기업이 특정의 재화나 서비스를 판매하려는 계획은 많은 요인들의 영향을 받지만 비교적 중요한 것으로 재화의 가격, 생산요소의 가격, 연관재의 가격, 장래의 예상가격, 공급자의 수, 기술 수준 등 여섯 가지를 들 수 있다.

이러한 여섯 가지 외에도 정부의 조세정책과 기업의 목표(이윤 극대화 혹은 판매량 극대화 추구)가 무엇인가에 따라 영향을 받게 된다.

i) 재화의 가격 (price : P)

다른 조건이 일정할 때 재화의 가격이 높을수록 그 재화에 대한 공급량이 늘어나고, 가격이 떨어지면 공급량이 줄어든다. 이와 같이 재화의 가격과 공급량이 같은 방향으로 변하는 것을 공급의 법칙(law of supply)이라고 한다.

생산비를 포함한 다른 조건이 일정하면 가격의 상승은 더 높은 이윤을 보장한다. 그러므로 이윤을 얻고 있던 기업과 함께 손실을 보고 있던 기존의 기업들도 생산량을 증대시키며, 지급까지 방관하고 있던 잠재적인 생산자가 생산활동을 시작한다. 결과적으로 가격이 오르면 시장의 공급은 늘어난다.

ii) 생산요소의 가격(prices of factors of production : P_{fa})

어떤 재화의 생산에 소요되는 생산요소의 가격은 공급에 큰 영향을 미친다. 재화의 가격과 다른 요인들이 일정할 때 생산요소의 가격이 비싸지면 이윤이 감소하므로 공급은 줄어든다. 한 생산요소의 가격이 비싸지면 그 생산요소를 적게 사용하는 재화보다 많이 사용하는 재화의 생산비는 크게 올라가게 되고 각 재화간의 상대적인 이윤이 달라진다. 이에 따라 재화의 생산이 조정된다. 예를 들면 임금이 크게 올라가면 의복과 같은 노동집약적인 재화의 생산은 줄어들고 대신 자본 집약적인 자동차 등의 생산은 늘어난다.

iii) 연관재의 가격 (prices of related goods : P_r)

재화의 생산에 있어서도 연관재가 있으며, 대체 관계에 있는 재화와 보완관계에 있는 재화가 있다. 예를 들면 자동차 생산공장의 조립공정에서 버스를 생산할 수도 있고 화물차를 생산할 수도 있다. 생산능력이 한정되어 있는 상태에서 화물차의 가격이 올라가면 화물차의 생산을 늘리고 대체재인 버스의 생산을 줄인다.

정유공장에서는 원유를 분배하여 휘발유, 디젤유, 석유, 아스팔트와 여러 석유화학원료를 생산한다. 휘발유의 생산이 늘어나면 아스팔트의 생산도 늘어난다. 이들 중 휘발유 혹은 디젤유의 가격이 올라가면 생산에서 보완재인 아스팔트의 공급이 늘어난다.

iv) 장래의 예상가격 (expected future prices : P_e)

재화의 가격이 장래에 올라갈 것으로 예상하면 공급자는 현재의 공급을 줄이는 대신 가격이 오른 후에 공급을 늘리려고 할 것이다. 마찬가지로 공급하려는 재화의 가격이 떨어질 것으로 기대하면 현재의 공급을 늘리고 장래의 공급을 줄인다. 이와 같이 다른 조건이 변하지 않을 때 재화의 장래 예상가격이 높으면 높을수록 현재의 공급은 줄어든다.

v) 공급자의 수 (number of supplier: N_s)

다른 조건이 변함없을 때 어떤 재화나 서비스를 공급하는 공급자의 수가 많으면 많을수록 시장의 재화나 서비스 공급은 늘어난다.

vi) 기술수준 (technology : T_e)

새로운 기술은 생산에 필요한 자원을 절약하거나 보다 값싼 자원을 사용할 수 있도록 하여 생산비용을 절감시키고 공급을 증대시킨다. 개인용 컴퓨터의 계속적인 새로운 기술개발은 생산비를 절감시켜 일반 가정에서도 얼마든지 이용할 수 있도록 만들었다. 컴퓨터 관련 기술 향상은 컴퓨터의 공급을 크게 증가시키고 있는 것이다.

(2) 공급함수와 공급곡선

공급에 영향을 주는 여섯 가지 요인들과 공급량과의 관계를 수식으로 나타내면 공급함수(supply function)가 된다. 자동차의 공급량을 Sa라 하면 자동차의 공급함수는 다음과 같다.

$$Sa = f(P_a, P_{fa}, P_r, N_s, T_e)$$

여기서 P_a는 자동차의 가격, P_{fa}는 생산요소의 가격, P_r은 연관재 가격, P_e는 장래 예상가격, N_s는 공급자수, T_e는 기술수준이다.

자동차 공급량(S_a)에 영향을 미치는 요인 중 단기적으로 가장 큰 영향을 미치는 것은 자동차 가격(P_a)이라 할 수 있으며, 나머지 다섯 가지는 영향력이 비교적 작거나 간접적이라고 할 수 있다. 수요함수에서와 같이 자동차의 공급에 영향을 미치는 요인 중 자동차 가격 이외의 요인은 변하지 않는 것으로 가정하면 다음과 같이 간단한 형태로 공급함수를 나타낼 수 있다.

$$S_a = f(P_a)$$

【표 10-5】 자동차의 공급표

공급조합(표시기호)	가격(자동차 1대당)	수량(하루의 공급량)
a	1백만대	0
b	2백만대	3천대
c	3백만대	4천대
d	4백만대	5천대
e	5백만대	6천대

【그림 10-6】 자동차의 공급과 수량의 조합

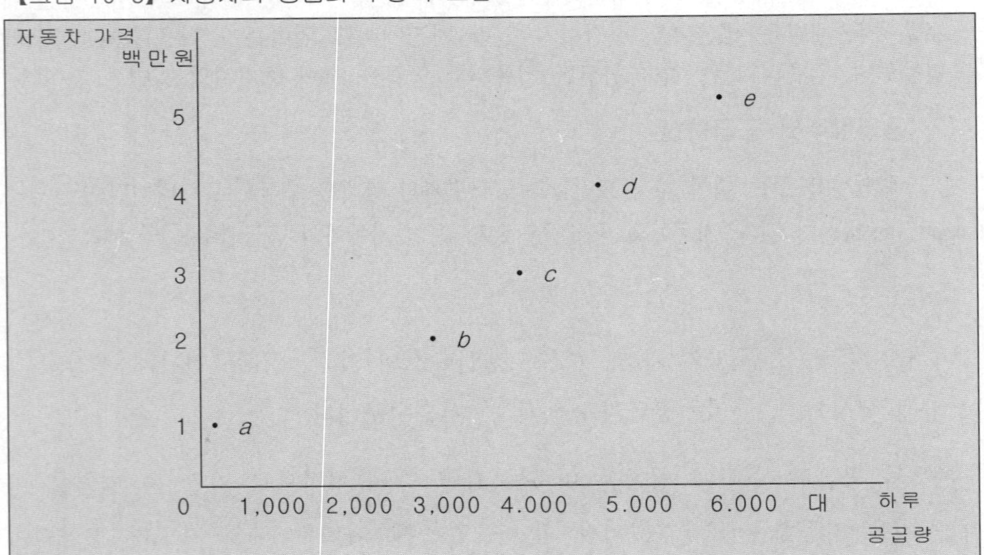

【그림 10-7】 자동차의 공급곡선

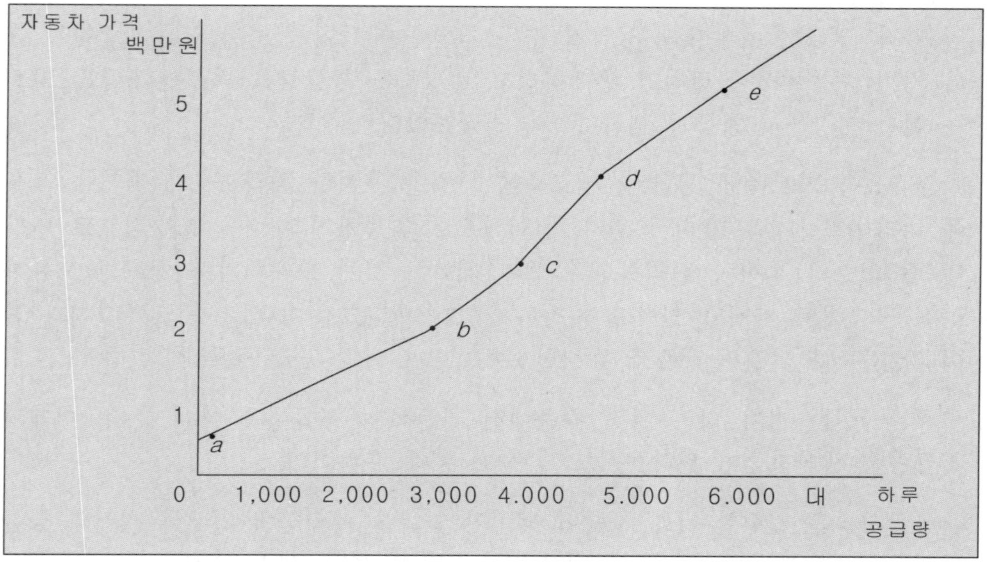

【그림 10-8】 공급량의 변동 - 공급곡선상의 이동, 공급곡선 자체의 이동

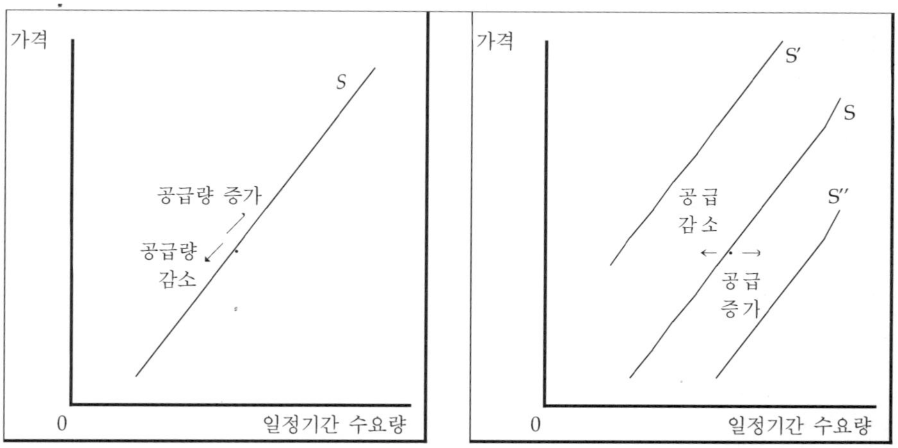

공급표(supply schedule)는 공급에 영향을 미치는 생산요소의 가격과 다른 재화의 가격, 장래의 예상가격, 공급자 수와 기술수준 등이 변하지 않을 때, 각기 다른 가격 수준에서 공급자가 판매하려고 계획하는 공급량을 나타낸다. [표 10-5]는 어떤 시장에서 자동차 생산자들의 공급표이다.

공급표를 가로축에 공급량, 세로축에 가격을 표시한 직각으로 교차하는 좌표에 나타내면 [그림 10-6]이 된다. 현실적으로 자동차의 수량을 소수점으로 나타낼 수 없으나 분석이 편리하도록 어떤 재화든 잘게 쪼개더라도 재화의 고유한 성질을 그대로 가지고 있다고 가정하자. 그러면 [그림 10-6]은 [그림 10-7]과 같이 각 좌표를 연결한 선으로 표시할 수 있으며 이를 공급곡선이라 한다.

공급곡선은 각각 다른 가격 수준에서 자동차의 공급량을 보여 준다. 이때의 공급량은 생산자들이 원하는 공급 가능한 최대 수량이다.

공급자들은 일정한 가격 수준이 되어야 공급을 계획하며 이러한 최저의 공급가격 수준은 생산자들의 재화 생산에 소요되는 비용 조건에 따라 결정된다. 공급곡선은 기울기가 양(+)의 값을 가지는 것은 가격이 올라갈 때 공급량도 늘어난다는 공급의 법칙을 반영하는 것이다.

자동차의 공급량은 자동차의 가격에 따라 변한다. 자동차 가격이 올라가면 자동차의 공급량은 증가하고 자동차 가격이 떨어지면 자동차의 공급량은 감소한다. 이와 같이 어떤 재화의 가격이 변하고 공급에 영향을 미치는 다른 요인들이 변하지 않으면 공급량은 공급곡선을 따라 이동한다. [그림 10-8]은 이와 같은 공급량의 변동을 보여 준다.

만약 재화의 가격은 변하지 않음에도 불구하고 공급자의 공급 계획에 영향을 미치는 다른 요인들이 변하면 '공급이 변화 한다'라고 하며, 이때에는 공급곡선 자체가 이동한다.

공급의 감소는 생산요소의 가격상승, 생산에 있어서 대체재인 재화의 가격상승, 생산에 있어서 보완재의 가격하락, 장래 예상가격의 상승, 공급하는 기업의 수 감소 등을 그 원인으로 볼 수 있다. 반면에 공급의 증가는 생산요소의 가격하락, 생산에 있어서 대체재의 가격하락, 생산에서 보완재의 가격상승, 장래 예상가격의 하락, 공급자의 수 증가, 새로운 기술의 개발 등이 원인이 될 것이다.

4. 시장의 균형

1) 가격의 결정

(1) 시장균형

앞에서는 수요와 공급에 대하여 알아보았다. 그러면 시장의 균형에 대하여 알아보자. 특정 재화의 시장균형이란, 해당 재화의 수요량과 공급량이 일치하는 상태를 가리킨다. 시장을 균형상태로 유지시키는 가격을 균형가격(equilibrium price)이라고 하며, 당연히 균형가격 하에서는 수요자가 원하는 수요량과 공급자가 원하는 공급량이 일치한다. 이 때, 균형가격은 시장을 청산한다. 시장이 균형상태에 있을 때의 공급량과 수요량을 균형수급량(equilibrium quality)이라고 한다.

(2) 초과공급

만약 시장가격이 균형가격보다 높으면 공급자는 균형수급량보다 많은 양을 공급하려 할 것이고, 수요자는 균형 수급량보다 적은 양을 수요하려 할 것으므로 재화는 남아돌게 되는데, 이렇게 공급량이 수요량을 초과하는 상태를 초과공급(excess supply)이라고 하며, 공급량에서 수요량을 뺀 것을 초과 공급량이라고 한다.

(3) 초과수요

반대로, 시장가격이 균형가격보다 낮으면 수요자는 균형수급량보다 더 많은 양을 수요하기를 원하며, 공급자는 균형수급량보다 더 적은 양을 공급하기를 원하

며, 공급자는 균형수급량보다 더 적은 양을 공급하기를 원하게 되어 재화는 모자라게 되는데, 이렇게 수요량이 공급량을 초과하는 상태를 초과수요(excess demand)라고 하고, 수요량에서 공급량을 뺀 것을 초과수요량이라고 한다.

(4) 수요와 공급에 의한 균형상태의 형성

어떤 시장에서 아래와 같이 자동차의 수요와 공급이 주어져 있다고 할 때 균형가격이 결정되는 과정을 알아보자.

【표 10-6】 자동차의 수요와 공급표

가격	수요량 (하루 수요)	공급량 (하루 공급)	초과수요(+)와 초과공급(-)	가격변동 압력
1백만원	9천대	0	- 9천대	상승
2백만원	6천대	3천대	- 3천대	상승
3백만원	4천대	4천대	0	중립
4백만원	3천대	5천대	+ 2천대	하락
5백만원	2천대	6천대	+ 4천대	하락

【그림 10-9】 균형가격의 결정

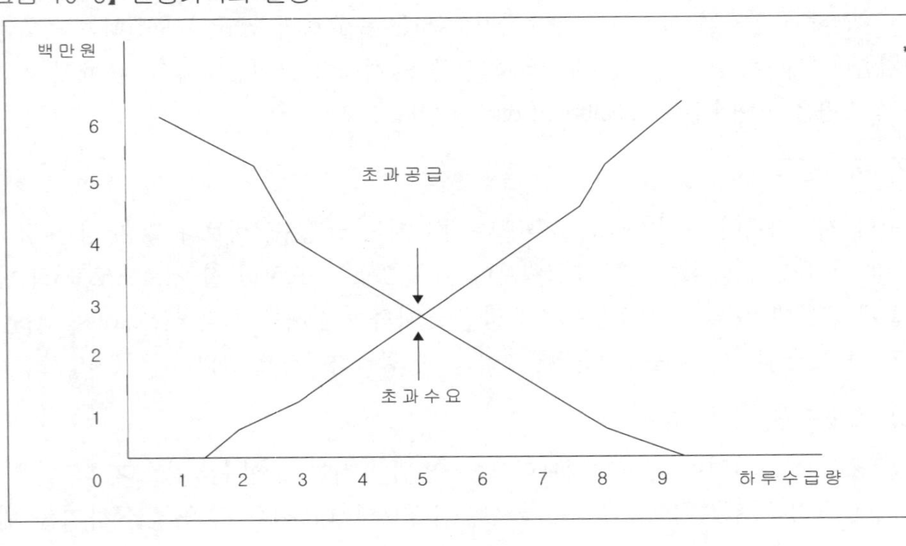

자동차의 가격이 1백만원이면 수요자들은 9천대을 사려고 하지만, 공급자들은 1대도 공급할 의사가 없다. 이 때 어떤 수요자들은 사고 싶은 자동차를 살 수 없으므로 더 높은 가격을 지불해서라도 자동차를 사고 싶어 할 것이다. 따라서 자동차 가격은 오르게 된다. 그러나 자동차 가격이 5백만원이면 공급자들은 하루에 6천대를 공급하기 원하고 수요자는 2천대만 사려고 한다. 생산자들이 5백만원을 받기 원한다면 4천대의 초과분이 생긴다. 이러한 초과분을 처분하려면 가격을 인하해서 판매할 수밖에 없다.

가격이 3백만원이면 수요자들이 사고자 하는 수요량과 공급자들이 팔고자 하는 수량이 일치하여 초과수요와 초과공급이 사라지고 가격변동에 대한 압력이 없어진다. 이와 같은 상태를 자동차 시장의 균형상태라 한다.

균형은 물리학에서 빌려온 개념으로 원래는 서로 상반되는 힘이 일치하여 외부의 자극이 없는 한 지속하려는 경향이 있는 상태를 말한다. 경제학에서는 어떤 당사자도 주어진 자원으로 더 나은 선택을 할 수는 없는 상태를 균형상태라고 한다. 균형가격은 수요량과 공급량이 일치하는 가격이며, 균형거래량은 균형가격에서 거래가 이루어지는 수량을 말한다.

수요자는 낮은 가격을 지불할수록 한정된 자원(소득)으로 더 많은 소비를 할 수 있다. 그러므로 보다 낮은 가격을 지불하는 것이 바람직하다. 수요곡선상의 주어진 수요량에 대한 가격은 수요자가 지불하려는 최대의 가격으로 볼 수 있다. 공급자는 더 높은 가격을 받을수록 이윤이 커지므로 공급자가 주어진 공급량에 대응하여 제시하는 가격은 공급자가 받기 원하는 최소의 가격이다. 이와 같이 수요자가 지불하려는 최대의 제시 가격과 공급자가 판매를 위해 제시하는 최소 가격이 일치하여 거래가 성립되는 가격이 균형가격이다.

2) 시장균형의 이동

지금까지 시장균형을 분석하였는데, 이는 엄밀히 말해 부분균형분석이다. 왜냐하면, 자동차의 수급에 영향을 미치는 것을 오로지 자동차 가격뿐이라는 가정하에서 분석이 이루어졌기 때문이다. 즉, 가격 외에 수요와 공급에 영향을 미치는 요소는 모두 외생적(외부에서 주어졌다)이라는 가정 하에 이루어졌기 때문이다.

이러한 의미에서 지금까지의 분석은 정태적 분석이며, 부분균형분석이다. 그러나 외생적인 여건이 변화하게 되면, 자연히 균형 또한 변화하게 될 것이다. 외생적 여건의 변화는 수요와 관련된 여건의 변화와 공급에 관련된 여건의 변화로 나눌 수 있다.

(1) 수요의 변화와 시장균형의 변동

수요와 관련된 여건의 변화는 수요곡선을 이동시키는데 소득의 증가, 인구의 증가, 대체재 가격의 상승 또는 보완재 가격의 하락 등은 모두 수요의 증가를 가져오므로, 수요곡선을 우측으로 이동시키는 반면 소득의 감소, 인구의 감소, 대체재 가격의 하락 또는 보완재의 가격의 상승 등은 모두 수요의 감소를 가져오므로 수요곡선을 좌측으로 이동시킨다.

수요의 증가에 의해 수요곡선이 우측으로 이동하면, 아래 그림처럼 균형점 E는 E'으로 이동하여 균형가격은 P^*에서 P^{**}로 상승하고, 균형수급량 역시 Q^*에서 Q^{**}로 증가한다.

수요의 감소에 의해 수요곡선이 좌측으로 이동하면 균형점은 E는 E'으로 이동하여 균형가격은 하락하고 균형수급량 역시 감소한다.

여기서 수요의 증가에 의해 시장균형이 이동하는 과정을 보면, 최초 수요의 증가는 최초 균형가격하에서 수요량의 증가를 의미하기 때문에 아래 그림(a)에서 EH 만큼의 초과수요가 발생하게 되고, 가격의 상승압력이 생겨 초과수요가 완전히 없어지는 가격수준인 P^{**}가 될 때까지, 가격을 상승시킨다. 가격이 P^{**}에 이르게 되면, 수요량과 공급량이 완전히 일치되어 초과수요가 없어지고, 시장은 새로운 균형에 도달하게 된다.

【그림 10-10】 수요의 변화에 의한 시장의 균형이동

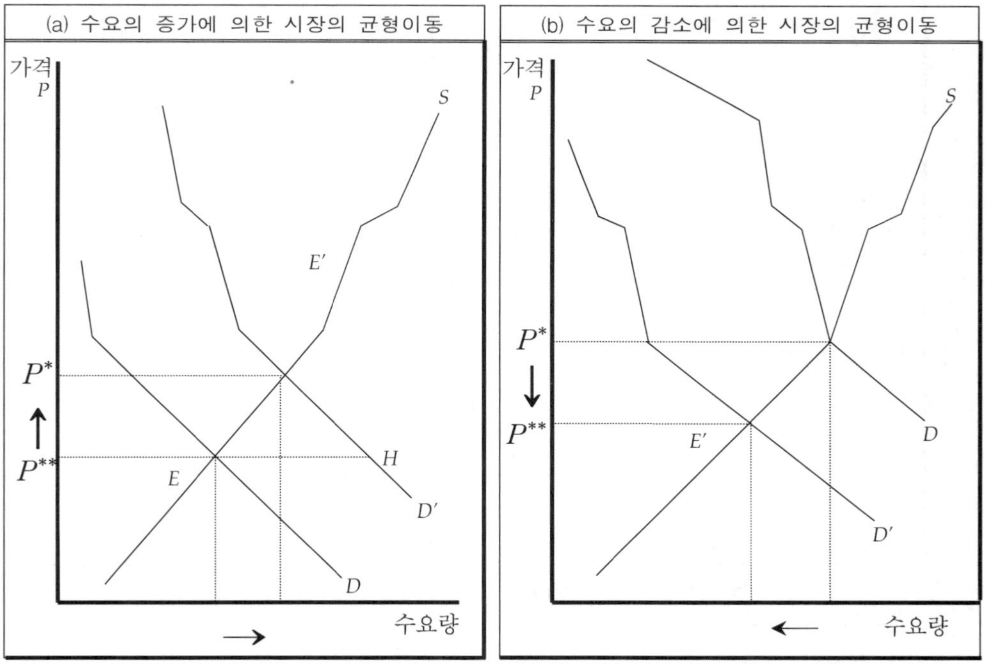

(2) 공급의 변화와 시장균형의 변동

생산기술의 진보, 생산요소의 가격하락, 정부규제의 완화, 노사분규의 감소 등은 모두 공급의 증가를 가져와 공급곡선을 우측으로 이동시키며, 그에 따라, 아래의 그림과 같이 시장균형은 E 점에서 E'' 점으로 이동하며, 균형가격은 P^*에서

P^{**}로 하락하며, 균형수급량은 Q^*에서 Q^{**}로 증가한다. 이 때 시장균형의 이동 과정을 살펴보자.

【그림 10-11】 공급의 변화에 의한 시장의 균형이동

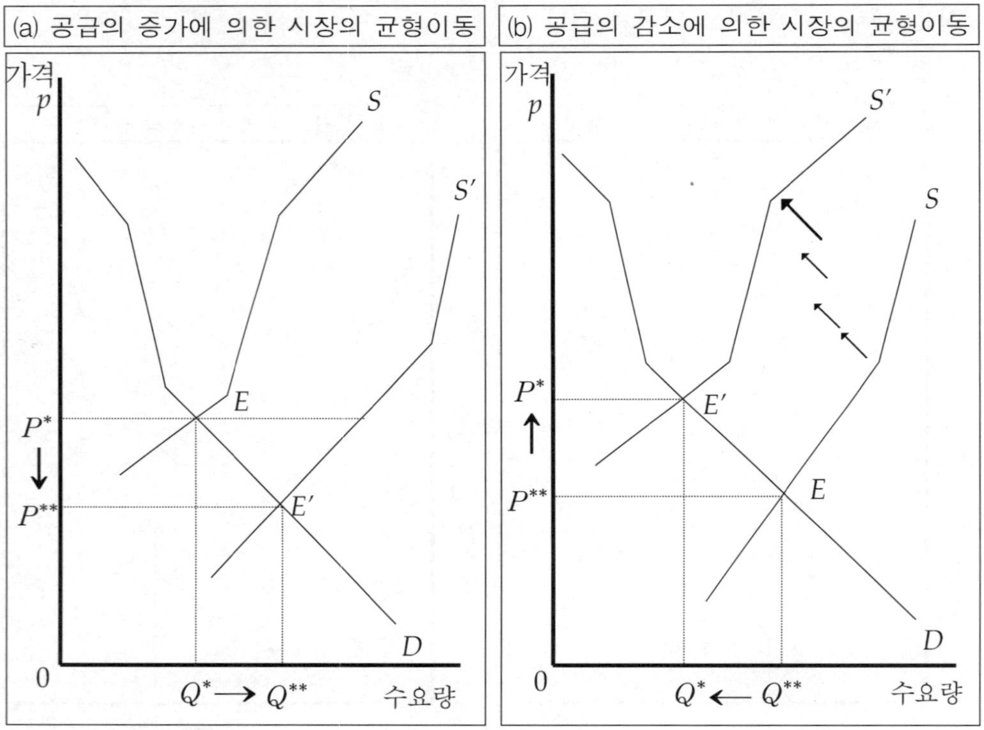

공급의 증가에 의하여 최초의 균형가격은 P^*에서 EH만큼의 초과공급이 발생하게 되어, 가격의 하락압력이 생기며, 새로운 가격 P^{**}에 이르게 될 때까지 가격은 하락한다. 결국 가격 P^{**}하에서 초과공급은 없어지고 시장은 새로운 균형에 도달하게 된다.

그림 (b)에서와 같이 공급의 감소에 의해 공급곡선이 좌측으로 이동하면, 균형은 E점에서 E'점으로 이동하여 균형가격은 상승하고 균형수급량은 감소하게 된다.

3) 경제학의 기본문제와 시장의 역할

'무엇을 어떻게, 누구를 위하여' 생산할 것인가 하는 경제학의 기본 문제를 자본주의 경제체제 하에서는 자유경쟁에 따른 시장 기구가 시장경제원리의 메커니즘에 의해서 해결된다. 이러한 메커니즘에 어떻게 결정되는가를 다시 한 번 정리해 보자.

그러면, 기본 문제가 어떻게 시장 기구에 의해 해결되는지 아래의 <그림10-12>에서의 시장균형을 이용하여 설명하자. 아래 그림에서 시장균형은 E 점에서 이루어지고, 균형가격은 P^*이고 균형수급량은 Q^*이다.

【그림 10-12】 자유경쟁에 의한 시장균형

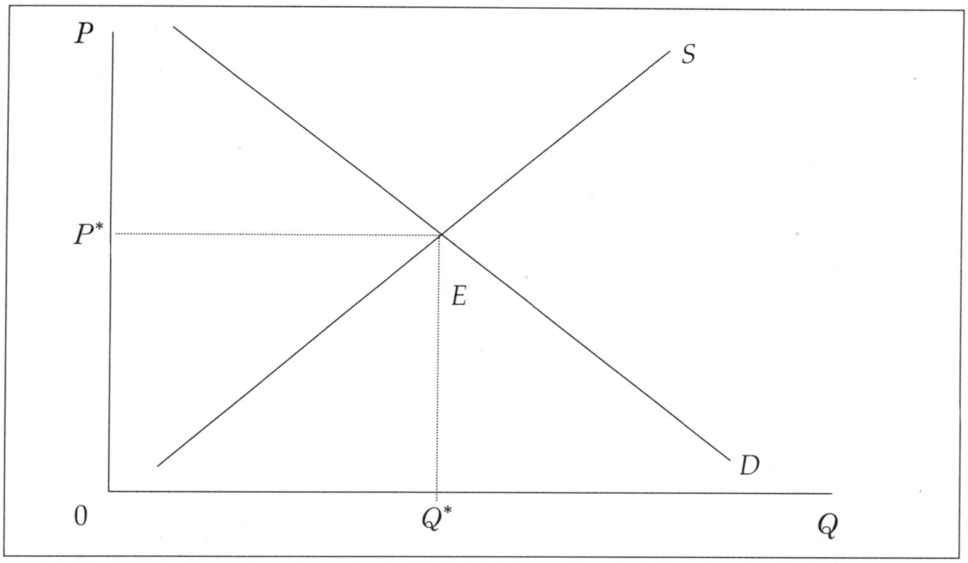

(1) 시장에서 무엇을 생산할 것인가

첫째, 시장에서 무엇을 생산할 것인가 하는 문제를 해결해 준다. 생산자는 생산활동의 대가가 주어질 때만 비용이 드는 생산활동에 종사한다. 그런데 공급곡선은 생산자가 특정한 생산량을 생산하도록 하기 위해서 얼마만큼의 대가가 지불되어야 하는가를 나타낸다. 위 그림의 균형에서 균형가격 P^*는 생산자로 하여금 Q^*만큼의 생산량을 생산하도록 유도하는 것을 나타낸다. 즉, 단위당 P^*만큼의 가격을 받을 수 있으면, 생산자는 기꺼이 Q^*만큼을 생산할 수 있다는 것이다.

반면에 아래 그림에서는 결코 생산되지 않는 재화를 나타낸다.

【그림 10-13】 전혀 생산되지 않는 재화

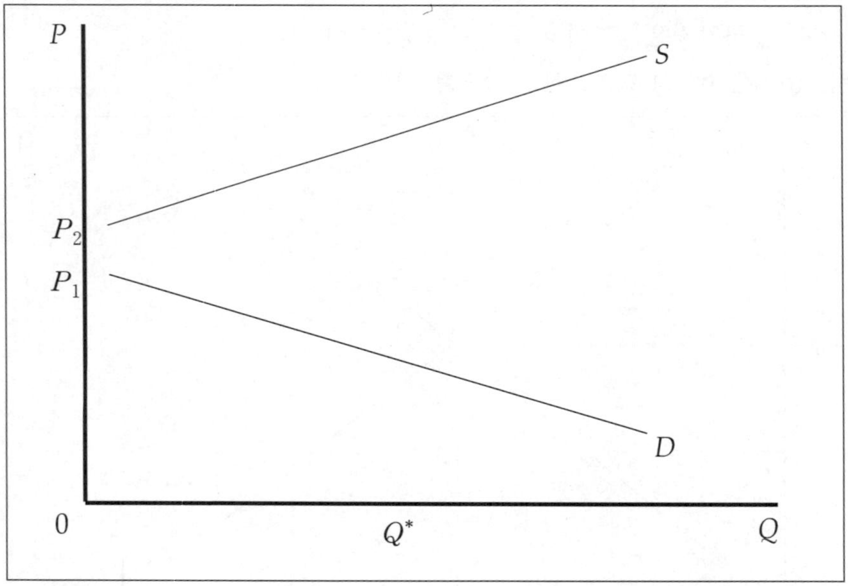

왜냐하면, 소비자가 최대로 지불할 수 있는 가격은 P_1인데 생산자는 적어도 P_2의 가격을 받아야 하기 때문이다. 그러나 미래에 기술 진보가 이루어져 공급곡선이 우측으로 이동하거나, 소비자의 기호가 변화하여 수요곡선을 우측으로 이동시키면 수요곡선과 공급곡선이 교차하여 현재는 생산되지 못하는 재화가 생산될 수도 있을 것이다.

(2) 어떻게 생산할 것인가

둘째, 어떻게 생산할 것인가 하는 문제는 생산자가 어떠한 생산기술을 선택하여 생산할 것인가 하는 문제인데, 곧 자본과 노동과 같은 생산요소를 어떠한 비율로 투입할 것인가 하는 문제와 같다. 물론 이것은 최종생산물 시장보다는 생산요소시장의 균형을 분석함으로써 쉽게 해결할 수 있다. 즉, 생산요소의 균형가격을 지불하여 균형수급량만큼 투입하면 될 것이다.

(3) 누구를 위하여 생산할 것인가

셋째, 누구를 위하여 생산할 것인가 하는 문제는 시장균형하에서 Q^*만큼을 소비하는데 단위당 P^*만큼의 가격을 기꺼이 지불하고자 하는 소비자들을 위하여 생산할 것이므로 자연히 해결된다.

물론, 시장균형은 각 재화를 얼마만큼 생산할 것인가 하는 문제를 해결하여 줄 것이다.

【표 10-7】 시장경제체제에 있어서 기본 경제문제의 해결

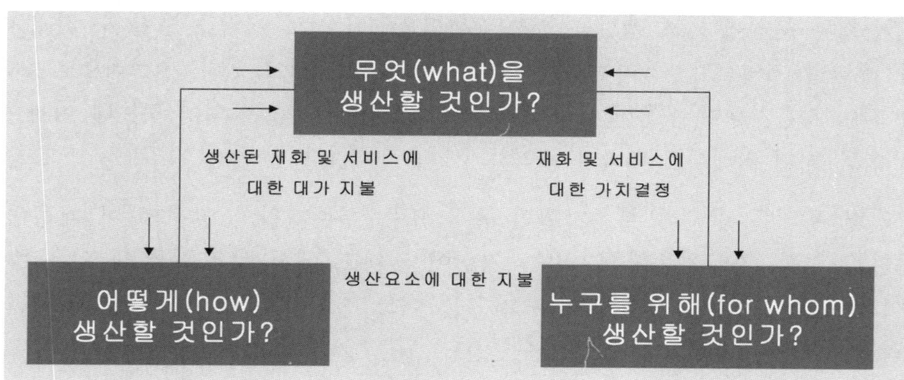

Ⅱ 무역발생의 이론적 근거

오늘날 세계경제의 개방화가 진전되면서 국가간의 무역 규모 역시 계속하여 크게 늘어나고 있다. 우리나라의 경우에도 수출과 수입을 합한 금액이 2003년 3,726억 달러로 명목 국민 총 소득(Gross National Income, GNI)으로 나눈 수출입 의존도[20]가 76%에 이른다. 이는 미국이나 일본 등과 비교하여 매우 높은 편으로, 우리나라의 수출입 의존도가 이처럼 높은 것은 국내시장이 충분히 크지 않아 대외 지향적 경제성장 전략을 채택했기 때문이다. 그 결과 우리나라의 생산품이 해외에서 인정받아 많이 팔리는 동시에 외국상품의 수입도 늘어나게 되었다. 이러한 국가간의 무역은 왜 일어나는 것일까. 그것은 개인이 필요한 물건을 모두 스스로 만들어 사용할 수 없듯이 국가간에도 전문화와 분업에 의해 생산을 늘려 교환함으로써 서로 이익을 누릴 수 있기 때문이다. 오늘날 거의 모든 국가는 문을 열고 외국과 거래하고 있다. 현실적으로 우리나라와 같이 부존자원이 부족한 나라는 자원을 외국에서 사들여 와야 하는데 이에 필요한 외화를 벌기 위해서도 외국과 무역하지 않을 수 없다.

그러면 무역은 단순히 부존자원의 유무 또는 부존자원의 양적 차이 때문에 발생하는 것일까. 자급자족할 수 있는 자원이 있다고 해서 무역을 통해 얻을 수 있는 이득은 없는 것은 아니다. 필수 자원을 어느 정도 갖추고 있는 나라라 하더라도 외국과의 거래에서 이득을 볼 수 있다.

쉬운 예로 국내 경제에서 A라는 사람이 상대적으로 다른 사람보다 잘 만드는 것을 만들어서 자신이 필요한 물건을 갖고 있는 B와 교환하는 것이 서로에게 도움이 되는

20) 한 나라의 국민경제가 어느 정도 무역에 의존하고 있는가를 나타내는 지표

것과 같은 원리이다. 국가간에도 개인의 경우와 똑같은 원리가 적용된다.

여기서 절대 우위와 비교우위의[21] 차이를 알 필요가 있다. 예를 들어 노동만이 유일한 생산요소라고 할 경우 미국이 밀가루를 생산하는 데 한국보다 적은 양의 노동이 들어간다면, 쉽게 말해 한 해 동안 미국 농부 한사람이 한국 농부 한 사람보다 더 많은 밀가루를 생산한다면 미국이 밀가루 생산에 있어 절대 우위가 있다고 말한다. 반대로 한국이 휴대폰 생산에서 미국보다 적은 양의 노동을 사용한다면 한국이 휴대폰 생산에서 절대 우위를 갖는다고 할 수 있다.

하지만 두 가지 제품 모두 미국이 절대 우위를 갖고 있는 경우에도 국가간에 무역은 일어날 수 있다. 각국이 상대적으로 유리한 상품의 생산에 전문화하여 교역을 하면 두 나라는 서로 이득을 볼 수 있기 때문이다. 예를 들어 미국이 한국에 비해 오렌지와 사과를 모두 더 싸게 생산할 수 있어 두 가지 상품 모두에 대해 절대 우위가 있다 하더라도 무역은 일어나는 것이다.

이를 간단한 숫자를 이용하여 설명해 보면, 미국은 오렌지 한 단위를 생산하는데 2단위의 노동이 필요하고 사과 1단위 생산을 위해 4단위의 노동이 필요하며, 한국은 오렌지와 사과 한 단위 생산에 각각 8단위의 노동이 필요하다고 가정해 보자. 이 때 미국은 한국의 4분의 1밖에 안 되는 비용으로 오렌지를 생산할 수 있고 사과는 한국의 2분의 1비용으로 생산할 수 있다. 따라서 미국은 오렌지와 사과를 모두 한국보다 저렴하게 생산할 수 있지만, 상대적으로 사과보다 오렌지를 더 싸게 생산할 수 있을 것이다. 이것을 비교우위라고 한다. 위의 예에서 미국은 상대적으로 유리한 오렌지 생산에, 한국은 사과 생산에 비교우위가 있다. 이 경우 양국이 각각 비교우위가 있는 상품 생산을 특화하여 무역하면 양국의 소비자가 두 가지 상품을 더 싸게 더 많이 소비할 수 있어 서로에게 이익이 되는 것이다.

---

21) 기회비용이 낮은 생산자가 비교우위를 지니고 있다. 분업은 비교우위에 의하여 이루어지는데 국제적으로도 자유무역을 추진하면 비교우위가 작용하여 국제 분업이 이루어진다.

선진국과 후진국의 교역은 대체로 절대 우위에 근거한 무역이라고 볼 수 있다. 그러나 오늘날 전 세계무역량에서 선•후진국 간 무역이 차지하는 비중은 그리 크지 않으며, 선진국과 선진국, 그리고 개도국과 개도국 사이의 교역이 전 세계무역에서 높은 비중을 차지하고 있는 것은 이러한 비교우위 원리가 현실에 많이 적용되고 있는 것을 보여 주는 것이다.

전통적인 경제이론에서는 노동과 자본이 가장 중요한 물품의 생산요소로서 인정되고, 나라마다 노동량과 자본의 보유량이 다르기 때문에 나라마다 물품 가격이 달라지며, 이러한 요인이 무역을 발생시키는 원인이 된다는 것이 무역의 발생에 대한 이론적 근거가 되어 왔다.

그러나 국가마다 노동의 양이 다른 것은 물론 노동의 질도 다르며, 물품의 제조 기술이 나라마다 다르다. 이러한 현상은 물품의 품질 및 가격에 직접적인 영향을 미치기 때문에 단순히 노동과 자본만 가지고 무역이 발생하는 원인을 설명하기는 어렵다. 이에 따라 무역의 발생을 설명하는 여러가지의 이론들이 나오고 있으나, 그 중에서 역사적으로 중요한 절대우위론과 비교우위론의 기본 원리를 살펴보고, 현대적 의미의 무역 이론들 중 몇 가지를 알아보도록 한다.

1. 절대우위론

절대우위론을 처음 주장한 사람은 영국의 경제학자인 아담 스미스(A. Smith, 1723～1790)이다. 그는 1776년에 발간한 그의 저서 『국부론』에서, 나라마다 노동과 자본 등 부존자원의 양이 다르므로 노동이 풍부한 국가는 노동 집약적인 물품의 생산에 주력을 하고, 자본이 풍부한 국가는 자본 집약적인 물품의 생산에 주력을 함으로써 국제적인 분업이 이루어진다고 하였다. 모든 국가들은 타국에 비하여 절대적으로 풍부한 자원을 집약적으로 이용하는 물품의 생산에 특화하여 절대적 우위(absolute advantage)에 있는 물품만을 생산하고, 다른 나라에서 생산된 물품과 교환함으로써 각국의 이익이 극대화된다고 하였다.

절대우위론에 의하면 모든 국가들은 다른 국가에 비하여 절대 생산비가 싼 물품(절대 우위의 물품)을 주로 생산하여 수출하고, 절대 생산비가 비싼 물품(절대 열위 물품)은 수입하게 되므로, 절대 생산비설이라고도 한다.

절대우위론은 무역의 발생 원리와 무역 이익을 최초로 설명하였다는 점에서 이론적 가치가 높이 평가되고 있다. 그러나 만약 A국과 B국, 두 국가를 비교할 때에 A국이 B국에 비하여 노동량이나 자본이 모두 풍부한 경우에는, A국이 B국에 대하여 모든 면에서 절대 우위에 있게 되므로 A국은 항상 수출만 하고 B국은 항상 수입만을 하게 된다는 결론이 나오는 모순점도 갖고 있다. 따라서 이 이론은 일반 이론으로서 받아들이기에는 부족한 점이 많아 다음의 비교우위론이 나오게 되었다.

2. 비교우위론

절대우위론이 나온 지 41년이 지난 1817년에 영국의 경제학자 리카도(D., Ricardo, 1772～1823)는 이러한 결함을 보완하여 비교우위론을 주장하였다. 비교우위론에 의하면 국가간에 생산비의 절대적 차이가 없는 경우에도 국가마다 상대적으로 우위에 있는 물품의 생산에 특화하여 국제 분업을 하게 되며, 이로 인해 무역이 발생한다는 것이다.

비교우위론에서 주장하는 바를 예로 들어 보면 다음과 같다: A국과 B국에서 생산되는 X재와 Y재라는 두 가지 물품을 비교할 때에 A국이 B국에 비하여 두 가지 물품에 대해 전부 절대 우위에 있다고 하자. 절대우위론에서는 이러한 경우에 A국이 두 가지 물품을 B국에 수출한다는 결론이 나오게 된다. 그러나 비교우위론은 A국이 B국에 비하여 X재와 Y재에 대해 모두 절대 우위에 있다고 하더라도 우위의 정도는 다르다는 것에서 시작된다. 즉 A국이 B국보다 X재에 대하여 가지는 우위의 정도가 매우 높고(비교우위) Y재에 대하여 가지는 우위의 정도는 조금 덜 높다면(비교 열위), A국은 Y재의 생산에 특화하는 것 보다는 우위의 정도가 매우 높은 제품 즉, 비교우위에 있는 X재의 생산에 특화하는 것이 유리하다. 따라서 A국은 X재의 생산에 특화할 것이므로 Y재의 생산이 줄어들게 된다. 자연히 B국은 비교 열위의 정도가 낮은 물품인 Y재의 생산에 특화하게 된다. 이 경우에 A국은 X재에 대하여 비교우위를 가지며, B국은 Y재에 대하여 비교우위를 갖게 되어 양국 간에 무역이 이루어지게 된다.

3. 현대의 무역이론

1) 연구개발 요소론

선진국의 무역 패턴은 연구개발에 따른 기술 개발에 의하여 결정될 것이라는 가정에서 시작하여 주요 선진국들의 연구개발 요소와 수출액의 관계를 조사한 결과, 연구개발 요소가 수출 비율과 밀접한 관련을 가지고 있으며 연구개발 요소가 무역에서 경쟁력을 강화시키는 중요한 요인이 된다는 것이다.

2) 기술 격차 이론

국가간의 기술의 차이로 무역이 발생하게 된다는 것으로, 기술진보를 이룩한 국가는 해당 부문의 물품을 독점적으로 생산하여 수출하게 되며, 기술이 뒤떨어진 국가는 특허 도입 및 직접 투자 유치 등을 통하여 진보된 기술을 습득하고 모방하여 생산을 하게 되고, 결국에는 기술 진보가 뒤떨어진 국가에서도 해당 물품을 수출할 수 있게 된다는 것이다.

3) 제품 수명 주기 이론

예를 들면, 선진국에서 A라는 신제품을 탄생시키면 처음에는 선진국만이 A를 수출하게 되지만, 시간이 지남에 따라 개발도상국들도 A를 생산하게 된다. 이때에 선진국은 또 다른 신제품인 B를 개발하여 수출을 하고 A는 점차 수입을 하게 된다. 개발도상국들은 A는 수출하고 B는 수입을 하게 된다. 후진국은 개발도상국들 보다 늦게 A를 사용하면서 A의 생산 기술을 익히게 된다. 따라서 특정 국가에서의 A의 발전 과정을 보면, 도입기와 성장기, 성숙기를 거쳐 쇠퇴하게 되는 일련의 생명 주기를 갖게 되며 이를 제품 수명 주기라고 하고, 이에 의하여 수출과 수입이 이루어진다는 것이다.

Chapter 11 무역정책

I 근대무역의 시발점 : 18세기 중상주의

1. 중상주의

1) 중상주의의 개념

중상주의(mercantilism, commercial or mercantile system)란 16세기에서 18세기 동안 근대국가의 건설과 근대적 산업체제의 확립을 위하여 구미 제국에서 채택된 국가 본위의 간섭정책(干涉政策) 내지 이를 기초로 한 이론에 대하여 총체적으로 붙인 이름이라고 할 수 있다. 즉, 중상주의란 일반적으로 자본주의 경제발전의 초기에 있어서 서구제국이 주로 국가의 발전과 경제적 부를 강화시키기 위하여 채택한 사상 또는 경제정책을 의미한다.

2) 시대적 배경

중상주의가 발전한 시대적 배경을 살펴보면 첫째로 16~18세기는 콜럼버스가 아메리카 대륙을 발견하고 바스코다가마가 인도항로를 발견함에 따라 유럽의 일부 제국이 대외무역에 힘을 기울이던 시기였으며, 둘째로 중앙집권적 국가의 지도하에 화폐를 중심으로 한 개방적인 교역 경제가 확립된 시기였다. 그리고 셋째로 상업 자본이 핵심적인 역할을 하던 시대였다는 점이다.

절대주의 국가의 정치 지배 체제는 관료제도와 상비군으로 이루어져 이를 유지·강화하기 위해 재정적·통제적 기초가 마련되었다. 재정원으로서는 봉건 토지 소유자로서의 장원 수입, 각종 조세, 관직의 매각, 공채 모집 등이다. 이것 역시 화폐의 일종으로 볼 수 있으므로 화폐 즉, '국가의 신경'으로써 이것을 획득하는데 온 힘을 기울였다. 즉,「화폐 = 부」라는 일련의 경제정책이 중상주의(Merchantilism)이다. 따라서 중상주의는 바로 절대주의의 경제정책이라 할 수 있다.

여기서 말하는 절대주의란 중세의 국가·정치형태인 봉건주의 영주제적 지방분권적 형태에서 근대의 시민적·민주주의적 형태에의 과도기적 형태로서 17~18세기 유럽에서 나타난 정치형태를 말한다. 따라서 중세에서 근대로의 과도기적 정치형태를 의미하는 것이며, 중상주의에서부터 근대적 의미의 무역이 발생하였다고 볼 수 있다.

중상주의를「부 = 화폐」라는 근본 개념에 기초를 둔 화폐체제 및 산업 보호체제로 생각하는 견해는 아담 스미스(A. Smith)에서 비롯된다. 이에 대해 리스트(F. List), 슈몰러(Schmoller)등은 중상주의의 본질을 국가 건설과 함께 국민경제의 건설에 있다고 하였다. 즉, 화폐의 증가나 보호관세 따위가 아니고 사회 및 그 조직과 함께 국가 및 그 제도를 전면적으로 개혁한다는 말하자면, 국민적·정치적·경제적 통일 형성의 체제로서의 중상주의를 파악하려고 하였다.

따라서 중상주의 정책을 실시하는 나라들은 국가의 부강을 유일한 정책 목표로 삼았다. 이를 위해 중상주의를 실시하는 국가들은 대내적으로 국가 만능주의 정책을 지향, 대외적으로는 자국 본위의 대외 배척정책을 채택하였다.

귀금속의 보유량으로써 국가의 부강을 측정한다는 개념에 입각하여 금·은 등 귀금속이 부라는 관념을 가지고 귀금속을 중요하게 여기게 되었다. 따라서 귀금속의 획득을 위하여 수출을 장려하고 수입을 억제하여 무역차액의 흑자를 유지하기 위해 노력하였음을 볼 수 있다.

3) 중상주의의 전개

중상주의는 두 단계로 나누어진다. 즉, 제1단계의 제1형태는 중금주의(Bullionism)이다. 이것은 직접적인 수단에 의한 화폐 즉, 귀금속·지금(地金)의 획득이다. 국내 광산개발과 함께 식민지 개발 확대는 이 목적을 달성하기 위해 추진되었다. 제2형태는 거래차액제도(Balance of Bargain System) 즉, 화폐차액 제도이며, 화폐의 국외 유출을 금지하는 것을 목적으로 한다. 그러기 위해서는 수출입 상인을 정하고 수출대금도 그 일부를 반드시 국내에 반입되도록 하고, 수입품 매상금으로 국산품을 사도록 하였다. 이것이 주로 국내 상업 도시와 상인길드에 특권을 부여하여 행해졌던 것이다. 즉, 왕조와 도시의 결합에서 볼 수 있다.

제2단계가 바로 중상주의 즉, 무역차액제도(Balance of Trade System)이다. 여기에서는 외국무역에 중점을 두고 화폐의 국외유출 금지보다 수출 초과에 힘썼던 것이다. 따라서 국가가 무역을 통제하고 수출세의 폐지·인하, 환세(Draw Back), 수출보조금(Subsidies), 수출 장려금(Bounty) 등의 수출 장려책, 그리고 반대로 수입관세 인상 등의 수입 억제 정책이 취해졌다. 또한 특허회사를 설립하여 무역독점을 부여하여 국고 수입의 증대를 도모하고 국내적으로는 화폐제도에 도량형을 통일, 국내 관세의 폐지 등으로 국내 상업 발전을 추구하였다.

이와 같은 무역 촉진을 위해서는 국내 공업생산을 진흥시키려는 소위 '산업 보호주의'(protectionism)가 필요했던 것이다.

2. 중상주의 정책의 특성

1) 중금주의 정책

금·은과 부를 동일시한 후, 금·은의 획득은 국가의 이익이고 금·은의 상실은 국가의 손실이라고 판단, 수출을 장려하는 대신 귀금속의 저축을 증가시켜야 한다는 주장이다.

이러한 중금주의 정책의 중점은 처음에 중금주의 정책에서 무역차액정책을 거쳐서 산업보호정책의 방향으로 전환하였고 이와 아울러 중금주의 패권은 스페인 포르투갈에서 네덜란드 및 프랑스를 거쳐 영국에 이르러 번영하였다.

2) 무역차액정책

중상주의 초기에 있어 영국은 무역을 통한 금·은의 획득을 위하여 모든 대외거래를 각각 간섭해서 가급적 많은 결제자금을 흡수하려고 하였다. 이를 「무역차액론」이라고 할 수 있는데 무역차액론이란 국가의 부는 개인의 대외거래를 규제해서 화폐를 구속하는 방법에 의하여 생기지 않고, 그것은 수출 순액이 수입 총액을 초과함으로서 생긴다는 것이다.

이를 Mun은 1국의 부의 증대가 생산 측면에서는 발생치 않고 유통 측면에서 발생하는 것으로서, 부(富)의 증가는 무역 차액의 순조(順調)에서 발생한다고 생각했다. 특히, 무역차액의 순조는 외환 조작이나 화폐조작에 의하여 생기지 않고 순무역의 결과에 의하여 발생한다고 주장했다. 따라서 무역 차액의 순조를 위하여 자국상품의 수출을 증가시키고, 외국상품의 소비를 감소시켜야 한다고 역설하였다.

3) 산업보호정책

산업보호정책의 배경을 살펴보면 영국의 중상주의 체제가 「절대주의적 중상주의」에서「의회주의적 중상주의」로 전환됨에 따라 정책 방향이 산업보호정책으로 기울어 졌다. 다만, 정책 방향이 산업 보호주의 체제하의 중상주의 체제로 전환됨에 따라 정책이 대외무역만에 그치지 않고 국내산업과 노동문제에도 집중하게 되었다.

이러한 이유를 살펴보면, 국내산업과 노동문제가 대외무역에 밀접한 관계를 가지고 있었다. 즉, 국내산업을 보호함으로서 고용을 증대시키고 동시에 수출을 증가시킬 수 있었기 때문이다. 이러한 산업보호정책을 위한 수단으로서 관세(관세를 통하여 외국상품의 수입과 소비를 억제하는 동시에 국내산업을 보호)를 주로 활용하였다.

결국, 중상주의 체제는 어느 발전 단계에서 민족국가의 통일을 달성하고 식민제국을 수립하는 중요한 계기가 되었다는 의의를 가지고 있는 것이다.

3. 중상주의 정책의 실천

중상주의 시대에는 금·은 등 귀금속의 획득을 위한 극단적인 수출 장려 정책과 엄격한 수입 제한이 실시하였으며, 이러한 대표적 국가 및 학자로서는 영국의 크롬웰과 프랑스의 꼴베르트 등을 들 수 있다.

중상주의의 전개를 개략적으로 살펴보면, 16세기 포르투갈과 스페인에서 처음 시작된 중상주의는 영국과 프랑스에서 전성기를 맞았다. 이후, 18세기 후반 쇠퇴하기 시작하여 1789 프랑스혁명 이후 빛을 잃은 약 200여년에 걸친 학설이라고 하겠다.

이러한 중상주의의 쇠퇴 원인은 경제상의 자연법칙을 무시하고 국가간섭에 의한 강압적 정책을 실시하였다는데 기인하였다고 볼 수 있다. 첫째로, 금·은의 과욕적 획득 및 무역차액의 절대적 흑자 달성을 위한 집요한 수출촉진 및 대외무역정책은 인위적으로 국가간의 무역을 속박시켜 왔으며, 둘째로, 상공업 편중의 경제정책의 실시로 말미암아 농업 부문을 황폐화시켜 농민의 불만을 촉발시켰으며, 셋째로, 중상주의 정책의 실행으로 인한 공업원료 및 식량조달과 자국 제품의 소비 시장 확보를 위한 식민 쟁탈 전쟁과 상권 획득의 비윤리 경쟁은 독립운동을 촉발시키는 결과를 낳았다.

그 결과 중상주의는 프랑스에서 농업만이 부를 창조할 수 있다는 중농주의 사상을 촉발시켰으며, 영국의 아담 스미스가『자유무역론』을 제창하는 계기가 되었다.

4. 중상주의 정책의 비판

중상주의 이론의 근간을 이루고 있는 중금주의(billionism)와 무역차액설(balance of theory)은 극히 단편적이어서 일관적인 체제가 없다는 것이다. 중상주의를 비판한 학자들은 다음과 같다. 케네는 국부의 증강은 금・은의 축적에 의하여 달성되는 것이 아니며, 재화의 생산 증가에 의하여 국부의 증가가 달성된다는 것이다. 따라서 토지만이 모든 생산의 유일한 원천이므로 토지를 바탕으로 한 농업만이 참되고 유일한 산업이라고 주장하는 중농주의를 주장했다.

흄(D. Hume)은 중상주의의 비논리적 견해와 자연질서를 무시한 국가 만능주의의 전제적 통제에 치중했다고 비판하면서,「가격-정화유출기구」(price-specie flow mercantilism)라는 국제수지의 자동적 조절기능의 원리를 구상하여 이 기구의 원리에 입각하여 중상주의의 무역차액론을 비판했다.

여기서 말하는「가격-정화유출기구론(the theory of price-specie flow mercantilism)」은 어느 나라에서 수출초과 현상이 발생되면 → 금이 국내에 유입되고 → 통화량이 팽창되어 →국내 물가가 상승 → 수출 감소 및 수입 증가 현상이 발생 → 출초(出超)현상이 해소 → 국내 축적되어 있는 금이 외국으로 유출되며, 반대로 수입초과 현상이 발생되면 위와 상반된 과정으로 금은 국내에 유입된다는 것이다. 따라서 무한의 출초는 무한의 금 유입을 초래한다는 이론에 모순이 발생하게 된다.

【그림 11-1】 가격정화유출기구론

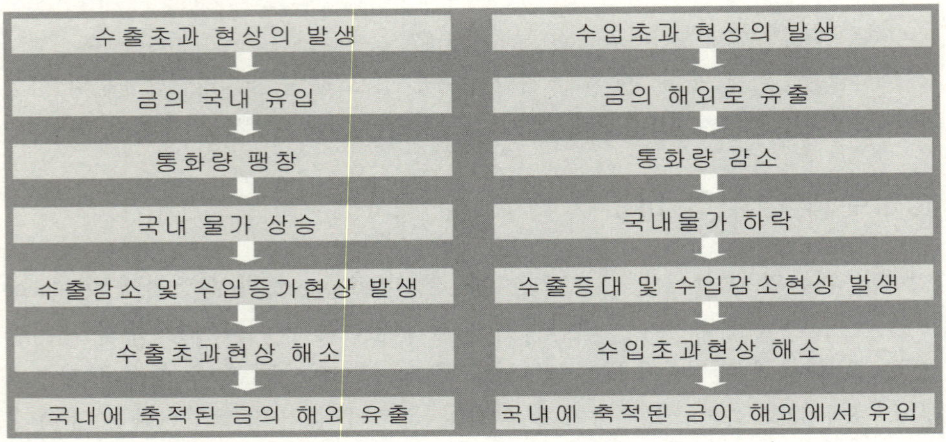

한편, 아담 스미스(Adam Smith)는 부란 금·은 그 자체가 아닌 금·은으로서 구입할 수 있는 재화라고 주장하면서, 분업 체계에 의하여 재화를 많이 생산할수록 국부가 증강된다고 했다. 따라서 Adam Smith는 「국제분업론」을 수립하여 중상주의 타파를 주장했다.

5. 시사점

오늘날에도 중상주의적 색채가 각국의 대외무역의 경제정책에 상당히 반영되고 있다고 볼 수 있으며, 최근에 대두되었던 신중상주의(neo-mercantilism)[22]의 근간이 된다고 볼 수 있는 것이다.

22) 자국의 산업·고용·국제수지의 보호를 위하여 과도한 수출장려 정책과 엄격한 수입억제 정책을 실시, 타국의 희생 위에 자국의 번영을 추구하려 하는 정책.

Ⅱ 자유무역과 보호무역

1. 자유무역과 보호무역의 시대적 고찰

1) 자유무역

(1) 자유무역주의의 대두

외국무역의 발전과 매뉴팩처의 발전으로 중상주의 정책 체계와 사상은 변화되었으나 외국무역이 화폐의 획득 수단이라는 사고방식은 계속 유지되었다. 아담스미스는 중상주의를 비판하고 자본주의 확립에 부합되는 무역 이론을 조정하였다. 아담 스미스는 화폐를 중요한 부라고 생각하는 주의에 대해서 부는 생산물이고 노동이라고 생각하였다. 외국무역은 자국의 생산 증대에 기여하고 자본저축을 촉진하여 생산적 노동자를 증가시킨다. 이를 위해서는 외국무역에 있어서 관세와 장려금은 유해하며 특수한 경우를 제외하고는 자유무역이 필요하다는 것을 주장하였다.

아담스미스 경제학의 체계는 자본주의의 확립기인 산업혁명 전후의 것이며 그 시대에는 중상주의 무역정책이 주체가 되어 있었다. 그러나 산업혁명의 결과 자본주의가 성립되고 외국무역의 내용도 크게 변화되었다. 자본주의의 확립은 자본주의 세계시장의 탄생이기도 하였다. 세계시장을 각 국민경제의 복합체로서 일정한 국제적 분업을 성립시켰고, 자본주의적 외국무역이 이루어지는 전제이기도 하였다.

(2) 자유무역주의 체제의 확립

자본주의 확립은 18세기 후반 영국에서 이루어졌으며, 세계시장은 영국을 중심으로 형성되었다. 영국에 있어서 자본주의 확립은 세계시장을 영국 중심으로 만들어 영국적 성격을 반영시키려고 하였다. 그것은 영국이 세계의 공장으로 군림하는 동시에 자유무역의 요구이기도 하였다.

영국에서는 1815년의 곡물조례의 성립을 기회로 자유무역의 요구가 높아졌으나, 19세기에 들어와 과잉생산 공황을 경험하여 외국시장의 확대 요구가 한층 강해졌다. 1820년대 이후 자유무역 운동이 발달하여 하스킨슨 관세개정(1823~ 1927년)과 빌 관세개정(1841~1946년)으로 원료에 대한 수입관세가 대개 폐지되는 한편 다른 제조품의 관세도 대폭 인하되었다. 그리고 곡물조례도 1849년에 폐지되었다. 자유무역 체제를 확립한 영국은 프랑스에 대해서도 같은 조치를 요구하게 되었다. 1960년대에는 프랑스와의 사이에 최혜국 주의에 따른 통상조약을 체결하여 영국의 세계시장 지배를 위한 교두보로 만들었다.

외국무역에서는 자유무역을 추진하고 금융에서는 금본위 체제의 확립과 더불어 런던을 국제 금융의 중심지로 만들고 파운드화를 국제 통화의 대위로 융통시키는 결제제도를 만들었다. 그리하여 세계시장은 통일화되고 자유무역 제도가 영국을 중심으로 추진되어 외국무역과 국제적 분업의 발달과 생산이 비약적으로 증대되었다. 영국의 세계시장 지배는 많은 개도국을 희생으로 삼은 결과였다.

그 반면 유럽 대륙 국가와 미국은 영국 자본의 진출이 자극제가 되어 생산력의 발전을 촉진시키게 되었다. 영국 자본은 미국과 유럽 대륙에 철도의 건설, 기계와 기술의 도입을 도모하였다. 그것은 결과적으로 미국과 독일 등 다른 나라의 생산력을 높이고 반대로 영국의 세계시장 독점을 뒤흔들게 되었다. 1873년부터 1890년대 중반까지 계속된 대불황은 영국의 세계시장 지배와 자유무역제도의 붕괴 과정이기도 하였으며, 결과적으로 영국에 대항할 수 있게 되었다.

2) 보호무역

(1) 자유무역에서 보호무역으로의 이행

산업혁명의 진행으로 영국뿐만 아니라 다른 유럽 국가들도 자유무역으로 이행되었으나, 완전한 자유무역으로의 이행은 이루어지지 않았다. 영국이 자유무역으로 전환한 것은 곡물조례의 철폐 이후이며 장애 없이 자유무역이 이루어진 것은 1860년대의 극히 짧은 기간이었다.

(2) 독일의 보호무역

독일의 산업혁명은 영국과 프랑스보다 훨씬 늦은 1840년대에 시작되었고, 통일독일이 성립될 때까지 약 20년이 소요되었다. 그 사이 독일의 생산력의 증대는 눈부시게 발전하였다. 1870~71년의 보불전쟁에서 승리한 독일의 공업은 급성장하였다. 독일의 수출은 농산물, 원료품, 잡화류에서 공업제품으로 이행되었다.

미국과 러시아, 인도로부터의 값싼 곡물의 유입은 독일의 토지 귀족과 대지주에게 타격을 주어 그들이 정부를 움직여 자유무역을 보호무역으로 전환시키고 1879년에는 곡물, 철, 섬유, 화학 등을 대상으로 한 보호관세가 성립되었다.

(3) 미국의 보호무역

미국은 북부와 남부가 다른 무역정책을 채택하고 있었다. 북부에서는 높은 관세로 유치산업을 보호하고 농업을 유지하는 것이 가능하였다. 그러나 남부는 보호주의에 반대하였다. 남부 농업이 흑인 노예에 의해 운영되고 낮은 생산비로 외국시장으로 진출할 수 있었기 때문에 미국이 관세를 높이면 보복관세로 수출이 막히게 되었기 때문이다.

그러나 남북전쟁 후 1883년 모릴(Morill) 관세법 개정에 의해 관세율이 인상되었고, 1890년의 맥킨리(Makinley) 관세법이 통과함에 따라 관세율은 한층 높아져

보호주의가 한층 더 강화되었다. 고(高)관세의 보호주의 정책은 영국 자본의 지배에서 벗어나 미국의 자립화와 생산력의 확대를 가져오게 되었다.

2. 자유무역과 보호무역의 이론적 고찰

1) 자유무역론

(1) 내용

자유무역이란 국가 권력이 무역활동에 개입해서 수입억제 · 수출장려 · 관세장벽구축 · 외환관리 등을 하지 말고 무역활동을 자유롭게 방임하는 것이 국가적으로나 세계적으로나 다같이 이익이 된다는 이론이다. 이와 같은 자유무역론은 중상주의적 무역정책을 비난한 스미스(A. Smith)에 의해서 제창되고, 그 후 리카도(D. Ricardo)나 밀(J. S. Mill) 등 고전학파 경제학자들에 의해서 체계화되었다.

자유무역론에 따르면 무역활동을 자유롭게 방임하여 두면 국제 분업의 이익이 실현되어 생산의 증대, 소비자의 이익과 자원의 효율적 배분이 이루어지게 된다고 한다. 즉, 자유무역 하에서는 상품을 가장 값이 싼 나라에서 수입할 수 있고, 또 자국 상품을 가장 값이 비싼 나라에 수출할 수 있다. 값싼 수입 상품을 입수한다는 것은 소비자들의 이익이 되며, 고가로 상품을 수출할 수 있다는 것은 생산자들의 이익이 될 뿐만 아니라, 생산 자원이 그러한 산업에 이동함으로써 자원의 효율성이 높아진다.

이와 같은 생산의 전환은 각국이 비교우위 산업에 특화하는 것이므로, 국제적인 자원의 효율성을 증가시키고 나아가서 기술 진보를 촉진시키는 것이 된다.

(2) 자유무역론에 대한 비판

영국이라는 산업선진국의 경제를 배경으로 하여 주창된 스미스의 자유무역론은 다음과 같은 비판을 받았다.

첫째, 국제분업론은 한 나라의 경제발전 단계에 따라 외국무역의 유형이나 기능이 다르다고 하는 역사성을 도외시 한다는 점에서 비판을 받고 있다.

둘째, 자유경제론에서 주장하는 경쟁이란 약자에게는 항상 불리하다는 점이다. 경쟁은 원래 발전 정도가 비슷한 경우에만 가능하다. 따라서 경제발전이 뒤떨어진 후진국의 입장에서는 보호정책을 취하여 경쟁을 회피하거나 완화시키는 것이 오히려 더 유리하다.

셋째, 자유무역이 소비자에게 유익하다는 주장도 결함을 가지고 있다. 반대로 국내산업을 보호·육성하면 생산자 잉여뿐 아니라, 장기적으로는 고용 및 생산량의 증대 효과를 가져와 소비자의 잉여 증대와 대량생산에 의한 이익도 누릴 가능성은 존재한다.

넷째, 자유무역정책은 특히 후진국들에게 있어서 비교우위가 있는 농업 위주의 산업구조를 정착시키고 무역패턴을 고착화시켜 교역조건을 악화시키는 경향이 있다.

2) 보호무역론

보호무역론은 국가가 적극적으로 무역활동에 간섭하여 국내산업을 보호해야 한다는 이론이다.

보호무역론의 대표자로 알려진 독일의 리스트(Friedrich List)는 스미스(Adam Smith)를 비판하여 다음과 같이 말하였다. 영국은 17~18세기의 고도의 보호무역 정책에 의하여 오늘날의 경제적 지위를 얻게 되었다. 그들은 외국과의 경쟁에 부딪친 일이 없이 공업화를 달성하였고, 이제는 보호정책의 필요가 없는 단계에 이르렀다. 그러나 독일과 같은 후진국은 아직 거기까지 도달하지 못하고 있다. 그러므로 공업화가 달성되기까지 보호무역은 허용되어야 하며, 오히려 적극적으로 산업을 보호·육성하는 것이 유리하다.

보호무역주의의 주된 논거는 국방 및 경제안정을 위한 국민 생산력의 육성, 유치산업의 보호, 완전고용의 달성, 국제수지의 유지 등이다. 전시 중 국가는 국방을 위하여 자국 내에 중요 산업을 확보하고 있어야 하며, 그에 따른 경제적 희생은 고려 밖의 문제라고 가끔 주장되고 있다. 그리고 또 보호무역은 국민경제를 다각화시키므로 국민경제의 안정을 기할 수 있다고도 주장한다.

리스트에 따르면 일국의 특정 산업이 타국에 비하여 우월하다는 것은 오히려 당해국이 그 산업을 타국보다 먼저 발달시킨 데 연유하고 있다. 그러므로 뒤늦은 나라의 특정 산업도 충분히 발달하면 그것 역시 외국의 당해 산업과 동일하게 또는 그 이상으로 효율적인 것이며, 그것과 충분히 경쟁할 수가 있게 된다. 그런데 그 산업이 발달하기도 전에 기술이 발달한 외국의 산업과 경쟁하게 되면 그 산업은 도저히 존립될 수가 없다.

또한 보호무역론은 국내 고용을 유지하고 국제수지를 악화시키지 않기 위하여 관세 장벽을 높여서 국내산업을 보호해야 한다는 것이다. 해외로부터의 수입은 국내산업에 대한 수요를 감퇴시키므로 수입이 국내산업을 위축시켜 고용을 감퇴시킬 수도 있기 때문이다.

(1) 해밀턴의 공업보호론

해밀턴(Alexander Hamilton)은 공업진흥책의 일환으로, 화폐 자본을 창출하고 보호관세를 설정하여 국내시장을 개발함으로써 미국의 산업자본을 확립하여 선진 영국으로부터 경제적 독립을 달성해야 한다고 주장하였다. 그리고 그는 구체적인 타개책으로서 보호관세제도를 유효 적절하게 채택할 것을 주장하고, 관세는 물가 상승에 영향을 미치지만 소비자에게는 큰 부담을 주지 않으면서 공업 장려 효과를 올리기 때문에 자유무역제도를 철폐하고 유럽으로부터의 수입품에 관세를 부과해야 한다고 주장하였다.

(2) 리스트의 보호무역론

리스트(Friedrich List)는 해밀턴의 영향을 받아 보호론의 학문적 체계를 세웠다는 데 의의가 있다.

리카도의 자유무역론에서는 일국의 산업은 외부의 간섭이 없이 방임하면 그 나라에 적합한 산업이 발생된다고 하였지만, 그것은 각국이 동일한 입장과 환경 그리고 동일한 기회가 부여되었을 때 한해 가능한 것이고, 현실은 그렇지 않으며 각국이 경제 수준이나 경제발전 단계는 다르다는 것이다. 자유무역에 의하여 선진국과 경쟁한다면, 발전 가능성이 있는 산업마저 발전되지 못하고 좌절하게 된다는 것이 그의 주장이다. 따라서 유치산업으로 하여금 발전의 기회를 얻도록 하기 위해서는 경쟁할 수 있는 외국상품에 수입관세를 부과하여 그 가격을 인상시킴으로써 국내산업을 보호하고 육성시켜야 한다는 것이다.

그러나 그 당시 미국은 선진국으로부터 값싼 면제품과 일부 수입 공산품 값이 국내 가격보다 싸게 수입되었기 때문에 공업 발전과 수입대체의 필요성을 크게 느끼지 못했다. 따라서 해밀턴의 공업보호론은 농업을 중시했던 종래의 정책과 크게 상반되는 것이었다. 그러나 북부지방에서 공업의 발전과 보호 육성이 절실히 요청되었기 때문에 1816년 이후부터는 미국의 공업보호정책으로 해밀턴의 공업보호론을 채택하게 되었다.

(3) 유치산업보호론

개발도상국에서 새로운 산업을 육성시키려고 할 때, 육성 초기에는 선진국들의 기존 기업들과 경쟁이 불가능하므로 어느정도 경쟁력이 배양될 때까지는 보호가 필요하다는 것이 유치산업의 보호론이다. 즉, 장기적으로는 경쟁력이 있으나 개발 초기에는 경쟁력이 약하므로 보호가 필요하며, 그러한 보호에 의한 육성책은 장기적으로 바람직하다는 것이다.

그러나 이러한 보호론에도 문제는 있다. 우선 장기적으로는 경쟁력이 있어서 수익성이 있는 산업이라면 왜 개별기업들이 투자하여 초기의 손해를 감수하지 않겠는가? 만약 장기적으로 수익성이 좋다면 기업들이 개발 초기의 손실을 감수할 것인데 정부가 보호할 필요가 있겠는가? 이것은 유치산업이라고 하더라도 특별한 보호가 필요하지 않다는 주장의 근거다.

그러나 어느 나라든지 개발 초기단계에는 개별기업의 조직능력, 기술습득 능력, 자본동원력, 시장개척 능력 등이 선진국들의 기존 기업들보다 약하여 정부의 적극적인 육성책이 필요하다는 것이 보편화된 의견이다. 그러나 보호가 일단 시작되면 온실 안에서 크는 나무와 같이 경쟁력이 약해져 그 보호장벽을 제거하기가 힘들고 경쟁력의 배양이 늦어지는 등 많은 문제를 야기 시키기도 한다. 또 모든 산업이 보호를 받으려고 정부에 대한 압력단체의 역할을 하기도 한다.

(4) 보호무역정책에 대한 비판

보호무역정책은 관세 등의 정책 수단을 통하여 수출을 증진하고 수입을 감소시켜 무역 및 국제수지를 개선하고 나아가 고용과 국민소득을 단기적으로 증가시키는 등 여러가지 경제적 이익을 가져오는 경향이 있다. 따라서 각국에서는 20세기 초반까지 약 100여 년간 보호무역론에 입각한 정책을 시행하여 왔다.

그러나 이러한 보호무역정책은 다음과 같은 부정적 효과를 발생시킨다.

첫째, 보호무역정책은 국내외 산업 간의 자유경쟁을 억제함으로써 자국산업의 대외경쟁력을 약화시킨다. 즉, 보호조치에 의해 기업경영인은 폐쇄적 · 비능률적인 안일한 경영 방식에서 벗어나지 못함으로써 해당 산업의 성장은 둔화된다. 따라서 생산시설 및 생산규모의 확대가 지연되고 기술개발이 이루어지지 않으며, 생산구조가 취약해져 제품의 국제경쟁력이 약화된다.

둘째, 보호무역정책에 의해 생산 자원이 효율적으로 배분되지 못하고 산업의 생산능률이 감소하여 국민 전체의 후생이 감소된다. 보호에 의하여 생산요소가 효율적인 부문에서 비효율적인 부분으로 이동함으로써 자원의 낭비를 가져오고 생산능률을 저하시켜 국민 생산고를 감소시키며, 나아가 한 나라 및 세계 전체의 후생을 감소시킨다.

셋째, 관세의 부과와 같은 보호무역정책은 좀 더 가격이 싸고 품질이 좋은 외국상품의 수입을 감소시켜, 소비자의 효용 수준을 단기적으로 감소시키는 경향이 있다. 즉, 관세 등의 수입규제 조치에 의해 수입가격도 관세액만큼 인상되고 수입대체 상품가격이 상승하므로 이것을 구입하여 사용하는 소비자의 효용 수준은 자연적으로 감소하게 된다.

넷째, 보호무역정책은 근린궁핍화정책(begger-my-neighbour policy)의 성격을 가지며, 교역 대상국의 보복을 초래할 수 있다. 따라서 세계교역량을 감소시켜 세계 전체의 후생 수준을 후퇴시킨다.

즉, 보호무역은 자국의 경제적 이익을 증가시키지만, 타국의 경제적 손실을 초래하므로 과도한 보호무역정책을 시행하는 데는 어려움이 따른다. 왜냐하면, 과도한 보호조치는 외국의 보복을 초래하여 결국은 양국 모두의 경제적 이익을 감소시키고 세계 전체의 이익을 또한 감소시켜 국제무역 질서의 교란을 초래하기 때문이다.

Ⅲ 국제무역정책 조류 개관

경제 사상이나 이념은 모든 경제활동에 대해 국가가 자유로 방임하느냐 그렇지 않으면 보호 · 간섭 · 통제 · 개입하느냐에 따라 각각 다른 특징을 나타내고 있다.

자유경쟁, 자유무역, 시장경제 원리 등은 국가가 생산, 교역, 서비스 등 모든 경제활동에 대해 간섭하지 않아야 정상적으로 실현되거나 발휘된다.

국제무역정책의 흐름을 간략히 살펴보면 [표11-1]과 같다.

【표 11-1】 국제무역정책의 흐름 개관

경제사상 · 이념	본질	특징
중상주의 (16~18C)	• 근대국가 건설 및 근대적 산업체제 확립을 위한 국가 본위의 간섭정책시행(당시의 경제적 환경에 기인 : 중앙집권적 국가제도확립시기) • 국부론 • 신중상주의(1930년대 대공황시)	• **중금주의(Bullionism)** : 부(wealth) = 화폐(금은 등 귀금속) • **무역차액주의**(토마스 먼) → 국제분업론 • **산업보호**
자유주의	• 경제활동에 대한 자유방임 • '보이지 않는 손'(Invisible hand)에 따른 낙천적 예정조화 성립 • 1860년부터 영국을 비롯한 유럽에서 전면적으로 실시 1930년대 대공황으로 쇠퇴	• 자유경쟁 : 경쟁은 배타적이며 절대 협조적이 아니다. • 자유무역
보호주의	• 산업활동 · 대외무역 등에 대한 국가의 간섭 조치 • 유치산업 보호 등 보호조치 강화	• 산업 보호 : 비관세장벽 • 수출 장려 및 수입규제 • 국제수지 방어

다자주의	• 통상 · 통화 등에 관한 협정에 입각한 광역경제권 결성 • 역내에서의 상품 및 서비스의 자유로운 이동 보장 • 통화 · 재정 · 금융 등 경제 각 부문의 공조체제 수립	• 무역자유화 촉진 ┌ 수입규제조치 완화 : 수입자유화 └ 수출제한조치 경감 : 수출자유화 → 관세인하와 무역제한 철폐 (비관세장벽) • 최혜국대우(무차별대우) 부여
지역주의 (국제지역주의)	• 역내 상품 및 서비스 자유로운 이동보장, 산업구조조정, 통화 · 재정 · 금융상의 상호공조정책 실시 • 경제통합의 양면성	• 역내우선주의 : 우선적 대우 • 역외차별주의 : 차별적 조치 ┌EU : 유럽의 요새 └NAFTA : 북미의 철옹성
신자유주의 (19C말~20C초) 1970년대 미국	• 시장경제원리 준수 • 자유경쟁 실현 • 정부규제 철폐 • 극대의 효율성 추구, 이윤의 극대화, 공기업의 민영화, 사회복지부문 예산 삭감 등 주장 • 세계화 초래 → 세계화의 전략적 수단, 예 : 금융시장(24시간 시장)	• 시장경제원리 준수 - 수요/공급, 자유경쟁, 규제철폐, 시장질서 등에 입각 - 일물일가 원칙 • 시장 개방
신보호주의 (1970년대 후반)	• 구(舊)보호주의, 즉 전통적 보호주의에 비해 한층 더 강력한 보호주의 정책 채택 • 자연환경 · 지구환경 등을 보호하기 위한 무역 · 산업 등 규제 • 신보호주의는 전통적 보호주의에 비하여 ①보호 대상이 광범(지적재산권 등)위하고 ②보호정책 수단이 강력하며, ③보호조치의 차별성이 농후하다. 또한 시장 개방 압력이 강화되었다.	• 상호주의 ┌수동적 상호주의=MFN └공격적 상호주의 • 공정무역 • 회색지대조치 - 시장질서협정 (orderly marketing agreements) - 수출자율규제 (export voluntary restraints) • 환경친화 - 무역과 환경의 연계
중도주의	• 자본주의 우파의 시장경제원리와 사회주의 좌파의 사회복지 초월 • 중도좌파(Centre leftist)의 이념	• 제3의 길(Third way) - 앤서니 기드슨(영국) • 참여자본주의

Ⅳ 관세정책

1. 관세의 의의

1) 관세는 조세의 일종이다.

조세란 국가가 법률에 근거하여 반대급부 없이 강제적으로 징수하는 금전을 말한다. 근대국가에 있어서의 조세는 이른바 조세법률주의를 채택하고 있어 조세의 종목과 세율은 법률로 정하고 있다. 그러나 입법 기술상 조세에 관한 모든 사항을 빠짐없이 모두 법률에 규정한다 함은 거의 불가능할뿐더러 특히 관세의 경우에는 내외 경제 정세의 여건에 기동성 있게 대처하기 위하여 탄력관세(flexible tariff system)를 인정하고 있다.

그리고 관세는 조약우선적용원칙을 취함으로써 조약에 법률과 다른 규정이 있을 때에는 조약의 규정에 의하고 있는데 WTO협정이 그 대표적인 예이다.

2) 관세는 관세영역을 출입하는 물품에 대하여 부과한다.

관세영역(customary boundary, customs territory)은 관세법의 효력이 미치는 영역으로서 이는 일국의 통치영역과는 구별되나 대체로 관세영역과 통치영역은 같다.

그러나 예외적으로 하나의 통치영역내에 수개의 관세영역을 가지는 경우도 있으며, 반면 수개의 통치영역이 합쳐져 하나의 관세영역을 형성하는 경우도 있다.

3) 관세는 대물세이며 수시세이다.

관세는 수출입하는 물품에 대하여 부과한다는 점에서 대물세이며 소득세나 재산세와 같은 대인세와는 다르다. 따라서 대물세는 납세자와 담세자가 같지 않으므로 간접세이기도 하고, 종국적으로는 물품의 소비를 대상으로 하기 때문에 소비세이기도 하다. 한편 관세는 소득세 · 법인세 등과 같이 정기적으로 부과되는 것이 아니고 물품이 수출입 될 때마다 수시로 부과되는 것이기 때문에 수시세이다.

4) 관세는 전가된다.

수입물품에 부과되는 관세는 그 부담이 최종 소비자에게 전가된다. 전가형태는 전전(前轉) · 역전(逆轉) 또는 후전(後轉) 그리고 소전(消轉)이 있으나 그 어느 경우에도 당해 수입 상품의 수요탄력성 · 공급탄력성의 크기에 따라 좌우된다. 그러나 일반적으로는 관세 부담은 항상 전액이 전전된다고 하여도 무방하며 어느 때에는 심리적 영향으로 실제 납부한 관세 이상으로 전가되는 경우도 있다.

5) 관세는 생필품 경과·사치품 중과 및 원자재 경과·완제품 중과의 경향이 있다.

이러한 경향은 그 나라의 산업구조 · 기술 수준 또는 공업화의 정도에 따라 일률적으로 적용시킬 수는 없고 조화 있게 운용되어야 하지만, 일반적으로 보아 사치품이나 불요불급한 물품에 대하여는 고율의 관세를 그리고 생필품 및 생산재에 대하여는 무세 혹은 저율의 관세를 부과한다는 것이다. 또 원료나 중간재 등은 어떤 물품의 생산에 투입되어 확대재생산 되고 생산을 우회화 하여 고용을 증대시키기 때문에 저율을 적용시키고, 반면 가공도가 높은 완성재에 대하여는 비교적 높은 관세가 부과됨이 일반적인 현상이다.

6) 관세는 자유무역의 장벽이 된다.

수량제한 · 외환 관리와 더불어 관세를 자유무역의 3대 장벽이라고 부른다. 그러나 관세에 의한 무역 규제는 직접 규제가 아니고 관세율의 조정 수단에 의하여 간접적으로 이루어지기 때문에 합리적인 정책 수단으로 각국에서 운용되어지고 있다.

7) 관세는 재정정책적 측면은 물론 복합적 정책목표달성을 위한 중요 수단이다.

관세는 원래 국가 재정 수입을 목적으로 부과하였지만, 관세가 경제정책 목적의 구현 수단으로 활용될 때 국민경제 전체에 미치는 효과는 지대하다. 특히 관세는 오늘날에 이르러서는 물가안정 · 산업보호 · 무역진흥 등의 종합적 정책목표 달성을 위한 물가정책 · 산업정책 · 무역정책 등의 정책 수단으로 파악되어야 한다. 따라서 이러한 복합적 정책목표 달성을 위한 관세정책 변수인 관세율 조정이나 탄력 관세 등은 중대한 의의를 갖는다.

2. 관세의 기능 및 효과

관세는 수출입 물품을 과세대상으로 하는 대물세로서의 특수성으로 인해 국민경제에 대한 기능은 다양하며, 그 미치는 효과 또한 지대하다.

킨들버거(C.P. Kindleberger)는 관세의 경제적 효과로서 ① 보호효과(protective effect), ② 소비효과(consumption effect), ③ 재정수입효과(revenue effect), ④재분배효과(redistribution effect), ⑤ 교역조건효과(the terms of trade effect), ⑥ 경쟁효과(competitive effect), ⑦ 소득효과(income effect), ⑧ 국제수지효과(balance of payments effect)를 들고 있다. 그러나 이러한 관세의 경제적 효과는 학자들의 관세에 대한 기본 시각에 따라 달리 분석되기도 한다. 관세는 국가의 재정수입이나

국내산업, 교역조건과 국제수지 및 국민소득과 소비생활에 직접적 영향을 미치고 있으므로 관세의 기능도 국제무역과 국민경제와의 연계적 작용에 의하여 파악되어야 한다. 이와 같은 관세의 기능은 관세의 자동적인 가격 조절 기능으로 자유경제구조를 전제로 하는 것이며 통제 경제하에서는 기대할 수 없다.

1) 국내산업 보호 및 자원의 배분 기능

수입 상품에 대한 관세의 부과는 수입 상품의 가격 인상을 통해 외국상품의 수입을 억제하고 자국 상품의 국제 시장에서의 가격경쟁력을 강화시켜 국내 생산 공급을 증대시키고 국내의 유치산업을 보호·육성시키는 역할을 한다. 또한 수입 상품에 대한 관세의 부과로 특정의 산업이 보호되면 그 업종에 대한 투자를 유발시켜 자원을 배분하게 되므로 보호관세에 의하여 보호를 받는 산업은 보호를 받지 않는 산업보다 더 많은 자원을 배분받게 되어 자원 배분의 기능을 수행한다. 즉 관세 부과로 수입재의 국내 생산이 증가하고 수입재에 대한 국내 총 수요량이 감소하며 교역 상대국 간의 무역량이 감소한다는 자원 배분상의 효과가 발생한다.

한편, 보호의 목적 또한 보호를 받는 산업이 보다 많은 자원을 지배하게 하는데 있다고 볼 수 있다.

2) 재정수입 확보 기능

관세는 그 발생이 국가 경비를 조달하기 위한 재정수입을 목적으로 하였듯이 조세 수입을 증대시키는 기능을 한다. 관세의 이러한 기능은 국민소득이 낮고 내국세의 비중이 적은 후진국일수록 더욱 강화된다. 즉, 정부는 다양한 공공 목적을 수행하기 위하여 재정수입을 증대시키지 않으면 안 되므로 국제무역은 당초부터 조세의 대상이 되어 왔다. 1850년대의 미국은 90~95%를 관세에 의하여 충당하였다. 후진국일수록 재정수입의 상당 부분을 관세에 의존하는 경향이 짙다.

따라서 이러한 나라에 있어서 관세의 설정 및 세율의 결정에 관하여는 재정수입을 확보한다는 것이 제1의적인 것으로서 국내산업의 보호적 효과가 있더라도 그것은 부수적인 의미를 가질 뿐이다. 그러나 산업의 공업화나 산업구조의 고도화라는 측면에서의 관세의 역할은 산업 보호가 우선하게 된다.

3) 소득의 재분배 기능

관세의 부과는 소득을 각계각층에 재분배하여 주는 기능을 한다. 즉, 관세의 부과로 그만큼 관세의 전가 현상이 발생하여 물가가 상승되어 이들 수입품을 소비하는 소비자가 부담하게 되므로 소비자의 실질소득을 감소시킨다.

그러나 이 경우 수입품과 경쟁적인 국내 생산품이 있다고 한다면 그 생산성은 물가의 상승으로 소득을 제고시킬 수 있을 것이다. 또한 수입품에 대한 관세 부과로 그만큼 수입품의 가격이 상승되므로 국내 소비는 감소하고 그에 따라서 외국인의 구매력 또한 감소하게 될 것이므로 수출업자는 수입품의 가격을 하락시키지 않으면 안 되므로 수출업자의 소득을 수입품과 경쟁적인 국내 생산업자에게 재배분하는 기능을 갖는다.

4) 소비억제의 기능

관세의 부과는 수입 상품에 대한 가격을 상승시켜 소비를 억제한다. 소비자는 관세부과액 만큼 수입 상품에 대하여 높은 가격을 지불하여야 하며, 또한 국내시장에서의 공산품의 가격도 수입 상품과 동일 가격 수준까지 인상될 수 있기 때문에 국내에서 생산되는 동종의 상품에 대하여도 높은 가격을 지불하지 않으면 안 된다. 이 때 인상된 가격차만큼 소비자의 실질소득을 감소시키므로 소비는 억제된다고 할 수 있다.

5) 교역조건개선 및 국제수지개선 기능

일반적으로 관세의 가격효과에 따라 관세부과 후에는 무역 상대국의 수출가격이 인하되므로 교역조건이 개선된다고 할 수 있다. 또한 관세를 통한 교역조건의 개선은 곧 국제수지의 개선을 의미한다. 그러나 이러한 교역조건의 개선은 무역의 축소를 의미하므로 장기적으로 볼 때 국제수지 개선을 위한 최선의 관세정책이라고는 말할 수 없다.

그러나 국내 유치산업 보호와 불요불급품에 대한 소비억제를 위하여 관세를 통한 수입 억제는 국제수지를 개선하는 일석이조의 효과를 기대할 수 있는 관세 정책이라 할 수 있다.

3. 관세의 종류

관세는 분류기준에 따라 여러가지 종류가 있는데 관세 기회에 따라 수입세 · 수출세 · 통과세, 과세 목적에 따라 재정관세 · 보호관세, 과세 방법에 따라 종가세 · 종량세 · 혼합세, 과세근거에 따라 국정관세 · 협정관세 및 기타의 특수관세로서 특혜관세 · 차별관세 등이 있다.

1) 수입세·수출세·통과세

수입세(import duties)란 물품의 이동 방향에 따라 일국의 관세 영역 안으로 이동할 때 부과하는 관세를 말하고, 반대로 수출세(export duties)란 일국의 관세 영역 밖으로 이동할 때에 부과하는 관세를 말하며, 통과세(transit duties)란 일국의 관세 영역을 지나갈 때 부과하는 관세를 말한다. 우리나라는 현재 수입물품 관세 부과원칙만을 취하고 있다.

2) 재정관세·보호관세

재정관세(revenue duties)라 함은 세입관세 또는 수입관세라고도 하며 주로 국고의 수입을 목적으로 부과된다. 특히 재정관세는 국내 생산이 거의 불가능하여 부득이 수입에 의존할 수밖에 없는 경우나 수입을 억제할 필요는 없으나 그렇다고 장려할 가치가 없는 물품 및 이미 국내산업이 국제경쟁력을 갖추어 더 이상 보호할 필요가 없을 때에 부과된다. 따라서 관세율도 대체로 낮으며 수입 대체가 곤란한 중요 산업용 기계 · 원자재 용품 등에 대하여 부과한다.

한편, 보호관세(protective duties)는 주된 목적이 국내산업의 보호에 있으며 국고수입은 부수적 효과라고 할 수 있다. 다시 말해서 관세설정의 동기가 일차적으로 산업 보호에 있기 때문에 세율은 일정하지 않으나 일반적으로 육성 관세로부터 상대적으로 관세율이 높은 금지관세까지 단계적으로 나누어진다.

3) 종가세·종량세·혼합세

종가세(ad valorem duties)는 수입물품의 가격을 과세 표준으로 하여 세액을 산출한다. 즉, 수입물품의 가격 × 관세율의 공식에 따라 관세액을 계산하게 된다. 그러나 종량세(specific duties)는 수입물품의 수량을 과세 표준으로 하여 세액을 산출한다. 즉 수입물품의 단위수량당 세액 ×수량의 공식에 따라 세액을 산출하는 것이다. 한편 혼합세(combined duties)는 다시 선택세(alternative duties)와 복합세(compound duties)로 나눌 수 있는데 선택세란 한 품목에 대하여 종가세율과 종량세액을 동시에 정해 두고 양자 중 높은 세액을 적용한다. 즉, 어떤 물품의 경우 “120% 그러나 Kg당 60,000원 이상”이라 표시하여 종가 · 종량 방식에 따라 세액을 산출한 후 그 중 높은 세액을 선택 과세하는 것을 말한다. 복합세는 동일한 품목에 대해 종가 · 종량세율 및 세액을 동시에 정한 후, 두 방법으로 산출된 세액을 합하여 과세하는 방식을 말한다. 예컨대 “50% + kg당 100원”이 그것이다.

4) 국정관세·협정관세

국정관세(national duties)는 일국이 관세 주권에 의하여 자주적으로 관세율을 설정한 관세로서 이에 따른 세율을 국정세율(national tariff)이라고 한다. 우리나라 관세율표(tariff schedules of korea)상에는 기본(general)이라고 표시하고 있다.

한편, 협정관세(conventional duties)는 일국이 타국과의 조약에 따른 특정물품에 대하여 관세율을 협정하여 당해 조약의 유효기간 중에는 당해 협정된 세율은 변경하지 아니할 의무를 지는 것을 협정세율(conventional tariff)이라고 한다. 현재 관세율표상에는 협정이라고 표시하고 있다.

5) 특혜관세

특혜관세(preferential duties)라 함은 특별한 관계가 있는 상대국에 대하여 특히 저율의 관세를 부과하는 일종의 할인관세(discount tariff)를 말한다. 여기에는 기존 특혜와 일반 특혜의 두 종류가 있다. 기존 특혜는 제1차 세계대전 후의 경제 블록화의 경향에 기인하여 발전한 특혜관세로서, 식민지를 보유하는 본국을 중심으로 식민지 및 식민지로부터 독립을 쟁취한 독립국이 상호 관세상 특별히 유리한 취급을 하는 경우의 관세를 말한다. 일반 특혜는 선진국이 개도국으로부터 수입하는 농수산품·완제품 및 반제품에 대하여 일반적·무차별적·비(非)상호주의적으로 관세를 철폐, 또는 세율을 인하해 주는 것을 말한다.

6) 차별관세

차별관세(differential duties)는 특정 국가의 상품 또는 특정의 품목에 대하여 타 상품보다 할인 세율을 적용하거나 또는 할증세율을 적용하는 것을 말한다. 오늘날에는 최혜국약관의 보급, WTO에 의한 보편적 협정 세율 등에 의하여 차별관세는 거의 그 예를 볼 수 없게 되었다.

7) 탄력관세

탄력관세(flexible tariff)는 조세법률주의의 예외로서 급격히 변동하는 국내외 경제 여건에 적의 대처하여 관세상의 조치를 신축성 있게 취하기 위하여 일정 범위 내에서 관세율 변경권을 행정부에 위임하는 제도를 말한다. 현재 우리나라에서는 덤핑방지관세, 보복관세, 긴급관세, 조정관세, 농림축산물에 대한 특별긴급관세, 상계관세, 편익관세, 계절관세, 할당관세 등이 탄력관세의 주요 내용을 이루고 있다.

(1) 덤핑방지관세(anti-dumping duties)

국내산업에 이해관계가 있는 자로서 대통령령이 정하는 자 또는 주무부 장관의 부과 요청이 있는 경우로서 외국의 물품이 대통령령이 정하는 정상가격 이하로 수입(이하 "덤핑"이라 한다)되어 국내산업이 실질적인 피해를 받거나 받을 우려가 있는 경우, 국내산업의 발전이 실질적으로 지연된 경우로써 "실질적 피해 등"이 조사를 통하여 확인되고 당해 국내산업을 보호할 필요가 있다고 인정되는 때에는 재정경제부령으로 그 물품과 공급자 또는 공급국을 지정하여 당해 물품에 대하여 정상가격과 덤핑 가격과의 차액(이하 "덤핑차액"이라 한다)에 상당하는 금액 이하의 관세를 추가하여 부과할 수 있다.

즉 덤핑방지관세는 정상가격 이하로 외국상품이 수입되어 국내시장을 침범하려 할 때 이를 방지하기 위하여 부과되는 관세를 말한다.

(2) 보복관세(retaliatory duties)

보복관세는 교역 상대국이 관세 또는 무역에 관한 국제 협정이나 양자 간의 협정 등에 규정된 우리나라의 권익을 부인하거나 제한하는 경우, 기타 우리나라에 대하여 부당 또는 차별적인 조치를 취하는 경우로써 우리나라의 무역 이익이 침해되는 때에는 그 나라로부터 수입되는 물품에 대하여 피해 상당액의 범위 안에서 관세를 부과할 수 있다.

(3) 긴급관세(emergency duties)

긴급관세는 국내산업을 보호하기 위하여 긴급한 조치가 필요하거나 또한 긴급히 어떠한 물품의 수입을 억제하고자 할 때, 특정 수입품의 국내외 가격차에 상당하는 율의 범위 내에서 관세율을 할증하여 부과하는 관세를 말한다.

(4) 특별긴급관세(special safeguard duty)

UR협상 결과 그동안 수입이 제한되었던 농산물도 예외 없이 자유화되어 이들 농산물에 대하여는 국내외가격차이만큼 관세상당치(tariff equivalent : TE)로 관세를 인상할 수 있도록 양허가 이루어졌다. 이 제도는 이로 인하여 특정 농림축산물의 수입이 급증하거나 가격이 현저히 낮게 수입됨으로써 국내 농민들에게 피해가 발생하는 경우 그 보완책으로 고율의 관세를 부과할 수 있는 제도이다.

(5) 상계관세(countervailing duties)

상계관세라 함은 불공정한 무역거래를 상쇄시키기 위해 덤핑 방지 관세와 함께 인정되는 예외 조치를 말한다. 즉 국제적으로 비교 열위에 있는 수출국이 자국의 관련 수출산업에 장려금이나 보조금을 지급함으로써 인위적으로 비교우위를 조작하여 상품을 수출하는 경우에 이에 대한 대응책으로서 수입국은 당해 보조금에 해당하는 만큼의 할증관세를 부과하게 되는데 이것이 곧 상계관세이다.

(6) 편익관세(beneficial duties)

편익관세는 조약에 의한 관세 상의 편익을 받지 않는 나라의 물품이 수입될 때, 이미 체결된 외국과의 조약에 의한 편익을 한도로 하여 관세 상의 혜택을 부여하는 것을 말한다. 즉 편익관세는 일국이 이미 조약을 체결한 타국에 대하여 부여한 무역상의 편익 가운데서 최혜국대우(most favored nations treatment)를 준 나라와 같은 대우를 상대방 국가에게도 부여하는 것을 말한다.

(7) 계절관세(seasonal duty)

계절관세는 국내 상품의 출회기가 계절적으로 편중되어 있을 때 그 출회기에 동 경합 수입품에 대하여 고율의 관세를 부과하여 국산품을 보호하고, 그 외의 계절에는 낮은 관세를 적용함으로써 국민 생활의 안정을 꾀하려는 것이다.

따라서 가격이 계절에 따라 현저하게 차이가 있는 물품으로서 동종물품·유사물품 또는 대체 물품의 수입으로 국내시장이 교란되거나 생산 기반이 붕괴될 우려가 있는 때에는 계절 구분에 따라 당해 물품의 국내외 가격차에 상당하는 율의 범위 안에서 기본세율보다 높게 관세를 부과하거나 100분의 40의 범위 안의 율을 기본세율에서 감하여 관세를 부과할 수 있다.

계절관세가 적용되는 물품은 자연히 계절성 생선 · 음식품에 관련되는 것이 보통이다.

(8) 조정관세(adjustment tariff)

조정관세는 산업구조의 변동 등으로 물품간 세율이 현저히 불균형하여 이를 시정할 필요가 있을 경우, 국민보건, 환경보전, 소비자보호 등을 위해 필요한 경우, 국내 개발 물품의 보호, 농산물 등 국제경쟁력 취약 물품의 국내시장 및 산업 기반 유지 등을 위해 100분의 100에서 당해 물품의 기본세율을 뺀 율을 기본세율에 가산한 율의 범위 내에서 관세를 할증 부과하는 제도이다.

(9) 할당관세(tariff quota)

할당관세는 관세율의 조작에 의하여 수입 수량을 직접 규제하고자 마련된 제도이다. 즉 수입 수량 또는 금액의 일정 한도를 사전에 책정해 두고 그 수량 또는 금액을 초과하여 수입되는 부분에 대하여는 할증 관세를 부과하는 것이 가장 보편적인 예이다. 사전에 일정 한도를 책정하고 그 한도까지 수입되는 분에 대하여는 면세를 하고 그 한도를 초과하는 부분에 대하여는 기본 관세율을 적용하는 것이 또 다른 예이다.

4. 관세율제도

1) 관세율(rate of tariff)의 의의

관세율이란 세액을 결정함에 있어서 과세 표준에 대해 적용되는 비율을 말한다. 따라서 과세 표준과 함께 세액 결정의 두 가지 요소 중 하나이다. 종가세의 경우에는 백분율로 표시하고 종량세의 경우에는 단위당 금액으로 표시한다. 관세는 관세율의 조작을 통해 그 기능이 비로소 발휘된다.

2) 관세율결정의 요인

일반적으로 기본 관세율의 평균 수준은 그 나라의 산업 발달 수준과 산업정책, 재정상태와 재정정책, 무역구조와 무역정책 및 사회문화 수준과 사회문화정책 등에 대응하여 결정되며 개별 품목의 세율은 해당 품목의 사업 정책상의 위치, 해당 품목의 국내외 가격 동향, 해당 품목의 국내 생산 상황, 수요 산업과 소비자에 미치는 영향, 해당 품목의 관세율의 변천 경위, 기술상의 문제점 등을 고려하여 결정됨이 보통이다.

3) 관세율의 종류

【그림 11-2】 관세율의 종류

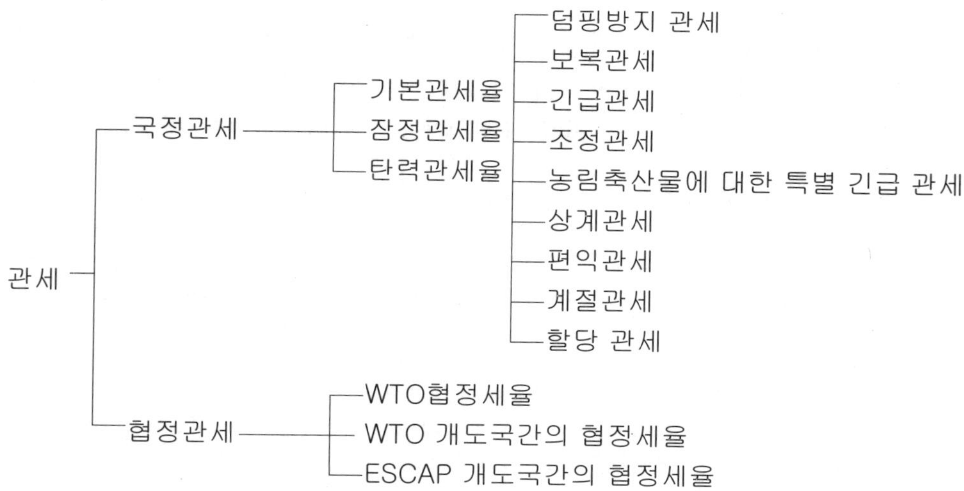

1) 기본관세율

기본관세율은 그 나라의 관세율표[23]상에 규정되는 기본적인 세율이며, 다른 사정에 변동이 없는 한 상당히 장기간 적용되는 법정 세율을 말한다. 즉 기본관세세율은 우리나라가 독자적으로 정한 세율로써, 이는 수입물품에 대하여 통상적인 상태에서 원칙적으로 적용하는 관세율로 국회의 입법사항으로 국회의 의결을 거쳐 제정된다.

2) 잠정세율

수입물품에 대한 세율은 통상적으로 기본세율을 적용하여야 하나, 특정물품에 대하여는 기본세율을 적용하지 않고 잠정적으로 적용하는 세율을 잠정세율이라 한다. 국회는 입법사항으로 기본세율과 같이 국회의 의결을 거쳐 제정된다.

한편, 별표 관세율표 중 잠정세율의 적용을 받는 물품에 대하여는 대통령령이 정하는 바에 의하여 그 물품의 전부 또는 일부에 대하여 잠정세율의 적용을 정지하거나 기본세율과의 세율차를 좁히도록 잠정세율을 인상하거나 인하할 수 있다.

또한 별표 관세율표 중 잠정세율의 적용을 받는 물품과 관련이 있는 관계 부처의 장 또는 이해관계인은 잠정세율의 적용 정지나 잠정세율의 인상 또는 인하의 필요가 있다고 인정되는 때에는 이를 재정경제부장관에게 요청할 수 있다.

---

23) 관세율표란 수입물품에 대하여 개별적으로 정한 관세율을 규정한 표로써 "기본세율 및 잠정세율은 별표 관세율표에 의한다"라고 관세법 제50조 제1항에 규정을 하고 있다. 이 관세율표는 과세물건인 수입물품을 분류하기 위한 상품 품목표와 각 품목마다의 관세율로 구성되어 있다. 현행 관세율표는 국제통일상품명 및 코딩시스템(HS)에 의해 분류되고 있으며, 현재 품목 분류는 21부 97류 31절 4단위 1,244개 호, 6단위 5,225개 소호, 10단위 11,261개 품목으로 분류되어 있다. HS의 분류 체계는 부(section), 류(Chapter), 호(Heading), 소호(Sub-Heading)의 순으로 배열되어 있고, 소호 아래 7단위부터는 각국이 자체 실정에 맞게 임의로 세세 소호를 설정할 수 있다. 우리나라는 10단위로 소호를 세분류하여 HSK(Harmonized System of Korea)로 운영하고 있다. 이러한 HSK는 관세율, 무역통계 작성뿐만 아니라 수출입공고, 통합공고, 감면 및 분할납부 품목, 관세환급제도상 품목운용에도 사용하고 있어서 관세 · 무역관계 업무 수행에 기본 요소가 되고 있다.

3) 탄력관세율

외국으로부터 덤핑 수입이나 보조금을 지급받은 물품의 수입 또는 특정 외국 물품의 수입의 급증으로 국내산업이 피해를 받는 경우 여러가지 조치를 취할 수 있으나, 우리나라는 선진국으로 간주되어 수입금지, 수량제한 등의 조치를 취할 수 없고 관세율 조정에 의한 방법으로 대처할 수밖에 없다.

조세법률주의에서 관세율 조정은 입법사항으로서 국회의 심의·의결을 거치는 것이 원칙이나 입법 과정을 거치려면 많은 시일이 걸려 신속하고 효과적인 조치를 할 수 없게 된다. 이와 같은 경우 조세법률주의의 예외로서 법률의 일정한 범위 안에서 관세율 변경권을 행정부에 위임하고 있는 세율을 말한다. 그러나 조세법률주의의 원칙에서 세율 조정권은 국회만이 가질 수 있는 것으로 탄력관세제도가 조세법률주의 원칙에 위배된 것으로 보이지만 그 권한의 일부를 법률에 의하여 제한된 범위 내에서 행정부에 위임한 것이므로 조세법률주의의 원칙에 위배된 것이 아니며 예외적인 사항이라고 볼 수 있다. 또한 세율의 변경 범위도 법률에서 정해진 한도 내에서 이루어져야 하며 무한정 변경하는 것은 법치행정원리에 위배되는 것이다.

이와 같이 법률의 일정한 범위 내의 세율의 인상 또는 인하를 행정부가 할 수 있게 위임함으로써 국내외 경제 여건의 변동에 신속하고 신축성 있게 대응할 수 있도록 관세 정책을 효과적으로 수행하는 제도를 탄력관세제도라고 한다.

탄력관세제도의 종류와 주요 기능은 [표]와 같다.

【표 11-2】 탄력관세제도의 종류와 주요 기능 및 관련 규정

구분	탄력관세의 종류	기능	근거규정	국제협약 규정
불공정무역	덤핑방지관세	- 국내산업의 보호	관세법 제51조	WTO 덤핑방지관세협정
	상계관세	- 국내산업의 보호	관세법 제57조	WTO 보조금·상계관세협정
	보복관세	- 국내산업의 보호	관세법 제63조	-
공정무역	긴급관세	- 국내산업의 보호	관세법	WTO 세이프가드조치에 관한

			제65조	협정
	특정국물품 긴급관세	- 국내산업의 보호	관세법 제67조의2	중국측 WTO 가입조건
	농림축산물에 대한 특별긴급관세	- 국내산업의 보호	관세법 제68조	WTO 농산물 협정에 의한 특별긴급수입제한조치
	조정관세	- 국내산업의 보호 - 세율불균형의 시정	관세법 제69조	-
	할당관세	- 국내산업의 보호 - 물가안정의 도모 - 주요 자원의 안정적 확보 - 세율불균형의 시정	관세법 제71조	-
기타	계절관세	- 물가안정의 도모	관세법 제72조	-
	편익관세	- 정치적·경제적 유대관계 도모	관세법 제74조	-

5. 관세율의 적용 순서

한편, 이렇게 다양한 관세율로 인해, 물품에 대한 관세액 산출시 적용 순위가 요구된다.

이상에서 설명한 여러 세율이 서로 경합될 때에는 원칙적으로 다음과 같은 순서에 따라 세율을 적용한다.

덤핑방지관세·상계관세·보복관세·긴급관세·특정국물품긴급관세
→ 협정관세·편익관세(단, 다음의 세율보다 낮은 경우에만 적용)
→ 조정관세·할당관세·계절관세
→ 일반특혜관세
→ 잠정세율
→ 기본세율

6. 수출입통관제도

무역은 물품의 국가간 이동으로 국가간 이동에는 국가마다 여러가지 규제를 가하고, 각국은 이러한 규제 수단으로 통관이라는 관문을 통하여 실현시키고 있다. 우리나라도 국제수지균형과 국민경제의 발전을 위하여 이른바 무역의 3대 법규인 관세법, 대외무역법, 외국환거래법과 수출입 관련 특별법 등으로 각종의 수출입 규제에 관한 법규의 이행 사항을 수출·수입 또는 반송하는 물품은 세관에 신고하여 그 신고 수리를 받도록 함으로써 규제 사항의 대부분을 세관에서 최종적으로 확인·집행하도록 하고 있으며 이를 통관제도라 한다.

수출입통관이란 광의로는 수출입에 따른 물품의 이동에 있어서 세관에 의한 법정 절차가 완료되어 세관의 규제에서 벗어날 때까지의 일련의 절차를 말한다. 여기서 일련의 세관 절차란 수출의 경우에는 화물을 보세구역으로 반입하고 수출신고, 수출검사 및 수출신고수리를 받아 본선에 화물을 적재할 때까지의 행위를 말하고, 수입의 경우에는 화물의 양륙에서 보세구역으로의 반입, 수입신고, 수입검사, 관세·내국 소비세의 납부 및 수입신고수리를 거쳐 그 화물을 보세구역으로부터 인취 할 때까지의 일련의 행위를 말한다.

한편, 외국으로부터 우리나라에 반입된 물품을 수입신고를 하지 아니하고 외국으로 되돌려 보내는 것을 반송이라 하는데 반송에 관련된 절차를 반송통관이라 한다.

통관제도가 문제가 되는 것은 그것이 국제무역의 최종단계의 절차이며, 따라서 통관이 신속하고도 적절하게 이루어지는가 어떤가에 따라서 개별적인 수출입은 물론 무역 전반에 미치는 영향이 크기 때문이다.

현행 수출통관절차는 수출신고자가 서류 없이 EDI(Electronic Data Interchange)로 신고 내용을 세관에 전송하면 세관에서 컴퓨터상의 신고 화면을 확인하고 신고수리를 신고자에게 전산 통보해 주는 EDI 수출통관시스템(CEDIE : Customs EDI for Export)에 의하여 실시되고 있다. 수입통관 절차 또한 EDI 수입통관시스템(CEDIM : Customs EDI Import)에 의하여 이루어지고 있다.

즉, 물품을 수출·입 하고자 하는 자는 세관장에게 수출·입 신고를 하여야 하며, 현재 수출·입 신고 원칙적으로 서류를 전자서류로 제출하는 방식인 P/L(Paperless)신고를 하여야 한다. P/L신고란 전자자료교환방식에 의한 서류 없는 수출·입 신고를 말하는 것으로 수출·입 신고를 하고자 하는 자는 전자문서로 작성된 신고 자료를 통관시스템에 전송하여야 한다. 다만 예외적인 경우 수출·입신고서를 EDI로 통관시스템에 전송한 후 관련 서류를 별도로 제출하는 Paper방식을 이용 할 수 있다.

우편물의 경우 소액·소량의 물품으로서 국제사회에서 무상으로 기증되거나 상품의 견본 등이 대부분이고, 수입우편물의 경우는 대부분 관세가 면세되며, 모든 국민이 수취인이 될 수 있으므로 수취인의 편의를 위하여 우편물에 대하여는 정상 통관절차에 의하지 않고 간이한 절차에 의하여 통관이 된다.[24)]

수출입 화물과 우편물의 통관 과정을 살펴보면 그림에서 보는 바와 같다.

【그림 11-3】 수출입통관제도

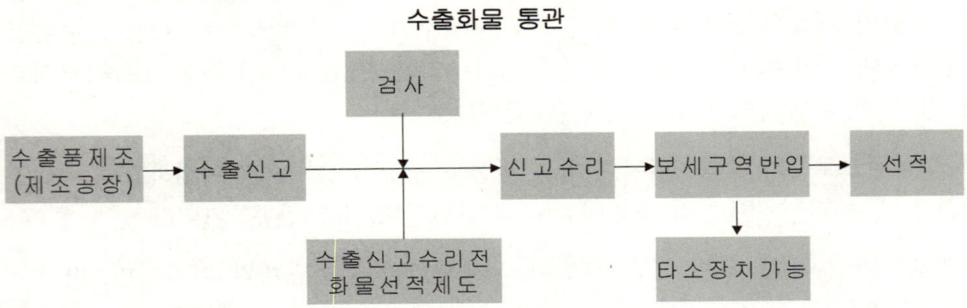

24) 우편물은 우편 노선을 통해 우송되는 화물(서신 제외)을 말하며 실무상으로는 소포(20kg 이하), 특급, 통상(2kg) 우편물로 분류된다.

수입화물 통관

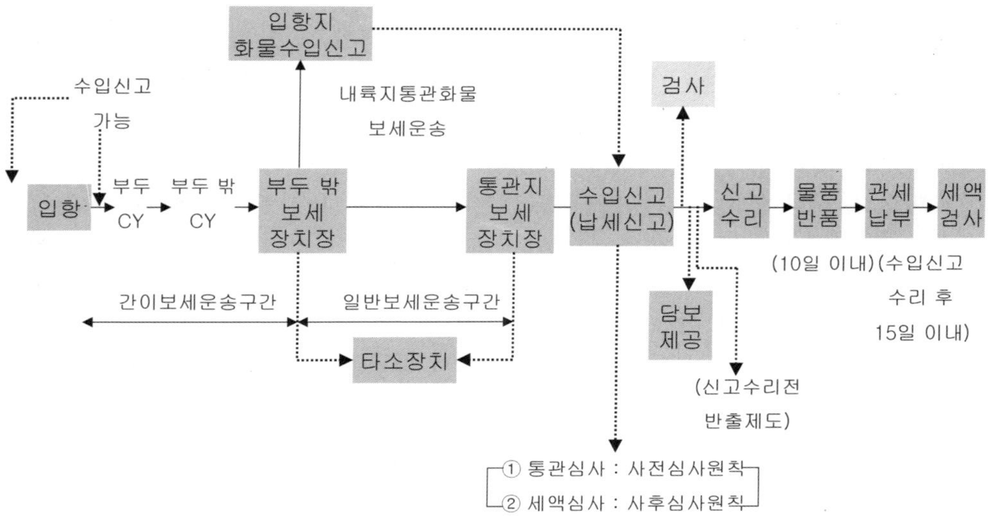

우편물의 수입통관

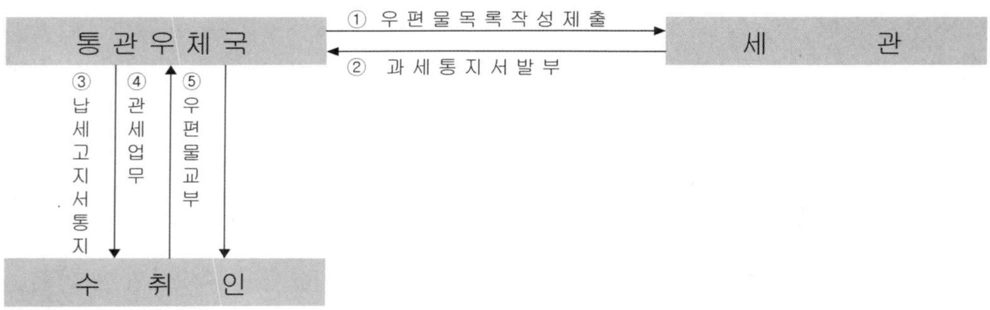

7. 납세의무의 완화제도

관세가 신고납부 및 부과고지방식에 의하여 확정이 되면 납세의무자는 관세법에서 정하는 소정의 납부기한내에 이행을 하여야 한다. 그러나 납세의무자의 개별 사정 또는 국가의 경제정책 상의 이유로 납부기한의 이행을 강제할 수 없는 경우가 발생되는데, 이 때 일정한 요건을 충족하는 경우 그 이행 청구의 절차가 완화되도록 되어 있다. 즉, 국가의 특정 정책 목적을 달성하기 위하여 관세의 납부 의무를 특정한 경우에 무조건 또는 일정한 조건하에서 관세의 일부 또는 전부를 면제하고, 물품이 수입될 때 관세는 원칙적으로 일시에 납부하여야 하나 일정기간을 정하여 일부씩 납부하도록 허용하여 관세 납부의 부담을 줄여 주며, 하나의 물품이라도 그 물품의 용도에 따라 세율을 달리하는 경우 낮은 세율을 적용하는 등 이러한 일련의 조치를 납세의무의 완화라고 한다.

관세법에서 정하고 있는 납세의무의 완화 제도는 관세의 감면 제도, 관세의 분할납부 제도, 용도세율의 적용제도, 천재지변 등으로 인한 납기 연장 등이 있다.

1) 관세감면제도

관세감면제도는 국가조세의 재정권적 관세 기능보다는 시설 투자 및 확대 등에 따른 산업의 자금부담을 경감해 줌으로써 시설 기계류의 도입을 원활하게 하여 산업의 보호 및 고도화와 국제경쟁력 강화를 위한 산업 정책 비교우위에 근거하는 것이다. 현행 감면 제도의 목적을 거시적 관점에서 보면, 경제 정책적 목적·문화 정책적 목적·사회 정책적 목적을 들 수 있고, 보다 구체적으로는 외교 관례, 기간산업의 육성, 자원 개발의 촉진, 학술 연구의 촉진, 사회정책의 수행, 가공무역의 증진, 대외 교역의 증대, 소비자보호, 물가안정 등 여러 복합적 목적을 시현하기 위하여 다양하게 운용하고 있다.

그러나 관세의 감면은 개별경제의 입장에서는 비용 감소의 효과가 있지만 국민경제적 입장에서는 관세 효과를 크게 감소한다. 특히 무역정책이나 산업 정책 목적의 관세감면은 국민경제의 감면 의존적 체질화를 심화시키고 고정화하여 수입구조와 산업구조를 왜곡시킨다. 이러한 의미에서 이들 정책 목적을 달성하기 위한 관세감면은 단계적이고 시한적인 것이 바람직하다.

2) 관세분할납부제도

관세분할납부제도는 특정물품이 수입될 때 부과된 관세를 일시에 납부하지 아니하고 일정 기간을 정하여 일부씩 분할하여 납부함으로써 관세 납부의 부담을 줄여주는 지원 제도이다. 이 제도는 중요 산업시설에 소요되는 자금부담을 분산하여 완화시켜 줌으로써 설비투자를 촉진하고 산업시설의 건설을 보호 · 육성하며, 정부 · 지방자치단체 · 학교 · 사회복지 기관 및 비영리 법인인 연구기관의 공익사업과 사회복지사업 등에 예산 사정을 고려하여 일시에 자금부담이 되는 것을 방지하기 위하여 관세를 5년을 초과하지 아니하는 기간을 정하여 분할 납부하도록 하고 있다. 또한 관세의 분할 납부는 수입할 때 관세의 전액을 납부함으로써 생기는 자금부담의 집중을 일정한 기간 내에서 분산시키고 이의 결과로 오는 자금의 이자 부담을 경감시키는 효과가 있을 뿐만 아니라 수입물품을 분할납부기간에 사용함으로써 생기는 이익금으로 관세를 납부할 수 있는 편익도 있다.

3) 용도세율의 적용제도

동일한 물품이라도 당해 물품의 용도에 따라 관세율이 상이한 경우 용도에 따라 달리하는 세율 중에서 낮은 세율을 용도세율이라 하며, 용도에 따라 세율이 다른 품목을 수입함에 있어서 그 중 낮은 세율이 적용되는 용도에 적용하는 것을 용도세율의 적용이라 한다.

이는 어떤 물품의 세율이 특정 용도에 사용되는 것을 조건으로 하여 일반적인 용도에 사용되는 경우보다 낮게 정해진 세율인 것이므로 관세감면과 같은 효과가 있다.

4) 천재·지변 등으로 인한 분할 납부

세관장은 전쟁 · 화재 등 재해나 도난으로 재산에 심한 손실을 받은 경우, 사업에 현저한 손실을 받은 경우, 사업이 중대한 위기에 처한 경우, 기타 세관장이 앞에 열거한 경우에 준하는 사유가 있다고 인정하는 경우 등 천재 · 지변 기타 대통령령이 정하는 사유로 인하여 관세법의 규정에 의한 신고 · 신청 · 기타 서류의 제출 · 통지 · 납부 또는 징수를 정하여진 기한까지 할 수 없다고 인정하는 때에는 1년을 초과하지 아니하는 기간을 정하여 관세를 분할하여 납부하게 할 수 있다.

8. 관세 환급 제도

관세 환급 제도는 1975년 7월 1일부터 시행된 수출용원재료에 대한 관세 등 환급에 관한 특례법에 따라 마련된 관세 행정상의 제도로서 수출용원재료를 수입할 때에 관세 등을 납부하고 통관하여 그 원재료를 사용, 제품을 생산 · 수출 등에 공여한 후에 납부하였던 관세 등을 환급해 주는 사후면세 제도를 말한다. 관세를 면제한다는 점에서는 사전 면세와 사후면세는 동일하나 그것이 미치는 경제적 효과 면에서는 상당한 차이가 있다.

즉, 사전 면세는 관세수입이 누락될 가능성이 있고, 세관의 사후 관리 업무량의 확대와 복잡성, 원재료의 지나친 소비를 조장한다는 단점이 있는 반면에 수출업자의 자금부담을 경감하고 기술소득을 증가시킨다는 장점이 있다.

이에 대하여 사후면세는 관세 행정상의 비용, 수출업자에 대한 실질적인 자금부담, 관세 부담액과 환급액 계산이 기술적으로 어렵다는 단점이 있는 반면에 수출 이행을 확실하게 하고 사후 관리의 필요성이 거의 없다는 장점이 있다.

현행 관세 제도에서 환급의 사유는 수입물품에 대하여 세관장이 관세 등을 징수하고 있는데 세율적용착오, 과세가격결정 착오 및 기타 계산착오 등의 사유로 실제 납부해야 할 세액보다 더 많이 납부한 경우 되돌려 주는 과오납금의 환급, 수입한 물품이 계약 조건과 상이하여 그 수입물품을 다시 수출한 경우 수입시에 납부한 관세 등을 다시 되돌려 주는 계약 내용과 상이한 물품 등에 대한 환급, 수출 물품의 생산에 사용된 원재료를 수입할 때 납부했던 관세 등을 수출한 경우에 되돌려 주는 환급, 특례법에 의한 수출용원재료의 환급 등 환급의 사유에 따라 구분된다.

9. 관세평가제도

과세 물건이 확정되면 과세 표준을 결정하여야 하는데 과세 표준이란 세액 결정에 기준이 되는 과세 물건인 수입물품의 가격 또는 수량을 말한다. 관세평가는 수입물품의 과세 표준이 되는 수입물품의 가격 즉 과세 가격을 결정하는 절차와 방법을 말하며, 유환수입물품의 과세 가격을 결정함에 있어서 정상거래가격을 포착하여 저가 및 고가 신고를 방지하기 위한 제도를 관세평가제도라 한다.

일반적으로 과세 가격의 정의에 관한 각국의 태도를 보면 법정가격주의, FOB가격주의, CIF가격주의, 국내가격주의가 있다.

법정가격주의[25]는 수출국에 있어서의 가격이나 수입신고 가격은 고려하지 않고, 국내시장에서 조사한 평균가격을 기초로 법으로 정한 가격에 의하여 과세함을 말하고, FOB가격주의[26]는 운임과 보험료를 합산하지 않는 가격을 말한다. CIF가격주의[27]는 FOB가격에 수입항에 도착할 때까지의 운임 보험료를 가산한 가격을 과세 가격으로 인정하는 것을 말하고 마지막으로 국내가격주의[28]는 수입물품

---

25) 과세 가격의 결정이 매우 간편하고 과세의 공평을 기할 수 있다. 그러나 과거 일정 기간 내의 평균가격을 기초로 하기 때문에 실제 수입 당시의 가격과는 차이가 있다.

26) 발송지 가격이라고도 하며 과세 가격이 낮아 납세자의 관세부담이 적고 수입가격 인하 효과가 있다. 근거리 수입물품이나 장거리 수입물품이 똑같은 조건으로 관세되어 근거리 수입 촉진의 효과도 제거할 수 있어 수입선 전환 효과가 있다. 관세액을 쉽게 계산할 수 있어 신속한 통관이 가능하나, 운임과 보험료가 과세되지 않기 때문에 재정수입이 감소된다.

27) 도착지 가격이라고도 하며 FOB가격에 비하여 과세가격이 높아 납세자의 관세부담은 크지만, 관세수입이 증대된다. 또한 운임과 보험료가 적게 드는 근거리 수입물품이 원거리 수입물품보다 적게 과세되어 근거리 수입이 조장되는 결과를 초래할 수 있다.

의 국내 거래 가격을 과세 가격으로 정하는 것을 말한다.

WTO 관세평가 협정에서 과세 가격은 합리적이고 중립적인 다음의 6가지 방법을 순차적으로 적용하며, 선순위 평가 방법을 적용할 수 없는 경우에 한하여 후순위 평가 방법을 적용하여 결정하도록 하고 있다. 다만, 수입업자는 제4방법을 적용하기 전에 제5방법의 적용을 요청할 수 있는 선택권을 갖는다.

【표 11-3】 WTO 관세평가협정상 과세가격 결정방법의 유형

구분	내용
제1방법	당해 수입물품의 거래 가격을 기초로 한 과세 가격 결정 방법
제2방법	동종·동질 물품의 거래 가격을 기초로 한 과세 가격 결정 방법
제3방법	유사 물품의 거래 가격을 기초로 한 과세 가격 결정 방법
제4방법	국내 판매가격을 기초로 한 과세 가격 결정 방법
제5방법	산정 가격을 기초로 한 과세 가격 결정 방법
제6방법	합리적인 기준에 의한 과세 가격 결정 방법

10. 보세제도

일반적으로 보세라는 말은 관세유보 또는 관세미납의 뜻으로 해석을 하나, 관세가 부과되지 않는 무(無)세품도 수입통관 이전에 보세화물이라고 부르고 있다는 사실에서 보세의 의의를 엄격히 정의하면 수입신고가 종료되지 않은 상태, 즉 수입신고 수리 미필 상태라고 할 수 있으며, 이러한 정의에 의하여 보세구역은 외국 물품이 수입신고수리 미필 상태로 반입될 수 있는 구역이라고 하며, 보세 운송은 외국물품이 수입신고 수리 미필상태로 국내에서 운송되는 것을 말한다. 따라서 보세화물이란 관세가 유보된 화물이 대부분으로 면세 통관된 물품은 관세 징수가 유보되

28) 시가역산가격 또는 도착지 시장가격이라고도 하며 수입물품과 동종·동질 물품의 도착지의 국내 도매시장 가격에서 수입 제세와 수입 관련 비용, 수입 후 판매할 때까지의 정상 판매 비용과 정상이윤을 공제한 것을 과세 가격으로 하는 방법을 말한다.

어 있으나 이를 보세화물이라 부르지 않는다. 반면에 관세가 유보되어 있지 않아도 무세물품은 수입신고가 수리되지 않은 상태에서는 보세화물이라고 한다.

이상에서 살펴본 바와 같이 외국 물품이 우리나라에 도착한 후 관세의 과징을 유보하고 외국물품 상태 그대로 수입면허 미필상태 하에서 일정 기간 동안 일정한 장소에서 보관·장치·운송·제조·건설·전시·가공 등을 행하는데 이에 따른 일련의 행정절차를 보세제도라고 한다.

이를 종합하여 정리하면 다음과 같다.

① 보세란 일정한 범위를 갖는 장소적 개념이다.
② 보세란 외국 물품을 수입 면허 미필 상태로 장치·제조·가공·보관 및 이동할 수 있는 것을 말한다.
③ 보세구역은 지정 또는 특허된 장소이다.
④ 보세구역은 세관의 특별한 감시·감독을 받는다.
⑤ 보세구역은 일정한 장치 기관이 정하여져 있는 구역이다.

한편, 위 보세구역 제도를 설치 목적에 따라서 구별하면 다음과 같다.

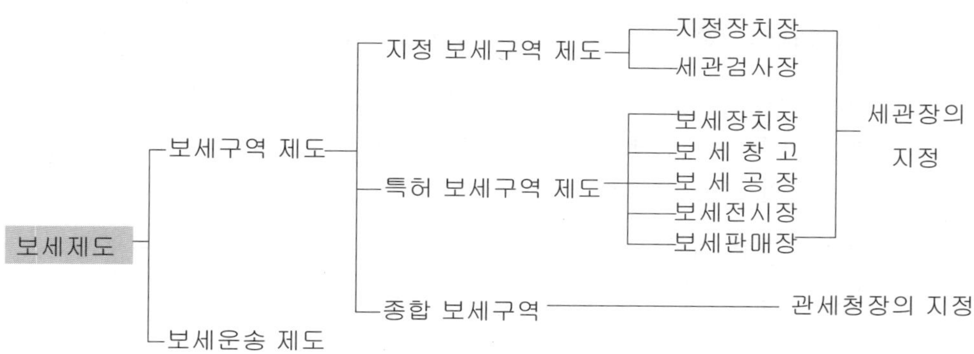

11. 수입제세 산출 방법

1) 수입제세의 종류

물품의 수입시 부과되는 제세에는 관세, 임시 수입 부가세, 특별소비세, 주세, 농어촌 특별세, 교통세 및 부가가치세가 있으며 임시 수입부가세는 현재까지 발동되어 과세된 사례가 없다.

2) 관세산출방식

① 종가세 적용 물품

실제 거래 가격(CIF가격)×과세 환율 = 감정가격(AV)
감정가격(AV)×관세율 = 관세액(CD)

※ 감정가격 = 실제 거래 가격(구매자가 실제로 지급하였거나 지급해야 할 가격 + 가산요소금액 - 공제요소금액) × 과세 환율

② 종량세 적용물품

수입물품의 수량 × 관세율표 상의 단위수량당 금액 = 관세액(CD)

※ 과세환율은 수입신고의 날이 속하는 주의 전주의 외국환매도율을 평균하여 관세청장이 정함.(주요 외국환은행이 전주 월요일부터 토요일까지 적용한 대고객 전신환 매도율을 평균하여 결정)

③ 선택세 적용 물품

예를 들어 은행, 대추, 밤 등의 경우 선택세를 적용한다.

종가세와 종량세 중 고액(율)을 선택

3) 내국세

(1) 특별소비세

① 적용 물품

보석, 고급시계, 승용차, 유류, 스롯머신 등

② 특별소비세 산출 방식

{감정가격(AV) + 관세액(CD)} × 특별소비세율 = 특소세액(D1)

(2) 주세

① 적용 물품

주정 및 위스키, 맥주 등 주류

② 주세 산출 방식

ⅰ) 주정(종량세)

수량(KL)당 × (5만 7천원 +가산금액) = 주세액(D2)

※ 다만, 알콜 농도 95도를 초과하는 경우, 초과 1도마다 6백원 가산.

ⅱ) 주류

{감정가격(AV) + 관세액(CD)}× 주세율 = 주세액(D2)

(3) 교육세

① 적용물품

특별소비세 및 주세가 부과되는 물품

특별소비세액(D1) 또는 주세액(D2) × 세율(30%) = 교육세액(ED)

② 교육세 산출 방식

※ 단, 주세율이 80% 미만인 경우에는 교육세율은 10%

(4) 농어촌 특별세

① 적용 물품

특별소비세 과세 품목 중 일부 품목(농어촌 특별세법 제5조 제1항 제4호), 관세법 및 조세감면 규제법에 의하여 감면되는 세액

② 농어촌 특별세 산출 방식

i) 특별소비세액 ×농특세율 = 농특세
ii) 감면세액 × 20% = 농특세

(5) 교통세

① 적용물품

휘발유와 이와 유사한 대체 유류, 경유

② 교통세 산출 방식

{감정가격(AV) × 관세(CD)} × 교통세

4) 부가가치세

{감정가격(AV) + 관세액(CD) + 특별세액(D1) 또는
주세액(D2) + 교통세액 + 교육세액 + 농특세액)} × 세율(10%) = 부가가치세액(VAT)

5) 간이세율

관세 및 내국세 등 세율 산출이 복잡함에 따라 이를 종합적으로 고려, 단일화하여 적용하는 세율

간이세율 = 관세율 + 임시 수입부가세율 + 내국소비세율

6) 수입제세산출 실무사례

- 수입물품 : 위스키 5,000병, 수입가격 : US$ 45,000(CIF기준), 주세율 : 100분의 100, 과세환율 : 900원, 관세율 : 30% 인 경우

① 관세
※ 감정가격 = US$45,000 × 900원 = 40,500,000원
관세액 = 40,500,000 × 30% = 12,150,000원
② 주세
주세액 = (40,500,000 + 12,150,000) × 100% = 52,650,000
③ 교육세
교육세액 = 52,650,000 × 30% = 15,795,000
④ 부가가치세
부가가치세액 = (40,500,000 + 12,150,000 + 52,650,000 + 15,795,000) × 10% = 12,109,500원

※ 세율 총계 : CIF의 298.9% <수입 제세 합계액 : ①+②+③+④ = 121,054,500원>
세후 단가 : (40,500,000 + 121,054,500) / 5,000 = 32310.9원/병

V 비관세정책

1. 비관세장벽(no-tariff barrier, NTB)의 개념

비관세장벽 또는 비관세무역왜곡정책에 대하여 볼드윈(R.E. Baldwin)은 다음과 같이 정의하고 있다.

"국제간에 거래되는 재화 및 용역 또는 이들 재화 및 용역을 생산하는데 사용되는 자원이 세계의 잠재적인 실질적인 소득을 감소시키는 결과를 가져오도록 배분되게끔 하는 정부 또는 민간에 의해 채용되는 일체의 수단을 말한다."

또한 소도청(小島清)은 다음과 같이 정의하고 있다.

"세계의 자유로운 무역을 저해하거나 교란하는 관세 이외의 방법으로 정부가 국산품과 외국상품(또는 국내시장과 외국시장)을 차별하는 직접 · 간접의 선별적인 규제를 말한다."

나아가 소도청(小島清)은 부연하여 "세계의 자유로운 무역을 저해 또는 교란"한다는 것은 "세계 자원의 최적 배분을 저해하고 세계의 실질소득의 잠재적인 저하를 가져오는 규제"라고 말하여, 실질적인 제정 기준으로서는 볼드윈의 그것과 동일한 것을 의미하고 있으며, 또 "정부가 국산품과 외국상품을 차별하고 선별적으로 규제"한다는 것은 일반적인 경우로서 중앙 정부 · 지방 정부 · 민간단체, 예컨대 업계 단체 · 수출입조합, 노동조합 등을 배제하는 것이 아님을 밝히고 있다.

차별적이란 것은 국내시장과 외국시장 또는 국산품과 외국상품에 관해서 뿐만 아니라, "한 걸음 더 나아가서 어떤 외국 공급자인가를 선별하여 차별적으로 대우하는가"하는 것이 중요한 판정기준이 된다고 말한다.

그리고 '선별적 규제'란 환율변경 · 인플레이션 또는 인플레이션 정책 등 국민경제 전체에 무차별적인 영향을 주는 것은 비관세장벽이 아니라는 뜻이라고 말한다.

한편, 월터(Ingo Walter)는 비관세장벽을 다음과 같이 정의하고 있다.

"국제무역의 규모, 방향 또는 상품구성을 왜곡시키는 작용을 하는 정부의 모든 정책과 관행을 포괄적으로 지칭하는 것이다."

WTO와 UNCTAD에 의한 비관세장벽에 대한 정의를 살펴보면, 비관세장벽이란 ① 자원의 최적배분에 장애가 되며, ② 무역의 왜곡을 통하여 국제무역에 부정적으로 작용하고, ③ 국제무역량 감소 및 세계후생수준의 저하를 통하여 실질소득을 감소시키는 것으로 정부나 민간이 실시하는 관세 이외의 인위적인 규제 조치를 의미한다.

즉, 자유무역을 저해하거나 교란하는 관세 이외의 방법으로 정부가 자국 상품과 외국상품(또는 국내시장과 외국시장)을 차별하는 직접 · 간접적인 선별 규제를 의미한다.

어떻든, 이러한 비관세장벽은 GATT를 중심으로 한 무역자유화 노력에 의하여 관세율이 계속 인하되고, 특히 1963~67년의 케네디 라운드(Kennedy Round)에 의한 관세율 인하의 일괄교섭타결로 각국의 한계적인 산업에 심각한 타격을 주기에 충분할 정도로 관세율이 인하되자, 각국은 다투어 국내산업을 보호하기 위하여 각종의 비관세장벽을 높이기 시작하였고 이러한 추세는 상당기간 계속될 전망이다.

2. 비관세장벽의 내용

1) 월터(Ingo Walter)의 분류

월터는 비관세장벽의 내용에 대하여 무역정책 수단으로서 일반적으로 원용되고 있는 것으로서는 수량제한, 수입경쟁 산업에 대한 보조금, 가변 과징금을, 그리고 무역 제한적인 의도 하에 때때로 사용되는 것으로서는 포장 및 표찰 규정, 위생 및 안전 기준, 관세평가 관행, 관세분류 관행을, 또 무역 이외의 정책 목적을 추구하는 가운데 파생된 무역 제한적인 것으로서는 국내소비세 및 정부독점 등 3개 범위에 걸쳐 모두 9개의 종류로 나누고 있다.

2) 소도청(小島清)의 분류

소도청은 직접적인 비관세장벽과 파생적인 비관세장벽으로 크게 나눈 다음, 전자를 다시 잔존 수입 제한, 국가 무역, 예외 품목, 수입 할당, 수입 승인, 수입 정상 외 결제, 수입담보금제 등 직접적인 수입비관세장벽과 수출 우대 관세제, 수출 우대금리, 수출장기연불신용, 이자지급 등 직접적 수출 비관세장벽으로 나누고 파생적 비관세장벽에는 국내 소비세, 정부조달, 관세평가, 공업규격·안전 기준, 가축 전염병 예방법·식물 방역법, 식품위생법, 계량법, 행정지도, 외국 기업의 지점 활동에 관한 제한, 반덤핑 규제·상계관세 등의 10개 항목으로 세분하고 있다.

3) 볼드윈(R.E. Baldwin)의 분류

볼드윈은 단순히 수량할당 및 국영 무역정책, 수출보조금, 정부 및 민간의 차별적인 구매 정책, 선별적인 간접세, 선별적인 국내 보조금 및 원조, 제한적인 세관 절차, 반덤핑 규제, 행정 및 기술상의 제한적인 규제, 제한적인 영업 관습, 외국인 투자 규정, 제한적인 이민 수입 정책, 선별적인 금융 통제와 차별적인 환율정책 등 모두 12가지를 제시하고 있다.

4) 발라사(Bela Balasa)의 분류

발라사는 수량제한(수입 제한을 위한 쿼타, 위생 및 보건 목적을 위한 제한, 표준법에 따른 규제), 국영 무역, 정부의 차별적인 구매 관습, 관세분류절차, 관세평가 절차, 반덤핑 조사, 원산지 표시 등으로 분류하고 있다.

5) WTO/UNCTAD의 분류

학자들의 분류가 위에서 살펴 본 바와 같이 원칙적 · 이론적이며 간단한 데 반하여 GATT나 UNCTAD의 분류는 정책적 · 실무적인 입장을 반영하여 매우 상세하며 복잡하게 되어 있다. 그 내용을 간략하게 살펴보면 [표]와 같다.

【표 11-4】 비관세장벽의 분류(GATT/WTO)

분류		
제1그룹	정부의 행정적 관여	정부의 투자 보조금, 수출보조금, 상계관세, 정부조달, 국가 무역 등
제2그룹	세관 및 행정절차	관세평가제도, 평가절차, 덤핑규제, 관세분류, 수입관세 서류 등
제3그룹	각종 기준·규제	산업, 위생, 안전에 관한 기준, 포장, 표시 규제
제4그룹	무역에 관한 개별적 제한	수입·수량제한, 허가 제한, 2국간 협정, 수출 규제 등
제5그룹	수입에 대한 과징금	수입담보금, 행정수수료, 통계세, 자동차에 관한 차별적관세, 수입신용공여규제, 국경세조정, 가변 과징금 등
제6그룹	기타, 가격 이외의 규제	광고, 선전 및 운송 규제, 상영시간규제, 제한적 영업 관행 등

3. 비관세장벽의 특징

국제무역거래를 하는데 있어 각국은 종류와 형태는 비록 상이하여도 자국의 실정에 따라 어떠한 비관세장벽이 존재하게 마련이며, 다음과 같은 특징을 갖는다.

1) 무역 제한적 효과 측정상의 어려움

관세의 경우와는 달리 비관세장벽이 무역제한효과를 종합적 또는 개별품목별로 수량화하여 측정해 내는 일은 현재로서는 매우 어렵다

왜냐하면, 어떤 유형의 비관세장벽은 단일품목군에만 영향을 미치는가 하면 어떤 것은 전 품목 또는 수입 전반에 영향을 미치기도 하기 때문이다.

어떤 비관세장벽은 시간에 따라 매우 가변적이거나 관계 당국의 자의에 의존하고 있거나 또는 은밀히 적용되는 것도 있다. 따라서 대부분의 경우 자료의 이용가능성은 현실적으로 극히 제한되어 있기 때문에 효과의 측정은 극히 어렵다.

2) 개발도상국에 차별적인 성격

명목상으로는 비차별적인 것 같은 비관세장벽은 사실상 개발도상국에 크게 불리하며, 따라서 동 장벽의 제거 과정에 있어서는 개도국의 이익이 특별히 고려되어야 한다.

차별적이란 것의 근거는 불평등한 효과와 상이한 적용 빈도를 통해 알 수 있다.

(1) 불평등한 효과

여러가지 비관세장벽이 개도국에 미치는 효과의 정도가 선진국의 그것에 비해 불평등한 경향이 있다.

ⅰ) 개도국의 수출업자는 체질적으로 그러한 장벽에 대한 적응 능력이 부족

할 뿐만 아니라 필요한 경우 조정능력도 부족하다.

ii) 일반적으로 개도국은 선진국에 비해 대체생산의 가능성이 제한되어 있거나 없다.

iii) 개도국은 현존 비관세장벽의 실상과 운용메커니즘을 정확히 판단하는데 필요한 충분한 정보수집 능력을 갖고 있지 못하기 때문에 흔히 오류나 값비싼 공급 반응을 일으켜 수출 의욕이 상실되기 쉽다.

iv) 개도국으로부터 담당 관리의 재량이 많은 건강 및 품질 규제와 관련된 수입의 경우 극히 까다로운 절차나 표준규격을 제시한다.

v) 과거 관세인하교섭 과정에서 그러했듯이 비관세장벽 문제를 다루는 국제적인 논의 석상에서의 개도국의 이익은 부차적인 대상으로 취급되는 경향이 있다.

(2) 상이한 적용 빈도

동일한 비관세장벽일지라도 그것이 선진국보다는 개발도상국의 수출관심품목에 더욱 빈번히 적용되고 있다

비록 동일한 비관세장벽일지라도 가장 빈번하게 비관세장벽 적용 대상이 되는 품목을 보면 그것은 대개 국제 시장에서 현재 개도국이 비교우위를 갖고 있거나 또는 미래에 갖게 될 것으로 보이는 품목들이다.

3) 복잡성

선진국에 있어서 비관세장벽의 적용 및 운영은 일반적으로 매우 복잡하며 다양하다.

예를 들면, 법률로서 제정되기도 하나 행정기관의 통일적이고 체계적인 조정 없이(행정기관의 정책에서 파생되어) 사용되기도 한다.

국가는 산업에 대한 보호무역을 위하여 보다 편리한 방법으로 비관세장벽을 이용하는 경향이 있다. 왜냐하면, 공공연한 검토나 엄밀한 조사로부터 회피가 가능하기 때문이다.

4) 불확실성

이는 정보 부족 및 변칙적인 제도의 운영에 기인하는 것으로 예를 들면 수출업자들은 수입국의 비관세장벽 실시로 수출에 대한 보장 및 예측을 전혀 할 수가 없다. 또한 수입국의 무역정책은 수출국에 아무런 통고 없이 수시로 변경될 가능성이 있다.

4) 협상 곤란성

비관세장벽의 완화 및 철폐의 어려움으로 완화를 위한 지표의 설정이 불가능하고, 또한 비관세장벽에 대한 일정한 기준이 없다.

비관세장벽은 복잡 다양성, 불확실성, 계측 불가능성 때문에 양허 정도를 비교할 지표의 설정이 불가능하며, 또한 대부분의 비관세장벽은 일정한 기준이 없어, 설사 정부 간에 협상이 이루어졌다 하더라도 그것이 비관세장벽의 철폐를 보장해 줄 수 없다

6) 신보호무역주의의 일환으로서 비관세장벽의 활용

GATT규정에 의하여 관세율 인상의 제한에 따라서 자국의 무역수지를 개선하기 위하여 비관세장벽을 교묘하게 이용한다.

4. 비관세장벽의 효과

일반적으로 비관세장벽은 적어도 다음과 같은 3가지 측면을 통하여 수입을 규제하는 작용을 한다.

첫째, 비관세장벽은 수입에 대한 양적 제한을 통하여 무역량 및 무역방향을 왜곡시킨다. 수입쿼타, 수입허가, 수출자율규제, 수출금지 등의 비관세장벽은 이러한 효과를 초래하는 가장 대표적인 예에 속한다.

둘째, 비관세장벽은 가격 또는 비용에 영향을 줌으로써 역시 무역량 및 무역방향에 영향을 초래한다. 가변과징금, 수입부가세, 금융 제한, 수입경쟁산업에 대한 조세감면 및 보조금 지급, 국내운임의 차별 등이 이에 속한다고 볼 수 있다.

셋째, 비관세장벽 중 다수의 것은 수입을 양적으로 직접 제한한다거나 또는 상대 가격 구조에 직접·간접의 왜곡을 줌으로써 무역량 및 무역 방향에 영향을 주지는 않으나, 수출 및 판매와 관련하여 많은 불편을 줌으로써 결과적으로는 수입을 억제하는 효과를 가진다. 이러한 경우 그 효과는 두 가지로 나누어 생각할 수 있다. 그 하나는 수출과 관련된 비관세장벽적인 불편의 산적은 수출업자의 노력과 인내에 저지적 작용을 하여 수출의욕(export mindedness)을 저하시킨다. 이것은 말하자면 주체적 효과이다. 다른 하나는 객체적인 효과로서 무수한 비관세장벽적인 불편의 존재는 이를 극복하는 과정에서 비용의 추가적 지출을 강요하여 공급 조건을 불리하게 한다. 그러나 이상과 같은 불편과 관련된 주체적·객체적인 효과는 계량적으로는 정확히 측정하기 어렵다.

이상과 같은 직접적인 무역규제효과 이외에도 비관세장벽은 자유무역의 장점과 관련되는 여러가지 이익에 마이너스적인 작용을 한다고 볼 수 있다. 이를 테면 정부독점 같은 것이 그것이다. 그러나 이러한 주장은 독점적인 공급자로서 기능하고 있는 정부 이외에 국내외, 특히 국외에 좀 더 효율적인 생산자가 있을 경우에만 타당하며, 또 정부독점이 비관세장벽으로 작용한다는 주장은 정상적인 관세율에 의해 보호받을 경우에 있어서 조차도 잠재적인 국내 공급자가 경쟁적인 외국 수출업자에 비해 비교우위를 갖지 못한다는 것이 증명될 경우에 한하여 인용될 수 있다.

Chapter 12 환율과 국제수지

I 외국환

1. 외국환의 개념

국제간에 무역거래가 발생하면 반드시 결제가 이루어지게 되는데, 이 결제에는 금과 각 나라의 화폐 등이 그 수단으로 사용되고 있다.

금은 금이 가지는 희소성 때문에 국제간에 널리 인정받는 확실한 결제수단이기는 하지만, 그 수송이 번잡하고 불편하기 때문에 많이 이용되지 않으며, 달러나 파운드화 같은 국제통화(International Currency)인 현금통화 역시 그 사용에 비용과 위험이 따르기 때문에 일부의 한정된 결제에만 사용된다. 이러한 이유로 대부분의 국제무역 대금결제에는 외환에 의하여 이루어지고 있으므로 무역결제에 있어서 외환의 문제는 중요한 위치를 차지하게 되었다.

환(Exchange)이란 먼 지역 간의 채권 · 채무 관계가 현금이 아닌, 일정한 신용에 의하여 결제되는 수단을 의미한다. 이러한 환결제는 국내에서뿐만 아니라, 국제간에도 이루어지는데, 국내에서 사용되는 환을 내국환(Domestic Exchange)이라고 하고, 국제간에 사용되는 환을 외국환(Foreign Exchange) 또는 이를 줄여서 외환이라고 한다.

외국환은 국가간의 재화, 용역 및 자본의 거래로 발생되는 국제대차(International Credit and Debt)관계를 결제하는데 사용되는 일체의 대외거래수단을 의미한다. 여기에는 송금환(demand debt), 전신환(telegraph transfer), 전화환(telephone transfer) 및 환어음(bill of exchange) 등을 주로 사용한다.

이와 같은 외환이 우리가 일상생활에서 사용하는 내국환과 다른 점은 다음과 같다. ① 거래 당사자가 서로 다른 나라로 멀리 떨어져 있고, ② 서로 다른 화폐를 사용하며, ③ 결제에 상당한 시간이 소요되어 금리문제가 발생하게 되고, ④ 환시세의 변동으로 인한 환위험(exchange risk)이 따르며, ⑤ 각국의 외환통제로 자금의 이동이 자유롭지 못하다는 점 등을 들 수 있다.

2. 외국환의 분류

일반적으로 무역결제에는 외환이 주로 사용됨은 앞에서 이미 설명하였다. 이러한 외환은 사용하는 사람의 관점에 따라 여러가지 형태로 분류할 수 있으나, 가장 기본적이고 많이 사용되는 종류만 설명하면 다음과 같다.

1) 순환과 역환

외환에 의한 결제에는 크게 두 가지 방식이 있다. 그 하나는 채무자가 그 채무를 은행을 통하여 채권자가 상환하는 방식이다. 다른 하나는 채권자가 그 채권을 은행을 통하여 채무자로부터 회수하는 방식이다. 전자를 순환(remittance by draft) 또는 송금환 이라고 하고, 후자를 역환(negotiation by draft) 또는 추심환이라고 한다.

2) 매도환과 매입환

환매매의 중계기관인 외국환은행 측에서 환을 매각하느냐 또는 매입하느냐에 따른 구분으로서 전자의 경우가 매도환(selling exchange), 후자가 매입환(buying exchange)이다.

3) 보통환과 전신환

외국환의 국제적인 이동은 환어음(demand draft : D/D)과 우편송금(mail transfer : M/T), 그리고 전신송금(telegraphic transfer : T/T) 등의 방법으로 이루어지며, 환어음과 우편송금에 의한 것을 전신환과 구별하여 보통환이라고 한다.

4) 현물환과 선물환

외환의 거래가 매매계약과 동시에 이루어지는 것을 현물환(現物換)(spot exchange)이라고 하며, 일정 기간 후에 환거래를 할 것을 미리 예약하며 실제의 거래는 일정 기간이 지나야만 이루어지는 것을 선도환(先渡換) 또는 선물환(先物換)(future or forward exchange)이라고 한다.

3. 외환시장

1) 외환시장의 개념

외환시장(foreign exchange market)이란 외환이 매매되는 구체적인 또는 추상적인 장소를 의미한다.

국제적인 자금이동을 필요로 하는 당사자들 간의 요청에 응해서 외환매매가 이루어지는 곳이 외국환은행이고, 이러한 외국환은행간의 거래가 이루어지는 곳이 외환시장이라고 할 수 있다. 그러나 보다 넓은 의미로 본다면 외국환은행에만 국한되는 것이 아니라, 외환거래가 이루어지는 모든 장소를 통칭하여 외환시장이라고 할 수도 있다.

외환시장의 가장 중요한 기능은 외환의 공급과 외환에 대한 수요로부터 발생하는 국가간의 자금이나 구매력의 이전을 용이하게 하는데 있다. 일반적으로 외환에 대한 수요는 국내 거주자가 해외여행을 하거나, 국내 기업이 외국으로부터 상품을 수입하거나, 국내 투자가가 해외 투자를 할 때에 발생한다. 반대로 외환의 공급은 국내에서 외국의 관광객이 외화를 사용하거나, 국내 기업이 외국에 상품을 수출하거나, 해외 투자로부터 소득이 회수될 때 발생한다.

외환시장의 또 다른 기능은 단기적인 신용대부의 기능이다. 수입업자의 요구가 있을 경우, 수출업자는 수입업자에게 보통 일정 기일을 정하여 수입대금의 지급을 연장해 준다. 또한 외환시장은 선물환거래를 통하여 각종 환위험을 회피 또는 감소시켜 주는 보험적 기능을 수행한다.

2) 외환시장의 당사자

외환시장을 구성하고 있는 당사자로서는 외국환은행, 고객, 환중개인, 중앙은행(통화당국 - 우리나라의 경우 한국은행)을 들 수 있다.

(1) 외국환은행(foreign exchange bank)

고객의 요구에 따라 외환을 매매하는 중개자 입장에서 어음 교환소와 같은 역할을 한다. 그러나 외환은행은 고객의 요구에 수동적으로 응할 뿐만 아니라, 능동적으로 환차익을 추구하기 위해 환재정거래(exchange rate arbitrage)를 행하기도 하고 환투기도 행한다.

(2) 고객(customer)

외환의 수요자 또는 공급자로 수출입을 행하는 무역회사, 관광객, 해외투자가 등이 이에 해당한다.

(3) 환중개인(exchange broker)

외환은행과 고객간, 외국환은행간, 혹은 외국환은행과 중앙은행간에 이루어지는 외환 거래를 중개하여 주고 중개수수료(brokerage)를 받는 자이다.

(4) 통화당국(중앙은행)

외환은행과 수동적인 매매뿐만 아니라, 외환시장의 불안을 막고, 환율의 안정을 위해 능동적으로 외환시장에 개입하는 각국 정부 또는 중앙은행이다.

4. 외환거래의 유형

외환거래의 주요 형태는 현물환거래(spot foreign exchange transaction), 선물환거래(forward foreign exchange transaction) 및 스왑거래(swap foreign exchange transaction)가 있다.

1) 현물환거래

현물환거래란 환의 매매계약과 계약이행이 동시에 이루어지는 것을 말한다. 그러나 국가나 지역에 따라서는 매매계약과 계약이행의 양자 간에는 시차가 존재한다. 즉, 구미 시장에서는 일반적으로 '계약 다음날'에 실시되고, 뉴욕과 런던은 행간의 거래에는 '영업 2일후 인도'가 원칙이다. 우리나라에서는 '계약일 또는 계약 다음날 인도'로 되어 있다.

2) 선물환거래

선물환거래란 환의 매매계약과 계약이행이 다른 시점에서 이루어지는 것을 말한다. 즉, 이것은 장래의 일정한 시기에 일정한 환율로 외환의 매매를 실행하겠다는 약정이다. 그래서 이 약정을 가리켜 환예약(forward exchange contract)이라 하고, 약정된 외환을 선물환이라고 한다.

선물환거래가 이용되는 목적은 다음 세 가지로 요약될 수 있다.

첫째, 무역거래에 따르는 환위험을 회피하는데 있다. 즉, 무역계약은 계약성립부터 결재 완료까지는 상당한 시일이 소요되어 그 사이에 환시세의 변동이 생기면, 예상하지 못한 환손실을 입을 위험이 있기 때문에, 외환은행과 환계약을 체결하여 위험을 회피하게 된다.

둘째, 환시세의 변동으로 인해 발생하는 이익을 획득하는데 있다. 즉, 투기업자가 장래의 환율이 현재의 환율보다 인하될 것으로 예상한다면, 선물환을 매도하고 환율이 인하된 후에 매입하게 되면 이익을 얻을 수 있고, 반면에 투기업자가 이와는 반대로 장래의 환율이 현재의 환율보다 인상될 것으로 예상한다면, 현재의 시세로 선물환을 매입해서 환율이 상승된 후에 선물환을 매도하게 되면 이익을 얻을 수 있다.

셋째, 단기자본을 이동시켜 금리차에서 발생되는 차익을 획득하는 데 있다. 즉, 국가간의 금리차가 존재할 경우, 외환은행 또는 투기업자는 이자가 낮은 국가에서 자금을 조달하여 그것을 이자가 높은 나라에 송금하여 자금을 운용한다면 이자 차액을 얻을 수 있다.

3) 스왑거래

외환스왑(foreign exchange swap)거래는 환위험의 회피와 금리재정거래 등을 위하여 거래 방향이 서로 반대되는 현물환거래와 선물환거래, 또는 선물환거래와 다른 선물환거래를 동시에 행하는 일종의 환포지션 (exchange position cover)거래를 말한다.

일반적으로 스왑거래는 일정 외환을 현물환시장에서 매입(매도)하고 동시에 선물환시장에서 매도(매입)하는 거래 형태인데, 이를 spot-forward swap이라고 한다. 스왑거래 중에는 현물환과 선물환간의 동시 매매 이외에도 일정 선물환을 매입(매도)하고 동시에 다른 선물환을 매도(매입)하는 일종의 선물환포지션커버 거래가 있는데 이를 foreign forward swap 이라고 한다.

Ⅱ 환율

1. 환율의 개념

우리가 가게에서 쌀, 의복, 전자 제품 등을 사려고 할 때 당연히 우리 돈으로 그 대금을 지급하려고 생각하고 가게 주인은 우리 돈을 받기를 원한다. 왜냐하면 나라 안에서 이루어지는 거래는 모두 우리 돈으로 결제되기 때문이다.

그러나 우리나라의 기업이 미국으로부터 고성능의 컴퓨터 등을 사려고 하면 우리 돈은 미국에서 사용되지 않기 때문에 기업은 우리 돈을 달러로 바꾸어 대금을 지불하여야 한다. 마찬가지로 국내 전자 업체가 미국에 TV를 수출하여 받은 달러대금으로 종업원의 봉급을 주고 원자재를 구입하기 위해서는 우리 돈으로 바꾸어야 한다. 따라서 우리가 다른 나라와 경제거래를 하고자 할 때에는 외국 돈과 우리 돈의 교환이라는 문제가 뒤따르며 이 때 가장 중요한 것은 두 나라 화폐간의 교환 비율이다. 환율(exchange rate or rate of foreign exchange)이란 이와 같이 외국 돈과 우리 돈을 바꿀 때 적용되는 교환 비율을 말하고 이 환율에 의거해서 나라와 나라 사이의 결제가 이루어진다.

2. 환율의 표시 방법

환율이 외국 돈과 우리 돈의 교환 비율이라는 것은 외국 돈과 비교한 우리 돈의 값어치를 나타낸다고 할 수 있는데 환율은 어떤 나라의 돈을 기준으로 나타내느냐에 따라 두 가지 표시 방법이 있다.

먼저 외국 돈을 기준으로 하여 환율을 나타내는 방법이 있는데 이는 우리나라 원화와 미국 달러화의 환율을 U＄1 = ₩1,000 또는 ₩/U＄=1,000으로 표시하는 방법이다. 즉 외국 돈 1단위를 바꾸기 위해서 우리 돈을 얼마나 지급하여야 하는가를 나타내는 방법으로 이러한 표시 환율을 자국통화표시환율 또는 지급환율이라 한다.

다음으로 우리 돈을 기준으로 하여 우리 돈 1단위로 외국 돈을 얼마나 받을 수 있는가를 표시하는 방법을 외국통화표시환율 또는 수취환율이라고 한다. 우리나라의 경우 원화의 대미달러화 환율을 ₩1=U＄0.001 또는 U＄/₩ = 0.001로 표시하였다면 이는 외국통화표시환율이 된다.

그러나 외환시장에서는 여러 나라의 돈이 거래되므로 우리 돈과 외국 돈의 비교뿐만 아니라 외국 돈 상호간의 교환 비율도 나타낼 수 있는데 일반적으로 외국 통화 1단위에 대한 미달러화의 교환 비율을 나타내는 방법 즉 €1 = U＄1.1977, U＄/€ =1.1977으로 표시하는 방법을 American terms라 하며 미달러 1단위에 대한 외국 통화의 교환 비율인 U＄1 = ￥110.52, ￥/U＄ = 110.52로 표시하는 방법을 European terms라고 한다.

미달러화가 세계의 기축통화의 역할을 담당하면서부터 국제외환거래의 대부분은 미달러화와의 매매거래를 통하여 이루어지고 있어 국제외환시장에서 환율고시는 대부분 미달러화 1단위에 대한 외국통화의 비율인 European terms로 표시하고 있다. 그러나 유로화와 호주 달러화 등 몇몇 통화는 American terms로 표시되고 있다.

자국통화표시환율과 외국통화표시환율은 상호 역수의 관계에 있다. 즉 우리나라의 경우 자국통화표시환율인 1달러=1,000원을 외국통화표시환율로 바꾸면 1원 =1/1,000달러가 된다.

환율은 수시로 오르기도 하고 내리기도 하는데 이는 한 나라 통화의 대외 가치가 변동되는 것을 의미한다. 환율이 올랐다든가 내렸다고 말할 때에는 위에서 설명한 환율표시 방법에 주의하여야 한다. 외국통화표시환율의 경우에는 환율이 올랐다는 것은 그 나라 통화의 대외 가치가 올라갔다는 것을 뜻하나 자국통화표시환율의 경우에는 그 뜻이 반대 방향으로 나타나게 된다.

즉 우리나라 원화의 대미달러화 환율이 1달러당 1,000원에서 800원으로 변동하였다면 우리는 흔히 환율이 내렸다고 말하는데 이것은 미달러화에 대한 우리나라 돈의 가치가 상승, 즉 원화가 절상(切上)된 것을 의미한다. 이때 원화의 절상률은 원화 1원의 가치가 1/1,000달러에서 1/800달러로 변동하였으므로 25% [={(1/800)/(1/1,000)−1}×100]가 된다.

한편 국제외환시장에서는 환율이 각국의 정치, 경제사정 등에 따라 매일매일 수시로 변동하고 있는데 돈의 가치가 올라가는 통화를 강세통화라고 하며, 돈의 가치가 떨어지는 통화를 약세통화라고 한다.

3. 환율제도와 환율의 구조

1) 환율제도

환율제도는 환율이 어떤 방법에 의하여 결정되느냐에 따라서 크게 고정환율제도와 변동환율제도로 나눌 수 있는데 고정환율제도하에서는 정부가 환율을 일정 범위내로 고정시킴으로써 환율을 안정시키며 변동환율제도하에서는 정부가 환율결정에 개입하지 않고 외환시장에서의 수요와 공급에 따라 환율이 자유롭게 결정된다. 현재 대부분의 나라에서는 변동환율제도를 채택하고 있는데 이에는 자국 화폐의 환율결정을 외환시장의 수급에만 의존하지 않고 외환시장의 사정이나 대내외 경제 여건을 감안 정부가 직접 또는 간접적으로 규제하는 관리변동환율제도와 환율이 전적으로 시장에서의 외환의 수요와 공급에 의하여 결정되도록 하는 자유변동환율제도가 있다.

우리나라는 정부수립이후 정부가 환율을 일정 범위 내로 고정시키는 고정환율제도를 채택하여 오다 1964년 5월에 단일변동환율제도로 바꾸었으나 1970년대말까지는 사실상 환율이 미달러화에 고정되어 있었다. 그 결과 두 차례에 걸친 석유파동으로 국내 물가가 크게 상승하여 원화의 대외 가치가 하락하였음에도 불구하고 대외 가치를 나타내는 환율은 상당 기간 고정되는 현상이 나타났다. 이는 원화의 대외 가치를 실질적으로 고평가시키는 결과를 초래하여 국제수지적자가 한 동안 지속되었을 뿐만 아니라 환율의 실세화를 위해 일거에 대폭 환율을 인상함으로써 국내 물가상승과 차관상환부담 가중이라는 악순환을 초래하였다.

이와 같은 제반 문제점을 개선하기 위하여 1980년 1월 12일 대미달러화환율을 484원에서 580원으로 인상, 현실화함과 동시에 같은 해 2월 27일부터는 SDR(special drawing rights)[29] 바스켓과 주요 교역상대국통화 바스켓(독자바스켓)을 결합한 복수통화바스켓방식에 의해 환율의 유동화를 실시하였다. 즉 SDR 바스켓에 의해 산출된 원화의 미달러화에 대한 환율과 우리나라와 교역량이 많은 주요 교역 상대국의 통화로 구성되어 있는 독자바스켓을 이용하여 산출된 원화의 대미달러환율을 결합한 후, 이 환율을 기준으로 한국은행 총재가 국제수지상황, 내외금리차, 내외물가상승차, 외환시장 전망 등의 정책 기조 변수를 감안하여 매일 한국은행 집중 기준율을 결정 고시하였다.

그러나 이러한 복수통화바스켓방식에 의한 환율의 결정은 시장 실세의 반영 장치라는 정책 조정 변수 때문에 환율이 정책 당국에 의해 의도적으로 조작되고 있다는 의혹을 받아서 미국 등으로부터 원화절상 압력을 받기도 하였다. 또한 이 방식 하에서는 미국과 일본의 비중이 절대적으로 높기 때문에 달러화나 엔화의 비중이 상대적으로 높게 반영되어 양국 통화에 지나치게 영향을 받는 불합리성을 지니고 있었다.

따라서 이와 같은 문제점을 다소나마 해결하기 위하여 1990년 3월 2일 시장평균환율제도를 도입하였다. 이로써 과거 환율결정에 정부가 개입하던 복수통화바스켓제도에서 탈피하여 제한적이기는 하지만 환율이 국내 외환시장에서 외환수급(외환공급초 : 환율하락, 외환수요초 : 환율상승)에 의하여 결정되게 되었다. 시장평균환율제도 도입 초기에는 환율의 급격한 변동을 경험하지 못한 은행과 기업을 환율 급변에 따른 환위험으로부터

29) 국제통화기금(IMF)의 특별인출권을 의미한다. 1968년 4월 IMF이사회가 SDR제도 채용을 중심으로 하는 국제통화기금협정 개정안을 채택하고 할당액의 85% 이상에 해당하는 가맹국의 찬성을 얻어 1970년부터 발동시킨 일종의 국제준비통화로, 금이나 달러의 뒤를 잇는 제3의 통화로 간주되고 있다. 이에 따라 가맹국은 국제수지가 악화되었을 때 국제통화기금으로부터 무담보로 외화를 인출할 수 있는 권리, 즉 국제유동성을 인출할 수 있는 권리를 보유하게 되었다. 당초의 IMF는 기금방식(基金方式)에 의거, 가맹국이 갹출한 기금에 의하여 국제수지 적자국에 단기자금을 공여해왔는데, SDR는 국제유동성 부족에 대처하기 위하여 IMF에 의해 창출된 국제준비통화라는 점에서 획기적인 의미를 갖는다.

보호하기 위하여 은행간 거래환율의 일일변동폭을 기준환율을 중심으로 상하 0.4% 범위 내로 제한하였으나 제도가 정착되면서 그 제한폭을 점차 확대시켜 왔다.

1997년 하반기 외환위기 발생 이후에는 외환시장의 수요와 공급 변화에 따른 환율의 절상·절하 압력이 단기간에 반영될 수 있도록 일중 환율변동폭 제한을 완전히 폐지하여 1997년 12월 16일 자유변동환율제도로 이행하였다. 이에 따라 원/달러환율은 은행간시장에서 외환수급에 따라 자유로이 결정됨으로써 환율의 시장기능이 크게 제고되었다. 그러나 자본자유화의 진전으로 투기적 외국자본의 유출입이 자유로워짐에 따라 단기간 내에 환율이 급등락하는 경우 외환시장의 안정을 위해 외환 당국이 시장 참가자의 일원으로 참여하여 환율의 변동 속도를 조절(smoothing operation)하는 역할을 수행하고 있다.

우리나라뿐만 아니라 자유변동환율제도를 채택하고 있는 미국, 일본 등 대부분의 선진국의 경우에도 외환시장 안정을 위하여 외환시장에 개입하는 것이 일반적이다. 특히 외환시장 규모가 협소한 우리나라는 선진국에 비해 외환 당국의 개입 필요성이 크다고 할 수 있다. 그러나 장기적으로는 외환 당국의 개입이 없어도 시장기능이 원활히 발휘될 수 있도록 외환시장의 하부구조를 확충해 나가야 할 것이다. 이를 위해 시장기능이 충분히 발휘되면서 일시적 충격을 최소화할 수 있도록 환율정책의 조화적인 운용이 필요하다 하겠다.

【표 12-1】 우리나라 환율제도의 변천 추이

연월일	내 용	비 고
45.10. 1	고정환율제도 시행 • 미군정당국의 대민간거래에 적용하기 위하여 1달러당 15圓의 공정환율결정	고정환율제도 (1945.10 ~1964. 5)
49. 6.13	복수환율제도 실시 • 정부보유외환에 적용되는 공정환율과 외환의 환금에 적용되는 일반환율로 구분	
49.11.12	공정환율의 실세화를 위해 외환경매제 시행	
55. 8. 8	외환경매제 폐지, 단일공정환율제도로 통합	
64. 5. 3	단일변동환율제도로 변경 • 외환시장에서 형성되는 외환증서율을 그대로 환율에 반영하는 단일변동환율제도로 변경 (실제로는 1달러당 255원으로 고정 운영)	단일변동환율제도 (1964. 5 ~ 1980. 2)
65. 3.22	외국환 및 외환증서의 수급에 따라 외환시장에서 형성되는 시장률을 감안하여 한국은행이 한국은행집중고시율을 고시하는 변동환율제도 시행	

일자	내용	제도
80. 2.27	복수통화바스켓제도 실시 • 미달러화 뿐만 아니라 주요 교역상대국 통화의 국제시세에 연동하는 복수통화 바스켓환율제도 채택	복수통화바스켓제도 (1980. 2 ~1990. 3)
90. 3.22	시장평균환율제도 시행 • 외국환은행간매매율 : 미달러화의 경우 매매기준율의 상하 0.4% 범위내로 제한 • 대고객환율 : 매매기준율의 상하 0.4% 이내로 제한	시장평균환율제도 (1990. 3 ~1997.12)
91. 9. 2	환율변동폭 확대 • 외국환은행간매매율 : 매매기준율의 ±0.4% → ±0.6% • 대고객환율 : 매매기준율의 ±0.4% → ±0.6%	
92. 7. 1	환율변동폭 확대 • 외국환은행간매매율 : 매매기준율의 ±0.6% → ±0.8% • 대고객환율 : 외국환은행 자율결정 • 한국은행매매율 : 미달러화 ±0.6%, 기타통화 ±0.8% → 구분없이 ±0.8%	
92. 9. 1	종래의 기준환율제도(1＄당 480원, 74.12. 7) 폐지 • 미달러화에 대한 매매기준율을 기준환율로, 기타통화는 재정환율로 명칭 변경 • 한국은행매매율은 한국은행 자율결정 (변동폭 제한 없음)	
93.10. 1	환율변동폭 확대 • 외국환은행간매매율 : 기준환율의 ±0.8% → ±1.0%	
94.11. 1	환율변동폭 확대 • 외국환은행간매매율 : 기준환율의 ±1.0% → ±1.5%	
95.12. 1	환율변동폭 확대 • 외국환은행간매매율 : 기준환율의 ±1.5% → ±2.25%	
97.11.20	환율변동폭 확대 • 외국환은행간매매율 : 기준환율의 ±2.25% → ±10.0%	
97.12.16	기준환율의 일일변동폭 완전 폐지	자유변동환율제도 (1997.12 ~)
99. 4. 1	미달러화에 대한 기준환율을 매매기준율로, 기타통화에 대해서는 재정된 매매기준율로 명칭 변경	

2) 환율의 구조

외환시장에서는 미달러화와 원화의 대고객거래 및 기업 등의 회계처리에 참고하도록 매일 매매기준율을 외국환중개회사가 고시하고 있는데 매매기준율은 외국환중개회사를 통해 거래된 미 달러화의 현물환(익영업일 결제물) 거래량과 거래환율을 가중 평균하여 산출하는 시장평균환율(Market Average Rate)을 말한다.

한편 일본 엔화, 영국 파운드화 등 미달러화 이외의 기타 통화에 대한 우리나라 원화의 환율은 원화의 대미달러환율을 국제금융시장에서 형성되는 기타 통화의 대미달러환율로 **裁定**하여 간접적으로 산출하고 있다. 예를 들어 우리나라 원화와 미달러화 환율이 U$1 = ₩1,181.50이고 동경외환시장에서 미달러화와 일본 엔화간의 환율이 U$1 = ¥120.25이라면 원화와 엔화의 환율은 연쇄방식에 의해 100¥ = ₩982.54이 된다. 이때 우리나라의 대미달러환율을 기준으로 간접적으로 계산된 원화의 엔화에 대한 환율을 재정환율이라고 하며 이러한 재정환율을 계산하기 위하여 사용된 미달러화와 일본 엔화의 환율을 크로스레이트(cross rate)라고 한다.

【그림 12-1】 재정된 매매기준율 산출(예)

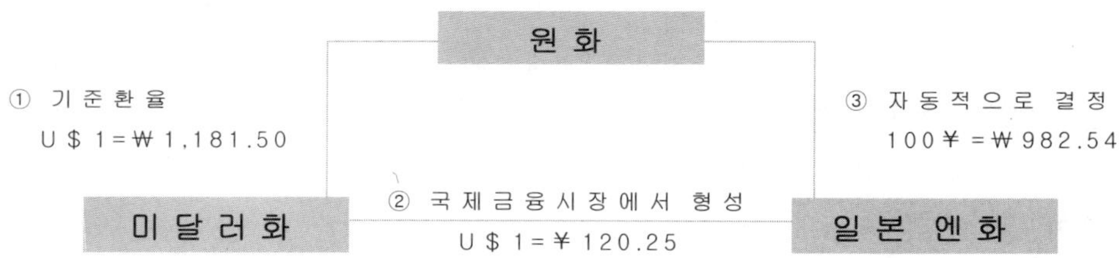

$$₩/100¥ = \frac{\text{매매기준율}(₩/U\$)\ 1,181.50}{\text{미달러화와 일본 엔화와의 환율}(¥/U\$)\ 120.25} \times 100 = 982.54$$

또한 우리는 해외여행뿐만 아니라 상품을 수출하거나 수입하는 등 외국과 여러 가지 형태의 거래를 하고 있는데 이를 결제하기 위한 수단으로서 외국 돈이 필요하게 된다. 외국 돈은 주로 은행을 통하여 사고팔게 되는데 이 경우 은행이 고객과 거래를 할 때 적용하는 환율을 외국환은행 대고객매매율이라고 한다. 외국환은행의 대고객매매율은 당일자 매매기준율 또는 재정된 매매기준율 및 외국환은행간 매매율을 감안하여 외국환은행이 자율적으로 결정하며 돈을 주고받는 방법에 따라 전신환매매율, 여행자수표매매율 및 현찰매매율 등으로 나누어진다. 모든 외환거래는 매매기준율을 중심으로 외국환은행이 거래의 종류에 따라 일정률의 마진을 감안하여 자율적으로 결정한 대고객매매율에 따라 이루어지는데 일반적으로 은행이 고객에게 외국 돈을 팔 때 적용되는 매도율이 외국 돈을 살 때 적용되는 매입률보다 높다.

전신환매매율이란 전신에 의하여 1일 이내에 자금이 결제될 때 적용되는 환율로서 은행의 자금부담비용이 포함되지 않는 순수한 의미의 환율이며 다른 대고객매매율의 기준이 된다. 수출입거래 등에 따라 대금을 주고받을 때 적용되는 일람출급환어음매입률, 수입어음결제율, 기한부어음매매율 등은 전신환매매율에 은행의 자금부담비용, 즉 환어음의 결제 또는 자금화에 소요되는 기간에 해당하는 금리(환가료)만큼을 빼거나 더하여 결정된다.

한편 우리가 해외여행을 하고자 할 경우 해외에서 사용하기 위해 외국 돈이 필요하므로 해외여행자는 은행에 가서 우리나라 돈을 외국 돈으로 바꾸어야 하는데 현찰로 바꾸느냐 아니면 여행자수표(traveller's check)로 바꾸느냐에 따라 적용되는 환율이 달라진다.

만일 현찰을 가지고 나간다면 환전시 은행에서 가장 비싼 환율을 적용 받게 되어 여행자수표나 크레디트카드 등을 이용하는 것보다 불리하게 된다. 은행이 해외여행자에게 현찰을 바꾸어 주기 위하여 외국으로부터 현찰을 들여와서 이를 보관하는 데에는 많은 비용이 들기 때문이다. 또한 현찰 휴대에 따른 불편과 도난 및 분실의 위험이 뒤따르는 것은 말할 것도 없다. 따라서 우리가 해외여행을 할 경우에는 될수록 안전하고 편리하며 또한 환율상으로 유리한 여행자수표나 크레디트카드를 이용하도록 하고 현찰 휴대는 최소한 줄여야 할 것이다.

【그림 12-2】 외국환은행의 대고객매매율(₩/U$) 구조

(○○은행, 2006. 5. 2 현재)

현찰매도율	956.55원
여행자수표매도율	951.38원
전신환매도율	949.90원
매매기준율	940.10원
전신환매입률	930.90원
여행자수표매입률	929.12원
현찰매입률	923.65원

4. 환율변동과 무역

1) 환율의 변동요인

외국 돈의 가격인 환율은 물건 값과 마찬가지로 기본적으로 외국 돈의 수요와 공급에 의하여 결정된다. 외국 돈에 대한 수요는 외국으로부터 상품과 서비스를 수입하거나 외국의 금융자산을 취득하고자 하는 경우 일어나며, 공급은 상품 및 서비스의 수출이나 이전거래 등에 의해 외환수입이 있거나 우리의 금융자산을 사기 위해 외국 돈이 들어오는 경우 발생한다. 따라서 환율의 움직임은 상품의 수출입뿐만 아니라 서비스거래, 소득의 수입·지급, 이전거래, 자본의 이동 등과 밀접한 관계를 가지고 있다.

상품의 수출이 수입보다 많고 서비스거래 결과 수입이 지급보다 많아 경상수지 흑자가 발생하거나 자본수지 흑자가 발생하면 일정 기간 동안 우리나라로 들어온 외국 돈이 나간 외국 돈보다 많아 외환시장에서 외환공급이 외환수요를 초과하게 된다. 이 경우 외환시장에서 사려고 하는 외국 돈보다 팔려고 하는 외국 돈이 많아짐에 따라 외국 돈이 흔해져서 외국 돈의 가치가 떨어지고 우리 돈의 가치가 오르게 된다. 즉 우리나라의 원화표시환율은 내리게 된다. 반면에 경상수지와 자본수지가 적자이면 외환수요가 외환공급보다 많아져 외국 돈이 귀해짐에 따라 환율은 올라가게 된다.

이러한 외환의 수요와 공급은 단기적으로는 외환거래자의 예상이나 중앙은행의 외환시장 개입에 의해서도 영향을 받지만 장기적으로는 물가 또는 나라간의 금리차 등에 의해 영향을 받는다.

즉 외환거래자는 우리 경제의 통화량 증가율이 다른 나라 경제보다 높을 경우 물가상승으로 우리 돈의 가치가 외국 돈보다 떨어져 환율이 높아질 것으로 예상하고, 또 우리나라의 경제성장률이 다른 나라보다 높을 경우에는 생산물량이 확대되고 우리 경제의 신뢰도가 높아질 것이므로 우리 돈의 가치가 높아져 환율이 떨어질 것으로 예상한다. 이때 통화량의 증가나 경제성장이 장기에 걸쳐 서서히 나타나는 것이라 하더라도 이러한 변화가 상당한 확신을 가지고 예상되는 한 환율은 이러한 예상을 바로 반영한다. 따라서 환율은 장기에 걸쳐 서서히 변화하는 여러가지 요인들이 구체화되기 전에 외환거래자에 의하여 먼저 변동하게 된다.

또한 어느 나라의 중앙은행이 외환시장에서 그 나라 통화를 대가로 하여 다른 나라의 통화를 매입하게 되면 외환시장에서 그 나라의 통화는 공급이 늘어나고 상대국의 통화는 수요가 증대되어 단기적으로 그 나라 통화의 약세를 유도할 수 있게 된다.

한편 우리나라의 물가가 외국보다 많이 오르게 되면 우리나라의 물품 가격이 상승하여 수출경쟁력이 약화되는 반면 수입수요는 증대된다. 따라서 외환의 수요가 많아져 우리나라 돈의 가치도 떨어지게 된다. 예를 들어 우리 돈 1,000만원으로 살 수 있는 자동차를 일본돈 100만엔으로 살 수 있다면 우리 돈의 단위당 구매력은 일본 돈의 1/10에 해당되고 이 구매력으로 평가한 환율은 100엔당 1,000원이 된다. 그런데 우리나라에서만 물가가 상승함으로써 자동차 가격이 1,200만원으로 오른다면 우리 돈의 구매력은 일본 돈의 1/12로 떨어지고 환율은 100엔당 1,200원으로 올라가게 된다. 역사적으로 보아도 높은 인플레가 지속되는 국가의 통화가치는 하락하는 반면 낮은 인플레 국가의 통화가치는 상승하고 있다.

또한 환율은 이자율변동에도 매우 민감하게 반응한다. 만일 우리나라의 이자율이 상승하면 우리 돈으로 표시된 은행예금, 채권 등 금융자산의 예상수익률도 높아지게 된다. 우리나라에서 금융자산에 대한 예상수익률은 높아진 데 반해 외국에서의 금융자산에 대한 예상수익률은 변함이 없다고 하면 우리 돈으로 표시된 금융자산을 더 선호하게 된다. 이에 따라 우리 금융자산을 사기 위해 외국 돈이 들어오게 되고 그 결과 많아진 외국 돈에 의해 우리 돈의 가치가 상대적으로 올라가게 되어 환율은 떨어진다. 그러나 이때 유의할 것은 환율변동은 기본적으로 실질수익률의 상대적 변동에 기인한다는 점이다. 즉 우리나라의 명목이자율이 외국에 비해 높다 하더라도 기대인플레이션율이 더 높으면 오히려 우리나라 돈의 가치는 상대적으로 떨어지게 된다는 것이다.

이와 같이 환율은 국제수지, 물가, 나라간의 금리차, 외환거래자의 예상 및 중앙은행의 외환시장개입 등 경제적 요인에 의해 수시로 변동될 뿐만 아니라 전쟁, 천재지변, 정치적 불안정 여부 등 비경제적 요인에도 영향을 받아 변동한다.

2) 환율변동이 무역에 미치는 효과

환율의 변동은 직접 또는 간접으로 그 나라의 국민 경제에 큰 영향을 끼치게 된다. 즉, 대외 무역, 국내산업, 국내 물가 등이 환율 변동에 직접적인 영향을 받는다. 그 중에서도 환율의 변동은 그 나라의 수출과 수입에 커다란 영향을 준다.

【표 12-2】 환율변동의 효과

	환율하락(원화절상)	환율상승(원화절하)
수 출	수출상품가격 상승(수출감소)	수출상품가격 하락(수출증가)
수 입	수입상품가격 하락(수입증가)	수입상품가격 상승(수입감소)
국 내 물 가	수입원자재가격 하락(물가안정)	수입원자재가격 상승(물가상승)
외자도입 기업	원화환산 외채 감소 (원금상환부담 경감)	원화환산 외채 증가 (원금상환부담 증가)

(1) 환시세가 상승할 경우

자국통화표시환율(rate in home currency)이 1 달러 = 900 원에서 1 달러 = 950 원으로 인상되었을 경우, 외국의 수입업자는 같은 금액을 가지고 종전보다 더 많은 물품을 수입할 수 있기 때문에 우리의 수출은 늘어날 것이며, 반대로 우리나라의 수입업자는 같은 금액으로 종전보다 더 적은 물품을 수입할 수밖에 없으므로 수입은 감소된다. 결국 자국통화표시환율의 인상은 수출을 증대시키고 수입을 감소시켜 국제수지 개선에 도움을 준다.

(2) 환시세가 하락할 경우

자국통화표시환율이 하락하면, 1달러 = 800원이 되고, 이것은 평가 절상(evaluation)으로서 앞의 예와는 정반대의 현상이 생겨 수출이 감소하고 수입은 증대된다.

이러한 환율의 변동을 이용한 무역정책은 전통적인 수출촉진 정책이지만, 이것이 효과를 가지기 위해서는 국내 물가안정이 최선의 조건이다. 물가의 인상은 환율 인상의 효과를 상쇄하기 때문이다.

III 국제수지

1. 국제수지의 개념

1) 국제수지의 내용

오늘날 세계 여러 나라들이 국제수지의 문제에 직면하고 있다. 1980년대 미국은 국제수지 문제에 있어서의 지속적인 적자를 누적함으로써 국내경제뿐 아니라 세계경제 침체를 주도하였다. 이와 반대로 1990년대 들어 미국의 국제수지가 호전을 보이자, 세계경제도 활황국면으로 접어들고 있다.

현재 우리나라에서도 지난 몇 해 동안 계속된 국제수지 적자의 누적이 심각한 경제문제로 대두되고 있다. 국제수지 문제가 무엇인가를 알기 위해서 먼저 국제수지(Balance of International Payment)이 개념을 살펴보기로 하자. 실제로 다른 나라와의 무역관계를 계산하는 한 나라의 국제수지는 매우 복잡한 것이다.

이해를 돕기 위하여 가장 단순한 경우를 가상해 보자.

【표 12-3】 가상적인 국제수지의 경우

(단위 : 만달러)

차 변 (debit)	대 변 (credit)
상품 수입 600	상품 수출 1,000
금의 수입 400	

이제 한 나라의 국제수지가 위의 표와 같이 상품의 수출, 상품의 수입, 금의 수출(수입) 등 세 가지로 구성되어 있다고 가정해 보자.

이 나라가 외국에 1,000만달러 상당의 상품을 수출하고 외국으로부터 600만달러 상당의 상품을 수입하여 수출이 수입보다 400만달러 초과하고 있는 것을 보여준다. 그러면 외국은 이 차액을 어떻게 지불한 것인가? 이것은 400만달러에 해당하는 금을 이 나라에 수송함으로써 결제된다. 이것이 곧 중상주의의 입장에서 보아 한 나라가 "유리한" 무역수지를 갖는 경우이다. 중상주의의 입장에서는 이 나라는 해외로부터 "보물"을 더 많이 가져왔기 때문에 그만큼 부강하다고 믿는 것이다.

이 표는 가장 단순한 경우를 나타낸다. 실제로 한 나라의 국제수지표에는 여러 가지 항목들이 포함된다. 이 표에 있는 항목은 차변(debit)과 대변(credit)으로 분류되어 있다. 그러면 국제수지 계정에 있어서 차변에 속하는 항목들은 무엇이며, 대변에 속하는 항목들은 무엇인가?

무엇보다도 우리가 먼저 유의해야 할 것은 국제무역에 있어서의 모든 거래는 본질적으로 양면성을 지니고 있다는 사실이다. 우리가 해외로부터 재화를 수입하면 그 대가를 지불해야만 한다. 예컨대 우리가 외국으로부터 기계 1대를 수입한다고 하면, 그 기계의 가격과 동등한 재화를 수출하거나 해외에 금을 수출하거나 우리나라 화폐를 다른 나라 계정에 이전시키거나 또는 외국에서 차입하는 방법 등을 통해서 기계 수입의 대가를 지불해야만 한다.

이와 같이 각 거래마다 두 가지 측면을 지니고 있으므로 회계학적 입장에서 보면 국제수지는 언제나 균형(balance)을 이루어야 한다.

2) 국제수지의 기본원칙

국제수지계정의 항목 분류에 있어서 가장 기본적인 원칙은 다음과 같다.

자국화폐에 대한 수요를 창조하는 거래항목, 다시 말하면 외국화폐의 공급을 창조하는 거래항목은 대변(credit)에 속한다.

반면에 외국 화폐에 대한 수요를 창조하는 거래항목, 다시 말해서 외국화폐와 교환되기 위한 자국화폐(예컨대, 달러나 엔화를 얻기 위한 원화)의 공급을 창조하는 거래항목은 대변(debit)에 속한다.

【표 12-4】 국제수지표의 기본계정항목

수취(Credits)	지급(debits)
1. 재화의 수출	1. 재화의 수입
2. 서비스의 수출	2. 서비스의 수입
3. 외국으로부터의 무상증여	3. 외국에의 무상증여
4. 외국으로부터의 장기자본유입	4. 외국에로의 장기자본유출
5. 외국으로부터의 단기자본유입	5. 외국에로의 단기자본유출
6. 순해외자산 감소(+)	6. 순해외자산 증가(−)

우리나라 상품수출은 우리나라 화폐에 대한 외국인의 수요를 창조한다. 우리나라의 재화를 구입하기를 원하는 외국인은 궁극적으로 우리나라 수출업자에게 그 대금을 원화로 지불해야만 한다. 따라서 우리나라에서 상품을 수입한 외국인은 수입대금을 지불하기 위하여 자기 나라의 화폐를 주고 우리나라 원화를 사들이는 것이라고 볼 수 있다. 이것은 원화에 대한 수요를 증가시키므로 우리나라 국제수지 계정에는 대변에 들어간다.

그러나 우리나라가 외국으로부터 상품을 수입할 때 우리나라 수출업자는 외국의 수출업자에게 수입대금을 그 나라의 화폐로 지불하여야 한다. 이때 우리나라 수입업자는 수입대금을 지불하기 위하여 원화를 팔아 해당국가의 화폐를 사게 된다. 따라서 외국화폐와 교환하고자 하는 우리나라 화폐의 공급이 증가하게 된다. 즉, 외국 화폐에 대한 우리나라 수요가 증가하게 된다. 따라서 우리나라의 수입은 차변에 들어간다.

금의 수입은 복잡하게 보이지만 본질적으로는 다른 재화와 마찬가지이다. 외국이 우리나라에 금을 수송해 올 때 그 나라는 우리나라 화폐(원화)를 받는다. 이리하여 우리나라 화폐의 공급이 증가하게 된다. 따라서 금의 수입은 차변에 속한다.

일단 이 원칙이 정해지면 한 나라의 국제수지를 이루고 있는 여러가지 항목들을 분류할 수 있게 된다. 예컨대, 우리나라 여행자가 외국에서 지출한 경비라든가 또는 우리나라 기업이 해외직접투자(Foreign Direct Investment, FDI) 등이 어디에 속하는가를 알 수 있다. 우리나라 기업이 해외에 직접투자를 한다고 하면, 우리나라 기업이 일단 원화를 주고 외국화폐를 사들여서 이것을 외국에서 공장을 세우는데 사용한다. 따라서 우리나라 화폐의 공급이 증가하므로 우리나라 기업의 해외투자는 차변에 속한다.

회계학적 의미에서 국제수지는 언제나 "균형"(Balance)을 이루게 된다. 한 나라 국제수지의 흑자(Surplus) 또는 적자(Deficit)는 그 나라가 국제거래를 뒷받침할 수 있는 준비자산(Reserved Assets)의 변화를 측정하는데 사용하게 된다. 국제수지의 적자란 그 나라가 다른 나라에 금을 지급하고 있거나, 또는 다른 나라가 그 나라의 화폐에 대한 각종 청구권(예를 들면 은행예금, 장·단기 차입증서 등)의 보유고를 축적하고 있다는 것을 뜻한다(물론 이 청구권은 궁극적으로는 그 나라의 금의 손실로 나타나게 된다).

【표 12-5】 국제수지표의 구성

국제수지표(Balance of Payment Table)		
Credit (Cr)		Debit (Dr)
외환의 유입 Forign Exhange (in payment)		외환의 유출 Forign Exhange(out payment)
흑자	> <	적자
균형상태	=	균형상태

국제수지의 흑자는 한 나라가 추가적인 금을 준비하거나 또는 외국에 대한 유동성 청구권을 축적하고 있을 때 나타난다. 위의 표에서 보면 우리의 가상적 국가는 해당 기간 동안에 400만 달러 상당의 금을 축적한 것으로 나타나고 있다.

2. 국제수지의 구조

수지(收支)는 말 그대로 수입(收入)과 지출(支出)을 합친 것이다. 일반 가정에서는 번 돈과 지출한 돈을 가계부를 통해 꼼꼼히 기록하고, 그 결과 가계부를 통해 가계수지를 확인할 수 있다.

가계가 돈의 수입과 지출을 기록하는 이유는 보다 합리적으로 살림을 하기 위해서이다. 만약 들어온 돈이 나간 돈보다 많으면 가계수지는 흑자이고, 반대로 나간 돈이 들어온 돈보다 많으면 가계수지가 적자라고 말한다.

기업도 매출을 통해 번 돈과 비용으로 지출한 돈 등을 회계장부에 기록하여 경영 실적을 정리한다.

가계나 기업과 마찬가지로 국가도 다른 나라와 여러가지 형태의 거래를 하면서 돈을 받기도 하고 주기도 한다. 국가도 살림을 잘 하기 위해서는 이런 돈의 흐름을 일일이 기록해야 하는데 국가가 다른 나라와의 거래에서 어떻게 돈을 벌었으며 또 얼마만큼 썼는지, 그리고 그 결과 남거나 부족한 외화는 어느 정도이며 남았다면 남은 외화를 어떻게 운용하였는지 등을 체계적으로 기록한 것을 국제수지표(balance of payments)라고 한다. 쉽게 이야기하면 국제수지표는 국가의 가계부이다.

가정에서는 가계수지를 체계적으로 관리하기 위해서 지출한 돈을 식비, 교통비, 교육비 등으로 항목을 나누어 기록하고 정리한다. 국제수지를 기록하는 국가도 마찬가지이다.

국가는 서로 여러가지 거래를 하고 돈을 주고받기 때문에 국제수지를 체계적으로 기록하고 관리하기 위해서 거래의 성격에 따라 세부 항목들을 나누어 놓았으며, 그 구체적인 항목들의 이름이 바로 상품수지, 서비스수지, 자본수지 등이다.

이들 여러가지 수지들 사이의 관계는 다음과 같은 그림을 통해 쉽게 이해할 수 있다. 그림의 위쪽에 있는 수지부터 차례대로 그 의미를 살펴보자.

(1) 경상수지

상품수지는 말 그대로 우리나라와 다른 나라 사이에 상품(재화)을 수출·수입하고 주고받는 돈을 기록한 것이며, 서비스수지는 다른 나라와 서비스를 거래하여 번 돈과 지급한 돈을 기록한 것이다. 여기에서 말하고 있는 서비스에는 운수, 여행, 통신, 보험, 특허권사용료 등이 해당된다. 즉 우리나라 선박이나 비행기가 상품을 운송하고 받은 운임, 관광객이 쓰는 돈 등이 서비스수지에 반영된다.

소득수지는 생산요소인 자본, 노동을 외국에 제공하고 벌어들인 돈과 우리가 외국인에게 지불해준 돈을 기록하는 것이다. 구체적으로 보면 외국에 투자하여 벌어들인 배당금과 이자, 그리고 외국에 단기간(1년 이내) 머물면서 일한 대가로 받은 임금 등이 소득수지에 포함된다.

또 경상이전수지가 있는데, 지금까지의 수지들은 모두 무엇인가를 제공하고 그에 대한 대가로 돈을 주고받는 결과를 기록한 것인데 비해서 경상이전수지는 아무런 대가 없이 주고받는 돈을 기록한 것이다. 예를 들면, 해외에 있는 친척에게 보내는 송금, 종교기관이나 자선단체의 기부금이나 적십자사의 구호금, 정부의 무상원조 등을 말한다.

【그림 12-3】 국제수지의 구성

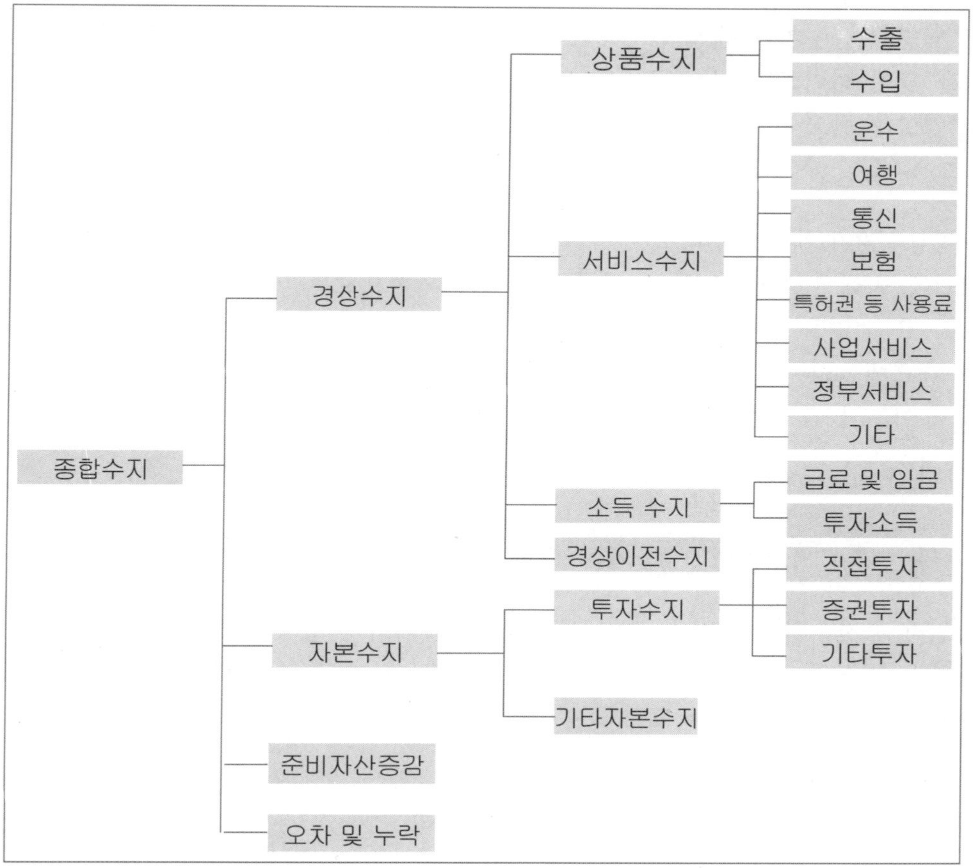

조금 복잡해 보이지만 용어 이름과 설명을 연결해서 유추해 보면 이해하기 한층 쉬울 것이다. 지금까지 이야기한 4가지 종류의 수지를 모두 합하여 경상수지라고 부른다.

즉, 경상수지=상품수지+서비스수지+소득수지+경상이전수지

지금까지의 이야기를 다시 한 번 정리해 보면, 우리 기업들이 수출을 많이 하게 되면 상품수지가 개선되고 이는 경상수지 개선으로 직결된다. 방학 때 해외여행을 많이 하더라도 이는 우리나라의 상품수지와는 관계없으며, 대신 서비스수지가 영향을 받고 자동적으로 경상수지가 변하게 된다.

(2) 자본수지

경상수지가 상품, 서비스, 소득과 관련해서 발생한 돈의 수입과 지출을 기록한 것인데 비해서 자본수지는 기업이나 정부가 외국으로부터 돈을 차입하거나 외국에 돈을 빌려줄 때 발생하는 돈의 유입과 유출을 기록하는 것이다. 즉 어떤 거래의 대가에 따른 돈의 거래가 아니라 돈 자체를 빌리고 빌려주는 것을 목적으로 해서 이루어지는 돈의 거래를 기록하는 것이 자본수지이다.

자본수지는 크게 투자수지와 기타자본수지로 나뉜다.

즉, 자본수지 = 투자수지+기타자본수지

먼저 투자수지를 생각해 보면, 우리가 외국 기업의 경영에 참가하기 위하여 투자하는 것처럼 지속적인 이익을 추구하기 위하여 행하는 직접투자, 외국의 주식, 채권을 사고파는 거래를 기록하는 증권투자 등이 투자수지에 해당된다.

기타자본수지에는 특허권이나 상표권을 사고파는 거래와 이주자가 해외에 이주할 때 가지고 가는 해외 이주비 등이 기록된다.

(3) 경상수지 흑자와 자본수지 적자

우리의 상품이나 서비스를 팔아서 번 돈이 외국상품이나 서비스를 사는 데 사용한 돈보다 많으면 경상수지는 흑자가 된다. 우리가 경상수지 흑자를 기록할 때 남는 돈을 다른 나라에 빌려주거나, 다른 나라에 투자할 수 있다. 어느 경우가 되던지 우리의 돈이 외국으로 나가게 되므로 이 때 자본수지는 마이너스, 즉 자본수지 적자를 기록한다.

물론 반대의 경우에는 경상수지 적자와 자본수지 플러스가 나타난다. 예를 들면, 일본은 과거 수십 년 동안 경상수지 흑자를 기록했고, 그에 따라 해외에 대한 투자가 많았기 때문에 일본은 자본수지 적자 국가이기도 하다. 일본에 비해서 개도국들은 경상수지 적자와 자본수지 흑자를 기록하는 예가 많은데, 경상수지 적자를 보전하기 위해 선진국의 투자 자금을 유치해야 하기 때문이다.

(4) 외환보유액과 준비자산 증감

만약 경상수지가 흑자를 기록하게 되고 자본수지 역시 플러스를 기록한다고 가정해 보면, 이때에는 우리나라에 외화가 많이 유입될 것이다. 그런데 외화가 유입되면 환율이 하락하여 수출에 나쁜 영향을 줄 우려가 있으므로 한국은행은 환율 안정을 위해서 넘치는 외화를 사들이는 정책을 사용하기도 한다. 한국은행이 이렇게 사들인 외화는 외환보유액으로 쌓이게 되고, 그 결과 발생한 외환보유액의 변동을 기록한 것이 국제수지표 그림의 마지막 부분에 있는 준비자산증감이다.

(5) 오차 및 누락

이처럼 우리나라에서 발생하는 대외거래를 일일이 모두 반영하고 기록하는 일은 실로 엄청난 작업이다. 또 국제수지는 여러 기관들이 작성하는 많은 통계자료들을 이용하여 작성되기 때문에 이 과정에서 오류나 누락이 발생하기 마련이다. 이것이 그림의 마지막 항목인 오차 및 누락이며, 다른 말로 통계상 불일치라고도 한다. 물론 오차 및 누락이 없다면 좋겠지만 현실적으로 이는 필연적으로 발생할 수밖에 없는 측면이 있고, 우리나라뿐 아니라 세계 각국, 그리고 IMF도 오차 및 누락을 인정하고 있는 것은 이 때문이다.

마지막으로 우리나라에서 국제수지를 집계하고 작성하는 기관은 한국은행이다. 작성 주기는 나라마다 달라 분기별로 작성하는 나라도 있는데, 한국은행은 매월 작성하고 있다. 국제거래에는 달러화, 엔화, 유로화 등 다양한 화폐가 사용되고 있지만 국제수지표를 알기 쉽게 작성하기 위해서는 한 나라의 화폐로 통일해서 계산해야 한다. 우리나라는 달러화로 표시된 국제수지표를 작성하고 있다.

3. 국제수지변동과 무역

한 나라의 경상수지는 그 나라 경제의 건강상태를 잘 나타내 준다. 경상수지의 변동이 경제운영에서 갖는 의미에 대해 생각해 보면, 경상수지 흑자는 수출을 통한 해외수요 증가가 국내경제성장에 도움이 되므로 긍정적인 면이 있다. 또 경상수지가 흑자이면 수출이 수입보다 많아 외화가 국내에 들어오게 되므로 가계의 경우처럼 항상 좋은 것이라고 생각하기 쉽다. 우리나라와 같이 수출입의 비중이 높은 나라의 경우에는 국민소득의 증가와 고용의 안정을 위하여 다소간의 경상수지 흑자가 필요하다고 말하기도 한다.

그렇지만 나라 경제에서 경상수지 흑자 규모가 많으면 많을수록 항상 좋은 것은 아니다. 경기가 좋은 상황에서 경상수지의 흑자가 계속되면 수입보다 수출이 많은 결과이므로 총수요가 늘어나고 국민소득이 증가하게 된다. 또한 외화자산이 늘어나거나 외채 상환이 가능해진다. 그러나 해외 투자나 외채 상환 등에 사용하고 남은 외화는 결국 국내에서 사용되는 원화로 바꾸어질 수밖에 없기 때문에 시중에 돈이 많이 풀리게 되어 부작용을 초래하기도 한다. 일반적으로 경상수지 흑자가 지속되면 통화량 증가와 경기 과열을 가져와 인플레이션이 유발되게 된다.

이 밖에도 국제간의 거래는 상대적인 것이어서 우리나라에 경상수지 흑자가 지속되면 적자가 발생하는 교역 상대국으로부터 많은 불만을 사게 되어 결국은 무역 마찰을 초래할 가능성이 커지게 된다. 따라서 단기적으로 국제수지 흑자가 좋을 수 있지만 장기적으로는 대체로 균형을 유지하는 것이 바람직하다고 하겠다.

한편 경상수지가 적자인 경우는 어떻게 될까. 이 경우는 우리나라가 해외에 물건을 팔아서 벌어들이는 돈보다 외국 물건을 구입하기 위해 쓰는 돈이 많은 것을 말한다. 즉 우리나라 경제주체가 국내에서 만든 물건보다 외국 기업이 만든 물건을 더 사용하는 것이므로 결국 국내의 생산활동이 위축되고 경기는 나빠지게 된다. 그렇게 되면 당연히 실업자가 늘어나게 되고 국민들의 생활수준도 낮아질 것이다.

Part V

시사무역경제 포커스

시사무역경제포커스에서는

무역을 배우고자 하는 초심자 내지 입문자들에게 무역과 관련하여 언론에 발표된 내용들을 알기 쉽게 설명하여 기본적인 지식과 이론적인 사고력을 터득하는데 보탬이 될 수 있도록 하였다.

1. FTA의 성패—멕시코의 교훈

94년 12월 페소화 폭락으로 우리보다 3년 앞서 IMF체제를 경험했던 멕시코는 71년 만에 야당 출신의 비센테 폭스를 대통령으로 당선시킨 후 국가경쟁력 강화전략으로 쌍무 자유무역협정(FTA)을 선택했다. 날로 불확실성을 더해 가는 통상환경 속에서 우리 통상 정책이 나아갈 방향을 멕시코의 창(窓)을 통해 살펴보기로 하자. 2,500만 달러짜리 저택과 상수도 및 전기 공급이 안 되는 근로자들의 '벌집촌'이 공존하는 것이 멕시코 마킬라도라(보세가공)산업의 주무대인 티후아나의 현실이다. 이 말은 멕시코 경제 번영의 키워드로 통하는 북미자유무역협정(NAFTA)의 단면이다.

1) 고급저택·벌집촌 공존

멕시코 세디요 정부의 통상정책 책임자였던 에르미니오 블랑코 통상산업개발부장관은 "NAFTA 출범 이후 최근 6년간 대미 수출이 180%늘었고 100만명 이상의 고용 창출 효과를 얻었다"고 밝혔다. 우선 원유와 마킬라도라를 중심으로 한 대미 수출은 초기 5년간 연평균 18.9%가 성장, 98년 이후 일본을 제치고 미국의 제2교역국(1,880억 달러)으로 부상했다. 특히 자동차와 섬유산업의 경우 NAFTA 역외 국가에 대한 차별로 아시아-미국의 교역 상당 규모가 미국-멕시코로 전환 돼 막대한 반사 이익을 얻기도 했다.

NAFTA 출범 전 연간 40억달러에 불과했던 외국인 직접투자 규모도 FTA협상이 시작된 91년부터 급격한 상승세를 보이며 연평균 100억달러 규모로 급증했다. 이 결과 마킬라도라 산업진출 기업은 93년 2,000개에서 4,300개(98년 9월 기준)로 늘어났고 공개 실업률도 92년 이후 최저 수준인 2.3%(99년 7월 기준)로 낮추는 성과를 올렸다.

2) 中企도산 대기업만 이득

하지만 무역장벽이 허물어지고 수출드라이브가 걸리면서 국내 중소기업들의 도산

사태가 이어졌고 농산물과 축산업계도 큰 타격을 입었다. 멕시코 국립대학의 고디네스교수는 "NAFTA에 따른 제조 중소기업들의 희생 위에 대기업과 마킬라도라산업이 성장한 셈"이라며 "NAFTA가 멕시코 경제에 미친 효과도 95~99년 연평균 2.5%의 경제성장률에 그쳐 이 시기 평균 인구성장률(2.5%)에 불과하다"고 일축했다.

대미 교역의존도의 심화도 문제점으로 지적된다. NAFTA 이전 70%수준이던 대미의존도는 99년 수출의 88.2%, 수입의 74.3%로 심화됐다. 특히 고용창출 역시 단순생산 위주여서 국가 기술력 향상 효과로 연결되지 못하고 있다. 교육과 산업인프라투자 등 점증하는 재정수요와 만성적인 재정적자를 겪고 있는 실정에서 수출기업에 대한 관세 인센티브를 무한정 연장할 수 없는 딜레마도 멕시코 정부가 풀어야 할 숙제다.

독자적인 기술과 산업경쟁력을 갖추지 못한 상태에서 싼 노동력과 외국자본에 의존한 외형적 팽창은 껍데기 성장에 불과하다는 현지 기업인과 학계의 지적은 한미FTA를 준비하고 있는 우리 통상정책 당국이 귀담아 들어야 할 대목일 것이다.

【표 V-1】 양국간 경제성장률(GDP 추이)

(단위 : %)

	멕시코	한국
2000	6.6	8.5
2001	0.0	3.8
2002	0.8	7.0
2003	1.4	3.1
2004	4.2	4.6

자료 : KOSIS통계정보시스템(kosis.nso.go.kr)

3) 한국엔 시장진출기회

멕시코의 성장모델은 저임금 노동력과 외국의 자본 · 기술에 의존한 전형적인 자유무역이다. 그 결과 산업구조는 기형화했고 내수 및 부품 · 소재 산업도 거의 무너졌다.

멕시코국립대학 고디네즈교수는 "총 수출의 93%를 총 고용의 5.65%에 불과한 대기업과 마킬라도라(보세가공) 산업 분야가 차지하고 나머지 7%를 기타 중소기업들이 차지하는 게 멕시코 산업의 현실"이라고 꼬집었다. 마킬라도라 열풍속에 생존에 성공한 이들 기타 중소기업들도 대부분 외자도입에 성공한 기업들. 당연히 현지 업체들은 제품생산에 필요한 단순 부품과 소모품까지 수입에 의존하는 실정이다. 현대정공 관계자는 "원자재는 물론이고 장갑, 베어링볼트, 너트 등 부품의 절대다수를 수입해서 쓰고 있다"고 말했다.

사정이 이렇자 멕시코 정부도 뒤늦게 부품·소재 산업 육성을 위한 중·소규모 투자유치에 열을 올리고 있다. 멕시코 통상산업개발부와 재무부 측은 외국인 중소규모 투자유치를 위한 금융·세제 혜택 등 제도적 장치를 지속적으로 마련해 나가고 있다.

이 같은 멕시코 수출산업의 전방(前方) 틈새산업을 찾아 뿌리를 내리려는 외국투자도 기지개를 켜고 있다. 우리나라로서도 북미자유무역지대의 중심인 멕시코가 '뉴 엘도라도'로 북미시장진출의 교두보로서 매력적인 시장임에 분명하다.

IMF직전인 97년 3,000~4,000명에 불과하던 교민수가 불과 3년여만에 1만명으로 급증하는 등 지속적으로 증가하고 있다. 그러나 교민 대다수가 의류·봉제·상업 등 일부 사업에 집중되는 부작용이 있는 것도 사실이다. 하지만, 멕시코는 "전망 밝은 사업 아이템이 많고 사업 환경도 비교적 양호한 것 또한 사실이다. 따라서 투자결정 전에 업종 선정 등 면밀한 사전 조사를 통해 업종 다변화뿐만 아니라 현지와의 협의를 통해 다양한 사업기회를 창출할 필요성이 있다.

【그림 V-1】 한국의 멕시코 해외투자 추이

(단위: 건, US$)

국가: 멕시코 업종: Total

연도	신고건수	신고금액	투자건수	투자금액
1980	3	104	3	104
1981	1	49	1	49
1982	0	0	0	0
1983	0	0	0	0
1984	0	0	0	0
1985	0	0	0	0
1986	0	0	0	0
1987	1	11	0	0
1988	1	147	0	0
1989	1	200	2	347
1990	2	11,028	0	0
1991	6	2,922	2	10,835
1992	5	23,220	0	0
1993	3	3,800	7	5,005
1994	6	22,321	5	9,340
1995	8	30,754	6	42,222
1996	13	85,653	9	37,716
1997	5	47,704	4	33,490
1998	4	41,504	4	46,931
1999	10	11,395	6	8,888
2000	15	38,121	15	21,316
2001	2	7,298	2	17,870
2002	10	69,635	9	42,417
2003	7	26,841	8	20,191
2004	7	37,334	8	24,997
2005	10	85,722	9	73,013
Total	120	545,763	100	394,731

자료 : 한국수출입은행(www.koreaexim.go.kr)

4) FTA 성공전략

양자간 FTA는 남의 얘기가 아니라 우리 통상 정책의 당면한 숙제로 떠올랐다. 점증하는 지역주의적 통상 장벽을 무시한 채 WTO의 다자주의 원칙만을 금과옥조(金科玉條)로 고집할 수 없는 현실이기 때문이다.

하지만 멕시코의 예에서 보듯 FTA는 무역·투자자유화를 통한 단일경제권을 지향하는 만큼 해당국의 산업구조 개편으로 이어질 공산이 크다. 품목에 따라 5년, 10년 등 유예기간을 두거나 개방 예외규정을 만들지만 궁극적으로는 취약 산업의 체질전환, 혹은 사양화가 불가피한 것도 냉엄한 현실이다. 칠레의 경우 우리와 산업구조가 상호 보완적인 데다 경제규모도 적어 상대적으로 용이한 편이었지만, 일본, 미국 등 대형경제권과의 협상은 더욱 첨예한 이해 대립과 경제권 내부의 저항이 예상된다. 결국 내부저항을 얼마나 원만히 해소하고 제도 및 산업 개혁을 순조롭게 이뤄내느냐에 FTA의 성패 여부가 달려 있는 셈이다. 이와 관련, 국제통상 전문가들은 FTA의 문제가 산업간 이해대립해소 등 대내적 합의의 문제임에도 불구하고 정부 대응은 여전히 미흡하다고 지적하고 있다.

5) 전 세계 FTA 체결현황 개관

한편, 자유무역협정(FTA: Free Trade Agreement)은 특정 국가간에 배타적인 무역 특혜를 서로 부여하는 협정으로서 가장 느슨한 형태의 지역 경제통합 형태이며, 지역무역협정 (RTA: Regional Trade Agreement)의 대종을 이루고 있다.

【표 V-2】 RTA 현황

	총계	GATT에 통보된 FTA	WTO에 통보된 FTA
발효중인 RTA	193	50	143

(자료 : WTO http://www.wto.org)

2006년 현재 발효 중인 193 개의 지역협정을 체결 시기별로 살펴보면, 70년대 이전 5개, 70년대 12개, 80년대 10개에 불과하던 것이 90년대 64개, 2000년 이후 102개가 체결되어 최근 지역주의의 광범위한 영향을 여실히 보여주고 있다.

지역무역협정 체결은 특히 WTO 출범(1995. 1) 이후 매년 급속히 확산되어, 2005년 기준 전 세계교역량의 50% 이상이 지역무역협정내 교역에 포함되는 것으로 추정된다.

【그림 V-2】 연도별 유효한 지역무역협정수 변화 추이

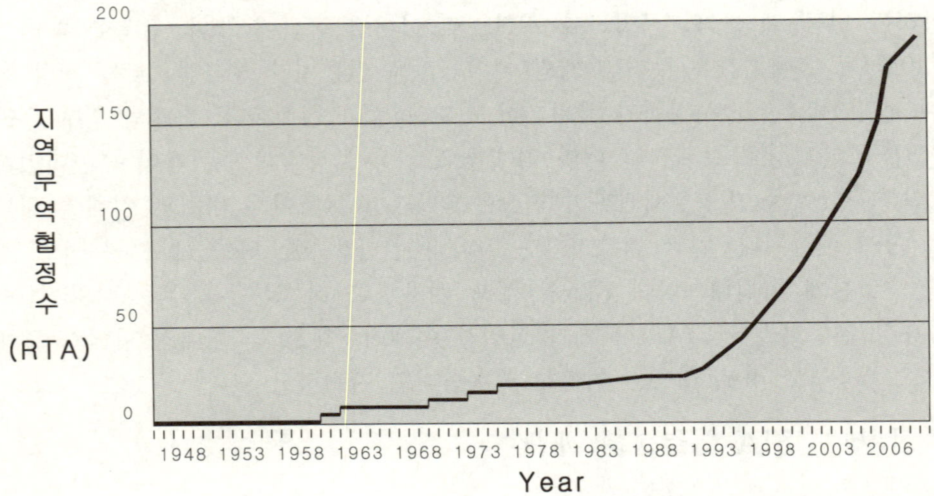

(자료 : WTO http://www.wto.org)

2. 관계마케팅(CRM)

1) 머리말

요즈음 어떤 백화점에서는 주요 고객의 결혼기념일이 다가오면 장미꽃 생화 한 다발을 축하 메시지와 함께 집으로 배달한다. 또 다른 백화점에서는 다음과 같은 축하 카드를 보내기도 한다.「귀하가 5년 전 결혼과 함께 구입하신 침대 소구를 지금쯤 교체할 때가 된 것 같습니다. 저희 백화점을 애용해 주시는 데 대해 감사를 표하고 또한 두 분의 결혼기념일을 축하드리고자 당 백화점은 아래와 같은 상품을 귀하께 만 50%까지 할인하여 드리고자 합니다. 아울러 2006년 7월31일까지 무이자 할부판매의 기회도 제공하고자 합니다. 이러한 혜택은 보석 · 의류 · 침대 소구 및 50만원이상의 물품구입시 적용 가능 합니다.」 전에는 흔하지 않던 이런 메시지들이

자주 눈에 띄는 것은 소위 CRM(Customer Relationship Marketing)이라고 불리는 관계 마케팅을 기업들이 경쟁 우위 확보의 수단으로 널리 활용하기 때문이다.

2) 고객개인별 정보 체계적 관리

정보기술발전에 의해 고객에 관련된 많은 데이터들이 축적되고 불특정 다수를 대상으로 광고를 하던 과거와는 달리 정보망을 이용한 고객과 기업의 1대1 마케팅이 가능해지다 보니 CRM 기법이 각광받고 있는 것이다. 이 방법이 추구하는 것은 고객별 취향과 구매행위에 대한 정보, 인구통계학적 변화, TV 및 여타 대중매체에 대한 고객들의 사용정보 등을 지속적으로 수집, 갱신함으로써 좀 더 효과적으로 목표시장 및 고객을 선택하는 것이다. 미국에서 네 번째로 큰 카탈로그 마케팅 회사인 핑거헛(Fingerhut)은 연간소득 3만 달러 이하의 저소득층 고객을 대상으로 CRM 기법을 잘 활용해 매년 20%씩 성장하고 있다. 여기에는 전형적인 인구통계학적 변수들(소득 · 주택보유 여부), 가전제품 보유상황, 여러 종류의 제품 구매기록 등이 포함돼 있다. 이 데이터를 바탕으로「어떤 고객이 언제 어떤 촉진 프로그램에 반응할 가능성이 가장 높은가」「어떤 고객이 언제 어떤 상품을 구매할 가능성이 가장 높은가」「어떤 고객이 언제 어떤 할부조건을 사용할 가능성이 가장 높은가」등과 같은 질문에 답을 도출할 수 있게 됐다.

3) 인터넷시대의 필수 경쟁전략

예를 들어 핑거헛의「매직 모멘트(Magic Moment)」마케팅을 살펴보자. 핑거헛의 데이터베이스에는 각 가구의 모든 아이 이름 · 나이, 그리고 성별이 수록돼 있다. 매달 이 회사는 생일을 맞은 아이들의 나이와 성별에 따라 적당한 장난감과 선물들을 수록한 광고 전단을 만들어 부모들에게 우송한다. 이 광고 전단에는 다음과 같이 개별화된 메시지가 인쇄돼 있다.「생일을 맞은 것을 축하합니다. 생일 선물을 우송한 카탈로그 안에서 주문하시면 선물과 함께 세 가지 사은품도 드립니다.」 핑거헛의 연간 매출액 가운데 80%는 기존 고객들로부터 나온다. 이 회사 마케팅 프로그램의 목적은 기존 고객들의 생애 가치를 극대화하는 데 있다. 이를 위해서는 어떤 상품을 어떤 고객에게 언제 제공해야 하는지를 잘 결정하는 게 가장 중요하다. 우리 기업들도 점차 CRM에 근거한 개별 마케팅에 눈을 뜨고 있는 것 같다. 백화점 몇 곳이 그 좋은 예다. 하지만 아직은 고객 관련 데이터도 불충분하고 이를 활용하는 데도 미숙한 편이다. 특히 고객들의 취향이나 구매행태에 관한 자료나 분석은 거의 전무한 상태다. 관계마케팅은 이제 없어서는 안 될 기본적인 경쟁 도구다. 디지털과 인터넷으로 옮아가는 세상에서 낙후되지 않기 위해서도 개별 고객에 대한 공략 방법을 익혀야 할 때다.

3. WTO와 한·중 Garlic War

1) 사건 개요

WTO체제 출범 이후 쌍무 간 통상 마찰이 일상화(Business as Usual)됨에 따라 분쟁 해결 또한 WTO가 정한 절차와 규범에 따라 정형화되고 있다. 그러나 지난 2000년 중국과 우리 정부 간의 마늘 분쟁은 중국이 WTO 회원국이 아니라는 점에서(2001년 11월 가입) 상궤를 벗어나 세계 각국의 관심의 대상이 되어 있다. 마늘은 단군신화에 나올 만큼 우리 민족의 생활과 정서에 긴밀한 작물이다. 생산 농가가 전체의 3분의1 수준인 42만 여 가구, 시장 규모가 1조원 규모로서 쌀 다음가는 중요한 작목이다. 이러한 마늘 산업이 위기에 처한 원인(遠因)은 1993년 UR협상 결과 보통 마늘은 396%의 고율관세로 시장을 개방한 반면, 냉동 · 초산조제 마늘은 당시 판단으로는 수입이 없을 것으로 보아 30%만의 관세를 허용한 데서 비롯된다. 원래 중국은 채소로서 마늘쫑을 주로 소비하기 때문에 통마늘이나 깐 마늘의 저가 공세도 가능해 99년에는 380%의 고율 관세를 물고도 1만2,000톤의 보통 마늘이 수입되었을 정도다. 여기에 수출 · 입업자 간에 사전 담합하여 수입가격을 절반 이하로 낮게 신고하는 방식으로 고율 관세를 무력화시키는 방법이 만연하였다.

2) 中, 규정 무시한 보복조치

그것이 여의치 않자 저관세인 냉동·초산조제 마늘의 수출로 새 출구를 개척하여 산동성을 중심으로 냉동·초산마늘의 대한(對韓)수출이 96~99년간 7배가 넘게 급증하였다. 그 결과 중국산 마늘 수입량이 99년 1~5월에는 국내시장의 35%까지 점유함에 따라 국내 마늘 가격이 kg당 3,000원대에서 1,400원대로 급락하였다. 농협의 피해구제 신청에 따라 준 사법기관인 무역위원회가 산업피해를 조사한 끝에 이유가 있다고 판정을 하여 재정경제부에 긴급관세부과를 건의하였고 외교통상부는 보상방안까지 제시하며 이해 당사자인 중국 정부와 두 차례나 협상을 하였다. 협의 과정을 거친 끝에 최종 조치 결과를 WTO와 중국 정부에 통보한 것이다. 이에 대해 WTO 가입을 목전에 두고 있는 중국이 WTO 규정이나 국제통상관례에 어긋나는 일방적인 보복 조치를 취하였다. WTO규정상 정당한 분쟁 조정과정을 거치지 않고는 3년 동안 보복 조치를 하지 못하며, 보복을 취할 경우라 할지라도 동일 산업분야에서 무역규제 금액에 상응하는 보복 조치를 취해야 하는데 이러한 통상 관례를 무시했다. 중국이 보복조치의 근거로 삼은「중국 대외무역법 제7조」역시 무역규제에 대해『상응하는 조치를 취한다』고 규정하고 있다. 그런데 냉동·초산마늘 수출액 898만 달러의 60배에 가까운 핸드폰과 폴리에틸렌의 수입 중단 조치는『상응한 조치』라 말하기 어렵다.

3) 중국 아직도 장막경제

【그림 V-3】 주요 신흥시장 개방도지수

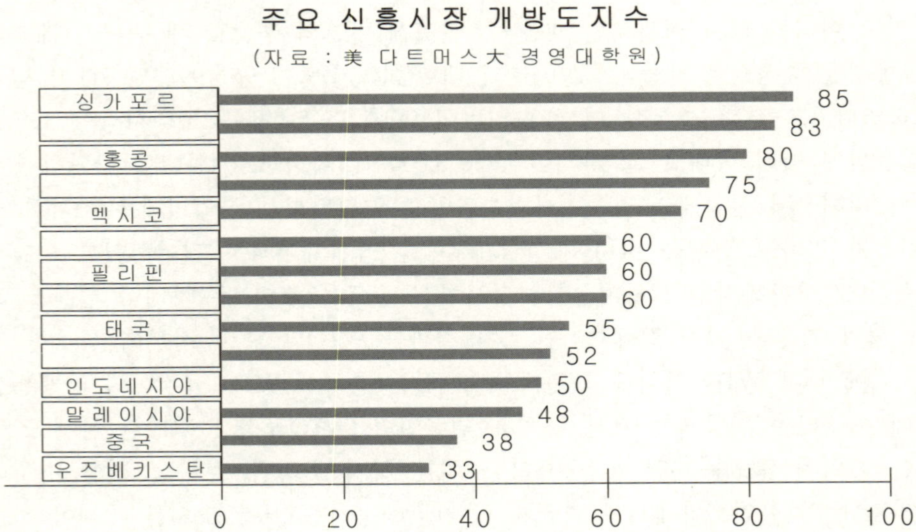

2001년 11월 WTO에 가입한 중국은 과연 국경 없는 국제경제에 뛰어들 준비가 돼 있을까. 미 다트머스 대학 조사에 따르면 부정적인 결론이 나온다. 다트머스대가 세계 신흥시장 38개국의 시장 개방도를 조사한 결과, 중국은「문」을 가장 굳게 걸어 잠근 나라 가운데 하나로 꼽혔다. IMF 이후 급속도로 시장을 개방한 한국도 리투아니아 · 쿠웨이트 · 폴란드보다도「폐쇄」성향이 강한 것으로 분류됐다. 관세 · 투자장벽 등을 기준으로 산출된 신흥시장접근지수(EMAI)에서 한국의 개방도 순위는 25위. 한편 가장 개방된 신흥시장으로는 싱가포르가 꼽혔고 그 다음으로는 칠레 · 홍콩 · 에스토니아 · 페루 등의 순으로 나타났다.

4) 중, WTO협정·관행 지켜야

우리 정부는 2000년 3월 마늘수입(약1,500~1,800만달러)이 크게 증가하여 국내 마늘 농가가 큰 피해를 보게 됨에 따라 WTO에 근거해 국내산업보호 조치를 취했다. 반면 중국 정부는 일방적으로 한국산 휴대전화 및 합성수지 제품(약 5억달러)에 대해 무역보복조치를 취했다. 이는 오늘날 개방화 시대를 살아가는 세계인이 나갈 방향은 아니다. 19세기나 20세기 전반기와 같은 일방적 · 패권적 제국주의 시대에나 통용될 수 있는 너무 낡은 관점이다. 이제 미국마저도 WTO출범과 함께 일방무역주의를 철회했다.

미국의 통상법 301조는 WTO협정의 범위 내에만 작동된다. 그러면 국제무역기준과 관행은 무엇인가. 지난 95년 효력이 발생한 WTO협정이 있다. 한국이 수입 마늘에 취한 무역조치는 WTO협정의「세이프가드조치협정(Agreement on Safeguards)」에 따른 것이다. 이 협정은「덤핑행위 방지협정, 정부보조금지급제한협정」등과 함께 WTO가 추구하는 시장개방 촉진을 뒷받침하는 보완협정 중 하나에 속한다. 이런 협정이 없다면 WTO의 개방정책은 제대로 추구될 수 없다.

세계화 · 개방화 시대의 정부의 주요 역할은 국제무역 기준과 관행에 따라 공정무역 질서를 확립하고 경제주체의 경제생활을 동일하게 보호해 주는 일이다. 중국이 취한 무역 조치는 이 협정에 전혀 근거하지 않고 있다. 이 협정 제8조 3항은 3년간은 무역 상대국이 결코 무역보복조치를 취할 수 없도록 규정하고 있다. 그러나 중국은 즉시 보복 조치를 취했다. 제8조 1항 및 2항은 무역보복조치는 WTO로부터 인정을 받아야 하고 무역규제에 상응한 범위 내에서만 취하도록 하고 있다. 중국은 이 정신을 존중하지 않고 있다. 특히 WTO 분쟁해결규정 제22조 3항은 무역보복조치는 우선 동일 분야에서 추구하고 점진적으로 다른 분야로 교차보복토록 하고 있다. 중국은 이 정신에도 반한다. 특히 한국은 92년 국교 수립 이후 중국에 대해 WTO회원국에게 베푸는 모든 무역특혜를 그대로 부여 해오고 있다는 사실을 간과해서는 안 된다.

5) 한·중 협의 타결

한중 마늘협상은 이미 타결됐다. 외교통상부는 마늘 분쟁 해결을 위해 2000년 6월 29일부터 중국 베이징(北京)에서 실무 협상을 벌여 온 한중 협상단이 14일 최종 합의문에 가서명했다고 동년 7월 15일 밝혔다. 이로써 6월 1일 중국산 마늘에 대한 한국의 긴급수입제한(세이프가드)조치와 6월7일 중국의 한국산 폴리에틸렌과 휴대폰 수입 중단 조치로 촉발된 마늘전쟁은 40여일만에 끝났다.

【그림 Ⅴ-4】 한·중 마늘분쟁 일지

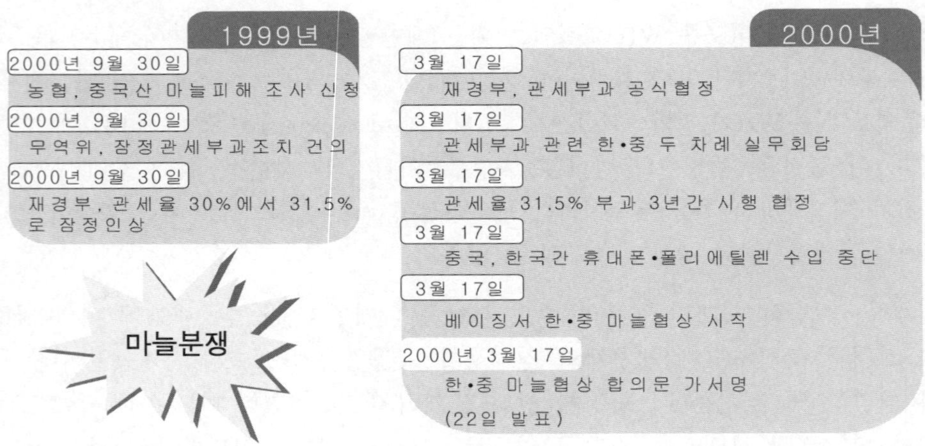

(1) 합의내용

중국이 한국산 폴리에틸렌 및 휴대폰 수입 중단 조치를 철회하는 대신 한국은 2000년 저율관세(30%)를 적용, 중국산 냉동 · 초산마늘의 수입 쿼터를 2만톤 가량 허용해 주기로 했다. 중국은 우루과이라운드에서 한국에 대해 최소시장접근(MMA) 물량 1만 1,895톤을 이미 확보하고 있어 중국이 2000년 한국에 50%이하의 저율관세로 수출할 수 있는 마늘은 3만2,000톤에 달한다. 한국은 또 30%

의 저율 관세를 적용, 중국산 냉동·초산 마늘의 수입 쿼터를 해마다 조금씩 늘어나는 MMA 물량 증가 수준에 맞춰 늘려 주기로 했다.

(2) 한국 판정패

합의안은 한마디로 6월초 마늘 전쟁 발발 이전으로 상황을 되돌린 것이다. 마늘 시장을 지키기 위한 대가가 너무 크다 보니 처음부터 '아무 일도 없었던 것처럼' 덮어 버린 것이다. 협상 결과 중국산 마늘 수입량은 3만2,000톤 안팎으로 합의됐다.

1999년 수입량 3만7,000톤을 감안하면 5,000톤가량을 줄인 셈이다. 또 중국 측이 당초 문제를 삼았던 긴급 수입 제한(세이프가드)조치에 대해 묵시적으로 양해한 점 등이 협상의 소득으로 꼽힌다. 그러나 미미한 성과에 비해 우리 측 손실은 막대하다. 한 달간 중국의 폴리에틸렌과 휴대폰 수입 금지 조치로 우리나라는 폴리에틸렌에서 1,400만달러 어치, 휴대폰에서 150만달러 어치를 중국에 수출하지 못했다. 여기에 5월 선적된 뒤 중국에서 통관 계류 중인 물량까지 합하면 손실규모는 더욱 늘어난다. 업계에서는 단기간 내 복구가 힘든 감산 조치 등을 들어 손실액을 1억달러까지 잡을 정도다. 중국 입장에서는 마늘 수출량을 일부 제한받게 됐지만 평균 315%에 이르는 관세를 물 뻔했던 마늘의 수출 관세를 285%포인트나 낮춰 자국 농가를 보호하는 실익도 챙겼다.

(3) 정부대책

농림부는 한중 마늘 협상에 따른 농가 손실 보전과 국내 마늘 산업 경쟁력 강화를 위해 1,500억원을 투입하기로 했다. 농림부는 특히 마늘 농가가 원하는 전량을 정부 보장가(kg당 1,200원)로 수매해 주기로 했다.

4. S&A 성공전략

1) 현황

「만일 글로벌 경쟁 상황에서 모든 것을 혼자 힘으로 할 수 있다고 생각한다면 이는 대단한 착각이다.」 제너럴일렉트릭(GE)의 전 잭 웰치(Jack Welch)회장의 이 한마디는 전략적 제휴(Strategic Alliance)의 필요성을 단적으로 표현하고 있다. 오늘날 최고 경영자들은 항상 새로운 능력을 개발해야 하는 스트레스를 안고 있다. 하지만 그것이 어디 쉬운 일인가. 오늘날의 경영환경에서 전략적제휴는 대단히 강력한 경영수단임에 틀림없다. 이를 증명하듯 제휴 건수는 폭발적인 증가세를 보이고 있다.

부즈 앨런의 조사에 따르면 미국 유수 기업 최고 경영자의 17%는 전략적제휴가 유용하다고 생각하고 있지만 31%는 위험스러운 일로 여기고 있다. 어떻게 하면 전략적제휴를 성공으로 이끌 것인가. 부즈 앨런&해밀턴의 로스앤젤레스사무소 부사장 존 하비슨은 전략적 제휴의 성공지침을 다음과 같이 소개한다. 하비슨 부사장은 15년전 부즈 앨런에 합류한 이래 우주항공, 컴퓨터, 전자, 금융서비스, 방송산업 관련 1백80여 기업의 전략수립과 리스트럭처링작업에 참여한 바 있다. 88년부터 92년까지 부즈 앨런이 성사시킨 7백여건의 전략적 제휴를 분석해 보면 제휴 기업들의 투자수익률(ROI)은 17%에 달한다. 일반 기업들이 투자수익률이 10%에 못 미치는 것과 비교할 때 상당히 높은 수준임에 틀림없다.

그 이유는 분명하다. 전략적 제휴는 일반적으로 기회를 획득하는 데 있어 파트너가 이루어 놓은 기존의 투자를 그대로 활용할 수 있기 때문이다. 한마디로 말해 적은 투자로 큰 성과를 거둘 수 있다는 말이다. 전략적 제휴는 M&A(기업 매수 및 합병)와는 성격이 다른 일이다. M&A는 기업의 강점과 약점을 모두 인수해야 한다. 반면 전략적 제휴는 서로 간의 강점과 강점을 결합한다. 물론 전략적제휴가 말처럼 쉽지는 않다. 전략적제휴에는 상당한 관리 경험이 필요하기 때문이다. 미국에서 전략적제휴의 성공확률은 M&A나 벤처캐피털보다 단연 높다. 하지만 여전히 40%는 실패한다.

2) 전략적 제휴란?

전략적 제휴란 말 그대로 둘 이상의 기업 간에 이루어진 합의이다. 이는 다음과 같은 중요한 특성을 갖는다. ①제휴사는 모두가 승자가 되는 공동전략이 개발되고 선택된다. ②제휴사의 강점을 공유함으로써 상호 호혜적인 관계가 유지된다. ③투자가 한쪽 이익보다는 공동이익을 위해 이루어진다. 기업이 혼자 내부적으로 개발하기에는 투자비용이 너무 클 때 전략적 제휴는 선택 가능한 대안이다. 제휴사 능력의 일부를 획득해야 할 때도 마찬가지다. 또 잠재적인 제휴사가 M&A대상으로는 너무 큰 경우 역시 전략적 제휴는 매우 유용한 수단이다.

3) 제휴의 역할

이제 경쟁의 초점은 현재보다 미래 능력을 선별하고 잘 구축하느냐 하는 것으로 바뀌고 있다. 현상유지는 더 이상 경영 목표가 될 수 없다. 기업은 지속적으로 자신의 입지를 새롭게 하고 확장시키는「능력」을 발휘할 수 있어야 한다. 이러한 능력은 고객가치 증진을 목표로 원가 효율적이며 환경 적응적인 프로세스와 시스템을 구축하는데 달려 있다. 하지만 어떤 기업도 혁신과 활동 흐름의 모든 측면에 대해 우월한 능력을 구축할 수는 없다. 전략적 제휴가 타당성을 갖는 이유가 여기에 있다. 제휴는 세계적 차원에서 기업이 역량을 구축하는데 필요한 자원과 시간의 부족함을 채울 수 있는 수단이다. 하지만 제휴를 정태적인 사건으로 이해해서는 안 된다. 기업 미래에 영향을 미칠 노하우와 프로세스를 변화시키는 동태적인 활동이기 때문이다. 전략적 제휴가 성공하기 위해서는 제휴를 통해 서로가 얻을 수 있는 장점을 미리 파악할 수 있어야 한다. 이는 제휴사의 진정한 능력에 대한 현실적인 평가를 바탕으로 한다.

【그림 V-5】 시장확보능력

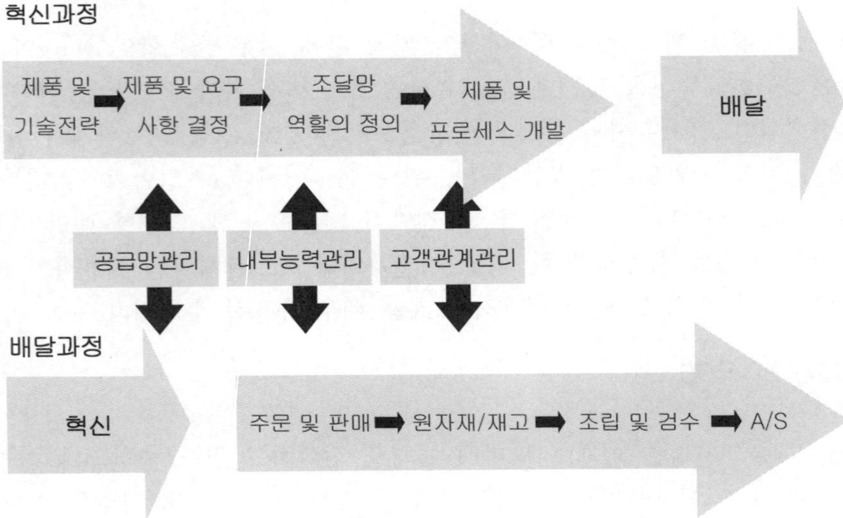

【그림 V-6】 교환 가능한 변수 분석

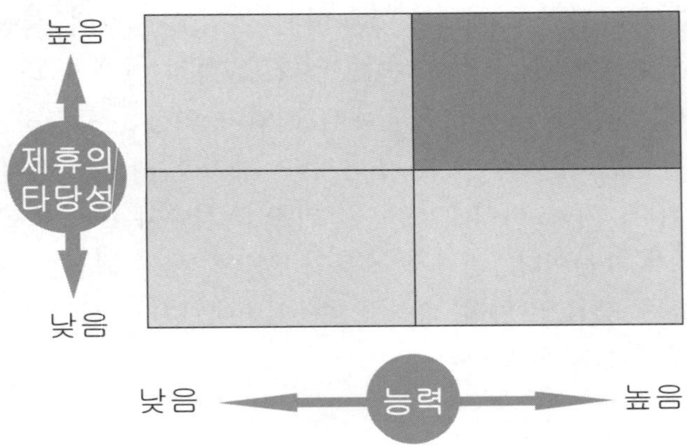

4) 왜 하는가

① **위험공유(Risk Sharing)** : 혼자서는 더 이상 투자위험을 감당할 수 없는 처지에 놓이게 되었을 때
② **규모의 경제(Economies of Scale)** : 경쟁력 제고를 위해 보다 큰 규모가 필요하지만 그 기업이 속해 있는 산업이 높은 고정비를 요구할 때
③ **특정 시장에의 접근(Market Segment Access)** : 대고객관계, 유통 관련 인프라에 대한 기본적인 해가 결핍되어 있을 때
④ **핵심 기술에의 접근(Technology Access)** : 심각한 기술 격차에 직면해 있지만 기술을 구축할 시간이나 자원이 부족할 때
⑤ **지리적 접근(Geographic Access)** : 성공 가능성이 있는 제품을 보유하고 있지만 외국시장을 침투하는 데 상당한 어려움을 겪고 있을 때
⑥ **자금제약(Funding Constraints)** : 상당한 개발비용 증가에 직면해 있을 때
⑦ **경영기술(Management Skills)** : 새로운 경영 노하우를 필요로 할 때
⑧ **부가가치 장벽(Value-Add Barriers)** : 부가가치를 높이기 위한 기술과 산업 내 경쟁력을 강화하고자 할 때
⑨ **인수장벽(Acquisition Barriers)** : 인수 기회가 기업 규모나 합리적인 제약, 소유주의 경영권 상실 우려 등으로 제한적일 때

이러한 요인은 제휴사 모두에 동일하다. 다만 제휴 시점에서 볼 때 제휴사마다 그 이유는 조금씩 달라질 수 있다. 가령 한쪽은 기술적 접근을 원할 때 다른 시장 접근을 원할 수 있다. 중요한 것은 각 제휴사의 참여 이유에 대한 명백한 인식이 없는 한 전략적 제휴의 성공 가능성은 그만큼 줄어들 수밖에 없다는 데 있다.

5) 7가지 상식

(1) 욕심을 버리고 가치 창출에 전념

욕심꾸러기 아이가 되어서는 안 된다 : 자기 몫을 챙기기보다는 제휴를 통해 「파이」를 키울 수 있어야 한다. 「욕심꾸러기 아이 증후군」을 극복하는 방법은 제

휴를 경영권 획득의 측면이 아니라 가치 창출에 초점을 맞추는 데서 출발한다. 각자 능력을 연결해 얼마나 많은 가치를 창조할 것인가 보다는 누가 얼마만큼 지분을 보유하느냐에 집착하기 때문에 많은 경우 처음부터 실패는 예약돼 있는 셈이다. 애플 AT&T, 모토롤라, 소니, 마쓰시타, 필립스는 강력한 경쟁자들이다. 그러나 이들은 제너럴 매직(General Magic) 지분을 동등하게 보유, 각자에게 이익이 되는 길을 택했다. 이러한 제휴 방식은 기업 진화의 새로운 장을 연 것으로 평가되기도 한다.

(2) 상호 신뢰·이해를 바탕으로 출발

사춘기 시각을 넘어서야 한다 : 상호 신뢰를 구축하라. 전략적 제휴는 종종 신뢰 결핍과 계약서 조항에 대한 과도한 집착 때문에 실패한다. 과도하게 짧은 계약이나 지나치게 복잡한 계약은 바람직하지 않다. 서로 신뢰하고 이해하는 데서 전략적 제휴는 출발한다. 제휴가 이뤄지는 대부분 절차는 실무자들에게 운영될 수 있을 때까지 변호사와 간부를 협상에서 배제하는 것이 바람직하다. 단, 과정 초기에는 중견간부를 참여시킬 필요가 있다. 이들은 전략적 제휴를 집행하는 사람들이기 때문이다. 만일 그들이 해당 프로젝트와 제휴 상대방에 대해 불편함을 느낀다면 성공의 기회는 그만큼 줄어들 수밖에 없다.

(3) 성급함은 올바른 판단을 방해

세대 차이를 극복하라 : 의사소통 채널은 언제나 열려 있어야 한다. 성급함은 올바른 판단을 방해한다. 제휴와 같은 엄청난 변화에는 저항하는 세력이 있게 마련이다. 변화에 반항하는 조직의 힘에 대해 명백히 이해하지 않은 상태에서 시작하는 것은 무모한 도박과도 같다. 각 제휴사가 그 동안 사업을 해온 전통적인 방법을 고집하는 소위 관료주의에 사로잡혀 있다면 제휴는 성공하기 어렵다. 종업원들이 제휴 등의 급격한 변화를 수용하는 데는 어느 정도 시간이 걸릴 수밖에 없다는 사실을 기억해야 한다. 포드 전대통령은「가장 힘든 일은 대통령의 명령 중 상당수가 결코 수행되지 않는다는 점을 잘 아는 것이다」라고 말한 적이 있다. 개방된 의사소통은 제휴사와의 관계에서 뿐만 아니라 그들 각각의 조직에서도 제휴의 성공에 필요한 열정과 신뢰를 키우게 된다. 절대 조급해서는 안 된다. 제휴에는 대개 1년가량이 소요된다.

(4) 최고의 인재를 끌어들여라.

사람을 흔들지 마라 : 전략적 제휴에 최고 인력을 끌어들일 수 있어야 한다. 전략적 제휴는 많은 사람의 경력관리에 위험 요소가 된다. 성공적인 전략적 제휴를 위해서는 개인적인 헌신이 요구되는 것도 그 때문이다. 전략적 제휴가 실패한다면 전략적 제휴를 위해 일했던 사람들은 불명예를 안을 수밖에 없다. 많은 전략적 제휴가 「경력의 공동묘지」로 인식되는 것도 그런 이유일 것이다.

제휴는 퇴직을 기다리는 중역을 위한 주차장이 되어서는 안 된다. 전략적 제휴라는 거대한 모험에서 성공하려면 최고 그리고 가장 정력적인 사람이 있어야 한다. 최고 경영자에게 제휴는 최고 인력을 위한 경력 개발의 계기로 활용될 수 있음을 기억해야 한다. 설사 전략적 제휴가 난관에 봉착했을 때라도 언제나 최고 인력은 건져낼 수 있어야 한다.

(5) 파트너 선택은 까다롭게

제휴사는 까다롭게 골라라 : 제휴사 설정에 충분한 시간을 가져야 한다. 인생에서나 비즈니스에서 나쁜 상대를 고르는 것은 재앙임에 틀림없다. 그러나 너무도 많은 전략적 제휴는 기업능력에 대한 사려 깊은 평가에 따른 이상적인 제휴사 선정이 아니라 주변 기업의 제의에 의한 경우가 많다. 제휴에 따르는 문화적 충격과 환경변화가 어떤 영향을 미칠 것인지를 사전에 충분히 생각해야 한다.

(6) 상대방을 정확히 파악하라.

결혼의 목표를 명확히 하라 : 제휴의 목표를 사전에 분명히 알고 있어야 한다. 상호 목적과 기대에 대한 명백한 이해는 공동 가치를 최대화하고 오해를 감소시킨다. 강점과 약점에 대한 「교환 가능한 변수의 분석(tradable analysis)」과 「레버리지 분석(leverage analysis)」없이 협상에 임하는 것은 적이 누구인지도 모른 채 전쟁터에 나가는 것과 같다. 전략적 제휴의 성패를 판단하는 수단으로는 이밖에도 투자수익률(ROI), 시장, 점유율, 제품품질, 기술, 원가개선 등을 들 수 있다. 이러한 판단을 제대로 하지 못한다면 한쪽은 제휴를 불만스럽게 여기는데 다른 한쪽은 제휴를 성공이라고 생각하는 불편한 상황이 발생할 수 있다. 잠재적인 불협화음을 파악하는 능력은 성공적인 전략적 제휴가 지니는 특성의 하나이다. 성공적인 전략적 제휴는 처음부터 이견을 중재하는 과정을 포함하고 있다.

(7)「독불장군」식은 곤란하다.

독불장군은 곤란하다 : 가부장 주의를 극복할 수 있어야 한다. 부모가 자식들에게 자신들의 문화와 인생관을 주입할 때 졸지에 부모는 거북한 사람이 되어버린다. 이것은 기업에도 똑같이 적용될 수 있다. 새로운 회사는 상이한 도전에 직면하게 된다. 변화에 적응하기 위해서는 다른 문화, 다른 프로세스, 다른 구조를 요구한다. 따라서 새로운 조직은 전략적 제휴의 독특한 욕구에 적합하도록 만들어져야 한다. 셰브론은 사우디아라비아에서 거대한 유전을 발견했다. 이곳에서 생산되는 석유를 세계시장에 팔기 위해서는 새로운 합작사가 필요했는데 셰브론은 텍사코를 선택했다. 셰브론과 유사한 문화를 지닌 텍사코는 50대50의 지분으로 칼텍스라는 새로운 회사를 설립했다. 칼텍스는 오늘날까지 셰브론과 텍사코의 가장 훌륭한 자산으로 남아 있다.

5. 기업의 뉴비젼 전략

기업의 비전은 과거부터 경영 전략의 중요한 과제였다. 그러나 시장 선도기업들의 새로운 비전은 경영 전략보다는 기업운영과 관련한 핵심역량, 프로세스 혁신, 신규 사업을 겨냥한 비전으로 전환되고 있다. 신 비전은 고객 서비스 1위와 같은 상위의 전략 개념이 아니라 어떤 부문에서 고객 서비스 1위가 되어야 할 것인가를 결정하고 구축하는 데 필요한 지침서라 할 수 있다.

예를 들어, 맥도날드는 고객 서비스의 선도기업이다. 그러나 맥도날드에서는 음식 찌꺼기를 고객이 치워야 한다. 또한 손님이 많으면 줄을 서야 하며, 줄의 앞에 도달하면, 바로 주문을 해야 한다. 또한 햄버거에서 양파를 빼 달라고도 할 수 없다. 양파가 싫다면 본인이 직접 빼야 한다. 이런 것이 고객 서비스인가? 맥도날드의 고객 서비스는 모든 것을 제공하는 것이 아니라 선택된 부문인, 균일한 품질의 음식을 어느 곳에서나 어느 지역에서나 신속히 제공한다는 것을 비전으로 갖고 있다. 이렇게 기업은 가치 창조의 요소들에 대해 선택을 하여 고객에게 탁월하게 제공해야 한다. 즉 모든 고객들에게 모든 것을 제공한다는 원칙은 오늘날의 기업 세계에서는 통용되지 않는다.

1) 프로세스 비전

비전은 종업원에게 공동체의 의식을 주입하기 위해서도 필요하지만 경영관리와 경영혁신의 근본 방향을 제시해 줄 수 있다. 경영관리와 경영 혁신의 주요 대상은 업무 프로세스이므로 프로세스에 대한 비전을 설정하는 것은 작업 방향을 제시하여 개선 방향의 초점을 맞출 수 있게 하며 종업원과의 목표 의식에 대한 공유에도 도움이 된다.

패더럴 익스프레스의 「내일 아침 10시 30분까지 무슨 일이 있어도 확실하게 배달할 것」 이라는 비전과 같이 프로세스의 비전은 다음과 같은 성격들을 갖고 있어야 한다.

첫째, 업무에 관련되어야 하며 종업원이 쉽게 이해할 수 있어야 한다. 빠르게 배달할 것인가, 원가를 줄여 저가격을 제공할 것인가, 친절하게 대응할 것인가 등의 여러 방식이 고객 서비스에 관련된다. 그러나 패더럴 익스프레스의 비전은 배달이라는 업무 방식에 맞추어져 눈이 오나 비가 오나 배달 담당자는 10시 30분까지 배달하는 것을 사명으로 하고 있다.

둘째, 가능한 숫자를 이용한다. 미국은 구(舊)소련에 비하여 우주산업에서 뒤떨어져 있었으나 구소련보다 먼저 달에 도착하였다. 이에는 케네디 대통령의 공헌이 컸다. 케네디 대통령은 68년까지 달에 도착한다고 공표하고 68년까지 달에 가기 위해서는 67년까지는 어떤 작업이, 66년까지는 어떤 작업이 완성되어야 하나를 역으로 계산하여 목표를 달성한 것이다. 페더럴 익스프레스도 마찬가지 방법으로 배달 업무를 혁신할 수 있었다.

셋째, 야망이 곁들여져야 한다. 너무 과대한 목표는 이룩될 수 없어 노력의 대상으로도 여겨지지 않을 것이고, 너무 소극적인 목표는 약간의 개선 활동을 통하여 달성할 수 있어 큰 효과를 창출할 수 없다. 다소 야망이 곁들어진 목표는 업무 방식의 개선이 아닌 혁신을 유도하는데 도움이 된다. 페더럴 익스프레스의 목표는 24시간 배달로 48시간 이상인 다른 기업에 비해 혁신적이었으며 이러한 목표의 달성은 이 회사를 초일류 기업으로 이끄는 데 기여하였다.

2) 정보기술과 뉴 비전전략

정보기술의 발전으로 성숙시장에서의 새로운 발전, 신규 사업의 참여, 경영 방식의 혁신 등이 가능하게 되었다. 다음은 정보 기술과 경영 방식의 연계로서 새로운 비전을 창출하는 전략들이다.

(1) 전략 1 : 제품에 파워를 장치

과거 성숙된 시장에서의 사업은 성장을 기대하기 어려웠다. 예를 들어, 카메라가 거의 모든 가정에 보급됨에 따라 카메라 시장은 성장이 어려울 것으로 기대되었다. 그러나 새로운 기능의 추가로 스마트 카메라가 등장함에 따라 카메라의 대체 수요는 다시 증가하게 되어 카메라 사업은 성장할 수 있었다. 성숙산업의 상품에 정보기술이 가미된 제품들이 다시 한 번 전성기를 누리고 있는 것이다.

(2) 전략 2 : 시장세분화

프로그레시브 보험회사는 오토바이 보험 시장에 대한 세분화를 이룩하였다. 다른 기업에서는 50cc의 배기량에 대한 보험료가 50달러라면 500cc의 배기량에 대한 보험료는 500달러일 것이다. 그러나 프로그레시브의 보험 정책은 배기량이 500cc라도 보험료가 200달러일 수 있다. 노인이 오토바이를 갖고 있다면 노인이 폭주족일 확률은 없으므로 보험료가 더 싸질 수 있다. 또한 차고를 갖고 있다면 오토바이를 아끼는 고객이므로 보험료가 더 싸질 수 있다. 즉 고객을 배기량 외에 나이와 주차장의 유무로 세분화한 것이다. 또한 과거의 사고에 대한 이력을 데이터베이스화하여 사고에 관련된 변수를 통계적으로 검증하여 계속적으로 시장을 세분화하고 있다.

(3) 전략 3 : 빠른 대응

빠른 대응을 하면 고객에게 우량 서비스를 제공하게 되며 프리미엄 가격을 받을 수 있다. 주택 자금 융자의 결정에 다른 은행은 2주 정도의 시간이 소요되고 있으나 씨티은행은 20분만에 결정을 하고 있다. 이에 따라 이자율이 1%정도 더 높음에도 불구하고 시장 점유율이 1위이며, 따른 은행의 안전한 고객들을 많이 빼앗아 올 수 있었다. 까다로운 조건들을 만족시킬 수 있는 안전한 고객은 즉시 융자를 해주며, 불안한 고객은 기각을 하여 금융자산 관리 면에서도 장점을 갖게 되었다.

(4) 전략 4 : 배달 시점에서 제조

도미노 피자는 고객의 주문을 받으면 배달하는 차에서 피자를 조리하여 30분 이내에 배달을 할 수 있었다. 렌즈 크라프트도 안경에 관한 모든 작업을 매장에서 하고 있다. 고객이 매장을 방문하게 되면 안과 의사의 처방을 받을 수 있으며 선택된 안경 프레임에 렌즈를 맞추는 작업을 매장에서 수행, 1시간 이내에 모든 작업이 완료될 수 있어 수익성이 좋은 회사로 발전하게 되었다.

(5) 전략 5 : 고객에게 업무 전가

고객에게 업무 전가를 하는 것은 경비의 절약뿐 아니라 고객 서비스의 증대와 수수료를 통한 수입에 이르기까지 많은 이점들을 창출할 수 있다. 예를 들어, 자동출납기는 고객이 직접 현금을 찾을 수 있어 은행은 경비를 절약할 수 있고, 고객은 편리하게 현금을 찾으므로 고객 서비스의 증대도 꾀할 수 있다. 또한 은행은 자동출납기의 수수료를 고객에게 징수할 수도 있다.

(6) 전략 6 : 파생사업의 육성

때로는 기본사업보다 파생 사업이 더 큰 효과를 가져 올 수 있다. TV가이드가 발생하고 있는 내용들은 방송국의 스케줄을 재정리한 것이나 큰 사업으로 발전하였다. 아메리칸 익스프레스도 고객의 취향을 파악하여 고객에 맞는 품목을 통신 판매하던 사업이 큰 사업으로 발전하였다.

(7) 전략 7 : 정보사업의 거간

불특정 다수의 공급자와 불특정 다수의 수요자를 연계시켜 주는 거간사업도 앞으로 큰 사업으로 발전할 수 있다. 전자시장이라고도 불리는 이러한 사업은 가축, 자동차, 농산물, 동전, 채용, 주택자금 융자, 부동산, 피자 등의 여러 분야에서 이룩되고 있다.

【표 Ⅴ-3】 21세기 기업경영의 변화모습

구분	80년대 이전	90년대	21세기 모습
산업환경	공업화	탈공업화	고도정보화
경쟁개념	제로섬(힘겨루기)	Win-Win(상호협조)	
전략방향	효율, 본업, 환경적응	사업 재구축, 환경민감	혁신, 융합화, 환경강조
경쟁요소	생산, 마케팅경쟁우위확보	기술, 디자인 전략, 유연성	창조력, 종합경쟁력
소비즈니스	유행추종, 기능 · 가격중시	개성추구, 세대 다양화	유행창조, 개성, 감성중시
시드(Seeds)	H/W아날로그, 기술고도화	S/W디지털, 하이테크쇼크	시스템, 퍼지, 카오스(인공지능) 사람위주(Human Tech)
생산형태	다품종 소량생산	변종, 변량생산	소품종 소량생산 무인공장
조직			유연한 수평조직 네트워크
경영자	관리자, 의사결정자	리더십 혁신자	창의성과 전문능력 구비 비전창조 조정과 동기부여 중심

6. 브랜드 네이밍(brand naming) Power

최근의 불확실성의 시대 속에서도 별 타격을 입지 않거나, 위기를 도약의 기회로 삼은 기업들에게서 공통적으로 나타나고 있는 미덕은 무엇일까?

차입금이 그리 많지 않아 재무 상태가 건전했고 국내보다는 해외시장으로 일찍 눈을 돌렸으며 우리 특성에 맞는 저가 제품을 재개발 출시함으로써 성가를 높였다든가 하는 이유들이 주로 거론된다. 그러나 경영 전문가들로부터 거론되고 있는 가장 중요한 미덕은「강한 브랜드를 가진 기업이 그렇지 못한 기업보다 경쟁력에서 더 앞섰다」는 점이다. 물론 브랜드는 약했지만 해외시장에 주력함으로써 성공한 기업들도 있다. 그러나 이들의 경우 전반적인 아시아 경제 전체의 침체 및 수출 부진으로 위기에 직면하고 있다.

1) 브랜드란 기업의 가치가 포함된 마케팅 복합체

브랜드는 우리말로「상표」로 번역할 수 있지만 마케팅 관점에서는 그 이상의 의미를 갖는다. 브랜드는 기업과 소비자를 연결하는 매개체이며, 그 유명도와 평판에 따라 소비자의 구매 패턴에 커다란 영향을 미친다. 따라서 브랜드는 「상표」라는 개념을 넘어 기업의 가치 개념이 포함된 종합적인 마케팅 복합체의 산물인 것이다.

의류 소매 업체 지오다노 인터내셔널과 전자 업체 필립스는 비교적 강한 브랜드를 가진 기업들이다. 지오다노는 소비자들이 브랜드를 가진 기업을 외면하지 않는다는 점을 확실히 보여주고 있다. 물론 지오다노가 브랜드 명성만을 갖고 허세를 부리는 건 아니다. 그들이 의류 판매에서 경쟁 업체를 따돌릴 수 있었던 요인은 제조의 효율성, 상점 위치의 적합성, 훈련된 인력 등에 있어서 모범적이라는 점이다.

필립스는 그동안 중국 전자 제품 생산 기업들의 경쟁적인 가격 인하와 값싼 밀수품 등으로 고전해 왔다. 그러나 최근 중국 정부의 밀수품 단속 및 캠페인으로 브랜드 파워의 덕을 보고 있다. 금년에 필립스는 브랜드의 힘을 이용해 중국 제품보다 5~10%정도 비싼 가격을 받을 수 있을 것이다.

2) 브랜드는 곧 돈이다

미국의 다국적기업인 필립모리스가 식품 회사인 크래프트를 장부 가격의 6배가 넘는 129억 달러에 매입했다. 크래프트의 고정 자산은 13억 달러, 크래프트는 무형의 브랜드 자산으로 116억 달러를 더 받은 것이다.

국내 기업의 예를 들어보자. 로케트전기는 국내 상표권과 영업권 일부를 7년간 미국 듀라셀건전지(질레트)에 임대하는 조건으로 약 815억 원을 받았다. 그 중 660억 원이「로케트」란 브랜드 가치였다. 이처럼 최근 국내외를 막론하고 기업을 인수·합병하거나 합작회사를 설립할 때 브랜드가 상대를 평가하는 중요한 기준이 되고 있으며, 로열티를 산정할 때도 마찬가지다.

브랜드에 대한 이 같은 아낌없는 투자는 브랜드가 곧 돈이라는 확신 때문이다. 소비자는 일등 제품을 사는 게 아니라 일등 브랜드를 사는 셈. 따라서 후발 제품이 아무리 좋은 기술로 만들어져도 브랜드 순위는 어지간해서 바뀌지 않는다. 세계 최고로 꼽히는 코카콜라의 브랜드 가치는 무려 360억 달러. MS, 코닥, IBM 등도 비슷한 가치로 평가되고 있다.

초일류 기업의 브랜드 전략은 어떠한가?

그들은 우선 기업의 경영목표, 즉 비전 및 슬로건을 일관되게 고객에게 제시하고 있다. 예를 들면 GE는 96년부터「전기를 통한 보다 나은 삶」이라는 슬로건을 만들어 사용해 오고 있다. P&G는 100년 동안 사용해 온「순수함」이라는 개념으로 순도 99.4%의 아이보리비누를 통해 부동의 베스트셀러위치를 고수하고 있다. 자동차회사 아우디는「독일인의 장인 정신이 배어 있는 승용차」로, 베네통은「다양한 인종이 조화롭게 살아가는 하나의 세계」로, 그리고 말보로란 담배로 유명한 필립모리스는 카우보이, 부도 노동자, 트럭 운전사 등 강한 모델을 등장시켜 남성 중심의 광고 전략을 40년 동안 일관되게 제시해 오고 있는 것이다.

이와 같은 일관된 비전 제시와 함께 변덕스러운 소비자의 심리를 캐치해 내는 브랜드 전략도 중요하다. 80년대 중반 일제차에 밀려 시장을 송두리째 내주다시피 했던 포드는 광범위한 소비자 조사를 통해 타겟을 베이비붐 세대로 설정했다. 이들의 특성이 레저를 선호하고 가족 중심적이라는 점을 파악한 포드는 이를 광고 전략에 반영해 일관되게 밀어붙인 끝에 당시 베스트셀러 카였던 혼다의 어코드를 물리칠 수 있었다.

「하이트」란 맥주가 나오기 이전까지 조선맥주는 경쟁사인 OB맥주에 눌려 만년 2위에 머물러 있었다. 이때까지 조선맥주가 아무리 신제품을 개발하고 광고 공세를 펼쳐도 「조선맥주는 쓴맛이 난다」는 이미지를 극복할 수 없었다. 그러나 조선맥주가 하이트를 개발하며 내놓은 극약 처방은 제품명에서 아예 조선맥주라는 회사명을 빼 버리는 개별 브랜드 전략이었다. 대신 이들은 지하 암반수를 이용해 새로운 맥주를 만들었다는 이미지를 강조하였고, 소비자들은 하이트를 「신개념의 맥주」로 받아들였다.

리서치회사인 JD파워의 조사에 따르면 미국에서 브랜드 로열티를 가진 한 사람의 고객을 잃을 때 회사가 입는 손실을 무려 1만 달러에 이른다는 계산이 나왔다. 이처럼 막강한 위력 때문에 브랜드는 부동산이나 주식을 뛰어넘는 최고의 기업자산으로까지 대접받고 있는 것이다.

3) 세계적인 브랜드만을 부러워할 때가 아니다

현대사회에서는 제품의 실체보다는 이미지를 중시하는 경향이 강해지고 있다. 뿐만 아니라 대부분의 제조기술이 평준화됨으로써 제품의 품질을 차별화하기 힘들어지고 있다. 따라서 좋은 브랜드가 갖는 이미지는 더욱 커질 수밖에 없다. 특히 요즘과 같은 불황기에는 단골 고객들의 이탈을 막기 위한 브랜드 관리가 더욱 중요하다.

아직도 많은 우리 기업들은 브랜드란 소비자들의 선택에 따라 만들어지는 것으로 인식하고 있다. 그러나 우리가 무한 경쟁에서 생존하기 위해서는 브랜드가 만들어지기를 기대해서는 안 된다. 전략과 전술의 개발과 공략을 통해 브랜드를 만들어 내야 하는 것이다.

기업이 일등 제품을 생산해 일류 기업이 되기 위해서는 그에 걸맞는 일등 브랜드를 만들어야 한다. 이제 브랜드는 종속변수가 아닌 가장 중요한 독립변수이기 때문이다.

마케터들은 국내 기업들이 세계적인 브랜드를 만들기 위해서는 본격적인 브랜드 가치 창출에 나서야 한다고 지적한다.

첫째, 글로벌 브랜드 네임으로 기업명을 바꿔야 한다. 둘째, 기업명과 제품 브랜드 네임이 동일한 브랜드 체계를 갖춰야 한다. 셋째, 기업의 심벌마크는 창조성과 차별성을 강조해야 한다. 넷째, 기업 심벌마크와 엠블렘(제품마크)을 동일하게 사용함으로써 브랜드 정체성을 높여야 한다. 다섯째, 그룹식의 포괄적 심벌마크는 각 계열사 브랜드의 정체성을 부각시키는 데 장애요인으로 작용하고 있으므로 계열사별 브랜드로 바꾸어야 한다. 여섯째, 브랜드매니저제도를 도입해 기업경영을 브랜드 경영으로 전환해야 한다.

이제 브랜드는 기업에 있어서 자본금, 생산시설, 인적자원 외의「제4의 자산」이다. 위기의 시대, 새로운 경영전략과 전술이 필요한 글로벌경영의 시대를 맞아 브랜드 네이밍으로 돌파구를 마련 중인 우리 기업이 곳곳에서 뛰고 있다.

2005년 글로벌 100대 브랜드에 포함된 국내 브랜드(삼성, 현대, LG)의 가치 합계는 210억 달러로 지난 2001년(64억 달러)보다 230% 상승했다. 이는 글로벌 100대 브랜드의 국가별 성장률 순위를 매겼을 때 프랑스(220%), 스위스(101%) 등보다 앞서 세계 1위 수준이다. 그러나 아직까지 100대 브랜드에 포함된 우리 기업의 가치는 전체 100대 브랜드 가치의 2%에 불과한 것으로 분석됐다.

우리나라 기업의 브랜드는 최근 5년간 1개에서 3개로 증가하며 네덜란드와 공동 8위를 기록했다. "이는 국내 기업들이 세계시장에서 선전한 결과이며, 지속적인 브랜드 가치 창출 노력, 영화 및 스포츠 마케팅 활동 등을 통한 꾸준한 인지도 상승에 따른 것이라 할 수 있다. 그러나 아직까지 국내 브랜드들은 세계 상위권 브랜드들과 여전히 큰 격차를 두고 있었다. 100위권 내 국내 3대 브랜드 가치 합계(2005년 210억달러)가 세계 1위 브랜드인 코카콜라(2005년 675억 달러)의 1/3에도 미치지 못하는 것으로 나타났다. 우리 기업들이 지난 5년 동안 괄목할 만한 성장을 기록하긴 했지만 아직도 성장의 여지가 많이 있음을 시사하는 대목이라 할 수 있다.

【표 V-4】 국가별 100대 브랜드 가치 합계 (단위:10억달러,%)

순위	국가	2005년 브랜드가치	2005년 비중	2001년 브랜드가치	2001년 비중	성장률
1	미국	708.04	67.8	739.78	74.8	-4.29
2	일본	73.81	7.1	67.76	6.9	8.93
3	독일	73.33	7.0	55.7	5.6	31.66
4	프랑스	44.16	4.2	13.79	1.4	220.20
5	스위스	36.20	3.5	17.95	1.8	101.68
6	핀란드	26.45	2.5	35.04	3.5	-24.51
7	영국	21.19	2.0	16.88	1.7	25.56
8	한국	21.08	2.0	6.37	0.6	230.94
9	이탈리아	14.77	1.4	7.85	0.8	88.17
10	네덜란드	11.44	1.1	7.166	0.7	59.57
11	스웨덴	7.82	0.7	14.46	1.5	-45.94
12	스페인	3.73	0.4	0	0.0	N/A
기타		3.05	0.3	5.64	0.6	-45.96
합계		1045.07	100	988.39	100	5.73

주 : 기타에는 영국과 네덜란드가 공동 소유한 Shell사 및 순위권에서 제외된 Bermuda, Denmark, Ireland포함

【표 V-5】 국가별 100대 브랜드 수 (단위: 개)

순위	국가	2005년	2001년	증감
1	미국	53	62	-9
2	독일	9	7	2
3	프랑스	8	3	5
4	일본	7	6	1
5	스위스	5	3	2
6	영국	4	6	-2
6	이탈리아	4	3	1
8	네덜란드	3	2	1
8	한국	3	1	2
10	스페인	1	0	1
10	스웨덴	1	3	-2
10	핀란드	1	1	0
기타		1	3	-2
합계		100	100	-

주: 기타에는 영국과 네덜란드가 공동 소유한 Shell사 및 순위권에서 제외된 Bermuda, Denmark, Ireland포함

【표 V-6】 업종별 브랜드 가치 순위

(단위:10억 달러)

순위	업종	2005년		2001년		1위업체 (전체순위)	국내기업 (전체순위)
		가치합산	기업수	가치합산	기업수		
1	컴퓨터 및 IT, 이동통신	300.36	18	334.79	21	MICROSOFT(2)	
2	주류 및 음식료	149.97	14	139.456	17	COCA-COLA(1)	
3	자동차	121.55	12	115.39	8	TOYOTA(9)	HYUNDAI(84)
4	금융	99.44	9	58.81	4	CITIBANK(13)	
5	의류, 스포츠용품 및 명품	78.47	15	52	12	NIKE(30)	
6	가전	53.10	8	54.17	7	SAMSUNG(20)	SAMSUNG(20), LG(97)
7	생활 잡화 및 완구	44.48	7	34.56	7	GILLETTE(15)	
8	담배,제약 및 화장품	38.92	3	40.67	3	MARLBORO(10)	
9	숙박 및 외식업	38.67	4	40.76	5	McDONALD'S(8)	
10	오락 및 미디어	36.95	3	52.88	7	DISNEY(7)	
11	기타	83.18	10	112.78	12	-	
합계		1045.07	100	988.39	100	-	

【표 V-7】 뜨는 브랜드 vs 지는 브랜드

	뜨는 브랜드	지는 브랜드
특징	고객이 아닌 열성적인 팬 확보 제품 개발 단계부터 글로벌 지향, 효과적인 마케팅 효과적인 브랜드 정체성(Identity) 관리	혁신성 상실 핵심인력 이탈 방향성 상실
사례	Apple(2001년 49위-->41위) 삼성(2001년 43위-->20위) HSBC(2003년 37위 진입-->2005년 29위)	Sony(2001년 20위-->2005년 28위) MORGAN STANLEY (2002년 26위로 진입-->2005년 33위) VOLKSWAGEN (2001년 35위--> 2005년 56위)

7. 한국 벤처기업의 경쟁력 확보 전략

한국은 지난 40년간 후진국에서 중진국을 향하여 숨 가쁘게 달려왔다. 1961년의 1인당 국민소득 82달러는 전 세계 170개 국가 중 166위의 수준이었다. 우리나라보다 못사는 나라가 아프리카 4개국밖에 없었던 당시 상황에서 이제는 1인당 2만달러를 넘보는 선진국으로 발전한 것이다.

후진국에서 선진국으로 발전하는데 있어 가장 큰 과제는 돈이었다. 공장을 짓고 기계를 돌려 상품을 만들기 위해서는 우선 공장을 지을 투자 재원을 확보해야 했다. 정부는 해외에서 조달한 얼마 안 되는 자금을 몇몇 기업에 나눠줌으로써 재벌을 육성하고 이들을 통해서 경제를 발전시켰다. 이 과정에서 재벌은 정부가 제공한 자금을 독식함으로써 생산요소 시장에서 독점적인 혜택을 받았다.

또 정부가 지불 보증한 해외차관을 사용한 재벌이 사업에 실패할 경우 정부에게 모든 책임이 돌아오게 되는 상황에서 정부는 국내 완제품 시장에 대한 국내 다른 기업과 해외기업의 진출을 억제함으로써 재벌기업에게 독점 시장을 만들어 줄 수밖에 없었다. 정부는 생산요소 시장에서는 물론 상품 시장에서도 재벌에게 혜택을 주었고, 재벌들은 정부 지원이라는 외적 조건을 기반으로 하여 성장할 수 있었다.

한국은 앞으로 발돋움해야 한다. 투자 재원은 더 이상 선진국이 되기 위한 필수 요건이 아니다. 선진국 수준이 되면 이자가 높고 절차가 까다로울지는 몰라도 국제 금융시장에서 필요한 자금을 확보하는 것이 어렵지 않다. 선진국으로 가는데 필요한 조건은 세계 시장에서 다른 선진국 기업과의 경쟁에서 이길 수 있는 국가 경쟁력이다.

그런데 경쟁력은 독점이 아니라 경쟁에서 나온다. 그렇기 때문에 경쟁을 기반으로 하지 않은 경제체제에서는 선진국이 나올 수 없다. 우리가 진정한 선진국으로 가기 위한 방법에는 자력으로 성장하는 벤처기업을 비롯한 수많은 기업이 세계시장에서 선진국 기업과 치열한 경쟁을 통해 경쟁력을 확보하는 길 밖에 없다. 그 동안 독점 체제 속에서 안주해 왔던 재벌기업 역시 경쟁을 통해 전문기업으로 바뀌어야 한다.

그러면 정보화를 기반으로 한 새로운 경제체제 속에서 벤처기업이 경쟁력을 확보하는 전략은 무엇인가. 여기에는 네 가지의 키워드가 있다. 첫째, 속도전쟁이다. 기업은 남보다 앞서 남이 하지 않은 일을 해야 한다. 남의 뒤를 따라가서는 이익은커녕 생존도 기대할 수 없다. 둘째, 온라인과 오프라인의 결합, 즉 현실공간과 가상공간의 결합이다. 결국 수익 모델은 이 두 가지 사업이 결합되는 데서 창출될 수 있을 것이다. 셋째, 사람과 기업의 연계이다. 즉 가장 강한 경쟁력을 가진 사람과 기업이 네트워크를 형성하여 협력하고 공생함으로써 강한 경쟁력을 가진 사업 영역을 구축할 수 있을 것이다. 넷째, 고객의 세계화이다. 국내시장만을 대상으로 하는 기업은 세계적인데 경쟁력 확보에는 실패할 수밖에 없다. 다시 말해 속도, 결합, 연계, 세계화, 이 네 가지가 바로 새로운 시대를 열어 가는 벤처 기업의 전략이어야 한다.

앞으로 한국 경제는 2개의 커다란 지주로 재구성되어야 한다. 하나는 재벌기업이 전문화된 제조기업으로 변신한 모습이고, 다른 하나는 네트워크로 연결된 벤처기업이다. 우리는 이 두 가지 기업군을 가지고 한국 경제의 비전을 만들어 낼 수 있다.

즉 오프라인에 기반을 두고 있는 대형 제조기업들이 온라인으로 연결된 벤처기업과 전략적으로 공조, 협력 체제를 구축하거나 경우에 따라 결합하는 것이다. 세계의 다른 나라들과 비교할 때, 제조업에서 한국만큼 탄탄한 기반을 가진 나라도 많지 않다. 이와 동시에 온라인에서 한국만큼 활성화된 분위기를 가진 나라도 없다.

따라서 이 두 가지 기업군이 연계하여 세계시장으로 진출한다면 한국은 세계 최초로 막강한 오프라인 제조업을 기반으로 한 활성화된 온라인 사업 모델을 만드는 국가가 될 것이다. "세계 최초로 이루어진 최고 수준의 제조업-벤처 연합군"을 만들 수 있는 절호의 기회가 바로 우리 눈앞에 있다. 이를 성공시킨다면 대한민국은 G7뿐 아니라 G3에도 능히 올라갈 수 있다. 이것이 바로 우리가 추구해야 할 한국의 비전이다.

8. 21세기 중화경제권 전망

미국 정부 산하「21세기 국가안보위원회」는「다가오는 신세계」보고서를 통해 중국의 국가 경쟁력이 2020년에 미국을 능가할 것이라고 예측했다. 한마디로 21세기는 중국의 세기가 될 것이라는 분석이다.

【표 V-8】주요국 경제성장율추이

(단위 : %)

	2004	2005	2006		
			상반기	하반기	연간
세계경제	5.1	4.3	4.2	4.1	4.1
미국	3.3	2.6	2.5	2.5	2.5
일본	2.3	2.4	2.2	2.7	2.5
유로	2.0	1.3	1.8	1.9	1.8
개도국	7.3	6.4	6.2	6.1	6.1
중국	9.5	9.2	8.6	8.4	8.5
인도	6.9	7.0	7.0	6.9	6.9
중남미	5.7	4.2	4.1	4.0	4.0
러시아	7.2	6.0	6.0	5.8	5.9
동구	5.0	4.5	4.8	5.1	5.0

주 : 2004년 실적치는 IMF 기준이며, 2005, 2006년은 LG경제연구원 전망치임.

중국의 세계무역기구(WTO) 가입은 이를 더욱 앞당기는 계기가 될 것으로 보인다. 중국의 WTO 가입이 단순히 중국이 경제 무대에 공식 진출, 영향력을 확대하는 것뿐 아니라 중국·홍콩·타이완 등으로 분산되어 있는 중화(中華)경제권의「힘」을 집결시킬 수 있는 요인으로 작용할 가능성이 높기 때문이다. 말 그대로「그레이트 차이나(Great China)」의 형성이다.

여기에 세계 각국에 퍼져 있는 4,000만명의 화교(華僑)와 이미 중국에 반환된 마카오, 준중화경제권인 싱가포르까지 감안하면 그 힘은 더욱 커진다.

홍콩의 한 신문은 『중국이 WTO에 가입할 경우 1국2체제 형태인 홍콩과 중국은 물론 타이완과의 경제 협력도 확대돼 이들 모두의 경제성장에 큰 보탬이 될 것』이라고 보도한 바 있다. 중국의 WTO가입이 중화경제권 모두에 활력소로 작용, 이들의 경제적 위상을 높일 것이란 분석이다.

이 신문은 특히 중국의 WTO가입으로 중개무역지로서의 홍콩의 위상은 낮아지겠지만 자유무역체제를 갖추는 중국과의 일체 관계가 가속화되고, 금융시장은 중국 기업들이 홍콩으로부터의 자본 조달을 확대하면서 더욱 발전할 것으로 전망했다. 2국 체제인 타이완 역시 중국 시장개방에 따른 투명성제고로 중·타이완 간 경제 협력 및 통합은 가속화될 것이란 게 전문가들의 분석이다.

이들의 경제적 통합이 가속화될 경우 조만간 미국에 버금가는 영향력을 발휘할 가능성이 높다. 현재 이들 3개 지역의 교역량은 미국에 이은 세계 2위 규모다. 중국의 WTO 가입을 계기로 교역량이 급증, 2050년에는 현재보다 2배 이상 크게 늘어날 것이란 분석을 감안하면 조만간 세계 최대 교역국으로 등장할 수 있을 것으로 보인다.

이들 3개 지역의 외환 보유고는 이미 세계 최대다. 2006년 현재 중국의 외환 보유고는 2,200억달러, 홍콩 904억달러, 타이완 1,027억달러로 세계 1위인 일본(2,728억달러)을 크게 앞선다.

【표 V-9】 중국의 주요 거시경제지표추이 및 전망치

	단위	2002	2003	2004	2005		2006
					1~9월	전년	
GDP성장율	%	8.0	9.1	9.5	9.4	9.2	8.5
소비자 물가	%	-0.8	1.2	3.9	2.3	2.3	2.5
고정자산 투자	%	16.4	26.7	25.8	25.4	23.0	20.0
소비 증가율	%	11.8	9.1	13.3	13.0	13.0	15.0
수출	억 달러	3,256	4,834	5,934	6,865	7,595	7,750
수입	억 달러	2,592	4,128	5,614	5,957	6,624	5,582
무역수지 흑자	억 달러	304	255	320	908	971	832
FDI 유입액	억 달러	527	535	606	432	597	585

자료 : 中國 國家統計局 국무원발전연구중심, IMF, Global Insight

주 : *2005년 1~9월은 실적치, 수출입은 11월말 기준, 2005년 전체와 2006년은 전망치

2020년 중국의 국가경쟁력이 미국을 앞지를 것이란 미 21세기 국가안보위원회의 분석이 중국 본토와 홍콩의 경제력만 놓고 전망한 것인 만큼 중화경제권 전체로 놓고 보면 21세기 초반에 곧바로 중화경제권이 미국을 제칠 가능성이 높은 상황이다.

【표 V-10】 세계 15대 교역국

(억 달러)

	수출		수입		교역액	
1	독일	9,782(1)	미국	16,709(1)	미국	25,753(1)
2	미국	9,044(2)	독일	7,785(2)	독일	17,567(2)
3	중국	7,621(3)	중국	6,602(3)	중국	14,225(3)
4	일본	5,956(4)	일본	5,159(6)	일본	11,115(4)
5	프랑스	4,429(5)	영국	5,000(5)	프랑스	9,187(5)
6	영국	3,808(8)	프랑스	4,758(4)	영국	8,808(6)
7	캐나다	3,746(9)	이탈리아	3,692(7)	이탈리아	7,371(7)
8	이탈리아	3,679(7)	벨기에	3,201(9)	캐나다	6,941(9)
9	네덜란드	3,492(6)	캐나다	3.195(10)	벨기에	6,540(10)
10	벨기에	3,339(10)	네덜란드	3,095(8)	네덜란드	6,538(8)
11	홍콩	2,895(11)	홍콩	2,999(11)	홍콩	5,694(11)
12	한국	2,844(12)	스페인	2,718(12)	한국	5,460(12)
13	러시아	2,453(13)	한국	2,612(13)	스페인	4,661(13)
14	멕시코	2,137(14)	멕시코	1,826(14)	멕시코	4,353(14)
15	대만	1,984(15)	대만	1,251(15)	대만	3,810(15)

주 : 1) ( )는 2004년 순위
2) 자료 : 한국무역협회, 한국은행, 각국 통계청, CIA Database

중국전문가들은 『중국의 WTO 가입으로 중화경제권의 중심축이 홍콩이나 싱가포르에서 상하이(上海)나 베이징(北京)으로 바뀌면서 중화경제권이 강력한 경제적 위상을 갖추게 될 가능성이 높다』 고 진단했다.

【그림 V-7】 중국의 경제계획목표와 주요 정책

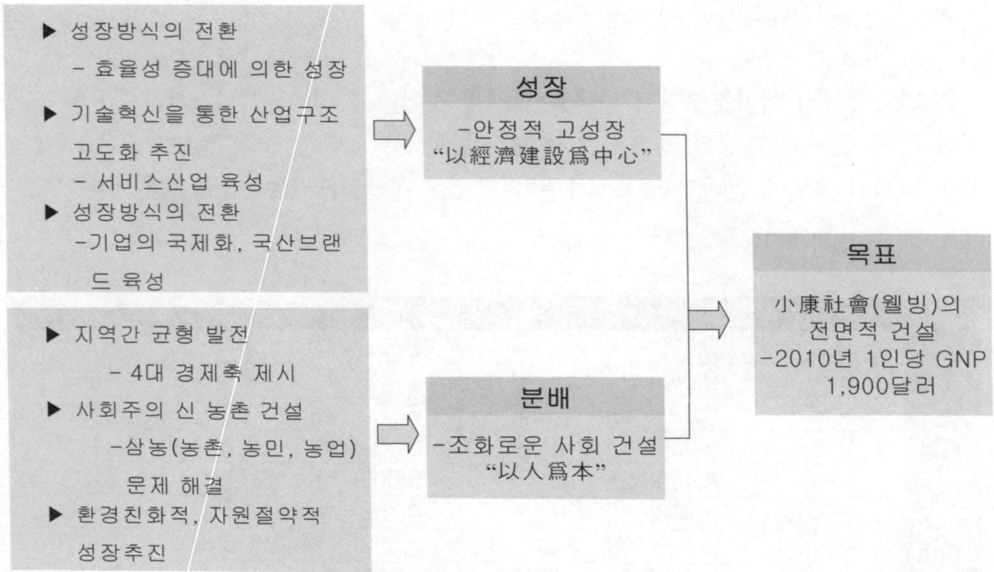

자료 : 2006 중국경제전망, KIET(www.kiet.re.kr)

9. 적대적 M&A기법

M&A란 둘 이상의 기업이 하나로 통합되어 단일 기업이 되는 기업합병(Mergers)과 한 기업이 자산 또는 주식을 취득해 다른 기업의 경영권을 획득하는 기업인수(Acquisitions)를 말한다.

서로 합의하에 이뤄지면 우호적(Friendly) M&A, 기존 경영진의 반대를 꺾고 인수하면 적대적 또는 일방적(Hostile) M&A라고 한다.

적대적 기업인수합병(M&A : Mergers and Acquisitions)은 회사 경영권을 기존 대주주로부터 강제로 빼앗는 것을 말한다.

일반적으로 기업간 M&A는 양측 대주주가 모두 인정하는 계약 조건에 따라 인수, 합병 행위가 일어난다. 하지만 어느 한 편의 의사와 관계없이 경영권을 인수하려는 행위가 종종 발생하는데 이것이 적대적 M&A다.

적대적 M&A는 법률이 정한 인수합병 규정을 교묘히 이용해서 공격 대상 기업의 대주주가 눈치 채지 못하도록 지분을 확보함으로써 시작된다.

이때 사용하는 기법은 공격측과 방어측이 처한 상황에 따라 달라지며 한 번 사용한 방법은 다시 사용하지 않는다는 불문율이 있다. 이미 알려진 공격법에 대한 방어 방법이 연구돼 있기 때문에 재활용이 불가능한 것이다.

지금까지 국내외에서 사용됐던 적대적 M&A기법을 살펴보겠다.

1) 그린메일(Green Mail)

외국인 M&A허용으로 가장 성행할 것으로 예상되는 적대적 M&A유형이다. 공격측은 대주주 지분이 취약한 특정 기업의 주식을 경영권을 위협할 정도로 매집한다.

주식 매집은 은밀히 진행되며 일정 지분이 확보된 후 대주주 측에 높은 가격에 자신들의 지분을 매수해 줄 것을 요구한다. (이 요구를 담은 서한을 그린메일이라 한다)

대주주가 매수를 거부할 경우 미리 확보한 제3의 매수자에게 지분을 몰아주고 제3자가 기업의 경영권을 획득한다. 증권전문가들은 97년 초 미도파에 대한 외국인들의 M&A시도를 그린메일의 일종으로 분석하고 있다.

2) 공개매수(Take-Over Bid)

공격자는 공격 대상 기업의 지분을 어느 정도 확보하고 있다가 단기간에 경영권 획득을 위해 해당 기업 주식에 대해 공개적으로 매수수량과 매수가격을 발표한다. 일정기간 내에 원하는 지분을 얻어서 경영권을 빼앗는다.

국내에서는 지난 94년 한솔제지가 동해종금을 공개 매수한 것이 처음이다. 97년 증권거래법에 의무공개매수 규정이 신설된 후 신성무역 등 여러 사례가 있다. 하지만 외국인 M&A 허용과 함께 의무공개매수 규정은 없어졌다.

3) 베어허그(Bear Hug)

베어허그란 곰이 갑자기 껴안는다는 뜻으로 공격 대상 기업에 기업인수 의사를 전격적으로 발표하고 이에 응하지 않을 경우 공개 매수를 하겠다고 으름장을 놓는 것이다.

국내에서는 고니정밀 M&A에 베어허그 기법이 동원됐으나 대주주의 방어 의지가 없어 큰 소득은 없었다. 이와 비슷한 기법으로 토요일 밤 특별작전(Saturday Night Special)이 있다. 주말 증시를 통해 전격적으로 지분을 매수해 방어자에게 방어기회를 주지 않는 것이다.

4) 위임장 대결(Proxy Fight)

공격자나 방어자 모두 지분율 50%이상을 장악하는 것은 사실상 어렵다. 주총에서 표대결이 벌어질 것을 대비, 공격자와 방어자 양측은 소수 주주들로부터 의결권을 위임받아 경영권을 주장하게 된다. 국내에서는 한화종금 경영권 분쟁시 공격자와 방어자가 모두 신문광고를 통해 소수 주주에게 자신에게 위임장을 써 달라는 요청을 했다.

외국에서는 위임장 대결을 통해 경영권이 바뀐 사례가 많다. 공격자는 기업 경영자의 약점을 토로하고 자신이 새로운 경영자가 될 경우 회사 비전을 제시해 위임장을 받아 낸다.

5) LBO(Leveraged Buy Out)

기업 공격자금을 외부 차입으로 충당하는 전략이다. 공격자는 앞으로 인수하게 될 기업의 자산을 담보로 금융기관으로부터 공격자금을 차입한다. 적대적 M&A가 성공해 기업을 인수하면 기업의 자산을 매각해 차입금을 갚는다. LBO는 한 때 미국에서 맹위를 떨친 기법으로 맨 주먹으로 적대적 M&A가 가능하다는 신화를 낳았다. 대부분의 적대적 M&A에서는 공격자금 또는 방어자금 마련을 위해 LBO기법이 동원된다.

6) 흑기사(Black Knight)

동업자 관계가 소원해진 틈을 이용, 제3자를 끌어들여 기업 경영권을 빼앗는 방법이다. 국내에서는 지난 95년 신원그룹이 사카린 제조업체인 제일물산을 M&A할 때 이 기법을 동원했다. 1 · 2대주주는 선대의 동업자 관계가 깨지면서 2대주주가 경영에서 소외됐다. 2대주주는 신원그룹을 흑기사로 불러들여 자신의 지분과 신원이 매집한 지분을 합쳐 전격적으로 경영권을 인수했다.

10. 다자간 투자협정(MAI)

자유로운 국제무역을 위해「국경 안에서의 장벽」을 제거하는 일이 중요해졌다. 관세와 쿼터 같은「국경에서의 장벽」은 이미 대부분 제거됐기 때문이다.

세계무역기구(WTO)는 싱가포르에서 열린 각료회의에서「무역과 투자정책」「무역과 경제정책」이라는 두 개의 실무 그룹을 만들어 이 문제를 논의하기로 했다.

또 경제협력개발기구(OECD)는 다자간투자협정(MAI : Multilateral Agreement on Investment)협상을 활발하게 진행하고 있다.

국경 안에서의 장벽이란 보통 세 가지를 의미한다.

첫째 외국기업, 수입품을 차별하는 정부 규제이다. 이는 WTO 규정에 위배된다.

둘째 장벽은 국내기업들이 외국기업의 시장 접근을 막는 시장 관행이다. 이는 WTO여러 규정이 일반 기업에 적용되지 않기 때문에 현재로서는 해결하기 힘들다.

셋째, 경제성 때문에 진입장벽이 생기기도 한다. 전기사업 같은 경우 자연적으로 독점시장을 형성하고 있다. 이러한 장벽들이 제거돼야 한다는데 이의를 제기하는 사람은 거의 없다. 문제는 이를 어떻게 제거할 것이냐 하는 방법에 있다. WTO가 과거에 바로 협상에 들어가지 않고 실무 그룹을 만든 것도 제거 방법을 놓고 이견이 많았기 때문이다.

경쟁을 바라보는 시각도 나라마다 다르다. 미국은 무조건 경쟁이 좋다고 생각한다. 경쟁이 치열할수록 효율성이 높아지고 기술혁신이 촉진되고 소비자가 만족한다고 보는 것이다. 하지만 한국, 일본, 중국 등 동아시아 국가들은 생각이 다르다. 경쟁이 지나치면 효율성을 저해한다는 시각이다. 따라서 지나친 경쟁은 규제 대상이라고 생각한다. 중국은 최근 외국인 직접투자가 너무 늘어 걱정이다.

유럽은 중간쯤에 있다. 경쟁이 좋은 것이기는 하지만 효율성을 높이는 하나의 방법으로 간주하는 것이다. 또 공평성도 효율성 못지않게 중요한 경제목표라고 생각한다. MAI는 미국 주도로 시작됐다. 기본 생각은 역시 경쟁이 많을수록 좋다는 것이다. 미국은 다른 나라도 외국인 직접투자를 허용해 경쟁을 늘려야 한다고 보고 있다. MAI의 주요 내용은 다음과 같은 문제들이다.

첫째, 적용 범위의 문제다. 외국인 직접투자는 물론 포함될 것이다. 여기서 외국인 직접투자란 경영권을 갖는다는 뜻이다.

둘째, MAI에서는 투자자보호규정이 포함될 것이다. 외국인 투자를 국유화하지 못하도록 보호하는 내용이다. 민영화가 유행처럼 번지고 있는 요즘 세상에 국유화가 무슨 소리냐고 반문하는 사람도 있을 것이다. 하지만 예전에는 큰 문제였고 지금도 가능성은 있다. 일본의 닛산자동차가 요즘 세계적 회사로 큰 것도 따지고 보면 30년대 일본 정부가 미국 포드사 현지 법인을 국유화했기 때문이다.

셋째, 외국인 투자기업을 위해 정부가 지켜야 할 의무 조항들이 있다. 회사 설립의 권리, 최혜국 대우, 송금 허용 등이다. 물론 각국 정부는 예외 조항을 둘 수는 있다.

넷째, 분쟁해결절차도 꼭 들어갈 내용이다. 누가 제소할 수 있느냐가 핵심이다. WTO는 정부만 제소할 수 있도록 하고 있으나 피해를 본 투자자도 직접 제소할 수 있도록 허용해야 한다는 목소리가 크다. 북미자유무역협정(NAFTA)은 투자자에게 제소권을 인정한다.

11. 포피팅(Forfaiting)

1) 개념

영국 등 유럽 금융시장에서 널리 활용되고 있는 무역금융기법 가운데 하나다. 수출대금으로 받은 환어음이나 약속어음을 갖고 있는 사람이 이전의 어음수취자에게 상환을 요구하지 않고 고정이자율로 할인해 융통하는 금융기법이다. 즉 현금을 받고 채권을 포기, 양도하는 것이다.

신용장거래의 인수방식과 비슷하지만 신용장 인수에 비해 기간이 길고(유전스 신용장의 경우 90일이상 최장 10년까지 가능), 어음에 대한 소구권(遡求權)을 행사할 수 없다는 것이 가장 큰 특징이다. 모든 국제통화로 매입할 수 있으며 금액도 최소 30만달러에서 최고 2억달러까지여서 다방면으로 활용할 수 있다.

포피팅의 대상은 환어음과 약속어음이다. 또 단순한 외상매출채권이나 다른 연지급 약속수단도 대상이 될 수 있다. 그러나 취득에 있어 복잡한 문제가 발생할 수 있다는 점 때문에 널리 활용되고 있지는 않다.

2) 포피팅의 장점

수출업자가 포피팅을 통해 수출대금을 회수하는 경우 수입자의 대금지급거절이나 연기 등으로 발생할 수 있는 모든 위험으로부터 벗어날 수 있고 이자율이나 환율변동으로부터 보호받을 수 있다는 점이 가장 큰 장점이다.

아울러 수출업자가 해외 구매자에게 최장 10년까지 장기신용을 제공할 수 있어 금융상의 비교우위를 확보할 수 있으며 국가 위험도가 높은 새로운 시장을 개척하기 위한 금융조달방법으로도 활용할 수 있다.

이와 함께 수출상품의 선적과 동시에 필요 서류를 제출하면 바로 현금을 확보할 수 있어 자금 회전을 원활히 할 수 있는 것도 장점으로 꼽히고 있다.

이밖에 포피팅 기법 사용여부에 대한 통보를 수 시간 내에 받을 수 있고 특별한 서류가 필요 없어 수출거래의 신속성을 기할 수 있다. 또 수출업자가 기존 거래은행의 대출한도와 재무상황에 영향을 미치지 않고 자금확보를 원활히 할 수 있다는 장점이 있다.

3) 요율(料率)

LIBOR(런던은행간금리)에 국가별 위험도 또는 신용장 개설은행 위험도에 가산금리를 더한 수준에서 결정된다. 이때 적용하는 할인금리는 고정금리다. 요율은 수출업자가 필요한 사항을 유니온투자금융등 이를 취급하는 금융기관에 팩스로 송부하면 1~12시간 내에 통보받을 수 있다.

4) 가능국가 및 신용공여기간

세계 68개국에서 이용할 수 있으며 신용공여기간은 1~10년까지 다양하다. 이를 지역별로 보면 아시아 지역 국가들은 1~7년의 신용을 제공하는 것이 대부분이며, 유럽은 5~7년, 남미 지역은 1~10년까지 신용을 공여하고 있다. 이밖에 동유럽 및 CIS(독립국가연합)지역은 3~7년, 중동 및 아프리카는 1~7년까지 가능하다.

5) 이용절차

이 거래는 수출자가 수입자와 결제방법에 포피팅을 추가해 계약을 체결한 뒤 거래 은행에 포피팅을 의뢰하면 거래 은행이 포피터(통상 외국계은행)에 포피팅을 의뢰하는 방식으로 이뤄진다. 포피팅 계약이 이뤄지면 수출자는 선적을 완료하고 선적서류를 구비해 거래 은행에 제출하면 약정한 조건대로 할인받게 된다.

비용은 수입자의 경우 보증료만 내면 된다. 다시 말해 수입자의 지급보증은행이 지급보증하는데 따른 보증료만 부담하면 된다.

수출자는 할인료와 약정수수료, 옵션수수료 등을 내면 된다. 할인료는 통상 「(어음액면금액×만기일까지 일수/360)×할인율(%)/100」 이다. 다만 영국의 경우에는 만기일까지 일수/360일이다.

12. 선진국진입비용 얼마나 되나?

OECD 가입에는 권리만 생기는 게 아니라 「선진국」 으로서의 책임도 따른다.

각종 국제기구에 돈을 내야 하는 것도 그 중 하나다.

매 연초부터 OECD에는 물론 국제결제은행(BIS), 유럽부흥개발은행(EBRD), 아프리카개발기금(AFDF)등 각종 국제기구에 낼 분담금 및 출연금이 줄줄이 대기하고 있다.

우선 OECD 가입에 따른 분담금은 회원국의 최근 3년간 국민소득을 기준으로 차등 분배된다. 우리는 전체 분담금 규모의 1.7%인 3백79만달러(약 30억원)를 1997년부터 매년 내야 한다.

또 한국은행의 BIS 신규 가입에 따라 우리나라에 할당된 출자금은 1천6백55만4천 골드프랑. 곧 납입자본금 비율 66%에 해당하는 1천92만9천 골드파랑(약3백20억원)을 내야 한다.

이와 함께 폴란드, 헝가리, 체코 등 동구 체제 전환국의 경제개혁 지원을 목적으로 설립된 EBRD가 지난해 자본금을 두 배로 늘림에 따라 우리가 내야 할 출자금도 1천4백62만5천 유럽통화단위(ECU 약 1백56억원)로 증액돼 8년간 분할 출자토록 되어 있다.

이밖에 대(對)개도국 자문 지원을 목적으로 하는 세계은행(IBRD) 산하 기술자문신탁기금(CTF)에 2백만달러(약 16억원), 최빈 개도국에 대한 차관 제공을 위한 국제개발협회(IDA)에 2백80억8천96만원 아프리카 저개발국의 경제개발 지원을 위한 아프리카 개발 기금에 백24만8천3백21 계산단위(UA 약 1백7억원)를 부담해야 한다.

【표 V-11】 선진국진입비용

항 목	비 용
OECD분담금	매년 약 30억원
공적개발원조(ODA)	95년 약 1천억원→2,010년 약 7천억원이상으로 점진확대
국제통화기금(IMF)지분	추가출자추진. 규모 미확정
IMF신차입협정	비상사태때 약 4천 1백억원 신규출자
국제개발협회(IDA)출자	97년~99년 약 2백90억원 추가출자
한국은행, 국제결제은행(BIS)가입	약 9백억원 추가 출자
UN 정규예산 분담금	96년 66억원, 97년 73억원
UN 전문기구 의무분담금	96년 1백4억원, 97년 1백 4억원
UN 전문기구 사업분담금	96년 19억원, 97년 24억원
UN 산하기구 사업분담금	96년 54억원, 97년 78억원
UN 평화유지활동(PKO)분담금	96년 41억원, 97년 40억원
한-아세안 특별협력기금	96년 15억원, 97년 16억원
기타	지역개발은행 중동개발사업기여금 아시아 태평양경제협력체(APEC)지원

(자료 : 재정경제부)

13. 배타적 경제수역(EEZ)

Exclusive Economic Zone의 약자로서 영해기선으로부터 200해리 이내의 수역으로 연안국은 해양의 경제적 목적의 이용에 관한 배타적 권리를 갖게 된다. 연안국의 배타적 권리는 수산·광물·에너지 등 해양자원의 탐사·개발·이용·보존·관리에 관한 주권적 권리와 해양 환경을 보존하고 해양과학조사, 인공섬·구조물의 설치·사용을 규제할 수 있는 관할권이다.

EEZ는 71년 아프리카·아시아 볍률자문회의(AALCC)에서 케냐 및 아이보리코스트 제안으로 대륙붕과 어업관할 수역을 포함하는 개념으로 형성됐다. 70년대 중반 이후부터 다수 국가들이 200해리 수역을 선포함에 따라 EEZ는 국제법상 일반적인 제도로 정착됐다.

【그림 V-8】 한국·중국·일본 수역 지도

기선(Baseline)은 영해의 폭을 측정하는 기준선으로 국제법상 통상기선(normal baseline)과 직선기선(straight baseline)으로 구별된다. 영해는 기선으로부터 출발해 12해리까지의 수역이다.

통상기선은 대축적 해도의 표시되는 간조시의 해수와 육지의 접점선이 기선이 된다. 직선기선은 해안선의 굴곡이 심하거나 해안선 주변에 도서가 산재한 지역에는 적절한 지점 또는 도서를 연결하는 직선을 기선으로 사용할 수 있다. 한국은 지난 77년 도서가 많은 남해와 서해 일부에 직선기선을 기준으로 영해를 선포했다.

우리나라는 1997년 7월20일 배타적 경제수역(EEZ)을 선포했다. 배타적 경제수역법안에 따르면 EEZ의 한계를 최대 200해리로 설정하고 주변국과 중첩되는 해역에 대해서는 관련국과의 협의를 통해 UN해양법협약이 제시하는 중간선 등 적절한 방법에 따라 경계선을 획정 하도록 돼 있다.

EEZ내에서는 수산·해저광물, 에너지 등 모든 자원을 독점적으로 개발·이용·관리할 수 있으며 해양 환경보호, 인공섬·구조물의 설치이용, 과학조사·탐사활동을 우리 권익에 부합되는 방식으로 타국의 간섭 없이 규제할 수 있다.

EEZ에서 취할 수 있는 행정·사법 조치를 규정한 5조3항은 우리의 관할권을 침해하는 선박 등에 대해 승선, 검색, 나포 및 사법절차를 포함해 필요한 조치를 취할 수 있고 구체적인 사법절차는 수산·환경 등에 관한 관계 법령에 따르도록 하고 있다. 참고로 1해리=1800m(1.8㎞)이다.

14. 국제협상기법

우리 사회가 고도 경제성장과 함께 다원화되면 될수록 복잡한 사회 구조 속에서 발생하는 다양한 갈등과 분쟁을 어떻게 합리적으로 해결하느냐는 것이 큰 과제로 등장하고 있다.

협상이란 방식이 이렇게 우리 사회 갈등 해결에 중요한 기능을 한다면 협상 능력을 개인의 천부적 자질에만 맡길 것이 아니라 과학적이며 조직적인 협상기법을 연구하고 개발해 사회 구성원들이 스스로 그들 자신의 갈등과 분쟁을 현명하게 해결할 수 있도록 가르칠 필요가 있다고 본다.

현대 협상 이론에서는 남을 기만하거나 위협하여 자신의 입장만을 관철하는 사술에 의한 협상보다는 원칙에 입각한 협상을 통해 당사자 모두에게 이익이 돌아가게 하는 창조적인 협상을 권한다.

그리고 협상시에 고려해야 할 7가지 사항을 다음과 같이 제시하고 있다. 첫째 각자의 입장이 아니라 그 입장 뒤에 숨겨진 '이해관계'를 정확히 파악할 것을 권한다. 문제는 입장이 서로 다르다는 점이 아니라 각자의 관심, 욕구, 필요 또는 걱정이 다르다는 점이다. 둘째, 당사자 간의 상호 이득을 위해 각 쟁점마다 가능한 여러가지 '옵션'을 개발할 것을 권한다. 셋째, 각 쟁점에 적용할 '기준'은 당사자 모두에게 설득력 있는 객관적인 것이어야 한다. 넷째, 협상이 결렬되었을 경우 어떤 대안이 있는지 고려하여 협상 결과는 적어도 이'대안'보다는 유리해야 협상 가치가 있다는 것이다. 다섯째, 협상 결과로 얻게 될 '합의 내용'은 어떤 형태이며, 실현 가능한 것인가. 여섯째, 협상으로 당사자 간의 '거래 또는 인간관계'는 개선되었는지도 고려해야 한다. 마지막으로 협상 과정에서 '의사전달'은 효과적이고 정확했는지 등이 고려해야 할 사항이라고 한다.

한·일월드컵에 있었던 한 예를 들어 협상 기법을 설명해 보자. 2002년 월드컵 축구대회를 한국과 일본이 공동으로 개최한다는 결정이 있었을 때, 관계자들은 일단 공동 개최라도 하게 되어 안심은 했지만 앞으로 어떻게 양국 간의 이해를 조정할 것이냐는 난제에 직면하게 되었다. 그런데 개막식과 총회는 한국에서, 결승전은 일본에서 하기로 하고 대회 공식명칭은 2002 World Cup Korea-Japan 한다는 결정이 있었다. 협상 기법이란 측면에서 이 결정을 살펴볼 필요가 있다.

첫째, 개막식을 선택한 측에게 총회 개최와 대회 공식 명칭 선택권을 줌으로써 일종의 옵션이 개발된 점이 흥미롭다.

둘째, 양 당사자의 이해관계가 팽팽히 맞서 있을 때에 국제 축구연맹 이라는 영향력이 강한 제3자가 개입해 공명한 협상 결과를 도출하는데 큰 기여를 한 점이다.

셋째, 이해관계에 있어 국가의 자존심도 경제적 이익만큼 중요하다는 점을 보인 것이다.

넷째, 대회 공식 명칭을 알파벳순으로 정하자는 제안에 그 기준은 객관성을 잃었다는 점이 주장되고 그 예로서 과거의 유럽 축구 경기의 명칭이 지적된 점이다.

마지막으로 협상 결과에 대해 해석의 차는 있지만 양 당사자가 수긍함으로써 앞으로의 거래 관계에 도움이 될 것이다. 또한 이 협상에서 알 수 있듯이 양당사자 뿐만 아니라 합의에 결정적인 역할을 하는 제3자도 협상 기법을 충분히 이해해야 좋은 결과를 얻을 수 있을 것이다.

이제 우리 사회가 국내외적으로 급격한 성장을 하면서 국내적으로는 정부 부처간 또는 환경, 노사, 소비자, 기업 간의 갈등이, 국제적으로는 국제무역이나 통상관계 및 외교 관계에서 협상이 자주 행해지고 있는 이 시점에서 협상기법을 교육현장에서 교과과정의 한 분야로 다룰 필요가 있다고 본다.

15. 핫머니 '규제론'. '옹호론'실상

핫머니(투기성 단기자본)는 '약탈 자본주의의 전형'인가, 자본주의의 건강성을 담보하는 '국제 경찰'인가.

1997년 하반기 이후 동남아 각국이 외환위기의 전염병을 겪으면서 "단물만 빼먹고 썰물처럼 빠져나간 다국적 투기자본이 위기를 악화시킨 주범"이라는 성토의 목소리가 높아지고 있다.

그러나 이 같은 '핫머니 때리기'를 반박하며 "핫머니의 순기능도 많다"고 주장하는 옹호론도 만만치 않다.

1) 핫머니 규제론

핫머니의 악폐를 비난하는 사람들은 '94년 멕시코 외환위기, '95년 베어링증권 파산, '97년 동남아 위기 등 세계적인 금융혼란 뒤에는 반드시 핫머니가 도사리고 있었다고 주장한다.

단 0.1%라도 높은 이윤을 좇아 국경을 넘나드는 이 국제자본은 하루 거래량만도 2조달러로 추정된다. 조지 소로스회장의 퀀텀펀드만 해도 가용자산 규모가 1백90억달러에 이른다.

핫머니는 한 발 앞선 정보력과 자금 동원력을 바탕으로 사냥감으로 지목한 국가의 주식 및 외환시장에 거품을 일으킨 뒤 거액을 챙기고 일시에 빠져나간다. 따라서 핫머니는 좀처럼 산업자금으로 연결되지 않는다는 것이 핫머니 규제론자들의 일관된 논리다.

2) 핫머니 옹호론

투기자금의 부작용을 인정하면서도 핫머니의 순기능에 주목하는 전문가들은 "시장환율이 정상환율(경제 체질상 가장 이상적으로 여겨지는 환율)에서 벗어났을 때 이를 되돌리는 것은 핫머니"라고 주장한다.

또 핫머니는 속성상 외환위기 직전의 인도네시아나 태국처럼 인위적으로 자국화폐가치를 고평가하거나 신뢰하기 힘든 정책을 펴는 국가의 화폐를 집중 공략한다. 이 때문에 핫머니는 '국제 금융의 경찰'로 불리기도 한다.

더욱이 투자자는 주식이나 외환 가격이 떨어질 때 대세에 따라 투매 대열에 서지만 투기자본은 오히려 바닥점을 예상하고 매수에 나서므로 주식 및 외환시장 안정에 기여하기도 한다.

핫머니 옹호론자들은 "1997년 한국의 외환위기가 핫머니 때문에 발생했다는 논리는 억지"라고 주장한다. 원화가치를 곤두박질치게 만든 세력은 외국계 투기 자금이 아니라 한국기업 자신이었다는 것. 환율 상승이 뻔히 내다보이는 상황에서 당장 달러로 갚아야 할 빚이 쌓여 있어 '미리 달러를 사두자'는 가수요가 불붙었다는 분석이다. 실제로 원화환율이 9백4원에서 1천3백80원으로 치솟은 1998년 4·4분기 동안 주식시장을 통해 한국을 빠져나간 외국계 자금은 12억달러 정도. 그러나 같은 기간내 국내기업 등이 사들인 순수 매입분은 78억달러였다.

16. WTO 분쟁해결 메커니즘

분쟁해결절차는 WTO체제가 GATT체제와 구별되는 중요한 제도 중의 하나이다.

WTO분쟁해결절차는 분쟁당사국이 상대국에 대해 협의를 요청하고 이를 WTO에 통보하면 공식 분쟁해결절차가 개시된다.

양국은 WTO가 규정한 시한 내에 '협의'를 마치게 돼 있으며 협의 기간내에 양국이 합의하지 못하면 구속력을 가진 분쟁해결기구(Dispute Settlement Body, DSB)를 통한 본격적인 분쟁해결절차를 밟아 제소국이 보상을 받거나 보복조치를 취할 수 있게 돼있다.

분쟁해결절차는 크게 두 가지로 나뉜다. 일반적인 경우와 '부패성상품 분쟁 등 긴급 상황'에 따른 신속 처리 절차이다.

일반적인 절차에 따를 경우 협의 요청 시부터 최초 판정 시까지 최장 18개월, 승소국이 보복조치를 취할 때까지는 최장 3년 정도 걸린다.

일반적인 절차는 협의 요청시점부터 30일 이내에 협의를 마쳐야 하며 이 기간에 분쟁이 해소되지 않으면 제소국이 DSB에 패널 설치를 요구하게 된다. DSB는 패널을 구성하고 패널은 6개월(부득이한 경우 9개월)내에 관련 사안을 검토, 분쟁사안의 시시비비를 가리는 '패널보고서'를 제출한다.

신속처리절차는 '협의'기간이 20일 이내며 패널 활동 기간도 3개월로 한정된다.

보고서는 당사국이 그 내용에 대해 '상소'하지 않으면 2개월 내에 DSB에서 채택되고 패소국은 결정된 사항을 이행하거나 이행이 어려울 경우 당사자 간의 합의나 DSB의 동의를 얻어 15개월 안에 이행해야 한다.

패널의 설치, 보고서 채택, 보복조치 인정 등 DSB에서 만장일치로 부결되지 않는 한 채택된 안은 '네거티브 컨센서스'방식에 따르기 때문에 자동 채택된다.

미국은 한국의 농수산물 검사제도에 대해 10일 이내에 협의를 하고자 요청했으나 우리 정부는 처리 절차 요건에 맞지 않는다는 입장을 보였다. 그러나 미국의 협의 요청에 우리나라가 응하지 않는다 해도 미국은 DSB에 패널 설치를 요구할 수 있다.

【그림Ⅴ-9】 WTO분쟁해결절차 개요

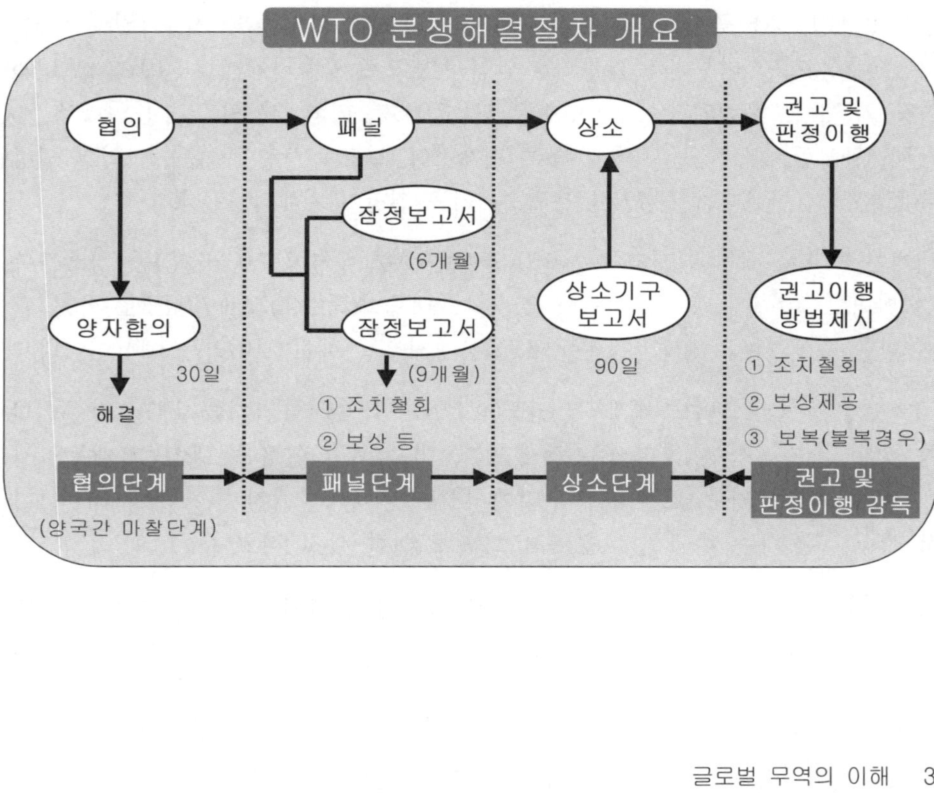

17. FTAA 전망과 과제

1) FTAA의 의의

미주(美洲) 34개국(쿠바 제외) 정상들은 칠레의 수도 산티아고에서 열린 제2차 미주정상회담 (98년 4월 18~19일)에서 2005년까지 미주자유무역지대(FTAA, Free Trade Area of the Americas)를 창설키로 합의했다. 산티아고 선언에 따라 7년 후에는 8억 인구에 경제규모 연 13조 달러에 달하는 세계 최대의 시장이 출현하게 되는 것이다. 하지만 그와 같은 기대는 아직까지 이루어지지 못했다. 왜일까.

FTAA는 지난 95년 미국·캐나다·멕시코 등 3개국이 결성한 북미자유무역지대(NAFTA), 중미공동시장(CACM ·61년 발족), 안데스공동시장(ANCOM·69년), 카리브공동체 (CARICOM·73년), 남미공동시장(MERCOSUR·91년)등을 흡수, 알래스카에서 칠레에 이르기까지 미주대륙 34개국을 단일 시장으로 포용하게 된다. FTAA는 1996년 교역량 기준으로 유럽연합(EU·15개국 3억 7,000만 명)의 3분의 2 수준인 2조 5,000억 달러 규모였으나, 이들 지역의 빠른 경제발전 속도와 성장 잠재력, 그리고 엄청난 국부(國富)를 감안한다면 곧 EU를 추월하리라는 전망이 지배적이었다.

세계는 FTAA, EU 그리고 아세안(ASEAN·10개국 4억 7,000만명)등 경제블록으로 재편되고, 여기에 중국을 주축으로 하는 대중화(大中化)경제권(經濟圈)까지 발족하게 되면 세계경제는 일본을 포함, 5극(極)체제로 분화될 것이라는 예상이었다.

FTAA의 창설과 관련, 세계무역기구(WTO)는 EU를 능가하는 FTAA가 WTO체제를 위협할 가능성이 높다고 지적했으며, 이는 WTO협정을 훼손, 세계무역질서를 혼란에 빠뜨릴지도 모른다는 우려에서였다. 무한 경제전쟁 시대에 대비, 미리 벽을 쌓아 두겠다는 미국의 보호주의 회귀에 대한 사전 경고다.

물론 FTAA는 창설 과정에서 풀어야 할 과제가 산적해 있다. 우선 역내(域內)국가간의 극심한 빈부 격차다. 서로 다른 경제수준 차를 감안한 단일 협상안 마련이 쉽지 않다. 국가 사이의 이해관계 조정도 보통 힘든 일이 아니다. 그럼에도 불구, FTAA의 창설에는 모두가 긍정적이었고 우리나라로서는 발등의 불이 또 하나 떨어진 셈이었다. 우선 미국·캐나다 시장을 겨냥한 중저가 제품 경쟁에서 중남미 제품과 충돌할 가능이 있다. 의류·신발 등 경공업제품과 일부 중화학 제품이 그렇다. 자유무역지대의 유리한 조건을 선점(先占)하기 위해 중남미에 대한 각국의 직접투자도 불을 보듯 뻔하다.

FTAA가 공식 출범하지는 않았으며, 아직 가야 할 길은 멀어 보인다. 하지만, 우리나라도 중남미에 대한 직접투자를 강화, FTAA출범에 따른 충격을 최소화해야 한다. 막상 당해서 허둥댈 일이 아니라 미리 미리 준비, 활로를 찾아야 한다.

2) 미주정상회담 FTAA 합의 실패

FTAA 창설과 관련한 장밋빛 청사진에도 불구하고 브라질과 아르헨티나, 우루과이, 파라과이 등 남미공동시장(메르코수르) 4개국과 베네수엘라가 강력 반발하면서, 농업관세 및 보조금을 걸고넘어진 남미 최대 경제국 브라질이 미국의 최대 걸림돌로 부상했다. 세계 주요 농산물 수출국인 브라질은 FTAA 지지의 전제조건으로 자국 농산물의 대미 수출에 악재로 작용하는 미국 내 수입 농산물 관세 및 농업 보조금의 철폐를 주장하고 있다.

미국은 이에 대해 관세 인하를 내걸며 유화책을 쓰고 있지만, 다른 한편으로 여전히 브라질에 영화·음악의 저작권 침해 단속을 적극 요구하고 있어 협상이 교착상태에 빠져 있다. AP통신은 "브라질 정부는 관세인하 등을 결정할 세계무역기구(WTO) 홍콩 각료 회의 이전까지 FTAA 협상 재개 일자를 확정하지 않을 것"이라고 전망했다.

아르헨티나의 반발도 만만치 않다. FTAA 창설 지지 조건으로 연간 700억 달러의 수출 보장을 요구해 미국을 당혹케 하고 있다. 차베스 대통령이 집권하고 있는 베네수엘라는 제국주의 타파를 외치는 등 정치적 이유를 내걸며 결사반대하고 있다.

우고 차베스 대통령은 "FTAA는 죽었다"며 남미 좌파 정권의 경제 동맹을 촉구하고 있다. 멕시코, 칠레에 이어 콜롬비아, 에콰도르, 페루 등은 미국과 개별적인 자유무역협정(FTA) 협상을 진행하고 있어 FTAA를 통한 미주 전체의 경제통합 구도가 흔들리고 있다는 지적도 나오고 있다.

영국 이코노미스트지는 "남미에는 반미 정서가 깊게 깔려 있다"며 "미국의 지원을 받은 신자유주의 경제정책의 실패 경험도 남미국들이 FTAA에 반대하는 주요 배경"이라고 분석했다.

【그림 V-10】 미주자유무역지대(FTAA) 개요

미주자유무역지대(FTAA) 개요
제안 : 1994년 12월 (1차 미주정상회담에서 선언문 채택)
목적 : 미주지역 경제의 단일 자유무역체제 확립
규모 : 34개국 8억 인구, 국내총생산(GDP) 총액 14조 달러(쿠바 제외)

▼

• FTAA 창설 반대 주요 국가
· **브라질** : 미국의 농업 관세 및 보조금 삭제 요구
· **아르헨티나** : 연간 700억 달러 수출확대 보장 요구(현재 340억 달러)
·**베네수엘라** : FTAA를 대신할 좌파 정권의 경제동맹 촉구
•FTAA 주도하는 미국 입장
· 미국에게는 새로운 시장을, 남미에게는 일자리를 제공해 줄 것이라고 주장
· 브라질에게 농업 보조금 삭제의사 타진, 브라질이 남미 좌파 정권 달래 주기를 희망
· 내년 4월 협상 재개 희망

3) 반미경제동맹, PTA 출범

미국의 주도로 진행되었던 FTAA 창설에 대한 반발로 피델 카스트로 쿠바 국가평의회 의장과 우고 차베스 베네수엘라 대통령, 에보 모랄레스 볼리비아 대통령은 2006년 4월 29일 쿠바 수도 아바나에서 만나, 중남미 '반미(反美) 좌파 연대' 결성에 힘을 쏟고 있는 쿠바와 베네수엘라, 볼리비아가 미국 주도의 미주(美洲) 자유무역협정(FTAA)에 맞서 3개국 간 중남미 국가간의 결속을 다지기 위한 대안(代案)협정으로 '인민무역협정(PTA·People's Trade Agreement)'을 체결했다.

이번 회동은 남미 좌파 정권을 중심으로 한 자유무역지대인 '볼리바르 미주(美洲) 대안협정(ALBA)' 제안 1주년을 맞아 성사됐다. 시몬 볼리바르는 스페인의 식민정책에 맞서 싸운 남미의 독립 영웅으로, 미국에 대항하는 남미의 저항 정신을 상징한다. 이날 체결된 PTA로, 볼리비아는 쿠바와 베네수엘라가 주도한 ALBA의 세 번째 회원국이 됐다.

18. P&A방식

자산 · 부채 이전(P&A : Purchase & Assumptions)은 미국, 핀란드, 남미국가 등이 이용했던 부실 금융기관 정리 방식, 정부가 부실 금융기관이 우량 자산과 부채를 떼어 내 우량 금융기관에 사도록 하는 대신 인수 손실분을 지원하는 제도다. 인수 · 합병 방식은 두 금융기관이 동등한 입장에서 주주들의 합의에 의해 이뤄지는데 비해 P&A 방식은 한 은행이 다른 은행의 일부 자산과 부채를 분할, 흡수하는 것이다.

【그림 V-11】 PTA 3국의 경제현황

PTA 체결 3국의 경제현황

	쿠바	베네수엘라	볼리비아
인구	1138만명	2660만명	899만명
면적	11만㎢	91만㎢	110만㎢
주요 수출품	설탕, 니켈, 담배 등	원유, 알루미늄, 강철 등	천연가스, 대두, 원유 등
주요 자원	코발트, 니켈, 크롬 등	원유, 천연가스, 금 등	주석, 천연가스, 원유, 아연 등

<자료: CIA 백서>

부실 금융기관의 주주는 소유권을 잃게 되고 인수하는 우량 금융기관은 부실 금융기관의 임직원을 반드시 고용해야 하는 고용 승계 의무도 없다. P&A방식은 정부가 강제적으로 실시, M&A방식에 비해 시간과 비용이 대폭 절감되는 게 특징이다. 정부는 부실 금융기관이 남긴 부실채권을 사줘 부실이 없는 '클린은행'으로 만들어 준다. 증자·손실금 보전 등으로 우량 은행을 지원한다.

【그림 V-12】 부실은행 정리 방향

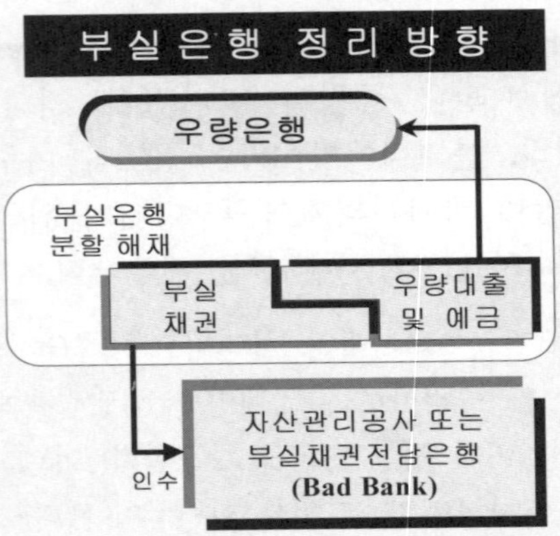

【표 V-12】 은행에 닥치는 각종 위험과 대응방안

위험 종류	내용	대응방안
시장 리스크	시장가격 변화에 따른 가치 하락	· 금리 환율 예측 강화 · VAR 등으로 위험 계량화
신용 리스크	기업 개인 대출에 따른 손실	· 대출 심사 및 사후관리강화 · 담보 평가 및 신용정보시스템 강화 · 국제 업무 신용위험 관리
사무 리스크	사무 면에서 발생하는 위험	· 각종 포지션 관리 및 갭 관리 · 신속하고 정확한 위험 파악과 의사결정지원
결제 리스크	자금 현물 인도 후 결제를 받지 못함	· 자금 결제 소액화 · 스왑 등 파생상품 이용
유동성 리스크	자금 운용과 조달 기간 불일치로 인한 위험	· 실무 연수 및 지도 · 기계화
시스템 리스크	대규모 결제시스템 붕괴 위험	· 백업시스템 구축

정부는 부실 은행의 자산・부채를 사가는 우량 은행에게는 '웃돈'을 얹어 준다. 부실 은행은 받을 돈보다 갚을 돈이 훨씬 많아 '웃돈'없이는 인수 은행인 우량 은행조차 부실 은행으로 전락하기 때문이다.

19. 브랜드 마케팅

이제는 지구촌 시대. 많은 기업들이 세계시장을 무대로 사업을 해야 한다. 그런데 한 기업의 브랜드가 자국에서는 좋은 의미로 통하더라도 다른 나라에서는 부정적 이미지를 연상시키거나 심지어 욕이 될 수도 있다. 따라서 세계적인 다국적기업들은 각 나라의 언어나 문화를 고려해 회사 이름이나 브랜드명을 선정하고 있다.

세계적인 석유 회사인 '엑슨(Exxon)'사의 전신인 '스탠더드 오일(standard oil)'은 1972년 회사 이름을 바꾸기로 했다. 전 세계100여개 이상의 나라에 현지법인을 두고 있는 다국적 기업이었기 때문에 각 나라의 언어로 사용할 때 문제점이 없는가를 철저하게 검토하여야 한다.

여러 이름들 중에서 유력한 최종 후보로 오른 이름이 '엔코(Enco)'였다. 그러나 마지막 결정 과정에서 '엔코'가 일본어로 '휘발유가 떨어졌다. 자동차가 고장 났다.'는 의미인 '엥코'와 비슷하다는 사실이 밝혀지면서 막판에 '엑슨'으로 뒤바뀌었다. 일본에서 판매되던 음료수 중에서 '칼피스'라는 제품이 있었다. 이 제품은 우유를 넣어 만든 탄산음료로서 한때 우리나라에서도 인기를 끌었다. 그런데 '칼피스'를 미국에 수출하게 되면서 원래 브랜드를 그대로 사용하는 것이 문제가 있다는 점이 지적됐다. 미국인에게 칼피스란 이름이 자칫 '카피우스'(Cow Piss)처럼 들릴 가능성이 컸기 때문이다. '카우피스'는 말 그대로 '암소 오줌'이라는 뜻이다. 이에 따라 미국에 수출할 때는 '칼피스'대신 '칼피코'라는 새로운 브랜드로 내보내야 했다.

이 같은 문제는 우리나라 기업들도 마찬가지이다. 특히 한국화약그룹 임직원이 LA공항에 도착했을 때 환영 플래카드를 보고 기겁했던 것도 유명한 일이다. '환영! 남조선 폭파단(Welcome Korean Explosive Group)'이라고 쓰여져 있는 것이었다. 한국화약그룹이 나중에 그룹 이름을 '한화(HanHwa)'로 바꾼 것도 이 같은 황당한 경험과 무관하지 않다. '선경(Sunkyung)'도 자칫하면 'Sunk Young(침몰하는 젊은이)'으로 발음될 수 있었지만 이제 'SK'로 바뀌어 그런 부정적 연상의 소지는 사라졌다.

최근 '글로벌 스탠다드 경영을 해야 한다.' 는 주장이 많이 제기되고 있다. 이를 위한 첫 단계가 브랜드명의 세계화가 아닐까 한다.

나이키의 브랜드 파워는 놀랄 만하다. 1968년 미국 오레곤. 필립나이트와 윌리엄 보오먼은 전형적인 행상이었다. 두 사람은 당시 일본의 고급 운동화 '오니쓰카 타이거'를 수입해서 집 차고에 쌓아 놓고 자동차로 대학 운동장을 전진하며 장사를 하고 있었다. 나이트는 오레곤 대학의 육상선수, 보어먼은 육상코치출신. '쓸만한 운동화가 없으니 수입해 팔아 보자'는게 목적이었다.

그러나 이들에겐 걱정이 있었다. 자신들이 행상이란 것이 일본에 알려질 경우 수입선이 끊길 위험이 있었다. 이들은 궁리 끝에 일단 회사를 설립하기로 했다.

이때 떠오른 것이 페르시아에 승리했다는 소식을 전하기 위해 42.195㎞를 달렸던 그리스 병사였다. 이 병사가 기도를 올렸다는 승리의 여신 '니케'를 회사 이름으로 택했다. 영어 발음으로 나이키였다.

회사 마크도 만들었다. 주위의 미술대학원생에게 부탁해서 단돈 35달러를 주고 V자를 부드럽게 뉘어 놓은 것 같은 '스우시(swoosh ; 휙이란 뜻)'마크를 만들었다. 이들이 본격적으로 마크가 찍힌 운동화를 만들기 시작한 것은 1972년이 되어서다.

70년대 몰아친 조깅 바람을 타고 고속 전진을 계속하던 나이키에 제동이 걸린 것이었다. 농구의 찰스 바클리, 스코티 피펜, 골프스타 타이거 우즈까지 나이키를 신기는데 전력했다. 92년 바르셀로나 올림픽에서는 마이클 조던 등 나이키의 후원을 받는 농구 스타들이 나이키의 라이벌인 아디다스 마크가 찍힌 유니폼을 입고 시상대에 서는 것을 거부, 미국 국기를 망토처럼 두르고 시상대에 오르는 사태를 연출하기도 했다.

세계 최대의 운동화 제조업체가 됐지만 나이키는 아직도 성장 기업이다.

2006년 현재 나이키의 브랜드가치는 10억달러이다.

20. Symbiotic Marketing

심바이오틱 마케팅이란 사업상 연관이 없는 회사끼리 서로의 장점을 공유, 마케팅 효과를 극대화하는 새로운 마케팅 기법, 미국 · 유럽 등지에서는 80년대부터 실시하고 있지만 우리나라에서는 IMF이후 유통업계는 물론 금융기관과 일반 제조업체로 급속히 확산되고 있다.

둘 이상의 기업이 계획 또는 자원들(판매경로, 판매원, 시장개척, 연구개발 등)을 결합하여 각 기업의 마케팅 문제를 해결하려는 것이다. 이것은 심한 기술변동, 시장조건 및 소비자 선호의 변동, 각종 정보의 집적, 연구개발비의 폭증, 기업의 국제화 경향, 집중적인 신제품 개발의 필요성 등의 배경에서 불가피하게 나타난 마케팅전략의 무기이다.

장점은 과학적인 돌파구를 통한 판매 기회의 증대, 연구개발비·신제품 개발비·판로 개발비·판매 관리비 등의 절감, 단독적인 마케팅 활동에 의해서는 불가능했던 생산 및 판매 기술의 습득, 새로운 시장의 개척, 제품의 다각화, 위험 감소 등이다. 이러한 장점은 예를 들어 시설의 공동 이용, 면허의 공동 취득, 공동 광고, 제품의 공동 오퍼, 대고객 공동 서비스, 상호 판매, 공동판매 기구의 설치, 공동 연구개발, 공동 생산, 합병 등에 의해 실현된다.

전략적 제휴의 대표적 사례는 사업영역이 겹치기 않는 유통업체끼리의 수평 제휴. 롯데백화점과 홈쇼핑 전문 채널인 삼구쇼핑은 과거 1년 동안 전략적 제휴에 돌입한 바 있다. 이때 롯데백화점은 우수협력 업체의 상품을 책임지고 공급하며, 삼구 유통은 중간 유통마진을 줄여 저렴한 가격으로 고객에게 물건을 판매한다는 것이 '수평제휴'의 내용이다 롯데백화점 관계자는 '두 회사의 장점만을 결합한 결과 정상가격보다 30~60%이상 싸게 판매가 가능하다.'고 말했다. 그랜드 백화점이 지방 백화점과 실시 중인 '상호배달제도'도 비슷한 사례이다. 서울 강남 지역을 상권으로 하고 있는 그랜드 백화점은 취약한 유통망을 지방 백화점과 연계해 극복하고 있다. 서울 고객이 대구의 친척에게 선물을 보내기 위해 주문을 내면 그랜드와 제휴를 맺은 대구 백화점이 대신 물건을 공급하는 시스템이다.

업종이 완전히 다른 이종 업체간 제휴도 심바이오틱 마케팅의 한 예이다. 갤러리아 백화점이 백화점 주변 호텔이나 병원 미용실 등과 제휴를 통해 갤러리아 백화점 카드를 갖고 있는 고객에게 할인혜택(20~30%가량)을 줌으로써 백화점은 별도의 카드가맹점을 갖을 수 없으나 백화점과 제휴점끼리 자발적 제휴를 통해 고객을 유치하고 있는 것이다. 갤러리아 백화점 관계자는 '백화점 주변 업체와의 자발적 제휴로 백화점은 고객에게 다양한 서비스를 제공하게 됐고 제휴점은 백화점 고객까지 흡수, 누이 좋고 매부 좋은 상황'이라고 말했다.

이밖에도 보험회사인 대신생명과 세제 회사인 애경산업이 퍼펙트라는 공동 상표를 매개로 공동 마케팅에 나서는 등 이종 업종간 전략 제휴가 금융권과 제조업체까지 퍼져 나가고 있다.

한편, 심바이오틱 마케팅이 유행하면서 제휴 업체간 자본 제휴까지 모색되고 있다.

21. Moral Economic

경제적인 것은 도덕적일 수 없고 도덕적인 것은 경제적일 수 없다. 경제와 도덕은 배치되고 서로 조화될 수 없는 것이라고 많은 사람들이 믿고 있다.

지나치게 엄격한 도덕성은 창의와 활력을 억누르고 경제를 위축시키게 된다고 말한다. '개같이 벌어서 정승같이 쓴다.'는 속담처럼 돈 버는 일은 어느 정도 도덕성의 훼손이 불가피한 것이라고 한다. 경제를 하다 보면 술수와 권모, 속임수와 배신, 매수협박과 압력 청탁 같은 부도덕이 어느 정도 불가피하다는 것이 우리의 오래된 통념이다. 너무 정직하기만 한 것은 고지식한 것이며 그런 사람은 경제인으로서는 적합치 못하다고들 한다. 도덕적인 사람은 돈을 벌 수 없고 돈 버는 사람들은 도덕적일 수 없는 게 우리 사회라는 얘기다.

경제와 도덕이라는 상치되는 이 두 개의 주제를 놓고 많은 학자들이 고심을 해 왔다. 경제와 도덕을 주제로 하고 있는 존 로빈슨의 '경제철학'은 까마귀 얘기로 교훈적인 서두를 꺼내고 있다. 로빈슨에 따르면 신기하게도 까마귀들 사이에는 그 사회를 지배하는 강철 같은 도덕률이 있다고 한다. 그리고 인간사회와는 달리 그 도덕률이 그들의 경제와 기막힌 조화를 이루고 있다는 것이다.

까마귀들은 집을 만들기 위해 그 생애에서 가장 힘든 일을 해야 한다. 하나의 둥지를 만들기 위해 필요한 수백 개의 나뭇가지들, 너무 굵지도 가늘지도 않아야 하고, 너무 딱딱해서 굽어지지 않거나 너무 부드러워 휘청거리지 않아야 하는 그런 특수한 나뭇가지는 아무데서나 쉽게 얻을 수 없다. 그런 특별한 나뭇가지를 일일이 찾아내 한 번에 하나씩 입에 물어 나르기를 수백, 수천 번-까마귀 일대의 역사가 아닐 수 없다.

그런데 까마귀들이 힘든 일을 피할 수 있는 손쉬운 방법이다. 다른 둥지의 나뭇가지를 물어 오면 되는 것이다. 다른 둥지에서 빼오면 나뭇가지를 찾아 헤매면서 멀리 왕복하고 날라 오는 수고를 덜 수 있다.

까마귀들로서는 강력한 유혹이 아닐 수 없을 것이다. 그러나 까마귀 사회에서는 절대 그런 일이 일어나지 않는다. 다른 둥지의 가지는 물어 오지 않는다는 철칙-강철 같은 도덕률이 지켜지고 있다는 것이다.

까마귀들은 이 강철 같은 도덕률로 그들 경제사회의 여러가지 어려운 문제들을 해결하고 있다. 이 원칙이 흔들린다면 까마귀들은 서로 싸우며 남의 둥지를 헐 것이고 그들 사회의 생산(둥지 수)은 감소할 것이다. 일보다 싸움에 더 많은 시간을 빼앗겨 결국은 까마귀 사회 전체에 심각한 주택난이 야기될 것이고 그들의 경제는 어려움에 빠지게 될 것이다.

도덕이 경제를 일으키는 사회, 그런 사회를 유지하고 있는 까마귀는 '개같이 벌어 정승같이 쓴다.'는 신념을 갖고 있는 우리보다 더 높은 도덕적 의식을 갖고 있는지도 모른다.

선진국치고 부패한 나라는 없다. 부패한 나라가 선진국이 된 전례도 없다. 경제와 도덕이 일치하는 나라, 도덕률과 황금률이 서로 조화를 이룰 수 있는 나라, 그런 나라가 바로 선진국이다.

IMF사태는 도덕의 황폐가 불러온 재난이다. 개발 연대 30년 동안 누적돼 온 불의와 부정비리, 불합리와 낭비 갈등이 경제의 제도와 틀을 부식시키고, 관행과 의식을 왜곡시켜 시장기능의 작동이 마비된 것이다. 지금 우리 경제가 당면한 가장 시급한 과제는 경제에 도덕적 마인드를 불어 넣은 일이다.

22. 루즈벨트와 뉴딜

1983년 3월 4일 미국 대통령이 된 프랭클린 루스벨트가 29년부터 시작된 대공황의 경기침체를 벗어나기 위해 시행한 각종 경제정책을 말한다.

뉴딜(New Deal)은 자본주의의 골격을 유지하면서 혼란이 초래된 자유방임적 경제 제도를 개혁하기 위해 국가가 적극적으로 개입하는 혼합경제정책이다.

뉴딜은 취임식 다음 날부터 시작됐다. 우선 부실은행을 살리기 위한 특단의 조치로 4일간의 전국적인 '은행휴업(Bank Holiday)'이 선포됐다. 의회는 루즈벨트가 제안한 긴급 은행 구조법안을 통과시켰고 튼튼한 은행만 개점이 허락됐다. 부실은행의 휴무와 폐업은 계속됐다.

이 후 공업 · 농업 · 상업 · 노동 등 광범위한 분야에 걸친 개혁정책이 이어졌다.

'…도로변과 도랑둑에는 이주자들로 넘쳤다. …국도변의 빈민 캠프, 굶주림에 대한 공포, 저녁을 굶은 아이들, 이런 것들이 그들을 변화시켰다. 그들은 유랑민들이었다.…'

존 스타인백은 '분노의 포도'(1939)에서 30년대 미국을 휩쓴 대공황의 참상을 이렇게 묘사했다. 포천지는 32년 9월 기점, 실업자 수를 3천 4백만 명으로 추산했다. 40%에서 50%를 육박하는 실업율이었다. 위대한 미국의 꿈은 무너져 내리고 있었다. 29년 10월 24일 '검은 목요일'이래 주식시장에서 휴지가 되어 사라져 버린 자산은 3백억 달러에 달했다. 한 해에 1천 3백 개의 은행이 문을 닫았다. 시대는 한 사람의 위대한 대통령을 예비하고 있었다.

33년 3월 4일 제32대 미국대통령 프랭클린 델러노 루스벨트(51)는 자신이 직접 쓴 취임사를 읽어 내려갔다. '이 위대한 나라는 어려움을 견뎌내 다시 소생하고 번성할 것입니다. …지금 우리가 두려워해야 할 것은 두려움 그 자체입니다. …이 나라는 지금 우리에게 행동, 그것도 지금 당장 행동을 요구하고 있습니다.'

FDR(루즈벨트의 이니셜)의 신화가 탄생하는 순간이었다. 그는 담대한 리더십과 결단을 약속했다. 국민은 마침내 대공황과 전쟁을 치를 준비가 돼 있는 대통령을 발견했다. 미국 국민은 무능한 공화당 정권보다 탁월한 지도력을 보였던 민주당의 소아마비 후보 루즈벨트를 택했다.

루즈벨트가 대통령으로 재임한 기간은 12년. 44년 그는 미 헌정사상 마지막이 된 4선에 당선됐으나 이듬해 4월 뇌일혈로 사망했다. 그는 대공황과 싸워 이겼고 2차 대전 승리의 토대를 마련했다. 몸이 부자유스런 건 아무런 장애가 되지 않았다. 그의 뉴딜정책은 정부와 국민 간의 관계, 그리고 거시경제 일반에 대한 기존의 자유주의적 사고를 바꾸어 놓았다. 미국은 물론 자유세계는 그를 통해 정부가 개인의 복지와 인권 향상을 위해 사적 영역에 개입할 수 있는 실질적 근거를 갖게 됐다. 뉴딜정책은 또한 당시로서는 위기 극복의 지혜이자 방법론이기도 했다.

신화는 이렇게 시작됐다. 루스벨트는 머뭇거리지 않았다. 취임식이 끝난 그날 이후 그는 각료들을 백악관으로 소집했다. 상원의 인준 청문회는 생략되었다. 그 순간에도 은행들이 쓰러져 가고 있었다.

그는 모든 은행이 나흘간 휴업하도록 하는 긴급 은행 법안을 밤새워 만들도록

했다. 토요일의 취임식을 보고 일요일 하루를 쉰 미국민은 월요일 아침 눈을 떴을 때 은행들이 모조리 휴업중임을 보았다. 루스벨트의 보좌관 린들리의 말처럼 '검은 하늘에 번개 치듯'내린 결정이고 집행이었다.

은행을 휴업시킨 루스벨트는 그의 유명한 노변정담을 이용해 국민에게 호소했다. 그는 라디오를 통해 '은행은 안전합니다. 예금을 해 주십시오'라고 호소했다. 긴급 은행법으로 대규모 인출 사태가 일어날 것이라던 예측은 빗나갔다. 은행이 다시 문을 열었을 때 예금이 몰려들기 시작했다. 대부분의 은행들은 인출보다 예금이 많았다. 뉴욕에서 예금이 인출을 1천만 달러나 초과했다. 미국민은 기적을 일으켰다.

루스벨트는 이어 의회에 백일간의 특별회의 소집을 요구했다. 이른바 뉴딜 정책의 핵심인 백일간의 입법이 막을 올린 것. 3월부터 6월까지 이어지는 백일간의 회기 중 그는 15개의 혁명적인 법안들을 의회에 보냈고 이를 통과시켰다.

【그림 V-13】 뉴딜정책

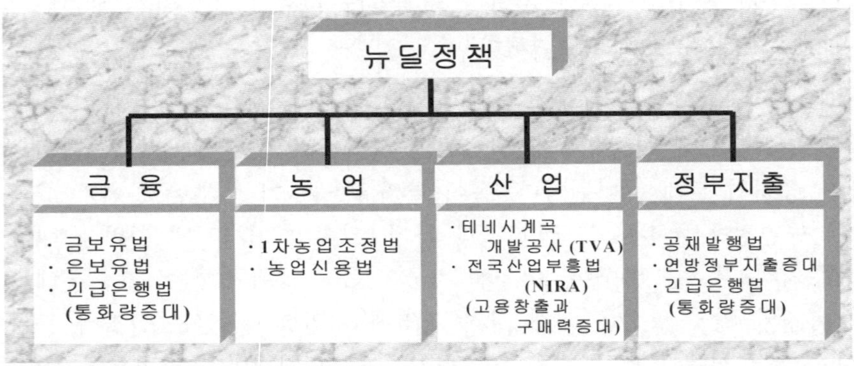

뉴딜의 새로운 입법에 따라 수많은 공공사업과 이를 관장할 기관들이 생겨났다. 테네시 계곡의 치수, 발전사업을 담당하는 테네시 계곡개발청(TVA), 국토 보전과 치산치수 사업에 청년들과 예비역 군인들을 동원하는 민간 치산 치수산업단

(OCC), 유휴 농지 관리와 농민들의 소득 증대를 목적으로 한 농업 조정국(AAA), 국가산업회복청(NRA) 등이 그 대표적인 것들이다.

정부가 이처럼 경기 회복과 빈민 구제에 직접 팔을 걷고 나섬으로서 침체와 좌절에 빠져 있던 미국 사회와 경제는 꿈틀대기 시작했다. 물론 뉴딜 출범 이후에도 불황의 구름이 완전히 걷힌 것은 아니었다. 36년 상당한 회복세를 보였던 경기는 38년 다시 바닥으로 가라앉았다.

그럼에도 루스벨트와 그의 뉴딜 정책을 미국민에게 다시 일어설 희망과 용기를 주었다. 그리고 그것은 '행동, 지금 당장에 행동'을 요구한 루스벨트의 담대한 리더십과 결단이 있었기에 가능했다.

23. 20세기 연대표

1900년 경인선 개통, 강철 발명
1901년 신식 화폐조례 공포
1903년 라이트 형제 세계 최초로 동력비행기 완성
1904년 러 · 일 전쟁 발발, 경부선 · 경의선 부설
1905년 을사조약 체결, 의병 봉기

1910년 사법권 · 경찰권 박탈, 한일합병체결, 조선총독부 설치
1914년 제1차 세계대전 발발
1918년 제1차 세계대전 종전
1919년 베르사이유 조약, 대한미국 임시정부 수립

1920년 UN발족, 청산리 전투, 동아 · 조선일보 창간
1924년 레닌 사망, 조선 노동 총동맹 창립
1929년 뉴욕증시 주가 대 폭락으로 세계대공황 시작

1933년 미국 뉴딜 정책 실시, 독일 나치스 정권 수립
1939년 독일 폴란드 침공, 영국 · 프랑스 대독 선전포고, 제2차 세계대전 발발

1941년 태평양전쟁 발발
1945년 독일 · 일본 항복, 제2차 대전 종전과 해방, UN 창설, IMF, IBRD창설
1946년 최초의 컴퓨터 ENIAC 등장, 베트남 전쟁 발발, 대구 10월 항쟁
1948년 GATT발족, 대한민국 정부 수립, 한 · 미 경제원조협정, 간디 암살

1950년 농지개혁, 단일 환율제 채택, 한국은행 설립, 한국전쟁 발발
1953년 제1차 통화개혁(100원⇒ 1환), 휴전협정 조인, 스탈린 사망
1955년 증권거래소 개설, IMF, IBRD가입
1956년 경제부흥 5개년 계획 공표, 첫 TV방송국 개국
1957년 소련 인공위성 스푸트니크 1호 발사, 농협 설립
1959년 UN개발계획과 UN특별기금 가입, 증권시장 개장

1960년 4 · 19 혁명, 이승만 대통령 하야, 국제석유수출국기구(OPEC)창설
1961년 베를린 장벽 설치, 5 · 16군사 쿠테타, 경제기획원 설립
1962년 제1 차 경제개발 5개년 계획 발표, 긴급 통화 조치법 공포
1963년 박정희 대통령 당선, 케네디 대통령 암살, 핵실험금지 조약 체결
1964년 일본 OECD가입, 수출 1억 달러, 미터제 실시, 6 · 3사태
1965년 월남 파병, 한 · 일 협정 조인 국교 정상화
1966년 중국 문화 대혁명, 아시아 개발은행(ADB) 발족
1967년 GATT가입, 컴퓨터 도입(경제기획원 조사 통계국), 제3차 중동 전쟁
1969년 아폴로 11호 달 착륙, 3선 개헌 반대 운동

1970년 새마을운동 시작, 경부고속도로 개통, 전태일 분신
1971년 브레튼우즈 체제 붕괴, 국가비상사태 선포, 중국UN가입

1972년 유신헌법 공포, 남북 적십자 회담, 미국의 베트남 철수
1973년 1 차 석유파동, 포항제철 준공, 6·23평화 통일 선언
1975년 남 베트남 패망, 긴급조치 7,9호, 인혁당 사건
1976년 주은래·모택동 사망, 미 우주선 바이킹 1호 화성 착륙
1977년 수출 100억 달러 달성
1978년 영국에서 세계 최초로 시험관 아기 탄생
1979년 미·중국 국교 수립, 2차 오일쇼크, 영국 대처 총리 집권

1980년 이란·이라크 전쟁, 광주 민주화 운동, 언론 통폐합, 컬러TV방송
1981년 미국 세계 최초로 우주 왕복선 컬럼비아호 발사
1982년 통행금지 38년 만에 해제, 이철희·장영자 사건
1985년 3저(유가·국제금리·미국달러)현상으로 수출 급증, 12대 총선
1986년 소련 페레스트로이카 선언, 우루과이라운드 협상
1987년 6·29민주화 선언, 전국적 노동쟁의, 뉴욕증시 붕괴, 블랙먼데이
1988년 노태우 대통령 취임, 서울 올림픽 개최
1989년 천안문 사태, 베를린 장벽 붕괴, 전교조 결성

1990년 독일 통일, 동유럽 민주화
1991년 걸프전, 소련 해체 독립국가연합(CIS)창설, 남북한 UN동시 가입
1993년 김영삼 대통령 취임, 신 경제 100계획, 금융실명제
1994년 김일성 사망, 성수대교 붕괴, 주가지수 1138.75로 사상 최고치
1995년 세계무역기구(WTO)출범, OECD가입 신청
1996년 지구온난화 방지를 위한 공동선언문, 2002년 월드컵 공동유치, OECD 가입
1997년 중국 덩샤오핑 사망, 복제양 돌리 탄생, 홍콩반환, 한국 IMF구제 금융 신청, KEDO 北경수로 착공, 온실가스 배출량 감축 합의
1998년 김대중 정부 출범, 남북 민간 경협 차원에서 금강산 개발 및 관광 실

현, 독일 총선 사회당 게르하르트 슈뢰더후보 승리(좌파정권), 북아일랜드 평화협정 타결

1999년 한류 돌풍의 원년(영화 '쉬리'), 대우그룹 해체, 한국전이후 남북해군 첫 서해교전, 유로 출범, 마카오 중국 반환, 인구 60억명 돌파, 중국의 WTO 가입 합의

2000년 김대중대통령 평양방문, 러시아 푸틴 대통령 당선, 대만 민진당 천수이벤 후보 승리(국민당 정권이 끝나고 50년만의 정권교체)

2001년 미 9.11 테러, 중국 WTO 가입 · 올림픽 유치

2002년 노무현 대통령 당선, 한 · 일 월드컵 개최, 중국 후진타오 총서기 선출, 유로화 공식 통용, 북(北) 신의주 경제특구 지정

2003년 노무현 정부 출범, 북한 NPT 탈퇴와 북핵 파문, 이라크전 발발, 칸쿤 WTO 각료회의 결렬, 중국유인우주선발사(선저우 5호), 중국 지도부 교체(제4세대 후진타오-원자바오-우방궈), 사스(SARS) 발생, 중남미 좌파정권의 잇따른 출범(브라질 룰라, 에콰도르 쿠티에레스, 아리헨티나 키르츠네르 대통령)

2004년 DDA 출범, 유가 폭등, 조지 부시 미국 대통령의 재선 성공, 야세르 아라파트 팔레스타인 자치정부 수반 사망, 신행정특별건설법 헌재 위헌 결정, 노무현대통령 탄핵안

2005년 북한 핵(核)보유 선언과 6자회담, 행정도시 확정… 공기업 지방이전, 청계천 복원, 미국 FRB 의장에 벤 버냉키 백악관경제자문위원회(CEA) 위원장 지명, 美 자존심, GM 포드 몰락

24. 21세기 한국의 전략적비전

1) 전략적 '포지셔닝'

국부(國富) 또는 국가의 생활수준은 생산성과 직결된다. 생산성은 인력, 자본, 천연자원과 같은 생산요소를 어떻게 이용하느냐 하는『효율』은 물론 제품과 용역 『가치』에 관한 것도 포함한다.

국가의 생산성은 그러므로 국가가 어떤 산업에서 경쟁하느냐 보다는 해당 산업에서 기업이 어떻게 경쟁하느냐와 더 밀접한 개념이다. 국제분업과 교역, 투자 등은 생산성 향상을 위한 강력한 도구라고 할 수 있다.

한편, 국부의 관점에서 볼 때 자국 통화가치의 하락은 결코 바람직한 것이라 할 수 없다. 경쟁력있는 경제를 만들기 위해서는 공공분야와 민간분야가 서로 다르지만 긴밀히 연결된 구실을 수행해야 한다.

국가의 번영은 기존 생산요소에 의해 제한되는「비교우위」개념에서 국가의 선택에 의해 창출되는「경쟁우위」개념으로 바뀌고 있다.

선진경제로 진입하기 위해서는 기업전략의 정교화와 경영환경의 질적개선이 필수적이다. 기업들은 경쟁우위가 있는 환경에서 자율적인 활동을 하는 집합체라 정의할 수 있다.

기업경영의 성과를 좌우하는 것으로는 기능적 측면(마케팅 서비스), 정보기술, 불량율 등 결함제거, 조직 등 영업적인 요소를 우선 꼽을 수 있다.

그러나 이보다 더욱 의미있는 것은 남과 다르면서도 이를 견딜 수 있는「전략적 포지셔닝(strategic positioning)」이라 할 수 있다.

중성비누(뉴트로지나)를 제조해 큰 성과를 거둔 기업의 예를 들어 보자. 이 회사는 사용 후 잔여물이 남지 않는 제품을 개발, 세부 시장을 공략했는데 피부자극을 극소화하기 위해 11개 성분을 사용한 기술적 특성 외에도 다양한 전략을 구사했다.

마케팅도 제품의 독특성을 강조하기 위해 단순하면서도 과학적 측면을 강조했고 유통경로도 약국과 피부과를 이용했다. 가격경쟁을 자제하고 의약계를 통한 질적 우수성을 홍보하는 데 치중하는 한편 중성비누연구소를 설립, 피부관리에서 독보적인 위상을 갖고 있다는 점을 강조했다.

이 같은『전략적 포지셔닝』덕분에 이 회사는 남들이 따라올 수 없는 경영성과를 거둘 수 있었던 것이다. 전략적 포지셔님은 제품, 고객의 요구(needs), 접근경로 등을 통해 이끌어 낼 수 있는데 중요한 것은 이 모든 것을 똑같이 충족시키기란 불가능에 가깝다는 점이다. 특히 구체적인 기업활동에 있어 차별성이 없는 포지션이란 지속되기 어렵다는 점이 강조되어야 할 것이다.

다시한번 전략이란 무엇인가 하는 질문으로 돌아가 보자. 전략은 자기만의 독특한 포지션을 찾아 질주하는 것이라 정의할 수 있다. 이는 곧 차별된 행동을 수반하는 독특하고 가치있는 포지션의 창출이기도 하다. 전략은 또한 선택적 행위를 의미한다. 여기에서는 무엇을 할 것인지에 못지않게 무엇을 하지 않을 것이지가 포함된다.

경쟁우위의 원천은 핵심역량, 핵심자원, 핵심성공요소를 들 수 있다.

특히『전략적 지속(strategic continuity)』과『지속적 개선(continuous improvement)』이란 용어에 주목할 필요가 있다. 전략적 지속은 일정 기간 이상 경쟁우위를 지속할 수 있는 능력을 뜻하는데 이는 결국 끊임없이 운영 전반을 개선하는 작업을 수반한다.

잘못된 전략적 사고의 예로는 다음과 같다.

◈ 모든 분야에서 세계 최고가 될 수 있다.
◈ 경영서적이나 컨설턴트를 통해 최고의 기량을 확보할 수 있다.
◈ 고객만족이란 고객의 모든 요구에 부응하는 것이다.

◈ 모든 것을 만족시키는 선택이 가능하다.
◈ 모든 분야에 통용되는 정답이 있다.

2) 일본의 교훈

한국은 일본을 무조건 따라가는 경향이 있는데 이는 대단히 잘못된 것이다. 일본은 기업의 운영과 관리면에서 매우 효과적인 수단을 개발, 가격과 품질에서 우위를 점해왔던 것은 사실이지만 자신만의 전략적 우위를 만들어 내는 데는 실패했다. 그 이유는 다음과 같이 생각해 볼 수 있다.

◈ 전략의 원칙이 잘 이해되지 않고 있다.
◈ 선택적 상쇄에 대한 개념이 박약하다.
◈ 합의에 대한 집착이 강하다.
◈ 모든 고객의 요구를 총족시키려 한다.
◈ 수익성보다 성장성을 중시한다.
◈ 과거의 성공 요인을 반복하려 든다.
◈ 동질성을 너무 강조한다.

불행하게도 이 같은 일본의 특성은 더 이상 미래에 통용되지 않을 것이며 이 점에서 한국은 일본보다 가능성이 크다고 할 수 있다. 역설적으로 말해 한국은 일본만큼 성공을 거두지 않았기 때문이다. 한국은 정부의 역할 재정립이 대단히 중요한데 이 대목에서 일본을 참고할 필요가 있다.

일본 정부의 특성은 중앙집중형 조정과 규제, 전략산업의 선정, 내수 시장의 선별적 보호, 공격적인 수출진흥 등을 들 수 있다. 주목해야 할 것은 이 같은 정부의 특성이 적용된 산업 즉, 항공, 화학, 소프트웨어, 금융, 유통, 식품, 서비스, 등은 모두 경쟁력이 취약하다는 점이다. 반면 자동차, 로보틱스 등 경쟁력있는 산업은 정부의 개입이 여의치 않았던 경우였다.

얼핏 일본 경제의 성공 요인은 정부에 있다고 생각하기 쉽지만 사실은 정부 개입의 정도가 약한 경우가 오히려 성공적이었던 것이다. 물론 일본 정부에서 본받을 만한 점도 있다. 그 중에서도 장기적인 관점에서 경제의 비전을 제시해 온 것을 비롯해 시장정보제공, 양질의 인력 개발 시스템, 국민의 저축과 기업의 장기투자 유도, 국가표준제도실시 등은 일본 경제에 긍정적인 영향을 가져다 주었다고 할 수 있다.

3) 한국의 선택

이 같은 장단점을 감안해 한국의 선택 방향을 보기로 한다. 한국 정부의 역할은 안정적이고 예측 가능한 정치 · 경제환경을 조성할 것, 한국의 독창적이고 차별화된 비전을 만들어 국민과 공유할 것, 각종 제도의 효율성과 가용성, 품질 등을 개선할 것, 혁신과 개선을 장려하는 분위기를 만들 것, 중앙이 아니라 지방 중심의 산업 군을 만들 것 등이다. 특히, 한국이 1인당 소득 2만~3만달러의 선진경제로 진입하기 위해서는 새로운 비전정립이 대단히 중요하다.

【그림 V-14】 기업성과의 결정요인

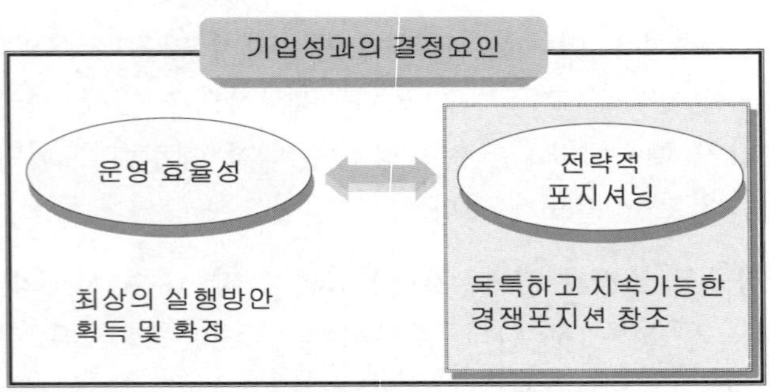

우리나라에서는 최근 「비전코리아」라는 프로젝트가 진행 중인데 이는 매우 의미 있는 일이라 생각한다. 특히 민간 중심으로 한국의 비전을 이끌어 내는 작업이 이뤄지고 있어 새로운 패러다임을 기대하게 된다. 한국의 전략적 비전에 대한 연구는 아무리 강조해도 지나치지 않을 것이다. 한국이 21세기에 번영을 누리기 위해서는 21세기에 어떤 국가가 될 것인지를 지금 설계해 두지 않으면 안 된다.

한국은 또한 아시아에 대해서도 새롭게 눈을 떠야 할 것이다. 아시아의 대부분 기업들은 포트폴리오 경영 모델을 따르고 있다고 할 수 있다. 이 같은 경영은 자본축적이 빈약하거나 자본시장의 발달이 미숙한 경우, 경영 노하우가 부족한 경우, 정부의 의존도가 높은 경우에는 의미가 있지만 새로운 환경에서는 수동적 경영으로 빠지는 예가 많다. 특히 자본조달이 쉬워지고 시장이 개방될 경우 전통적 의미의 포트폴리오 대신 전략적으로 우위에 설 수 있는 분야에 힘을 집중하는 것이 대단히 중요하다.

한국의 재벌이 아직도 문어발식 경영을 일삼고 있다면 앞으로는 생존의 문제에 봉착할 가능성마저 있다. 디즈니의 경우를 보자

디즈니는 만화영화 테마파크에서부터 출판, 호텔, TV, 심지어 완구 제조업까지 다양한 사업을 벌이고 있지만 누구도 문어발식 경영이라 말하지 않는다. 디즈니는 만화, 테마파크 등 자신의 핵심역량을 바탕으로 시너지효과를 극대화하는 유기체적 경영을 하고 있기 때문이다. 이에 반해 한국의 재벌들이 펼치고 있는 사업 다각화는 과연 무엇을 핵심 역량으로 두고 있는지 대단히 막연하다. 이것저것 남이 하니까 나도 한다는 식의 무전략 경영으로는 더 이상 살아남기 힘들 것이다.

끝으로 한국의 기업뿐만 아니라 정부 정책 관계자에게 요구하고 싶은 말이 있다. 우리나라 정책 관계자들은 사양산업의 논리를 믿는 경향이 있는데 이는 틀린 것이다. 신발의 예를 들어보자. 나이키가 하고 있는 신발 사업은 사실 하이테크산업이다. 반면 한국의 일부 기업들이 하고 있는 정보통신산업은 외양은 하이테크지만 내용적으로는 미들테크 이하로 볼 수 있다. 다시 말해 잘되는 산업, 저무는 산업이 있는 것이 아니라 잘하는 기업, 못하는 기업이 있을 뿐이다. 무조건 첨단산업에 뛰어든다고 성공이 보장되는 것은 아니다. 그 보다는 자신의 사업이 과연 고객의 요구를 반영하고 있는지, 최고의 기량을 발휘하고 있는지를 따져 자신의 사업을 하이테크화하는 것이 더 중요하다고 본다.

4) 포기할 줄 아는 능력이 전략

(1) 서로 작별 인사를

남들이 한다고 나도 할 수 있다는 생각은 더 이상 유효하지 않다. 모든 기업이 똑같은 것을 놓고 경쟁할 때 소위 경쟁적수렴(competitive convergence)의 상황이라면 결과는 파산밖에 없다. 한국 기업은 어떤 업종이나 산업이 유망하다고 하면 너나 할 것 없이 뛰어들고 있다. 하지만 그 결과는 무엇인가.

남들이 하지 않는 것을 찾아서 자기의 몫을 찾는 게 아니라 남들이 만들어 놓은 시장을 갈라 먹기 위해 싸운다. 이는 해당산업을 키우는 게 아니라 망치는 일이다. 그 동안 한국 기업의 팽창 배경에는 수익성이라는 개념은 존재하지 않았던 것처럼 보인다. 어느 시점에 얼마를 투자해 언제 얼마만큼 벌어들일 수 있을지 생각하지 않았던 것 같다. 한국 기업이 추구하는 최고의 미덕이 양적 팽창이었기 때문일까. 하지만 그렇게 해도 생존이 보장되는 시대는 이미 지났다.

(2) 누구나 한 일 자랑 말라

지난 10여년간 세계의 많은 기업은 앞다퉈 「쥐어짜기식」 경영기법 즉 운영효율성(operational effectiveness)개선을 위해 갖가지 방법을 도입했다. 정시출고(JIT)나 린 프로덕션(Lean production), 리엔지니어링이나 리스트럭처링도 마찬가지다. 일본 기업들은 그러한 기법 개발에 선구자 구실을 해 왔다. 물론 오늘날 기업경영활동에서 운영효율성 제고는 필수적인 것이다. 하지만 그것만으로 경쟁력을 갖췄다고 말할 수는 없다.

운영 효율성은 전 세계 모든 기업이 시도하는 것이다. 그렇게 하지 못한 기업은 생존하기 어려운 상황이기도 하다.

(3) 전략은 선택

전략은 자기 회사가 속한 산업에서 어떤 입지(position)를 가질 것인가에 대한 의사결정이다. 전략은 다른 기업과 다르게 하려고 결정하는 것을 의미한다. 차별된 방법을 찾아 자신만의 자리를 찾아내는 과정을 뜻한다. 모든 시장, 모든 고객을 만족하게 할 수는 없다. 시장의 다른 측면, 소비자의 다른 가치를 겨냥하는 능력이 전략이다.

내가 할 수 있으면 남도 한다. 중요한 것은 선택이다. 먼저 우리 회사는 무엇을 만드는 회사, 누구를 위한 회사가 될 것인가를 생각하라. 전략은 하나뿐인 이상(one ideal type)을 따라가는 게 아니다. 기업이 모두 똑같은 전략을 세운다면 모두 망하고 말 것이다.

일본 기업에는 전략이 없다. 세계 최고 모방력과 운영 효율성을 갖고 있지만 그들이 미래의 승자가 될 것이라고 보기는 어렵다. 그들은 모두 같은 곳에 뛰어든다. 스스로 함정을 만들고 있다.

(4) 전략은 포기하는 것

한 가지를 택하면 다른 한 가지는 포기할 수밖에 없다. 모방은 포기하지 않으려는 고집 때문에 발생한다. 하지만 모방으로는 절대 세계 일류가 될 수 없다.

많은 기업들이 너무 쉽게 모방을 한다. 어떤 제품이 인기를 끌면 곧바로 비슷한 제품을 내놓는다. 좋은 아이템이 있다면 빨리 흉내 내는 게 기업 경쟁력이 된다고 믿고 있다.

전략에는 트레이드오프(trade-off)가 있다. 포기할 수 있는 능력이 바로 전략이다. 모든 것을 가지려면 자신을 버려야 한다. 자신이 할 수 있는 일 가운데 무엇을 해야 하며 또 무엇은 포기해야 하는지, 어떤 고객의 욕구를 충족시켜야 하며 또 어떤 것은 무시해야 하는지 결정할 수 있어야 한다.

(5) 전략은 리더의 몫

운영 효율성 개선은 모두의 것이다. 회사의 각 조직이, 또 종업원 각자가 해야 할 일이다. 이는 명확한 목표와 인센티브만 있으면 중간 관리자가 책임지고 할 수 있다. 심지어 말단 사원까지 할 수 있는 것이다. 하지만 전략은 그럴 수 없다. 전략은 합의나 투표에 의해 얻어지는 것이 아니다. 누군가 선택하고 결단을 내려야 하는 것이다. 전략은 리더의 것이다. 세계 초일류 기업들이 초일류 기업의 자리를 지킬 수 있는 것은 최고의 경영자의 리더십 때문이다.

25. 다자간 무역체제의 회고와 전망

1) GATT/WTO 다자간 무역체제의 회고

관세와 무역에 관한 일반협정(GATT)이 1948년 1월 1일에 발효되어 47년 동안 국제무역을 관장해 왔으며, 95년에는 우루과이라운드(UR)의 결실로 보다 보강된 형태로서 세계무역기구(WTO)가 창설된 바 있다. WTO에서는 98년 제네바에서 열리는 제2차 각료회의와 연계하여 98년 5월 20일에는 세계 지도자들의 참석 하에 50주년 기념행사를 갖고 다자간 무역체제의 향후 발전 방향에 대한 토의가 있었다.

지난 50년 동안 다자간 무역체제는 세계를 보다 경제적으로 윤택하게 만드는데 기여해 왔다. 세계 총생산은 그 기간 동안 매년 3.7% 성장한 반면, 세계무역은 6% 늘어났다. 이는 같은 기간 동안 총생산은 5.5배 늘었지만 무역은 14배가 늘어난 것을 의미한다. 또한 이 체제는 무역규범을 통해 세계화 시대의 국가 상호간 의존관계를 질서 있고 원만하게 유지, 관리함으로써 세계 평화에도 기여했다고 본다.

그동안 GATT/WTO로 대표되는 다자간 무역체제는 세 가지 큰 기능을 수행해 왔다. 우선 GATT/WTO는 무역자유화의 원동력이었다. 그간 여덟 차례에 걸친 다자간 무역협상을 통해 관세 장벽과 비관세장벽이 획기적으로 인하 내지 철폐되었고 오랫동안 자유화 대상에서 제외되었던 농산물, 섬유류 교역도 이 체제에 복귀되기 시작했다. 97년에는 기본통신, 금융서비스 등 서비스 분야에 대한 자유화 협상을 마무리 지었을 뿐만 아니라 정보기기에 대한 관세를 2000년까지 제거하는 정보기술협정(ITA)을 체결함으로써 세계무역자유화를 크게 진전시켰다.

둘째로는 무역규범의 설정과 이의 확대를 통해 세계무역의 투명성과 안정성을 확보해 왔다. GATT창설 당시에 제정된 최혜국 대우와 내국민 대우를 근간으로 하는 무차별 원칙이 확립된 이래, 지난 50년 동안 분야별로 새로운 무역규범이 보강되었다. 1970년의 도쿄라운드에서는 비관세장벽에 관한 규범이 정립된 바 있고 UR에서는 서비스 지적재산권 등 새로운 분야에 걸쳐 무역규범이 설정되었다.

셋째로는 GATT/WTO 회원국간의 무역분쟁을 해결하는데 큰 역할을 하고 있는 점이다. GATT체제하에서의 분쟁 해결의 미비점은 UR를 통해 패널 보고서의 자동채택, 상소 기구의 설치 등으로 WTO에서 크게 개선·강화되었다. 이 결과로서 WTO 출범 불과 5년 만에 1백건이 넘는 분쟁 사안들이 WTO분쟁해결기구에 회부된 것은 회원국들의 분쟁해결 능력에 대한 높은 신뢰가 있다는 것을 입증하고 있다. 또한 분쟁해결에 있어 개도국이 적극적으로 참여하고 있는 점과 높은 분쟁해결 실적을 볼 때 분쟁해결에 있어 이 제도는 잘 운영되고 있다고 생각된다.

2) 다자간 무역체제의 향후 과제 및 전망

그간의 큰 성과에도 불구하고 앞으로 WTO가 다루어야 할 과제는 만만치 않다. 첫째, 무역의 자유화는 계속되어야 한다. 그 동안 관세는 많이 내렸지만 농산물·섬유·신발 등은 아직도 부분적으로 높은 관세가 유지되고 있다. 통관절차 등 행정적인 무역장벽도 만만치 않다.

둘째, 무역규범은 계속 보완되고 새로이 제정되어야 한다. 특히 새로운 무역이슈로 부상한 환경·투자·경쟁정책들을 어떻게 처리할 것인가에 대한 합의가 이른 시일내 도출되어야 한다.

셋째, 현재 149개국으로 구성되어 있는 WTO가 명실상부한 범세계적인 기구로 발돋움하려면 현재 가입 협상 중인 러시아를 포함한 32개국을 이른 시일 내에 적정한 조건으로 가입시켜야 한다.

넷째, WTO는 무역 확대를 통해 최빈개도국의 경제발전에 기여해야 한다. 이들 국가의 수출 증진이 가능하도록 인적 제도적 인프라를 구축하기 위한 다른 국제기구와 회원국들의 노력과 지원을 결집시켜야 한다.

마지막으로는 최근 확산되고 있는 지역무역협정이 차별적으로 흐르지 않고 WTO 체제와 보완관계가 유지되도록 하기 위한 방안이 구체적으로 논의되어야 한다.

1990년대 후반부터 WTO 회원국들은 UR이후에도 남아있는 무역장벽을 감축하고, 국제경제환경의 변화에 따른 새로운 무역문제를 다루기 위해 또 하나의 무역협상라운드를 시작하는 방안을 논의하였는데, 2002년부터 WTO에서 진행되고 있는 새로운 다자간 무역협상을 DDA(Doha Development Agenda, DDA)협상이라고 부른다.

WTO 회원국들은 UR협상을 타결하면서 농산물과 서비스 분야의 시장개방 내용이 미흡하다고 판단하여 2000년부터 추가적인 자유화 협상을 시작하기로 약속하였으나, 다수 국가는 세계무역환경의 변화를 반영할 새로운 무역규범이 필요하므로 다른 분야에서도 추가적인 협상을 시작할 것을 희망하여, 3년 반의 논의를 거쳐 2001년 카타르의 수도 도하에서 개최된 제4차 각료회의에서 DDA 협상의 출범을 선언하는 각료선언문을 채택하였다.

DDA 협상은 과거의 어느 다자간 무역협상보다 포괄적인 의제를 다루고 있는데 DDA 주요 협상의제와 쟁점은 농업, 서비스, 비농산물(공산물, 임·수산물)의 시장개방 관련의제, 반덤핑, 보조금·수산보조금, 지역협정, 분쟁해결 등 기존협정 개정과 투자, 경쟁정책, 무역원활화, 정부조달 투명성 등 새로운 규범 제정과 관련된 규범관련 의제, 기타 환경, 지적 재산권 관련 의제 등이다.

DDA협상은 UR 협상과 마찬가지로 모든 의제에 대한 논의를 동시에 진행하여 동시에 종결하고, 모든 참가국이 각 의제에 대한 협상결과를 모두 수용하는 일괄

타결방식(single undertaking)을 채택하고 있는데, 이는 협상타결에 필수적인 주고받기(give and take)를 용이하게 하기 위한 것으로 이해할 수 있다.

26. 거대 EU 출범과 향후 과제

1) 세계 최대의 정치·경제 단일공동체 탄생

2004년 5월 1일, 중동유럽 소재 폴란드, 체코, 헝가리, 슬로바키아, 슬로베니아, 에스토니아, 라트비아, 리투아니아, 키프러스, 몰타 등 10개국이 유럽연합(European Union: EU)에 신규 가입함에 따라 EU는 25개 회원국, 인구 4억 5천 만 명, GDP 9조 달러에 이르는 세계 최대의 단일공동체를 형성하게 되었다.

새로운 10개국의 가입은, 세계 초강대국인 미국과 맞먹는 거대 경제블록의 탄생이라는 의미뿐만 아니라, 강제적 형태가 아닌 각국의 자유의지에 따라 2차 대전 이후 냉전구도 하에서 동서 진영으로 분리되었던 유럽이 명실 공히 하나의 유럽으로 통합된다는 중요한 역사적 의미도 함께 지닌다.

유럽에서 전쟁 재발을 막기 위해서는 유럽통합을 통해 평화체제를 구축하고 경제적으로 공동번영을 이룩해야 한다는 프랑스 Jean Monnet의 사상을 기반으로 1952년 프랑스와 독일을 중심으로 서유럽 6개국이 모여 출범한 유럽석탄철강공동체(European Coal Steel Community: ECSC)가 유럽통합의 시작이자 EU의 모태이다.

그동안 EU는 4차례에 걸친 지리적 확대와 통합의 심화 과정을 거치며 성장해 왔는데, 제 5차에 해당하는 이번 확대는 규모면에서도 사상 최대이다. 하지만 EU의 확대가 여기서 그치지는 않을 전망이다. 루마니아와 불가리아가 2007년 가입을 목표로 현재 EU와 협상 중에 있고, 터키와의 가입협상 개시 여부도 2006년 12월 EU 정상회의 시 결정될 예정이다. 그리고 크로아티아 , 일부 CIS국가 등도 가입을 희망하고 있어 앞으로도 EU는 지속적으로 확대 될 가능성이 크다.

2) EU 통합 및 확대의 과정

유럽통합은 처음부터 기본 틀을 마련하고 진행되어 온 것이 아니라 철강·석탄 분야에서 시작된 협력을 세계 정치·경제의 시대적 상황에 대응하여 관세, 통상, 단일시장, 통화 및 재정, 외교안보, 내무, 사법 분야로 점차 확대함으로서 현재에 이르렀다.

이 과정에서 유럽석탄철강공동체(ECSC), 유럽경제공동체(European Economic Community: EEC), 유럽원자력공동체(European Atomic Energy Community: EURATOM) 및 유럽연합(EU)이 각각 창설되었으며 각 공동체는 개별 조약에 그 설립 기반을 두고 있다. 이 중 ECSC 창설 조약은 2002년 7월 종료되어 현재 발효 중인 조약은 3개이다.

ECSC는 당시 경제부흥의 핵심적인 요소이자 중요한 전쟁 물자인 석탄과 철강 산업에 대한 감독권을 각국 정부로부터 분리시켜 초국가적 기구의 관할권 하에 둠으로써 경제적 실익뿐만 아니라 종전 후 유럽의 안보 협력을 위해 설립 되었으며, 이를 대외무역 , 농수산, 교통, 원자력분야 등 경제 전반적인 협력으로 확대시킨 것이 EEC와 EURATOM이다. 이들 3개 공동체는 별도의 집행위와 이사회로 운영되어 오다 1967년 Merger Treaty에 의해 하나의 집행위와 이사회로 통합되었으며, 1993년 EU의 창설과 함께 EEC는 그 명칭이 EC(European Community)로 변경되었다.

1973년 영국, 덴마크, 아일랜드의 EC 가입을 시작으로 1981년 그리스, 1986년에는 스페인과 포르투갈이 각각 가입함으로써 3차례의 회원국 확대가 이루어졌고, 1987년에는 상품과 서비스뿐만 아니라 노동, 자본 등 생산요소의 자유로운 이동의 보장과 조세 장벽의 철폐를 통한 역내단일시장 완성을 위한 유럽 단일의정서(Single European Act: SEA)가 발효되었다.

ECs가 경제 분야 협력체라면 여기에 외교안보 및 내무, 사법 분야까지를 포괄하는 협력체가 바로 EU이다. EU 출범 이후 1995년에 오스트리아, 핀란드, 스웨덴이 추가 가입하여 회원국이 15개국으로 확대(제4차 확대)되었고, 회원국간 금융, 통화정책의 수렴과 단일통화의 도입을 위한 노력이 가속화되어 1998년 유럽중앙은행(European Central Bank: ECB)이 설립되었으며, 2002년 2월부터 12개 회원국에서 유로화 통용이 이루어졌다.

외교 안보 분야에 있어서는 2003년 12월 EU 정상회의 시 유럽 최초의 독자적 안보독트린인 유럽안보 전략(European Security Strategy: ESS)이 채택되었으며, 내무, 사법 분야에서는 2004년 3월 마드리드 열차 테러사건 이후 현실화된 유럽 내 대규모 테러공격 가능성에 대한 EU 차원의 공동 대응을 위한 EU 테러선언(Declaration on Combating Terrorism)이 채택되었다. (2004년 3월 EU정상회의).

EU의 주요기구로는 EU정상회의(25개국 정상), EU이사회(25개국 각료급 인사), 유럽의회(의원 732명), EU집행위원회(위원 25명), 경제사회위원회(위원 344명), 지역위원회(위원 344명), 유럽사법재판소(재판관 15명), 회계감사원, 유럽중앙은행, 유럽투자은행 등이 있다.

3) 확대에 따른 대내외적 변화와 향후 과제

【표 V-13】 EU지역의 최근 실질 경제성장율(%) 추이

EU 지역의 최근 실질 경제성장률(%) 추이

	2000	2001	2002	2003	2004	2005(전망)	2006(전망)
EU25개국	3.7	1.8	1.1	1.0	2.3	2.0	2.3
EU15개국	3.7	1.8	1.1	0.9	2.2	1.9	2.2
프랑스	4.1	2.1	1.2	0.8	2.3	2.0	2.2
독일	4.5	4.3	3.8	4.7	4.2	2.9	3.1
이탈리아	3.0	1.8	0.4	0.3	1.2	1.2	1.7
영국	4.0	2.2	2.0	2.5	3.2	2.8	2.8
미국	3.7	0.8	1.6	2.7	4.2	3.6	3.0

자료: Eurostat

EU의 확대는 국제정치적으로 초강대국 미국과 어깨를 견주는 유럽 세력의 등장이라는 의미로 해석되지만, 경제적 측면에서만 본다면 경제블록의 심화 과정이기도 하다. 단기적으로 보면 EU 확대로 당장 신구회원국간 교역 구조나 경제규

모에 큰 변화가 초래될 것으로 예상되지는 않는다.

이는 1980년대 말과 1990년대 초 체제 전환에 나선 중동유럽 8개 신규 회원국이 EU 가입을 목표로 그동안 개혁 작업을 꾸준히 진행해 와 EU와 이들 국가들 간에 이미 상당한 경제통합이 이루어져 왔고, 신규 가입국의 현 경제규모 또한 GDP 15개국의 5% 수준에 불과한 실정이기 때문이다.

그러나 장기적으로 보면 기존 EU 기업들의 중동유럽 지역에 대한 신규 투자와 생산 기지 이전이 빠르게 진행되어, 소비 시장으로서의 서유럽과 생산과 원자재 조달 기지로서의 중 · 동유럽이라는 역내 자급적 구조가 정착됨으로써, EU 역내 교역이 역외 교역을 대체하는 무역전환 효과가 발생할 것으로 전망된다.

또한, EU의 확대는 기존 회원국과 신규회원국 모두에게 추가적인 경제성장을 제공할 것으로 전망된다. EU위원회는 신규 회원국들의 가입에 따라 2009년까지 경제성장률이 국별로 1.7~3.2% 추가 상승할 것으로 전망하고 있으며, 세계은행 부총재도 최근 열린 유럽경제포럼에서 EU에 새로 가입한 동유럽 국가경제가 향후 10년간 연평균 4%이상 성장할 것이란 긍정적 전망을 내 놓은 바 있다.

그러나 동유럽국에 있어 EU가입은 기회와 동시에 위기가 될 것으로 보인다. 비관세장벽 철폐에 따른 EU 시장 접근 용이성과 기업 환경의 개선, 외국인투자 확대, 인프라확충과 연구개발 및 인적자원 개발에 필요한 EU의 재정 지원 등을 기대할 수 있는 반면, 경쟁심화, 단일시장 법규의 시행에 따른 비용 증가 등은 위기로 작용할 것이기 때문이다.

EU의 확대가 기회인 동시에 위기가 되는 것은 역외기업들에게도 마찬가지이다. 단기적 교역 측면에서 본다면 동유럽의 관세가 EU수준으로 인하된다는 점에서 역외국의 동구 수출이 유리해지는 측면이 있으나, 중장기적으로 볼 때 EU의 역내 무역 규모와 비중이 꾸준히 늘어날 것이므로 역외국들의 경제적 입지는 불리해질 것으로 전망된다.

한편, EU 확대는 무엇보다도 유럽대륙에 안정과 번영, 민주주의의 발전을 가져다 줄 것으로 기대되지만, 늘어난 회원국을 실질적으로 통합하고 미국이 독주하는 국제무대에서 정치적 위상을 높이기 위해서는 앞으로 해결해야 할 과제도 적지 않다. 그 중 중요한 몇 가지를 정리해 보면 다음과 같다.

가장 먼저 해결해야 할 과제는 EU 헌법제정이다. 회원국을 하나로 결속시키는 기본법이 될 EU 헌법 안에 아직도 합의하지 못하고 있는 것이다. 합의 실패의 가장 큰 이유는 EU의 의사결정방식에 있다. 의사결정방식의 변경으로 영향력이 줄어드는 스페인과 폴란드가 그동안 강경 거부 입장을 고수해 왔기 때문이다. 그러나 최근 스페인이 정권교체를 계기로 헌법안 타협 의지를 천명함에 따라 폴란드도 유연한 자세로 선회함으로써 의사결정방식에 대한 합의 가능성은 높아졌다. 그 외 EU 대통령 직 및 외무장관직 신설, EU의회와 집행위원회의 권한 조정, 헌법에 유럽의 종교적 전통 언급 여부, 공동방위, EU 탈퇴 및 회원국 자격정지, 기본권 헌장 등이 EU헌법과 관련된 주요 쟁점으로 남아 있다.

다음으로 경제규모의 차이도 큰 갈등 요인이다. 기존 EU 평균의 40% 수준에 불과한 신규 가입국의 평균 GDP를 기존 회원국 수준으로 끌어올리기 위해서는 서유럽 국민들은 당장 지금보다 더 많은 세금을 내 동유럽 국민들을 재정적으로 지원해야 한다. EU는 신구회원국간 경제력 격차를 해소하기 위해 역내 빈국에 대해 2004년부터 6년간 405억 유로의 재정지원을 계획하고 있다. 신규 가입국이 2006년말 까지 EU로부터 지원받게 될 재정지원 규모만도 217억 유로에 이를 전망이다. 이로 인해 프랑스, 독일 등 유럽통합 주도국들과 영국, 이탈리아, 스페인 등 정치통합에 회의적인 국가간의 대립, EU 예산을 부담하는 선진 회원국들과 EU로부터 재정지원을 받는 후진 회원국들 간의 갈등, EU로부터 재정지원을 받아온 기존 회원국들과 신규 회원국 간의 갈등이 적지 않을 것으로 전망된다.

노동시장 개방에 대한 이해관계의 대립 또한 심각하다. 동유럽 국가의 공통적인 고민 중의 하나가 높은 실업률이다. 기존 EU 15개국 시간당 노동 비율이 22.21유로인데 비해, 헝가리는 3.83유로, 폴란드는 4.48유로에 불과하며 가장 임금이 저렴한 라트비아는 2.42유로로 EU 평균의 1/10 수준에 불과하다. 따라서 서유럽 국민들은 당장 주민 이동이 자유로워지면 가난한 동유럽 주민들이 일자리를 찾아 대거 서유럽으로 몰려들어 자국 국민의 실업률이 증가하고 서유럽 내 동구 출신 일입국자로 인한 문제가 심각해질 것이라고 크게 우려하고 있다.

기존 서유럽 국가들이 당초의 계획을 변경하여 노동자 유입을 제한하겠다는 입장으로 돌아선 것도 이런 이유에서 이며, 이에 대해 신규 회원국들은 크게 반발하고 있다. 이외에도 유로화의 위상강화, 기술혁신, 정보화, 기업 환경 개선을 통한 국가경쟁력 강화, 회원국간 권력배분 및 운영의 효율화, 상이한 언어로 인한 행정의 비효율성 제거 등도 EU가 앞으로 해결해야 할 과제이다. EU의 확대로 회원국간 이해관계가 더욱 복잡해져 EU의 결속력을 오히려 떨어뜨릴 것이라는 지적도 적지 않다. 덩치는 커지고 통합의 질은 떨어지는 역효과를 낼 수도 있다는 것이다. EU가 내부 통합을 이룩하고 미국의 독주를 견제할 강력한 통합체로 거듭날 것인지 아니면 사공 많은 배로 표류하게 될지 지켜볼 일이다.

27. 21세기형 기업지배구조 유형의 비교

대기업들이 정부의 재벌개혁 조치에 따라 회장(총수)직속의 기조실을 폐지하는 등 지배구조 개편을 단행한다. 재벌들은 이와 관련, 고민에 빠져 있다. 총수의 취향이 각각 다를 뿐 아니라 총수의 2, 3세를 염두해 둔 재산 분할까지 고려해야 하기 때문이다.

오너 한사람이 수십개의 계열사 경영을 완전 장악하고 있는「전제군주」형 경영은 지배구조가 앞으로『입헌군주형』『계열분리형』『지주회사형』『글로벌형』『두뇌력형』 등 5개 유형으로 바뀔 것이다.

21세기초 우리나라 대기업집단(재벌)의 지배 · 경영구조는 크게 혁신될 것이며 가장 유능한 최고 경영자를 선임한 후 경영을 잘할 경우 보상하고 경영을 잘 못할 경우 책임을 묻는 감시와 견제가 이루어지는 기업지배구조 구축이 필요하다. 대기업의 지배구조 개편은 재벌개혁의 핵심이라는 점에서 많은 관심을 끌고 있다.

1) 현재의 지배구조

전제군주형이다. 재벌그룹 총수들은 수십개의 계열사를 직접 장악, 임직원에 대해 인사권을 행사하고 있고 주요 프로젝트에 대한 사업도 직접 결정하고 있다. 재벌들이「황제식 경영」을 하고 있다는 지적이 나오는 것도 이 같은 배경에서다. 총수들이 그룹 본부에 기획조정실이나 회장비서실을 두고 이를 통해 계열사를 관리하고 있다.

2) 미래의 지배구조

(1) 입헌구주형

(총수는 그룹 상징적 존재 전문경영인이 경영권)

그룹의 체제는 기존의 전제군주형과 유사하다. 그러나 총수의 영향력이 다르다. 전제군주형의 경우 총수가 절대적인 지배력을 갖고 있으나 입헌구주형은 입헌군주제하의 왕처럼 총수는 그룹의 상징적 존재로 남고 전문경영인들이 경영권을 행사하는 시스템이다. 소유와 경영의 분리 체제다. 총수는 대주주로서 계열사 최고경영진을 교체하는 등 인사권을 행사하되 경영에는 직접 개입하지 않는다.

(2) 계열분리형

(사업·계열별 경영분리 미국 등 선진국의 기업구조)

미국 등 선진국에서 많이 하는 형태로 전문경영인이 사업별·계열별로 분리해 경영하는 형태이다. 계열별 기업이 독립돼 있지만 독립된 계열사는 소유와 경영이 분리될 수도 있고 분리된 하나의 계열사는 또 다시 입헌군주형이나 전제군주형이 될 수도 있다.

(3) 지주회사형

(경영 직접 개입 않지만 법적으로 자회사 관리)

우리나라를 제외한 다른 나라에서 법적으로 허용돼 있는 제도지만 많이 시행되지는 않고 있다. 직접 경영을 하지 않는 지주회사가 법적인 책임과 역할을 가지고 자회사를 관리하는 형태를 의미한다. 우리나라는 지주회사 설립이 현재 허용되어 있다. 대주주는 최고경영자(CEO)에게 모든 권한을 행사하도록 한 다음 경영 실적에 따라 보상하는 제도다. 자회사는 같은 그룹계열사라도 수평적 관계에 있고 다시 자회사(손회사)를 설립할 수 있다.

(4) 글로벌형

(해외 법인 현지 독립화, 다국적기업 경영 형태)

다국적기업이 시행하고 있는 형태로 해외 법인이 국내 기업과 달리 독립 경영의 현지화를 시행하는 것이다. 국내 본사와 해외 현지 본사의 지배 구조는 전제군주형 이나 계열분리형 등 어떤 형태도 가능하다. 과거 대우가 현지법인의 경영을 본사에서 관여하고 있지만 관여하지 않고 독립된 경영을 하는 경우 여기에 해당된다고 할 수 있다.

(5) 두뇌력형

(소수인적자원으로 경영, 미국의 MS사 등의 지배 유형)

선진 국가에서 많이 하고 있는 형태로 컨설팅회사나 법률회사, 첨단반도체사업 등과 같이 수십명의 소수 인적자원으로 운영되는 형태를 말한다. 미국의 마이크로 소프트사가 가장 대표적인 두뇌력형 지배구조를 유지하고 있다.

【그림 V-14】 기업 지배구조의 유형

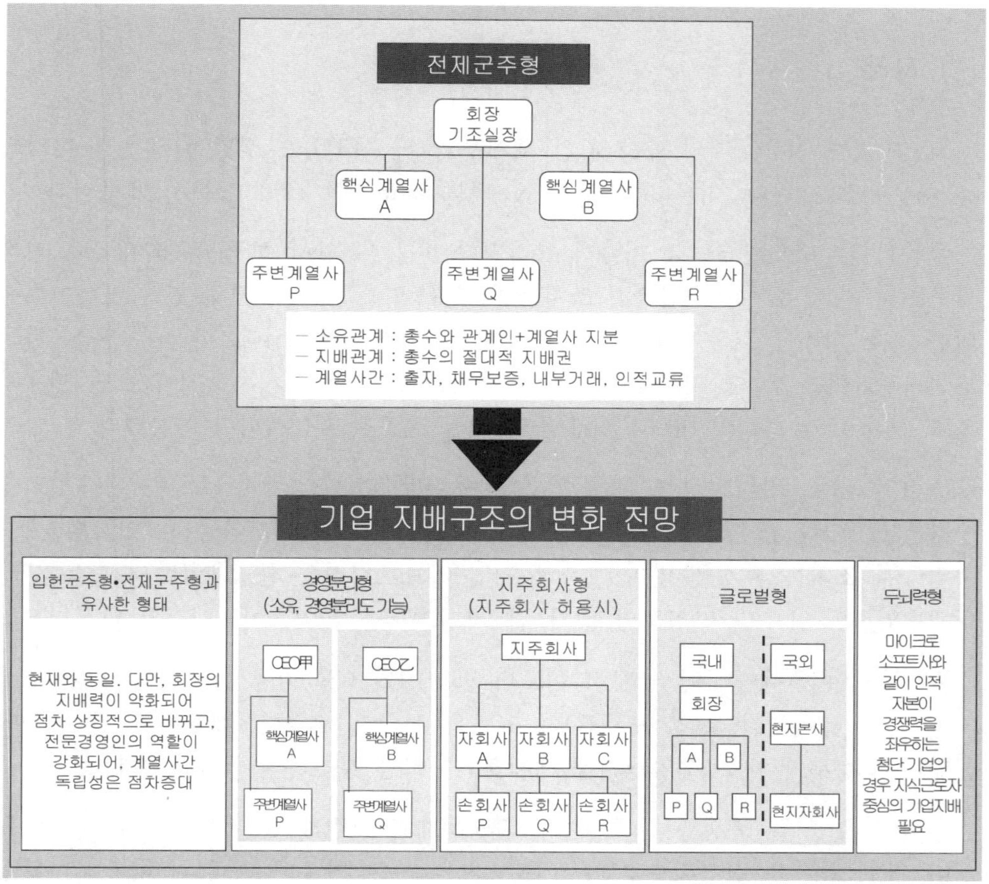

28. 글로벌 스탠다드와 환경문제사례

1) 사례 Ⅰ

'국경 없는 자유무역의 수호자'인 세계무역기구(WTO)는 몇년전 새우와 바다거북 때문에 괴로웠다. 이른바 '슈림프 & 터틀(Shrimp & Turtle)' 분쟁 때문이다.

이 사건은 1996년 5월로 거슬러 올라간다. 미국은 당시 한국 등 52개국이 잡은 새우는 사지 않겠다고 수입금지 조치를 내렸다. 멸종 위기에 처해 있는 바다거북에 대한 보호 장비를 갖추지 않고 새우잡이를 했다는 이유에서다. 미국내 환경론자들도 "새우잡이를 할 때 거북을 가려내는 장치를 한 그물을 사용하지 않으면 세계적으로 연간 15만 마리의 바다거북이 죽어 결국 멸종될 것" 이라며 거들었다.

그러자 태국, 말레이시아, 파키스탄 3국은 미국의 수입금지 조치가 자유무역을 주장하는 WTO 규정을 위반한 것이라며 WTO에 제소했다. 이들은 "미국의 새우 수입금지 조치는 환경을 빌미로 자국 기업을 보호하려는 환경제국주의적 음모"라며 "수입품인 새우만 멀쩡하면 됐지, 왜 바다거북을 끌어들이느냐" 고 맞섰다.

WTO는 이 문제를 1년 넘게 끌어오다 98년 4월 6일 최종적으로 태국 등 제소자의 손을 들어줬다. 그러나 WTO의 고민은 끝나지 않았다. 재판에서 진 미국의 클린턴 행정부가 새우 수입금지를 해제하기는커녕 항소하였기 때문이다.

슈림프 & 터들 분쟁은 선진국들이 환경문제와 관련해 높은 비관세 무역장벽을 쌓아 가고 있음을 상징적으로 보여주는 많은 사례 가운데 하나다. 미국 등 강대국이 자국의 환경 관련 로컬 스탠더드를 다른 나라에도 강요하는 셈이다.

이런 미국 때문에 WTO는 '목에 가시가 걸려 있는' 꼴이다. 상품과 서비스를 자유롭게 사고 팔 수 있도록 각종 장벽을 허무는 일을 하는 WTO가 환경 장벽을 합리적으로 쌓는 방안을 연구하고 있다. 자유무역과 환경 보전이라는 두 마리 토끼를 잡는 '글로벌 스탠다드'를 마련하겠다는 것이다.

92년 리우 환경회담을 비롯한 국제협상에서 '경제발전에도 환경을 고려해야 한다'는 공감대가 형성되긴 했으나 아직 선언적 단계이다. 게다가 선후진국간 경제 수준이나 환경기술 격차가 심하기 때문에 구체적으로 합의된 규제 기준이 많지 않다. 환경기술이 앞선 미국, 유럽연합 등 선진국들은 국제표준이 나오기를 기다려 주지 않는다. "우리나라에서 장사하고 싶으면 우리 기준을 따르라" 면서 일방적인 규제 공세다.

2) 사례 II

미국은 멕시코와 베네수엘라에서 잡은 참치를 수입하지 않는다. 이들이 작업하는 동태평양 열대 수역에는 참치가 돌고래 떼 아래에 살고 있어 참치를 잡다 보면 애꿎은 돌고래도 함께 잡혀 죽는다는 이유다. '돌핀은 안전하다(Dolphin safe)' 라는 표시가 있는 참치캔만 골라 사먹는 소비자도 많다. EU 회원국에 세탁기를 팔려면 물이나 전기 사용에 관한 EU환경기준을 통과했다는 '에너지라벨'을 붙여야 한다. 또 1998년 7월부터는 EU가 지정한 환경친화적 포자재(包資材)를 사용하지 않을 경우 수출은커녕 벌금을 내거나 형사처벌까지 받아야 할 지경이다.

정부 규제만이 아니다. 환경마크가 없는 상품은 거들떠보지도 않는 소비자들과 흠집 찾기에 열심인 환경단체들도 무역장벽 역할을 톡톡히 해낸다. 환경 파괴적인 생산방식으로 제조된 상품이 들어오면 수출국 상품 전체에 대해 불매운동을 벌일 정도이다. 93년 미국의 환경 단체들이 대만을 국제협약상 보호 대상인 코뿔소 뿔의 최대 소비국으로 지목하고 대만산 운동화, 테니스라켓, 섬유제품, 전자제품 등 전 품목에 대해 불매운동을 벌인 것이 그 사례이다. 환경보호에 있어서 개도국 수준을 벗어나지 못하는 한국 역시 이런 규제를 면하기 어렵다.

3) 이산화탄소 배출 규제사례

요즘 세계 자동차 업계는 유럽연합(EU)환경장관 이사회에 촉각을 곤두세우고 있다. EU 집행위원회의 '자동차 배출가스 규제안'의 내용은 충격적이다. 9인승 이하 자동차는 2005년까지 1㎞를 달릴 때 이산화탄소(CO2) 배출량을 현행 1백70g에서 1백20g이하로 줄여야 한다. 연비로 따지면 가솔린 ℓ당 주행거리를 14㎞에서 20㎞까지 높여야 한다는 계산이다.

배출량은 제조회사의 판매실적을 기준으로 전 차종을 가중 평균한 절대치로 계산하기 때문에 대형차 생산이 많은 쪽이 불리하다. 제조회사들은 생산 차종 전략 자체를 근본적으로 다시 짜야 할 판이다. 독일의 벤츠사는 이미 소형차 생산에 들어갔다.

유럽 차만 비상이 걸린 것이 아니다. EU 규제 대상에 수입차도 포함된다. 97년 1백55만대를 수출, 유럽 전체 판매 대수의 11%를 차지 할 정도로 재미를 본 일본이 바짝 긴장하고 있는 것도 이 때문이다. 지금까지 대형차 위주로 유럽 시장을 뚫어 온 도요타와 혼다는 재빨리 1000~1300cc급 소형차를 유럽 시장에 내놓기로 계획을 바꿨다.

자동차 배출가스 규제의 예에서 보듯이 이제 CO2를 많이 배출하는 산업이나 제품은 세계 시장에 발을 못 붙이게 됐다. 폭우, 가뭄, 한파 등 세계 곳곳에서 일어나고 있는 이상기후 현상이 CO2 배출 증가로 인한 지구 온난화 현상 탓이라고 사람들이 믿기 때문이다. 화석연료를 사용하는 자동차나 공장이 뿜어낸CO2 는 대표적인 온실가스로 지구를 이불처럼 덮고 있어 기온을 높이고 있다.

지구 온난화의 피해는 당장 눈앞에 보이지는 않는다. 그러나 수 십년 후 닥쳐올 폐해는 어떤 재앙보다도 끔직한 수준이다. 식량 위기가 오고 전염병이 창궐하며 연안 지역이 물에 잠긴다. 선진국들이 막대한 예산을 투자해 경쟁적으로 CO2 배출억제 기술을 개발하는 것도 이 때문이다. 모든 산업 정책은 CO2 배출량을 감안해 세워지고 있고 이것이 바로 글로벌 스탠더드이다.

지구 온난화 방지라는 '글로벌한' 과제를 효율적으로 수행하기 위한 기구가 바로 92년 채택된 UN 기후변화협약이다. 160여개 협약 가입국들은 97년 12월에 일본 교토(京都)에 모여 '교토의정서'를 채택했다. 일단 선진국들부터 CO_2를 줄이는 의무를 지기로 했다. 미국, 일본, 영국 등 협약상 38개 선진국은 2008~2012년 5년 동안 온실가스 배출량을 90년(기준 연도)에 비해 평균 5.2% 줄여야 한다.

다음은 개발도상국 차례이다. 98년 11월 브라질 부에노스아이레스에서 열린 4차 협약 당사국 총회에서 개도국의 감축 의무가 본격적으로 거론되었다. 개도국 중에서도 경제협력개발기구(OECD) 가입국인 한국과 멕시코가 가장 먼저 매를 맞아야 한다. 개도국이 CO_2 배출을 줄이는 것은 경제성장을 포기하는 것이나 다름없다. 개도국은 중화학공업 중심의 에너지 다소비 산업구조이기 때문이다.

화석연료 의존도가 90%에 가까운 한국으로선 CO_2 감축 의무를 받아들일 경우 공장을 제대로 돌리지 못해 경제성장에 치명타를 입게 된다. 최악의 시나리오에 따르면 2010년 국내총생산(GDP)이 80년대 중반 수준으로 후퇴할 수도 있다. 기후변화협약을 '환경 IMF'라고 부르는 이유가 여기에 있다. CO_2 감축경쟁'에 선진국들은 큰 돈을 쓰며 앞서가고 있다. 지구 온난화에 따라 해수면이 상승할 경우 도쿄, 오사카, 나고야 등 연안지역이 물에 잠겨 피해가 큰 일본이기에 93년 시작된 일본의 신에너지 정책인 '뉴 선샤인 프로그램(NSP)'은 부분적인 성공을 거두었다. 저공해 에너지 차량에 연료를 공급하는 주유소인 '에코 스테이션'은 이미 실용화 단계에 들어섰다. 전기자동차 천연가스자동차 등 3600여대의 저공해 자동차들이 56곳의 에코 스테이션에서 연료를 공급받으며 운행하고 있다.

EU는 2010년까지 자동차 배출가스 기준을 95년 수준의 60~70%로 감축하는 '오토 & 오일 프로그램'을 가동 중이다. 옥스퍼드, 아테네, 피렌체, 바르셀로나, 리스본, 스톡홀름 등 유럽의 6개 주요 도시는 청정연료자동차 개발을 유도하기 위해 배출 가스가 심한 차량의 도심 진입과 통행을 금지하는 방안까지 검토하고 있다.

【그림 V-15】 세계 환경시장 얼마나 커질까?

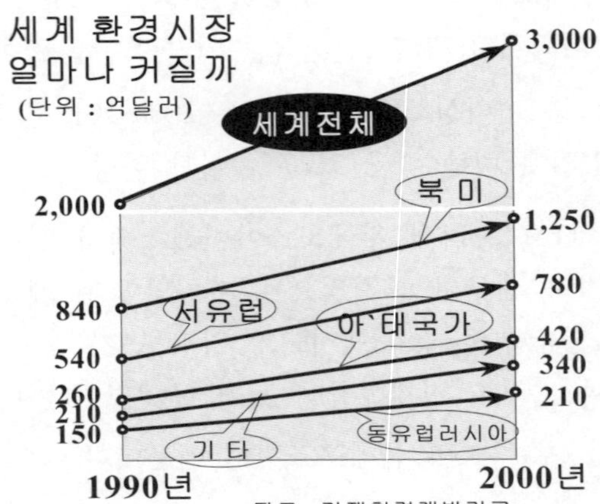

<자료 : 경제협력개발기구>

쌀시장 개방 때와 마찬가지로 결국은 기후변화협약에도 빗장을 열어주고 CO_2 감축 의무를 받아들이게 된 것이다. 경제위기로 경제성장률이나 에너지 이용율이 둔화한 이때를 기회로 삼아야 한다. 에너지 소비 패턴을 철저히 구조 조정하지 않으면 환경을 내세운 경제 전쟁에서 살아남을 수 없다.

2005년에는 이산화탄소(CO_2)를 배출할 권리를 사고파는 국제시장이 서게 되었다. 허용치를 초과해 CO_2를 배출한 기업이나 국가가 허용치가 남아도는 기업이나 국가에서 배출권을 사오는 제도를 97년 12월 일본 교토회의에서 CO_2 저감(低減)대책으로 이 거래를 허용키로 했으며 가장 효과적인 대책이란 평을 듣고 있다.

거래가 이뤄지는 예를 들어보면, CO_2 1t을 줄이는데 드는 비용이 A국은 100＄이고 B국은50＄라고 가정하자. 배출량을 최대한 줄인 B는 추가로 CO_2를 더 내뿜어도 되지만 이 권리를 t당 70＄에 A에 팔 수 있다. A로서도 CO_2를 직접 줄이는 것보다 권리를 사서 배출하는 게 저렴함으로 배출권을 사게 된다.

배출권 거래는 미국에서 시작됐다. 90년대부터 산성비의 원인이 되는 이산화황(SO_2) 배출권 거래 시장을 운영해 오고 있다. 93년 t당 150＄를 웃돌던 배출권 가격이 97년 12월엔 100＄수준으로 떨어졌다. 그만큼 SO_2 처리비용이 줄었다는 의미다. 2010년이면 미국 기업들은 SO_2 배출권 거래를 함으로써 연간 30억＄의 비용절감 효과를 누릴 것이란 전망이다.

배출권 거래 도입을 준비하는 각국의 발걸음도 빨라지고 있다. 캐나다는 기업과 자치단체가 참여하는 온실가스 배출권 거래에 관한 시험 프로그램을 시작했다. 미국, 일본, 러시아, 호주, 뉴질랜드 등 9개국은 3월 국가간 거래와 기업간 거래를 모두 허용하는 내용의 기본원칙에 합의했다. 영국은 국제거래소 창설을 추진 중이다. 한국도 에너지 저소비형 산업구조개편이 시급하다.

29. 21세기의 ASIA적 가치

외국 경제지를 포함한 많은 사람이 20세기말 아시아 경제위기의 원인을 단순히 경제적인 것을 넘어 아시아적인 문화, 아시아적인 가치에서 찾고자 하고 있다. 이들의 이야기는 아시아에 경제위기가 온 것은 아시아적인 가치가 새로운 시대가 요구하는 문화 또는 가치체계와 맞지 않기 때문이라는 것이다.

1) 정보화시대에 부응하지 못해

아시아적 가치란 무엇인가. 인(仁) 의(義) 예(禮) 지(智)로 압축 표현된 아시아의 유교적 가치는 한마디로 사람 간의 관계를 중시하는 가치다. 그래서 우리는 전통적으로 합리보다는 의리를 중시해 왔다. 인간관계에서 계산적이기 보다는 인정을 중시해 왔고 무엇보다 개인보다는 집단을 중시해 왔다. 그래서 분해하기 보다는 종합적이고 통합하기를 즐겨 했으며 분석보다는 직관과 통찰을 더 중시했었다.

이러한 아시아적 가치의 징후는 도처에 산재해 있다. '모난 돌이 정 맞는다'는 속담이 상징하듯 개인의 특성보다는 집단의 일원으로서 조화와 인화를 높이 평가하는 문화, 그래서 중국음식점에 가서 각자 입맛 당기는 음식보다 '자장면으로 통일'을 외침으로써 서로 맺어진 끈끈한 정을 느끼며 흐뭇해 하는것이 우리의 문화다. 그 때문에 우리는 회사에 입사해 동기생이라는 한 가지 이유만으로 각자

가진 능력에 관계없이 똑같은 월급을 받는 것을 너무나 당연히 생각해 왔으며 죽어도 같이 죽고 살아도 같이 살자며 종신고용제를 높은 가치로 지향해 왔다. 아는 사람끼리 적당히 봐주고 적당히 집어 주고 적당히 거짓말 해주는 부정부패라기보다는 사람 간 인정의 당연한 도리요, 표현으로 생각해 왔다.

그런데 21세기 정보화시대가 요구하는 가치란 어떤 것인가. 그것은 불행하게도 대부분 우리가 갖고 있는 아시아적 가차와 배치되는 것들이다. 새 시대가 요구하는 가치는 무엇보다 집단보다 개인을 중시하는 것이다. 영화 '쥬라기 공원'이나 빌 게이츠가 상징하듯 개인의 창의와 이니셔티브에 의해 엄청난 부가 창출되는 것이 수없이 목격되고 그래서 개인을 독립시키고 개별화하고 특화시키는 것이 바로 부의 창조와 직결됨을 실감하고 있다.

또한 정직과 투명성은 21세기 세계화시대가 요구하는 가장 큰 가치이다. 워싱턴대통령의 벚나무일화에서 보듯 서양에서는 전통적으로 정직이 가장 중요한 가치의 일부였지만 우리의 유교문화에서는 정직이란 한 번도 가치체계의 최상위권에 위치해 본 적이 없다. 그런데 불행하게도 투명하고 정직하지 않은 사회는 결코 경제 전쟁에서 승리할 수 없음이 날이 갈수록 실증되고 있다. 그러나 무엇보다 21세기는 얽히고설킨 인간과 인간간의 유대보다는, 즉 의리와 정보다는 실용과 합리를 요구하고 있다. 잘라야 할 때 냉정히 자르지 않고는 경제전쟁에서 승리할 수 없다는 냉엄한 현실은 정과 의리를 중심으로 한 우리의 가치 체계에 대한 근본적인 재고를 요구하고 있는 것이다.

한마디로 인, 의, 예, 지로 표방되는 아시아의 유교적 가치체계는 도처에서 도전받고 있다. '인'보다는 공평이라는 가치가 우선되고, '의'보다는 합리가, '예'보다는 실용이, '지'보다는 창의가 더 경쟁력 있는 가치라는 당혹스러운 현실에 우리는 직면하고 있는 것이다. 정리해고, 연봉제, 투명성, 적대적 M&A 등 우리가 요즘 듣고 있는 새로운 용어들은 사실은 이러한 새로운 가치들의 표면적 징후일 뿐이다.

2) 정체성을 갖춘 변신을 서둘러야 할 때이다

그렇다면 이러한 새로운 시대에 살아남기 위한 아시아인들의 지혜란 무엇일까. 만일 이러한 새로운 가치들이 이 시대 생존의 필수적 요소라면 어떻게 하면 아시아인의 혼을 잃지 않고 이 새로운 가치들을 창조적으로 수용, 승화시킬 수 있을 것인가. 이에 대한 해답을 구하는 것은 경제 회복과 함께 우리 모든 아시아인들의 숙명적 과제가 되고 있다.

30. 신산업시대론

농업시대가 산업시대로 바뀌고, 다시 신산업시대가 형성되고 있다.

농업시대에는 자본을 소유한 지주(Land lord)와 노동을 판매하는 소작인(Peasant) 두 계급이 있었다. 그러나 산업혁명으로 자본도 노동도 아닌 인간자본(Human Capital), 즉 교육으로 얻는 지식이나 기술을 파는 계급이 새로 생겼으며 이를 중산층이라 한다. 그리고 신산업시대가 도래하면서 구시대의 중산층은 더 이상 설 땅이 없어졌다.

컴퓨터 혁명으로 정보의 수집분석, 집행전달이 용이해지고 저렴해지자 전문지식과 정보를 갖고 이를 판매하는 고기술·고소득의 신지주(Knowledge lord 또는 Knowledge worker)와 단순노동을 판매하는 신소작인(Techno-peasant 또는 Service worker)으로 바뀌었다. 이에 따라 구(舊)중산층은 구조적으로 또 영구적으로 취업이 불가능한 신중산층(Permanently and structurally unemployables)으로 바뀌었다. 이는 곧 기업에는 중간관리층이 없어짐을 의미한다. 즉, 중간과리층이 없어지는 대신 최고 지식으로 무장한 초고소득 경영진(신지주)과 비서직, 일반사무직에 종사하며 최저 생활비 수준의 봉급에 만족해야 하는 신소작인 계급만이 존재함을 의미한다.

실제로 미국 월가의 경영진(Senior partner)은 3000만달러의 연봉을 받는 반면 일반 직원은 1000분의 1밖에 안 되는 봉급에 만족해야 한다. 한국 기업에서도 구조조정 과정에서 많은 중간관리층이 해고당하고 있어 이러한 추세가 진행되고 있다. 미국 모토롤라사의 경우 직급은 오로지 4개뿐이다. 사장, 본부장, 팀장, 직원이 그것이다. 이것이 가능한 이유는 물론 컴퓨터의 발달이다.

미국의 유명 슈퍼마켓 체인인 코스코(Cosco)는 값싼 정보가격으로 소비자의 기호와 수요를 정확하고 빨리 예측해 저렴한 가격으로 장사를 한다. 이러한 경쟁력을 갖춘 슈퍼체인이 들어서면 소형 슈퍼마켓들은 망할 수밖에 없다. 예컨대 코스코체인 하나가 직원 5명을 갖고 있는 소형슈퍼마켓 100개를 파산시킨다고 가정하면 컴퓨터기술이 있는 50명의 코스코 직원은 일자리가 생기나 소형슈퍼마켓 사업자와 직원500명은 실직하게 된다. 다시 말해 구중산층은 설 땅이 없다는 이야기이다.

한국 경제 추락의 근본적인 이유는 이러한 신 산업혁명에 제대로 준비하지 못한 탓이라고도 할 수 있다. 현재 겪고 있는 대규모 실업 등 모든 경제현상을 신산업혁명으로 설명할 수 있다는 말이다. 특히 영미식 시장자본주의는 주주의 이익을 최우선으로 고려하기 때문에 주주이익을 위해서라면 종업원을 해고하는 일이 필연적이다. 따라서 단순한 구조조정으로 실업문제를 해결할 수 있다고 생각하면 오산이다.

결국 한국에서 현재 제일 시급한 문제는 이러한 신 산업혁명의 이해이며 정치권의 정책 선택도 이러한 큰 흐름을 파악하고 사회가 가야 할 길, 즉 비전을 국민에게 제시하는 것이다.

19세기에 산업혁명을 받아들인 일본이 이를 거부한 중국과 조선을 압도했던 역사적 교훈도 있지 않는가. 시장자본주의가 마치 한국의 구세주인 것처럼 이야기하고 있으나 사실은 그렇지 않다. 시장자본주의라는 것 자체가 단순한 경제현상에 불과할 뿐만 아니라 시장원리와 주주이익 최대화를 추구하는 과정에서 시장소득이 직원 소득의 1000배가 넘는 현상을 과연 한국 사회의 가치관이 용납할지도 의문이기 때문이다. 현재 경제위기의 본질적인 극복은 한국문화가 수용할 수 있는 그리고 신산업혁명에 걸맞은 정치 · 사회 · 경제체제의 건설이다.

어느 사회건 그 사회의 문화와 역사를 부정하는 경제체제는 성립할 수 없다. 19세기 영국의 매카드니 제독이 탄 배는 포드스미스항을 떠나 베이징으로 갔고 또 다른 한 척은 페리 제독의 지휘하래 미국 보스턴으로 떠나 일본으로 갔다. 두 제독은 산업혁명 이후 새롭게 건설된 국제경제체제에서 중국과 일본에 각각 반강제적인 개항 요구를 했다. 이러한 요구에 중국과 일본은 정반대 태도를 취했다.

현재 영국 박물관에 보관된 당시 중국 정부의 비밀문서를 보면 교역으로 서구사회를 어느 정도 이해하고 있던 중국은 산업시대에 동참하긴 해야 하지만 이는 곧 청(淸)제국의 몰락과 공화제의 등장으로 당시 정치권과 기득권의 세력이 없어지는 것을 의미하므로 산업화를 늦추자는 결론을 맺었다. 일본의 경우 당시 페리 제독의 흑선을 본 한 지식인은 일본의 흥망은 산업사회 참가에 있다고 결론을 내리고 누수한 10대 청년을 교육하기 시작했다. 바로 이 그룹의 지도자가 이토 히로부미로 그는 나이 30에 도쿄에 입성해 일본을 산업사회로 바꾸었다.

한국에도 이제 똑같은 선택의 기회가 찾아 왔다. 신산업시대의 대세를 거슬러 조선말기 홍선대원군의 실수를 재현할 수도 있으며 이를 피할 수도 있다. 이것이 바로 한국이 선택해야 할 가장 큰 과제이다.

31. 북한경제의 현상과 방향 – 남·북 경협(經協)관련

9년 연속 마이너스 성장을 지속하던 북한 경제가 플러스 성장으로 반전, 비상한 관심을 끌고 있다. 한국은행은 “북한의 1999년 경제성장률이 6.2%로 10년 만에 플러스로 돌아선 것은 앞으로 북한 경제의 회생 가능성을 보여준다는 점에서 큰 의미가 있다”고 말했다. 북한이 교육 수준이 높기 때문에 남북경협을 통한 경제 회복에 나설 경우 큰 효과를 거둘 수 있다는 게 한국은행의 분석인 것 같다.

통계상으로 북한 경제성장률이 회복세로 돌아섰다고 하지만 북한의 국내총생산(GDP)규모가 89년의 75% 수준에 불과, 경제의 펀더멘털(기초체력)은 아주 취약한 것으로 파악됐다.

1) 북한의 산업구조

남한에 비해 농림어업, 광업 및 정부 서비스업의 비중이 높은 반면 제조업 및 기타 서비스업의 비중은 낮은 수준을 보이고 있다. 99년 들어 북한의 산업구조는 농림어업과 건설업이 높아진 반면 광공업, 전기 가스 수도업, 서비스업은 98년과 비슷한 수준을 유지하거나 낮아진 특징을 보였다. 농림어업은 재배업, 축산업, 수산업등 생산호조로 GDP에서 차지하는 비중이 전년(29.6%)보다 높은 31.4%를 유지했다. 광공업은 전년의 25.5%와 비슷한 25.6%의 비중을 나타냈다.

2) 광업 - 중화학공업 회복세

북한은 제조업의 경우 에너지 및 원자재 공급 확대와 중공업 부문 관리 개선을 통해 제조업 부문 생산 정상화에 많은 노력을 기울여 왔다. 이 같은 노력 덕택에 99년 중화학공업과 경공업 부문 생산이 각각 11.6%, 2.4% 증가했다.

전기 가스 수도업도 회복세를 보였다. 화력발전(22.7%)과 수력발전(0.8%)이 늘어났으며 가스 및 수도업도 늘어 전체적으로 6.8%의 증가세를 나타냈다. 전력난 타개 및 부존자원 개발 노력 강화 등으로 선탄 생산이 98년보다 14% 증가했다. 철광석 및 동광석 등 금속광물 생산도 14,6% 늘어났다.

한편, 북한의 철도 총연장은 5,214㎞로 남한의 78%(6,68㎞)수준, 그러나 도로 총연장은 2만3,479㎞로 남한(8만 7,534㎞)의 26.8%, 항만하역 능력은 3,501만톤으로 남한(4억1,756만톤)의 8.4%에 불과해 사회간접자본(SOC) 확충이 시급한 것으로 분석됐다.

3) 남북경협 활성화 방안

남북경협 활성화를 위한 길이 열렸다. 지금 까지 민간 기업 차원의 경협에 한계가 있었던 것은 남북한 당국 간에 접촉이 없었기 때문이다. 사실 그 동안 남측은 경협 확대를 위해 부단한 노력을 기울여 왔다. 문제는 남한 당국에 대한 북측의 부정적인 태도였다. 이제 남북정상회담 개최로 이 같은 문제는 해결의 실마리를 찾았다. 따라서 2000년 6월 15일 정상회담을 계기로 북측의 태도에 많은 변화가 예상되고 있다. 그렇다면 남북경협을 위한 물꼬가 트인 지금 북한이 준비해야 할 일은 무엇일까. 만약 북한이 경제 회복을 위한 의지가 확고하다면 다음과 같은 몇 가지 문제를 신중히 고려해야 할 것이다.

【표 V-14】 남북한 주요 경제지표 비교 (2004년 기준)

	단 위	북한(A)	남한(B)	B/A(배)
1. 인 구	만 명	22,709	48,082	2.1
2. 경제성장률	%	2.2	4.6	–
3. 명 목 G N I	10억원(억달러)	23,767.1 (208)	779,457.8 (6,810)	32.8
4. 1인당 G N I	만원(달러)	104.7 (914)	1,621 (14,162)	15.5
5. 대 외 경 제				
무 역 총 액	억달러	28.6	4,783.0	167.2
(수 출)	〃	10.2	2,538.4	248.9
(수 입)	〃	18.4	2,244.6	122.0
대 미 환 율	원(북·남한)/달러	139	1,144.67	–
6. 예 산 규 모	억달러	25.1	1,034.0	N.A.
7. 에 너 지 산 업				
석 탄 생 산 량	만 ton	2,280	319	0.14
발 전 용 량	만 kW	777	5,996	7.7
발 전 량	억 kWh	206	3,421	16.6
원 유 도 입 량	만 bbl	390	82,579	211.7
8. 농수산물생산량				

* 곡 물	만 ton	431.2	566.9	1.3
* (쌀)	〃	180.0	500.0	2.8
수 산 물	〃	116.9	251.9	2.2
9. 광산물 생산량				
철 광 석	만 ton	457.9	22.6	0.05
비 철 금 속	〃	9.8	150.9	15.4
10. 주요공산품생산량				
자 동 차	만대	0.45	346.9	770.9
강 철	만 ton	106.8	4,752.0	44.5
시 멘 트	〃	563.2	5,433.0	9.6
비 료	〃	43.4	361.4	8.3
화 섬	〃	2.50	197.8	79.1
11. 사회 간접 자본				
철 도 총 연 장	km	5,235	3,380	0.6
도 로 총 연 장	km	25,185	100,278	4.0
항만 하역 능력	만 ton	3,690	53,278	14.4
선 박 보 유	만 ton	89.5	884.4	9.9

자료 : 통일부, http://www.unikorea.go.kr/index.jsp

(1) 특정 지역 경제특구 개방

북한내 일정 지역을 경제특구로 개방해야 한다. 여기서 말하는 경제특구란 기존 북한의 체제와는 달리 별개의 체제가 적용되는 지역이다. 또한 이곳은 기업의 활동을 위한 SOC는 물론 경제 관련 법·제도적 장치가 갖추어져야 한다. 최소한 진출 기업의 경제활동에 자율성이 보장되어야 한다. 단, 경제특구의 지정 역시 과거 나진 선봉지대와는 달리 경제적인 효율성이 최대한 고려되어야 한다.

그 이유는 80년대 초 개방하여 성공을 거둔 중국의 경제특구를 보면 알 수 있다. 중국은 경제특구 선정시 성공 가능성을 높이기 위해 이미 경제적으로 일정 수준에 올라와 있는 파트너를 고려하고 있었다. 예를 들어 심천(深圳)경제특구는 홍콩과, 주해(珠海)경제특구는 마카오와, 하문(厦門)경제특구는 타니완과 짝을 지어 놓고 있다. 즉 홍콩·마카오·타이완은 이들 특구의 지원자이자 바깥세상으로 통하는 출구였던 셈이다.

이렇게 보면 나진 선봉지대는 특구로 결정될 때부터 성공할 가능성이 낮을 수밖에 없었다. 지대내 SOC와 산업기반이 갖추어지지 않은 것은 물론, 파트너였던 중국의 연변지역과 러시아의 극동지역이 경제적으로 낙후된 지역이자 출구로서의 역할을 수행하기에 한계를 지닌 대상이기 때문이었다. 북한은 나진 선봉지대의 전철을 밟지 않도록 해야 한다.

(2) 경의선 연결 필요

경의선 연결 및 복선화 작업을 적극 추진해야 한다. 이것은 서해 공단 활성화에 결정적인 기여를 할 뿐 아니라 남북한에 공히 이득이 되는 사업이다. 서해 공단이 설립될 경우 해상을 통한 물류 수송에는 한계가 있을 수밖에 없다. 따라서 서해공단을 활성화시키기 위해 경의선 연결은 반드시 선행되어야 할 조치이다.

이와 같이 경의선 연결은 남과 북의 경제를 연계하는 연결고리로 경협 활성화에 결정적인 역할을 할 것이다. 또한 한반도와 대륙이 물류를 연결함으로써 발생되는 경제적 실리 역시 상당할 것으로 보인다. 북한의 입장에서 볼 때 도로와 달리 철도연결은 체제에 대한 영향을 최소화하면서 경제적 효과를 획득할 수 있는 방안이다. 과거 이 점을 간파한 김일성 주석도 경의선 연결 사업을 거론한 적이 있지 않는가.

(3) 우수한 투자환경 조성

북한은 동아시아 지역 내 투자유치 경쟁국에 비해 우월한 투자환경을 조성해야 한다. 중국은 70년대 말부터, 베트남은 80년대 중반부터 개혁·개방을 실시하여 북한과는 비교가 되지 않을 정도로 환경이 갖추어진 투자 대상이다. 냉철하게 말해서 현재 경쟁국에 비해 열악한 북한의 투자환경을 보고 대북 진출을 희망하는 기업은 거의 없을 것이다. 북한은 바로 이점을 직시하여야 한다. '기업은 이익 창출을 위해 이념도 초월 한다'는 말이 있다. 이를 위해 북한은 앞서 언급한 경제특구 설치는 물론, 법 · 제도적 측면에서 경쟁국보다 월등한 우대조치를 마련해야 한다.

(4) 남한기업 우대조치 마련

남한기업에 대한 우대 조치를 강구해야 한다. 중국의 경제발전에 화교 자본이 결정적인 역할을 했다는 것은 주지하는 바와 같다. 중국이 유치했던 해외 자본 중 70%이상이 화교로부터 유입되었다는 사실은 중국 경제발전을 위한 화교자본의 중요성으로 미루어 짐작할 수 있다. 그러나 불행하게도 북한은 동일한 조건을 갖추지 못하고 있다. 결국 북한경제의 회복과 발전을 위해서 남한 기업의 역할이 매우 중요할 수밖에 없다는 결론이 나온다. 다행한 점은 우리 기업인들은 북한 투자에 대해 다른 나라 기업들에 비해 남다른 열의를 보이고 있다는 사실이다.

따라서 북한은 남한 기업에 대한 우대조치를 내세움으로써 우리 기업인들의 이 같은 의지를 십분 활용해야 할 것이다. 아울러 북한은 중국이 타이완 기업에 대해 우대 조치를 위한 사례를 진지하게 고려해 봐야 할 것이다.

분단 55년만에 남북 정상이 만났다. 남북경협 확대를 위한 발판이 마련된 셈이다. 그러나 여기서 반드시 짚고 넘어가야 할 부분이 있다. 바로 경협이 지속적으로 확대되기 위해서는 남북한간 상호 이익이 바탕이 되여야 한다는 점이다. 이것이 진정한 상호주의이며 경협의 지속성을 보장할 수 있는 방안이다. 북한은 일방적으로 받는 자세를 지양하고 남북이 서로 주고받는 자세로 전환해야 한다. 과거 중국의 등소평은 '가난이 사회주의는 아니다'라고 역설한 바 있다. 이제 북한은 경제회복을 위한 과감한 결단을 내려야 한다.

32. 개방형 신통상국가론

1) 배경

① 우리나라는 1960년대 이래 공업화를 바탕으로 대외지향적인 무역입국을 국가 개발전략으로 채택하여 어느 정도 성공을 거두었지만, 이러한 전략을 지속하는 데에는 한계가 있다.

② 게다가 주변국의 정세가 변화하고 있으므로, 이를 극복하고 새로운 도약을 위해서는 21세기형 발전 전략의 모색이 필요하다.

③ 후발 공업국의 입장에서는 가공무역형 공업국 수준을 뛰어넘기가 쉽지 않을 뿐만 아니라, 공업화를 통한 무역국가로서는 성장에 한계가 있다. 따라서 상품무역과 서비스, 그리고 고도의 상업 활동이 어우러진 복합적인 경제발전 전략의 수립이 요구되고 있다.

④ 시장개방의 가속화와 기업활동의 범세계화, 그리고 디지털화가 동시에 진행되는 상황에서는 수동적이고 피동적인 대응은 바람직하지 않으며, 국익을 극대화할 수 있는 전략적 사고가 절실하며, 이에 입각한 개방형 국가의 건설이 절실하다.

⑤ 중국의 시장경제가 날로 발전하는 상황에서 미국과 일본, 중국 등 강대국에 둘러싸인 입장에서 자칫 경제적인 약소국으로 전락할 가능성이 없지 않으므로, 강대국의 틈에서도 작지만 강한 국가로 번영할 수 있는 생존의 전략이 불가피하다.

⑥ 역사적인 남북정상회담을 계기로 경제적인 선택의 폭이 넓어지게 될 것이므로, 한민족이 합심하여 번영·발전할 수 있는 국가경영전략을 세우는 모멘텀을 마련하여야 한다.

2) 의의

(1) 개념

① 21세기의 국가발전전략으로 지식기반 경제로의 이행, 벤처기업의 육성과 더불어 신통상국가를 제안한다.

② 여기에서 신통상국가란 개방형 통상국가의 적극적인 표현으로. 한국이 단지 가공무역기지가 아닌 세계의 비즈니스 센터의 한 축으로 발전하여 통상 활동의 플렛트홈을 제공하는 국가, 즉 open-minded economy as a business platform을 의미한다. 즉 기업활동의 범세계화로 기업의 연구개발, 디자인, 소재 및 부품 생산, 조립 · 가공, 물류 · 유통, 판매, 광고, 금융, 본부 등을 포함한 모든 단계의 활동이 입지 여건에 따라 분산되는 추세 하에서, 이러한 기업활동의 중심적인 역할이 수행될 수 있는 중추적인 장을 우리나라가 제공하자는 것이다.

③ 신통상국가란 또한 우리나라가 과거 역사에서는 장보고의 청해진을 중심으로 한 해상무역, 고려인들의 대서역교역 등 통상국가로서의 진취적인 상인의 기상과 가능성이 농후했던 바. 이를 21세기에 새롭게 구현하자는 의미를 지닌다.

④ 신통상국가론은 제조업의 조립, 가공, 생산에 주력하던 개발연대 이래의 공업화 전략의 개념과는 분명히 차이가 나며, 이를 바탕으로 한 무역 입국론과도 비교가 된다. 또한 90년대 중반 이후 제기된 세계화 전략과도 차이가 난다.

(2) 무역입국론과의 차이

① 한국은 개발연대 이래 지난 40년간 무역 입국론에 입각하여 대외 지향적

경제정책을 추구했으나, 그렇다고 완전히 개방적인 통상국가로서의 면모를 갖춘 것은 아니다. 즉 지금까지는 주로 상품교역 및 투자분야에서 국내시장의 접근(market access)이라는 소극적인 시장개방을 대처해 왔으나, 앞으로는 적극적인 의미에서 밖으로의 진출을 통한 시장확대를 도모할 필요가 있었다. 대외지향형 전략은 후발 공업국의 concept에서 출발한 것이며, 이제는 제조국가보다는 고도의 상인 국가가 더 많은 부가가치를 창출할 수 있다는 concept의 정립이 절실하다.

② 무역입국론은 인적자원을 활용하여 직접 수출상품을 만들어 내다 파는 상품 무역에 주로 치중하였으나, 통상국가론은 무역뿐 아니라 물류, 유통, 금융, 외국인자본 등의 거점을 형성하여 부존자원과 관계없이 부가가치를 높일 수 있는 다양한 방안을 강구하자는 것이다. 그러므로 신통상국가를 지향하는 국가전략은 재화의 수출에 크게 의존한 과거의 무역입국론과 경쟁요소, 정책 등에 있어 차이가 날 수 밖에 없다.

【표 V-15】 무역입국론과 신통상국가론의 비교

	무역입국론	신통상국가론
주거래대상	재화	재화, 서비스, 생산요소(지식요소 포함)
경쟁요소	노동	노동, 자본, 기술, 지식 등
경쟁력 조건	가격	품직 등의 비가격
경쟁조건	비교우위	절대우위
정책수단	보조금, 관세 등의 가격 경쟁력 조건에 영향	경쟁, R&D, 민간 창의력 등 비가격 경쟁적 조건에 영향
정책수단의 성격	단기 수단	장기 및 제도
정책접근 방법	부분적 접근	총체적 접근

③ 대내외 경제환경변화를 고려할 때 1960년대 이래 유지해 온 이른바 outward-looking policy, 즉 밖을 내다보는 전략에 입각한 무역입국론에서 이제 우리 내부를 세계에 제공하는 비즈니스 플렛트홈의 기반을 갖춘 신통상국가론으로의 이념

적, 실천적 전환이 불가피하다. 신통상국가의 이념은 국적을 막론하고 기업 활동의 창의력을 증대하고 시장경쟁 질서를 활성화한다는 양대 이념을 축으로 하여 개방된 시장거래를 통해 시장성과를 극대화하고자 하는 것이다.

④ 결국 신통상국가란 재화, 용역, 자본 및 기술, 인력의 이동이 자유롭게 이루어지도록 경제적, 지리적 공간의 장을 마련하고, 적어도 동아시아 지역에서의 중추경제(pivotal economy)를 형성해 나가자는 것을 뜻한다. 그러기 위해서는 시장거래자간에 공유할 수 있는 이익 창출의 기회를 확대하는 개방 국가로 발전하는 것을 의미한다.

(3) 세계화 전략과의 비교

신통상국가론은 또한 1990년대 중반에 추진한 세계화 전략과도 차별되는 개념이다.

① 세계화 전략은 개방화와 세계화라는 흐름에 부응하여 국내경제의 틀과 제도를 글로벌 스탠더드에 맞추어 나가면서 국가경쟁력을 재정비하려는 것이었다. 그러나 세계화전략은 정작 우리나라와 같이 정치적·경제적 강대국에 둘러싸인 소국의 생존과 번영에 절대적으로 필요한 전략적인 개념을 결여한 채, 우리 경제를 세계경제에 편입, 통합시키려는 도식적인 정책 전환에 불과하였다. 실질적인 측면에서도 과거의 개방화·자유화 추이의 궤도를 크게 벗어나지 않았으며, 다자간(multilateral)또는 양자간(bilateral)합의에 충실하고자 하였을 뿐, 우리 스스로의 전략에 의해 일방적인(unilateral)개방형 통상국가를 지향하고자 했던 것은 아니었다. 또한 세계화 전략의 벤치마킹 대상은 주로 미국경제였으며, 국내의 제도와 정책, 더 나아가 전략까지도 미국 등 경제 선진국의 제도 및 규범의 답습에 그치거나, 경제대국이 주도하는 보편적인 국제 규범에 수동적으로 적응하려고 노력하는 경우가 허다하였다.

② 그러나 신통상국가 전략은 우리나라와 지경학적·지정학적인 처지가 유사

한 나라들을 벤치마킹하여 이들로부터 적극적으로 개방경제를 유지하면서 국가 생존과 번영의 비결을 배운다는 점에서도 차이가 난다. 이러한 맥락에서 신통상국가 건설을 위한 벤치마킹 대상으로 싱가포르, 아일랜드, 벨기에, 네덜란드 등 경제규모는 작지만 강대국의 틈바구니에서도 강한 경제를 일구어 낸 나라를 중심으로 선정하였다. 이들 국가는 세계경제의 통합과 이에 따른 상호 의존성이 가속화되는 가운데서도 독자적인 경쟁력 모델에 입각한 생존전략을 유지하고 있다는 점에서 과거 세계화 전략과는 또 다른 시사점을 얻을 것으로 기대된다.

3) 신통상국각론 제기의 의의

① 21세기형 국가발전 패러다임의 모색

후진국 탈피를 목적으로 공업화 일변도를 지향하던 20세기형 발전 패턴에서 벗어나 21세기 선진형 국가발전 패러다임을 마련하는데 있다.

② 세계경제통합 속의 실리적인 지역거점전략 마련

세계경제의 심층 통합으로 경제적 국경의 개념이 점차 모호해지는 상황에서도 지역거점의 역할과 기능은 오히려 중요해지고 있다는 점을 감안하여, 이에 합당한 여건을 조성하는데 있다.

③ 주변국의 여건 변화에 적극 대응

중국의 시장경제발전과 일본에 대한 수입선다변화 폐지 및 문화개방 등으로 한·중·일 경제의 동질성이 심화되고 남북경제교류가 확대되는 것을 계기로 예상되는 동아시아의 역동적인 경제교류의 장에서 우리가 그 중심축의 역할을 담당하는데 있다.

④ 공격적인 의미에서의 일방적인 개방정책 강구

개방화·세계화로 전개되는 디지털시대에서는 결국 모든 국가들이 개방형의 통상국가를 지향할 수밖에 없는 상황으로 치닫게 될 것이므로, 다른 나라에 앞서 신통상국가를 지향함으로써 시장거점확보 전략을 선점하는데 있다.

⑤ 절대우위론에 입각한 전략적 통상정책 구사

한반도를 중심으로 거대한 경제권이 형성되고 있는 **地經學的** 잇점을 활용하여 살려서 국가경제 및 역내경제의 활력을 불러일으키는데 기여하고자 하는데 있다.

4) 신통상국가론의 이론적 배경

① 국가 단위의 교역이 중요시되던 시기에는 자원배분이 주된 과제였으나, 개방화·세계화 시대에는 자원 배분뿐만 아니라 자원유치가 한 나라의 경제성장과 발전에 큰 영향을 미치고, 따라서 자원 유치가 경제운영에 중요한 과제로 등장한다.

자원배분은 시장 메커니즘을 통해 이루어지는 것이 가장 효율적이므로, 이를 뒷받침하는 국내에서 결정되는 정책과 제도가 중요하며, 경우에 따라서는 정책적 필요에 의하여 정부의 시장 개입을 통해 이루어질 수도 있다. 반면에 자원유치는 행위 결정의 주체가 국내보다는 외국에 존재하여 의사결정을 하므로 국내의 정책적 개입이 상대적으로 불가능함 상태에서 이루어지므로, 자원유치에 합당한 입지적 여건의 마련이 중요하다.

② 자원유치를 효율적으로 전개하기 위해서는 소극적인 시장개방이 아니라 적극적인 의미의 시장개방 전략이 보다 더 효과적이며, 신통상국가도 바로 이러한 맥락에서 추진되는 국가전략의 일환이다.

개방화·세계화 시대에는 자본 및 고급인력 등 국제이동성이 높은 자원들이 유동화 할 것이고, 국제이동성향이 강해진 기업 등 경제주체의 형태도 점차 속지주의적 관행을 따르게 될 것으로 예상된다. 이렇게 보면 결국 토지, 사회간접자본, 미숙련노동력, 시장제도, 사회전반적인 과학기술 수준 및 흡수능력, 문화 등 국제이동성이 낮은 광의의 생산요소들이 한 나라의 경제적 성과 및 경쟁력을 결정하는 경제기반을 이루게 된다고 볼 수 있다.

③ 자원의 국제적 유동화는 국제이동성이 높은 생산요소들이 국제이동성이 낮은 생산요소들을 찾아 경제활동의 근거지를 선택하기 마련이므로, 고이동성 생산요소의 거점형 개방국가의 조건을 갖추어 나가는 일이 바로 성장잠재력의 확충을 위한 전략이 될 수 있다.

국제적으로 이동하기 어려운 저이동성 생산요소의 양적확충 및 질적제고를 통하여 입지적으로 절대우위(locationally absolute advantage)를 확보해 나가자는 열린 통상전략이다. 여기에서 저이동성 생산요소라 함은 정보·통신·물류인프라, 사회적 제도, 교육, 생활여건. 삶의 질, 언어, 의식 등 경제적 요소뿐 아니라 사회·문화적인 요소도 포함하는 것이다.

④ 신통상국가는 개방화·세계화 시대에 국가간에 자원유치, 경쟁을 통해서 자연스럽게 드러날 것인 바, 자원유치는 결국 좋은 기업환경을 갖춘 국가에서 성공하기 마련이다. 그런데 기업환경이란 개별기업이 스스로 마련하기에는 너무 비용 부담이 크므로 국가가 나설 수밖에 없으며, 따라서 신통상국가는 국가적 차원에서 추진해 나갈 수밖에 없다.

⑤ 기업활동의 범세계화 현상이 가속화될수록 정부도 결국 전통적인 속인주의에서 탈피하여 속지주의적 입장을 따를 수밖에 없으며, 바로 이러한 맥락에서 Korea Based Industry의 가치를 높이 인정하게 되어 유치노력을 집중하게 될 것이다.

5) 신통상국가의 벤치마킹

(1) 공통점

① 한국과 유사한 지리적 입지를 갖추고 있는 벤치마킹 국가들은 많은 공통점을 보유하고 있다.

해당지역의 관문(gateway) 또는 투자거점(business center)의 역할을 하고 있었다. 즉, 교역, 물류, 투자, 인적 교류 등을 통하여 시장을 확대하고, 지역별로 생산과 물류의 거점 또는 국제적인 경제활동 및 교류의 중심지 역할을 하고, 이를 통해 성장과 고용, 수출실적 등 모든 면에서 주변국가를 앞서가고 있다.

작은 규모, 주변 강대국과의 다양하고도 미묘한 관계, 부족한 부존자원 등의 불리한 여건들을 통상국가형 전략으로 극복하여 오히려 강점으로 활용하고 있다. 경제위기를 통하여 경제주체간 사회적 합의와 협력의 필요성을 인식하고 실천하고 있거나, 정치사회적 강제력에 의해 사회통합을 이루어 나간다.

경제규모에 비해 대외 의존도가 높은데도 외부충격에 크게 흔들리지 않는 안정적인 경제를 운영하고 있으며, 외국기업의 적극적인 유치를 통하여 경제안정과 활성화를 유지하고 있으며, 이를 위해 영어는 기본이고 주변의 2-3개국 언어구사가 가능할 정도로 기본적인 요건을 갖추고 있다.

② 외국인투자유치를 위한 노력

단순한 국가경쟁력 제고 차원에서가 아니라 생존의 차원에서 정책 및 제도를 운영하고 있다. 민간부문과 정부가 합심하여 편리한 기업여건이라는 상품을 적극적으로 해외에 세일즈한다는 철저한 비즈니스 마인드로 무장하고 있으며, 외국인투자유치를 위해서는 조세감면 등 인센티브도 중요하지만 보다 근본적인 것은 노동의 질과 아울러 정책의 일관성, 투명성, 자유로운 기업활동을 보장하는 사회 분위기이다.

기존의 외국인투자기업에 대한 사후관리를 철저히 함으로써 투자 유치국의 신뢰성을 계속해서 제고시켜 나가고 있다. 또한 외국인투자가 국민경제에 미치는 효과, 즉 고용창출, 지역개발, 사회보장세 수입, 기술도입, 네트워크 형성 등을 철저히 분석하여 산업별로 투자 내용을 선별하고 있다.
- 산업정책의 일환

③ 물류 · 산업 · 금융의 통합

싱가포르, 벨기에, 네덜란드 등은 첨단의 물류 기반을 토대로 지역 관문으로서의 역할과 기능을 수행하고 있으며, 산업시설도 물류를 중심으로 형성되었다. 아울러 금융 및 기업서비스 등 다양한 관련 산업을 연관시킴으로써 시너지 효과를 극대화해 나가고 있다.

④ 서비스 산업에 걸맞는 Mental Infra 구축

제조업의 경우 일단 상품을 제조하면 그 상품에 대해서만 신뢰할 수 있으면 그만이다. 그러나 서비스 산업의 경우에는 서비스 제공자에 대한 신뢰가 필수적인 요소이기 때문에 신뢰성, 정확성, 원칙성, 신속성 등 서비스 산업에 필요한 Mental Infra의 구축에 많은 노력을 기울이고 있다.

(2) 국가별 특징

① 싱가포르

◈ 중심전략

- 아시아의 물류(Logistics) 및 유통의 거점, 금융 중심, 비즈니스 센터에 두고, 외국인직접투자(FDI)에 의한 발전 전략을 구사하고 있다.

— 유수한 다국적기업들이 싱가포르를 비즈니스 센터로 활용하는 지역 거점형 투자를 하고 있어 무역규모가 GNP보다 무려 2.5배나 많음.

- 남의 물건을 Trade해서 먹고 산다는 중국상인정신을 반영하여 물류·유통 및 무역 발전을 도모하고 있는 것이다.

◈ 경쟁력의 요소

- 탈규제, 노동시장 유연성, 공무원의 높은 청렴도, 신속한 정책결정·집행, 동남아 화교와의 네트워크, 쾌적한 생활환경.
- 세계적 수준의 인프라인 항구, 공항, 금융기반 완비. 상업적 전통을 가진 중국계, 전 국민의 영어구사능력.

◈ 추진방안

- 근원적 약점을 전략적 강점으로 전환

— 적은 국내시장 및 취약한 제조업 기반을 동남아 화교와의 네트워 구축, 해외 직접투자의 확대, 다국적 기업의 장기간 투자확대 유도, 통신·금융·물류·유통 등 서비스산업에 주력

- 다국적 기업가, 무역거래자들이 가장 살기 좋은(safety & security) 나라로 인식되도록 노력

— 싱가포르가 깨끗하고 유럽 스타일의 도시 분위기 조성을 위해서 20~30년 투자

- 21세기의 국가발전 비전으로 'Industry 21' 제시

— 21세기의 성장 에너지로 제조업과 수출 서비스를 두 축으로 선정

— 제조업은 전자 및 석유화학, 엔지니어링, 생물산업 등에 집중

— 수출지향적 서비스 육성 : 물류, IT, 교육, 의료, Regional Headquarters 등에 집중

— 지식기반 경제에 대비한 우수 인력의 확보를 위해 일류 교육 시스템을 구축하여 세계 각국 인재의 오아시스로 육성

- 물류산업의 전략적 활용
  - — 물류산업 그 자체보다는 유망 산업에 대한 FDI를 유인하는 요소로 활용(외국인 투자가에게 저렴하고 고급의 물류서비스 제공)
  - — 공기업이던 항만청을 민영화(97년부터 현재 진행 중)하여 물류산업의 효율성 제고

② 아일랜드

◈ 중심전략

- 국내시장이 협소한 아일랜드에 있어서 FDI를 유치를 선택이 아닌 생존(survival)의 문제로 간주 — FDI 유치를 위해서는 파격적인 조건 제시

◈ 경쟁력 요소

- 사회적 컨센서스를 중시하는 북유럽모델 특유의 강점 발휘
  - — 정부, 기업, 노동자 3자간에 파트너십을 구축하여 컨센서스에 따라 경제 운용
- 정부의 담당 관리는 각각이 하나의 기관처럼 운영되는 one staff agency라고 할 수 있을 정도의 권한과 유연성을 가짐.
- 소규모 경제라는 특성을 충분히 활용 — 창의적인 Solution 채택 및 신속한 의사결정이 용이하고 각 정부 기관에게 광범위한 재량권을 부여

◈ 추진방안

- 전략적이고 공격적인 FDI유치 전략
  - — 정보통신, 제약, 의료 분야에 집중하는 Targeting 전략을 구사 — 물류 시설의 부족으로 자동차 산업보다는 부피가 작고 고부가가치의 IT, S/W, Call Canter의 투자 유치에 주력
  - — FDI 유치시 고객의 Needs에 따른 Incentive package로 협상을 하고 철저한 사후 관리로 긍정적인 Snow-ball effect확보
  - — 전 세계 7천만 명의 Irish connection 적극 활용 (미국에만 4천 5백만 명의 아일랜드계 거주)

- 21세기 국가발전전략으로 'Enterprise 2010' 제시
  - — 21세기 지속적인 성장을 위하여 인적자본 확충, 노동시장의 유연성 확보에 주력
  - — 1994년 이후 장기적인 산업정책 기능을 강화하고 최근 E-commerce Law를 제정하고 시장기능 활성화를 통한 IT산업 육성 추진 — 조세감면, 규제완화, 정보통신 인프라 확충, 디지털 파크 건립, R&D확대

③ 벨기에

◈ 중심전략

- 물류기지, 세계기업의 Regional Headquarters 또는 Coordination Center, Call Center 등이 위치하는 유럽의 비즈니스 중심지

◈ 경쟁적 요소

- 유럽의 중심이라는 지리적 여건과 다언어 국가라는 문화적 여건을 적극 활용
  - — 안트워프 항구 활용, EU등 각종 국제기구 유치
  - — 앵글로색슨-라틴-게르만의 유럽 3대 문화가 만나는 접점에 있는 데다, 벨기에의 역사적 특성상 외국인이 불편하지 않은 사회 · 문화적 여건이 성숙(11세부터 제2외국어를 의무교육)
  - — 북부의 플란더서 지방(게르만계, 상대적으로 부유)과 남부의 왈룬지방(라틴계, 상대적으로 가난)이 있어, 다민족, 다언어 국가이지만 이를 국가의 다양성이라는 강점으로 전환
- 외국인 투자에 있어서 각 주정부에서 상당한 권한을 위임하고 있으나 각 기관에게 재량권은 크지 않음

◈ 추진방안

- 물류산업의 전략적 활용
  - — 물류시설을 수익성 있는 다른 산업의 투자유치를 유도하는 수단으로 활용하여 다른 후속적인 서비스 산업의 투자를 유도
  - — 항만건설의 재원 마련시 다국적기업을 적극 유치하고, 항만 경쟁력 강화를

위해 국제적 유통망을 가진 기업에게 항만 운영을 위임

④ 네덜란드

◈ 중심전략

- 유럽의 관문으로서 부가가치물류(VAL)를 창출하는 물류기지 및 European Distribution Center (EDC)로서의 성장 발전

◈ 경쟁력 요소

- 지리적인 이점(locational advantage)
  — 반경 300마일 내에 1.6억 명의 인구와 유럽 주요 기업의 50%가 소재하고 있어 실질적인 유럽의 관문(Gateway to Europe)
  — 세계 최대의 로테르담 항구를 보유(유럽 총 수입 물량의 60%, 총 수출 물량의 30%)하고 미국계 기업의 49%가 네덜란드에 유럽유통센터(EDC)를 설치
- 개방된 국민의식, 국민의 60%가 3개 국어를 구사하는 언어능력이 또한 강점
- 무역의 완전 개방으로 세계 각국의 다양한 제품이 비교되는 이른바 Test Market 이라는 시장의 특성도 강점으로 작용 — 다국적기업들이 유럽시장진출의 교두보로 활용

◈ 추진방안

- 네덜란드정부(제경부)가 매2년마다 선진국을 벤치마킹하여 이를 정책에 반영하는 시스템 구축
- 'Polder Model' 이라는 노사정 협약을 통해 재정긴축, 공기업민영화, 세금 감면, 임금인상 억제 등 합의 — 'Polder Model'은 80년대 초 경제위기를 극복하고 Dutch Miracle을 이루게 한 기반
- 특정산업을 육성하기보다는 시장기능의 활성화 및 산업 인프라 확충에 주력
- 네덜란드를 Off-line상의 유럽의 관문에서 On-line상의 유럽의 관문으로 육성하려는 'Digital Delta' 전략을 추진

【표 V-16】 신통상국가 4개국 비교

구 분	싱가포르	아일랜드	벨기에	네덜란드
개요	인구 3백만 서울시면적(646㎢)	인구 4백만 남한면적(8.5만㎢)	인구 1,000만 경상도면적(3.5만㎢)	인구 1,500만 남한면적½(4.2만㎢)
경제규모 (99년)	GDP : 1,000억$ 1인당 : 2,6만$	GDP : 850억$ 1인당 : 2.2만$	GDP : 2,510억$ 1인당 : 2.4만$	GDP : 3,760억$ 1인당 : 2.4만$
무역규모 (99년, 억$)	수 출 : 1,146 수 입 : 1,110 무역흑자 : 36	수 출 : 680 수 입 : 630 무역흑자 : 50	수 출 : 1,763 수 입 : 1,609 무역흑자 : 154	수 출 : 1,950 수 입 : 1,830 무역흑자 : 120
핵심역량	물류, FDI, 비즈니스센타	IT, FDI	물류, 비즈니스센타	유통 및 물류 화훼, MNC, FDI 비즈니스센타
추진전략	인력개발 지식기반경제 디지털화	IT산업 벤처정책	물류 디지털화	물류 디지털화
특 징	탈규제, 위험수용 깨끗한 정부 노동시장 유연성	사회적 합의 장기적 비전	좌 동	좌 동
사회적 통합	중앙 정부의 철저한 계획, 엄격한 통제	민·관 파트너십	타협의 정신	Polder Model (노사정체제)
미래전략	Industry 21	Enterprise 2010	–	Digital Delta
IMD순위 2000년(2005년)	2위(3위)	7위(12위)	22위(24위)	4위(13위)

(3) 모델 국가들의 특징

신통상국가로 성공한 모델 국가들의 경우를 보면 거래에 따른 기회비용이 낮고, 부가가치 창출을 통한 이익의 창출이 증대되도록 제반 기반을 갖추고 있다.

① 거래 비용의 절감

- 거래에 따른 기회비용(opportunity cost of transaction)의 절감은 무역·통상·투자 등 제반 활동의 자유화가 진전되는 기본적인 조건이다.

— 거래비용의 절감은 관세 및 비관세 장벽의 과감한 철폐, 경제활동과 관련된 제도 및 관행의 합리적 정비를 통해 가능하며, 또한 경제흐름과 관련된 활동의 글로벌 네트워크가 구축되어야 한다.

- 적어도 시장 참여자들이 이러한 통상국가를 거치면 유통, 물류, 정보, 금융, 가공, 환적 등 경제 흐름과 관련되는 비용의 절감효과를 실제로 느낄 수 있는 정도가 되어야 한다.

— 경제 흐름에 있어 장애가 많거나 비용이 많이 들수록 실패 가능성이 크며, 따라서 거래에 따르는 기회비용의 절감이 성공의 관건이다.

- 실제로 유럽의 유통센타 역할을 담당하는 네덜란드의 경우 거래에 따른 원가절감 효과를 기대하고 설치된 외국 기업의 유럽유통센터가 많이 있다.

— 일본 기업의 경우 캐논, 후지, 니콘, 쏘니, 도시바, 닛산 자동차, 미쓰비시 자동차 등 대형 센터만도 20여개에 이르고, IBM, 휴렛패커드, 텍사스 인스트루먼트 등 미주 기업들의 유통센터도 많은 수가 존재.

— 이들은 재고량의 최소화, 하역료와 창고비 절감, 통관세 및 연계수송비 절감, 통신비 절감 등으로 실질적인 운영원가의 절감효과를 기대하고 네덜란드를 유통거점으로 선정 (실제로 물류비 15-2-%, 제고관리비 30-40% 절감효과)

- benchmarking 국가들의 공통점을 또 다른 측면에서 보면 이들 모두 신용사회(credit based nation)라는 점인데, 이것이 바로 거래비용의 절감과 직결된다.

— 그러나 우리나라는 아직 거래관행에 대한 불신의 틀 속에서 제반 제도가 운영되고 있어, 이것이 불필요한 행정처리절차(red tape)를 초래하고 결과적으로 거래 비용의 증가를 야기하는 요인으로 작용하고 있다는 점에서 benchmarking 국가들과 차이가 남.

② 부가가치 및 이익의 창출기회 확대

- 시장 참여자들이 신통상국가를 거점으로 하면 물류, 유통뿐 아니라, 이를 뒷받침하는 기술개발, 생산, 투자 등에 있어서 부가가치가 증대되는 효과가 나타나야 한다.

— 예를 들어 부품의 경우 다양한 품목에다, 고객의 서로 다른 위치, 고객의

다양한 요구 등을 고려하여 생산, 재가공, 품질관리, 재정비 및 개조, 상표 부착 및 재포장 등의 일련의 과정이 효과적으로 이루어져야 부가가치물류(VAL), 또는 부가가치투자(VAI)의 거점 역할을 할 수 있다.

- 부가가치 창출기회를 확대하기 위하여서는 물류거점의 배후 기지에 산업 단지가 존재하는 것이 바람직하며, 어떤 의미에서는 배후 산업단지의 존재는 물류거점의 필요 요건 중의 하나라고도 할 수 있다.
  — 이들 산업 단지를 통한 물류의 확보 또한 물류 · 유통 거점의 또 다른 유인을 제공하는 시너지 효과를 기대할 수 있다.

6) 신통상국가의 모델 설정

① 물류·유통기지 및 비즈니스센터로서의 가능성 및 제반 조건들을 고려해 볼 때, 단기적으로는 물류·유통 거점의 확보에 치중하는 것이 바람직하다.

- 동북아 경제가 날이 갈수록 활력을 더해 가고 있어 지역거점의 필요성이 점점 높아지고 있으나, 아직까지는 지역거점이라고 뚜렷하게 내세울 만한 적지가 드러나지 않고 있어, 노력 여하에 따라서는 우리나라가 충분히 그 역할을 담당할 가능성이 있다고 본다.
- 그러나 중국 등 주변국이 물류 · 유통과 관련하여 효과적인 체계를 갖추기 전에 우리나라가 먼저 선점해야 할 과제라는 점에서 시급하게 추진해야 한다고 할 수 있다.
- 우선은 단기적으로 물류 및 유통과 관련된 운영의 묘를 살려 나가는 데에 중점을 두어, 항만운영에 경쟁체제를 도입하고 전문인력을 양성하는 등 Software 및 Humanware의 개선에 힘쓰는 것이 바람직하다.
- 하드웨어 측면에서는 영종도 공항, 부산신항 및 광양항, 평택항 등이 개발되어 어느 정도 포화상태를 해결할 수 있다는 계획은 짜여진 셈이다.
- 남북정상회담의 결과 ESCAP이 추진하는 아시아관통철도(TAR) 사업이 성사되고 북한을 횡단하는 육송과의 연계가 이루어진다면, 일본, 호주, 미국 등 주변 교역국들의 화물을 효율적으로 환적하여 대륙으로 연결할 수 있는 체

계를 갖추게 될 수 있다.

— 이 경우 유라시아의 출발점이 될 우리나라의 조건은 싱가포르보다 유리하며, 유럽 대륙의 거점 역할을 하는 네덜란드에 버금가는 조건을 갖출 수도 있을 것이다.

- 일단 물류 · 유통의 거점이 확보되면 외국인 투자유치에 대한 시너지 효과도 기대된다.

② 중장기적으로는 동아시아의 비즈니스 센터로 발전할 수 있다.

- 물류 · 유통의 거점을 효과적으로 확보하면 우리나라는 동아시아의 비즈니스 센터로 발전할 여지가 충분하다.
- 다만 교육 및 생활 여건의 개선을 통한 기업 및 기업인의 환경과 같은 소프트웨어의 조성 및 구축이 관건이다.

【표Ⅴ-17】 물류·유통기지 및 비즈니스 센터로서의 강점 및 약점

	장 점	단 점
물류·유통거점	- 일본·중국 등 주변 국가보다 유리한 입지 - 경제발전에 따른 동북아 거점의 필요성 증대 (중국, 일본, 러시아, 몽고, 대만, 호주, 뉴질랜드) - ESCAP의 아시아관통철도(Trans Asia Railway) 부설 추진 : 유라시아 국제 물류망의 출발지를 제공하면 명실상부한 Hub 기능 수행	- 항구의 포화상태 - 항만 운영의 경직성 - 항만, 항공, 육송의 연계 체계 미흡 - 배후 산업 기지와의 연계 미흡 - 마스터플랜 부재
동아시아의 비즈니스 센터	- 일본, 중국 등 주변국에 대한 이해 - 재일, 재중 교포의 활용여지 - 유럽 및 미국 기업의 동북아 전진기지 또는 Coordination Center로서의 입지 가능	- 강한 단일민족 인식, 문화적 배타성으로 외국인에 대한 불리한 환경 조성 (생활, 교육, 편의시설, 복지 등) - 외국어 능력 취약 - 국내 관행의 후진성

7) 신통상국가 건설을 위한 과제

(1) 기본적인 핵심 과제

① 일반적으로 통상국가의 건설은 어느 한 부분의 육성이나 지원, 인센티브 제공을 통해서는 이루어질 수 없고, 경제활동을 뒷받침하는 사회, 문화적 요소의 유기적인 발전과 조화를 통해서만 가능하다.

- 규제개혁, 경제개혁 등을 통하여 민간의 창의적인 결제활동을 함양하고, 이에 기초하여 형성되는 각 경제주체의 효율성을 연결하는 네트워크의 구축이 긴요하다.
- 싱가포르, 네덜란드, 아일랜드 등 비교적 개방형 통상국가로 성공한 나라들의 경우를 보면 경제 전 부분의 경쟁력이 매우 높을 정도로 유기적이고 효율적인 경제사회구조를 갖추고 있다.

이들 국가는 IMD[30]가 매년 발표하는 국가경쟁력 지표에서 항상 상위 그룹에 속하고 있을 뿐 아니라, 평가하는 모든 항목에 있어 효율적인 체제를 갖추고 있는 것으로 나타났다.

이는 국가운영시스템의 소프트웨어와 물적인 하드웨어 모두 경쟁력을 갖춘 바탕 위에서 개방형 통상국가로서 성공할 수 있다는 것을 의미한다.

---

30) IMD(International Institute for Management Development)는 스위스 로잔에 있는 국제경영대학원으로서 IMD의 세계경쟁력센터(World Competitiveness Center)는 매년 60여개 국가 및 지역의 경쟁력을 평가하여 발표(IMD World Competitiveness Yearbook)하며, IMD의 세계경쟁력은 "기업의 경쟁력을 지속시킬 수 있는 제반 여건들을 창출하고 유지할 수 있는 국가의 능력"으로 정의된다. 대상 국가는 선진국과 개도국을 포함한 51개국, 대상지역은 다음과 같이 9개지역이다. Bavaria(Germany), Catalonia(Spain), Ile-de-France (France), Lombardy(Italy), Maharashtra(India), Rhone- Alps(France), State of Sao Paulo(Brazil), Zhejiang (China), Scotland(United Kingdom).

【표 V-18】 IMD의 주요국들의 세계경쟁력 순위

국가 \ 년도	1997	1998	1999	2000	2001	2002	2003	2004	2005
미국	1	1	1	1	1	1	1	1	1
싱가포르	2	2	2	2	3	8	4	2	3
홍콩	3	5	6	9	4	13	10	6	2
대만	23	14	15	17	16	20	17	12	11
일본	9	20	24	21	23	27	25	23	21
태국	29	41	36	31	34	31	30	29	27
말레이시아	17	19	28	26	28	24	21	16	28
중국	27	21	29	24	26	28	29	24	31
인도	41	38	42	41	42	41	50	34	39
한국	30	36	41	29	29	29	37	35	29

【표 V-19】 우리나라의 연도별 각종 국가경쟁력 지표

	대상국 수*	2000년	2001년	2002년	2003년	2004년	2005년
WEF	117	29	23	25	18	29	17
IMD	60	29	29	29	37	35	29

* 05년 기준

② 지경학적인 이점을 활용하여 한반도를 동북아의 물류·유통·금융의 중심부(hub)로 도약하기 위해 중국 등 주변국에 앞서 하드웨어와 소프트웨어를 갖추어야 한다.

- 경쟁과 협력의 시대에 우리의 지경학적 위치는 남북간 대치국면이 완화되고 미국 · 일본 · 러시아 · 중국 등 주변 4대국의 넓은 시장, 그리고 풍부한 자원과 자본을 얼마든지 활용할 수 있는 '전략적 기지'로 바뀌고 있다는 점을 감안할 필요가 있다.
- 이러한 상황변화에 적극적으로 대응하여 한반도를 동아시아의 물류 · 유통거점 또는 비즈니스센터로 탈바꿈하기 위한 전략을 마련해야 한다.

③ 저이동성 생산요소의 양적 확충 및 질적 제고를 위한 노력 경주

- 비교우위에 입각한 무역입국을 강조하던 시대와는 달리 신통상국가에서는 일부 첨단기술산업의 집중적인 육성보다는 전반적인 과학기술수준의 제고와, 소수의 고급인력 양성보다는 다수의 미숙련 인력의 질적 수준 제고가 경제적인 성과를 높이는데 상대적으로 더욱 중요해진다.

(2) Hardware 및 Software의 구축

① 항만운영의 효율성 제고를 위한 대책

- 국내 항만운영에 외국인 투자를 유치하고, 항만간 경쟁을 조성한다.
- 해외의 항만시설 등에 설비투자 등을 통해 국내 항만과 연계한 국내외 해운물류 네트워크를 확충해야 한다.
- 부가가치물류(VAL) 활동이 가능하도록 보세구역 운영을 개선해야 한다.

— 외국 보세물품이 최소한의 세관 감독만으로 환적, 취급, 저장 및 유통가공이 가능하도록 함으로써, 보세구역 내에서 다양한 부가가치 활동 즉, 포장, 재포장, 중량측정, 견본채취, 상표부착, 원산지표시, 혼합 등은 물론 조립과 가공이 가능하도록 조치하여야 한다.

— 특히 간단한 조립 가공이나 수리 작업이 필요한 제품은 통관절차를 대폭 간소화해야 한다.

② 남북정상회담을 계기로 인천·개성 벨트의 해상 특구를 설정하고, 남북합작회사 형태의 'Seaport Warehouse'를 운영하는 한편, 서해안 배후산업단지를 조성하는 방안을 강구해야 한다.

- 이 경우 파주 등 경기도 북부 지역을 Free Investment Zone으로 개발하고, 비무장지대(DMZ)에 국제물류센터를 건립, 산업배후단지의 역할을 수행하도록 해야 한다.

(3) 환경적인 여건의 조성

신통상국가의 건설은 속인주의보다는 속지주의에 입각한 보편적인 가치와 공동의 이익을 중시하여야만 성공 가능성이 높아지므로, 정책적 과제도 여기에 집중할 필요가 있다. 다만 오랫동안 속인주의의 원칙을 고수해 온 우리나라의 입장에서는 정부와 일반국민의 대단한 인식의 변화가 수반되지 않는 한 정책적 효과를 단시일 내에 기대할 수 없다.

① 언어 문제는 통상국가 건설에 있어 가장 시급하고도 절대적으로 필요한 조건이므로 외국어 교육의 획기적인 개선이 필요하다.

- 외국어 능력이 있으면 대학 진학률이 낮아지더라도 국제적인 이동성이 낮은 미숙련 노동자를 구성하는 일반 국민의 질은 높아질 수 있다는 인식이 필요하다.
- 영어를 공용어로 지정할 필요는 없으나, 개방화 시대에는 영어를 생존의 차원에서 익혀야 한다는 인식아래 교육기회를 확대해 나가야 한다.
  — 초·중·고교의 교과서를 국·영문으로 제작하여 배포
  — 외국어는 조기교육이 중요한 만큼 고등학생까지는 영어, 일어, 중국어 등을 학원 등에서 무료로 배울 수 있도록 조치
- 국민들이 주변 국가의 언어를 구사하는 능력을 배가하는 노력이 필요하다.
  — 예를 들면, 대학의 불문과나 독문과 등의 정원은 줄이고 그 대신 일어과와 중국어과의 정원은 대폭 확충
  — 이런 의미에서 최근 서울대학교의 '일본학' 강좌 개설은 의의가 크며, 더 나아가 주변 국가를 심층 연구할 수 있는 '중국학과' 및 '일본학과'의 설치가 대학에 확산되는 것이 바람직함,
- 과외 자유화를 계기로 과외 등록제를 도입하고 과외세를 신설하여 이를 재원으로 고등학생과 대학생 등 청소년의 방학을 이용한 해외연수기회를 확대하는 것도 한 가지 방안이라 할 수 있다.
  — 해외 연수자는 일정 수준 이상의 어학 테스트를 합격하는 조건으로 선발하고, 연수 결과가 이에 미치지 못할 경우 연수지원금 반납 조치
  — 국비 장학금에 의한 해외 유학제도를 고등학생까지 대폭 확대하여 TOEFL, TOEIC 성적만 좋으면 국가가 해외의 고교, 대학, 또는 현장실습을 위한 회사 및 기관 알선
- 본인 및 자녀의 외국어 연수자에 대한 세금감면, 외국어 연수를 지원하거나

사내에서 외국어 연수를 실시하는 기업에 대한 세금감면 등

② 한·중·일 '문화 EXPO' 개최 및 청소년 상호 교류의 활성화.

③ 영어로만 강의하는 국제대학 신설

- 전경련 등 경제 단체가 출연하여 국내외 교수들이 국내외 학생들을 대상으로 영어로만 강의하는 (가칭) 국제대학(International University)을 설립하여, 국제상인을 양성하기 위한 커리큘럼 위주로 강좌를 개설, 운영하는 것도 좋을 것이다.

— 일본의 경우 전단련이 출연한 국제대학이 있음.

④ 다국적기업가나 무역거래자들이 가장 살기 좋은 나라로 인식하도록 노력.

- 도로표지판의 영문표기를 국문표기와 같은 정도로 확대하여 표기.
- 하급공공기관에 외국인들의 생활정보 및 편의를 제공하는 상담부서 운영.

⑤ 개방형통상국가를 건설하려면 사회적 안정이 절대적으로 필요하고, 그러기 위해서는 사회적 컨센서스가 중요하다는 인식이 필요

- 협상과 타협의 문화 정착
- 노사정의 활성화, 특히 항만노조와의 대화 중요

⑥ 외국인투자에 대한 인식 전환

- 외국인투자가 고용에 절대적으로 기여한다는 정부와 언론과 국민일반의 인식이 필요
- 고용유지조건으로 정부보조금을 지급하고, 고용계획서에 따른 의무를 이행하지 못하면 보조금 반납제도 실시

— 국민기초생활보장법이 본격적으로 시행되고 실업자에 대한 복지재정이 늘수록 고용유지에 기여하는 외국인투자의 역할은 더 커질 것이며, 따라서 투자유치를 위한 보조금 지급 등 재정부담이 결코 지나친 것이 아님

— 유럽의 경우 '외국인기업에 대한 보조금 지급액 <고용증가에 따른 사회보장세 수입증가액' 이라는 개념이 뚜렷하게 각인

- 외국인투자의 신규유치도 중요하나, 기존에 투자하고 있는 외국인투자기업에 대한 사후관리도 이에 못지않게 중요하다.
  — 정기적으로 기업활동의 애로사항 및 만족도에 대한 의견 청취
  — 가능하다면 외국인투자기업별로 정부담당자가 직접 방문하는 것이 바람직하며, 이를 위해서는 현행의 투자담당부서의 확충도 검토
- 외국인투자유치 결정을 담당자 1인이 결정할 수 있는 체제, 즉 실질적인 One-stop 체제 마련

(4) 추진주제

① 신통상국가의 건설은 단지 경제적인 요인뿐만 아니고 사회문화적인 요인도 같이 완비되어야 성공할 수 있고, 따라서 정부뿐만 아니라 국민 일반의 이해와 사회적 합의가 필수적이다.

② 신통상국가 건설을 적극 옹호하는 소위 Advocacy의 확대가 필요하며, 이러한 역할은 신통상국가를 추진하는 강력한 주체 세력이 담당하여야 한다.

- 여기에서 주체세력이 대두되는 이유는 신통상국가의 건설이 정부의 한 두 부처가 감당할 수 있는 일이 아니고, 또, 경제부서만이 담당할 수 있는 일이 아니기 때문이다

③ 신통상국가 건설이 21세기 경제 강대국으로의 도약을 위한 필수 과제이자 남북한간의 긴장완화 이후의 새로운 국가경영이라는 인식아래 정책의 순위를 최우선에 두고 범부처차원에서 추진하는 것이 바람직하다.

- 이러한 전제하에서 신통상국가의 건설은 대통령 비서실장 직속 신통상국가 기획단 구성, 청와대 정책기획수석실, 국민경제자문회의, 제2건국추진위원회 등 대통령이 직접 챙길 수 있는 조직을 중심으로 추진해야만 효과를 기대할 수 있다고 본다.

④ 신통상국가가 추구하는, 사업 초기부터 이론적으로 정치한 틀과 중장기적인 실천과제 등을 종합적이고도 일관성 있게 추진하는 한편, 신통상국가 건설에 대한

국민적 합의를 이끌어 낼 필요가 있다.

- 이를 위해서는 대한상공회의소, 한국무역협회, KOTRA 등 업계 단체의 중앙 및 지방 조직, 해외교포조직들간의 연계와 학계 및 언론계를 통하여 강연, 세미나 등을 이용한 홍보 노력을 활발하게 전개할 필요가 있다.

33. TCR/TSR 필요성과 경제효과

1) 개관

2000년 7월 남북장관급회의에서 경의선 복원에 합의한데 이어 한국과 러시아 양국 정상이 남북한과 러시아를 잇는 철도건설에 공동 노력하기로 합의한 것은 의의가 크다. 이는 경원선의 복원을 전제로 하고 있는 데다 유라시아 대륙 철의 실크로드를 여는 토대를 마련했기 때문이다. 이 같은 계획이 현실화될 경우 그 파급효과는 엄청나다. 우선 분단으로 허리가 잘린 한반도에 X자형 철도교통망이 복구되어 남북경협이 활성화 될 것이다. 남북교역에서 가장 큰 걸림돌이 되어 온 물류비부담을 현재의 5분의 1수준으로 줄일 수 있기 때문이다. 기존의 세계 물류 질서에도 큰 변화가 예상된다. 한반도가 바다와 육지를 잇는 동북아 물류 중심지로 도약하는 절호의 기회를 맞을 수 있다.

막대한 통관료수입을 받게 되는 북한과 러시아측의 경제적 실익도 막대하다. 실제 경원선 연결을 통한 시베리아횡단철도의 효율성 제고는 경제재건을 앞세우고 있는 러시아의 숙원이기도 하다. 따라서 북한측이 동의할 경우 철도복원 및 연결 사업은 의외의 순풍을 탈 수 있다.

그러나 남북한과 러시아를 달리는 철의 실크로드의 현실화에는 해결해야 할 과제도 적지 않다. 경의선과 경원선의 미연결구간은 기본 및 실시설계와 용지매수가 끝난 것은 다행스런 일이나 낙후된 북측 철도의 개보수에 소요될 막대한 자금 마련이 가장 큰 난제다. 남측이 공공자금의 일부를 제공하거나 북한이 국제금융기구에서 차관을 도입할 경우 보증을 서는 방안이 검토되고 있으나 어느 쪽이든 적지 않은 부담이 될 수밖에 없다. 우선 인근지역에 국내기업의 북한내 전용 공단이 들어서는 데다 중국과의 교역에 활용될 수 있는 경의선의 개보수에 중점을 둔 후 경원선 등 다른 노선은 중장기적으로 추진하는 방안을 검토할 수 있다. 반면 한국과 일본기업의 유럽과의 물동량 증가 추세를 감안할 때 경원선이 철의 실크로드의 출발선이 되는 경제적 이익도 과소평가해서는 안될 것이다. 따라서 남북한과러시아의 긴밀한 대화와 협조로 사업추진방향이 결정될 수밖에 없다.

2) 필요성과 가능성

한국의 경제적 이득과 남북화해 두 가지를 동시에 해결할 수 있다. 철도건설로 북한과 경제 협력을 실시하면 50년 동안 섬나라처럼 돼 있던 남측이 철도로 북한 ↔ 중국 ↔ 유럽과 연결되면서 새로운 경제자극점이 될 수 있다.

(1) 북한의 경우 ;

김책제철소 등 동부에 집중된 산업시설이 중국의 선철, 마그네슘 등 원료를 수입, 기초상품화한 후 남한측 공장들에 공급하면 최대의 경제성이 있다. 어려운 수송문제를 해결하고 기간산업이 정상 가동되며 거액의 수송통과료를 챙길 수 있다.

(2) 중국의 경우 ;

수송비 절감, 과잉 생산된 석탄·식량의 새 시장 개척이 가능하다. 중국 동부 수출 화물이 다롄(大連)항을 이용하면 톤당 104원(인민폐)이 드는데 라진, 청진항 이용시 톤당 40~50원 정도이다.

가능성 ; 북한은 몇 년전부터 동부철도 복선건설과 '남북철도 연결문제'를 검토해왔다. 그러나 자금 문제와 남측과 협상시 정치적 선전에 말려들고 경제적 실익을 기대하지 못해 망설였다. 북에서 남으로 건설하고 운영은 국제운송협정에 따르며 한국측은 참가만한다면 비준도 쉽고 3국의 성원과 지지를 받아 실현 가능성이 높다.

(3) 실천적 방안

1단계 : 중국과 북한이 합작회사를 설립 후 3국 비준, 총체적 건설 계획과 단계별 추진 계획 작성.

2단계 : 헤이룽장성과 합작, 현재 있는 철도를 이용해 김책제철소와 무산광산을 정상가동한다.

3단계 : 라진, 청진 출해구 건설과 중국 투먼(圖們)-청진간 철도 복선화.

4단계 : 청진-원산간 복선화, 인근의 마그네슘 크링커 공장, 단천제련소, 2·8 비날론, 신흥화학 등을 정상가동한다.

5단계 : 원산 ↔ 속초 복선화, 철도선을 따라 가스관, 전선케이블, 송유관, 수전선(輸電線) 건설 등을 종합적으로 한다.

(4) 자금해결방안 ;

철도건설과 공장가동시 자금 소요는 20억달러로 추진된다. 국제적 프로젝트로 북한은 토지와 노동력을, 중국측은 자금을 조달한다.

3) 경제적 파급효과

(1) 경의선 연결 효과 ;

경의선이 연결되면 부산~서울~개성~평양~신의주를 잇는 한반도 '경제 대동맥'이 복원된다. 이로써 현재 해상운송에 주로 의존하고 있는 남북경협의 시간과 비용이 대폭 줄어들 것으로 예상된다. 또 중국횡단철도(Trans China Railway, TCR)를 통해 유럽과 이어지는 '철의 실크로드'가 완성돼 경제적 효과가 극대화 될 전망이다.

'철의 실크로드'가 완성되면 연간화물수송 물량이 2005년에 14만TEU(1TEU=20피트 길이의 컨테이너)에 달하고, 남한~유럽간 운송시간이 해상운송의 3분의 1로 단축되며 비용도 30%정도 줄어들 것이다.

북한도 상당한 경제적 이익을 얻을 것으로 예상된다. 교통개발연구원은 "경의선이 연결되면 북한은 남북교역과 남한-중국간 통과운임만으로 연간 1억 달러 이상의 수입을 올릴 수 있을 것"이라고 전망한다.

(2) 경원선 복구 효과 ;

무엇보다 경원선 복구의 가장 큰 효과는 경의선과 함께 한반도를 X자형으로 종단하는 두 철도 축이 복원됨으로써 남북경협의 큰 걸림돌인 물류 문제가 해소된다는 점이다. 현재 중국·러시아 등 제3국을 경유한 간접무역에 따른 물류비용을 크게 줄임으로써 경협 활성화를 기대할 수 있게 됐다.

장기적으로 TCR·TSR(Trans Siberian Railway)을 연계한 유라시아 철도망 구축이 해당 지역 뿐만 아니라 세계 물류 질서에도 큰 변화를 줄 것으로 기대된다. 한반도와 유럽 대륙을 잇는 거대한 '신실크로드'가 현실화됨으로써 미국 중심의 세계경제의 큰 틀을 바꿀 수 있는 획기적인 전기를 마련하게 되기 때문이다.

해로(海路)에 의존하고 있는 금강산 관광사업도 크게 활성화될 것으로 기대된다. 경원선이 복구될 경우 철원과 금강산을 잇는 지선구간인 금강산선 역시 복원될 가능성이 크다. 현재 금강산선 미복구 구간은 철원~기성간 72㎞로 1년7개월 정도면 완전 복구가 가능한 상태다. 금상산선이 복구되면 금강산관광비용을 크게 줄일 수 있을 뿐만 아니라 외금강 지역으로 국한돼 있는 관광지도 내금강 지역까지 확대될 수 있다.

34. 농업의 '벤처'화 과제

한국경제의 성장 과정에서 농업이 담당했던 역할은 결코 작지 않으며 앞으로도 삶의 질 문제와 관련하여 농업의 중요성에 대해서는 아무도 부인하지 않을 것이다. 그럼에도 불구하고 농업·농촌이라고 하면 왠지 '문제'로서 『농업을 둘러싼 안팎의 환경이 어렵고, 농촌에는 젊은이도 신부감도 모여들지 않는다』는 등 부정적인 말들만 떠올리게 된다. 이에 따라 우리 사회는 농업·농촌을 홀대하고 그 소중함을 잊고 있는 것이 현실이다.

다산(茶山)정약용 선생은 『농사가 다른 것보다 못한 것이 셋이 있는데, 높기는 선비(士)보다 못하고, 이(利)함은 장사보다 못하며, 편하기는 공장(工場)보다 못하다』 하면서, 이 세 가지가 못한 것이라고 하였다. 이러한 다산의 생각은 현재 우리 농업에도 그대로 적용된다. 지금과 같이 농사를 지을수록 손해라는 인식이 있다면 농업의 경쟁력은 되살아 날 리가 없다. 촉망받는 젊은이들도 몰려들지 않는다.

농업을 강한 산업으로 육성하기 위해서는 무엇보다도 먼저 농업이 후진국형 산업이라는 잘못된 생각으로부터 농업은 충분히 선진국형 산업이라는 인식의 전환이 필요하다. 실제 농업은 선진국에서 번영하고 있다.

1) 사회 각 부분의 디지털화

사회 각 분야가 지식기반·디지털 시대로 변화됨에 따라 이는 선택의 문제가 아니라 생존의 문제로 인식되고 있으며, 벤처가 우리 사회의 키워드로 부상하고 있다. 이러한 변화의 흐름은 농업 부문에도 예외가 아니다. 농업도 이러한 변화의 흐름에 따라 새로운 변화를 시도해야 할 시기다.

다행히 디지털 혁명이라는 시대의 조류는 농업의 성공 가능성을 높이고 있다. 농업인 개개인이 변화의 기회를 자각하고, 창의력과 벤처 정신을 조화시켜 개성 있는 농업비즈니스(Agri-business)를 창출한다면 농업도 얼마든지 첨단산업으로 발전할 수 있는 분야로 바뀌고 있다.

이제 농업에도 비즈니스 찬스가 도래했다. 사업 아이디어, 비즈니스 감각을 가진 능력 있는 농가에 있어서 요즘 농업은 흥미 있는 사업이 되고 있다. 아이디어와 기술만 있으면 얼마든지 성장할 수 있으며 농업인의 경영 능력과 사고방식에 따라 성패가 좌우되고 있다. 향후 기술혁신 노력과 경영 능력이 있는 농업인은 번영하게 될 것이며, 역으로 기술혁신이나 경영합리화의 능력이 부족한 농업인은 쇠퇴하게 될 것이다. 이미 농업분야에 벤처정신을 도입해서 성공한 분야는 인삼초콜릿 · 마늘환 · 키토산 · 호접란 · 장생도라지 · 사이버 팜(cyber farm) 등 사례도 적지 않으며 해외수출전망도 밝다.

한국농업이 갖고 있는 잠재적 경영자원과 벤처정신을 조화시켜 성공사례를 확산시키고 벤처농업의 생태계를 형성해야 한다. 이것이 가능하다면 현재의 어려운 환경이 오히려 좋은 토양으로 바뀔 수 있다. 의외로 농업분야에 벤처화가 가능한 아이템들은 무궁무진 한 데 사업화되지 못하고 사장돼 버리는 경우가 비일비재하다. 지금부터라도 벤처정신에 눈을 돌려 새로운 변화를 시도해야 할 것이다.

2) 경영·마케팅개념 도입

농업분야에 벤처라는 의미는 단지 코스닥에 상장해 주기를 올리는 수준과는 다르며 지금까지 생산에만 급급하던 농업분야에 소비자, 즉 고객만족이라는 개념을 인식시키고 변화를 싫어하는 농업계에 디지털경제에 걸맞는 경영과 마케팅 능력을 불어넣는 의미다. 그 동안 농업분야가 뒤떨어져 있는 것 중에 하나가 바로 이 경영과 마케팅이라고 볼 때 이 분야의 수혈이 하루빨리 이루어져야 할 것이다. 또한 벤처정신이라는 것은 과거와 같이 정부에 의존하는 농업이 아닌 개개인의 창의력이 중요시되는 농업으로 발전시키고, 이러한 토대를 정착시키고자 하는 것이 바로 벤처정신이다. 이러한 벤처정신의 도입은 멋진 변화이기에 앞서 우리 농업의 중요한 생존 수단이 될 지도 모른다.

3) 지식산업으로 탈바꿈

이제 우리 농업도 「고객 · 집중 · 연결」 이라는 키워드를 가지고 고객을 위해 존재하는 농업, 성공가능한 일에 집중하여 핵심 역량을 키우는 농업, 단절된 농업이 아닌 비농업분야의 동반자와 함께 일하는 연결된 농업을 지향해야 할 것이다.

이를 위해 필요한 것은 농업을 보다 경쟁력 있는 산업으로, 그리고 희망과 꿈이 있는 21세기형 지식산업으로 탈바꿈 시키겠다는 자각과 의지다. 이때 중요한 것은 미래 농업의 변화를 남보다 앞서 수용하면서 시대에 뒤떨어진 문제점을 신속히 버릴 수 있는 능력을 길러 내는 것이다. 현재의 잣대를 가지고 과거를 집착하면 이것은 문제의 악순환만을 가져올 뿐 근본적인 해결에는 도움이 되지 못한다.

21세기의 화두는 「생명」 이다. 농업이 바로 생명 · 환경 · 과학과 직결된 산업이다. 새로운 농업비즈니스를 우리 스스로 만들어 나가야 할 때라고 생각한다.

35. 한국 재벌기업의 변천과 성쇠

재벌의 역사는 바로 한국 근대산업의 역사다. 대기업 중심의 산업정책에서 재벌이 불가피하게 탄생했고 우리나라가 세계 10위권의 경제대국으로 성장하기까지 재벌의 역할이 적지 않았다. 한개 재벌이 무너지면 한국 경제가 흔들거리고 한개 재벌이 호황을 누리면 영향력은 막강하다.

경제환경이 더욱 복잡해지고 그 변화 속도도 빨라지고 있다. 110년의 역사를 자랑하는 두산이 아직 건재한 반면 숱한 기업들이 역사 속으로 사라졌다. 재벌들의 부침은 산업의 발전속도 만큼이나 변화무쌍해지고 있다.

1) 태동기

원조경제로 시작한 근대산업은 3백(면방직 · 제분 · 제당)호황을 거치면서 기업들이 부를 축적했다. 지난 62년부터 시작된 경제개발계획은 한국에서 대기업이 탄생할 수 있는 토양을 제공했다. 정부는 경제개발을 위한 즉각적인 정책지원에 나섰고 기업들은 정부지원을 등에 없고 앞장서서 시장을 개척했다.

이 시기 섬유·합판·가발 등 노동집약적 산업들이 급속히 성장했다. 65년 동명목재, 대성목재 등 목재 및 가구업체를 비롯 금성방직, 판본방적, 경성방직, 동일방직 등 섬유의복업체들도 활황을 누렸다. 이밖에 대한제분, 제일제당 등도 10대 기업(자본금 기준)에 들었다.

재벌로 표현되는 대규모 기업집단도 형성되기 시작한다. 60년 삼성그룹은 한일은행, 삼성물산, 제일제당, 한국타이어, 안국화재, 근영물산, 한국기계, 풍국주정, 조선양조, 천일증권, 동양방직, 효성물산을 거느리고 있었다.

현재 LG의 모체인 락희는 반도상사, 금성사, 락희화학, 락희유지를 소유했으며 동양은 동양시멘트, 동양제과, 한국제당을 계열사로 가지고 있었다.

2) 도약기

60년대 말에서 70년대 초에 걸쳐 기업들은 전자·자동차·기계·조선·시멘트·철강·석유화학 등 중화학공업으로 눈을 돌리기 시작했다. 이 같은 기업들의 업종전환은 정부의 중화학 공업화 선언 이후 급속하게 전개됐다.

71년 37.3%에 불과했던 중화학공업 비중은 76년 45.6%로 높아졌다. 중동건설 붐에 힘입어 건설업체들은 성장 기반을 닦게 된다.

삼성전자, 삼성전관, 삼성전기, 삼성코닝, LG전자, 현대중공업, 현대자동차, 포항제철 등 현재 한국경제를 주도하고 있는 주력기업이 이 시기에 대거 탄생했다. 1999년 10대 기업에 포함된 현대, 삼성, 대우, LG, SK, 한진, 쌍용, 금호, 롯데 등은 대부분 중화학에 뛰어들면서 급성장한 경력을 갖고 있다.

【표 V-20】 한국 재벌기업의 변천과 성쇠

	1955	1960	1965	1975	1984	1994	2001
1	삼양사	삼성	삼성	삼성	현대	삼성	삼성
2	대한석탄	삼호	럭키	럭키	삼성	현대	현대
3	산업은행	개풍	금성(쌍용)	현대	럭키금성	럭키금성	LG(럭키금성)
4	럭키화학	대한	판본	한진	대우	대우	SK(선경)
5	금성방직	럭키	삼호	효성	선경	선경	현대자동차
6	전남방직	동양	삼양사	쌍용	쌍용	쌍용	한진
7	북삼화학	극동	동양	대우	한국화약	기아	포철
8	한국비료	한국유리	대한	두산	효성	한진	롯데
9	제일제당	독립	개풍	동아건설	국제	롯데	금호
10	현대건설	태창	화신	신동아	한진	한국화학	한국화약

3) 완성기

70년대 조선 · 전기 · 전자 · 자동차 분야에 주력한 기업들이 각광을 받기 시작하면서 재벌은 거대한 공룡의 모습을 드러내기 시작했다.

80년대 들어 반도체 사업에 뛰어든 삼성은 알짜 사업으로 부각됐다. 현대는 건설과 중화학분야 진출로, 대우는 수출 주도형 경제에 발맞춰 무역으로 성장가도를 달렸다. SK는 무역과 섬유 중심에서 정보통신과 정유를 주력을 탈바꿈하는데 성공했다. 이들 기업은 정치권력과의 긴밀한 관계를 유지하며 다른 외부 요인들로부터는 안전한 자기 영역을 구축했다. 현재 재벌의 모습을 갖춘 것도 이때였다.

반면 65년 자본금 1위였던 동명목재를 비롯 판본방직, 경성방직, 대성목재, 동일방직 등은 대기업 자리를 내주거나 망했다. 제일모직, 삼양사 등 오랜 역사를 가진 경공업체들도 살아남기는 했지만 중화학에 주력한 기업들에 비해 그 규모는 대폭 위축됐다.

4) 격동기

90년대 들어서도 재벌들은 확장 일로를 내달렸다. 특히 정보통신이 재벌이 미래 사업으로 각광을 받으면서 SK텔레콤, LG정보통신, 데이콤, 하나로통신, 삼성SDS 등이 급격히 성장했다. 군사정권이 퇴장하면서 정치적 변수가 크게 줄어들었지만 재벌들의 「대마불사」 태도는 더욱 공고해졌다.

덕산, 유원, 유성이 방만한 경영으로 해체됐고 한보와 기아의 몰락은 국가경제를 되돌이킬 수 없는 상황으로 몰아넣었다. 거평과 나산, 동아가 넘어졌으며 진로, 해태, 통일, 뉴코아, 대농, 한라, 청구 등 내노라하는 30대 그룹들도 법정관리에 들어갔다. 자산순위 2위였던 대우마저 「김우중신화」를 접고 「타산지석」의 교훈을 남긴 채 해체됐다.

5) 변신기

2006년 현대가 자금 위기설로 휘청거리면서 재벌의 생명은 한 치 앞을 내다보기 힘든 상황에 닥쳤다. 인터넷 · 생명공학 등 미래 사업에 대한 투자를 앞다퉈 강화하기 시작했고 기업의 체질 개선을 위해 몸부림치고 있다.

하지만 재벌들이 명확한 사업 방향과 전략을 마련하지 못한 채 구태를 되풀이하고 있다는 것이다.

65년 100대 기업들 중 지금까지 살아남은 기업은 20개에 미치지 못한다. 현재 잘나간다는 기업들 중에서 역사 속으로 사라질 기업은 80%나 된다는 것이다. 기업들이 끊임없는 변신과 노력을 기울여야 21세기에도 살아남을 수 있게 된다.

36. 소득분배 (Income Distribution)–양극화문제

1) 빈익빈(貧益貧) 부익부(富益富) 심화가 문제

노무현 대통령이 신년 연설에서 '양극화 해소'를 강조한 이후 양극화라는 단어가 2006년 우리 경제의 화두(話頭)가 되고 있다. 국회와 정부에서는 양극화를 해소하기 위해 필요한 돈의 조달을 놓고 논쟁이 한창이다. 또 양극화의 의미가 무엇인지, 어떤 통계를 보고 양극화의 정도를 알 수 있는지, 다른 나라들의 양극화는 어느 정도인지 등에 대해서도 갑론을박(甲論乙駁)이 계속되고 있다. 양극화와 관련된 여러가지 개념에 대해 알아보도록 하자.

(1) 경제학에서 양극화의 의미

통상 가난한 사람은 더 가난해지고 부자는 더 부자가 되는 '빈익빈 부익부(貧益貧 富益富)' 현상이 심해지는 경우 양극화라고 말한다. 하지만 경제학에서는 양극화라는 말보다는 '소득분배의 불평등(inequality in the distribution of income)' 또는 '자산분배의 불평등'이라는 말을 더 많이 사용하고 있다.

(2) 양극화의 다양성

우량기업과 부실기업, 대기업과 중소기업, 수출기업과 내수기업, IT기업과 비IT기업처럼 매출이나 수익에서 큰 차이가 날 경우에도 양극화가 일어난다고 말한다. 또 대도시와 중소도시, 도시와 농촌처럼 해당 지역에 살고 있는 주민들의 소득 격차가 커질 때도 양극화라고 한다. 심지어 서울에서 강남지역과 강북지역의 아파트 가격에서 격차가 커지거나 기업 간 주가에서 격차가 커지는 경우에도 양극화 현상이 발생하고 있다고 말하기도 한다. 하지만 통상적으로는 소득 또는 자산분배에서 격차(불평등)가 커지는 경우를 양극화로 보면 될 것이다.

(3) 양극화의 정도를 재는 지표

자산의 경우 파악하기가 어려워 주로 소득을 기준으로 양극화의 정도를 재는데 로렌츠곡선, 지니계수, 소득 5분위 배율 등이 있다. 로렌츠곡선(Lorenz curve)은 미국의 통계학자인 맥스 로렌츠가 고안한 도표인데, 인구의 누적비율과 소득의 누적 점유율 사이의 상관관계를 보여주고 있다.

예를 들어 설명해 보면, 먼저 X축에 인구 누적비율을 놓고, Y축에 소득의 누적점유율을 놓자. 이때 만약 상위 20%의 소득수준 인구가 소득의 40%를 얻고 있고, 하위 40%의 소득수준 인구가 소득의 20%를 얻고 있다고 해 보자. 이 경우 O, A, B, P를 연결한 곡선이 로렌츠곡선이다. 소득분배가 불평등할수록 로렌츠곡선이 대각선 OP(소득분포가 완전히 평등한 상태)와 벌어지는 형태를 가지게 된다.

(4) 지니계수는 어떻게 나온 것인가

로렌츠곡선은 그리기도 쉽고 또 소득분배의 불평등 정도도 금방 알 수 있다. 하지만 연도별 또는 국가별 비교를 위해서는 일일이 그려야 하는 데다 로렌츠곡선이 중간부분에서 들쭉날쭉할 경우 비교가 어렵다는 단점이 있다. 이를 보완하면서도 하나의 단순한 수치로 나타낸 것이 지니계수인데, '지니집중계수(Gini coefficient of concentration)'라고도 한다. 대각선과 로렌츠곡선 사이의 면적을 직각삼각형 OTP의 면적으로 나눈 값이 지니계수인데, 이 지수를 개발한 프랑스의 통계학자 코라도 지니의 이름을 붙인 것이다.

(5) 지니계수만 보면 소득 불평등 정도가 호전됐는지 악화됐는지를 알 수 있나

그렇다. 소득분배가 완전히 평등할 경우 로렌츠곡선은 대각선 OP가 되니까 지니계수는 0이 되고, 소득분배가 완전히 불평등할 경우 로렌츠곡선은 OTP가 되니까 1이 된다. 따라서 지니계수는 0에서부터 1까지의 값을 가지는데 값이 클수록 소득분배가 불평등하다는 것을 보여주고, 하나의 수치로 표시되니까 몇 년

전 또는 다른 나라와의 비교가 가능하다.

【그림 V-16】 주요국 지니계수 비교

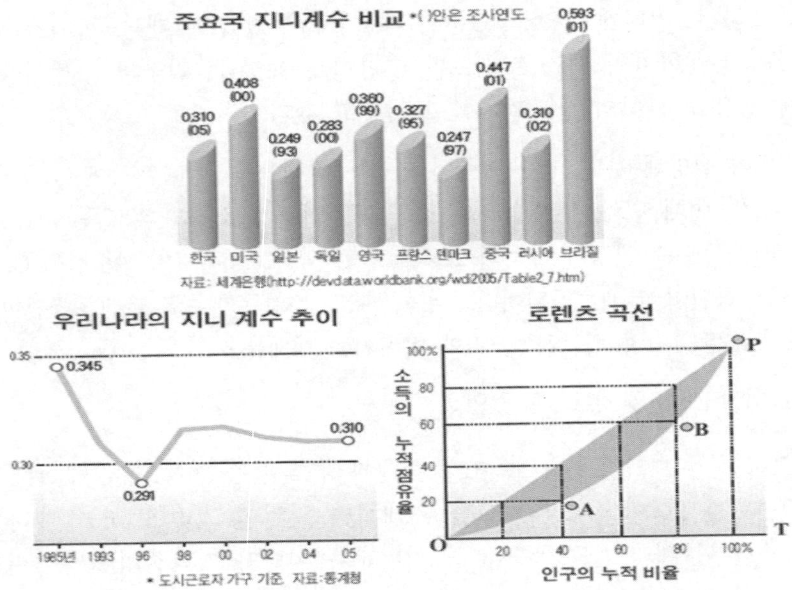

(6) 우리나라의 지니계수는 어느 정도인가

1985년 0.345에서 1997년 0.283으로 낮아졌다가 1997년 말 외환위기를 겪으면서 1998년에는 0.316, 1999년에는 0.320까지 높아졌다. 이후 조금씩 낮아지고는 있지만 여전히 0.310 안팎으로 외환위기 이전보다는 높은 수준이다.

(7) 다른 나라의 지니계수는 어떤가?

덴마크(0.247)가 가장 낮고, 일본(0.249)과 스웨덴(0.250)·독일(0.283)이 낮은 편이다. 선진국 중에서는 프랑스(0.327)와 캐나다(0.331)가 우리나라와 비슷한 편이고, 영국(0.36)과 미국(0.408)은 우리나라보다 높다. 전 세계적으로 보면 옛 공산권 국가들이 낮은 편인 반면 남미와 아프리카 국가들의 지니계수가 높은 편이다.

(8) 소득 5분위 배율은 어떻게 계산하나

먼저 전체 가구를 소득순으로 나열한 다음 최하위 가구(1분위)부터 최상위 가구(5분위)까지 5구간(그룹)으로 등분한 다음 구간별 소득을 평균한 금액을 구한다. 이때 소득 5분위 배율은 5분위의 평균소득을 1분위의 평균소득으로 나눈 결과를 말한다. 우리나라의 5분위 배율(도시근로자 기준)은 2005년에 5.43배로 2004년(5.41배)에 비해 약간 상승하는 등 최근 몇 년간 상승 추세를 보이고 있다. 그러니까 양극화 또는 소득 불평등 정도가 악화되고 있다고 말할 수 있다.

2) 소득분배(所得分配) 양극화(兩極化)는 없다, 20% 최하위가 문제

통계청은 분기마다 도시 근로자 가구의 소득분포에 관한 데이터를 발표하고 있다. 우리나라의 소득분배 동향을 알아볼 수 있는 가장 중요한 자료다.

이 자료를 보면 최상위 20% 가구의 월평균 소득은 2002년 553만7300원에서 2005년 633만100원으로 14.3% 늘었다. 최하위 20% 가구는 106만8800원에서 116만4900원으로 9.0% 늘었다. 그래서 최상위 20%의 소득을 최하위 20%의 소득으로 나눈 '소득 5분위 배율'은 2002년 5.18에서 2005년 5.43으로 높아졌다. 소득분배가 악화된 것이다. 여기까지는 누구나 아는 사실이다.

그러나 좀 더 파고 들어가면 이야기가 달라진다. 2002년에 최상위 20%는 전체 소득의 39.7%를 차지했다. 2005년에는 그 비중이 38.9%로 줄었다. 최하위 20%의 몫도 7.7%에서 7.2%로 줄었다. 대신 중간층 60%의 몫은 52.7%에서 53.9%로 늘었다. 최하위 20%를 제외하면 소득분배의 불균등이 완화된 것이다.

이를 종합하면 다음 두 가지 사실을 알 수 있다. 하나는 2003년~2006년동안 최하위 20%의 형편이 나머지 80%에 비해 상대적으로 더 나빠졌다는 것이다. 빈곤층의 빈곤이 심화되는 이른바 '신(新) 빈곤층' 문제가 제기되는 이유가 여기에 있다. 다른 하나는 그럼에도 불구하고 소득분배의 양극화 현상은 없었다는 것이다. 오히려 외환위기 직후 무너졌던 중산층이 살아나고 있다는 희망을 가질 수 있는 상황이다.

그런데도 동기간중 우리 사회가 밀림의 제왕인 사자보다 100배, 1000배 더 잔인한 강자의 탐욕으로 인해 '잘 나가는 20%'와 '희망 없는 80%'로 갈라져 있고, 소수의 승자만 존재하고 다수의 패자는 존재할 수 없는 '카지노 경제'라고 말하고 있다. 국정(國政)을 책임지고 있는 집단이 우리 사회를 아프리카 밀림보다 못하다고 깎아내리니 국민들은 먹고살기 위해 이민이라도 가야 하는 것인지 헷갈릴 지경이다.

우리 사회가 신빈곤층 문제에 관심을 기울여야 한다는 데 대해서는 누구도 이론(異論)이 없다. 신빈곤층이 나타난 것은 동기간중 경기침체로 특히 저소득층의 일자리가 파괴됐기 때문이다. 경제를 살려 좋은 일자리를 많이 만들어 내는 것으로 풀어야 한다. 그런 신빈곤층 문제를 '희망 없는 80%'의 문제로 과장·왜곡하면 그 순간 답이 없어진다. 자본주의 체제를 뒤집어엎자는 좌파적 혁명 구호가 뒤를 이을 수밖에 없다.

국민들이 소득분배의 실상보다 양극화 문제를 심각하게 느끼고 있는 것은 사실이다. 무엇보다 강남 집값 때문일 것이다. 그러나 그걸 이유로 양극화 선동에 나서는 것은 바람직하지 못하다.

37. 부도의 의미

1) 회사가 제날짜에 어음 못 막는 것

부도 · 도산 · 청산 · 파산 · 폐업 · 퇴출….

요즘 신문이나 TV를 보면 '어느 기업이 망했다', '부도를 냈다'는 뉴스가 많이 나온다. 청산 · 폐업 등은 뜻은 좀 다르지만 모두 '기업 사망'에 관한 용어이다.

부도는 어음이나 당좌수표를 제때 갚지 못하는 것을 말한다. 은행에서 받은 대출금을 못 갚을 때는 연체라고 부르며 부도라고 하지는 않는다.

부도가 난다고 곧 기업이 망하거나(도산) 없어지는 것(청산 또는 폐업)은 아니다. 물론 부도가 나면 신용을 잃고 은행과 거래도 못하게 돼 도산할 가능성이 크기는 하다.

부도에 대해 살펴보면 우리가 보통 물건을 살 때는 현금이나 신용카드를 쓰지만 기업끼리 물건을 사고 팔 때는 대부분 어음이나 당좌수표를 쓴다. 어음은 상대방에게 일정 금액을 언제까지 갚겠다고 약속한 문서이다.

기업이 어음이나 당좌수표를 사용하려면 우선 은행에 당좌예금을 들어야 한다. 그러면 은행은 기업의 신용도를 감안해 당좌거래를 허가하고 어음 · 수표 용지를 나눠준다. 기업은 필요한 물건을 산 뒤 현금 대신 어음이나 수표를 준다.

정상적인 거래와 부도가 나는 경우를 살펴보면 [그림Ⅴ-17]과 같다.

【그림V-17】 정상적인 거래와 부도가 발생하는 경우의 비교

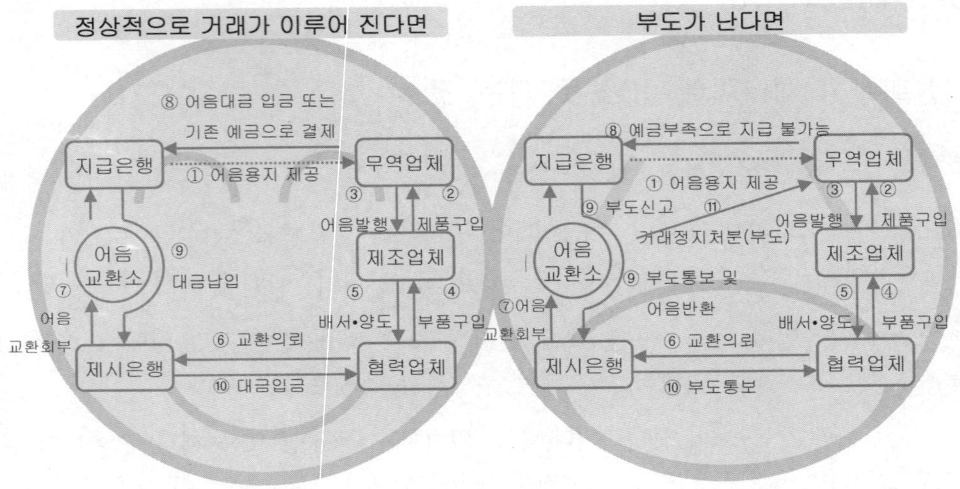

그림에서 무역업체가 가전제품을 제조업체한테 물건을 사 외국에 수출한다고 가정하면, 이 때 보통 현금 대신 어음을 주고 물건을 사게 된다. 제조업체는 이 어음으로 협력업체에서 원자재나 부품을 살 수 있다. 어음은 이렇게 기업 사이에서 현금처럼 돌아다닌다.

어음을 갖고 있는 기업은 어음을 발행한 기업이 돈을 갚겠다고 어음에 표시한 날짜(만기)가 됐을 때 자기가 거래하는 은행에 찾아가 어음을 현금으로 바꿔달라고 요청하면 된다. 이것을 '교환의뢰'라고 한다.

그러면 어음을 받은 거래은행(제시 은행)은 처음 어음을 발행한 무역업체가 거래하는 은행(지급 은행)에 어음을 건네주고 어음에 적힌 금액만큼 돈을 받아 협력업체의 예금계좌에 넣어 준다.

이 때 전국의 은행마다 자기네들끼리 어음을 일일이 교환하려면 무척 복잡하기 때문에 은행들은 어음교환소라는 곳을 만들어 이곳을 통해 매일 어음을 바꾸고 있다.

당좌수표는 어음보다 더 현금에 가깝다. 어음은 만기일이란게 있어서 그 날이 되기 전에는 은행에서 현금으로 바꿔주지 않는다. 그러나 당좌수표는 받은 당일에도 은행에 가면 현금을 내준다. 만기가 따로 없이 언제든지 현금으로 바꿀 수 있는 것이다.

어음과 당좌수표는 어떻게 부도가 나는가를 살펴보자.

다른 은행에서 어음을 받은 은행은 어음을 발행한 무역업체의 당좌예금 계좌에서 어음액 만큼 돈을 빼내 상대방 은행에 준다. 그런데 이 계좌에 돈이 없으면 문제가 생기게 된다. 은행은 기업에 어음 대금을 입금하라고 독촉하는데 은행 영업시간이 끝날 때까지 입금을 못하면 지급은행은 일단 이 기업을 부도 처리한다. 이를 1차 부도라 한다.

1차 부도를 낸 기업이 다음날 은행이 문닫을 때가지 돈을 넣지 못하면 이 기업은 최종 부도 처리되고 어음교환소는 모든 은행에 '이 기업은 부도를 냈다'고 통보한다.

이때부터 이 기업은 모든 은행과 당좌거래가 중지되는 것은 물론 대출도 받지 못하게 된다. 이튿날 돈을 넣었더라도 1년에 1차 부도를 네 번 내면 네 번째는 다음날까지 기다리지 않고 곧바로 최종 부도처리 된다. 이것이 가장 흔한 부도 사례이다.

그러나 부도는 이밖에도 여러 이유가 있다. 때로는 발행기업이 어음을 막을 돈은 있지만 지급을 거절하기도 한다. 물건을 받기로 하고 어음을 발행했는데 물건이 도착하지 않아 못 주겠다고 거절하는 경우이다.

또 분실·도난·위조·변조된 어음이나 어음에 반드시 찍혀야 할 인감도장 등이 빠진 불완전한 어음의 경우에도 지급이 중지된다. 이런 경우엔 그 원인을 해소하면 부도 처분을 취소시킬 수 있어 도산과는 거리가 멀다.

예를 하나 더 들어보면, 태평물산은 11월 27일을 만기로 하는 5천만원 짜리 약속어음을 거래처에서 받았고, 마침 협력업체에 5천만원을 주어야 하는 태평물산은 받을 돈 5천만원을 믿고 만기를11월 29일로 한 어음을 끊어 주었다. 그런데 27일이 되자 거래처가 돌연 부도를 내 다급해진 태평물산은 자력으로 우선 29일 만기가 돌아오는 5천만원을 막기 위해 급전을 빌리러 나섰지만 실패했다.

12월 5일이 되면 다른 거래처로부터 1억원을 받을 수 있는 어음이 있지만 이 때는 너무 늦다. 이 바람에 이 회사는 부도가 나 버렸다. 아무리 흑자를 내고 장사를 잘해도 이처럼 갑작스레 부도를 맞는 경우가 있다. 이를 흑자부도라고 한다. 또 거래처의 부도로 인해 덩달아 부도가 간 경우여서 연쇄부도라고도 한다.

2) 어음과 수표는 왜 생겼을까

— 중세 이집트·이탈리아 등서 나라 간 무역대금으로 사용 —

중세 이탈리아·이집트 등의 지중해 연안 도시들은 세계 상업과 무역의 중심지였다. 각국 상인들이 섞여 장사를 하면서 화폐를 다른 도시에 송금할 필요가 생겨났다. 이 때 생각해 낸 것이 어음이다.

예컨대, 제네바의 상인이 이집트의 알렉산드리아로 가서 보석을 사려고 할 때 돈을 들고 가면 위험하지 않겠는가. 따라서 상인은 제네바에서 환전상에게 현금을 주고 어음을 받는다. 알렉산드리아에 가서 제네바의 환전상과 미리 약속한 환전상을 찾아가 어음을 내밀고 현지 화폐로 받은 뒤 필요한 물건을 구입하게 된다. 제네바와 알렉산드리아의 환전상끼리는 나중에 별도 수단을 통해 정산 한다.

'상인의 지폐'라고 불리는 어음은 이렇게 시작됐지만 오늘날 그 종류와 쓰임새가 무척 다양하다.

영국 런던에서는 어떤 여성이 주차 위반을 했다가 벌금을 물게 되자 화가 나 화장지에 벌금액을 쓴 뒤 사인해 '내 수표'라며 경찰관에게 줬다는 일화도 있다. 이 수표는 그 여성의 거래 은행으로 어김없이 돌아와 예금액을 빼내 갔다고 한다.

그러나 우리나라의 경우 이런 어음·수표는 은행들이 인정하지 않는다. 자기들이 발행하는 '통일 어음·수표용지'만 인정한다. 이 용지에는 금액·발행일·만기일·발행인·수취인 등을 적도록 되어 있다.

어음 중에는 속칭 '문방구 어음'이라고 해서 문방구에서 살 수 있는 사제 용지에 임의로 작성한 어음도 있다. 은행은 안 받아 주지만 개인 간의 거래에서는 간혹 쓰이기도 하고, 어음 발행인의 소지인에게 법적인 지불해야 할 법적 의무도 있다.

어음은 상업어음과 융통어음으로 분류된다. 상업어음은 진성어음이라고도 하는데 상거래 과정에서 발행한 어음을 말한다. 즉 물건 대금 등으로 발행하는 어음이다.

융통어음은 거래대금으로 주고받는 것이 아니라 오직 돈을 조달하기 위해 남의 어음을 빌려 쓰는 것으로서 '빈어음'이라고도 한다. 진성어음에 비해 융통어음은 나중에 부도 날 위험이 크다.

수표에도 당좌수표 외에 보증수표라고 불리는 자기앞수표, 개인이 은행에 가계종합예금계좌를 개설하고 일정한 금액 한도 안에서만 발행하는 당좌수표격인 가계 수표 등이 있다.

어음은 배서·양도라는 간단한 방법으로 제3자에게 넘길 수 있다. 예컨대 무역업체로부터 어음을 받은 제조업체가 다시 부품을 살 때 어음의 뒷면에 배서 즉, 자신의 이름을 적고 도장을 찍어 넘겨주면 이를 받은 부품업체는 그 어음을 만기 때 은행에 가져가 현금을 받을 수가 있다.

어음은 할인도 된다. 어음을 갖고 있는 기업이 돈이 급하게 필요한데 만기는 아직 되지 않았을 경우 은행에 찾아간다. 그러면 은행은 어음을 받고 만기 때까지의 이자를 뺀 차액을 현금으로 준다. 이를 할인받았다고 하고, 그때 적용되는 이자율을 할인율이라고 한다.

3) 부도 난 회사에선 돈 못 받나

공장·제품 등을 팔아 빚 받을 사람끼리 나눠 갖는다.

기업이 부도가 났다고 해서 돈 받는 것을 포기해야 하는 것은 아니다. 채권자들은 그 기업의 제품이나 공장·재산 등을 팔아서 마련한 돈을 나눠 갖는 빚잔치를 통해 일부나마 돌려받을 수 있다.

또 부도 난 기업을 일단 살린 뒤 빌려준 돈을 천천히 돌려받는 방법도 있다. 부도 난 기업이 갚아야 할 빚을 연기해 주거나 금융기관들이 새로 자금을 빌려줘 회사가 다시 돌아가게 하는 방식이다. 그러나 이 방법은 잘못하면 '밑빠진 독에 물 붓기'가 되므로 주의해야 한다. 아무리 돈을 집어넣어도 회생이 안 될 수가 있고 이때는 은행들이 더 많은 돈을 떼이게 될 수도 있다.

최근 정부가 퇴출기업 명단을 발표했는데, 이는 은행들이 가망 없는 기업에 계속해서 자금을 지원하는 것을 막기 위해서다. 망할 기업은 망해야 거기에 묶여 있던 자금이 생산성이 높은 괜찮은 기업과 산업으로 옮겨가 나라 경제 전체가 잘 될 수 있는 것이다.

부도가 얼마나 많이 발행했느냐를 보여주는 통계로 어음부도율이란 게 있다. 전체 거래되는 어음에서 부도난 어음이 차지하는 비율을 말하는데 시중 자금사정 및 경기 상황을 나타내는 지표로 활용된다. 통상 경기가 좋을 때는 시중 자금사정도 여유가 있어 부도가 줄어들고, 불경기 때는 부도가 늘어나는 경향이 있다.

38. 이제는 친디아 시대

1) 중국과 인도의 경제 읽기

2005년 영국의 권위 있는 경제주간지「이코노미스트」가 매년 발간하는「2005

년 세계 대전망」에서 "친디아가 21세기의 리더가 될 것"이라는 예상을 내놓았다. 그로부터 1년 뒤인 2006년「이코노미스트」의 예언은 빠르게 적중되어 가고 있으며 더욱 구체화되고 있다. 이제 세계 경제인들의 이목이 '친디아'라고 불리는 영국과 인도를 향해 집중되고 있다.

중국(China)와 인도(India)의 합성어인 친디아(CHINDIA)는 아직까지 일반인에게 익숙한 용어는 아니다. 세계경제에 관심이 있는 이라면 브릭스(BRIC's)를 알고 있을 것이다. 21세기를 주도할 국가로 선정된 브라질, 러시아, 인도, 중국 네 나라를 일컫는 말이다. 그러나 현재는 풍부한 자원을 바탕으로 급격한 경제성장이 기대되던 브릭스 가운데 브라질과 러시아가 탈락하고 인도와 중국만이 살아남아 친디아라는 또 다른 신조어의 주인공이 되었다.

경제전문가들이 세계경제를 주도할 나라로 인도와 중국을 손꼽는 이유는 무엇일까. 세계가 친디아를 주목하고, 그들의 경제에 초점을 맞추는 까닭은 무엇일까. 표면적으로는 인적자원에서 쉽게 해답을 찾을 수 있다. 중국과 인도의 인구는 23억 명으로 세계 인구의 약 40%를 차지하고 있어, 인적자원이 매우 풍부하며 동시에 무궁무진한 시장이라는 것이다. 하지만 그것만으로 친디아 열풍을 해석하기에는 무리가 있다. 보다 구체적인 해답은 주룽지 전 중국 총리의 한 마디에서 찾을 수 있다. "우리는 하드웨어가 세계 최고다. 인도는 소프트웨어가 세계 최고 아닌가. 두 나라가 협력하면 그 누구도 우리를 넘보지 못할 것이다."

2) 세계경제를 움직이는 하드웨어 최강 중국

1978년 덩샤오핑의 '흑묘백묘론(검은고양이든 흰고양이든 쥐만 잘 잡으면 된다)' 이후 시작된 개혁, 개방정책에 힘입어, 2004년 현재 중국은 GDP(국내총생산) 1조 6,480억 달러로 세계6위의 경제대국으로 급성장했다. 물가가 낮은 중국의 상황을 반영할 경우 더욱 놀라운 결과가 나온다. 실질 구매력을 기준으로 GDP를 산정하는 구매력 평가 기준(PPPI)에 의하면 중국은 이미 미국에 이어 세계 2위의 경제대국이다. 그들의 목표는 이제 세계 최고, 미국을 추월하고 2050년에 세계 최고의 경제대국이 되는 것이다. 물론 이는 허황된 목표가 아니다. 오히려 대다수의 경제전문가들이 그 시기가 당겨질 것이라 예견하고 있기 때문이다.

이와 같은 중국의 놀라운 성장 원동력은 무엇인가? 인구 13억의 저임금 노동력과 풍부한 자원이 큰 힘이었다. 중화사상으로 무장한 세계 곳곳의 화교 네트워크는 중국경제의 자본을 공급해 주는 역할을 해냈다. 사회주의 체제를 통해 낮은 지가(부동산 가격)를 유지하며, 인프라(도로 등 사회간접시설)를 급속히 개선한 것도 커다란 요인이다. 높은 임금과 고지가로 고민하던 선진국의 일류기업들이 앞 다퉈 중국에 공장을 세운 원인이 되었다. 그 결과 2005년 중국의 전 세계 PC의 21%, 카메라의 50%, 냉장고의 50%, TV의 30%를 생산하는 최고의 생산기지로 성장하게 된다.

거대하지만 투박한 만리장성이 연상되는 중국의 양적 공세는 최근에 질적 개선을 모색하고 있는 상황이다. 양적인 측면에서는 최고지만, 최고의 품질을 자랑하는 중국상품은 거의 없다고 봐도 과언이 아니다. 하지만 이재(利財)에 밝은 중국인의 특성이 우수한 경영인들을 양산하고 있으며, 칭화대로 대표되는 이공계 인재 육성은 점차 우수한 성과를 나타내고 있다.

축적된 부를 바탕으로 M&A를 통한 첨단기술의 흡수에도 열성적이다. 대표적인 사례가 바로 중국 최대의 PC생산업체인 레노보(중국명 렌샹)가 IBM의 PC사업을 17억 5천만 달러에 인수한 사실이다. 이 놀라운 '사건'은 중국기업의 M&A 사상 최고 금액이라는 기록보다도 상징성에 더 큰 의미가 있다. 흡수합병의 형태가 아닌 전략적 제휴에도 노력을 경주하며, 바야흐로 중국은 세계일류를 위해 발돋움하고 있는 것이다.

이 밖에 장대한 중국 역사와 전통은 문화산업과 서비스업에서도 막강한 잠재력을 가지고 있다. 이미 세계 3대 요리국가라 평가받는 중국의 식문화는 세계적으로 명성이 높고, 중국문화는 미국의 자존심 할리우드를 잠식해가고 있다. 또한 인도와의 교류 확대 등으로 소프트웨어 및 서비스산업을 강화하려는 노력도 병행되고 있다. 이러한 일련의 자원과 노력은 세계 최고를 꿈꾸는 중국을 든든하게 뒷받침하고 있다.

3) 무한한 잠재력을 가진 소프트웨어 왕국, 인도

세계적 초일류 글로벌 IT기업 가운데, 인텔 직원의 17%, 마이크로소프트직원의 20%, IBM 직원의 28%, 최첨단 테크놀로지의 산실 NASA 직원의 32%, 실리콘밸리 연구원의 20%가 인도인이다. IT분야에서 인도인이 탁월한 두각을 나타내는 것은 수학과 영어 능력이 우수하기 때문이다. 영국 식민지배로 인해 영어 의사소통에 문제가 없으며, 수학 능력이 탁월한 인도인의 장점을 엄격하고 수준 높은 교육을 통해 발전시켜 세계 최고수준의 영재들로 육성해 내는 까닭이다.

그 인재 육성의 중심에는 IIT(인도공과대학)가 있는데, 우스갯소리로 IIT에 떨어지면 MIT에 간다는 소리가 있을 정도이다. IIT는 1950년대 초 인도의 초대 총리 네루가 방미 중에 둘러본 MIT를 모델로 만든 학교이다. 하지만 현재는 교수와 학생 비에서 MIT의 1대 11보다 높은 1대 10을 유지하는 등 우수한 교육여건을 자랑한다. 뉴델리, 뭄바이, 첸나이 등 전국 주요 도시 7곳에 캠퍼스를 두고 있는데 IIT에는 매년 1,200만 명의 고등학생 졸업생 가운데 3,500명만이 선발될 정도로 엄청난 경쟁을 거친 수재만이 선발된다. 이러한 수재들은 최고의 교수진과 190학점 이상(국내 140학점)을 이수해야 하는 엄청난 학습량으로 단련시키는 것이다. IIT가 수행하는 또 하나의 역할은 인도의 발전을 가로막는 카스트 제도를 완화시키는 것이다. 인도의 발전을 가로막는 장애물 가운데 하나가 바로 현재까지도 큰 영향력을 끼치는 신분제도인 카스트제도이다. 천민 계급인 수드라 이하의 천민 계급도 실력만 있으면 IIT에 입학할 수가 있어 신분 상승의 계기가 되는 셈이다.

인도의 경제발전에 대한 꿈은 원대하며 진보적이다. 생명공학 집중 육성 5개년 계획을 내놓은 것이 대표적인 사례이다. 정부의 세제지원과 창업지원, 바이오 연구 허용범위의 확대를 골자로 하고 있는데, 2010년까지 전국 10곳에 바이오 파크를 조성할 계획이라고 한다.

양질의 인재를 상대적으로 적은 비용으로 사용할 수 있는 인도는 이미 바이오 산업(이하 BT산업)에서 세계적인 경쟁력을 확보하고 있다는 평가를 받고 있다. 경영 컨설턴트 회사 맥킨지는 해마다 인도를 찾는 '의료관광객'이 15%씩 증가하여, 2012년이면 해외 환자들로부터 벌어들이는 수입이 23억 달러에 이를 것으로 전망했다. IT산업과 BT산업 등 최첨단산업으로 몰리는 인재들과 정부의 지원에서, 인도가 중국을 능가할 경제대국이 되리라는 예상은 근거를 얻는다.

4) 세계경제에서 친디아의 위상과 평가

친디아의 현황을 살펴보면 중국은 제조업 분야에서 두드러진 성장을 계속하고 있고, 인도는 첨단 정보기술(IT) 산업과 서비스업에서 세계적인 강세를 나타내고 있다. 미래를 장담할 수는 없겠지만, 현재까지 중국과 인도 두 나라는 경쟁관계에 있다기보다는 상호보완적인 관계이다. 지리적으로도 가까운 친디아가 서로 경쟁하지 않고 상대국의 장점을 살려 상호 보완할 수 있는 협력체제를 갖출 경우, 막강한 시너지 효과가 창출된다. 이제 친디아의 힘을 의심하는 전문가들은 더 이상 존재하지 않는다.

최근 인도와의 경제협력에 골몰하는 싱가포르의 발 빠른 행보가 심상치 않다 그에 비해 한국과 인도와의 정부 간 교류는 활발하지 않은 편이다. 하지만 인도에서 인프라수출 노하우를 갖춘 한국은 매우 매력적인 경제 파트너가 될 수 있다. 중국에서도 한국은 시기와 선망의 대상이다. 한류 열풍의 영향으로 호감을 이끌어 내기 용이하며, 전자제품 등 주요 수출품으로 중국 시장에서 경쟁하는 일본에 비해 거부감도 적은 편이다. 친디아에서 한국의 가능성을 엿볼 수 있는 대목이다.

현재 우리나라는 출산율 저하로 불어닥친 고령화 문제와 저성장 시대의 도래 등 앞으로 다가올 경제 난관을 해결해야만 한다. 그 해결책을 찾는데 있어 친디아와의 관계가 가장 중요한 변수가 될 것임에 분명하다.

39. 무역 5000억달러 클럽 세계 12번째 가입

1) 무역 5000억달러 클럽 가입의 의미

【그림 V-18】 주요국의 1인당 수출액

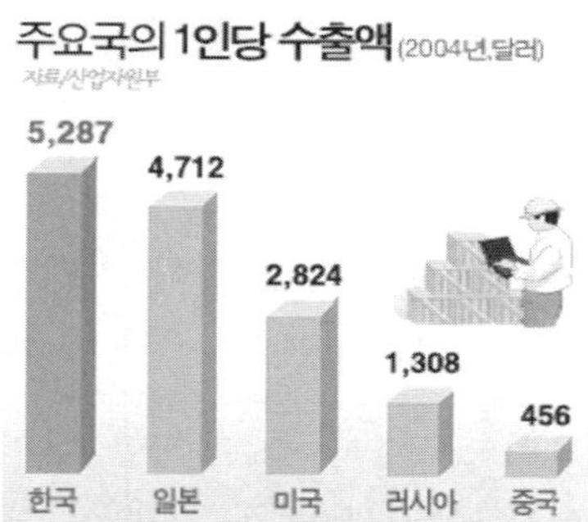

무역규모가 5000억달러를 넘어섰다는 것은 매우 중요한 의미를 갖는다. 현재 세계에서 무역규모 5000억달러를 넘어선 국가는 미국, 일본 등 총 11개국에 불과하다.

2004년도 기준으로 전 세계에서 무역규모가 가장 큰 미국은 2조3454억달러이고, 독일이 1조6323억달러, 중국 1조1547억달러, 일본 1조200억달러 등의 순서다. 그 뒤로는 프랑스(9151억달러), 영국(8075억달러), 이탈리아(6951억달러), 네덜란드(6786억달러), 캐나다(5977억달러), 벨기에(5960억달러), 홍콩(5386억달러)이 무역규모에서 선두권을 형성하고 있다. 이들 국가들의 무역총액과 국민소득을 비교하면 우리나라의 무역규모 5000억달러 돌파가 가지는 효과를 보다 분명히 파악할 수 있다.

무역규모가 가장 큰 미국은 국민소득이 4만1400달러이고 일본은 3만7180달러이다. 영국, 네덜란드, 벨기에, 독일, 프랑스 등은 3만~3만5000달러 사이에 있고, 캐나다와 홍콩, 이탈리아도 2만5000~3만달러 수준이다. 즉 중국을 빼면 모두 국민소득 2만달러 이상인 선진통상국가이다.

【그림Ⅴ-19】 우리나라 및 남미, CIS, 아프리카 수출액 비교

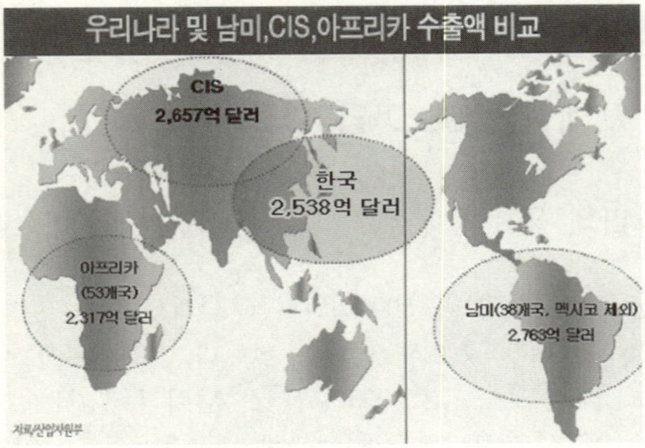

무역 총액과 수출 실적을 1인당 기준으로 환산하면 우리나라 국가 경쟁력이 미국과 일본보다 월등히 앞서고 있음을 볼 수 있다.

2004년 기준으로 우리나라 국민 한 사람당 무역액은 9948달러로 세계 198개국 중 41위에 해당한다. 또한 수출액은 5287달러이고, 2006년 수출 예상액인 2800억 달러를 넘으면 1인당 수출액도 5800달러를 초과할 전망이다.

국민 1인당 수출액을 비교하면 일본이 4712달러, 미국이 2824달러, 러시아 1308달러, 중국이 456달러이다. 우리나라 1인당 수출액 5287달러는 미국에 비해 거의 2배 수준이며, 러시아의 4배, 중국에 비해 12배 높은 수준이다.

2005년 우리나라 수출규모는 2538억 달러였다, 이는 맥시코를 제외한 남미 38개국의 총 수출액 2763억 달러에 육박하고 있으며, 아프리카 전체 53개국 수출액 2317억달러를 넘어선 기록이다.

수출을 비롯한 무역규모 확대로 우리나라는 현재 세계무역순위 12위를 기록하고 있으며, 전 세계무역 중 우리나라가 차지하는 비중은 2.8%이다. 지난 30년 간 연평균 수출증가율에서 우리나라는 19.1%를 보여 세계 20대 무역국 가운데 1위를 차지하고 있다. 1964년부터 2004년까지의 연평균 수출 증가율은 대만이 14.7%, 중국 13.5%, 일본 10.6% 등이다. 독일은 9.6%였으며, 미국은 8.1% 였다.

2) 무역 5000억달러 시대 '이런 기록, 저런 기록'

(1) 5000억달러가 얼마나 큰 규모인가요?

5000억달러를 100달러짜리 지폐로 쌓으면 그 높이가 무려 600km에 이른다. 이는 에베레스트산의 68배이고, 지상에서 성층권까지 최대 고도의 12배에 해당한다. 5000억달러를 1달러 지폐로 이어 놓으면 길이가 얼마나 될까? 가로로 늘여 놓았을 경우 총 7795만km에 달하고 이 길이는 지구를 1950바퀴나 감을 수 있는 길이다. 지구에서 달까지 무려 41번을 왕복한 거리와 같다.

(2) 김치·넙치 등 식품류에서 소주·콘돔까지

전 세계 어디에 나가도 'Made in KOREA' 제품을 볼 수 있는 것과 함께 어떤 제품에서도 'Made in KOREA'를 찾을 수 있다.

고려인삼, 김치, 라면, 김 등은 물론 활넙치도 수출 역군이고, 문화공연 '난타', 인터넷증명서 발급 솔류션, 종합 금융 솔루션 우리나라를 대표하고 있다. 일본 주류산업계를 휩쓴 한국 소주 열풍, UAE에 불어 닥친 한국 담배 인기도 계속되고 있다.

중앙아프리카에서 팔리는 콘돔의 64.7%는 한국산으로 그 금액은 연간 3만 3000달러나 된다. 소말리아 비누 98.7%, 몰디브 화장지 25.1%도 한국 제품이다. 포크랜드군도 오징어는 100% 한국 수출상품이다.

(3) 흑자에서 적자로, 적자에서 흑자로

산업구조 변화에 따라 의류, 신발, 인형, 어류 등은 무역흑자에서 적자로 전환됐다. 반면에 자동차 부품, 건설광산기계, 무선통신기기 등은 1990년대 중반 적자에서 흑자 상품으로 바꿨다.

의류는 2005년 흑자에서 적자로 돌아섰고, 신발은 2003년 수출보다 수입이 더 많아졌다. 이에 비해 자동차 부품과 건설광산기계는 각각 1997년과 1994년 흑자 시대를 맞이한 이후 현재는 국내 수출의 '효자상품'으로 자리매김하고 있다.

Apendix 부록

시사무역경제 용어해설

시사무역경제 용어해설에서는

무역을 배우고자 하는 초심자 내지 입문자들에게 무역과 관련한 갖가지 용어들을 알기 쉽게 설명하여 기본적인 지식과 이론적인 사고력을 터득하는데 보탬이 될 수 있도록 하였다.

1. 기업체질을 보여주는 지표들

① **자산** : 기업이 갖고 있는 부(富)를 통털어 일컫는 것이며 1년 이내에 현금화할 수 있으며 유동자산, 그렇지 못한 자산은 고정자산으로 분류한다.

② **부채** : 기업이 갚아야 할 빚이다. 1년 이내에 갚아야 할 빚은 유동부채, 1년 이후 상환예정이면 고정부채이다.

③ **자본** : 자산중에서 부채를 뺀 것이 자본이다. 회사의 주주가 집어넣은 종잣돈인 납입자본금과 영업을 통해 벌어들인 이익잉여금, 그리고 증자, 감자, 합병, 자산재평가과정에서 생긴 자본잉여금으로 구성된다.

④ **영업이익** : 매출액에서 매출원가(공정비용)를 뺀 것이 매출총이익이다. 영업이익은 여기에서 또 임금 · 광고 · 통신비, 감각상각비 등 판매 · 관리비를 뺀 것이다.

⑤ **경상이익** : 영업외 수지(수익 · 비용)는 영업과는 직접 관계가 없는 이자, 임대료, 외환차익(손) 등에서 발생하는 손익을 나타낸다. 경상이익은 영업이익에서 영업외수지를 차감한 것으로 영업뿐 아니라 전체적인 기업활동의 수익성을 말한다. 영업이익은 많이 나는데 경상이익이 좋지 않다면 재무구조가 취약해 이자 지출에 허덕이고 있는 경우가 많다.

⑥ **당기순이익** : 경상이익에서 주식이나 부동산, 영업권 등을 사고 팔아 생긴 특별손익을 계산한 뒤 법인세를 빼고 마지막으로 회사의 주인인 주주가 손에 쥐게 되는 게 당기순이익이다. 이 가운데 일부는 주주들에게 배당의 형태로 돌아가고 일부는 다음 장사를 위해 아껴두는데 이것이 이익잉여금이다.

⑦ **매출액·순이익증가율** : 매출액증가율이 물가상승률보다는 높아야 기업이 성장하고 있는 것으로 볼 수 있다. 순이익증가율은 매출액증가율은 물론 총자본 · 자기자본 증가율보다 높아야 기업의 효율성이 좋아지고 있다는 의미다. 증가율만 높다고 성장성이 있는 기업이라고 판단하기는 힘들다. 전년도 순이익이 1억원이던 회사가 10억원의 순이익을 냈다면 순이익증가율은 무려 900%나 되는 반면, 100억원에서 2,000억원으로 증가한 회사는 100%밖에 되지 않기 때문이다.

⑧ **ROE(Return On Equity·자기자본수익률)** : 수익성을 나타내는 지표로 (순이익/자기자본)×100의 공식을 통해 구한다. 경영자가 주주의 자본을 사용해 얼마나 이익을 올리는지 따져보는데 사용된다. ROE가 시장금리보다 높지 않다면 주주들이 굳이 기업에 투자할 필요 없이 돈놀이를 하는 게 나을 것이다.

⑨ **금융비용부담률·부채비율·유보율** : 안정성을 가늠해볼 수 있는 수단이 된다. 금융비용부담률은 총매출액 대비 금융비용을 백분율로 나타낸 것이다. 아무리 물건을 팔아도 이자갚는데 다 빠져나간다면 머지 않아 부도나 법정관리로 갈 운명이라고 봐도 틀림없을 것이다. 부채비율은 부채총계(타인자본)/자본총계(자기자본)×100으로 구한다. 절대적인 기준은 없지만 업종평균보다 높거나, 두 비율이 계속 올라가는 추세라면 일단 위험신호로 볼 수 있다. 유보율은 잉여금(자본잉여금+이익잉여금)을 납입자본금으로 나눈 비율로 기업이 사내에 얼마만큼의 돈을 축적해 놓았느냐를 나타낸다.

2. 3국간 거래

무역업자가 자국 이외의 외국간 무역을 중개하면서 수수료를 받는 거래 형태가 사전적인 정의다.

예를 들어 한국의 무역업체가 유럽제품을 미국이나 중동에 파는 경우가 이에 해당한다. 미쓰비시, 이토추 등 세계적 네트워크를 갖춘 일본 종합상사들의 경우 제조와 무역을 분리해 가격 · 납기 · 품질 등에서 최적 조건의 공급원을 찾아 수요자에 공급하는 3국간 거래를 주종 영업분야로 하고 있다.

최근 국제무역 형태가 복잡해지면서 국가간 관세차이, 국별 무역제도, 보완적 상품구조 등을 이용하는 단계로 발전하고 있다.

3. 5th Power NGO (제 5의 힘)

NGO는 'Non Government Organization(비정부기구)'의 약자로 정부 기구가 아닌 민간조직을 총괄하는 용어다.

NGO는 서구가 근대화 과정을 밟으며 국가와 시민사회가 분리되면서 움트기 시작했다. 국가 권력의 영향력이 미치지 못하는 분야에서 발생하는 문제를 시민사회 스스로가 해결책을 모색하면서 조직을 구성하게 된 것. 이 때문에 사회를 구성하는 영역 가운데 정부를 제 1영역, 기업 및 시장을 제 2영역, NGO를 제 3영역으로 구분하기도 한다.

50년대부터 NGO개념이 자리 잡기 시작해 현재는 환경과 인권, 마약, 핵, 난민빈곤 문제등 공공이익을 추구하기 위한 시민의 자발적 연대조직이라는 틀을 갖췄다. 95년 덴마크 코펜하겐에서 열린 사회개발정상회의는 UN이 NGO를 이 같은 지구촌 과제 해결의 파트너로 인정해 NGO의 세계적 연계를 강화하는 계기가 됐다.

NGO의 영향력과 힘이 커지면서 입법, 사법, 행정부와 제4부로 불리는 언론에 이어 제5부라고 불린다.

4. 80/20법칙

80%의 효과는 20%의 노력으로 얻어 진다는 법칙을 말한다.

경제학자인 파레토가 100년전 소득과 부의 관계를 연구하다가 언제 어느 나라든지 전체 부의 80%는 20%의 사람이 갖고 있다는 것을 발견했다. 기업의 경우 20%의 제품이 전체 매출이나 이익의 80%이상을 차지하고 전체 고객 중 핵심 고객 20%가 매출과 이익의 80%이상을 차지한다. 일부 기업들은 명확한 사업 전략 없이 잡화점 식의 다양한 제품과 모델을 만들어 생산·재고관리에 있어서 비효율적인 경영을 하는 반면 초우량 기업은 핵심 사업군을 정하고 중요 제품과 고객을 집중 관리해 경쟁력을 높여 왔다. 개인에게 80/20법칙은 20%의 중요한 일에 노력을 집중해 성공적인 삶을 살 수 있다는 것으로 시간관리에 있어서 긴급성 보다는 중요도에 따라 행동해야 한다는 의미이다.

5. ASEM

한국·중국·일본 3개국과 브루나이, 베트남 등 ASEAN(동남아국가연합) 7개국 등 아시아 10개국과 유럽연합(EU) 25개국 등 모두 35개국 정상들이 참여한 아시아·유럽 정상회의다.

〈그림 Ⅱ-2〉 아시아 관련 국제기구

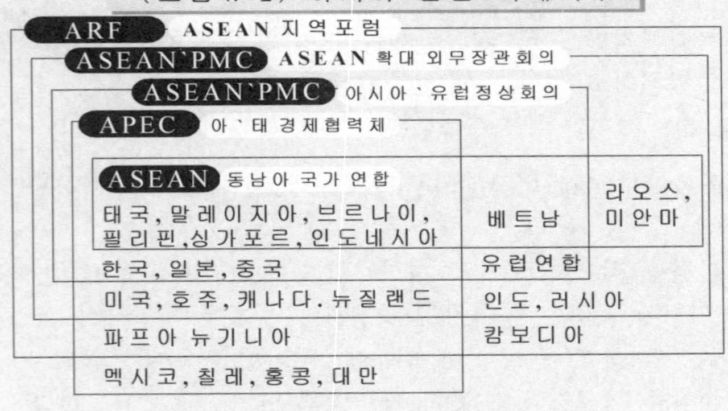

ASEM의 발족은 지난 94년 10월 고촉동 싱가포르 수상이 아시아와 유럽간의 협력관계 강화를 위해 제안한 아시아·유럽정상회의가 직접적인 계기가됐다. ASEM은 식민지 지배 관계가 단절된 이후 아무런 연결고리를 갖지 못한 아시아와 유럽이 새로운 동반자 관계를 구축하고 세계경제의 3대 축인 아시아·유럽연합·북미 간의 3각 지역협력 체제의 기틀을 마련하자는 취지로 성립됐다. 94년 ASEM은 아시아·유럽정상회의를 승인했으며 같은 해 유럽연합도 아시아 시장 진출에 대한 공동 대응 방안을 담은「신아시아공동전략」 보고서를 채택하고 공식 승인했다. 제1차 ASEM회의는 96년 3월 1일 방콕에서 열렸고, 미국 견제라는 공동 목적을 위해 아시아와 유럽이 협력을 다짐했다. 제3차 ASEM은 2000년 서울에서 열렸다.

6. BOK 클럽

97년 11월초 국가신용도가 바닥으로 떨어져 대부분의 은행과 종금사들이 해외에서 외화를 빌려오지 못하자 이들이 마지막으로 의지한 것은 한국은행의 외환보유액이다.

한국은행은 이들의 부도를 막기 위해 2백 30억달러 이상의 긴급자금을 지원해 주었고 그 결과 은행과 종금사들은 간신히 부도 위기를 모면했다. 그러나 이로 인해 외환보유액이 바닥 난 한국은행은 국제통화기금(IMF)에 긴급구제금융을 신청하지 않을 수 없는 지경에까지 이르렀다.

BOK(Bank of Korea)클럽은 이러한 환경에서 생겨난 용어이다. 한국은행의 긴급외화자금 지원으로 간신히 부도 위기를 모면했거나 지금도 그런 위치에 있는 은행권을 통칭하는 말이다.

7. BIS(국제결제은행 : Bank of International Settlement)

1930년 5월 세계대전의 패전국인 독일로부터 전쟁 배상금을 받기 위해 미국, 영국, 프랑스, 이탈리아, 독일, 벨기에 등 6개국이 참여해 배상금 결제 전담기구로 설립됐다. 당시 BIS는 독일이 1차 대전의 배상금을 지불해야 할 2,260억마르크를 1,000억마르크로 삭감해 주고 지불 시한도 59년간으로 연기해 주는 등 전쟁 뒤치다꺼리를 했다.

그 후 설립 목적이 애매해지자 서방 중앙은행간 비밀 사교클럽으로 성격이 바뀌어 버렸다. BIS는 특히 각국 정부가 아닌, 회원국 중앙은행이 출자해 운영하는 형태를 취하고 있다. 이 때문에 국제금융계에서 「중앙은행의 중앙은행」으로 불리고 있다.

현재 가입국은 창설 회원국 6개국을 비롯, 45개국. 우리나라 등 아시아 국가들은 「BIS기준 자기자본비율(BIS비율)8%를 지키겠다」는 약속을 하고 겨우 96년에 가입했다.

8. BSI

기업경기실사지수(BSI : Business Survey Index)는 기업활동의 실적과 계획, 경기동향 등에 관해 기업가의 의견을 직접 조사, 지수화해서 전반적인 경기동향을 파악하고자 하는 지표.

각종 경제지표들이 생산, 수요 등 객관적 자료를 분석하는데 반해 BSI는 기업가의 주관적이고 심리적인 요소까지 조사가 가능하고 정부 정책의 파급효과를 분석하는 데도 유용하다.

지수 계산은 기업가가 +(경기호전), 0(현재와 동일), -(경기악화)중 하나를 선택, 호전됐다고 응답한 업체 수와 악화됐다고 답한 업체 수의 비율을 통해 작성된다.

따라서 BSI가 100이상이면 경기호전, 100미만이면 경기악화를 전망하는 기업인이 많다는 것을 뜻한다. BSI는 조사기관에 따라 표본 대상과 표본 수에 차이가 난다.

9. EVA : [Economic Value Added(경제적 부가가치)의 약어]

EVA란 세후 영업이익에서 자본비용을 차감한 값으로 주주 입장에서 본 실질적 기업 가치를 나타내는 지표이다. EVA는 기업들이 자본과 부채를 합친 총비용을 고려해 얼마만큼 이익을 내느냐를 따지기 때문에 주주이익을 극대화하는 주주 중심주의의 정착에 기여할 것으로 기대되고 있다.

보통 기업에 있어서는 자기 자본은 비용으로 간주하지 않는다. 반면 주주들은 원금(자본금)을 내고 회사에 참여하며 원금이 늘어나 큰 소득이 돌아오기를 바라기 때문에 자기자본은 공짜가 아니다. 따라서 회계장부상으로는 순익이 나더라도 EVA가 마이너스인 경우 기업의 채산성이 없을 것을 의미한다. 미국의 포천, 포브스 등 경제전문지들은 EVA를 기준으로 한 기업 순위를 수시로 발표한다.

10. e-비즈니스

e-비즈니스는 electronic-business의 준말로 인터넷 등 사이버공간을 활용한 경제활동을 포괄적으로 이르는 말이다. 전자상거래(e-commerce)와도 동의어로 쓰인다.

그러나 전화를 통한 통신판매는 e-비즈니스라고 할 수 없다. e-비즈니스라는 용어가 언제부터 쓰였는지는 정확하지 않으나 90년대 중반부터 사용되었다는 것이 일반적인 견해이다.

e-비즈니스의 유형에는 첫 번째로 기업이 소비자를 대상으로 인터넷 등 사이버공간에서 제품을 판매, 고객 서비스하는 비즈니스 투컨슈머(business to consumer, B2C)가 있다. 현재 800여개에 달하는 인터넷 쇼핑몰에서 일어나는 경제활동이 여기에 해당한다.

두 번째, 인터넷을 통해 기업간에 원료, 제품을 거래하는 비즈니스 투 비즈니스(business to business, B2B)가 있다.

세 번째 유형으로는 소비자와 소비자를 잇는 컨슈머 투 컨슈머(consumer to consumer, C2C)로 인터넷 경매가 여기에 해당한다.

네 번째로 이동전화를 이용한 모바일 커머스(mobile commerce)도 있다.

11. G7 美·獨·日 등 7개 강국 모임

세계경제를 좌우하는 경제 강대국들의 모임으로『Group 7』의 줄임말이다. 미국, 독일,

일본, 영국, 프랑스, 이탈이라, 캐나다가 참가국이며 여기에 러시아까지 포함할 경우 G8으로 불린다.

12. G-7 프로젝트

선진 7개국(Group of Seven Countries)인 미국, 일본, 독일, 프랑스, 이태리, 영국, 캐나다를 지칭하며 우리나라의 기술 수준을 선진7개국 수준으로 끌어올리겠다는 차원에서 범정부적으로 추진하는 과제를 통칭하고 있으며, 환경분야를 포함해 11개 대형 국책 과제를 추진하고 있다.

13. G10 G7+벨기에·스위스·네덜란드·스웨덴

G7국가와 벨기에, 스위스, 네덜란드, 스웨덴 등 선진 11개국 재무장관과 중앙은행 총재가 참여하는 회의로 스위스 바젤에 본부를 둔 국제결제은행(BIS)의 입장을 대변한다 해서『바젤모임』으로도 불린다. 11개국이 참가하지만 독일과 스웨덴은 중앙은행 총재만 참가하기 때문에 9와 11의 중간인 G10이란 이름을 얻었다.

14. G22, G8+韓·中·印 등 14개 신흥국

러시아를 포함한 G8에 한국, 중국, 인도, 홍콩, 태국, 싱가포르, 인도네시아, 말레이시아, 폴란드, 멕시코, 브라질, 아르헨티나, 호주, 남아프리카공화국 등 14개국이 함께 참가하는 선진 · 신홍 개발국 합동 경제회의로서 97년 빌 클린턴 미 대통령이 아 · 태 경제협력체(APEC)회의에서 제안한 뒤 98년 4월 IMF총회에서 첫 모임을 가진 일천한 역사만큼 세계 경제에 미치는 영향력은 별로 크지 않다.

15. G24, G7에 대응하는 개도국만의 모임

G7에 대응하는 개도국들만의 모임으로 72년 페루 리마에서 열린 G77회의(전 세계 개도국 모임)에서 개도국의 경제적 이익을 대변할 국가로 아시아의 인도, 이란, 레바논, 파키스탄, 필리핀, 스리랑카, 시리아, 중국과, 아프리카의 알제리, 코트디브아르, 콩고민주공화국, 이집트, 가봉, 가나, 에티오피아, 나이지리아, 중남미의 아르헨티나, 브라질, 콜롬비아, 과테말라, 멕시코, 페루, 트리니다드토바고, 베네수엘라 등 각각 8개국씩 뽑아 출발했다.

16. G26, G22+벨기에·스위스·네덜란드·스웨덴

98년에 열린 G22회의가 벨기에, 네덜란드, 스위스, 스웨덴 등 서유럽 4개국을 회원국으로 추가해 확대 · 개편한 회의로서 서유럽 부국들만 신규 회원국으로 영입, 국제사회에서 소외당하고 있는 빈곤 국가의 불만의 목소리가 높다.

17. GATT 11조국

수량제한의 금지를 규정하고 있는 GATT 11조를 수락한 국가를 말하며, 우리나라를 포함한 모든 선진국들이 이 범주에 속한다.

18. GATT 18조국

GATT 18조는 생활수준이 낮고 개발 초기에 있는 나라에 대해 관세 양허의 수정, 철회 그리고 국제수지 보호를 위한 수입 제한과 특정 산업 개발을 위한 수입 제한을 인정하고 있는 바, 이 조항을 적용하는 국가를 GATT 18조국이라고 하며 대부분의 개발 도상국이 이 범주에 속한다.

19. GDP·GNP

GDP가 지역주의 개념이라면 GNP는 생산주체 개념이다.

GDP는 한 국가(지역)안에서 생산된 부가가치(최종 생산물)를 모두 더한 것.

내국인, 외국인을 막론하고 국내에서 발생한 소득은 모두 GDP에 잡힌다.

반면 GNP는 우리나라 사람이 생산한 부가가치 총액. 외국인이 국내에서 번 돈을 자기 나라로 송금했거나 외국에 외채이자 및 로열티 등을 지급했을 경우 GNP에서 빼야 한다. 대신 해외 진출 기업이나 근로자의 소득은 GDP에서는 빠지지만· GNP에는 포함된다. 이 관계를 수식으로 표현하면 GDP-대외지급소득+대외수취소득=GNP가 된다. 국경 없는 시대가 됨에 따라 GDP가 더 많이 쓰이고 있다.

20. GSM자금

GSM(General Sales Management)자금은 미국 농무부가 자국의 농수산물 수출을 촉진하기 위해 외국의 수입 업체에 지원하는 중·단기 저리의 자금을 말한다. 이 자금은 국내 수입 업체들이 미국 수출업체와 계약을 체결하고 미국 수출업체가 자금을 관할하는 미(美)상품신용공사(CCC)에 신고만 하면 사용할 수 있다.

97년말 외환위기로 곡물·육류·원면 등 원자재 수입이 어렵게 되자 우리 정부는 미국 농무부에 16억달러 규모의 자금지원을 요청했으며 이 가운데 원면 2억달러 등 총 10억 달러를 배정받았다. 원자재별 도입자금은 수입실적 등을 토대로 업체별로 할당된다.

이 자금은 미 상품신용공사가 수입신용장을 개설하는 국내 은행에 1백% 지급보증을 서게 된다.

이에 따라 국내 수입업체들은 GSM자금을 이용한 수입신용장을 개설할 수 있게 됐다. 도입된 자금의 상환 조건은 24개월 만기(4회 분할)에 금리는 리보(런던은행간금리)에 0.3~0.4%를 더한 수준이다.

21. ILO

96년 12월 13일 폐막된 제1차 세계무역기구(WTO)각료회의는 노동기준의 문제를 WTO가 아닌 세계노동기구(ILO)에서 관장키로 하겠다고 선언, ILO에 대한 관심을 증폭시켰다. 특히 선진각국에서는 ILO는 각국의 노동조합이나 노동자가 직접 참여, 자신의 요구나 이익을 관철시킬 수 있는 UN 산하 국제전문기구이다. 다른 국제기구나 국제법과 마찬가지로 ILO협약이나 권고가 강제력을 갖지는 않지만 국제여론 형성과 각국 노사관계에 적지 않은 영향을 미치고 있다.

ILO는 1919년 6년 28일 서명된 베르사유평화조약의 규정에 따라 설립됐다. 당시 노동운동이 자본주의 체제를 부정하고 사회주의와 결합하는 것을 방지하기 위해 각국의 개량주의적 정치인 지식은 그리고 노조지도부가 공동 대응한 결과였다. ILO는 1945년 제27차 총회에서 ILO의 구체적인 창립 목적 등을 밝힌 현장을 공식 채택했다.

헌장에는

- 최근 노동시간 제한(1일 8시간 또는 주당 48시간 노동제)
- 실업 방지
- 노동력 공급 조절
- 적정 생활자금 지급
- 산업재해로부터 노동자 보호
- 동일 노동·동일 보수 원칙
- 결사의 자유 등 11가지 구체적인 목표를 제시하고 있다.

ILO는 이후

- 단체 교섭권의 실질적인 보장
- 최저생활 임금 보장
- 사회보장, 의료혜택 제공 등을 추가했다.

이 기구는 총회 이사회 국제 노동사무국 등 3개로 구성돼 있고 보조기관으로 지역회의와 전문회의를 갖추고 있다. 총회와 이사회는 다른 국제기구와 달리 정부대표, 사용자대표, 노동자대표 등 3자로 구성돼 의사결정과정에서 동등한 권리를 행사하고 있다.

우리나라는 54년부터 ILO가입을 추진해 오다 91 UN 회원국이 되면서 자동가입 자격을 얻었다. 같은 해 12월 9일 ILO헌장 수락 서한을 사무국에 제출하면서 152번째 정회원국으로 가입했다. 하지만 우리 정부는 노동계는 물론 ILO에서도 가장 중요하게 생각하고 있는 결사의 자유와 관련된 협약에는 아직 가입하지 않았다.

22. IMF 14조국

IMF 규약 제14조에서는 경쟁력이 회복되지 않았기 때문에 국제수지가 불안한 가맹국은 IMF 8조에도 불구하고 IMF 당국에 통고한 후 경상거래에 관한 제한을 취할 수 있는 권한을 인정해 주고 있다. 이에 해당하는 나라를 IMF 제14조국이라 한다.

23. IMF 8조국

IMF 규약 제8조에 규정하고 있는 의무를 승인한 나라를 의미함. IMF는 각국 간의 환결제에 대한 제한 및 차별대우와 같은 행위를 금지하여 자유롭고 안정된 국제적 환거래관계를 유지할 목적으로 동 규약 제8조에 일반적 의무로서 첫째, 경상거래에 대한 제한 철폐, 둘째 차별적인 통화조치 철폐, 셋째 외국인 보유 잔액의 교환성 보장이라는 3가지 의무를 부과하고 있다.

24. MCT

한국은행이 통화관리를 위해 활용하고 있는 통화지표, 현재 중심 통화지표인 총통화(M2)에 양도성예금증서(CD)의 발행액, 금전신탁(Trust In Money) 수신고를 합한 것이다. 한국은행은 시중에 돈이 너무 많이 풀려 물가가 오르거나 반대로 지나치게 적어 금리가 상승하고 생산자금이 부족하게 되는 것을 막기 위해 통화의 총량을 적정 수준으로 관리하고 있다.

통화의 총량을 적절히 조절하기 위해 통화의 크기와 변동을 파악할 수 있는 통화지표가 활용된다. 현재는 현금통화와 요구불예금, 장·단기 저축성예금 등을 합한 총통화(M2)가 중심지표이다. 그러나 CD와 금전신탁이 자금 시장에서 차지하는 비중이 커짐에 따라 M2만으로 통화량을 정확히 파악하기 힘들어져 MCT(M2+CD+금전신탁)를 참고지표로 활용하기로 했다.

25. MRA

Mutual Recognition Agreement의 이니셜로 협정 국가 당사자 간 적합성평가의 결과를 상호 인정하는 것을 말한다. 적합성 평가는 제품, 공정, 서비스가 표준이나 기술 규정의 요건을 충족하는지 여부를 시험, 평가하는 것을 말한다.

MRA가 체결되면 상대방의 적합성 평가 결과와의 동등성을 인정한다는 뜻이다. 지난 95년 세계무역기구(WTO)출범 이후 무역 기술 장벽을 허물기 위한 노력으로 MRA가 확산되는 추세를 보이고 있다.

26. OECD(Organization for Economic Cooperation and Development : 경제협력개발기구)

서방 선진국들의 경제협력기구로 1961년 9월 30일 발족. 동 기구의 설립 목적은 ① 가맹국 간의 재정 안정을 유지하면서 최고도의 경제성장과 고용 및 생산수준의 향상을 이룩하고 세계 경제발전에 이바지 함. ② 경제개발도상국 등의 건전한 경제성장을 도움. ③ 다각적 무차별적 기초 위에 세계무역의 확대를 위해 노력함. 현재 파리에 본부가 있음. 회원국은 30개국.

27. OECD 자유화규약(OECD Code)

OECD 회원국에게 의무적으로 적용되는 자유화 항목을 의미하는데 경상무역외 거래 자유화 규약과 자본이동 자유화 규약이 있다.

28. PB(자체상표)상품

PB(Private Brand)는 백화점이나 할인점 등 유통업체의 자체 상표(또는 고유상표)를 말한다. PB상품은 자체상표를 쓰는 상표이다. 따라서 PB상품은 유명 상표에 붙는 로열티, 광고비, 판촉비, 중간마진 등의 거품이 없기 때문에 품질은 제조업체 상품과 같으면서 값은 10~30%가량 싸다.

외국할인점(월마트, 타켓)은 가격이 저렴한 PB상품의 개발과 판매에서 가격경쟁력을 갖는다. 우리나라도 국제통화기금(IMF)쇼크로 생활비를 줄이려는 알뜰 소비자가 늘면서 할인점에서 PB상품이 인기를 끌고 있다. 각 유통업체들도 더 많은 고객을 끌기 위해 PB상품의 개발경쟁이 치열하다.

대표적인 PB는 E마트의「E플러스」신세계백화점의「피코크」·킴스클럽의 피플(P-PLE)과 한화유통의 슈퍼마켓용「굿앤칩」등이 있다. 또한「E플러스」식용유, 둥글레차, 계란, 된장, 물만두, 국수와 피플(P-PLE)화장지, 식용유, 식혜들이 대표적인 PB상품이다.

29. SOC

SOCIAL OVERHEAD CAPITAL의 약어로 물품생산 서비스 등의 약어로 경제활동이 효율적으로 이루어질 수 있도록 지원하는 철도, 도로, 공항, 항만 등의 사회간접자본을 일컫는다. 토지, 인력, 자본 등이 산업활동의 직접자본이라면 철도, 도로 등은 간접자본인 셈이다. 교통과 물류의 중요성이 커지면서 각종 SOC의 보유 규모는 국가별 경제활동의 효율과 경제수준을 나타내는 척도로 자리 잡았다. 그러나 SOC확충 연한이 일천한 우리나라는 미국 등 선진국에 비해 인구당 SOC보유 규모가 10분의1 수준에 불과하다. 이를 만회하기 위해 정부는 SOC확충에 주력하고 있다.

30. 「S&P」 연혁

S&P는 1888년 설립된 「맥그로힐(McGraw-Hill)」 그룹 자회사 중 하나. 맥그로 힐은 32개국에 1백개 지점 및 사무소를 두고 있으며, 미국을 포함, 4백개 오피스에 1만 5천 5백여명의 직원을 거느리고 있다. 인터넷이나 전용회선을 통한 각종 금융정보 서비스와 신용평가 외에 초등학교 교재에서부터 전문서적 출판까지 하는 종합그룹이다.

S&P는 이중 신용평가와 금융정보 업무를 주로 담당한다. 국제금융시장에서 발행된 채권물량의 50% 이상이 신용등급을 평가받고 있다. 채권물량만으론 무디스의 70여%에 다소 뒤지는 것으로 추산된다.

그러나 「신용평가기관의 자체 신용도」 면에선 무디스보다 다소 높은 평을 듣는다.

기업이나 금융기관들은 S&P신용평가를 받지 않거나 「BBB」 등급 이하 판정을 받을 경우 5년 미만 변동금리부채권 정도 이외엔 발행할 수 없어 장기자금조달이 사실상 불가능해진다.

31. TB

미국 국채의 일종으로 재무부가 발행하는 단기증권(TB:Treasury Bill)이다. 신용도가 「AAA」로 달러표시 채권 중 파산위험이 거의 없다. 금리도 가장 낮아 각종 채권의 금리를 산정하는데 기준(지표채권)이 된다. 유럽에서는 리보(런던 은행간금리)를 기준으로 한다. 리보는 TB보다0.4~0.5%포인트가량 높다.

만기는 91일, 182일, 365일 등 1년 이하로 선이자 할인방식으로 발행되며, 이때의 할인금액은 시장여건에 따라 경매에 의해 결정된다. 수익률은 다소 낮지만 지방세가 면제되고, 공급량도 많아 세계 최대 규모인 미국 채권시장에서 가장 큰 비중을 차지한다.

32. WTO

세계무역기구(WTO)의 위상을 단적으로 보여주는 사례가 있다. 인도는 97년 5월 미국이 인도산 모직 코트에 내린 시장규제조치가 부당하다며 WTO에 제소, 이에 WTO는 미국의 조치가 잘못된 것이라며 규제철회 판정을 내렸다. 선진국의 자의적인 무역보복으로 무역마찰 해소에 무기력했던 관세무역일반협정(GATT) 체제하에서는 나오기 힘든 판정이다.

자유무역과 공정한 경쟁을 통해 세계경제발전을 도모한다는 기치아래 95년 1월 출범한 WTO는 강력한 법적 구속력을 바탕으로 경제발전의 저해요소를 제거해 나가고 있다. 또한 각료회의나 일반이사회, 분쟁해결기구(DSB)등 자체기구를 통해 149개 회원국을 위한 경제협정 체결과 정책입안을 하고 있으며 각종 무역분쟁을 해결하고 있다.

출범한 뒤 2년 동안 각국에서 무역분쟁과 관련, WTO에 제소한 건수는 64건으로 한해 평균 32건에 달했다. GATT에 무역마찰해결 신청 건수가 한해 평균 4건인데 비하면 크게 늘어난 것이다. WTO에 제소건수가 이처럼 많은 것은 그만큼 WTO가 무역분쟁을 실질적이고 공정하게 처리하기 때문이다.

WTO가 GATT와 달리 명실상부한 세계경제의 사법부역할을 할 수 있는 것은 WTO의 협정이나 판정은 법적 집행력이 따르기 때문이다. 협정이나 판정을 위반하면 곧바로 광범한 제재 조치가 취해진다.

또한 GATT가 공산품 위주의 제한된 분야에만 역할을 수행하는데 비해 WTO는 서비스, 저작권, 농산물, 통신, 환경, 노동 등 경제 모든 분야에 걸쳐 영향을 미치고 있다. 이 밖에 기구 안에서만 모든 경제 현안을 해결할 수 있는 규약을 만들어 강대국의 자의 적인 무역 보복을 원천봉쇄했고 분쟁처리시기도 정해 신속하게 무역 마찰을 처리한다.

그러나 WTO가 자유무역 경제체제 구축에 진정한 역할을 하려면 선결해야 할 과제도 있다. 출범 후 처음으로 싱가포르에서 개최된 WTO각료회의의 협정 합의와 선언문 채택 과정에서 드러났듯 개도국의 입장보다는 선진국의 이해가 반영되는 힘의 논리가 작용하고 있는 점이다. 철저한 독립성을 확보하지 않으면 WTO역시 일부 국가의 이익대변 기구로 전락, GATT의 전철을 밟을 수도 있다.

33. Y2K

Y2K는 컴퓨터의 2000년 표기 문제를 나타내는 밀레니엄 버그의 별칭이다. Y는 연도를 뜻하는 Year의 첫 글자이고, K는 1,000을 뜻하는 Kilo에서 비롯되었다. 밀레니엄버그는 1000년을 나타내는 밀레니엄과 컴퓨터의 오류를 뜻하는 버그를 합성한 말.

1999년을 99년으로 표기하는 이전의 방식대로 할 경우 컴퓨터가 2000년을 00으로 인식하게 된다. 즉 2000년을 1900년으로 인식할 수 있다는 것이다. 이렇게 되면 살아 있는 이가 죽을 수도 있고, 각종 기계나 항공기가 멈출 수도 있다.

34. 가격인상약속(PU : Price Undertaking)

덤핑 조사 대상 물품을 수출하는 기업이 반덤핑 관세의 부과를 면제받기 위해 자발적으로 해당 물품의 수출가격을 조정하겠다고 약속하는 것으로 일반적으로 수출가격의 인상 약속을 의미한다. 덤핑조사 당국이 덤핑으로 인해 피해가 제거되었다고 확신할 수 있도록 수출자가 가격을 조정하거나 문제된 지역으로의 덤핑 수출을 중지하겠다는 자발적인 약속을 제시할 경우, 잠정조치나 반덤핑 관세의 부과 없이 덤핑조사가 정지되거나 종결될 수 있다.

동 약속에 근거한 가격인상은 국내산업의 피해를 제거할 수 있을 정도로 적절한 수준이어야 하나, 덤핑 마진을 제거하기 위해 필요한 수준을 초과해서는 안 된다.

35. 가계신용

가계에 대한 모든 대출과 신용을 포함한다. 은행이나 신용카드사 등 금융기관이나 일반 판매회사가 가계를 대상으로 물품 및 용역 또는 주택의 구입과 관련한 자금의 일부 또는 전부를 융자해 주거나 분할 지급케 하는 방식으로 공급하는 신용이다. 기간은 종류에 따라 다양하다.

통상 금전이 직접 제공되는 소비자 금융가계의 물품 또는 용역 구입과 관련해 신용이 제공되는 판매신용, 그리고 주택 구입 또는 임대 등과 관련한 대출을 나타내는 주택금융으로 구분된다.

국제통화기금(IMF)구제 금융 이후 기업뿐만 아니라 가계의 신용도 커다란 문제가 되고 있다. 소득의 감소와 이자율 상승으로 가계의 부담 능력이 갈수록 한계를 맞고 있기 때문이다.

36. 가공도 기준(PC : Process Criterion)

수입 원자재나 부품을 사용한 생산품의 경우, 해당 수출국에서 원래의 수입 원자재와는 다른 물품으로 실질적 변경을 거치는 경우에 원산지 가격을 인정하게 된다. 이때 실질적 변경 이행 여부의 판정기준으로서 수입 원자재의 HS와 완제품의 HS가 달라질 경우 실질적 변경이 이루어진 것으로 판단하는 기준을 의미한다.

37. 가공도별 세율격차(TE : Tariff Escalation)

가공도가 높아질수록 관세가 높아지는 관세율구조. 예를 들면 원목은 관세율이 낮지만, 합판, 가구 등으로 가공도가 높아질수록 관세율은 높아지는 것. 이와 같은 관세구조는 개도국이 원자재 수출에만 주력하게 되는 결과를 초래하게 되어 공업화를 지연시킨다는 점에서 개도국의 비난을 받고 있음.

38. 가교 금융기관

금융기관이 문을 닫아 합병 혹은 청산되기 전까지 업무를 대행,「다리」역할을 할 목적으로 한시적으로 운영되는 금융기관. 업무 영역에 따라 가교은행, 가교종금사, 가교보험사 등 다양한 형태가 있으며 IMF이후 종금사 영업정지조치 이후 설립돼 운영되고 있는 한아름종금이 우리나라의 대표적 가교금융기관이다.

가교금융기관은 금융기관의 업무 이행이 불가능하게 될 경우 그 자산과 부채를 인수, 예금자들에게 예금을 대신 지급해 주는 한편 기존 대출금도 대신 회수하게 되며 그 역할이 끝나면 가교금융기관도 해체된다. 가교 금융기관 설립과 운영은 예금보험기구가 맡는다.

39. 가변과징금

과일이나 농산물의 수확기 및 출하기에 맞추어 수입과징금을 많이 징수하기도 하고 적게 징수하기도 하는 제도이다. 말하자면, 어떤 농산물이 수확되어 출하량이 갑자기 많아질 기간 동안에만 수입을 그만큼 줄이기 위하여 수입관세나 과징금을 대폭 인상하고 그 산품의 출하량이 적은 계절엔 필요한 만큼 수입을 허용할 목적으로 과세나 과징금을 대폭 인상하고 그 산품의 출하량이 적은 계절엔 필요한 만큼 수입을 허용할 목적으로 관세나 과징금을 인하·적용하는 제도이다.

40. 가변예치의무제도(VDR : Variable Deposit Requirement)

국내에 들어오는 외화 자금의 일부를 한국은행이나 외국환 평형기금에 무이자로 1년간 예치하도록 의무화한 제도를 말한다.

가변예치의무제도는 외환시장의 안정을 위해 국내외 금리차가 큰 경우 금리차를 노리는 투기자금의 대량 이동을 막는 것이 목적이다. 또한 이 제도는 예치비율을 신축적으로 조절해 외자 유입에 탄력적으로 대처할 때도 사용되며, 외환보유고가 늘어나는 부수적인 효과도 있다.

41. 가산금리

국제금융시장에서 기준이 되는 금리와 실제 지불하는 금리의 차이를 말한다. 기준금리는 금융상품의 발행장소와 거래장소 등에 의해서 차이가 있지만 통상 런던은행간 금리(LIBOR)와 미국 재정증권(TB)의 유통수익률 등이 이용된다.

예를 들어 LIBOR가 8.5%인데 실제 지불해야 할 금리가 연 9.5%라면 이 차이인 1%가 가산금리(스프레드)가 된다. 국가간 융자계약은 대부분 기준금리에 몇 %를 가산하느냐는 형태로 결정된다.

1999년 우리나라가 뉴욕증시에서 40억 달러의 외국환 평형기금 채권을 발행할 때도 TB유통수익률에 대한 가산금리가 5년 만기는 3.45%, 10년 만기가 3.55%였다.

특히 채권의 경우 시장에서 유통되면서 가격이 변하기 때문에 스프레드는 해당국가와 회사의 신인도를 나타내는 주요 지표가 된다. 외평채의 경우 한 때 스프레드가 10%를 넘어섰으나 최근에는 6%대까지 떨어졌다.

42. 감자

주식회사가 자본금을 줄이는 일. 각종 잉여금과 자기자본을 포함한 자산에서 대손충당금과 주식 평가손 충당금 등 부채요인을 빼서 순자산가치를 산정한 뒤 바로 그 만큼만 자본으로 인정하는 것. 금감위는 은행평가에서 조건부 승인을 받은 은행에 대한 순자산 가치가 마이너스일 때는 전액 감자를, 플러스일 때는 납입자본금과의 차액만큼 감자하도록 지시했다.

43. 감축대상 농업보조(AB : Amber Box)

농업보조금 가운데 허용보조금(Green Box)을 제외한 모든 보조금을 총칭하는 것으로서 우루과이라운드 이행기간 내에 일정목표수준을 감축하도록 되어 있다.

44. 감축목표(RT : Reduction Target)

우루과이 농산물협상에서 논의되고 있는 국내보조 및 관세상당치, 수출보조 등의 감축목표 즉, 바꾸어 말하면 합의될 기간 동안의 감축해야 할 감축 수준을 의미한다.

45. 강제실시권(NL : Non-voluntary License 또는 CL : Compulsory License)

지적재산권 소유자의 사전허가 없이 강제적으로 특허의 내용을 사용할 수 있는 권리. 강제실시권은 특허권자의 권리를 침해하는 행위로 볼 수 있으므로, ① 합리적 계약조건으로 권리자로부터 라이센스를 받을 수 없는 경우, ② 국가비상사태, 긴급상황의 경우, ③ 공공 비영리목적상, ④ 이용발명의 경우 선특허권리자가 합리적인 조건으로 라이센스를 부여하지 않는 경우, ⑤ 법정 판결에 의한 경우 등에 한해 발동 가능토록 하고 있다. 강제실시권에 대하여는 사용의 적법성에 대하여 사법심사 또는 체약국 내의 상위 기관에 의한 독립적 심사를 받도록 되어 있다.

46. 개발부담금

땅을 택지나 공단, 유통단지, 관광단지, 골프장, 화물터미널 등으로 개발할 때 생기는 이익의 일부를 정부가 환수하는 제도, 건설교통부장관의 위임을 받아 시 · 군 · 구청장이 부과한다. 개발이익은 개발에 따라 오른 땅값에서 개발비용과 정상 지가상승분을 뺀 금액, 이 액수의 절반이 개발부담금이 된다. 부과 대상은 특별시와 대도시 200여평 이상, 도시지역 3백평이상, 비도시 지역은 5백평 이상.

47. 개혁(성공·실패)

역사에 수많은 개혁이 기록돼 있지만 그 중에서 성공한 것도 있고 실패한 것도 있다. 성공한 개혁은 어떤 것일까. 역사적 사례를 통해 분석해 보면 성공한 개혁에도 공통점이 있고 실패한 개혁에도 공통점이 있다. 그 공통점을 잘 분석해 보면 성공과 실패의 조건이 나온다.

삼성경제연구소가 내 놓은 개혁에 관한 보고서는 그 성공과 실패의 조건들을 사례

연구를 통해 잘 분석해 놓고 있어 관심을 끌고 있다.

이 보고서는 성공한 개혁으로 미국의 루스벨트 개혁과 일본의 도쿠가와 요시무네(德川吉宗)개혁, 실패한 개혁으로는 중국의 왕안석(王安石)의 개혁과 조선 조광조(趙光祖)의 개혁을 사례로 들고 각각 그 특징과 공통점을 분석하고 있는데 개혁의 시대를 살고 있는 우리에게도 시사하는 바가 많다.

성공한 개혁은 최고 권력자가 직접 추진을 하고 실패한 개혁은 최고 권력자의 위임을 받아 추진하는 방식이라 우선 개혁의 주체가 다르다. 성공한 개혁은 제도화 과정을 거쳐 단계적으로 추진하며 현실 문제로 접근을 해 나가고 전문가 집단을 미리 양성해서 대비를 하는데 반해 실패한 개혁은 이론과 명분을 중시하고 급진적으로 추진하며 개혁을 시작한 후에 개혁그룹을 형성해 갈등을 빚는다. 성공한 개혁은 장기간(루스벨트 12년, 요시무네 30년)에 걸쳐하고 기득권층의 의견을 수렴, 저항을 최소화시키는데 반해 실패한 개혁은 단기간(왕안석 5년, 조광조 3년)에 하고 기득권층과 반대자를 무시 · 억압한다.

48. 거품경제

한국의 거품지수

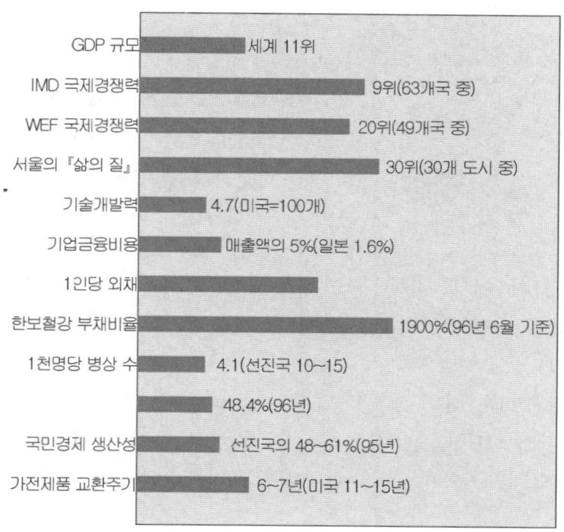

경제학에서 「거품」은 자산 가격이 그 자산의 내재 가치를 초과하는 수준으로 평가될 때 발생한다. 그 차이가 곧 거품이다. 이 거품은 정상적인 경제적 운영 원리가 아닌 사람들의 환상에 의해 만들어진다. 또 환상이 깨짐과 동시에 거품도 사라진다. 문제는 대부분의 사람이 거품의 붕괴가 시작되고서야 비로소 그것이 거품이라는 사실을 깨닫게 된다는 사실이다. 현재 한국 사회는 어느 한군데 예외 없이 거품으로 덮여 있다. 가정은 과소비, 대학은 과팽창, 기업은 문어발식 기업 사냥, 그리고 정부는 불필요한 자리 만들기에 정신이 없다.

그 사이에 자본주의 기본 원리인 적자생존(適者生存)은 어디론가 사라져 버리고 강자생존(强者生存)만이 한국경제를 지배하게 됐다. 즉 거품 덕에 덩치가 커질 대로 커진 기업들이 한국경제를 볼모로 삼아 비효율과 자원 낭비를 초래하면서 경제 전체를 부풀린 것이다. 과거 한보사태가 단적인 사례다.

거품을 제거하는 간단하면서 최선의 방법은 적자생존의 원리를 적용하는 것이다. 아무리 재벌 계열사라도 도산 지경에 이르면 기업 단위로 도산시켜야 한다. 대학도 충분히 자율을 주되 잘못된 학교는 망할 수 있다는 것을 보여줘야 한다.

즉「크면 망하지 않는다」는 경험칙을 깨고「커도 망한다」는 사례를 보여주면 그 부분에 거품은 끼지 않는다. 그러다 보면 고도성장을 거치면서 실제 이상으로 올라가 버린 기대수익률, 즉「의식거품」도 서서히 빠질 것이다.

49. 결합재무제표

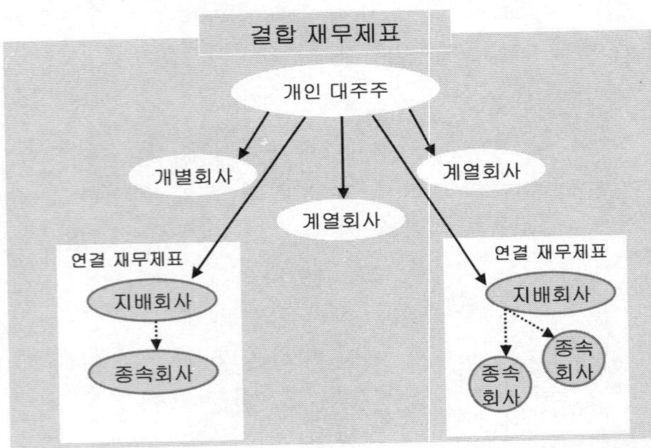

두 개 이상의 기업이 주식지분 확보를 통해 모(母)회사와 자(子)회사로 서로 계열화 될 경우 이 전체에 대해 재무제표를 작성할 필요가 있다.

모회사의 자회사에 대한 지분율이 50%를 넘거나 30%가 넘으면서 최대 주주인 경우에 작성되는 것이 연결재무제표이다. 그러나 이것은 30%에는 미달하더라도 사실상의 경영권을 행사하고 있는 자회사를 포함하지 못하는 맹점이 있다. 이에 비해 결합재무제표는 사실상의 경영권, 즉 인사권을 실질적으로 행사하는 모든 자회사들을 포함하기 때문에 그룹의 재무구조를 보다 확실히 알 수 있는 장점이 있다.

이 제도가 시행되면 더 이상 그룹 내 이중 거래를 못하기 때문에 그룹은 매출액이 줄고 자기자본 비율이 줄어들게 된다. 또한 모든 그룹 내 빚보증 관계가 확연하게 드러나기 때문에 대출이 더욱 어려워지게 된다. 정부는 합법적인 재벌개혁 수단으로서 이것을 강력히 요구하고 있다.

50. 경기적 실업

실업은 일자리가 없어서 생기는 것과 그렇지 않은 것으로 나누어진다. 일자리 부족으로 생기는 실업은 경기적 실업과 저 성장 실업이 있다. 수용 부족과 관계없이 생기는 실업은 마찰적 · 구조적 · 계절적 실업이 있다.

경기적 실업은 물건이 안 팔리는 불경기 때 나타난다. 상품공급이 수요보다 많으면 재고가 늘어난다. 재고가 쌓이면 생산을 줄이기 위해 노동력이 감소시킨다. 이 때 단기적으로 경기적 실업이 발생된다. 국제통화기금(IMF)체제 이후 경기가 위축돼 인력수요 감소, 고용조정, 휴 · 폐업으로 경기적 실업이 늘어나고 있다. 저 성장 실업은 경제가 활성화되지 않아 일자리를 만들어 내지 못할 경우 발생한다. 저 성장 실업은 경기침체가 오래 지속될 때 나타나는 만성적 · 장기적 실업이다.

경기적 실업이 장기화되면서 저 성장 실업으로 이어진다. 이는 대량 실업의 만성화를 의미한다.

51. 경기정책

국민경제 전체의 입장에서 경기순환 사이클을 고려해 경기순환이 국민경제에 미치는 불안정한 영향을 완화시키려는 정책. 다시 말해 경기과열 우려가 있을 때 이를 진정시키거나 경기침체시기에 이를 회복시켜 경기순환이 진폭을 줄이기 위한 정책이다. 경기정책의 수단은 재정정책과 금융 · 통화정책으로 나눌 수 있다. 재정정책은 개인 소득세의 감세에 의한 소비수요의 증가, 법인세의 경감에 의한 투자지출증대, 재정지출의 증가 등의 방법을 통해 총수요를 확대, 경기를 회복시킬 수 있다. 과열 경기를 진정시키기 위해서는 반대로 하게 된다.

금융정책은 통화공급을 확대 또는 긴축하여 유효수요를 조절함으로써 경기순환의 진폭을 줄일 수 있다. 금리, 지불준비율 및 공개시장조작 등이 주요 수단이다.

52. 경매

경매란 법원경매에 접수된 물건을 공개 입찰을 통해 구입하는 것으로 부동산의 경우 시세보다 싸게 구입할 수 있는 장점이 있다.

법원경매절차는 ①입찰매각공고에 따른 정보수집 ②물건선정 ③권리분석 및 현장답사 ④입찰참여와 낙찰자결정 ⑤대금납부와 소유권이전 ⑥명도의 순으로 진행된다. 입찰 14일전 일간신문에 법원 경매부동산입찰공고가 실린다. 이때 원하는 물건이 있으면 해당법원을 방문해 구체적인 명세서를 열람 할 수 있다. 명세서에는 감정평가서와 임대차현황조사서가 첨부돼 있지만 등기부등본이 비치돼 있지 않은 경우가 많아 유의해야 한다. 특히 자신이 구입하려는 부동산은 현장 답사를 통해 직접 확인하는 것이 중요하다.

입찰 당일 준비물 중 도장, 주민등록증, 입찰보증금(10%)은 필수. 입찰법정에 들어서기 앞서 공개하는 사건기록지를 반드시 열람해 선순위임차인과 전세금증감 등 변동사항의 여부를 확인한 후 입찰표와 입찰봉투를 받아 응찰금액을 기재한 후 입찰함에 넣으면 된다.

응찰금액 기재요령은 일반적으로 단독주택의 경우 시세의 60~75%가 낙찰가를 이룬다. 낙찰을 받을 경우 경락대금을 완납하게 되면 소유권이 부여된다. 경락후 소요비용은 세금 및 부대비용이 경락가의 6.7%정도이며 취득세(2%) 등록세(3%) 농어촌특별세(취득세의 10%) 교육세, 등기비용(건당 3,500원)등을 내야 한다.

53. 경상수지

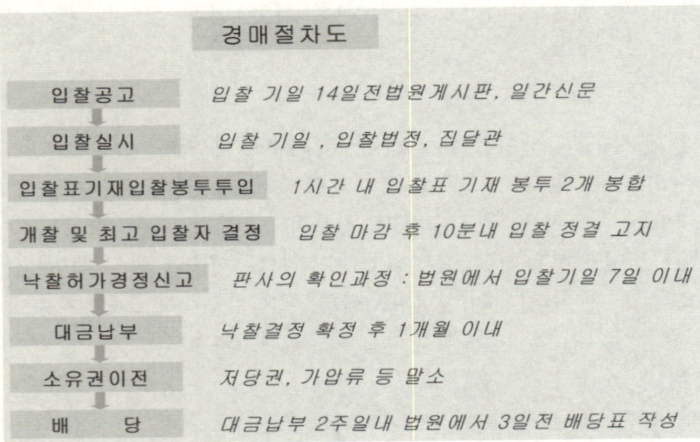

무역수지, 무역외 수지, 이전수지를 합한 것이다. 국제통화기금(IMF)은 93년 9월 경상수지를 세 항목에서 상품수지, 서비스수지, 소득수지, 경상이전수지 등 네 가지로 나눴다.

상품수지에는 일반상품, 가공용 재화 등이 포함되고, 여행, 통신, 보험서비스 특허권 사용료 등은 서비스수지에 들어간다. 소득수지는 직접투자, 포트폴리오투자 등 투자유형별로 분류된다. 이전수지는 경상이전수지로 항목이 변경됐다.

경상수지는 국민소득 흐름에 영향을 주기 때문에 소득계정이라고 부른다. 통상 한나라의 대외적 실물거래의 균형 또는 불균형을 측정하는데 중요한 척도로 이용된다. 경상수지 적자는 장단기자본의 도입으로 메워지지만, 국제수지 불균형의 근본적인 원인은 대부분 경상수지 불균형에서 발생한다. 보통 국제수지 정책은 경상수지를 대상으로 하고 있고, 국제수지적자 또는 흑자를 말할 때 대개 경상수지를 기준으로 한다. 1997년 우리나라 외환위기 원인은 경상수지적자 누적과 단기채무 위주의 외채증가에 있었다.

54. 경영권매점(MBO)

대기업 구조조정과 임직원 고용, 그리고 국부 유출을 막는 '해법'으로서 한계사업 임직원들이 직접 사업부문을 인수하는 MBO(Management Buyout)제도를 적극 도입해야 한다는 주장이 제기됐다. LG경제연구원은 "MBO 활용방안"이라는 보고서를 통해 "외국 기업에 헐값으로 사업부문을 매각하기보다 '회사분할제도'에 맞춰 회사 사정을 잘 아는 임직원들이 출자 외부차입 등을 통해 사업부문을 인수하는 것이 보다 현실적인 방안"이라고 지적했다.

- MBO란 = 'Management Buyout'의 약자, 인수대상 자산을 담보로 은행돈을 빌리거나 직접 출자해 해당 사업 부문을 사들이지만 인수 주체가 임직원이라는 점이 특징
  영국의 경우 구조조정기인 80년대 실업문제 해결책으로 이 제도를 도입 1997년 거래 규모가 6백 60건 1백 4억파운드(약25조원)에 달할 정도로 활성화돼 있으며 미국도 대기업 계열사 부실사례의 205가 MBO사례에 해당한다.
- 임직원의 사업부 운영 경험을 그대로 살리다. = 대기업들이 내놓는 한계사업엔 외국 기업들도 관심이 없는 것이 현실. 중소기업에 매각하더라고 고용불안에 따른 생산성악화 등으로 나중에 자산 가치가 떨어지는 것이 보통이다. 따라서 정리대상 사업부의 임직원들이 우리사주 담보대출이나 벤처자본가들의 도움을 받아 사업부를 인수 경영하는 것이 고용보장은 물론 해당 사업부의 경영효율에 가장 유리하다는 것. 대기업 입장에서도 고용문제를 해결할 수 있어 '앓던 이를 빼는'이점이 크다는 분석이다.

55. 경쟁대항(MC : Meeting Competition)

수입국의 동종상품 생산자가 갑자기 판매가격을 인하함에 따라 수출자도 가격경쟁을 유지하기 위하여 타 지역보다는 낮은 가격, 즉 덤핑으로 수출하게 되는 경우를 말한다. 현재 미국과 EC는 가격선도업체를 구분하는 것이 현실적으로 불가능하며 수입국 생산업자는 덤핑수입을 예상하여 가격을 인하하는 경우가 많다는 이유로 경쟁대항을 인정하지 않고 있다. UR 협상과정에서 수출국들이 "경쟁대항" 인정을 반덤핑협정에 포함할 것을 강력히 주장했으나, 반덤핑협정문에는 반영되지 않았다.

56. 경제적 부가가치(EVA)

기업이 영업활동을 통해 얻은 이익에서 법인세, 다른 사람과 자기자본을 사용한 것에 대한 자본비용을 뺀 금액이다. EVA(Economic Value Added · 경제적 부가가치)는 얼마만큼의 자본과 비용을 써서 얼마나 많은 이익을 냈는가를 보여주는 경영지표로 기업의 재무상태와 가치를 평가하는데 유용한 지표로 활용된다.

EVA는 기업들이 이익을 계산할 때 소홀하기 쉬운 자기자본에 대한 기회비용을 반영하고 기업의 근본 활동인 영업에서 창출되는 이익에 중점을 두고 있다. 또 새로운 투자에 대한 사전 검증은 물론 나타난 결과로 사후평가를 할 수 있기 때문에 기업의 투자나 경영성과를 보다 근본적으로 파악할 수 있는 유용한 판단기준을 제공해 준다. 그러나 EVA는 자본비용을 객관적으로 계산 할 수 있는 방법을 제시하지 못하고 단순히 재무상태를 정확하게 나타내 줄 뿐 고객 만족도나 내부평가, 성장성에 대해 알 수 없다는 단점이 있다.

57. 고관세(Tariff Peaks)

주요 선진국들이 섬유와 신발류 등 특정 분야의 수입품에 대해 부과하는 평균을 상회하는 높은 수준의 관세를 지칭하며, 예로서 미국의 경우 평균 관세율 수준은 3.1%에 불과한 반면, 의류 섬유류 등의 경우 9.2%의 높은 수준의 관세를 부과하고 있다. 일반적으로 선진국들이 고관세로 분류하고 있는 품목들이 대부분 개도국들이 주요 수출품이라는 점에서 이들 개도국의 수출을 저해하는 주요한 요인이 되고 있다.

58. 고정(점) 오염원(Stationary(Point) Source)

공장, 사업장, 발전소, 광산 등 고정된 상태에서 오염을 발생시키는 것이 고정(점)오염원이라 하며 자동차, 기차, 기선, 항공기 등 오염발생 원인이 고정되지 않는 것은 이동 오염원이라 한다.

59. 고정환율제

고정환율제란 자국통화가치를 금이나 미달러화에 대한 일정 비례로 정해놓고 극히 제한된 범위 내에서 조정되도록 하는 환율제도를 말한다.

국가간 거래에서 환율은 거래조건을 결정하는 가장 중요한 요인 중 하나다. 환율을 결정, 운영하는 방식으로 크게 고정환율제와 변동환율제가 있다. 고정환율제는 지난 47년 브레튼 우즈 협정에 따라 출범한 국제통화기금(IMF)이 미 달러화를 금 1온스당 35달러로 고정하자 대부분의 국가들이 도입했다. 그러나 지난 71년 닉슨 미대통령의 달러화 금태환 금지선언을 계기로 주요 국가들은 외환시장의 수요공급에 따라 자국통화가치를 변동시키는 변동환율제를 도입했으며 고전적인 의미의 고정환율제는 폐기됐다.

한편 인도네시아의 통화위원회(Currency)제는 일종의 변형된 고정환율제. 이 제도는 자국통화를 달러화에 고정시키되 중앙은행이 아닌 위원회가 통화를 발행하도록 한다는 구상이다. 즉 위원회의 구성원인 은행 등 주요 금융기관이 은행에 들어온 달러만큼 자국통화를 발행, 통화량을 일정수준 이내로 묶음으로써 가치를 적정수준으로 유지하는 것이다.

60. 공개주의(Transparency)

상품 또는 서비스 무역과 관련된 모든 규제조치는 다른 모든 회원국에게 명료하게 공개, 공표되거나, 조회가 가능하고 예견 가능해야 하며 기존 조치를 변경할 경우에도 늦어도 개정조치 발효 이전에 WTO사무국을 통하여 각 회원국에게 통보되어야 한다는 원칙으로 WTO의 기본원칙임. 투명성의 원칙이라고도 한다.

61. 공유 혹은 국경간 자원(Shared or Transboundary Resources)

"공유 혹은 국경간 자원"이란 한 개 국가의 영토권에 완전히 귀속되지 않으면서 여러 국가들이 공동으로 연관되어 있거나, 한 영토에서 다른 영토로 이동하는 자원을 말하는 것으로 항만, 바다, 산맥, 수계지역, 대기, 이동하는 야생동물 등이 이에 속한다. 공유자원관리를 위한 환경협약은 매우 많은데, 이들 대부분은 협력, 통보 및 협의를 토대로 하여 각국간 그러한 자원을 조화롭게 활용토록 하는 일반의무를 규정하고 있음. 각국의 경제적 권리와 의무에 관한 1974년 헌장(1974 Charter of Economic Rights and Duties of States)에는 "두개 혹은 그 이상의 국가들이 공유하고 있는 천연자원 개발시 각국은 정보제공 및 사전 협의를 통해, 다른 국가들의 정당한 이익을 침해하지 않으면서 그러한 자원을 최적의 상태로 사용하기 위해 협력해야 한다"고 규정되어 있다.

62. 공정 및 생산방법(PPM : Process and Production Methods)

제품을 생산하는 제조공정과 그 생산방법을 의미하며, 과거 GATT 체계하의 "무역에 대한 기술장벽에 관한 협정(TBT)"상에서는 완성된 상품의 특성에 대한 기준을 설정하는 것으로서 완성제품의 성능을 기준으로 무역규제를 가하여 왔으나, 지구환경보전의 필요성이 증대되면서 원료의 구입에서부터 완제품이 생산되어 출하될 때까지의 모든 생산공정을 대상으로 무역규제를 적용해야 한다는 논의가 환경·무역의 주요한 과제로 대두되고 있음. 한편, UR 타결시 개정·보완된 "무역에 대한 기술장벽협정"에서는 제품특성관련 PPMs를 제품으로 간주하고 제품 특성에 영향을 미치는 생산방식의 차이를 근거로 한 무역규제가 가능하도록 보완되었다.

63. 과징금

공정거래위원회는 불공정 거래등을 통해 공정거래법을 위반한 경우 혐의의 경중에 따라 다양한 시정조치를 내린다. 혐의가 확인되지 않았을 때는 무혐의 또는 종결 처리한다.

시정조치에는 경고, 시정권고, 시정명령, 법 위반 사실의 공표, 과징금 부과, 고발 등 6가지가 있다. 경미한 사안에 대해서는 경고나 시정권고를 내리고, 시정명령을 이행하지 않았을 때나 법 위반 내용이 매우 중대한 경우 검찰에 고발한다.

과징금은 혐의가 무거운 경우 시정명령과 함께 부과되며, 과징금을 납부하지 않았을 때는 국세 징수법에 따라 강제로 징수된다.

64. 관세 및 무역에 관한 일반협정(GATT : General Agreement on Tariffs and Trade)

무역확대를 통한 세계경제 전체의 번영을 목적으로 1947년 10월 제네바에서 조인됨으로써 발족됐으며 한국은 1967년 4월에 정식 가입하였다. GATT는 상호주의 및 무차별주의를 기본원칙으로 하고 있으며, 또한 국내산업의 보호는 원칙적으로 관세에 의해 행해져야 하고, 기타의 방법 특히 수입수량제한으로 해서는 안 된다고 규정하고 있다.

65. 관세상당치(TE : Tariff Equivalent)

농산물 교역에 있어서 관세이외의 모든 비관세장벽을 관세의 형태로 전환(관세화)한 수치로서, 국내농산물 가격과 국제농산물의 가격차이에 근거하여 계산된다.

$$TE = [(P_d - P_w) / Pw] \times 100$$

(P_d : 국내가격, P_w : 국제가격)

비관세조치를 관세화하는 경우, 동 관세상당치를 관세로 부과하게 되며 향후 합의된 기간(선진국은 6년, 개도국은 10년) 동안에 합의된 수준(선진국 평균 36%, 개도국 평균 24%) 만큼 감축해 나가기로 합의하였다.

66. 관세양허(TC : Tariff Concession)

관세협상에서 협상 당사국이 특정 품목의 관세를 일전수준 이상으로 부과하지 않겠다는 약속. 관세양허 방식에는 3가지 방법이 있는데 ① 현행세율을 인하하여 양허하는 관세인하(Reduction), ② 관세를 현수준 이상 올리지 않겠다고 약속하는 거치(Binding), ③ 현행세율을 인상하더라도 일정 수준 이상으로는 올리지 않겠다는 한도양허(Ceiling) 등이다. 관세양허의 결과는 당해 국가의 관세양허표 형태로 협정문에 부속되며, 일단 관세양허된 품목의 세율은 협상 상대국과의 협상에 의하지 않고는 변경할 수 없음.

67. 관세율 재조정(Rebalancing)

UR 협상과정에서 EU가 관세화의 전제조건으로 제안한 것으로 관세화를 수용하는 대신 기존에 EU가 유지류 등 몇몇 품목에 대하여 무세 또는 저세율로 GATT에 양허해 놓은 것을 철회 · 재조정하겠다는 내용이다.

68. 관세조화(Tariff Harmonization)

각 나라마다 동일 품목에 대해 부과하는 세율이 현격히 다른 불균형 현상을 시정하기 위해 일정한 수준의 관세율을 기준으로 삼아 각국의 관세율을 평준화하고자 하는 관세인하 방식이다.

69. 관세평가(TV : Tariff Valuation)

수입물품의 단위당 과세표준을 수입국내 관세당국이 100달러로 보느냐, 혹은 150달러로 보느냐에 따라 관세율은 일정하더라도 세액은 달라질 수 있다. WTO/관세평가협정에서는 관세평가의 기준을 "실제거래가격"으로 하도록 규정하고 있으며, 과세가격을 거래가격으로 결정할 수 없는 경우 사용하는 방법으로 6가지를 구체적으로 규정하고 있음.

70. 관세할당제도(TQS : Tariff Quota System)

특정품의 수입에 대하여 일정량까지는 저율의 관세를 부과하고 그것을 초과하는 수량의 경우에는 고율의 관세를 부과하여 수입수량의 과도한 증가를 방지하고 동시에 동종상품의 국내생산업체를 보호하고자 하는, 즉 수량 및 가격의 양면에서 규제하는 이중세율제도이다.

71. 관세화(Tariffication)

관세 이외의 각종 비관세 조치를 관세의 형태로 전환하자는 것으로 UR 협상과정에서 농산물 교역자유화를 위한 하나의 수단으로 미국이 주장. 관세화의 구체적인 방법은 관세 상당치 참조.

72. 관세화유예(Delayed Tariffication)

관세화의 이행을 일정기간 연기하는 것. 농산물협정에서는 관세화에 대한 예외로서 2가지 방식을 규정하고 있다.

첫째는, 생산통제가 되고 있는 품목의 수입량이 3%이하이며, 수출 보조가 없는 품목에 대해 6년간 관세화를 유예하는 대신 최소시장접근은 4~8%를 보장하는 것이고,

둘째로는, 개도국인 경우 상기 요건 외에 전통적 주식이 되는 품목은 유예기간 및 최소시장접근을 보다 유리하게 대우하도록 하고 있다.

73. 관세환급

수출용 원자재 수입시 일단 모든 관세를 일반자재와 같이 지불하고 수출이 이행된 지급한 관세만큼 다시 되돌려 받는 방식. 우리나라는 1975년부터 사용. 1974년까지 원자재는 수

입시 사전면세제도에 의해 관세를 현금으로 물지 않고 관세지불의 유예를 은행의 지급보증으로 대신하고 나중에 수출면장이 발급되면 그것으로 관세담보를 해제하였다.

74. 교육구좌제

국가가 국민의 평생교육을 촉진하기 위하여 정규 학교교육 이후 모든 국민의 개인별 교육정보를 수록해 개인이 교육정도를 종합적으로 누적 관리하는 제도다. 경제협력개발기구(OECD)국가들은 대부분 평생 교육체제 확립을 위해 교육구좌제를 중기정책과제로 설정, 추진 중이다.

75. 교차보복(CR : Cross Retaliation)

WTO 분쟁해결절차에 따라 설립된 패널의 권고 및 결정사항을 관련 국가가 합리적인 기간 내에 이행되지 않을 경우 피해국이 상대국에 대해 분쟁이 발생한 분야가 아닌 다른 분야에서 보복조치를 취하는 것을 의미하며, WTO에서는 상품간, 서비스간 혹은 상품과 서비스간의 교차보복을 인정하고 있다.

76. 구성가격(CV : Constructed Value)

덤핑판정시 수출가격과 비교할 수 있는 정상가격의 일종으로서, 수출국 내에서의 생산비용에 합리적인 관리비, 판매비, 기타 비용 및 이윤을 합산한 가격을 말한다. 반덤핑조사시 수출가격과 정상가격을 비교하여 덤핑여부를 결정하게 되며, 정상가격은 우선 수출국의 국내판매가격을 적용하고 국내판매가격이 적절치 않을 경우 상기 구성가격을 적용하게 된다. 구성가격에 포함되는 판매관리비, 기타비용 및 이윤 등은 조사대상 수출자 혹은 생산자가 정상거래 과정에서 실현한 실제자료를 기초로 하여 산정 된다.

77. 구인배율

기업체가 필요로 하는 인력(일자리) 수를 일자리를 찾는 구직자 수로 나눈 수치다. 구인배율은 인력수급의 지표로 많이 쓰인다. 구인배율이 높아질수록 일할 사람보다 일자리가 많아 취직하기가 쉬워지고, 구인배율이 낮아질수록 일자리보다 일할 사람이 많아 취직하기가 어려워진다.

일반적으로 노동시장의 거시지표 또는 중장기지표로 실업률, 경제활동참가율, 인구증가율, 등이 쓰이고 미시적, 단기적인 지표로 구인배율이 활용되고 잇다.

직종별로는 생산직 등 소위「3D업종」의 구인배율이 항상 높고 사무직 등은 상대적으로 낮게 나타난다. 98년 1·4분기의 구직자 수는 26만5,479명이고, 구인자 수(일자리)

는 6만4,573명이다. 따라서 구인배율(구인자 수/구직자 수)은 취업통계를 시작한 지난 87년 이후 최저인 0.24이다. 구인배율 0.24는 일자리 하나를 놓고 4명의 구직자가 경쟁한다는 것을 의미한다.

78. 구제금융의 종류

외국에서 구제금융을 받는 방법은 ① IMF(국제통화기금)가 제공하는 「스탠드바이(Stand-by) 협정」 ② 주변 이해 당사국들이 제공하는 협조융자 ③ IBRD(세계은행)-ADB(아시아개발은행)-BIS(국제결제은행)등 국제금융 기구들이 제공하는 협조융자 등 3가지가 있다.

외환위기 당시 정부는 외환위기가 급박한 상황이기 때문에 이 세가지 방법이 모두 포함된 「긴급차입제도(EFM:Emergency Financing Mechanism)」를 통해 자금을 빌려오겠다고 발표했다.

- 긴급차입제도
  1~3주소요 '신속' 주변국도 지원 참여, 요구 조건 까다로워
- 스탠드바이 협정
  긴급하지 않을 때, 약 3개월 소요, 최대 55억 달러

긴급차입제도(EFM)는 94년말 발생한 멕시코 사태에서 IMF상임이사회가 자금지원을 결정하는데 6주라는 긴 시간이 소요, 효과적인 대응에 실패했다. 이에 대한 비판이 제기되자 IMF가 95년 연차총회에서 만든 제도다. 스탠드바이협정 자금지원은 IMF가 단독으로 참여하였지만, EFM 자금지원은 IMF 이외에 미국, 일본 등 선진국들과 국제금융기구도 참여해 까다로운 요구조건을 내건다. 보통 부실금융기관 정리, 국제수지 관리, 외환보유고 수준 등 경제 전반에 대해 구체적인 지원조건을 요구하기 때문에 「레스큐 패키지(Rescue Package)」라고 불린다. 지원조건을 이행하지 않으면 자금지원이 중단된다.

금리는 SDR금리(연 4~5%)보다 낮은 수준에서 결정된다. IMF와 해당국이 융자안에 합의하면, IMF 스태프는 5일 이내에 관련 서류를 상임이사회에 제출하고, 상임이사회는 2~3일 이내에 신속하게 승인 여부를 결정한다. 태국이나 인도네시아의 경우 자금지원에 1~3주가 소요됐다.

한편 스탠드바이 협정은 긴급한 상황이 아닌 경우에 통용되는 제도이다. 지원을 받기 위해서는 정부가 협정을 체결하고자 하는 의향을 IMF에 전달해야 한다. 우리의 경우 스탠드바이협정이 체결되면 IMF출자액인 8억 SDR(특별인출권·약 11억 달러)의 최대 5배인 55억 달러까지 대출을 받을 수 있다. 대출까지 약 3개월이 소요된다. 급박한 외환사정하에서는 대출 규모나 시기가 부적절 한 셈이다.

우리나라는 과거 국제수지 적자보전과 경제개발기에 필요한 외화를 구하기 위해 스탠드바이협정을 통해 IMF자금을 가져다 썼다.

지난 65년 1차 스탠드바이협약을 체결한 이래, 국제수지 호전으로 신용(자금) 인출을 중단한 87년까지 16차례에 걸쳐 협약을 체결했다. 실제로 돈을 꺼내 쓴 규모는 모두 8차례에 걸쳐 총 24억 7천 5백만 SDR이다.

79. 국가신용도

본래 국가위험(Country Risk)을 말한다. 국가위험은 투자 대상국에 제공된 투자 또는 차관을 회수할 수 없는 채권회수상의 위험도를 말한다. 국가위험에는 정치·경제·사회적 변화가 고려된다. 전쟁·내란·폭동 등의 정치적 불안과 경제위기, 국제수지 악화 등 경제적 여건 변화가 채무지급 불능사태로 발생할 가능성 등 채무이행능력이 국가 위험을 판단하는 중요 잣대가 된다. 국가신용도를 평가하는 이유는 투자자가 채무불이행 위험도를 사전에 충분히 판단해 선의의 피해를 줄이기 위한 것이다. 개별 투자회사는 국가 신용도에 따라 개별 투자를 결정한다. 따라서 국가신용도의 변화는 곧바로 국제거래나 투자에 막대한 영향을 미치게 된다. 우리나라가 외평채를 발행하면서 높은 금리를 내야 하는 이유도 국가신용도가 투자부적격 등급인 BB+(S&P사)이기 때문이다.

80. 국가채무

정부가 국내외에 진 빚. 중앙정부 명의로 빌릴 것 만 국가채무로 분류된다. 중앙정부가 빌려와 지방자치단체에 배정한 돈은 포함되나 지방자치단체가 직접 빌린 것은 대상에서 제외된다. 국가채무는 중앙정부만의 빚이라는 점에서 금융기관 등 민간의 부채까지 포함하는 외채와는 다르다.

국가채무는 차입금, 국채, 국고채무부담 행위 등 세 가지이다. 차입금은 한국은행이나 공공자금 등에서 빌리거나 해외 차관을 도입한 경우다.

국채는 중앙정부가 부족한 사업비를 마련하기 위해 발행한 채권이다.

81. 국경세조정(Border Tax Adjustment)

국가별로 상이한 세금수준을 보상하기 위해 수입제품에 대한 세금부과 또는 수출품에 대한 면세를 통해 국가간 세금수준을 조정하는 것으로 18C 후반 미국에서 최초로 시행되었으며, 초기에는 자국의 세입증대를 위한 세금 형태로 도입되었으나, 점차로 무역에서 경쟁조건을 맞추기 위해 사용하고 최근에는 수입제품에 대한 국내 생산자의 경쟁력을 보호·유지하기 위해 사용되고 있다. 특히, 환경과 무역을 연계시키려는 국제적 논의에 있어 환경관련

세금 · 부과금에 대한 국경세 조정 문제가 주요 이슈로 대두되고 있다.

82. 국경조치(BP : Border Protection)

국제교역에 있어 관세 및 모든 비관세조치 등 자유로운 국경통과를 제한하고 있는 일체의 수출입제도.

83. 국·공채

일반적으로 국채는 정부가 직접 발행하는 것이고 공채는 정부산하 공공기관이 정부보증으로 발행하는 것을 말한다. 예금보험공사가 발행하는 예금보험기금채권, 자산관리공사가 발행하는 부실채권정리기금채권 등이 공채에 속한다.

국공채 발행은 기본적으로 헌법과 예산회계법에 규정되어 있으며 구체적인 사항은 종류에 따라 근거법이 따로 정해져 있다.

재경부령에 의해 국채발행 사무취급규정이 정해졌으며 발행취급은 한국은행에 위임되어 있다. 우선 국공채를 발행하고자 하는 관계부처가 발행계획안을 작성하여 재정 경제부에 제출하고 재경부는 이를 조정 · 보완하여 발행액, 발행조건, 자금사용계획 및 상환재원조달방법 등을 명시한 국채발행 동의안을 경제장관회의와 국무회의에 순차적으로 제출한다. 국무회의에서 심의 통과한 발행안은 대통령 재가후 국회에 제출되어 동의를 받는다.

84. 국민고통지수

(소비자물가상승율+실업율)-소득증가율로서 높으면 높을수록 고통이 크다. OECD 30 회원국 중 IMF국제금융당시(98년 20.9%) 가장 높은 나라에 속하였다.

85. 국별 국내 농업보호 및 지원조치 현황자료(CL : Country List)

UR 농산물 협상그룹 의장인 De Zeeuw 의장이 1992년 협상과정에서 제출했던 제안에 명시된 용어로서 농업보조 및 각종 지원정책, 수입규제 관련 제반정책 및 그 현황, 그리고 수출보조 및 수출관련 지원조치 등 한 국가에 대한 총체적인 농업보호 및 지원조치의 현황자료를 뜻한다. 이 자료는 UR 협상의 기초자료로 삼기 위하여 협상 참여국 모두가 1990년 10월 1일까지 GATT 사무국에 제출토록 되어 있었는데 우리나라도 1990년 10월 Country List를 제출한 바 있다.

86. 국별 이행계획서(CS : Country Schedule)

UR 협상 결과를 구체적으로 이행하기 위한 각국의 양허계획표를 말한다. 각국의 이행계획서는 ① 농산물, ② 공산품 및 수산물, ③ 서비스 등 3분야에 대한 양허계획으로 구성되는데, 이행계획서에는 이들 품목에 대한 품목별 양허 세율, 최종연도 세율, 국내보조의 감축계획, 국내법상 제한조치 등이 기재된다.

87. 국제금융공사(IFC)

국제개발협회(IDA)와 함께 국제부흥개발은행(IBRD)의 자매기관으로 총재는 IBRD총재가 겸임하고 있다. IDA가 개발도상국의 공공부문을 대상으로 장기저리의 경제개발자금을 지원하고 국제금융공사(IFC : International Finance Corporation)는 개발도상국의 민간부문에 대한 생산적인 투자증진을 목적으로 한다.

한국은 1964년 3월에 가입했고 현재는 가맹국이 160개국이다. 대출만 취급하는 IBRD와 달리 IFC는 대출뿐만 아니라 아시아·중남미 지역에 대한 집중적 자본투자도 한다. IFC는 IBRD보다 융자규모는 작지만 정부보증을 필요로 하지 않는 등 융자조건이 유리한 편이다. 융자기간은 7~15년이며 상환조건은 사정에 따라 탄력적이고 금리도 위험성, 수익성 등의 조건에 따라 결정된다.

IFC는 우리나라 주식을 신흥경제국 중 투자가능 종목을 많이 추천했다. 11일 IFC아시아 지역 시장분석담당자가 증권업협회를 방문하였다. IFC는 국내금융기관 및 기업에 대한 출자를 통해 올 상반기 중 8억 달러 규모의 투자를 추진할 예정이다.

88. 국제무역기구(ITO : International Trade Organization)

1948년 국제연합에 의해 고안된 국제기구. 세계 평화의 유지를 위해 상품 및 서비스 무역장벽을 완화, 세계통상의 확대를 도모하려는 목적에서 미국이 제안하였다. 그러나 미국을 비롯한 많은 국가에서 동 헌장의 비준이 안 되어서 발효되지는 못하였다. 상품무역에 한해서는 이 기능의 일부를 GATT가 인수하였다.

89. 국제투명성협회

「반부패 라운드」는 국제기구나 각국 정부만의 몫은 아니다. 민간 차원에서 가장 활발한 활동을 펼치고 있는 곳이 바로 국제투명성협회(TI). 지난 93년 창립된 이 단체는 베를린에 본부가 있으며, 60개국에 지부를 두고 있다. 비정부기구(NGO)인 국제투명성협회는 국제사회에서의 부패추방을 목표로 국제기구와 각국 정부에 대해 국제 부패방지법정을 촉구하는 한편 이를 위한 연구 및 정보수집 등의 활동을 하고 있다. 이 협회는 특히 지난 95년부터 국가별 부패지수(CPI)를 발표, 주목을 받고 있다. 각국의 부패 정도를 수치화해 국가별 순위를 매긴 이 보고서는 처음부터 국제사회에 엄청난 반향을 불러 일으켰다.

특히 순위가 낮게 평가된 국가들은 보고서의 신뢰성을 전면 부인하며 강한 반발을 보였다. 말레이시아의 마하티르 총리는 이 보고서에 대해 서구의「문화 제국주의」를 보여주는 또 하나의 사례라고 비판하기도 했다. 그러나 아르헨티나등 일부 국가에서 대대적인 司正(사정)활동을 촉발시키는 계기가 되는 등 갈수록 권위를 인정받고 있다. 최근 하버드대의 웨이 상진 교수는 96년 부패지수를 토대로 싱가포르에서 멕시코 수준으로 부패정도가 악화될 경우 한계세율을 20%이상 인상한 것과 같은 결과를 낳는다는 연구결과를 발표했다. 한계세율이 1%포인트 인상될 경우 외국인 직접투자는 5%정도 감소한다. 말하자면 이 부패지수는 각국의 경제성장 기회상실 정도를 보여주는 척도라고 할 수 있다. 국제투명성협회설립자는 25년간 IBRD에서 재직한 독일출신 페터아이겐이다.

90. 국제표준화기구 14000 시리즈(ISO 14000 시리즈)

1991년 4월 UNCED/BCSD에서 ISO에 환경규격의 표준화작업을 요청함에 따라 ISO/IEC에서는 1991년 9월 표준화 작업을 위해 환경전략자문그룹(SAGE)을 설치하였고, SAGE는 본격적인 작업을 위해 '93년 1월 기술위원회(TC 201)를 설치키로 하고 동년 6월 캐나다에서 가진 창립총회에서 국제환경경영표준을 ISO-18000(가칭)시리즈로 명명하였음(추후 ISO 14000 시리즈로 개칭). 표준화 대상 규격으로는 환경경영체계(EMS : Environment Management System), 환경감사(EA : Environment Auditing), 환경라벨링(EL : Environmental Labelling), 환경성능평가(EPE : Environmental Performance Evaluation), 라이프사이클 분석(LCA : Life Cycle Analysis) 용어 및 정의(T & D : Terms and Definition), 제품 표준에서의 환경적 측면(EAPS : Environmental Aspects in Product Standard)등 7개 분야가 있으며, 이러한 국제환경경영기준의 표준화제도는 세계 모든 기업들이 지켜야 할 환경기준의 표준화작업으로서 기업의 환경보호책임을 강조하고 자율적인 환경보호참여를 유도하기 위해 선진국 중심으로 추진되고 있다.

91. 국제환경협약(International Environmental Agreement)

환경을 보호하기 위해 체결되는 양자간·다자간 국제협약으로서 주로 지구적 차원의 환경을 보전하기 위한 국가별 의무 또는 노력을 규정하고 있다. 현재 170여개의 국제환경협약이 체결되어 있으며 주요한 협약으로는 기후변화협약, 멸종 위기에 처한 동식물보호협약(CITES), 바젤협약, 몬트리올 의정서, 생물다양성협약 등이 있다.

92. 국제부흥개발은행(IBRD : International Bank for Reconstruction and Development)

일명 세계은행(World Bank). 1944년 Bretton Woods협정에 따라 설립된 것으로서, 전후 세계 경제의 부흥과 번영을 달성하기 위해 각국의 부흥과 개발을 위한 장기대부를 목적으로 함. 한국은 1955년 가입한바 있다.

93. 국제상공회의소(ICC : International Chamber of Commerce)

국제통상의 개선, 상공관습법제의 국제적인 통일, 상공업에 관한 국제분쟁의 조정 및 각국 상공단체의 친선협조를 목적으로 한 국제단체.

94. 국제섬유국(ITCB : International Textile & Clothing Bureau)

1984년 5월, MFA 운용에 대한 협의 검토 및 회원국 지원을 목적으로 설립된 섬유 수출국 정부간 협의체로 현재 22개 개도국이 가입. 한국은 1984년 7월에 참여.

95. 국제수지보호조항(BOP Article : Balance-of-Payment Article)

국제수지를 이유로 수량제한을 허용하고 있는 GATT 12조와 18조 B항. 선진국의 경우 제12조, 개도국의 경우 제18조 B항에 근거하여 국제수지를 이유로 한 수량제한조치를 실시하고 있다. 우리나라는 개도국으로서는 최초로 지난 1989년 10월에 제18조 B항을 졸업한 바 있다.

96. 국제저작권협약(UCC : Universal Copyright Convention)

국제저작권협약은 UNESCO의 주관아래 1952년 제네바에서 체결된 협약으로 UNESCO협약이라고도 함. 이 협약은 저작권의 효력발생에 대한 무방식주의를 취하고 있는 베른협약(Berne Convention)과 미국 등이 가입하고 있는 저작권에 관한 범미협약(Pan America Convention)과의 상충을 막고 통일을 기할 목적으로 설립되었다.

우리나라는 한·미 통상협상결과 1987년 9월에 UCC에 가입하였으며, 서적의 무단복제에 대해서만 행정지도로 1977년 발생 분부터 소급하여 보호하고 있다.

97. 국제통화기금(IMF : International Monetary Fund)

통화에 관한 국제협조와 통상증진에 의한 고용 및 소득의 증대 그리고 외환안정 및 다각적 결제 방식의 확립 등을 기하여 건전한 국제수지를 촉진시키고, 회원국의 국제수지 불균형을 경감시키는 것을 목적으로 하는 국제적 기금. 1944년 Bretton Woods 협정에 의거하여 설립. 장기금융 위주의 IBRD와는 단기금융 위주로 운영.

98. 권능부여조항(Enabling Clause)

1970년대부터 시행된 GSP 등 각종 대 개도국 특혜대우가 GATT 최혜국 원칙에 정면으로 위배된다는 문제점을 해결하기 위해 동경라운드에서는 GATT 1조(최혜국대우)가 선진국이 개도국에 대해 특별하고도 우대적인 대우를 공여하는 것을 막지 않는다는 내용의 Framework Code를 제정, 선진국으로 하여금 혜택을 공여 할 수 있도록(Enable) 하였으며, 동 Code의 제1부를 통상 권능부여조항이라고 한다.

99. 권리소진 원칙(Exhaustion 혹은 First sale doctrine)

권리자가 권리가 체화된 상품 혹은 기술 등을 라이센스한 후 그 상품 혹은 기술에 대해 자기 권리를 다시 주장할 수 없다는 원칙.

100. 그랜드 파더 조항(GC : Grandfather Clause 조부조항)

각국이 GATT 가입과 동시에 국내법을 GATT의 제규정에 일치시키는 것이 현실적으로 극히 어려우므로 GATT 원체약국들은 잠정적용의정서에 따라, GATT 성립후 가입국은 가입의정서에 따라 예외를 인정받고 있다. 이와 같이 잠정적 적용에 관한 조문이 바로 GATT에 우선한다는 뜻에서 조부조항이라 불리며 선진국 잔존수입제한의 대부분이 이 조항에 근거하고 있다.

101. 그린라운드(Green Round)

그린라운드란 환경과 무역의 연계에 관한 다자간 협상을 의미하는 것으로, 환경보호를 목적으로 하는 환경정책수단의 효율성을 높이기 위해 무역규제조치를 시행하는 환경정책과 무역의 연계를 의미하며, 1991년 미상원의원 M. Baucus가 워싱턴 국제연구소에서 행한 연설에서 최초 사용한 용어이다.

102. 글로벌 본드

미국, 아시아, 유럽 등 세계 주요 금융시장에서 발행해 유통되는 국제채권을 말한다. 미국의 양키본드, 유럽의 유러달러본드, 일본의 사무라이본드 등을 동시에 발행하는 효과가 있다. 지역본드에 구애받지 않고 전 세계적으로 발행된다는 의미에서 글로벌 본드라고 한다.

여러 시장에서 발행되기 때문에 대규모의 기채가 가능하고 유동성이 높은 장점이 있다. 글로벌 본드는 미국 달러화 표시로 발행되며 고정금리인 경우가 많은데 대부분 리보금리(런던은행간금리)와 미국 정부채권 발행금리가 기준금리로 사용된다. 일반적으로 10억달러 이상의 대규모 자금이 필요한 경우 발행하기 때문에 주로 각국 정부나 세계은행에서 발행하다.

103. 금지보조금(PS : Prohibited Subsidies)

수출입에 직접적인 영향을 미침으로써 무역왜곡 효과가 크기 때문에 제공이 금지되는 것으로서 ① 법률상(in law), 사실상(in fact) 수출성과에 따라 공여되는 보조금(수출보조금)과 ② 수입품대신 국산품 사용에 대해 공여되는 보조금(수입대체 보조금)이 금지 보조금에 해당.

104. 기러기식 성장

한 나라의 산업화와 주변국으로의 산업 확산은 마치 기러기떼가 날아오르는 것과 유사한 형태를 띠며 이뤄진다는 것이다.

기러기식(Flying Geese)성장이론은 일본의 경제학자 아키마쓰가 1930년대 말 후발 산업국의 경제발전을 설명하기 위해 제시했다. 이후 일본 경제학자들이 해외 직접투자와 국제분업의 변화를 설명하는 이론으로 확대 발전시켰다.

전형적인 기러기식 성장 모습을 보인 곳은 동아시아이다.

대장 기러기인 일본이 앞장서 날고 그 뒤를 동아시아 신흥공업경제지역(NIEs), 동남아, 마지막으로 중국, 베트남이 차례로 날아오르면서 각국 간에 투자와 무역이 이뤄지고 국가간 시너지 효과가 발생해 급속한 성장과 산업구조 고도화가 이뤄진다는 것이다.

105. 기술장벽(TB : Technical Barriers)

비관세장벽의 일종으로서 수입제한을 초래하는 각종 공산품의 규격이나 안전규정. GATT는 동경라운드에서 각국의 기술, 표준관련 규정들이 수입을 규제하는 수단으로 사용되는 것을 방지하기 위해 "상품표준에 관한 조약(일명 기술장벽 협정)"을 제정한 바 있으며, 우리나라는 1980년 9월 동 협정에 가입하였다.

106. 기업결합

기업이 경쟁제한, 시장독점, 경영합리화, 금융 기술적 협조 등을 목적으로 다른 기업과 합치는 것을 말한다. 기업결합에는 수평적 · 수직적 · 자본적 결합이 있다. 수평적 결합은 같거나 유사한 업종의 기업이 경쟁을 제한하고 시장을 지배하기 위해 생산량, 판매량, 판매가격 등에 관해 협정 또는 합병하는 것으로 각종 카르텔이 이에 해당한다. 수직적 결합은 비용의 절약과 경영합리화를 위한 결합으로 트러스트, 산업용콘체른 등이 있다.

자본적 결합은 기업의 업종에 관계없이 자본의 장기대여와 증권대위를 통해 다른 기업에 대한 지배력을 강화하기 위한 경영의 다각화, 일반적인 콘체른이 그 예이다. 기업의 구조조정 노력이 본격화되면서 계열사간 합병 등 기업결합 신고가 크게 늘고 있다. 공정거래법에 따르면 기업이 결합할 때 1위 업체의 시장 점유율이 50%를 넘거나 1~3위 업체의 시장점유율이 75%를 넘을 경우 기업결합을 금지할 수 있다.

107. 기업어음(CP)

어음이라고 하면 흔히 상거래 후 물품대금결제를 위해 발행되는 상업어음(진성어음)을 연상하기 쉬우나 회사채처럼 자금조달의 한 방편으로 쓰일 수도 있는데 이러한 어음을 기업어음(CP)이라 한다.

CP는 만기가 최고 91일이기 때문에 단기성 자금으로 분류되며 단기금융을 주업무로 하는 종금사들이 취급해 왔다. IMF사태 후 기업부도로 종금사들이 부실해졌고 급기야는 10개 종금사가 폐쇄되는 지경에 이르자 정부는 CP시장의 위축을 막기 위해 CP시장을 외국인에게 전면 개방하고 은행계정과 증권에서도 CP를 취급할 수 있게 허용했다. 이에 따라 CP 유통시장이 보다 활성화돼 기업의 자금난이 다소 해소될 전망이다.

108. 기업지배구조

기업지배구조란 한마디로 기업의 최고경영자를 어떻게 뽑고, 경영진을 어떻게 감시하느냐를 결정하는 방식을 말한다.

기업은 일반적으로 주주와 종업원, 경영자, 은행 등 채권자, 고객, 공급자, 나아가 지역사회나 정부 등 다양한 이해관계자를 가진다.

기업지배구조는 이러한 이해집단간이 관계를 정립하는 것을 말하며, 기업지배구조가 잘못되면 이해당사자간이 갈등이 증폭되고, 경영효율성이 떨어진다. 이왕 비슷한 개념으로 기업소유구조가 있는데, 이는 기업이 소유형태를 결정짓는 방식을 말한다.

【기업지배구조의 국제 비교】

	한 국	미 국	일 본	독 일	영 국	프랑스
권력 집중유형	집중형	집중형	분산공유형	분산공유형	집중형	분산공유형
최고권력	오너경영자	경영자	경영자	경영자	경영자	경영자
권력공유			사장, 회원사, 은행, 종업원	은행, 종업원		국가, 안정주주

109. 기준가격(Trigger Price)

특정 상품이 일정가격 수준 이하로 수입되는 경우 자동적으로 수입규제조치를 도입하기 위해 이용되는 가격.

110. 기한이익의 상실

채권 · 채무관계에 있어서 기한을 정한 경우 그 기한이 아직 도래하지 아니함으로서 받는 이익으로 기한이익이라고 한다.

기한이익은 대부분 채무자쪽에 있기 때문에 민법은 채무자에게 기한이익이 있는 것으로 추정한다. 따라서 채무자를 신용하고 채무이행을 유예하는 것이므로 채무자의 신용상태가 위태롭게 된 경우에는 채무자가 기한이익을 주장하여 채무이행의 청구를 거절할 수 없도록 되어 있다. 이를 기한이익의 상실이라고 한다.

민법은 기한이익의 상실의 경우로 채무자가 담보를 손상하거나 감소 또는 멸실하게 한 경우, 담보제공의 의무를 이행하지 않은 경우, 채무자가 파산선고를 받은 경우 등으로 규정하고 있다.

111. 기후변화협약(Framework Convention on Climate Change)

CO_2, CH_4, N_2O등 온실가스에 의해 발생되는 지구온난화현상이 심각한 지구 환경문제로 대두되면서 체결된 국제협약으로 각국의 온실가스 배출을 규제하기 위한 기본협약임. 각국은 기후변화를 방지하는 전략 및 계획을 수립하여 시행하도록 해야 하며, 선진국은 CO_2의 배출량을 1990년 수준으로 억제토록 노력할 것을 규정하고 있음. 1991년 UNCED 회의시 채택되어 1994년 12월 현재 106개국이 가입하였으며, 우리나라는 1993년 12월 14일 가입하였다.

112. 나이로비 선언(Nairobi Declaration)

1982년 케냐의 수도 나이로비에서 1972년 스톡홀름선언 10주년을 맞이하여 세계 주요 국가 정상들이 모여 위협받는 지구환경보전을 위한 주요 원칙을 채택한 것이다.

113. 나이트 트레이더 (Night Trader)

나이트 트레이더(Night Trader)는 전세계 주식시장을 대상으로 투자하는 국제적인 초대형펀드들이 각국의 증시가 개장되는 시각에 맞춰 매매에 임하기 위해 야근 근무만을 전담으로 배치하는 「주식매매전문가」를 말한다.

즉 미국 및 유럽의 경우 현지 시간으로는 밤 근무에 해당하지만 투자 대상국인 아시아는 낮 시간에 해당해 아시아의 주식시장 변동에 즉각적으로 반응, 최적의 가격대에 주식을 사고 팔 수 있도록 한 것이다.

나이트 트레이더는 국제 금융계의 큰손인 조지소로스가 지난 94~95께 홍콩 및 일본 주식시장의 중요성에 주목, 현지 시장의 흐름에 즉각적으로 대응하기 위해 주식매매전문가를 야간 시간대에 배치하면서 확산되기 시작한 것으로 알려졌으며 최근에는 미국 및 유럽계 대부분의 국제적인 투자 기관들이 나이트 트레이더를 배치하고 있다.

114. 남극조약(Antarctic Treaty)

남극지역을 평화목적에만 이용하고, 과학연구의 자유와 협력을 약속하기 위해 1959년 12월 1일 워싱톤에서 채택되어 현재 38개 국가가 가입하고 있으며, 우리나라는 1986년 1월 28일 가입하였음. 남극에서는 핵폭발이나 방사성 폐기물의 처분을 금지하고, 생물자원 등을 보호보존하며, 과학연구계획이나 결과에 대해서 정보를 교환하는 것이 특색임. 그 때문에 자연보호지역을 설치하는 등 자연보호에 노력함과 동시에 남극 월동대를 파견하여 과학 관측을 계속하는 한편 일류 활동이 남극에 미치는 영향 등에 대해서도 감시를 행하고 있음.

115. 납세담보

조세채권은 일반채권이나 공과금보다 우선하고 자력집행권 등에 의하여 납세자의 일반재산에서 징수한다. 납세자의 일반재산은 동산의 경우 인도, 부동산의 경우 등기등으로 세금이 납부된다

그러나 일반 재산에 대한 징수불능의 우려가 있을 경우에는 사전에 조세채권을 확보한다는 차원에서 납세자 또는 제3자로부터 납세를 위한 물적·인적 담보를 제공받을 수 있도록 되어 있는 것이 조세 담보이다.

징수유예처분이나 재산압류해제, 수입면허 등 보세구역으로부터의 반출 등의 경우에 금전, 유가증권, 납세보증보험, 납세보증서, 기타 부동산 등을 담보로 잡을 수 있다. 일반적인 납세담보의 담보유지비율은 100분의 20이고 현금이나 납세보증보험은 100분의 10이다.

116. 내국민대우(NT : National Treatment)

통상조약에서 상대국의 국민, 생산품, 선박 등에 대해서 자국의 것과 동일한 대우를 공여 하는 것. 일반적으로 최혜국 대우보다 유리하나 조약에 따라서는 상대국에 자국민 이상의 대우를 공여 하는 경우도 있다.

117. 내부거래

한 그룹 내에서 계열사끼리 물건을 사주거나 인력을 지원하는 거래. 특정 기업과 특별한 관계에 있는 사람이 자신의 지위를 이용해 회사 정보를 입수해 주식을 매매하는 「내부자거래」와는 성격이 다르다. 내부거래는 법적인 용어가 아니며 계열사간 필요

한 거래도 있기 때문에 반드시 불법은 아니다.

주로 30대 재벌이 자금, 자산, 인력 상품, 용역거래를 하면서 계열사와 비계열사를 차별대우하는 행위. 공정거래법에는 '부당지원행위'로 규정되어 있다. 30대 그룹이 계열사 또는 친족독립경영회사에 지원한 실질적 금액이 10억원을 넘을 경우 부당내부거래로 판정받는다. 재벌그룹이 계열 신문사에 광고를 내며 다른 신문사에 비해 높은 광고료를 준 것이나, 총수의 아들이 대주주인 대한 텔레콤으로부터 비싼 값에 장비를 구매한 SK그룹의 행위 등이 부당내부거래에 해당한다.

118. 네가티브 시스템(NS : Negative System)

자유화 추진 방식의 하나로 자유화가 불가능한 부문이나 조치만 열거하고 열거되지 않은 부문이나 조치는 자동적으로 자유화되는 방식임.

119. 네가티브 컨센서스(NC : Negative Consensus)

세계무역기구(WTO) 산하의 각료회의, 일반이사회, 분쟁해결기구 등 각종 위원회 및 기구의 기본적인 의사결정방식임. 즉, 제안된 안건에 대해 참석회원국 가운데 어떤 국가도 공식적인 반대를 표명하지 않는 한 만장일치로 결정된 것으로 간주하는 의사결정 방식으로 일명 역만장일치제(RC : Reverse Consensus).

기존 GATT에서도 만장일치를 의사결정의 기본원칙으로 간주하였지만 제안된 안건에 대해 만장일치로 지지해야 이를 채택하며 1개국이라도 이를 반대하면 채택하지 않는 Positive Consensus 형식이었다.

120. 노동라운드(BR : Blue Round)

UR 협상과정에서 미국과 프랑스 같은 선진국들이 개도국의 인권보호를 위한 실효성 확보수단으로 무역과 노동조건이 연계되도록 제도적 장치를 마련해야 한다는 주장에서 비롯된 용어로서 무역과 노동권의 연계를 위한 새로운 다자간 무역협상을 말함.

121. 녹색 GNP(Green GNP)

국민총생산의 개념에 환경비용을 계상 하는 것으로 GNP에서 마이너스적인 환경오염부분을 상쇄한 순 GNP의 개념임. 즉, 환경을 자유재로 보지 않고 환경이 생산자본으로 간주되어, 다른 국내 생산요소와 더불어 생산에 참여하여 일정기간 만들어 낸 진정한 부가가치로 정의됨. 이 Green GNP의 핵심은 환경자산의 서비스를 국민계정체계 내에 어떻게 반영시킬 것인가 하는 협상이다.

122. 농산물 생산통제제도(SMS : Supply Management System)

농산물 생산을 규제할 경우 수입을 제한할 수 있다는 GATT 규정(11조 2항 C)으로서 각국의 농산물 수입제한을 위해 광범위하게 원용되어 옴으로써 농산물의 자유로운 교역을 크게 제한하게 되었음. 농산물 협정은 생산통제에 의한 수입제한을 인정하지 않고 모든 비관세조치를 관세화의 대상으로 포함시킨다.

123. 농업진흥지역

식량자급을 위해 절대적으로 보존이 필요하다고 지정된 농지. 93년부터 시행돼 현재 총 면적이 1백5만ha에 달한다. 농업 목적 이외 시설은 짓지 못하기 때문에 실질적으로 비농민이 매입할 수 없다. 재산권이 제한돼 농업경영자금이나 추곡수매등에서 혜택을 받는다. 일본은 전체 농지의 96%, 대만은 87%이지만 한국은 51%에 불과하다.

124. 누적투표제

주식을 각각 50, 30, 20, 10주씩 확보하고 있는 4명의 주주가 있는 회사가 주주총회에서 3명의 임원을 선출한다고 하자. 지금처럼 단순투표제의 경우라면 각각의 임원에 대해 별도로 주권을 행사해야 하기 때문에 소액주주들은 사실상 임원선임권을 갖지 못한다.

그러나 누적투표제가 도입되면 사정은 달라진다. 누적투표제는 두명의 임원선임권을 포기하고 한 임원에 대해 주권을 한꺼번에 행사할 수 있도록 하는 제도를 말한다. 즉, 앞의 경우에서 20주를 가지고 있는 주주가 두 명의 임원선임때 의결권을 행사하지 않고 마지막 한 임원에 대해 60주의 주권을 행사, 자신이 원하는 사람을 임원으로 뽑을 수 있게 된다. 30주, 20주, 10주를 가지고 있는 주주가 담합하면 두 명 이상의 임원을 자신들이 원하는 사람으로 선임할 수 있다.

125. 누적피해 판정(Cumulation)

반덤핑에 따른 피해조사시 덤핑 행위국으로부터 수입된 양만을 조사 대상으로 하는 것이 아니라 각국으로부터 수입된 모든 수입물량이 국내산업에 야기한 피해를 기준으로 피해 판정을 하는 것. 이 원칙에 의하면, 소량 수출국 또는 수출량이 감소하는 수출자의 경우, 대량 수출업자의 수출량과 누적되어 피해가 판정되므로 실질적으로 피해원인을 제공하지 않았음에도 불구하고 반덤핑 관세를 부과 받게 됨. WTO/반덤핑협정에서는 누적 개념을 인정하고 있다.

126. 다자간 무역협정(MTN Code : Multilateral Trade Negotiation Code)

동경라운드에서 체결된 반덤핑, 보조금·상계관세, 정부조달, 관세평가, 수입허가절차, 기술장벽 등 6개의 비관세분야와 낙농, 쇠고기, 민간항공기 등 3개의 상품관련분야의 다자간 협정을 총칭. UR 협상결과 정부조달, 낙농, 쇠고기, 민간항공기협정을 제외한 5개 협정이 다자간 협정으로 바뀌어 WTO 전 회원국에 적용되게 된다.

127. 달러통용제(Dollarisation)

달러통용제(Dollafisation)란 자국통화가치를 미 달러화에 1대1로 고정시킨 후 달러화를 공용화폐로 함께 사용하는 것을 말한다. 일종의 고정환율제와 같은 개념이지만 달러화를 법정통화로 동시에 사용한다는 점에서 차이가 있다.

달러화를 기축통화로 사용할 경우 미국 경제와 직접 연동되기 때문에 대외신인도가 높아지고 이자율 하락과 인플레 압력 등을 피할 수 있는 잇점이 있다. 그러나 자국의 통화주권이 상실돼 금융정책의 자율성이 없어지고 자국경제가 미국경제에 예속될 위험성이 있다.

128. 당좌거래정지

은행과 당좌거래를 하고 있는 업체가 어음과 수표를 부도내 모든 은행으로부터 당좌예금거래와 당좌대출을 금지 당하는 것을 말한다. 당좌거래를 정지당하면 만 2년 동안 본인명의의 당좌수표와 약속어음을 발행할 수 없고, 은행에서 일반대출이나 어음할인도 받을 수 없게 된다. 기업은 은행과의 당좌예금을 가입하고 주어진 한도 내에서 당좌수표와 약속어음을 자기명의로 발행한다. 발행된 당좌수표와 약속어음엔 만기일이 표시돼 있고 수표(어음)소지인은 만기일에 수표(어음)를 거래은행에 제시하고 돈을 지급 받는다. 그러나 예금잔액이나 당좌대출한도를 초과한 수표나 어음이 은행에 지급제시되면 은행은 수표나 어음의 지급을 거절한다. 이를 흔히 부도라고 한다. 그러나 일단 부도를 낸 기업이 모두 당좌거래를 정지 당하는 것은 아니다. 지급 제시된 날 돈을 입금하지 못했더라도 다음 영업일까지 돈을 내면 당좌거래를 정지 당하지 않는다. 이를 1차 부도라 한다. 이런 식으로 부도를 1년에 4번 이상 내면 자동적으로 최종 부도처리돼 당좌거래를 정지 당한다. 또한 부도를 내고 다음 영업일까지 결제하지 못하면 횟수에 상관없이 최종 부도 처리되고 당좌거래가 정지된다.

129. 당좌대출 소진율

이미 설정된 당좌대출한도에서 실제 대출된 돈이 차지하는 비율.

기업들은 거래 편리를 위해 은행에 당좌예금계좌를 갖는다. 그러면 예금잔액에 관계없이 당좌수표나 약속어음을 발행할 수 있다. 은행들은 기업들이 발행한 수표나 어음을 제시하는 사람에게 돈을 내준다. 예금잔액을 초과해서 돈을 지급하기 때문에 은행은 기업에 대출을 해주는 셈이다.

이때 은행은 기업의 신용도 등을 고려, 미리 발행한도를 배정한다. 기업들은 비상시 자금확보를 위해서 대출한도를 최대한 배정받으려 한다.

그러나 대출금리를 물어야 하기 때문에 언제나 대출한도만큼 대출을 받지는 않고 한도 내에서 필요한 금액을 대출받는데 이것이 당좌대출 소진율이다. 자금 사정이 좋지 않을 때에는 소진율이 50%를 넘기도 한다.

130. 대규모기업집단

공정거래위원회가 경제력집중을 막기 위해 공정거래법에 의거, 자산총액 기준으로 30위까지 지정한 기업집단. '30대 재벌'의 공식 행정 용어다. 대규모기업집단에 지정되면 상호출자금지 상호채무보증제한제도의 적용을 받게 된다 .공정위는 매년 4월1일 대규모기업집단을 발표한다.

131. 대기오염물질의 장거리 이동에 관한 협약

(The Convention on Longrange Transboundary Air Pollution)

1975년 구주안보회의에서 스웨덴 등 북구 대표들이 국경을 넘은 대기오염문제를 공식 제기하여 1979년에 협약의 골격을 마련하고 1983년 3월에 발효됨. 동구와 서구권국가가 함께 참여하여 대기환경을 다룬 최초의 다자간 환경협약이나 구체적 규제 사항은 없고, 과학・기술정보 교환을 촉진하고 대기오염물질의 방출을 줄이기 위한 방향을 제시하고 있다.

132. 貸付신탁

대부신탁은 보통의 신탁처럼 위탁자와 신탁회사가 개별적으로 계약하는 것이 아니라 신탁회사가 일정한 약관에 의하여 일정금액 단위의 수익증권을 일반 대중에게 발행하고 받아들인 자금을 운용하는 금전신탁이다. 일반에게 받아들인 자금이 통째로 한 단위로 운용되면서 중요 사업체에 대한 장기대출로 주로 운용된다. 이 경우 수익증권의 소유자는 수탁자인 동시에 수익자가 되며 수익증권을 발행한 신탁회사는 수탁자가 된다. 이와 같은 대부신탁은 2차 세계대전후 일본의 전력, 석탄, 철강 등 기간산업의 장기자금조달에 이용되어 경제부흥에 이바지했다.

133. 대손충당금 (貸損充當金)

결산일 현재 회수가 어려울 것으로 추정되는 매출채권을 비용처리하기 위해 미리 쌓아두는 돈. 대손이란 거래처의 부도 등으로 대금을 회수하지 못하는 은행 대출금 등 매출채권을 말한다. 해당 채권이 회수불가능하게 되면 대손충당금으로 상계처리 한다. 당해 연도에 이익금으로 장래 손실에 미리미리 대비, 회사 재정을 튼튼히 하기 위한 것이다.

134. 대여권(RR : Rental Rights)

대여권이란 공표된 저작물의 복제물을 대여점 등에서 다수의 공중에게 대여하는 경우 저작물의 판매량이 감소하여 저작자의 재산권 이익이 그만큼 손실되게 되므로 저작자의 재산권을 보호하기 위해 저작자에게 "대여행위를 허가 또는 금지하는 권리"나 "피해보상을 청구할 수 있는 권리"를 인정해 주는 것을 말한다.

135. 대외지불부담(external liabilities)

「외채(external debt)」는 현재 세계은행(IBRD)이 정한 기준에 따라 작성되는 통계가 국제적으로 통용된다. 일정 시점에 거주자(한국 내에 있는 모든 금융기관이나 기업)가 비(非)거주자(외국)에게서 빌린 돈을 말한다. 한마디로 한국과 한국 바깥을 나누는 방식이다.

예를 들어 국내에 진출한 미국 은행이 해외에서 들여온 돈도 한국의 외채로 잡힌다. 반면 미국에 진출한 국내 은행의 해외 점포가 미국에서 돈을 빌려 운용한다면 이건 한국의 외채 통계에는 안 잡힌다. 하지만「대외지불부담」은 기존의 IBRD방식에 따른 외채뿐 아니라, 국내 금융기관들(은행 및 종금사)의 해외 점포가 현지에서 빌려 현지에서 운용하는 돈, 국내 금융기관 본점이 해외에서 빌려 해외에서 운용하는 돈(역외금융)까지 전부 포함시켰다. 만약 해외 점포에서 빚을 못 갚으면 결국 국내 금융기관이 갚아 주어야 하기 때문에 사실상 한국에 상환 부담이 있다는 뜻이다. 다만 여기에서 한국 기업인 해외 현지법인이 해외에서 빌린 돈 (현지 금융), 금융기관 해외 점포의 해외 예수금은 빠졌다. IMF의 모든 문서에서는 포괄적인 개념인 대외지불부담을 기준으로 한다.

136. 대출금 출자전환

금융기관이 기업에 빌려준 돈을 회수하지 않고 그에 상당하는 지분을 받아 주주가 되는 것. 자금난에 빠진 기업은 살아날 가능성이 생기고 금융기관도 악성채권을 그대로 갖고 있는 것보다 기업을 정상화한 후 다른 곳에 매각할 수 있어 좋다. 주거래 기업과의 재무구조개선협정 체결을 앞두고 있는 은행들은 이 제도를 적극 활용할 전망이다.

137. 대표소송

주주가 회사경영자에 대한 책임을 추궁하기 위해 제기하는 소송을 말한다.

대표소송은 소주주주의 지위를 강화하기 위한 제도로서 상법과 증권거래법에 근거 규정을 두고 있다. 상법상 대표소송은 주식이 상장되지 않은 주식회사로서 이사 등의 권한 남용을 방지하기 위해 발행 주식 총수의 100분의 5이상에 해당하는 주식을 가진 소주주주들이 제기할 수 있다. 여기에는 의결권이 없는 주식을 소유한 자도 포함된다.

증권 거래법상 대표소송은 상장회사 주주 중 발행주식 총수의 0.05%이상을 보유한 주주들이 제기할 수 있다.

대표소송에 의해 추궁할 수 있는 책임의 범위는 계약에 의한 채무불이행 등 일반거래로 인한 채무까지도 포함된다.

소주주주의 대표소송이 남용되는 것을 막기 위해 피고 측은 악의임을 소명하고 주주로 하여금 상당한 담보를 제공할 것을 법원에 청구할 수 있다.

138. 더블워크(Double Work)

아르바이트나 부업을 통해 수입을 보충하는 것. 능력별 급여체계가 정착돼 임금격차가 큰 서구에서는 '야간 아르바이트(Moonlighting)'나 '주말부업(Weekend Job)'을 하는 것이 보편화돼 있다.

미국의 경우 80년대 불황기에 고임금 일자리를 줄이고 저임금 위주로 고용이 늘어나면서, 한 직업만으로는 충분한 수입을 얻지 못하는 사람들 사이에서 더블 워크가 등장했다. 일본에서도 90년대 이후 급여가 줄어들면서 부수입을 목적으로 두 개의 직업을 갖는 더블워커(Double Worker)가 급증했다. 우리나라에서도 연봉제가 급속도로 확산됨과 동시에 전반적인 임금 수준은 낮아지는 추세 속에서 부업을 찾는 샐러리맨이 등장하고 있다. 앞으로 기업체에서 능력 위주에 근거한 연봉제가 정착되면서 수입 격차도 점차 확대, 샐러리맨도 사이에서 더블워크가 계속 확산될 전망이다.

뿐만 아니라 지금 같은 소비 불황이 장기화될 경우 매출 급감으로 생활이 어려워진 자영업자들도 더블워크 전선에 나설 것으로 예측되고 있다.

139. 더치옥션

네덜란드식 경매(Dutch Acution). 경매를 통해 채권 등을 매각하되 경매 참여자가 써낸 금리가운데 최고치로 모든 물량을 처분한다. J P 모건 등 외국 금융기관들은 단기외채 2백 50억달러를 중장기로 전환할 때 적용하는 금리를 이 방식으로 결정할 것을 제안, 외환협상의 주요 이슈가 되고 있다. 입찰 참여자들이 담합한다면 금리가 올라갈 가능성이 높다.

140. 데킬라현상

손등에 묻힌 소금을 안주 삼아 마시는 멕시코산 독주(毒酒)의 이름이다. '데킬라 현상'이라는 경제용어는 94년말 멕시코가 외환위기의 벼랑 끝에 몰리자 브라질, 아리헨티나, 칠레 등 주변국들도 마치 멕시코산 데킬라에 취한 듯 같이 위기를 겪은 데서 나온 말이다.

당시 브라질이나 칠레 등은 국제수지 등 경제여건이 외환위기를 치러야 할 만큼 취약하지 않았는데도 '모진 이웃 만나 날벼락 맞는' 불행을 당한 것.

아시아의 외환위기에서도 이 같은 현상이 엿보였다. 태국 바트화의 폭락에서 시작된 환율위기 태풍은 인도네시아, 필리핀, 말레이시아를 차례로 쓰러뜨린 데에 이어 '경제 기초여건(펀더멘덜)'이 좋다는 한국까지 강타했다. '아시아판 데킬라 현상'이었다.

이런 일은 국제금융시장에서 헤지펀드를 만지는 '큰손'들이 각국 경제 여건의 미세한 차이를 알지 못하고 대충 '한 묶음'으로 취급하기 때문에 빚어진다.

예를 들어 뉴욕 월가의 펀드매니저는 바트화 폭락 사태가 일어나면 "동남아가 위험함으로, 이 지역에 대한 투자비중을 30%에서 20%로 즉시 줄일 것" 이라고 지시한다.

월가 매니저 밑에서 일하는 홍콩의 펀드매니저는 아시아 각국에서 10%만큼 돈을 빼낸다. 이에 따라 이 지역 전체에 달러가 말라붙고 외환위기가 닥친다. 경제학자들은 데킬라 현상을 '인접효과', '전염효과' 등으로 표현하기도 한다.

우리나라의 외환위기때 일본이 긴장하고, 지속적인 관심을 보인 까닭도 이러한 데킬라현상을 의식해서이다.

141. 델피 기법

체계화된 자료가 많지 않고 통계적인 모형을 통한 분석이 어려울 때 해당 분야의 전문가를 모아 의견을 구해 종합적인 방향을 전망하는 조사방법.

델피기법의 진행은 첫째, 해당 분야 전문가를 선정하고 둘째, 개략적인 질문의 방향을 정한 뒤 셋째, 1차 설문을 하는 전(前)단계를 거친다.

다시 1차 설문의 결과에 따라 질문의 방향을 수정하고 2차 설문을 하게 된다. 필요에 따라서 이 같은 과정을 3~4차례 반복하고 난 후 결론을 내린다.

이 기법은 1964년 미국의 기초과학 연구소인 랜드(RAND)가 공산품의 신제품 수요

예측이나 미래과학기술의 방향을 예상하기 위해 도입해 사용한 후 사회과학 분야의 대표적인 분석 방법의 하나로 자리 잡았다.

142. 도덕적해이

생산성이 높은 노동자와 그렇지 못한 노동자가 있다고 하자. 그리고 이들의 생산성 차이 외에는 무관하게 양자에게 동일한 임금을 준다고 하자. 그럴 경우 생산성이 높은 노동자는 노동의욕을 상실, 자신의 생산성을 충분히 발휘하지 않으려는 태도를 보일 수 있다. 시간이 지나면 이 기업에는 양질의 노동자는 다 나가 버리고 생산성이 평균에도 못 미치는 저질의 노동자만 남게 되는 역선택(Adverse Selection)현상이 발생한다. 이처럼 가치가 높은 쪽이 그렇지 못한 쪽과 동일하게 취급됨으로써 전자가 자신의 능력을 충분히 발휘하지 않으려는 현상을 도덕적 해이(Moral Hazard)라 한다.

기업이나 국가에서도 이 개념을 적용할 수 있다. 즉 한계기업을 시장논리에 따라 퇴출시키지 않고 협조융자 등으로 계속 구제해 줄 경우 한계기업뿐만이 아니라 우량기업까지도 경영의욕을 상실, 시장 전체의 효율이 떨어지게 되는 현상이 발생한다.

143. 도피조항(Escape Clause)

GATT의 각종 의무로부터 이탈할 수 있도록 예외 조항을 뜻하며, 협의로는 Safeguard를 취할 수 있도록 한 GATT 19조와 각국의 국내법 관련 조항을 말한다.

144. 동경라운드(Tokyo Round)

1973년 9월부터 1979년 6월까지 개최된 GATT/제7차 다자간무역협상임. 동경라운드에서는 과거에 개최되었던 6차례의 무역협상과는 달리 관세 뿐 아니라 비관세 장벽의 자유화도 주요 협상 대상으로 다루어져 공산품의 관세율을 '87년까지 평균 33%로 낮추기로 하였을 뿐 아니라, 반덤핑, 상계관세, 기술장벽, 정부구매 등과 같은 비관세분야에서도 협약 또는 협정을 체결하는 성과를 거두었다.

145. 동경선언 1994(Tokyo Declaration 1994)

1994년 10월 Tokyo Conference on Global Environmental Action에서 리우회의(1992. 6) 정신의 강화와 인구와 환경, 무역과 환경, 재정과 재정체계, 인간 부문의 동반 관계 등 4가지 주요 이슈에 대한 새로운 방향을 제시한 선언이다.

146. 디폴트(Default)

「디폴트」의 사전(辭典)적 의미는「채무불이행」이다. 공사채나 은행 융자를 통해 돈을 끌어 쓴 후 이에 대한 원금과 이자를 계약서상의 정해진 기한 내에 갚지 못하는 것을 디폴트라고 한다.

채무국의 중앙은행이 국제 결제수단인 달러를 충분히 갖고 있지 못하면 달러를 차입했던 민간 금융기관이나 기업은 대외채무를 갚지 못하는 상황이 발생한다. 디폴트가 무서운 것은 이로 인해 대외신용이 상실되어 더 이상 달러 차입이 어려워진다는데 있다.

채무국은 디폴트에 빠지기 전에 모라토리엄(대외채무지급불이행)을 선언한다. 이것은 채무국이 자국의 모든 대외채무에 대한 상환을 당분간 유예해 줄 것을 채권단에게 요청하는 비정상적 조치이다. 선언 후 채권단과 협상에 들어가는데 채무국은 부도 직전이기 때문에 주도권은 당연히 채권단이 쥔다.

한국은 뒤늦게나마 국제 공공 금융기관인 IMF에 구제금융을 신청하고 뉴욕 단기외채 협상을 조기에 마무리 지음으로써 모라토리엄의 위기는 간신히 모면했다. 그러나 금리조건이 더욱 악화되는 등 외환관리를 어설프게 한 데 대한 값비싼 대가를 치르고 말았다.

147. 디플레이션

가끔 신문지상에 디플레이션(Deflation)이라는 말이 자주 등장한다. 앞으로 세계경제가 동시에 디플레이션에 빠질 가능성이 크고 또 그 조짐이 보인다는 얘기다. 디플레이션이란 경제 전반에 공급이 초과됨으로써 물가 수준이 하락하는 현상이다. 디플레이션이 발생하면 제품 가격이 하락하여 기업들이 이윤이 감소하고 이는 다시 임금 및 고용을 축소시키고 소비자들의 소득과 소비를 감소시켜 생산이 위축되고 또다시 제품 가격이 떨어지는 악순환을 겪게 된다. 악순환이 생기면 기업이 파산하고 실업자가 증가한다. 주가와 땅값 등 자산 가격도 폭락한다. 돈은 회사채보다 안전하고 신용도가 높은 국채로 몰리게 된다. 미국 독일 일본의 국채 수익률이 거의 사상 최저치인 것이 이를 입증한다. 중상층이 빈곤해지고 빈부 격차가 커지는 사회적인 위기도 우려 대상이다. 이미 많은 기업들이 경기침체에 대응해 전략을 세우고 있다. 그 중 하나가 빠르고 강력한 구조조정이다. 즉 감량 경영이다. 부실 사업이나 적자 사업을 매각하거나 통폐합하고 핵심 사업 위주로 재구축한다. 그리고 저리의 외자를 유치하는데 힘쓰며 증자나 자산 재평가 등을 통해 부채 비율을 낮추고 현금 흐름을 개선시킨다. 그 밖에 판매 거점을 해외로 이전하고 고부가가치의 제품을 생산하여 틈새시장을 노린다. 물론 조직의 슬림화나 아웃소싱 등의 방법으로 경비도 구조조정을 한다. 발 빠른 구조조정, 수익성과 현금 흐름을 중시하는 내실 경영, 신규 시장 창출을 위해 노력하는 기업만이 디플레이션 상황에서 살아남을 수 있다. 이런 시대에 어떤 주식을 살지 판단하는 한 기준이기도 하다.

148. 딜론 라운드(Dillon Round)

1960년 5월부터 1961년 7월까지 개최되었던 GATT상 제5차에 해당하는 다자간 자유무역 협상임. 당시 케네디 행정부의 국무차관이었던 Mr. Douglas Dillon이 제창해 개시되었으므로 그의 이름을 따서 명명한 것이다.

149. 런던조약(London Dumping Convention)

폐기물 또는 기타 물체의 투기에 의한 해양오염방지에 관한 조약임. 1972년 11월에 채택되어 1975년 8월에 발효된 국제조약으로서 선박, 항공기, 또는 해양시설로부터 폐기물 등의 해양투기 및 폐기물의 해상소각의 규제를 내용으로 한 것임. 조약의 구성은 본문 및 3종류의 부속조항 그리고 부록으로 되어 있음. 부속조항 Ⅰ에 규정된 규제물질(유기할로겐화합물, 높은 오염수준의 방사성 폐기물 등)의 해양투기 및 해상소각은 원칙적으로 금지함(유기할로겐화합물 및 기름에 대해서는 특별허가에 의해 해상소각 가능). 부속조항 Ⅱ의 규제물질(비소화합물, 시안화합물, 불소화합물 등)에 대한 해양투기 및 해상소각은 사전의 특별허가가 필요함. 기타의 규제물질은 사전에 일반 허가를 받으면 해양투기 및 해상소각을 할 수 있음. 부속조항 Ⅲ에는 해양투기 가능기준 설정에 있어서 고려하여야 할 폐기물의 특성, 투기 장소의 특성 등을 정하고 있음. 1994년 12월 현재 72개국이 가입하였으며, 우리나라는 1994년 5월 11일 가입하였다.

150. 레버리지(Leverage)

레버리지란 보통 자본 또는 운용자산에 대한 부채비율을 의미하지만 국제 금융시장에서는 운용자산에 대한 부채비율을 나타낸다. 운용자산 100달러를 가지 헤지펀드가 900달러를 차입해 선물시장이나 파생금융상품시장에서 1,000달러를 투자한다고 가정하자. 이때 레버리지는 1,000/100×100=1,000%가 된다. 최근 헤지펀드들이 이 레버리지 효과를 이용, 선물과 파생금융상품에 엄청난 규모로 투자했다 실패해 일반에 알려진 금융용어이다. 헤지펀드들은 보통 레버리지를 1,000~2,000%정도로 운용한다고 알려지고 있지만 극도로 위험을 선호하는 헤지펀드들을 5,000~1만%까지 레버리지효과를 이용하고 있는 사례도 있다. 최근 도산위기에 처한 롱텀 캐피털 메니지먼트(LTCM)가 그 대표적인 예인데 이 헤지펀드는 최고 1만%까지 레버리지효과를 높여 고수익을 올렸으나 러시아 모라토리엄(대외채무 지불유예)이라는 변수를 예측치 못해 파산지경에 이르렀다. LTCM의 운용자산은 800억달러 정도였으나 레버리지효과를 이용, 금융시장에서 1조2,000억달러를 굴렸었다. 그러나 LTCM은 러시아 사태 이후 1,200억달러의 손실을 입고 두 손 들고 말았다.

151. 로드쇼(Road Show)

유가증권을 발행하려는 회사가 투자자들을 대상으로 벌이는 설명회. 주요 국제금융 도시를 돌아다니면서 열리기 때문에 로드쇼라고 불린다.

발행회사는 유가증권의 종류와 발행규모, 기업의 현재와 미래에 대한 포괄적인 전망, 발행회사 소속국가의 증시동향 등을 설명한다. 유가증권 발행시 실시된다는 점에서 일반적인 기업설명회(IR:Investor Relation)와는 구분된다.

152. 로마협약

실연가, 음반제작자, 방송사업자의 보호에 관한 국제협약(International Convention for the Protection of Performers, Producers of Phonograms and Broadcasting Organization). 1961년 10월 20일 체결된 것으로 일명 저작인접권 협약이라 한다.

153. 롤오버(Roll-Over)

금융기관이 상환만기가 돌아온 부채의 상환을 연장해 주는 조치. 롤오버 비율이 70%라는 것은 국내 은행이 1백달러를 빌려준 외국 금융기관이 만기가 됐을 때 70달러를 연장해 줬다는 말. 연장 기간은 대게 3~6개월, 롤오버 비율은 국내 외환보유고가 고갈 상태에 빠진 지난해 말에는 5%대로 급락하고 기간도 1주일 이내로 줄었다가 최근 호전되는 분위기다.

154. 리보(LIBOR)

런던 은행간 금리(London InterBank Offered Rate). 런던금융시장에서 오전 11시에 금융기관끼리 자금을 주고받을 때 적용하는 금리로 국제금융계의 대표적 기준 금리다. 요즘 3개월짜리가 연 5.6% 안팎이다.

국내 은행들은 만기를 연장 받으면서 리보에 3~5%포인트의 가산금리를 얹어 주고 있다.

155. 리우 선언(Rio Declaration)

1992년 6월 브라질 리우데자네이로에서 1972년 스웨덴의 스톡홀름에서 "인간환경선언"이 있은지 20년 만에 지구인의 행동강령으로서 150여개국 대표가 서명하여 채택되었으며, 27개 원칙으로 구성되어 있다.

156. 리콜(Recall)

소비자에게 피해를 줄 수 있는 제품을 생산・유통시킨 업체가 결함 사실을 미리 소비자들에게 알리고 수리・교환・환불・파기 등 시정 조치를 취하도록 파는 제도. 선진국에서는 보편화되어 있으나 국내에선 자동차・식품・의약품에 대해서 주로 적용되고 있다.

96년 현대자동차가 엘란트라 승용차의 배기가스 배출 장치의 결함을 발견, 자진 시정한 것이 대표적 사례이다.

157. 매출액 경상이익률

기업들이 장사를 해서 얼마나 남겼는지를 알게 해주는 지표다. 공식은 (영업이익 + 영업외이익 - 영업외손실) ÷ 매출액이다. 영업이익이란 전체 매출액에서 인건비 재료비등 원가와 관리비등을 뺀 것. 영업외 이익은 외환거래, 주식평가. 이자 수입 등에서 얻은 이익이고 손실을 입었을 경우엔 영업외손실로 잡힌다. 경상이익은 세전(稅前)개념이다. 경상이익에서 각종 특별이익을 가감한 뒤 법인세를 내면 당기순이익 개념이 나온다.

만약 어떤 기업의 매출액 경상이익률이 1%라면 이 기업은 1만원 어치 물건을 팔아 100원을 이익으로 남겼다는 뜻이 된다. 다만 여기에는 세금(법인세)이 포함되지 않기 때문에 실제 이익은 더 적어진다. 매출액경상이익률이 마이너스라면 손해 보는 장사를 했다는 얘기다.

158. 멸종위기 야생종 보호협약

(CITES : Convention on International Trade in Endangered Species of Wild Fauna and Flora)

범세계적으로 멸종위기에 처한 야생 동・식물 및 생태계를 보호하기 위하여 1973. 3월 채택된 협약으로 멸종 위기에 처한 호랑이, 곰 등 약 3만 여종의 야생 동・식물에 대한 포획・채취 및 상거래의 규제를 규정하고 있음.(1975년 7월 발효). 1994년 12월 현재 126개국이 가입하였으며 우리나라는 1993년 7월 9일 가입하였음.

159. 모듈

기계 또는 시스템의 구성단위, 복수의 전자부품이나 기계부품 등으로 조립되어 특정 기능을 하는 부분 장치를 말한다.

컴퓨터, 전자기기 등이 복잡해짐에 따라 정보교환이나 부품 개발을 쉽게 하기 위해 제품과 부품의 중간적인 장치로 모듈이라는 개념을 도입했다. 컴퓨터시스템에서 중앙

처리장치, 주기억장치, 입출력장치 등을 각각 하나의 모듈이라고 할 수 있다.

생산면에서 다른 공장이나 업체에서 각 모듈별로 분담, 생산성을 높일 수 있고 개량도 용이해 질 수 있다. 최근에는 컴퓨터 뿐 아니라 각종 기기의 업무 처리에 있어서도 모듈이라는 개념이 도입돼 활용되고 있다.

160. 목적세

어떤 특정경비에 충당할 목적으로 부과하는 세금을 말하는 것으로 그 세수입의 용도와 납세의무자 또는 과세대상간에 일정한 수익관계가 있는 것을 전제로 한다. 한편 목적세부담은 수익의 한도를 초월하지 않는 것이 원칙이다.

161. 몬트리올 의정서(Montreal Protocol on Substance that deplete the Ozone Layer)

1987년 캐나다의 몬트리올에서 오존층 파괴 물질인 CFCs등에 대한 생산 및 사용규제에 관한 협약을 체결하여 CFC-11, Halon등 총 8종의 규제물질을 지정하고 2000년부터 사용을 금지하는 것을 주요 내용으로 하고 있으며, 2차례의 개정을 통해 규제물질을 95종으로 확대하였고 물질별 규제일정 또한 단축한 바 있으며(1992년 11월), 특히 CFC의 경우 사용금지 시기를 1996년으로 단축하였으나, 한국을 포함한 개도국은 2005년까지 연간 국민 일인당 0.3kg 범위 내에서 사용이 가능토록 한다.

162. 『무디스』의 연혁

무디스(Moody's)라는 회사명은 1900년 이 회사를 설립한 존 무디(1868~1958)의 이름을 딴 것이다. 처음엔「산업-기업 유가증권 무디스 매뉴얼」이란 소책자를 부정기적으로 발행했다. 본적적인 신용평가 업무를 시작한 것은 1909년 철도회사 투자자들을 위한 채권 평가를 공식 발표하면서부터. 200여개 철도회사와 관련한 1천5백여종 채권의 가치 및 연말 업체별 대차대조의 객관적 평가기준으로 성과를 얻기 시작했다. 현재까지 사용되고 있는 평가등급 Aaa~C는 이미 이때 도입됐다.

1914년엔「무디스-인베스터스 서비스」로 회사명을 정하고, 신용평가 대상을 미국내 도시 및 지방자치단체 발행 채권까지 확대했다. 그리고 10년 후인 1924년엔 미국 채권시장 거의 1백%가 무디스의 평가를 받게 됐다.

무디스는 대공황을 계기로 권위와 영향력을 인정받게 됐다. 하지만, 각종 신형 유가증권이나 은행자산 평가 등으로 영역을 확대한 것은 70년대 들어서였다.

163. 무수익 여신(Non-current Loan)

금융기관이 3개월 이상 이자를 받을 수 없어 수익을 내지 못하는 대출금으로 금융기관의 여신건전성을 평가하는 중요한 기준이다. 무수익 여신은 회수가 불가능한 것으로 판단되는 「추정손실여신」과 손실발생이 예상되는 손실액수를 확정할 수 없는「회수의무여신」, 3~6개월 이상 연체된 것으로 담보를 처분해야 회수가 되는「고정여신」을 포함한다.

164. 무역관련투자조치(TRIMs : Trated Related Investment Measures)

투자유치국이 외국인 투자를 허가하면서 부과하는 투자허용조건. WTO/무역관련투자협정에서는 국산부품 사용의무, 외환제한, 국내판매의무, 수출입 균형의무 등의 무역관련 투자조치를 부과하는 것을 금지. 현재 유지하고 있는 현행의 TRIMs를 선진국은 WTO협정 발효 후 2년, 개도국은 5년, 최빈국은 7년 이내에 철폐해야 한다.

165. 무역어음(Trade Bill)

수출기업이 신용장(L/C)을 담보로 수출품 생산자금 등으로 쓰기 위해 발행하는 어음. 수출업체가 발행하고 은행이 매입해 일반에 매각하는 방식으로 유통된다. 무역어음은 무역금융이 대폭 축소된 뒤 수출업체의 자금조달을 원활히 하기 위해 도입한 것으로, 89년 9월 정부가 30대기업에 대한 무역금융을 폐지하면서 도입, 시행한 것이다.

무역어음의 할인율은 기업어음과 비슷한 17%선이며, 발행기간은 대체로 180일 이내다. 단, 수출신용장 만기일에 10일을 더한 기간을 초과할 수 없다. 무역어음은 주로 무역금융 혜택이 없는 대기업들이 이용해 왔는데, 금리가 일반대출 수준인데다 절차가 복잡해 실적이 저조했다.

166. 무역정책검토기구(TPRM : Trade Policy Review Mechanism)

각국의 무역정책 및 관행 그리고 이러한 정책과 관행이 다자간 무역체제에 미치는 영향을 WTO에서 정기적으로 검토하는 제도. WTO에서는 무역정책 검토를 담당하는 기구로 무역정책 검토기구(Trade Policy Review Body)를 설치하였음. 조사 대상국은 교역 규모별로 차등을 두어 세계무역 1~4위국은 2년마다, 5~20위국은 4년마다, 기타국은 6년마다 자국의 무역정책을 검토 받게 됨. TPRM 검토 결과는 검토 즉시 공표되어 차기 총회에서 채택된다.

167. 무역환경소위원회(Sub-Committee on Trade and Environment)

WTO 설립을 위해 설치된 WTO 준비위원회 산하에 구성된 소위원회로, 무역환경문제에 대한 실질적인 국가간 토의기구임. 이 소위원회에서 논의된 사항은 1995년 WTO 발족과 동시에 구성·운영되는 무역환경위원회(CTE)에 연계되어진다.

168. 무역환경위원회(Committee on Trade and Environment)

WTO 각료회의 산하에 설치된 특별위원회이며, 국제무역과 환경정책의 다각적인 조화방안을 논의하기 위해 구성된 위원회로 2년간 한시적으로 운영하게 되며, 그 이후(WTO 제1차 각료회의)에 다시 운영 여부를 결정하게 된다.

169. 무역환경 전문가회의(OECD : Joint Session of Trade and Environment Experts)

OECD 무역위원회와 환경위원회의 공동주관으로 1992년부터 각국의 환경정책 관련자와 전문가가 참여하여 활동중인 비공식적 성격의 전문가 모임임. 전문가 회의에서는 OECD 각료이사회가 선정한 무역과 환경관련 10개 과제를 주요 검토대상으로 선정하여 1993년부터 본격적으로 검토하고 있으며 동 회의의 검토결과를 1995년 6월에 예정된 각료회의에 보고할 예정임. 10개 작업과제는 제조공정 및 생산방법(PPMs), 환경목적의 무역조치사용, 전생애수명주기 개념, 환경기준의 국제적 조화문제, 경제적 수단 및 환경보조금과 무역문제, 무역·환경정책과 협정의 검토, 무역과 환경의 원칙 및 개념, 무역자유화가 환경정책에 미치는 영향, 환경정책과 투자 및 무역, 분쟁해결문제 등이 있다.

170. 뮤츄얼 펀드

미국 투자신탁회사의 주류를 이루는 기금(펀드), 뮤츄얼 펀드는 일반 투자자들에게 주식을 발행해 자금을 마련하며 이 자금을 전문펀드매니저가 비교적 위험이 낮은 주식이나 채권 등에 투자한다. 일반 투자자들은 뮤츄얼 펀드의 주식을 언제든지 사고 팔 수 있다. 뮤츄얼 펀드의 수익률은 은행보다 높은 편이다.

171. 미끼상품(Loss Leader)

백화점·할인점·슈퍼마켓 등 유통업체들이 보다 많은 손님을 끌어들이기 위해서 일정한 기간동안 원가 이하로 파는 상품을 말하다.

로스리더(Loss Leader) 상품은 유통업체들이 정기세일 등 특별한 판매행사를 할 때 일단 손님을 매장으로 유혹하기 위한 상품이란 뜻에서 미끼상품 또는 유인상품이라고 부른다.

가령, 갤러리아 압구정점은 12만~25만원선인 엘리자벳·텐디 등 고급 구두를 하루에 50켤레씩 한정해 2만5,000원에 팔았고 그랜드 백화점은 파올로구치 핸드백을 2만원에 팔았다. 이처럼 미끼상품을 파는 경우 그 상품으로 인해 손해(Loss)를 보지만 소비자를 일단 백화점에 오게 함으로써 그 상품뿐만 아니라 다른 상품까지 같이 구매하도록 유도해(Leader) 전체적으로는 이익을 볼 수 있다.

또한, 어느 백화점의 물건 값이 싸다는 소문이 퍼지면 손님들이 많이 몰려와 매출이 크게 증대된다.

172. 미연방기금금리

미국의 중앙은행격인 연방준비제도이사회(FRB)가 공개시장위원회(FOMC)에서 결정하는 연방기금 금리는 한국의 은행간 콜금리에 해당하는 미국의 대표적인 단기금리다.

금융기관들끼리 단기적으로 필요한 자금을 거래할 때 적용되는 금리로 금융시장의 자금흐름을 민감하게 반영하기 때문에 단기 실세금리의 지표로 이용된다. FBR는 한달 반에 한번씩 1년에 8번 FOMC를 열어 연방기금 금리 조정여부를 결정한다.

반면 재할인율은 은행들에 긴급자금을 지원할 때 적용하는 금리이다. 일반 시중은행들은 기업들의 어음을 만기까지의 금리를 감안, 할인해 사들인다. 이때 금융기관들이 할인한 어음을 중앙은행이 다시 할인하면서 적용하는 할인율을 재할인율이라고 한다.

재할인율이 인하되면 중앙은행으로부터 자금을 조달하는 시중은행들의 비용이 줄어들어 대출이 늘고 기업에 대한 투자도 증가한다.

173. 미 통상법

301조 시장개방 목적
201조 수입제한 규정
701조 불공정 등 규제

미 통상법은 크게 3개 범주로 분류할 수 있다. 첫째가 무역 파트너에 대해 시장개방 요구를 목적으로 한 통상관련법으로 301조, 슈퍼301조, 스페셜301조등이 여기에 해당된다.

또 외국제품에 대한 수입제한을 위한 통상법으로 201조를 비롯, 731조, 701조, 337조 등이 있는데 이중 201조는 세이프가드조치로 불리는 긴급 수입제한에 관한 규정이고 나머지는 덤핑, 보조금지급, 지적재산권 위배 등 불공정 무역행위를 규제하기 위한 것이다. 이밖에 국가의 안정을 위한 수입제한, 보건 위생을 위한 수입제한을 다룬 통상법이 마지막 범주에 속한다.

문제가 되는 슈퍼 301조는 지난 89년 2년간의 한시 적용을 위해 종합무역법에 처음 도입됐었다. 미국은 이 조항이 효과가 있다고 판단, 94년 또 다시 한시적으로 2년간 이를 부활시켰으며 종료 전인 95년 9월에 적용 기간을 97년 말까지로 연장했다가 계속, 적용하고 있다.

174. 바이폴라 전략(Bipolar Policy)

양극화전략, 모순전략 등으로 번역될 수 있으며 상반되거나 상호 조화가 어려운 모순된 가치를 동시 병행으로 유연하게 추구함으로써 사업의 최종 성과를 극대화시키는 경영전략이다.

예를 들어 품질을 높이기 위해서는 생산비용의 증가가 필연적이라는 것이 기존 사고방식이라면 바이폴라적 사고는 품질이 개선되면 최종적으로 비용이 절감된다는 발상의 전환을 요구한다.

즉, 품질향상과 비용절감이라는 두 마리 토끼를 한꺼번에 잡을 수 있다는 혁신적 사고가 뒷받침되어야 한다는 것이다. 바이폴라 전략은 90년대 기업간 경쟁이 국경을 초월해 무한경쟁으로 치달으면서 각광을 받고 있다.

175. 바젤위원회(바젤 은행감독위원회, BCBS)

74년 독일의 빙크하우스 헤르슈타트가 파산한 직후 G-10중앙은행총재들이 신용 불안을 진정시키기 위해 지속적으로 협조를 유지하려는 목적으로 설립. 바젤위원회는 88년「국제금융업무를 하는 은행은 92년말부터 자기자본비율을 8%이상으로 끌어올려야 한다」는 국제금융규칙을 발표, 갑자기 국제금융계의 헌병으로 등장했다.

176. 바젤협약(Basel Convention)

유해폐기물의 교역통제에 관한 국제협약. 1989년 스위스 바젤에서 채택되어 1994년말 현재 73개국이 가입하였음. 병원성 폐기물을 포함한 유해폐기물(수은 함유폐기물 등 47종)의 국가간 이동시 교역국은 물론 경유국에까지 사전통보 등의 조치를 취함으로써 유해폐기물 불법이동을 줄이자는데 그 기본 취지가 있음. 대부분의 환경관련 국제협약이 미국, EU 등 선진국 주도로 이루어진데 반하여 아프리카 등 77그룹이 주도적인 역할을 하고 있음. 후진국들이 선진국의 폐기물 처리장화해서는 안되겠다는 위기의식에서 출발되었으며 우리나라도 1994년 2월 28일 가입하였고, 이에 대비 1992년에는 “폐기물의 국가간 이동 및 그 처리에 관한 법률”을 제정한 바 있다.

177. 반덤핑관세(Anti Dumping Tariff)

정상적인 가격보다 부당하게 저렴한 가격으로 수입되는 물품으로 인해 국내산업이 피해를 입거나 입을 우려가 있을 경우, 이를 방지하고 공정한 거래를 확보하기 위해 관세율에 추가되어 수입품에 부과하는 특별관세.

178. 배드뱅크(Bad Bank)

은행의 부실 여신만을 인수·관리·처분하기 위해 만들어진 은행이다. 부실 여신과 담보로 잡힌 공장·부동산 등의 가치를 높인 뒤 이를 높은 가격에 파는 것을 주 업무로 한다.

배드뱅크는 채무자가 담보로 잡힌 부동산을 개발하거나, 가동이 중단된 동장에 자본과 인력을 투입해 정상화시킨다. 또 여신을 근거로 자산담보부채권(ABS)을 발행, 채권을 회수하는 등의 방법을 통해 부실여신 규모를 줄일 수 있다. 부실여신을 배드뱅크로 떼어 준 은행들은 우량자산만을 가지고 영업을 정상화 살 수 있어 효율적인 은행 및 기업의 구조조정을 수행할 수 있다.

배드뱅크가 부실여신을 정리하는데 드는 비용은 기존 주주나 외국인 등 신규 투자자, 정부의 증자를 통해 이뤄지는 것이 보통이다.

179. 배출부과금(Emission Change)

오염물질을 배출기준치 이상으로 초과하여 배출하는 경우 사업주에게 금전적으로 일정한 부담금을 부과하는데 이를 배출부과금이라고 함. 배출부과금은 배출총량, 초과농도, 배출지역 등에 따라 차등 부과된다.

180. 벌처펀드

부실기업의 채권을 파는 은행으로부터 헐값에 인수, 강력한 구조조정을 통해 회생시킨 뒤 비싸게 파는 첨단금융기법으로 미국의 메릴린치 등 세계 유수의 금융회사들이 벌처펀드를 운영하고 있다.

181. 베른협약(Berne Convention)

"문화 및 예술 저작물 보호에 관한 베른협약"(Berne Convention for the Protection of Literary and Artistic Works)의 정식 명칭으로, 1886년 9월 9일 스위스, 프랑스, 영국 등 10개국에 의해 체결되었으며 그 후 7차의 개정을 통해 저작물의 보호대상 및 범위가 확대되었음. 베른협약의 기본적인 골자는 다음과 같음. ① 저작권 발생과 성립에 있어서 무방식주의를 채택하고 있어, 저작물의 완성과 동시에 저작권이 발생하도록 되어있음. ② 내국민대우의 원칙으로 각 가맹국은 다른 가맹국 국민의 저작물에 대해서 자국민의 저작물과 동일한 보호를 하도록 하고 있음. ③ 미발행 저작물에 대하여는 저작권자의 국적지를 저작물의 본국으로 하고 기발행 저작물에 대하여는 저작자의 국적과는 상관없이 저작물이 최초로 발행된 국가를 그 저작물의 본국으로 하고 있음. ④ 저작권의 존속기간은 저작자의 생존시와 그 사후 50년까지로 규정. ⑤ 소급 효과를 인정해 새로 회원국이 되는 경우 다른 모든 가맹국 내에서 아직 소멸하지 않고 유효한 채로 남아 있는 저작물의 잔존 존속 기간 동안 모든 저작물을 보호해 주어야 함.

182. 베이시스

Basis. 베이시스란 선물가격과 현물가격의 차이를 말한다. 정상적인 시장에서는 현물가격이 선물가격보다 낮게 형성되므로 베이시스는 플러스의 값을 갖는다.

선물가격은 선물의 인수도가 현물상품보다 늦게 이뤄지므로 그 기간 동안의 보관료, 보험료, 투자금액에 대한 이자 등이 반영되어 현물가격보다 높은 것이 일반적이다. 그러나 일시적인 공급물량부족 등으로 인해 수급 불균형이 발행시 현물가격이 선물가격보다 높게 형성되는 경우도 발생한다.

동종 상품에 대한 근(近)월물 또는 원(遠)월물간의 가격 차이를 베이시스로 나타내기도 한다.

183. 벤처기업

기술력과 지식·아이디어를 가진 소수의 기업가들이 혁신기술을 상품화하기 위해 큰 자본 없이 세우는 기업을 말한다.

벤처(Venture)기업은 유망하고 사업성은 있지만 자금력이 약해 위험이 따른다.「모험기업」또는「혁신기업」이라고 부른다.

벤처기업은 미국의 소기업에서 시작했다. 신기술을 연구하고 디자인을 개발하는 소기업을 벤처기업의 효시이다. 마이크로 소프트 등이 벤처기업으로 출발, 세계적인 대기업으로 성장한 대표적인 사례다.

정부는 벤처기업을 ◉벤처캐피털회사(중소기업 창업투자회사·투자조합, 신기술사업금융회사·투자조합)의 주식인수총액이 자본금의 10%이상 또는 투자총액이 20%상인 기업 ◉연간매출액 대비 연구개발투자비가 5%이상인 기업 ◉특허권·실용신안권·정부출연개발사업의 성과우수 신기술을 사업화한 기업 ◉공업발전법·정보화촉진기본법·기술개발촉진법·영화진흥기본법 등 총12개 법률에 규정된 사업 중 벤처기업활성화위원회와 심의를 거친 사업을 수행하는 기업으로 규정하고 있다.

184. 벤치마킹

벤치마킹은 특정 분야에서 우수한 상대를 표적으로 삼아 성과 차이를 비교하고 뒤쳐지는 점을 개선하는 경영 기법이다.

원래 토목 분야의 전문용어로 강물이 높낮이를 측정하기 위해 설치한 기준점을 벤치마크라고 불렀다. 이것을 컴퓨터 분야에서 제품의 성능을 비교하는 용어로 사용하다가 82년 미국의 제록스사가 일본 기업의 작업 방식을 배우는 경영 기법을 처음 도입했다.

벤치마킹 기법을 활용한 경영혁신 과정은 ◉적용분야 선정 ◉상대기업 결정 ◉정보수집 ◉비교 및 분석 ◉혁신계획 수립 ◉실행 및 평가의 순으로 진행된다.

185. 보조금(Subsidies)

수출증대 또는 수입감소 효과를 갖는 모든 지원금. 즉, 장려금, 금융지원, 세제지원, 사회복지지원금 등을 말함. 또한 국내 생산에 대한 보조금을 생산보조금(Production Subsidy) 또는 국내보조금(Domestic Subsidy)이라 하고, 수출상품에 대한 보조금을 수출보조금(Export Subsidy)이라고 한다.

186. 보편적이지만 차등적인 책임(Common but Differentiated Responsibilities)

분배된 자원의 보호를 위해 각국에 분배된 책임을 말하는 것으로, 이러한 각국의 책임은 환경문제에 대한 각국의 관심과 환경문제를 해결할 수 있는 능력에 따라 상이할 수 있음. 다시 말하면, 선진국들은 범세계적 차원에서 지속적인 개발을 달성하는데 보다 더 많은 의무를 수행하도록 요구될 것인 바, 이는 선진국들이 환경파괴에 보다 많은 책임이 있으며 보다 많은 재정적, 기술적 자원을 가지고 있기 때문이다.

187. 복수국간 무역협정(Plurilateral Trade Agreements)

WTO(세계무역기구) 설립협정 부속서 4에 속하는 민간항공기협정, 정부조달 협정, 국제낙농협정 및 우육협정을 일컫는 것으로, 상품교역협정이나 서비스협정 등과 같은 다자간 무역협정들(Multilateral Trade Agreements)이 WTO 회원국 전체를 적용 대상으로 하는 것과는 달리 복수국간 무역협정은 각 협정별 가입 회원국에 대해서만 적용되며 비수락 회원국에게는 특정 의무나 권리를 부여하지 못함.

188. 복합불황

생산과 소비위축이라는 일반적인 의미의 불황과 달리 각종 불황이 동시다발적으로 일어나는 합병증적인 불황패턴을 말한다. 복합불황은 생산과 소비가 위축돼 기업경영이 악화되고(산업불황), 부동산과 주가 등 자산가격이 하락하며(금융불황) 금융기관이 부실화되는(금융불황)형태로 나타난다. 90년대 초 버블(거품)붕괴 이후 장기불황을 겪은 일본이 대표적인 경우이다. 일본 경제는 부동산 거품이 빠지면서 찾아온 복합불황으로 오랫동안 어려움을 겪었다. 복합불황은 부동산을 담보로 금융기관으로부터 돈을 끌어다 쓴 대기업이 도산하고 매물로 내놓은 부동산 가격이 폭락하면서 은행은 눈덩이처럼 불어나는 부실채권을 견디지 못해 연쇄적으로 파산하는 등 경제 전체가 장기적 불황국면에 들어가는 것을 말한다. 일본은 복합불황의 조짐으로 주가폭락, 수출증가율 감소, 실업률 증가, 부도기업 증가, 금융기관의 부실채권급증 등의 현상이 나타났다.

189. 본원통화

중앙은행을 통해 공급된 화폐는 민간의 현금보유 성향에 따라 일부는 민간이 보유하고 나머지는 은행 등 금융기관으로 유입된다.

은행은 유입된 화폐의 일부를 예금 지급준비금으로 중앙은행에 예치하거나 은행금고에 보관하게 되는데, ①민간에서 가지고 있는 화폐와 ②금융기관 금고에 들어 있는 돈, 그리고 ③금융기관의 중앙은행에 대한 예금지급 준비금을 합쳐 본원통화라 한다.

본원통화는 글자 그대로 '돈 중의 돈'이라는 뜻, 한국은행이 통화 공급을 통해 금융시장을 운영하는 가장 중요한 지표로 사용하고 있다.

190. 부동산 담보신탁

자금이 필요한 사람이 대출담보로 자기 소유 부동산을 부동산신탁회사에 위탁한 뒤 수익증권을 발급받아 금융기관으로부터 대출받는 제도다. 만약 채무 불이행 때에는 신탁부동산을 처분해 채무를 변제하게 된다.

금융비용을 절감하기 위해 미국, 영국 등 선진국에서 널리 이용되고 있는 신탁상품이다. 자금 차입자 입장에서는 근저당 설정, 감정 평가 등 복잡한 절차를 밟지 않아도 되며 대출기간동안 매년 지불하는 신탁보수 등을 감안하더라도 저당권 설정 등을 통한 대출보다 유리하다.

금융기관도 대출을 하면서 담보물건을 조사하거나 평가할 필요가 없어 인력이나 시간을 절감할 수 있다. 또 차입자가 채무를 불이행할 경우 신속히 원리금을 회수할 수 있다.

191. 부실여신

은행이 빌려준 돈 중 이자는 물론 원금도 제때 못 받은 돈을 말한다.

은행감독원은 금융기관의 여신 중 부실화 정도에 따라 부실여신과 무 수익여신을 따로 집계한다. 부실여신은 회수가 힘들 것으로 보이는 '회수의문' 여신과 손실이 확실한 '추정손실'을 합한 것이다.

부도나 법정관리에 들어간 기업 대출 또는 6개월 이상 이자를 받지 못한 대출은 무수익여신으로 분류된다. 무 수익여신은 부실여신에 6개월 이상 연체된 돈 중 담보물이 있는 고정분류여신을 더해 구한다. 따라서 담보를 팔아 원금과 이자를 회수할 수 있다. 회수가 불가능한 경우는 원금을 잃는다.

192. 부채비율

기업이 소유하고 있는 재산 중 부채가 어느 정도를 차지하고 있는가를 나타내는 비율, 기업의 부채총액(타인자본)을 자본총계(자기자본)로 나눈 백분율로 표시되며 기업 자본구성의 건전성을 판단하는 대표적 지표로 활용된다.

부채비율이 낮을수록 기업의 재무상태가 안전하다고 볼 수 있다. 때문에 금융기관으로서는 위험을 최소화하기 위해 가급적 부채비율이 낮은 기업을 선호하게 된다. 그러나 기업입장에서는 자본을 투자해서 얻을 수 있는 수익이 금융기관 이자율보다 높다면 부채를 더 많이 끌어들여 지렛데(레버리지)효과를 얻는 것이 이익이다. 이 때문에 기업으로서는 부채비율을 무작정 0%에 가깝게 유지하기 보다는 어느 정도 부채비율을 유지하는 것이 현명할 수도 있다.

193. 분사

분사(**分社** Spin-off)란 우선 자회사를 신설하고 자회사의 주식을 모회사 기존주주의 지분율에 비례해 배분함으로서 기존주주가 새로운 법인의 주식을 소유하는 형태를 말한다. 사내 소사장제도, 기업분할, 모기업 소멸분할, 자회사 분리 및 공개(Equity Carve-out), 지분매각, 영업 양도등과 더불어 대표적인 기업구조조정 방식으로 꼽힌다.

분사는 미국에서 기업이 자산을 줄이는 방법으로 가장 많이 활용되고 있다. 기업이 주주들에게 주식을 배당할 때 주주들이 부담해야 하는 배당소득세가 면제되고 자본이득세가 과세이연되기 때문이다. 대표적인 기업분사의 예는 미국의 다국적 기업인 ITT. 이 회사는 70년대까지 기업을 대거 인수한 결과 애비스 렌트카, 콘티넨털 은행, 쉐라톤 호텔 등 무려 250개의 기업을 거느렸으나 지난 95년 서로 관련성이 없는 사업을 보험 제품 호텔 등 3개 부분으로 분사한 바 있다. 그러나 아직 한국의 경우 미국과는 달리 주식의 배분이 이뤄지지 않는게 일반적이라 사내 분사에 가까운 형태다.

194. 분쟁해결(Dispute Settlment)

WTO 다자간협정과 관련하여 WTO 회원국간 발생하는 분쟁의 해결. WTO에서는 기존 GATT에서는 개별협정별로 규정되어 있던 분쟁해결절차 세계무역기구(WTO) 산하 분쟁해결기구(DSB : Dispute Settlement Body)로 일원화하도록 하고 있음. 분쟁해결절차는 ① 분쟁해결기구에 통보, ② 양국간 협의, ③ 제소국의 패널설치 요청, ④ 이사회의 패널설치, ⑤ 패널의 심사, ⑥ 패널보고서 제출 및 채택, ⑦ 권고 또는 판정, ⑧ 불이행 시 보복조치 허용 등의 순서로 진행된다.

195. 브레튼우즈 협정(Bretton Woods Agreements)

국제통화기금(IMF) 협정과 국제부흥개발은행(IBRD) 협정을 총칭한 것으로서 정식으로는 1944년 7월 22일 미국의 뉴햄프셔 브레튼 우즈에서 조인된 연합국 통화회의의 최종협정서를 말한다.

196. 비관세장벽(NTB : Non-Tariff Barrier)

관세 이외의 무역장벽을 말함. 비관세장벽의 정의에 대해서 아직 국제적으로 합의된 것은 없으나, ① 무역을 직접적으로 제한하는 것을 목적으로 한 비관세장벽(수량제한, 수입허가제, 각종 수입과징금 및 외환할당 등), ② 다른 목적을 달성하기 위한 조치가 우연히 무역에 영향을 미치는 부차적 무역제한 효과를 가지는 비관세장벽(보건위생 규정이나 내국세제도 등)으로 대별되고 있다.

197. 비교역적 고려요소(NTC : Non-Trade Concern)

농업분야에서 농산물이 갖고 있는 비교역적 기능 즉, 식량안보, 고용유지, 지역간의 균등개발, 전통문화의 유지 및 보존 등과 같이 경제적으로 평가가 불가능한 기능을 말함. 우리나라를 비롯한 각 농산물 수입국이 그 동안 UR 협상에서 주요 농산물에 대해 NTC를 인정, 개발유예를 받기 위해 노력해왔으나 협정문 반영에는 실패하였다.

198. 비엔나 협약(Vienna Convention)

1985년 오스트리아의 비엔나에서 채택된 협약으로 오존층 파괴원인 물질의 규제에 대한 것을 주요 내용으로 하고 있으며, 몬트리올 의정서에서 그 내용이 구체화되어 있음.

199. 빅 딜

빅 딜(Big Deal)의 사전(辭典)적 의미는「대단히 중요한 일」이다. 예를 들어「Not a big deal」이라 하면「별로 대단한 것은 아니다」정도로 해석할 수 있다. 상업적인 의미에서 빅 딜은「상당히 큰 거래」를 뜻한다. 규모든 중요성에서든 상식적인 수준을 뛰어넘는 거래를 가리킨다. 국제통화기금(IMF) 구제 금융 이후 국내 업계에서 거론되고 있는 빅 딜은 정부가 추진하고 있는 대기업의 구조조정과 관련해 대기업들끼리 경쟁력 있는 사업을 한 곳으로 몰아주기 위한 혁신적인 거래를 얘기한다. 예를 들어 자동차는 현대로, 반도체는 삼성에, 가전사업은 LG나 대우로 몰아줘 시너지효과를 냄으로써 국제경쟁력을 확보하자는 것이다. 업종별로는 자동차, 조선, 반도체, 석유화학, 항공산업 등 이미 설비과잉이 지적되고 있는 분야에서 빅 딜을 추진한바 있다.

200. 사외이사제

주식회사는 주주총회, 이사회, 감사 등 3개의 기관으로 구성돼 있다. 이 가운데 이사회는 주주총회소집과 대표이사의 선임권을 행사하며 사업계획수립을 비롯해 국내외 주요투자, 채용, 임원인사에 관여하는 등 회사의 경영전반에 걸쳐 중요사항을 의결하는 기구다. 이사회는 경영을 맡고 있는 사내이사와 경영내용을 감독하는 사외이사로 돼 있다. 사외이사는 경영활동 전반에 관해 감시감독을 하면서 잘못된 경영에 대해서는 시정을 권고할 수 있을 뿐만 아니라 이해자 집단의 이익을 대변하는 의견을 이사회에 제시할 수도 있다. 그러나 우리나라는 기업내부출신인 사내이사가 경영에 관한 의사결정・감시・감독까지 함으로써 창업주나 대주주의 거수기 역할을 해왔다. 그러나 사외이사제가 정착되면 오너의 독단적인 기업경영에 제동을 걸어 민주적인 기업을 만들 수 있다. 국내에서는 현대그룹이 지난 96년1월 처음으로 현대 종합상사・금강기획・현대정보기술・현대방송 등 4개 계열사에 이 제도를 도입, 시행한바 있다.

201. 사회적 덤핑(Social dumping)

수출상품의 생산에 재소자나 강제노동력을 이용함으로써 수출품의 가격을 낮추는 행위나 낮은 임금수준 등 열악한 노동조건을 통해 수출품의 가격경쟁력을 강화하려는 것이다.

202. 사후처리기술(End of Pipe Technology)

청정기술의 상대적인 개념으로 사용되며 기존의 대기, 수질오염물질의 처리기술로 일단 발생된 오염물질을 처리(정화)하는 기술을 의미함. 예를 들면 활성법에 의한 폐수처리기술, 전기 집진기에 의한 대기오염 정화기술 등이 여기에 속한다.

203. 산업스파이

산업스파이는 고도의「도둑」기법과 첨단장비를 활용해 흔적 없이 기업의 고급 정보를 빼내 소속사나 의뢰사에 팔아넘기는 행위나 사람을 말한다.

산업스파이들이 노리는 정보는 주로 해당사의 경영전략이나 신상품・신기술 같은 고급정보. 또 판촉계획이나 고객 명단도 표적이 되곤 한다.

실제로 미국의 경우 96년 한 해에 만 1천 1백건 이상의 산업스파이 범죄가 접수됐고 이로 인한 지적재산권 등의 피해액도 3천억 달러에 달 할 만큼 피해규모가 갈수록 커지고 있는 것으로 알려지고 있다.

미국산업안전협회 자료에 따르면 산업스파이 활동의 주체는 해당사의 현직원이나 퇴직 직원 등 내부 관계자가 58% 이상을 차지하고 있다. 따라서 내부 직원을 관리·감독하는 것이 산업스파이를 막아내는 최선의 방책인 셈이다.

204. 산업집합체

산업집합체(industrial cluster)란 특정 지역에 산업 연관성이 높은 기업들이, 특히 중소기업들이 군집하여 있는 것을 말한다.

지역, 정부와 대학, 연구기관, 사업자단체 및 각종 지원기관과의 유기적 연계 하에 고도의 수직적, 수평적 분업관계를 형성하고 독자적으로 지역경제 문화를 형성해 간다.

소프트웨어나 멀티미디어로 특화된 미국의 실리콘 벨리, 기계와 자동차의 독일 바텐-뷰템베르그, 섬유와 가구의 이탈리아 에밀리아-로마냐가 대표적이다.

205. 상계관세(CVD : Countervailing Duty)

반덤핑관세와 마찬가지로 불공정한 국제상거래를 금하기 위해 도입된 제도. 수출국의 정부 또는 공공 기관에 의해 행정상, 금융상, 세제상 그리고 보험. 운송 상 보조를 받은 물품이 저가로 수출되어 수입국내 관련산업에 주거나 수입국내 관련산업에 피해를 주거나 줄 우려가 있을 때 그 특혜 폭, 다시 말하면 수출보조금 지급액만큼을 환수하는 특별관세이다.

206. 상설 상소기구(SAB : Standing Appellate Body)

패소국에 의한 상소를 심리할 수 있도록 분쟁해결기구(DSB)에 의해 설치되는 기구로서, 법률, 무역, 국제무역 및 관련 협정 전반의 주제에 대해 전문지식을 갖춘 권위자 7명으로 구성되며, 이들 가운데 3명이 한 사건을 담당하게 됨. 상소기구 위원들은 세계무역기구 회원국들을 폭넓게 대표하여야 하며 임기는 4년이나 1차에 한해 연임할 수 있음.

동 상설 상소기구에는 분쟁 당사국만이 상소할 수 있으며 제 3자는 상소할 수 없음. 또한 상소 대상은 패널 보고서 상의 법규 및 패널에서 제기된 법률적 해석에만 국한되어야 한다.

207. 상업어음

기업간 상거래에 수반되는 어음. 하청업체나 구매업체로부터 물품대금 지급을 위해 발행된 것으로 기업이 상거래 결제가 아닌 단지 운영자금조달의 목적으로 발행하는 융통어음(기업어음 · CP)과 구분된다. 통상 결제기간은 90일이며 자금사정이 나쁘면 더 길어질 수도 있다.

거래업체로부터 상업어음을 받은 중소기업은 만기전 이를 은행에 맡기고 돈을 융통해 쓸 수 있는데 이것이 바로 상업어음 할인이다. 은행은 중소기업에 상업어음을 할인해 줄 경우 그 재원의 일정액을 한국은행으로부터 연 5%의 저리로 지원(총액한도대출)받고 있다.

208. 상업적 주재(Commercial Presence)

서비스 공급 방법의 일종으로서 서비스가 판매되는 장소에 현지법인, 자회사, 지점 및 대리점 등을 설립하여 서비스를 공급하는 형태를 말함. 이러한 상업적 주재는 서비스 자체의 이동이나 서비스 공급 인력이 이동되는 것과는 다르다.

209. 상용직 근로자

임금을 받고 일하는 근로자 가운데 하루하루 일자리를 찾지 않고 안정적으로 고용돼 있는 사람을 일컫는 말.

통계청에서는 월별 고용 동향을 작성할 때 임금(또는 현물)을 받기로 한 고용계약기간이 1년 이상인 사람을 상용직 근로자로 분류한다.

반면 계약기간이 1개월~1년 미만은 임시직 근로자, 1개월 미만은 일용직 근로자로 구분한다. 실업률은 낮아지더라고 상용근로자 수가 줄고 일용 · 임시직 근로자가 늘어난다면 안정된 직장을 잃고 근근히 살아가는 사람이 늘어나 고용 상태가 불안정해졌다는 의미다.

210. 상장폐지

증시에 상장된 주식이 매매대상으로서 자격을 상실해 상장이 취소되는 것을 상장폐지라고 한다.

주식을 발행한 회사가 파산 등 경영상의 중대한 사태가 발생해 투자자들에게 손실을 보게하거나 증시 질서의 신뢰를 훼손할 우려가 있을 경우, 증권거래소는 증권관리위원회의 승인을 얻어 강제로 해당 증권을 상장폐지할 수 있다. 이 밖에 상장폐지되는 경우는 상장회사의 신청과 재정경제부 장관의 명령에 의한 경우 등이 있다.

증권거래소는 상장폐지에 앞서 투자자 보호를 위해 상장폐지 기준에 해당하는 종목에 대해 상장폐지 사유가 해소되지 않는 한 일정기간(상장폐지 유예기간)후에 상장이 폐지된다는 사실을 반드시 공시하도록 되어 있다.

211. 상표권

어떤 상품을 타 상품과 구별하기 위해 사용된 문자, 도형, 기호, 색채 등의 결합으로 표현된 상징에 대한 독점적 사용권을 나타내는 것이며, 지리적 표시권은 상품의 명성, 품질 및 기타 특징이 본질적으로 지리적 원산지와 관련 있을 경우, 그 지리적 표시의 무단 사용을 금지하는 것을 말한다.

212. 상품수지

종전의 무역수지와 같은 개념, 상품의 수출과 수입의 차이를 말한다. 수출이 수입보다 많으면 흑자, 그 반대는 적자로 표시한다. 관세청이 발표하는 무역수지는 상품이 우리나라의 관세선을 통과하면 수출입으로 계상하는 통관기준이고 한국은행의 상품수지는 소유권이 이전되어야 수출입으로 간주하는 국제수지수준이다. 한국은행은 국제통화기금권고에 따라 98년 1월부터 경상수지를 상품수지, 서비스수지, 소득수지, 경상이전수지로 나눠 발표하고 있다.

213. 생물다양성협약(Biodiversity Convention)

생물다양성협약은 지구상의 생물자원을 보존하기 위하여 각국의 생물자원 이용을 규제관리하자는 내용의 국제협약으로 1992년 5월 나이로비에서 채택되어 1994년말 현재 106개국이 가입하였으며 우리나라도 가입하였음. 각국은 자국의 영토 내에서 열대우림과 동식물 등이 풍부한 생물종 다양성을 인류의 귀중한 자원으로 인식하고 과거 선진국들이 무제한 사용한 유전자원들에 대한 배타적 독점권을 거부하고 열대림 등의 보존으로 입은 경제적 불이익을 보상할 것을 원칙으로 내세웠음. 또한 과학적, 교육적으로 생물자원을 이용하는 것은 가능하나 상업적으로 이용하려고 할 때에는 이용국과 자원국이 긴밀히 상호 협력하여야 한다는 것이다.

214. 생산과 연계되지 않은 소득보조(Decoupled Income Support)

재해구민 및 농민은퇴, 휴경, 투자지원 등을 위한 구조조정에 관련된 소득보조와 같이 생산에 직접적으로 영향을 미치지 않아 결과적으로 교역에도 영향을 미치지 않는 제반 정부보조조치를 뜻한다.

215. 서비스수지

서비스수지란 운수, 여행, 통신서비스, 보험서비스, 특허권 등 사용료, 사업서비스, 정부서비스, 기타 서비스 등 8개 항목을 포함하며 상품수지 · 소득수지와 함께 경상수지를 구성하고 있다. 우리나라의 서비스 수지는 최근 여행수지 적자가 대폭 증가되면서 큰 적자로 반전됐다. 서비스수지는 개선을 위해서는 항만과 관광산업, 경영컨설팅업, 영화산업의 경쟁력확보가 시급하다.

216. 서킷 브레이크

주식시장에서 주가의 등락폭이 갑자기 커질 경우 시장에 미치는 충격을 완화하기 위해 주식 매매를 일시 정지하는 제도를 말한다.

주식거래중단제도(서킷 브레이크 · Circuit Break)는 지난 87년 미국이 사상 최악의 주가폭락 사태인 블랙 먼데이(Black Monday)이후 주식시장의 붕괴를 막기 위해 도입한 제도이다.

뉴욕증시의 거래중단 규정은 다우존스 주가평균지수가 전날 종가보다 50포인트 이상 하락하거나 상승하면 스탠더드 앤 푸어스(S&P) 500 주가지수에 포함된 주식의 전자주문 거래를 제한한다.

지수 100포인트가 움직이면 전자주문 거래를 5분간 보류하고, 350포인트이상이면 모든 주식의 거래를 30분간 중단한다. 550포인트인 경우는 모든 주식의 거래를 1시간 동안 중단한다. 우리나라 증권 거래소도 주식거래중단 제도를 시행하고 있다.

217. 선단식(船團式) 경영

재벌그룹이 주력 업체를 중심으로 확장을 거듭, 많은 계열사들을 거느린 형태를 선대(船隊)에 빗댄 말이다.

배의 경우 군함은 말할 것도 없고 어선도 한척이 활동하기보다 여러 용도의 선박이 어울려 함께 활동하게 된다. 선단은 작업의 효율성과 함께 웬만한 풍랑에도 견디고 상호지원을 하게 된다. 재벌그룹들은 계열사간 상호지급보증이나 상호출자 등의 형태를 통해 계열사를 묶어 거대한 집단을 형성하고 있다. 선단이 여러 형태의 선박으로 이뤄지듯 재벌그룹들도 사업확장 과정에서「레저에서 자동차까지」로 표현되는 여러가지 다양한 사업을 추진하게 됐다. 선단식 경영은 고속성장 시대에는 위기의 공유, 일사불란한 운행을 통한 팽창, 시너지효과 등 여러 장점을 발휘했던 게 사실이다.

그러나 국제통화기금(IMF)의 화공(火攻)에 직접 노출되면서 이 같은 선단식 체제는 큰 위기를 맞게 됐다. 계열사 하나가 무너져 선단 전체가 와해되는 위험에서 벗어나기 위해선 계열사간 상호지급보증과 상호출자를 시급히 해소, 선단 경영의 사슬을 끊어야 한다.

218. 선별성(Selectivity)

GATT/WTO원칙인 최혜국대우 원칙과는 달리 수입제한조치을 취함에 있어서 모든 수출국이 아닌 특정 수출국에 대해서만 선별적으로 조치를 취할 수 있는 것을 말함. 반덤핑협정 및 보조금/ 상계관세 협정에서는 선별성이 인정되어 국내산업에 대한 피해의 주된 원인이 되는 특정 수출국에 대해 선별적으로 반덤핑관세나 상계관세를 부과할 수 있음. 이에 반해, 세이프가드(Safeguard)는 조치 발동시 최혜국대우 원칙을 기본 원칙으로 하되 예외적으로 일정조건 하에 수량제한시에는 선별 적용을 인정하고 있다.

219. 선적전 검사(Preshipment Inspection)

상품을 선적하기 전에 수입국 정부기관 등이 지정한 선적전 검사기관이 동상품의 수출국내의 동상품의 품질, 수량, 가격 등을 검사하는 활동으로 동 검사결과에 따라 수입국 도착후 통관처분 및 일정관세를 부과하게 된다. UR 협상결과 선적전 검사에 관한 협정이 체결되었다.

220. 선취매(先取買)

주식시장에 어떤 호재(好材)가 등장할 것으로 예상해서 미리 주식을 사두는 것. 호재가 완전히 모습을 드러낸 뒤에는 주가가 오를 만큼 오른 뒤여서 차익을 내기 어렵기 때문에 주가가 오르기 전에 주식을 사는 것이다. '풍문에 사서 뉴스에 팔라'는 주시투자 격언과 같은 맥락이다.

221. 세계경제포럼(WEF)

저명한 기업인 · 경제학자 · 저널리스트 · 정치인 등이 모여 세계경제에 대해 토론하고 연구하는 국제민간회의이다.

WEF(World Economic Forum · 세계경제포럼)는 지난 71년 하버드대 클라우스 슈바브 교수에 의해 만들어졌다. 81년부터 매년 1~2월 스위스 다보스에서 회의를 하고 있다. 일명 다보스 회의라고도 한다. 세계무역기구(WTO)나 선진국 정상회담(G7)에 큰 영향력을 미친다.

WEF는 93년부터 매년 '미래의 세계 지도자 100인'을 선정, 발표하고 있다. 40세 이하의 젊은 사람 중에 정치 · 경제 부문에서 뛰어난 업적을 얻고 책임 있는 자리에 오른 사람들을 대상으로 선정한다.

222. 세계관세기구(WCO : World Customs Organization)

가맹국간 관세제도의 조화와 통일의 확보, 관세기술 및 관련 관세 법제의 개선, 발전을 위해 1952년에 발족한 기구인 관세협력이사회가 1994년 6월 총회에서 WCO로 명칭을 변경, 초기에는 구주제국에 가맹국이 한정되었으나, 동 기구의 활동이 활발해짐에 따라 아시아를 비롯한 총 109개국으로 확대.

223. 세계지적재산권기구(WIPO : World Intellectual Property Organization)

1967년 스웨덴의 스톡홀름에서 특허권. 의장권. 상품권 등의 산업재산권과 저작권의 국제적 보호를 국제협약들의 공동사무국 성격으로 출범하여 1974년 UN의 전문기구로 격상된 지적재산권의 국제적 보호기구임. 회원국은 우리나라를 포함한 133개국.

224. 세이프가드(Safeguard : 긴급수입제한조치)

어떤 상품의 수입 급증에 의해 수입국 국내산업이 심각한 피해(Serious Injury)가 있거나 피해 우려가 있는 경우, 동 수입을 일시적으로 제한하는 조치. 모든 수출국으로부터의 상품에 무차별적으로 수입제한조치를 취하고 보상을 제공한다는 점에서 반덤핑관세 및 상계관세와 다름. GATT 19조에서 동조치를 규정하고 있으며 UR 협상결과 세이프가드에 대한 협정이 체결되었음.

225. 소멸조항(Sunset Clause)

반덤핑관세와 상계관세의 소멸시한을 설정한 조항. GATT에서는 소멸시효에 대한 규정이 없어 수입국이 반덤핑관세와 상계관세를 한번 부과한 이후 별도의 부과철회조치가 없을 경우 계속 부과해 왔으나, UR 협상결과 반덤핑협정과 보조금/상계관세협정에서는 조사 당국이 재심사과정에서 덤핑/보조금수입에 의한 피해의 지속이나 재발을 방지하기 위하여 반덤핑관세/상계관세의 계속적인 부과가 필요하다고 결정하지 않는 한 관세 부과일로부터 5년 이내에 관세부과가 종결된다고 규정.

226. 소비자동향지수(CSI)

일반가계가 느끼는 경기상황을 수치화한 것(Consumer Survey Index). 기업실사지수(BSI)가 생산자들이 체감 경기를 나타내는 것이라면 CSI는 소비자들의 체감경기를 보여주는 것으로 일종의 소비선행지표다.

100을 기준으로 그 이상이면 낙관적 전망이, 그 이하면 비관적 전망이 그만큼 우세하다는 뜻이다. 공식은(매우좋아짐*1.0+약간좋아짐*0.5-약간나빠짐*0.5-매우나빠짐*1.0)/

전체응답가구수*100+100이다. 예를 들어 200가구를 대상으로 조사했을 때 매우좋아짐 응답이 10가구, 약간 좋아짐이 40가구, 약간나빠짐이 100가구, 매우나빠짐이 50가구라면 CSI는 (10+20-50-50)/200*100+100=65가 된다.

CSI가 공식통계로 편재돼 공표된 것은 98년 10월 16일부터이다.

227. 소비자파산

개인이 신용카드 대금이나 빌린 돈을 못 갚을 때 법원에 신청한다. 법원이 확인을 거쳐 소비자파산을 선고하면 빚잔치를 하고 남은 빚은 갚지 않아도 된다. 만일 재산을 숨기거나 낭비, 도박 등으로 파산신청을 하면 최고 10년 이하의 징역형을 받는다. 국제통화기금(IMF)체제 이후 보증인의 파산이 늘어나고 있다. 파산자가 되면 금융기관 거래와 취직을 할 수 없는 등 제약을 받는다. 파산폐지 결정 후 1개월 이내에 면책을 신청할 수 있고 법원의 면책결정이 나면 모든 권리가 원래대로 회복된다.

228. 손비(損費)

기업이 영업활동을 하면서 발생하는 자산의 유출액 및 부채의 증가액을 말하며 보통 비용이라는 말을 사용한다. 기업이 손비 처리를 많이 하면 그만큼 법인소득이 줄어들어 법인세가 감소한다. 인건비, 복리후생비, 여비, 광고선전비, 회의비, 접대비 등 각종 경비를 손비로 처리하는 기준을 법인세법에 규정하고 있다.

229. 수량제한(QR : Quantitative Restrictions)

수입이나 수출의 경우 직접적으로 수량의 한도를 정해 놓고 그 범위 내에서 수입이나 수출을 허용하는 제한. 무역제한 형태 중에서 가장 악성적인 것으로 시장기능을 작동치 못하게 함. 수량제한의 대표적 방법으로는 ① 쿼터 부과, ② 수입허가제, ③ 수입금지 등이 있다.

230. 수입할당(Quota)

특정 상품에 대해서 일정기간 동안(보통 1년)에 정해진 수량(가격)만큼은 수입될 수 있도록 한 일종의 행정명령으로서 그 한도를 넘어선 수입은 어떠한 가격 하에서라도 금지되는 수량제한의 대표적 조치. 그 종류에는 총량 쿼터(Global Quota), 쌍무 쿼터(Bilateral Quota), 그리고 관세 할당(Tariff Quota)등이 있다.

231. 수출자율규제(VER : Voluntary Export Restraint)

세이프가드조치를 취할 경우 모든 수출국에 대해 무차별적으로 적용해야 한다는 난

점을 회피하여, GATT 테두리 밖에서, 수입국이 시장교란 원인이 되는 수출국만을 선별, 수출물량을 자율적으로 규제해 줄 것을 요청, 체결된 협정. 자율규제협정은 GATT 규정상 불법적인 것이지만, 지난 50년대말부터 면직물 분야에서부터 수출입국간 이러한 형태의 협정이 만연되어 왔음. 회색지대조치의 전형이라 할 수 있다.

232. 수출쿼터(Export Quota)

한 나라의 수출을 일정량으로 정하고 그 초과분에 대해서는 일체의 수출을 허용하지 않는 제도로서, 당해 물품의 국제시세 하락을 막는 데는 가장 효율적인 방법이 됨. 수출 쿼터의 종류에는 생산 쿼터, Bilateral Quota, 자율규제 등이 있다.

233. 수출규제의 동결 및 철폐(SS/RB : Standstill and Rollback)

동결(SS)은 모든 GATT/WTO 회원국들이 GATT/WTO 가입과 동시에 GATT/WTO 협정에 일치하지 않는 무역제한조치들을 도입하지 않아야 된다는 의무이며, 철폐(RB)는 GATT/WTO에 위배되는 현존 규제조치들을 점차 철폐해 나가거나 GATT/WTO에 일치시켜 나가야 한다는 약속.

234. 수탁계약서

수탁계약서란 회사채 발행조건에 관한 발행회사와 수탁 회사간에 맺는 포괄적인 합의 계약서.

발행회사가 계약서상의 자산건전성 의무조건을 위반할 경우 채권자(수탁회사)가 이의 시정을 요구하고 이에 불응할 경우 채권 조기 상환을 요구할 수 있도록 하는 내용을 담고 있다.

특히 수탁계약서에는 조기상환 청구 권리 외에도 발행사가 주요 경영의사 결정에 관한 사전동의 및 경영파악을 위해 채권자가 통지를 받을 권리까지 들어 있어 발행회사가 채권자의 이익에 반하는 정책 결정을 마음대로 할 수 없도록 되어 있다.

235. 수확체증의 법칙

일반적으로 토지, 노동, 자본과 같은 생산요소는 「수확체감의 법칙」이 적용된다. 즉 생산요소를 증가 투입시키면 한계생산물이 증가하다가 일정 단계에 이르면 한계생산물이 지속적으로 감소한다.

그러나 지적자본은 오히려 「수확체증의 법칙」이 적용된다. 예를 들면, 기업의 종업원이 업무를 처리하는 과정에서 얻은 지식이나 노하우는 그것을 쓸수록 더 발전하고 새로운 노하우를 발견하는 토대가 된다. 왜냐하면 지적자본은 제한된 자원이 아니기 때문에 기존의 지식과 경험 등에 의해 무한히 새로 개발되기 때문이다. 또한 조직성원들과의 지식공유 등을 통해서 시너지효과가 발생, 새로운 지식이나 노하우 등이 창조될 수 있기 때문이다.

지적자본의 개발, 통제는 정보화시대에 더 높은 생산을 위한 중요한 요소다.

236. 순매수·순매도

물건이나 금융상품을 사는 것을 매수(買受), 파는 것을 매도(賣渡)라고 한다. 순매수란 매수가 매도보다 많다는 것을 뜻하며 순매도는 그 반대. 순매수 규모는 매수에서 매도를 뺀 것이다. 외국인들이 주식시장에서 2천억원어치 주식을 사고 1천억원어치를 팔았다면 1천억원어치를 순매수한 것이다.

작년 말부터 외국인들은 주식시장에서 주로 순매수를 하고 있으며 국내 기관투자가들은 순매도를 하고 있다.

237. 스몰딜(Small Deal)

스몰딜(Small Deal)은 최근 증권업계에서 유행하고 있는 용어로 중소기업간의 기업매매나 사업교환을 일컫는다. 대기업이 주로 계열사 교환 등의 딜을 추진하는데 반해 중소기업들은 특정사업 부문을 교환하거나 매각을 추진한다는 데서 빅딜과 차이가 있다. 주요 사업교환을 통해 사업구조재 조정을 추진하는 대기업과 마찬가지로 중소기업들도 한계사업 정리의 필요성을 최근 느끼고 있는 것으로 조사되고 있다. 중소기업이 독자적으로 추진하기 힘든 사업일 경우, 외국 기관에 판매 사업부를 넘기든지 하는 조건으로 대규모 개발 자금을 지원받는 경우가 늘어나고 있다. 또한 이미 화의를 신청한 기업의 특정 사업 부문을 인수해 기존 사업 부문을 강화하는 기업들도 증가하고 있다.

238. 스크린 쿼터(Screen Quota)

외국산 필름의 상업적 상영시 일정기간(1년 이상)의 총영상 시간 중 특정 비율을 국산영화상영에 할당하는 내국쿼터 제도로서 수입필름의 상영시간에 제한을 가하는 쿼터를 말한다.

239. 스톡옵션

스톡옵션(Stock Option:주식매입선택권)은 회사의 소유자가 그 회사의 경영자 및 간부사원에게 자기회사의 주식을 일정 가격으로 일정 시일 내에 살 수 있는 선택권을 주는 제도다.

일반적으로 경영자는 자본가에 비해 이윤 추구 본능이 부족한데 스톡옵션을 도입하면 이러한 약점을 보완 할 수 있다. 선택권을 받은 경영자가 기업경영에 노력, 실적이 좋아지면 그것이 주가에 반영되고 선택권을 행사하여 큰 이익을 얻을 수 있기 때문이다.

회사 측으로 본다면 신주를 발행하므로 자기 자본을 조달하는 방법이 되며 우호적인 주주들을 확보할 수 있어 경영권 분쟁시 유리하게 이용할 수 있다.

스톡옵션은 특정 사람 또는 기관에 주어지므로 그 권리행사는 당사자에게만 한정되고 남에게 이전할 수 없다. 제일화재가 97년 5월 국내 상장기업 중에는 처음으로 스톡옵션을 도입했고, 에넥스, 봉신, 유한양행, 제일 엔진니어링, 세우 포리머 등도 임직원들에게 스톡옵션을 부여했다. 최근 12월 법인의 정기 주총을 맞아 정관상에 스톡옵션 부여 근거를 마련하는 작업이 한창이다.

은행장 월급이 한 달에 1원이라면 아무도 믿을 사람이 없다. 그런데 실제적으로 월급 1원을 받고 일하겠다는 사람이 등장했다. 주인공은 주택은행장으로 취임한 김정태(金正泰) 전행장이다. 金행장은 취임식에서 '요즘처럼 어려운 시절 경영층의 솔선수범이 필요하다.' 고 강조, 월급을 1원으로 책정하고 차기 주주총회에서 스톡옵션을 받겠다고 밝혔다. 전문경영인다운 신선한 충격이다.

스톡옵션제도란 회사의 설립이나 경영, 기술혁신에 기여했거나 기여할 능력을 갖춘 회사의 임직원에게 특별히 유리한 가격으로 회사주식을 매입할 수 있는 권리를 말한다. 증권거래법 제 189조에 따르면 주택은행의 액면 주가는 5,000원이나 현재 주가는 3,715원이다.

이 경우 金행장은 내년 2월의 정기 주주총회에서 총 발행주식의 최대 4%까지 액면가로 매입할 수 있는 권리를 유보할 수 있다. 물론 주주총회의 결의사항이다. 가령 내년 주주총회서 10만주를 배정받을 경우 주가가 액면가 이상으로 오르면 막대한 차익을 얻는다. 스톡옵션제도는 외국에서는 흔한 경영 패턴이다.

240. 스폿펀드

스폿펀드(Spot Fund)란 투자신탁회사가 주식투자자를 대신해서 주가상승 가능성이 높은 증시 관심 종목에 집중 투자, 단기간에 높은 수익을 목표로 운용하는 주식형 상품이다. 스폿펀드의 특징은 사전에 목표수익률(1년에 20%, 2년에 35%등)을 설정하고 목표 수익률에 도달하면 언제든지 운용을 중단하고 펀드를 해지, 환매수수료 없이 투자원금 및 수익금을 되돌려 준다는 점이다.

재정경제부는 증시 부양책 중 하나로 투신사에 스폿펀드 판매를 허용했다. 현재 한국·대한·국민 등 주요 투신사에서 스폿펀드를 판매하고 있다. 현재까지 가장 빨리 목표수익률을 낸 펀드는 설정 후 7일 만에 상환된 대한투신의 「뉴스팟14호」 다. 이외의 나머지 스폿펀드들도 15일 내지 1개월반 정도에 목표수익률에 도달하고 있다.

주식편입비율이 90% 이상이기 때문에 주가가 불안한 경우 목표수익률은 커녕 원금을 절반 이상 잃을 수도 있다. 따라서 어떤 펀드매니저가 운용하고 그동안 운용수익률이 어떤가를 유심히 살펴야 한다.

241. 시장개방요구서(Request List)

무역협상에서 시장개방요청 및 제안(R/O) 방식에 따라 제출하게 되는 상대 국가에 대한 관세율인하 내지 개방요구 등의 자유화 사항 요구서.

242. 시장개방요청 및 제안방식(R/O : Request & Offer)

양허협상에 있어 개별국가끼리 관심 있는 품목을 상호 제시하여 품목별로 관세율 인하나 개방정도를 협상하는 방식.

243. 시장접근(Market Access)

상품이나 서비스 판매업자가 그 상품이나 서비스를 수요하는 시장에 접근(수출/공급)할 수 있는 권리를 의미하며 특히 서비스의 경우에는 서비스 공급업자가 원하는 공급형태에 따라 외국서비스 시장에 진입하는 것을 의미.

244. 시장지배적사업자

특정 시장에서 점유율이 지나치게 높거나 경쟁자가 별로 없는 사업자. 일반적으로 독과점(獨寡占)사업자라고 불린다. 독과점 상태에서 상품가격이나 거래 조건을 마음대로 결정할 수 있는 '시장지배력'을 갖고 있다고 해서 붙여진 용어이다.

공정거래위원회는 매년 시장지배적 사업자·품목을 지정, 이들이 부당하게 가격을 인상하거나 담합 또는 덤핑을 통해 다른 사업자의 활동을 방해하는 등의 불공정거래행위를 한 경우 일반사업자보다 무겁게 처벌하고 있다. 지정요건은 1개 사의 시장점유율이 50%이상이거나 상위 3개 이하 사업자의 시장점유율이 75%이상인 경우 등이다.

245. 시장질서유지협정(OMA : Orderly Marketing Arrangement)

수출입국간에 체결한 양자간 수출입 물량규제협정으로 수출자율규제와 유사한 것이지만 공식적인 협정형태를 취하고 있음. GATT의 무차별대우원칙에 위배되는 불법적인 것으로 VER(수출자율규제)와 함께 회색지대조치의 전형.

246. 신디케이트론

두 개 이상의 복수 금융기관이 같은 조건으로 기업에 대규모의 중장기자금을 융자하는 대출방식. 국제간이 협조융자를 신디케이트 론(Syndicated loan)이라고 일컫는 경우가 일반적이다.

신디케이트 대출방식을 활용할 경우 차입자의 입장에서는 대규모 소요자금을 단일조건으로 보다 효율적으로 조달할 수 있다. 개별 은행들과 차입 조건이나 융자절차 대출한도 등에 대해 별도의 협의를 해야 하는 번거로움을 겪지 않고도 대규모 자금을 일시에 조달할 수 있다는 장점이 있다.

신디케이트론에 참여하는 은행의 입장에선 특정 기업에 대한 과다 융자를 피함으로써 차입자의 채무불이행에 따른 위험을 분산시킬 수 있는 이점이 있다.

이 같은 대출 방식은 주로 유로시장에서 뿐만 아니라 미국 금융시장에서 대규모 대출에 주로 활용된다. 최근 일본·유럽·미국의 금융기관들이 외환위기를 겪고 있는 아시아 국가들에 대해 제공하는 대출이 전형적인 신디케이트론이다.

247. 신산업 정책

새로운 주력 산업을 키우는 정책을 말한다. 신(新)산업 정책은 1995년 일본이 사업혁신법과 신규사업법을 통해 신제품, 신생산방식, 신판매방식의 개발과 신규 사업지원에 역점을 두었던 산업정책이다. 미국의 클린턴 정부도 이전의 공화당 정부와는 다른 신산업, 신기술을 강조하며 신산업 정책을 내세웠다.

일본의 신산업정책은 1992년 이후 장기화된 경기 불황과 산업공동화에 대응하고 WTO(세계무역기구)출범으로 생긴 대외적 제약 요인을 극복하기 위해 시작됐다. 신규산업이 육성과 기존 산업 지원이라는 두 가지 과제를 위해 창조법, 신규사업법, 15개 신산업 육성계획 등을 세웠다. 정책은 간접지원과 산업환경 정비에 중점을 두고 규제완화, 금융개혁, 교육 개혁, 연구개발 지원, 정보화 지원 등을 강조했다.

미국의 신산업 정책도 기업에 대한 직접 지원이 아닌 기술투자 확대를 통한 산업경쟁력 강화에 중점을 두었다.

한국은 강력한 구조조정과 맞물려 이를 측면 지원할 수 있는 신산업 정책의 필요성을 제기하면서「21세기를 대비한 신정부의 산업 정책 방향」을 발표했다.

248. 신속승인절차(FTA : Fast-Track Authority)

행정부가 의회에 제출한 무역협정에 대해서는 의회는 60일의 기간 내에 내용의 전체적인 수락여부만을 결정하며 협정내용 일부를 수정할 수 없는 미국 통상법상의 입법 메카니즘의 하나. 1974년 통상법상에서 최초로 규정. 이러한 조치에 따라 협상 대상국은 미행정부와 체결한 국제무역협정이 의회에서 수정을 거치지 않고 원래 내용대로 미국 내에서 시행될 수 있다는 신뢰를 갖고서 협상에 임하게 된다.

249. 신속작업절차(fast track)

미 의회가 국제통상협상을 신속히 체결토록 행정부에 부여한 협상특권인 '신속처리권'에서 나온 말이다. 우리나라에는 금융기관들을 조속히 퇴출시키는 제도로서 도입이 검토돼 왔다. 정책결정과정으로 최대한 단축시켜 효과를 극대화시킨다는 개념이다.

250. 신용평가등급

무디스와 S&P의 평가기준이나 방식, 결과는 거의 비슷하다. 그러나 신용등급 부호에는 다소 차이가 있다. 또 장기평가와 단기평가의 표시방식도 각각 다르다.

S&P의 경우, 장기 최고 평점은「AAA+」. 다음 등급은 AAA, AAA- 로 이어진다. 이보다 아래는 AA+, AA, AA-, A+, A, A-, BBB+, BBB, BBB- 순으로 내려간다. 더 낮은 평가를 받을 경우엔 국제 시장에서의 장기채 발행이 사실상 어렵다. 이에 비해 무디스는 Aaa, Aa, A, Bbb, Bb, B 순서로 등급을 매기며, C가 최하다. 여기에 S&P의 「+」「−」대신 1~3의 숫자로 같은 등급 간 서열을 매긴다. 즉 Aaa1, Aaa2, Aa3으로 세분된다. 단, 은행에 대한 신용평가는 A, B, C, D, E로 등급을 표시한다. 또 증권 신용 등급은 aaa에서 c로 내려간다. 단기평가 등급의 경우, S&P는 A-1, A-2, A-3 세 가지로 되어 있다.

반면, 무디스는 최고 우량을 뜻하는「Prime」의 첫 글자를 따 P-1, P-2, P-3 로 표시한다.

251. 신탁계정

은행의 업무 영역은 예금 적금 등을 맡는 고유계정(은행계정)과 고객의 자산을 위탁받아 대신 운용해 주는 신탁계정으로 나눠진다.

신탁계정은 금전, 부동산, 유가증권을 가진 사람으로부터 자산 운용을 위탁받아 운용 수익을 돌려주는 업무이지만 실제로는 고객이 맡긴 현금으로 유가증권 등을 운용, 현금으로 수익을 배당하는 경우가 대부분이다.

252. 실권주(失權株)

기업이 유상증자를 할 때 기존 주주는 보유 주식 수에 비례해 새 주식을 받을 수 있는 권리가 있다. 기존 주주가 정해진 날짜까지 청약을 하지 않거나 대금을 내지 않으면 새 주식을 인수받을 권리가 없어진다. 이로 인해 발생한 주식을 실권주라고 한다. 실권주가 생기면 기업은 통상 일반인을 상대로 실권주 청약을 받거나 특정인에게 배당한다.

253. 실세금리

시장 안에서 돈의 실질적 가치를 가장 잘 반영하는 금리. 우리나라에선 3년 만기 회사채 유통 수익률이 주로 활용된다. 금리와 채권 값은 반비례한다. 예컨대 회사채 수익률이 연 15%에서 20%로 올라갔으면 채권을 팔면서 보다 많은 이자를 줘야 한다는 뜻이므로 채권의 가치는 그만큼 떨어진 것이다. 시중에 돈이 부족하거나 채권물량이 너무 많으면 금리는 올라가고 반대이면 떨어진다.

실세금리지표로는 가장 보편적이면서도 안전한 채권만이 활용된다. 따라서 미국의 재무성증권처럼 대부분 선진국에선 국채금리가 기준이 되지만 우리나라는 국채발행규모가 적고 유통시장이 취약해 회사채유통수익률을 대표적 실세금리로 삼는 것이다.

254. 실질소득

명목소득에서 물가 변동 분을 제외한 소득. 명목소득을 소비자물가지수로 나눈 뒤 100을 곱해 계산한다. 예컨대 물가가 전년도에 비해 10% 올라 소비자물가지수는 110인데 올해 월평균 소득은 지난해와 같은 2백만원일 경우 실질소득은 1백81만8천원이 된다. 물가상승으로 실제 구매력이 전년도보다 18만2천원 줄어든 것이다.

255. 아웃소싱

기업이 생산, 유통, 포장, 용역 등을 기업 외부에서 조달하는 것을 말한다. 미국 기업들이 구조조정 과정에서 모기업은 상표 유지와 재무관리에 치중하고 나머지 부분은 개발도상국이나 하청 기업에서 저렴한 가격으로 조달한데서 유래했다.

아웃소싱으로 생산비를 낮춰 가격경쟁력을 갖출 수 있다면 벤처기업이 기술만 갖고 창업을 할 수 있게 된다.

256. 아웃플레이스먼트

경영규모 축소, 업체간 통폐합 등으로 감원할 때 고용주가 해고된 직원들의 재취업이나 창업을 지원해 주는 교육 또는 그와 관련된 컨설팅 업무를 말한다.

아웃플레이스먼트(Outplacement)는 감원 대상자들에게 재취업이나 직업 전환을 위한 교육훈련과 새로운 사회생활에 필요한 조언·정보를 제공해 준다. 이를 통해 감원 대상자는 직업전환, 생활안정 등 자신의 문제를 풀어 가게 된다. 전직 알선 프로그램인 아웃플레이스먼트는 감원 대상자들이 새로운 환경에 적응하고 성공적인 새 출발을 할 수 있게 한다. 기업엔 직원을 보내야 하는 고민과 고통을 덜어 줘 합리적 노사관계를 정착시킬 수 있다.

아웃플레이스먼트는 주로 컨설팅 전문회사와 계약을 맺고 실시한다.

257. 안정성비율

정상적인 경영을 위해 기업이 채무상환능력이나 불황대처능력을 갖고 있는지를 보여주는 지표. 안정성은 기업의 유동성, 즉 단기적으로는 지급능력, 장기적으로는 수익성을 의미한다. 유동비율 · 당좌비율은 단기채무지급능력을, 부채비율은 자본구성의 안정성을 나타낸다.

258. 양해각서

민간기업 사이에서 교환되는 양해각서(MOU, Memorandom of Understanding)는 일반적으로 어떤 사업의 이해 당사자들이 본 계약 체결 이전에 교섭 중간 결과를 바탕으로 서로 양해된 사항을 확인, 기록할 때 사용된다.

본 계약서는 MOU에 명시된 내용과 달라질 수 있다. 이처럼 MOU는 법적인 강제성은 없지만 타당한 근거 없이 어길 경우 도덕적 비난이 따른다.

어떤 사업에 대한 당사자들의 의지를 표현하는 서류인 의향서(LOI, Letter of Intent)보다 한 단계 더 진전된 것이다.

그러나 국가 사이에서 체결되는 양해각서는 외교적 구속력을 갖는다.

259. 어음부도율

일정기간동안 제때 결제되지 않은 어음과 수표의 비율을 말한다. 어음부도율은 시중자금 사정을 포함한 실물경기 동향을 파악하는데 매우 중요한 지표 중의 하나이다.

어음부도율은 부도금액 기준과 부도장수 기준 등 두 가지 방식으로 산정되는데 통상적으로 금액기준 부도율이 많이 사용된다. 어음부도율은 금융결제원에서 매달 통계를 작성하고 잠정통계는 매달 초 한국은행이 발표한다. 계산 방법은 어음교환소에 교환이 돌아온 것 중 부도가 난 어음 · 수표의 액수합계를 전체 교환금액으로 나누어 100을 곱한 수치다.

260. 역외금융

자본은 이윤을 찾아 수시로 국경을 넘나든다. 그러나 대부분의 국가는 이러한 금융거래에 각종 규제나 많은 세금을 부과하기 때문에 자본은 규제가 없는 지역으로 모이게 마련이다. 이렇게 해서 형성된 시장이 역외금융 시장이다.

역외금융이란 이렇게 국내 금융 당국의 규제를 받지 않는 역외금융 시장에서 이루어지는 금융거래를 의미한다. 대다수 금융기관들은 역외금융 시장에 실체가 없는 서류상의 회사(Paper Company)를 차려놓고 자기의 신용도를 이용, 신용도가 낮은 채무자에게 보증을 서주고 보증수수료를 받는다거나 아니면 아예 자기가 돈을 대신 빌려주고 채무자에게 가산금리를 받는 식으로 역외금융을 하고 있다.

261. 역외펀드

유가증권 매매수익에 대한 세금이나 각종 규제가 없는 지역에 설립돼 전 세계 금융시장을 상대로 투자하는 투자신탁회사를 일컫는다. 건물이나 직원은 없이 설립인가만을 받는 이른바 페이퍼 컴퍼니(Paper Company)형태를 띠는 경우가 대부분이다.

바하마, 홍콩, 룩셈부르크, 말레이시아나 아일랜드 등이 역외펀드의 주무대로 활용된다.

종래 국내증권투신사 등 금융기관들이 역외펀드를 설립, 해외 금융기관들로부터 돈을 빌어다 국내 증권시장이나 동남아 시장 등에 투자했다가 큰 손실을 입어 물의를 빚었다.

262. 연결재무제표

독립된 2개 이상의 회사 간에 지배·종속관계가 성립되는 경우 이들 기업의 재무제표를 한꺼번에 결합하여 작성한 재무제표를 말한다. 기업 경영의 투명성을 높이기 위해 92년 처음 도입됐다. 「주식회사의 외부 감사에 관한 법률」은 외부 감사를 받는 기업 가운데 다른 기업의 지분 50%이상을 보유했거나, 지분 30%이상으로 최대 주주인 경우를 연결재무제표 작성의무기업으로 규정하고 있다.

지배·종속회사간 자본투자금액과 내부거래(채권·채무, 매출·매입 등)는 겹치는 부분을 제외한 후 계산하며 자산, 부채 등은 합산해 작성한다.

263. 연불수출(Export on deferred payment basis)

수출 금액의 일부만 받은 후 나머지 잔액을 여러 해에 걸쳐 지불받는 방식의 수출.

일종의 외상 수출로 보면 되는데, 수출대금은 통상 수출하면 곧 결제하게 돼 있지만 대규모 공장설비와 시설재는 금액이 너무 크기 때문에 수입하는 입장에서는 어려움이 많다. 이 경우 정부나 은행이 지불보증을 전제로 연불수출방식을 이용한다.

최근에는 선진국의 개발도상국에 대한 수출경쟁격화로 수입국이 제시하는 유리한 수입조건으로 활용되고 있다.

264. 영업비밀(Trade Secrets 혹은 Proprietary Information)

다음 조건을 충족하는 영업상의 know-how임. ① 보호 대상이 전체 또는 구성 요소로서 비밀성을 갖고 있고, ② 상업적 가치가 있으며, ③ 영업비밀 보유자가 비밀 보호를 위한 적절한 조치를 취한바 있음. 상기 조건 중 하나라도 충족되지 못한 경우 영업상의 know-how를 다른 사람이 이용하였다 하더라도 이는 영업비밀의 침해로 인정되지 않음. WTO 협정문에서는 지적재산권 협정, 분쟁해결절차 등 각종 협정문을 통해 수출입국의 각종 조사시 영업비밀 보호의무를 규정하고 있다.

265. 에스컬레이션 조항

물가나 외환시세 등 주요한 가격변동요인을 고려해 앞으로 변동 사항을 계약 당시 미리 정해주는 조항.

수출입계약, 공사도급금액, 리스계약에서부터 노사간 임금협약에 이르기까지 광범위한 분야에 적용된다. 예를 들어 고용계약때 에스컬레이션 조항은 물가상승과 임금인상을 연계시켜 물가상승분만큼 임금을 올려 주도록 되어 있다.

무역에서는 이 조항을 국제물가나 환시세 변동에 대비하여 본 계약에 첨부시킨다. 또한 에스컬레이션 조항은 공사 기간이 길고 대규모인 해외 공사를 계약할 때도 대부분 삽입된다.

266. 에인절(Angel)투자자

에인절투자자란 기술력은 있으나 자금이 부족한 창업 초기의 벤처기업에 자금지원과 경영 지도를 해주는 개인 투자자를 말한다. 자금에 목마른 벤처기업에게 갑작스럽게 나타나 돈을 대주므로「천사(Angel)」라는 이름이 붙었다.

에인절투자자는 개인이 자기 책임하에 투자하는 것이므로 신기술사업 금융회사나 창업투자회사 등 기관투자자와는 다르다. 또 자금을 대여해 주는 것이 아니라 지분을 갖고 자본 참여한다는 점에서 사채업자와도 다르다. 에인절투자자는 벤처기업의 기술력과 장래성만 보고 무담보로 투자하는 것이므로 사업이 망하더라도 투자 자금을 돌려받을 수 없다. 사업 성공률이 10%미만일 정도로 위험성이 높은 반면 일단 사업이 성공하면 주식가치가 10~20배 이상 뛰므로 큰돈을 벌 수 있다는 것이 특징이다.

267. 오버나이트(O/N)

금융기관이 다른 금융기관으로부터 빌리는 급전으로 만기가 하루짜리(Overnight)인 초단기 외환자금. 외화 콜거래의 일종이다. 금융기관들은 수급계획을 미리 맞춰놓고 외화자금을 운용하는데 예정됐던 수입이 취소되거나 예정에 없던 지출요인이 생겨 일시적으로 달러 부족 상태에 몰릴 수 있다. 이때 국내 혹은 외국 금융기관들로부터 O/N을 쓰게 된다. 정상적 상황에서는 O/N차입이 거의 없거나 규모가 아주 적지만 신용에 차질이 생겨 만기가 긴 차입(기간물)이 어렵거나 갑자기 상환 요구가 들어오면 O/N의존도는 커지게 되고 만기를 하루씩 갱신할 때마다 금리도 올라가게 된다.

97년 외환위기 과정에서 국내은행과 종금사들의 O/N규모는 폭증했으며 이마저도 차입에 실패, 한국은행으로부터 O/N을 끌어 쓰는 사태가 발생하였다.

268. 오버슈팅

오버슈팅(overshooting)이란 경제에 어떤 충격이 가해졌을 때 변수가 장기적인 수준에서 크게 벗어난 후 시간이 지남에 따라 장기균형 수준으로 수렴해 가는 현상을 말한다. 환율 · 물가 등의 변수에서 자주 나타난다.

환율의 오버슈팅 현상이란 정부가 정책적으로 통화를 팽창시키면 자국의 통화가치가 하락(환율 상승)하는데 처음에는 균형수준 이하로 하락했다가 차츰 통화가치가 상승(환율 하락)하여 새로운 균형수준에 이르게 되나 원래의 균형점보다 하락되어 있는 상태를 말한다.

즉 통화교란 현상이 발생할 때 환율이 새로운 균형으로 이행되기까지 장기적인 균형경로에서 벗어나 단기적으로는 더 큰 폭으로 변하는 것을 말한다.

이는 통화 변동에 따른 금융 · 외환시장에서 반응이 상품시장에서 보다 빠르게 나타나기 때문이다.

269. 오염자부담원칙(3P : Polluters Pay Principle)

OECD 국가들이 엄격한 환경규정을 도입하고, 높은 비용과 경쟁력에 미치는 부정적인 영향이 도출되기 시작한 1970년대 초부터 환경 정책의 기본 원칙으로 대두된 원칙임. “오염자부담원칙”이란 오염방지 조치를 이행하거나 오염으로 야기된 피해를 보상하는데 드는 비용을 오염자가 부담해야 한다는 것을 의미함. OECD가 1972년에 채택한 환경정책의 국제경제적 측면에 관한 지침(Guiding Principles on the International Economic Aspects of Environmental Policies)에서는 희소한 환경 자원의 합리적인 사용을 촉진하고 국제무역과 환경 투자를 왜곡시키지 않기 위해 오염방지 및 관리조치의 비용 분담에 사용되는 원칙으로 정의하고 있음. 즉, 동 원칙은 환경이 수용 가능한 상태가 될 수 있도록 하기 위해 공공 기관이 결정한 상기의 조치들을 이행하는데 드는 비용을 오염자가 부담해야 한다는 것이다.

270. 온실효과(Greenhouse Effect)

화석연료 사용 증가로 인하여 배출된 이산화탄소 등의 가스가 지구층으로 마치 우산으로 비닐하우스처럼 둘러싸서 결과적으로 지구가 더워지도록 하고 있으며, 이와 같은 현상을 온실효과라고 함. 온실효과의 원인 물질을 이산화탄소(CO_2), 이산화질소(NO_2), 메탄(CH_4), 염화불화탄소(CFCs) 등인 것으로 알려지고 있음. 온실효과 방지를 위한 국제간의 공동 노력의 일환으로 기후변화협약이 1992년 채택되었다.

271. 옵션

옵션은 분양된 아파트에 웃돈이 붙어 거래되는 것과 유사하다. 예를 들어 1억원에 분양된 24평형 아파트를 2천만원을 더 주고 사려는 사람이 있다. 이 사람은 인근 아파트의 현재 시세를 감안하였거나 전반적인 부동산 경기가 상승할 것으로 판단하고 웃돈을 주고라고 아파트를 사려는 의지가 있는 것이다.

만일 이 거래가 성사된다면 이 사람은 전매자에게 2천만원을 주는 것을 포함해서 1억2천만원을 내면 이 아파트의 주인이 된다. 예상대로 아파트 시세가 올라서 1억5천만원에 팔 수 있게 되면 3천만원의 투자 수익을 얻게 되는 것이다. 또는 입주 전이라도 되팔아 차익을 얻는 경우도 있을 것이다. 이와 비슷한 거래 형태가 주식시장에도 있는데 바로 옵션이라는 상품이다. 우리나라 주식시장에서는 아파트라는 물건이 아니라 KOSPI 200지수를 대상으로 하는 콜옵션과 풋옵션이 상장되어 있다.

앞에 든 예의 경우 분양가 1억원짜리 아파트라는 실제적인 물건에 대해 2천만원이라는 웃돈이 붙어 거래되는 것이다. 옵션시장에서는 1억원을 '행사가격', 웃돈을 '프리미엄'이라 하며 프리미엄이 붙을 것 즉, 가격이 상승할 것으로 보고 사는 경우를 콜옵션매수라고 한다.

좀 더 상세히 정의하면 다음과 같다. 옵션이란 장래의 일정 시점에 특정 기초자산 즉 KOSPI 200지수를 미리 정한 행사 가격에 사거나 팔 수 있는 권리를 말한다. 여기서 살 수 있는 권리가 부여된 옵션을 콜옵션, 팔수 있는 권리가 부여된 것을 풋옵션이라 한다.

272. 완화된 만장일치제(Modulated Consensus)

UR/분쟁해결절차협상과정에서 미국과 호주가 제안한 제도로서 분쟁해결 패널보고서를 이사회에서 채택할 경우 패널 제소국과 피소국 등 당사국을 제외한 국가간에 투표하여 만장일치제로 의사결정을 하는 제도. WTO협정문에서는 반영되지 못하였다.

273. 외국인 직접투자

외국인 직접투자(FDI · Foreign Direct Investment)는 외국인이 경영참여 등을 통해 국내 기업과 지속적인 경제 관계를 수립할 목적으로 행하는 투자를 일컫는다.

경영에 실질적인 영향력을 행사하기 위한 투자라는 점에서 '포트폴리오 투자'와 대비되는 개념이다.

외국인 직접투자에는 우선 지적재산권과 부동산 등 모든 형태의 유 · 무형 자산이 이전돼 부를 창조할 목적으로 이뤄지는 투자가 해당된다. 또 경제협력개발기구(OECD)/다자간투자협정(MAI)에서는 국내 기업의 사업부문 및 영업권 등을 외국인에게 매각한 경우도 외국인 직접투자로 보고 있다.

아울러 기업 경영에 실질적인 영향력을 행사하기 위해 외국인이 주식 및 지분 등을 취득(통상 10%이상) 하는 투자도 외국인 직접투자로 볼 수 있다.

특히 정부가 마련한 외국인 투자촉진법에서는 신주 등의 취득에 의한 투자 ·기존 주식 등의 취득을 통한 M&A형 투자 ·해외 모기업 등이 한국에 있는 자회사에 대부하는 5년 이상의 장기차관 등을 외국인 직접투자에 포함하고 있다.

274. 외부참조가격(External Reference Price)

국내가격지지 효과나 관세상당액(TE)을 계산할 때 기준이 되는 국제 가격으로서 농산물협정에서는 1986~1988년 평균 세계 시장가격을 기준으로 하고 있음.

275. 외환가변예치제(VOR)

해외자본유입 급증에 따른 국내 외환시장의 혼란이 우려될 경우 유입 자본 중 일정액을 은행에 예치하도록 하는 제도. 이 제도가 도입되면 국내에 유입되는 투기성 자본은 물론 투자자본과 기업의 외자유치자금 중 일부를 은행이 보관해 둘 수 있게 돼 시중의 외화공급 과잉에 따른 환율불안 등을 막을 수 있다.

또 단기성 국제 투기자본이 국경을 넘나들면서 외환시장을 교란하는 상황을 차단하는데도 효과가 크다.

외국의 경우 칠레가 91년부터 국내 거주자의 해외 차입에 대해 20~30%를 은행에 맡기도록 하고 있으며, 콜롬비아도 18개월 이하 단기 해외 차입금 중 무려 47%를 은행에 예치하도록 하고 있다.

276. 외환딜러

최근 국제통화기금(IMF) 국제금융의 영향으로 환율이 불안정해지면서 금융기관·기업체마다 외환딜러의 중요성이 부각되고 있다. 또 은행들은 가장 우수한 인재들을 딜러로 선발하고 있어 금융기관종사자들에게 매년 인기가 높아지고 있다.

외환딜러는 천문학적 액수의 돈을 떡고물 주무르듯 하는 금융계의 마이더스다. 지난 95년 영국의 한 딜러가 1백년이 넘는 역사를 자랑하는 베어링은행을 파산시키고 세계 금융시장을 뒤흔들기도 했다.

외환딜러란 외환시장에서 외환매매를 해 이익을 남기는 사람이다. 달러는 달러, 마르크, 엔화 등 국제금융시장에서 통용되는 외환을 가장 쌀 때 샀다가 비쌀 때 팔아 그 차액을 남기는 일을 하는 국제금융전문가다.

국내 은행, 종합금융회사, 외국은행 서울지점, 대기업 등에서 근무하는 외환딜러는 2백50여명에 달한다.

시중은행의 경우 일반행원 가운데 외환딜러를 선발한다. 1~2년에 한 번씩 치러지는 선발 과정을 통해 2~3명이 탄생된다. 선발시험 경쟁률은 보통 1백대 1이 넘는다. 수습 1년, 주니어 2년을 거쳐야 명실상부한 딜러인 시니어딜러가 된다. 선발시험은 영어와 적성검사로 이뤄지며 일단 선발되더라도 1년 수습기간 동안 적응하지 못할 경우 자격이 박탈된다.

일반 은행원이 딜러가 되려면 입사 후에 외환거래, 선물환, 스왑, 옵션 등 관련금융기법을 공부해 두는 것이 좋으며 현재 국내에서 실시하고 있는 SP(미국선물거래중개사시험)자격증을 취득하면 유리하다.

딜러는 겉으로는 화려해 보이지만 정신적 스트레스가 엄청나다. 하루 24시간 동안 컴퓨터 단말기에서 잠시도 눈을 뗄 수가 없다. 24시간 동안 뉴욕, 동경, 런던, 홍콩 등 세계 각국 금융시장의 거래 상황을 체크해야 한다.

외국은행의 경우 실적에 따라 수십만달러의 연봉을 받기도 하지만 국내 은행 딜러의 봉급은 일반 행원들과 별로 차이가 없다.

외환딜러는 업무의 속성상 보통 직장인들의 고민인 상사와의 갈등이나 통제가 전혀 없다. 전문 딜러가 되면 자신에게 주어진 한도액에 한해 본인에게 전폭적인 권한이 주어진다.

15년 동안 딜러로 일하고 있는 K은행의 李모대리는『외환딜러는 전 세계를 무대를 삼고 있기 때문에 매력 있는 직업이다. 그러나 자신이 순간적 판단에 따라 수억원을 벌기도 하고 날리기도 하기 때문에 위험부담이 뒤따르는 직종』이라고 말했다.

277. 외환보유고

한 나라의 통화당국(정부 및 중앙은행)이 대외지급준비자산으로 보유하고 있는 외화자산으로서 언제든지 대외 지급에 사용할 수 있고 가치의 안정성이 보장된 것이어야 한다. 외화보유액을 산출하는 방식은 국가별로 상이한데 대체로 선진국에서는 공적통화당국이 보유한 순외화자산만을 보유하고 있는데 이것을 공적준비자산이라고 한다.

한편 개발도상국들은 공적인 통화당국뿐만 아니라 일반금융기관의 외화자산까지 전액 합계하여 계상하되 부채를 차감치 않는 외화자산만의 합계를 외환보유액으로 하고 있다.

278. 외환위기

대외신인도의 급격한 하락으로 자국의 통화가치가 폭락하고 외화수요가 급증, 외환수급이 극도로 악화되는 것을 말한다.

외환위기는 정책의 실패나 정치적, 사회적 불안 등의 이유로 대외신인도가 하락하면서 시작된다. 대외신인도가 하락하면 통화가치가 단기간에 평가절하될 것이라는 불안감이 형성되고 외화에 대한 수요가 급증하게 된다. 그러면 실제 통화가치가 비정상적으로 급격히 절하되면서 외환수급에 어려움이 생긴다.

외환위기는 통화위기(Currency Crisis)로 불리기도 한다. 또한 외환위기는 금융위기의 한 형태로서 독자적으로 일어나기 보다는 일반적으로 은행위기(Bank Crisis)나 외채위기(Debt Crisis) 등 다른 형태의 위기와 동시에 복합적으로 발생한다.

94년말 멕시코 페소화나 97년 동남아, 한국 등이 통화가치 폭락 사태가 이에 해당한다.

97년 후반에 본격화된 우리나라 외환위기는 대기업의 연쇄 도산으로 금융기관들의 부실채권이 증가하는 은행위기로부터 시작돼 은행의 대외신인도 하락으로 이어지면서 급속히 악화됐다.

279. 외환할당제(Foreign Exchange Allocation)

특정품목 수입의 경우 수입규제상의 제한은 없으나 사전에 동 품목에 대한 대금결제의 외환 한도를 정해 놓음으로써 실제적으로는 일정 한도 이상으로는 수입할 수 없도록 하는 제도. 외화가 부족한 개도국에서 많이 활용하는 제도.

280. 우루과이라운드(Uruguay Round)

세계 각국의 관세·비관세장벽을 철폐하기 위해 GATT에서 진행되는 제8차 다자간 무역협상. ① 각국의 시장개방 확대, ② GATT 체제 강화, ③ 서비스, 지적재산권, 무역관련투자3등 신분야에 대한 국제규범 마련을 목표로 86년 9월 116개국이 우루과이 푼타 델 에스테에서 시작. 출범 당시에는 1990년 말을 협상 시한으로 했으나, 2차례에 걸친 연장 끝에 1993년 12월 15일 협상이 완료되었다.

281. 우호통상항해조약(FCN : Friendship, Commerce, and Navigation Treaty)

미국이 여러 국가들(한국 포함)과 쌍무적으로 맺은 조약으로서 무역, 외국인 기업활동 등 모든 통상 거래와 항해업에서 자국 기업의 영업 활동에 내국민 대우 원칙을 적용시킬 것을 그 내용으로 하고 있음. 한국은 미국과 1956년 이 조약을 맺은 바 있다.

282. 우회덤핑(Circumvention)

반덤핑조치의 적용을 받는 물품을 수출하는 기업이 수입국의 반덤핑조치를 회피하고자 완제품 대신 부품을 수출하여 수입국 내에서 조립하거나 혹은 제3국에서 조립하여 수출하는 관행을 말함. 우회덤핑을 규제해야 한다는 선진국의 주장에도 불구하고 개도국의 강력한 반대에 따라 WTO 반덤핑협정 및 보조금/상계관세협정에서는 반영되지 못했음. 다만 동 문제를 반덤핑위원회에서 회부하도록 하고 있다.

283. 워크아웃(Work Out)

금융기관이 거래 기업의 '군살', 즉 과다한 자산과 채무를 없애 줌으로서 재무구조를 건전하게 바꿔 주는 작업.

미국의 여배우 제인 폰다가 80년대 헬스클럽을 운영하면서 여성의 군살빼기 운동을 '워크아웃'이라 부른데서 유래했다고 한다. 기업경영에서 이 말을 처음 사용한 사람은 미국의 제네랄 일렉트릭 잭 웰치 회장으로 잘 알려져 있다.

워크아웃은 기업에 돈을 주더라도 무조건 지원하는 것이 아니라 근본적 체질개선처방을 할 수 있게 내리기 때문에 협조융자(Bail-out)와는 다르다.

퇴출을 뜻하는 아웃이란 단어 때문에 기업들로부터 오해를 사고 있어 금융감독위원회는 워크아웃을 기업개선작업으로 통일해 사용하고 있다.

【워크아웃과 법정관리의 비교】

워크아웃	법정관리
조 건	
• 회생가능성 높음 • 금융권·기업 자율 • 부도발생 가능한 방지	• 회생가능성 희박 • 법적강제 • 하청업체 등 연쇄부도 가능성
방 식	
• 부채탕감, 상환조건 등 조정 • 출자전환 적극활용 • 해당기업 통폐합 등 조정우선 • 감자와 자본유치 병행	• 부채구조조정 마련 • 소극적인 출자전환 • 3자인수등 매각병행 • 1/2이상 감자의무
경영권	
• 경영권 제한 등 축소 (추가 협조융자시 포기각서 제출요구)	• 경영진 완전교체 (관리인 임명)

284. 유동성

크게 두 가지 개념으로 사용된다. 하나는 자산의 유동성(Loquidity)이고 다른 하나는 경제주체의 유동성이다.

자산의 유동성은 화폐 이외의 자산을 비용·시간·노력 등의 면에서 큰 손실 없이 쉽게 현금화할 수 있는 정도를 의미한다. 따라서 자산의 유동성의 크기는 자산을 화폐로 전환하는데 걸리는 시간에 반비례한다.

반면 경제주체의 유동성은 가계·기업·정부 등의 각 경제주체가 그때그때 지급해야 하는 채무를 갚을 수 있는 능력을 말한다.

특히 기업의 차원에서 현금을 동원할 수 있는 능력을 유동성이라 하는데 이러한 유동성을 보여주는 비율이 유동성비율이다. 유동성은 주로 유동비율, 당좌비율로 측정된다. 우리의 외채 위기는 국제 금융시장에서 국내 금융기관들의 신규 차입과 만기상한 연장이 어려워지고 외국 투자자금의 이탈로 외환 수급이 극도로 악화되면서 단기외채 상환을 위한 경제 주체의 유동성 부족에서 시작됐다.

285. 유동성함정

통화를 확대해도 이자율이 낮아지지 않고 경기부양 효과가 나타나지 않는 현상을 말한다. 일반적으로 통화를 늘리면 이자율이 낮아지고, 이자율이 낮아지면 기업과 개인은 투자와 소비를 늘리게 돼 경기부양 효과가 나타난다.

유동성함정(Liquidity Trap)은 이자율이 저점에 다가갔다고 보여 지고 가까운 장래에 이자율이 상승할 것으로 기대될 때 채권보다는 현금을 갖고 있으려 하기 때문에 발생한다. 유동성 함정이 발생하면 경기를 활성화하기 위해 아무리 돈을 풀어도 개인들이 증권을 사지 않고 현금을 보유하기 때문에 이자율은 떨어지지 않게 된다. 실물 경기를 활성화시키는데 아무런 영향을 주지 못한다.

유동성 함정은 경제학자 케인즈가 자본주의 경제가 불황에 빠질 수 있다는 논리 중 하나로 제시한 것이다.

286. 유동화전문회사(SPV)

금융기관에서 발행한 부실채권을 매각하기 위해 설립하는 특수목적회사(SPV-Special Purpose Vehicle). 금융기관은 거래 기업이 부실화해 대출금등 여신을 회수할 수 없게 되면 거래 기업에 대한 대출권, 즉 부실채권을 SPV에 팔아넘긴다. SPV는 내·외국인 등 투자자를 물색, 부실채권을 적절한 값에 팔아넘기는 역할을 맡는다. 매각이 끝나면 자동 해산되는 한시적 기업으로 페이퍼 컴퍼니이다. SPV는 부실채권 매각을 위해 여러 가지 방법을 동원한다. 부실채권을 현재 가치로 환산, 유동화채권(ABS)를 발행해 투자자들에게 판매하는 방식을 주로 이용한다.

287. UN환경개발회의

(UNCED : United Nations Conference on Environment and Development)

1992년 브라질 리우에서 환경적으로 건전하고 지속가능한 개발의 실현을 위해 선진국 · 개도국 등 114개 국가정상급 및 행정수반급을 포함하여 178개국 정부 대표 8,000여명, 기타 민간단체가 참석한 국제환경 회의였음. 이 회의에서 향후 지구환경보호의 기본원칙인 “리우선언”과 21세기를 향한 세부 실천 계획인 “의제21”을 확정 · 채택함으로써 리우체제라는 새로운 지구 환경 질서의 출범 기반을 마련하고 환경문제를 지구 차원의 최대 현안으로 부각시킨 바 있다.

288. UN환경계획기구(UNEP)

1972년 채택된 스톡홀름 선언을 바탕으로 설립된 환경에 관한 UN공식국제기구로서 UN 산하에 1973년 창설되었음. 58개 이사국으로 구성되어 있으며 우리나라도 1986년 이사국으로 피선되어 있으며 케냐의 나이로비에 본부를 두고 있다.

289. UN 지속개발위원회

(UNCSD : United Nations Commission on Sustainable Development)

UN 경제사회이사회 산하에 설치된 기구로서 각국의 “의제21”(agenda 21) 추진 상황을 평가. 촉진하기 위해 설립되었으며, 매년 1회 각료급 회의를 개최하고 있다.

290. 유전스

수출입 업자의 자금 사정을 원활하게 하기 위해 일정 기간 동안 수출입 대금의 지불을 연기해 주는 것을 말한다. 따라서 유전스(Usance)는 일종의 기한부 어음이다. 어음 소지인이 어음을 제시할 때 지급되는 어음인 일람출급어음 또는 요구불어음과 달리 유전스는 외국환은행이 일람출급 환어음에 대해 신용을 공여한 뒤 30일, 60일, 90일, 120일등 일정 기간 동안 지불을 연기해 주는 것이다.

수출환에 유전스가 붙는 것을 수출유전스라 한다. 그리고 수입 유전스에는 두 가지 방식이 사용된다. 하나는 외국수출입자 자신이 기한부 어음을 발행, 이것을 은행에서 할인하는 방식이고 다른 하나는 수출입자가 어음을 발행, 수입업자가 은행에서 별도의 외화를 융자받아 어음을 결제하는 방식이다.

유전스를 이용하면 사들인 상품을 팔아서 그 대금으로 어음을 결제할 수 있어 편리하다. 그러나 달러로 계약을 맺는 수입업체들은 환율이 오를 경우 인상분에 대한 자금을 추가로 부담해야 한다.

291. 원산지 규정(Rules of Origin)

원산지란 물품이 생산되거나 가공된 지역을 의미하며 당해 물품이 단순히 조립한 조립국이나 가공 공정을 거치지 않은 경유국, 선적국은 원산지로 인정되지 못함. 이때 수입물품의 생산국을 판정하는 기준, 절차, 증빙서류 및 그 관리에 관한 규정이 원산지규정으로 원산지판정기준, 원산지 표시제도, 원산지증명서 발급제도 등으로 구성된다.

292. 위생 및 검역조치(SPS : Sanitary Phytosanitary Regulation)

식물 또는 동물의 해충 또는 질병, 식품, 음료 또는 사료의 첨가제, 오염물질, 독소 또는 질병 원인체에 의한 위험으로부터 인간, 동물 또는 식물의 생명 및 건강의 보호를 위해 취하는 법률, 법령, 규정, 요건 및 절차. UR 협상결과 "위생 및 검역조치에 관한 협정"이 체결되었다.

293. 의무면제(Waiver)

WTO에 규정되어 있지 않은 예외적 상황하에서 WTO각료회의에서 투표의 3/4 찬성(전체 투표의 과반수이어어야 함)에 의거 어떤 가입국에 대해 특정 WTO 규정 준수 의무를 면제하여 주는 것. 기존 GATT체제에서는 Waiver를 받은 조치의 경우 GATT 일치 시한이 없었으나, WTO에서는 최대 10년 이내에 WTO 협정에 일치시키도록 제한을 가하고 있음.

294. 의장권

상품의 새롭고 독창적인 모양이나 형태를 보호하는 지적재산권의 한 유형.

295. 의제 21(Agenda 21)

1992년 6월 브라질 리우데자네이루에서 채택된 지속 가능한 개발을 실현하기 위한 국제적 지침으로 21세기를 향한 지구인의 행동 지침의 성격을 띠고 있음. 이 의제 21은 리우 선언의 세부 행동 지침의 성격을 띠고 있으며, 38개 조항으로 구성되어 있다.

296. 이론주가

주식의 투자가치를 결정하기 위해 이론적으로 산출해 얻은 주가를 이론 주가라 말한다. 일반적으로 일반 이자율에 의한 방법, 수익에 의한 방법, 주가수익률(PER)에 의한 방법과 순자산비율(PBR)에 의한 방법이 있다.

일반 이자율에 의한 방법은 배당을 일반 이자율로 자본 환원하는 것을 기준으로 주식투자가치를 구하는 것이다. 간단하게 말하면 배당을 일반 이자율로 나눈 것이다.

주가 수익률에 의한 방법은 주가를 1주당 이익으로 나눈 비율을 기준으로 구하고 주가 순자산비율방법은 주가를 1주당 나눈 자산 비율로서 산출한다.

주식 투자자들은 투자결정에 이론주가를 주요 지표로 삼고 여러가지 이론주가를 혼합해 사용하고 있다. 한 가지 이론 주가만을 가지고 투자하는 것은 위험한 방식이다.

297. 이자보상배율

기업이 얼마를 벌어서 얼마를 은행의 이자로 쓰고 있는지 나타내는 수치, 이자 때문에 파산하지 않고 영업을 하려면 최소한 1.0 이상이 돼야 한다. 배율이 1.0이하면 당장 이자를 갚기 위해 다시 돈을 빌려야 하고 장기간 지속될 경우 은행과 채무조정을 하거나 파산에 이르게 된다.

298. 이전가격

기업이 해외에 있는 자회사나 지점과의 사이에 원재료, 제품, 서비스를 거래할 때 적용하는 가격.

전 세계를 무대로 기업을 운영하는 다국적 기업들은 세부담 경감을 목적으로 이전 가격을 조작하는 경우가 많다. 다국적 기업은 나라마다 세금의 종류와 세율이 다르다는 점을 착안, 각국의 관련 회사와 상품·서비스를 거래하면서 가격을 조작해 세금을 적게 내려 한다.

299. 인텔샛

인텔샛은 국제통신위성기구인 International Telecommunication Satellite Organization 의 약어이다. 세계의 모든 지역에 대하여 차별없이 효율적이고 경제적인 국제위성통신서비스를 제공할 목적으로 우주 부분의 설계, 개발, 건설, 설치 운용 유지에 관한 업무를 수행하기 위해 지난 73년 정부간 협의로 발족한 기구다. 본부는 현재 미국 워싱턴에 있다.

인텔샛은 태평양, 대서양, 인도양 상공에 정지궤도 위성을 배치하여 국제통신에 이용하는 한편 각국에서 위성탑재 중계기를 임차하여 국내통신에도 이용할 수 있도록 하고 있다. 인텔샛을 이용한 서비스로는 국제전화서비스, 국제텔레비젼 전송서비스, 국제데이터전송서비스 등이 있다. 우리나라는 공식 발족적인 지난 67년 57번째 회원국으로 가입하여 인텔샛위성을 사용하고 있다.

300. 인포테라(INFORTERRA : International Referral System)

국제간의 환경정보조회 제도임. 환경정보수요자들이 관련정보를 신속하게 접근하는 것을 용이하게 하기 위한 메커니즘의 필요성에 따라 UN환경계획기구(UNEP)에서 설치한 제도임. 인포테라는 현재 125개국을 연결시켜 주고 있으며, 본부는 케냐의 수도 나이로비에 두고 있으며 우리나라는 국립환경연구원에서 NPP(National Pocal Point) 역할을 수행하고 있다.

301. 일감나누기(Job Sharing)

사업장 내 과잉 인력 문제를 해결하기 위해 근로자 1인당 근무시간을 단축, 사원 한 명의 일을 여러 명이 나눠서 하는 새로운 노동 형태, 예를 들어 과잉 인력이 20%발생했을 경우 1인당 근로시간을 20%씩 줄여 인력을 감축하지 않고 흡수하도록 하는 방식으로 독일의 폴크스바겐 등 유럽 제조업체가 대량실업 발생시 실시했다.

302. 일괄수락원칙(Single Undertaking)

UR 협정에 참여하는 국가들이 UR협정문에 서명하는 경우 UR 협정문 및 부속문서를 전체적으로 수락해야 한다는 원칙. 따라서 협정문의 일부 수락은 불가능하며, UR협정문에 서명하면서 어느 조항에 대해서도 유보를 할 수 없다.

303. 일괄인하(Liners Cut)

케네디 라운드 관세인하 협상에서 미국의 제안으로 채택됐던 관세 인하방식. 주요 선진국들이 관세인하 협상에서 제외시킬 일부 예외 품목에 관해 합의한 후 여타 품목에 대해서는 관세율의 고저에 관계없이 일정한 비율을 일괄적으로 인하하는 방식. 케네디 라운드에서는 일괄적으로 관세의 33%를 인하한 바 있다.

304. 일몰제

시간이 지나가면 해가 지듯이 법률이나 각종 규제도 일정 기간이 지나면 저절로 효력이 없어지도록 하는 제도이다.

입법이나 제정 당시와 여건이 달라져 법률이나 규제가 필요 없게 된 이후에도 한번 만들어진 법률이나 규제는 좀처럼 없어지지 않는 폐단을 없애기 위해 도입됐다.

305. 일반의무사항(General Obligation)

서비스 일반협정의 모든 참여국이 양허 여부를 불문하고 기본 의무로서 모든 서비스분야에 대해 반드시 준수해야 할 원칙을 의미. 최혜국대우 원칙, 공개주의원칙 등이 포함된다.

306. 자본계정

국제수지표 표준분류상 한 국가의 금융자산 및 금융부채의 변동관계를 나타내는 계정을 말하여, 자본계정에는 장기자본수지, 단기자본수지 및 금융계정이 모두 포함된다.

한 국가의 국제수지는 경상계정과 자본계정 및 금융계정의 대차관계에 의해 사후적 균형(ex-post equilibrium)을 이루게 되는데, 한 국가의 대외자본거래는 자본계정으로 기록된다.

자본거래는 자본의 이동 기간을 기준으로 분류된다. 통상 1년을 기준으로 1년 이상일 경우 장기자본거래, 1년 이하일 경우는 단기자본거래로 분류된다.

또 자본이동을 실행하는 주체를 기준으로는 공적 자본거래와 민간 자본거래로 분류하기도 한다.

307. 자본수지

한 나라의 대외거래 중 상품이나 서비스의 이동을 수반하지 않는 자본이동에 따른 결과를 나타내는 지표, 무역수지, 무역외수지를 포함한 경상수지가 재화나 서비스의 이동에 따른 수입과 지출을 표시한 것이라면 자본수지는 자국자본의 해외유출이나 외국자본의 국내유입에 관한 기록이다. 즉 우리나라 금융기관이 해외에서 주식투자를 하면 자본수지는 마이너스가 되고 외국인이 국내 주식시장에서 주식을 사들이면 자본수지에는 플러스가 된다. 한국은행은 98년 2월 25일전까지는 자본수지를 만기 1년을 기준으로 단기자본수지와 장기자본수지로 구분했는데 98년 3월부터 자본수지편제를 투자수지와 기타자본수지 항목으로 개편 운용 중이다.

308. 자본통제

초단기 투기성 자본의 거래나 수출입 무역에서 외화 자산의 이동을 제한하는 조치를 말한다. 자본통제(Capital Control)는 투기성 자본유입이 억제되어 환율이 안정된다는 장점이 있지만 장기화되면 투자와 생산위축, 물가상승과 같은 문제점이 발생한다.

자본통제는 국제통화기금(IMF)을 비롯한 선진국의 개방화 · 자유화 정책에 반하는 것으로 고금리와 초긴축을 표방한 IMF 안정화 정책이 아시아 위기를 해결하기보다는 심화시켰다는 비판에 바탕을 두고 있다.

자본통제는 독립적인 통화 및 외환체제를 유지하고 자본유출(Capital Flight)을 사전에 방지할 수 있어 단기적으로는 금리인하를 통해 국내부채가 감소한다는 효과가 있다. 그러나 외화자본유입이 감소하고 지속적 경제성장을 위한 해외자본의 이용이 줄어 성장이 위축된다.

소로스 등 헤지펀드를 강력하게 비판한 말레시아의 마하티르 수상은 지난 2일 자본

거래의 통제를 통해 미 달러화에 대한 링기트화의 환율을 고정시키고 금리인하를 단행하기 위해 자본통제 조치를 취했다.

이는 급진적인 금리인하를 통해 국내경제를 활성화시키고 금리인하로 초래될 수 있는 링기트화의 급격한 절하를 억제하기 위해 단행됐다.

309. 자산건전성 분류제

금융기관이 빌려준 돈(보유한 자산)의 수익성, 유동성 및 안전성 등을 분석하고 건전성에 따라 자산을 분류, 관리하는 제도를 말한다.

자산건전성 분류제도는 사전에 불건전한 자산이 발생하는 것을 막고, 조기에 정상화를 유도해 건전하게 자산을 운용하기 위한 목적이다. 분류대상 자산은 금융기관 보유원화, 외화자산중 대출금, 지급보증대지급금, 매입외환, 내국신용장어음매입, 유가증권, 가지급금, 신용카드계정, 미수금 등이다.

금융기관의 보유자산에 대한 건전성 분류는 건전화 정도에 따라 정상, 요주의, 고정, 회수의문, 추정손실 등 5단계로 구분하고 유가증권의 경우에는 고정분류를 여신성 가지급금인 경우에는 요주의 및 고정분류를 제외한다.

금융부실문제의 핵심이 되는 금융기관의 자산건전성 악화는 자본자유화에 따른 정부 당국의 감독 기능이 제대로 작동하지 않았기 때문이다.

310. 자산담보부채권(ABS)

금융기관이 건물·토지·공장 등 부동산이나 동산의 저당권을 담보로 발행한 채권

유통시장에서 팔아 현금화할 수 있다. 우리나라는 ABS(Assets Backed Security)가 유통되기 위한 채권시장이 발달하지 못한데다 현행 민법상 담보물건과 저당권을 분리하기 어려워 자산이 매매될 때마다 저당권을 새로 설정해야 하는 불편 때문에 도입이 늦어졌다.

311. 자산 디플레이션

부동산과 같은 실물자산가치가 하락하고 소비가 위축돼 경기침체현상이 심해지는 것을 말한다.

디플레이션은 생산과정에서 공급과잉이 되는 상태에서 발생하는 물가(가치)하락을 의미한다. 자산디플레이션은 부동산(실물자산)의 공급과잉으로 부동산 가치가 하락하는 경우를 말한다.

경제성장률의 둔화되고, 금융시장이 혼란해지면서 대기업이 부도가 나면 금융기관과 기업은 보유하고 있던 부동산을 매물이 크게 늘어나면서 부동산 가격이 폭락하고 자산디플레이션으로 발생한다. 일본을 비롯한 동남아 국가의 부동산 가격폭락이 그 예이다.

자산디플레이션으로 부동산 가격이 급락할 경우 부동산을 담보로 대출해준 금융기관의 자산 건전성이 악화된다. 이것이 전체 금융시스템의 불안정으로 이어지면 경기침체가 장기화되는「복합불황」이 발생한다.

90년대 일본의 복합불황은 부동산 거품 붕괴에 따른 자산디플레이션의 결과이다.

자산디플레이션이 발생해 중산층의 유일한 재산인「주택」값이 떨어지면 중산층의 몰락도 빨라지게 된다.

312. 자유무역협정(FTA : Free Trade Agreement)

정치적 또는 경제적으로 밀접한 관계에 있는 둘 이상의 나라가 지역적인 연합을 위해 서로 관세를 철폐하는 등 통상을 자유화하려는 협정을 말함. 미국, 캐나다, 멕시코의 북미자유무역협정(NAFTA : North America Free Trade Agreement), 유럽자유무역지역(EFTA : Europe Free Trade Agreement), 남미자유무역지대(LAFTA : Latin America Free Trade Agreement)의 협정 등을 대표적인 예로 들 수 있다.

313. 자체상표

백화점과 할인점 등 유통 업체의 고유 브랜드. Private Brand로 보통 PB로 줄여 말한다. 로열티와 중간마진 광고비 판촉비가 추가로 들지 않아 10～30%의 원가절감이 가능하고 판매가격도 그만큼 저렴하다. 고객을 유인하기 위해 유통업체마다 개발 경쟁이 치열하다. 할인점 E마트의 'E플러스'와 한화유통의 슈퍼마켓용 '굿앤칩'등이 대표적인 PB이다.

314. 잠재된 관세감축(Shadow Tariff Reduction)

UR 농산물협상에서 채택된 농산물시장 개방방법 중 하나. 관세화가 실시되지 않은 유예기간 중에도 관세상당치(TE)는 점진적으로 감축하는 것을 의미. Shadow Reduction에 따라, 우리나라의 경우 지난 1995년부터 2004년까지 10년 동안 관세화 유예를 받아야만 관세상당치는 1995년부터 유예기간 동안 매년 동일한 비율로 최소한 10%이상을 감축해야만 되었다.

315. 재사용(Reuse)

폐기물을 다시 사용하는 경우를 말함. 특별한 프로세스를 거치지 않고 그대로 다시 사용한다는 측면에서 재생(Recovery)과 구분되며, 재활용(Recycling)과 함께 "3R"로 통하고 있다.

316. 재활용(Recycling)

폐기물을 일정한 프로세스를 거친 후 다시 원료로 사용하는 재생(Recovery)과정과 재사용(Reuse)을 포괄하는 것으로 물질을 사용 후 폐기하지 않고 물질순환계로 재투입하는 개념이다.

317. 저작인격권(Moral Right)

저작권자가 저작물의 저작자임을 주장할 수 있는 권리(the right to claim authorship of the work)로서, 저작물을 공표 하거나 공표하지 아니할 것을 결정할 권리(공표권), 공표 시 저작자의 실명 혹은 익명을 표시할 권리(성명 표시권), 훼손, 변형, 수정 등 저작물의 가치를 떨어뜨려 저작자의 명예나 명성에 피해를 줄 수 있는 행위에 반대할 수 있는 권리(동일성 유지권)등 저작권과 관련된 윤리적 측면의 권리를 말한다.

318. 적합판정절차(Conformity Assessment Procedure)

특정물품이 해당 기술규정이나 표준의 관련요건에 부합되는지를 결정하기 위해 직접 또는 간접적으로 사용되어지는 모든 절차를 의미. 적합판정절차는 특히, 표본추출, 시험 및 검사를 위한 절차와 평가, 검증 및 적합 확인을 위한 절차, 그리고 등록, 인정 및 승인, 그리고 이들의 결합절차 등을 포함하되, 금번 협정문에는 이러한 적합판정절차가 국제무역에 불필요한 장애를 일으키도록 채택되어서는 안 되며, 판정기준이나 판정 절차가 국내 동종 생산품에 적용하는 것보다 엄격해서는 안 된다고 명시하고 있다.

319. 전대차관

한 나라의 금융기관이 자국의 물건을 수입할 업체에 대출할 것을 조건으로 수입국 금융기관에 돈을 빌려주는 것을 말한다.

전대차관은 국제금융시장에서 은행이 해외은행으로부터 외화를 차입하는 것으로 일종의 뱅크론이다. 그러나 사용에 아무런 조건이 붙지 않는 임팩트론(Impact Loan)은 달리 전대차관은 사용조건이 명확히 정해져 있는 타이드론(Tide Loan)이다. 또한 돈을 빌려주는 쪽은 일반 상업은행인데 반해 돈을 빌리는 쪽은 산업은행, 중소기업은행과 같은 특수 정책금융기관이거나 국제금융기관이 대부분이다.

전대차관은 돈을 빌리는 쪽은 물론이고 돈을 빌려주는 쪽도 자기 나라의 수출을 촉진시킴은 물론 차입국과 경제협력관계를 발전시켜 나갈 수 있다는 이점이 있다.

상업 · 외환 · 장기신용은행은 유럽에서 시설재를 들여오는 국내 업체의 수입신용장 결제자금 사용을 조건으로 유럽계 은행과 전대차관 도입계약을 체결했다. 규모는 2억 6,500만달러에 금리는 LIBOR(런던은행간 금리)에 1.5%를 더한 수준이다.

320. 전자상거래(EC)

기업이나 소비자가 PC통신이나 인터넷 등 사이버공간을 통해 상품이나 서비스를 사고 파는 행위가 전자상거래이다. 최근 인터넷 이용자가 늘고 관련 기술이 급속히 발전하면서 공간이나 기존 상거래의 대체 수단으로 급부상하고 있다.

전자상거래는 컴퓨터통신을 이용, 모든 거래가 즉시에 이뤄진다는 장점을 갖고 있지만 해커의 공격이나 사기거래 등과 관련, 거래의 신뢰성과 보안성 측면에서는 많은 문제점을 갖고 있다. EU집행위원회가「인터넷을 통한 전자상거래를 촉진시키기 위해 국제 규범을 만들어야 한다」고 밝힌 것도 이 같은 기술적 문제를 해결하려는 노력의 일환이다.

321. 전자결재

종이서류 대신 전산망을 이용해 신고나 승인 등 사무를 처리하는 것을 말한다. 은행에 직접 찾아가지 않고 전화로 신용카드 대금을 결제하거나 다른 은행으로 송금하는 것도 사실상 같은 개념이다. 전자결재를 활용하면 서류를 떼거나 직접 제출할 필요가 없어 시간이 절약되고, 서류를 보관하지 않아도 되기 때문에 창고비 등 물류비도 줄일 수 있게 된다.

또한 신고나 승인 절차도 대폭 단축될 수 있다. 현재 수입신고를 하려면 가격신고서 송장 선화증권 인허가서 등을 관계 당국이나 기관에서 일일이 뗀 뒤 제출해야 한다. 그러나 전자결재를 이용하면 서류를 떼거나 제출하는 일을 모두 자신의 집이나 사무실에서 처리할 수 있다. 물론 관련기관간 공동전산망이 구축돼야 하는 등 상당한 투자가 선행돼야 한다.

322. 전자화폐

전자화폐(디지털머니)란 컴퓨터통신망을 이용한 전자상거래에 이용되는 새로운 개념의 화폐. 전자화폐전문업체인 디지캐쉬사는 전자화폐를「돈을 표시하는 숫자」로 정의하고 있다. 실제 전자화폐는 컴퓨터통신망에서 숫자로 통용된다. 온라인상에서 숫자로 돈을 지불하고, 빌려주거나 빌릴 수도 있다. 자녀의 온라인계좌로 용돈을 보내 줄 수도 있다. 이를 테면 온라인으로 물건을 구입한 물건값「100원」을 입금하면 자신의 잔액잔고에서「100원」이 숫자로 빠진다. 전자화폐는 개인의 신용에 의해 철저히 법적 효력을 보장받기 때문에 신용도가 없는 사람은 온라인상에서 전자화폐를 유통시킬 수 없다.

전자화폐카드는 사용자의 은행계좌와 연계돼 있으며, 카드에 담긴 돈을 모두 사용한 후에는 거래 은행을 찾아 계좌에 입금된 금액 중 필요한 만큼을 전자화폐시스템을 통해 전자화폐카드로 옮기면 다시 사용할 수 있다. 미국 씨티은행 등은 이 방식을 활용하고 있으나 앞으로는 전화나 통신망으로 카드를 재충전해 사용할 수 있게 될 전망이다.

323. 전환사채(CB)

전환사채(轉換社債 · Convertible Bond)란 회사채와 주식의 성격을 동시에 갖는 일종의 특수 사채. 이 사채 소유자는 전환사채를 산 뒤 일정 기간이 지나면 발행회사의 주식으로 전환할 수 있다. 따라서 전환사채의 발행가격은 주식으로의 선택권이 주어지는 만큼 일반 사채보다 그만큼 비싼 것이 일반적이다. 재벌 총수가 2세에게 지분을 물려줄 때 절세 방법으로 주로 이용하는 것도 전환사채다.

전환사채에는 제3의 보증여부에 따라 보증부전환사채, 담보부전환사채, 무보증(일반)전환사채로 구분할 수 있다. 또 주식으로의 전환 정도에 따라 사채액면 금액 전부를 주식으로 전환할 수 있는 전액전환사채와 액면금액 중 일정비율만 전환할 수 있는 부분전환사채로도 나뉜다.

324. 절약의 역설

경제성장을 도모하는 네 가지 축은 소비, 투자, 정부지출, 순수지출이다. 이 네 가지 요소에 의해 국내총생산(GNP)이 이루어진다.

그런데 개인적으로는 절약이 분명히 부를 축적하는 길이지만 경제 전체를 놓고 볼 때는 그 반대일 수 도 있다는 것이「절약의 역설」이다.

그 이유는 다음과 같다.

절약은 소비를 감소시키고 저축을 증대시키는데 이 과정에서 감소된 소비만큼 국민총생산이 줄어든다. 이때 증대한 저축이 투자 재원으로 다시 쓰여 감소된 소비만큼 투자가 더 증가한다면 괜찮겠지만 그렇지 못할 경우는 내수 경기를 위축시켜 국민총생산을 오히려 감소시키게 된다.

국제통화기금(IMF)시대를 맞아 소비성향이 극도로 위축되었다. 합리적 소비를 통해 절약을 해야지 무턱대고 소비 자체를 줄이는 것은 국민 경제 전체를 위해서도 바람직스럽지 못하다. 이 경우 인플레 속의 디플레 또는 물가고 속의 저성장, 즉 스태그플레이션 현상이 나타날 가능성이 높다.

325. 절차적 지침(Procedure Guideline)

OECD는 지속적인 무역증가와 더불어 환경파괴를 방지하고자 각국의 무역 및 경제정책분야와 환경분야와의 관련성을 검토하기로 결정하고 이에 대한 기본지침(1993. 6)을 마련한 것이 OECD 절차적 지침임. 동 지침의 목적은 지속 가능한 개발목표를 달성하기 위해서는 정책개발의 초기 단계에서 무역과 환경 영향에 대한 검토 또는 조사를 실시하여 무역과 환경에 대한 검토 또는 조사를 실시하여 무역과 환경에 대한 영향을 최소화하고 분쟁발생을 예방하는 것임. 주요 내용으로는 환경정책의 투명성과 협의문제, 무역환경조사, 검토 및 후속 조치, 국제환경협력문제, 분쟁해결문제 등을 주요 검토 대상으로 하고 있다.

326. 정보인프라

정보인프라란 정보화사회를 위한 사회간접자본을 말한다. 일명『정보고속도로』로 불리는 초고속정보통신망이 정보인프라다.『제3의 물결』을 펴낸 앨빈 토플러가 처음으로 제시한 개념이다. 정보사회에서의 사회간접자본은 상업사회에서의 인프라인 도로, 댐 등이 아니라 정보통신망을 말한다. 정보인프라는 21세기 국가나 기업 개인의 부가가치를 만들어 내는 가장 중요한 국가 중추신경이 된다.

전 세계 국가가 정보고속도로 구축에 총력을 쏟고 있는 것도 같은 맥락이다. 21세기 세계 경제의 새로운 질서로 떠오를 전자상거래도 이러한 정보고속도로를 기반으로 하는 상거래 형태가 된다. 정부도 정보고속도로 구축에 35조원을 투입하는 등 새로운 개념의 신국가 인프라구축에 한창이다.

327. 정부조달협정(Government Procurement Code)

세계 각국의 정부조달 관행에서 존재하는 차별 행위를 규제하고 국제조달시장의 자유화를 촉진하기 위하여 1979년 동경 라운드의 일환으로 제정한 협정으로 1987년 이후 협정개정을 위한 확장협상이 시작된 후 UR 협상 타결과 함께 확장된 정부조달협정이 체결되었다.

328. 정부출연기관

공기업에는 정부출연기관과 출자기관, 투자기관 등이 있다. 출연부문으로 분류되는 기관은 운영비와 사업비 등 기관 소요경비를 정부로부터 예산지원 방식으로 받는다. 출연기관은 소비자보호원 학술진흥재단 에너지관리공단 등과 같이 특별법에 의해 설립된다.

출자기관은 정부가 일정 금액을 출자해 지분을 갖고 그 지분만큼 권한을 행사하는 기관이다. 출연기관과 다른 것은 매년 예산을 지원하지 않고 출자의 형태로 자본참여하는 것이다.

투자기관은 정부가 지분의 50%이상을 갖고 있는 기관으로 조폐공사, 관광공사, 한전, 주공, 도로공사 등이다.

출자기관은 투자기관을 제외한 기관으로 담배인삼공사, 가스공사, 포철, 한국통신 등이다.

329. 정크본드

1997년 한국이 정크본드 수준의 신용등급을 받았다는 것은 기업으로 치면 부실기업으로 분류됐다는 뜻이다. 정크본드(Junk Bond)란 본래 「쓰레기 채권」이란 뜻으로 보통 중소기업이 발행한 채권이나 기업인수·합병(M&A)에 필요한 자금을 조달하기 위해 발행한 채권 등을 광범위하게 지칭한다.

이런 회사채는 보통 채권보다 위험이 높다. 투자자 입장에서는 파산하지 않으면 높은 수익을 얻을 수 있으므로 하이 리스크-하이 리턴(고위험-고수익)상품이라고 할 수 있다.

투자 적격대상에 속했던 국가가 신용등급이 급격히 떨어져 투자적격미만(투기대상)으로 낮아졌을 때 그 국가에 속해 있는 금융기관이나 기업체가 발행한 채권은 모두 정크본드로 전락하고 만다.

세계적인 신용평가기관에서는 보통 BB+(S&P), Ba-1(무디스) 이하 등급을 받는 채권을 정크본드라고 한다. 정크본드의 발행금리는 국제금융시장에서 특별히 정해진 수준이 없고, 부르는 것이 값이다.

예를 들어 한국이 OECD(경제협력개발기구)에 가입한 직후(1996. 2) 산업은행의 채권발행 가산금리는 0.1%(10BP) 안팎이었다. 1997년 11월 국가 신용등급이 정크본드 수준으로 떨어진 다음 산업은행의 채권금리는 무려 9~10% (9백~1천 BP)사이로 뛰어 올랐다.

330. 제네바협약

음반의 무단복제에 대한 음반제작자의 보호에 관한 협약(Convention for the Protection of Producers of Phonograms against Unauthorized Duplication of Phonograms). 동 협약은 1971년 10월 29일 체결. 한편, 최근의 한·미 통상협상 결과 우리나라도 1987년 9월 동 협약에 가입, 음반에 대한 저작권을 저작인접권으로 보호키로 하였으며, 보호기 간은 20년으로 합의.

331. 제조물책임(PL)법

제조물책임(PL:Product Liability)법은 특정상품의 안전성이 미흡해 소비자가 피해를 입을 경우 제조 기업이 손해배상책임을 부담하도록 규정한 법률이다. 일반적으로는 제품에 결함이 발생했을 때 수리, 교환, 환불 등이 제조자의 기본 의무라고 생각하고 있으나 제조물책임은 제품의 결함으로 발생한 인적·물적·정신적 피해까지 부담하는, 한 차원 높은 손해배상제도다.

예를 들어 TV브라운관의 폭발 사고로 인한 피해를 보상받으려면 소비자가 제조업자의 과실을 입증해야 하지만, 제조물책임법에서는 제조물의 결함만 입증하면 TV메이커가 무거운 배상 책임을 지게 된다. 제조업체가 결함 상품을 만들지 못하게 무거운 책임을 요구하는 것이다.

제조물책임은 60년대 미국에서 판례로 적용되기 시작한 후 이미 세계적인 추세로 자리잡아가고 있다.

332. 제한입찰(프라이빗 옥션:Private Auction)

신문 등을 통해 입찰에 대한 내용과 조건을 사전에 공고하는 공개입찰 형식의 기아·아시아 자동차 국제입찰과 달리 매각 주간사 은행이 인수 의향이 있을 것으로 보이는 기업들을 직접 선정한다. 이들을 대상으로 입찰참여업체의 범위를 제한하는 방식이다.

매각 주식사은행이 선정한 업체들에게는 투자안내서(인포메이션 메모랜덤:Information Memorandom)와 매각기업의 비밀을 보장한다는 각서를 받는 것이 일반적인 관례. 특히 공개입찰과는 달리 입찰참여업체들과 개별적인 협상을 통해 매각 조건 등에 대한 긴밀한 네고가 가능하다.

또한 입찰의향서를 제출한 업체들이 제시한 가격이나 매입조건이 채권단의 기대치와 현격한 차이가 있을 경우 낙찰자를 선정하지 않아도 되는 절차상의 융통성을 발휘할 수 있다.

333. 조세지출 예산제도

조세지출 예산제도(Tax Expenditure Budget)는 조세감면의 내용과 규모를 예산형식으로 작성해 주기적으로 공표하는 제도이다.

조세지출이란 정부가 조세를 통해 확보한 재원을 바탕으로 직접 지원해주는 예산지출과 대칭되는 개념으로 정부가 받아야 할 세금을 받지 않음으로서 간접적으로 지원해주는 조세감면을 일컫는 말이다.

따라서 조세지출예산제도가 도입되면 조세지원의 규모와 내역을 밝혀줌으로서 재정의 실질적인 지원규모 및 수혜자가 정확히 노출된다.

현재 경제협력개발기구(OECD)29개 회원국 중 미국·독일 등 14개국이 도입하고 있고 독일·프랑스 등 7개국은 매년 의회심의자료로 제출하고 있으며 나머지 국가에서는 단순 참고자료로 널리 공개된다.

이 제도의 문제점으로는 구체적인 조세감면의 내역이 예산 형태로 공표되면 농·어업 등 특정 분야의 경우 교역 상대국과 통상 마찰을 초래할 가능성이 있다는 점이다.

따라서 정부는 일단 법에 제도의 도입 근거를 마련하되 실제 제도의 활용은 주요 선진국의 운용 실태를 상세히 파악, 우리 실정에 맞는 도입 방안을 마련한 뒤 내년 이후 점진적으로 추진해 나갈 방침이다.

334. 졸업개념(Graduation Conception)

동경라운드 당시에 미국을 중심으로 선진국들이 주장한 것으로 개도국 중에서도 경제발전단계가 상당한 수준에 이른 나라, 소위 신흥공업국(NIEs : Newly Industrialized Economies)에 대해서는 상호주의를 적용해야 하고 무역자유화 조치를 점진적으로 취해 나가도록 해야 한다는 개념. 동 개념에 따라 우리나라를 비롯한 신흥공업국들이 1989년 미국으로부터 GSP 수혜를 받지 못하고 있다.

335. 종가세(Ad Valorem Duties)

물품의 가격을 과세표준으로 하여 부과하는 관세를 말하며, 수입가격을 표준으로 하여 거기에 일정율을 부과함. 물품에 따라서 가격이 결정되는 방법이 다르기 때문에 표준으로 할 적정가격의 채택이나 확정 가격의 평가에 어려움이 있으나, 관세의 부담이 상품의 가격에 균등하고 공평하게 적용되는 점이나 시장가격의 오르내림에 관계없이 언제나 과세 부담의 균형을 유지할 수 있다는 잇점이 있다.

336. 종량세(Specific Duties)

수입물품의 수량을 과세의 표준으로 하여 부과하는 관세를 말하며, 그 개수, 중량, 길이, 용적 혹은 면적을 관세산정의 기준으로 함. 종량세의 장점은 종가세처럼 가격에 대해 번잡한 조사의 필요가 없고 조사방법이 간단하고 명확하여 행정상 편리하다는 점이며, 단점은 과세의 공평성이 결여되어 있고 인플레 상태 하에서 재정수입 확보가 어려운 점임. 중량산정은 포장재료를 포함하지 않는 순량에 의하는 것을 원칙으로 한다.

337. 중앙은행 스왑

국가간 자본거래의 일종으로 각국 중앙은행이 보유 중인 자국 통화를 상대국과 맞바꾸는 것을 말한다. 예를 들어 한국은행이 보유 중인 원화와 미국 중앙은행인 연방준비제도이사회(FRB)가 보유 중인 달러화를 맞교환하는 방식을 뜻한다. 통상 통화가 서로 오고가기 보다는 상대국 계정 조정을 통해 이뤄지며 자금의 사용처에는 제한이 없는 것이 일반적이다. 중앙은행 스와프가 성공하면 한국은 미국으로부터 비구속성 차관을 공여받는 것으로 외환확보에 가장 유리한 방법이다.

338. 지리적 표시(Geographical Indications)

체약국 또는 체약국의 한 지역, 지방에서 생산된 상품임을 알리는 표시로서, 상품의 명성, 품질과 기타 특성의 지리적 원산지와 직접적인 관계가 있는 것으로 인정될 경우 그 지리적 표시는 지적재산권의 일종으로 보호 대상이 됨. 지리적 표시권을 보호하기 위하여 위해 타인에 의한 무단 사용을 금지하며 부정경쟁 행위를 방지함은 물론, 타인에 의해 상표로서 등록이 되어 있는 경우에는 직권 또는 이해관계자의 청구에 의해 상표등록을 무효화할 수 있다.

지리적 표시를 최소 10년 혹은 선의로 계속 사용하고 있는 경우는 기 사용자의 권리보호 측면에서 사용이 허용되며, 이미 일반상품 명칭화 된 지리적 표시도 보호대상에서 제외된다.

339. 지렛대 효과

금융계에 '지렛대(레버리지)효과'라는 말이 있다.

1만달러의 돈을 가진 사람이 1만달러만 투자하는 것이 아니라 마치 지렛대를 이용해 무거운 물건을 들어 올리듯 투자 규모를 증폭할 때 일컫는 말이다.

최근 파산 위기에 몰린 미국의 롱텀캐피털매니지먼트 등 일부헤지펀드들은 지렛대를 잘못 사용하다 낭패를 봤다. 롱텀캐피털의 자본금은 48억달러에 불과했지만 투자규모는 1천2백59억달러에 이르렀다. 실제 능력의 26배에 이르는 투자를 한 셈.

가장 흔한 투자증폭 방법은 돈을 빌리는 것. 수익률이 이자율 보다 높을 경우 돈을 빌려 투자하면 돈을 벌게 된다.

투자를 증폭시키는 또 하나의 방법은 파생금융상품(선물 스왑 옵션 등)을 이용하는 것. 선물시장에서는 거래액의 5~7%에 해당하는 보증금만 내놓으면 거래가 가능하다. 보증금 비율이 5%라면 증폭비율은 20배에 이른다.

차입과 파생상품투자, 양자를 합하면 지렛대 효과는 더 커진다. 그러나 지렛대 투자법은 수익도 높지만 위험도 엄청나게 크다.

요즘은 국제금융시장 전체가 온통 지렛대 효과에 휩싸인 것 같은 모습이다. 미국 경제가 후퇴할 조짐이 나타나자 일본 엔화가치가 사상 최대 폭으로 폭등하는 등 엄청난 증폭현상이 국제금융시장에 만연되고 있다.

340. 지속가능한 개발원칙(Sustainable Devlopment Principle)

인간의 무분별한 개발행위로 인한 환경파괴를 방지하기 위해 제기된 환경과 개발의 조화 개념으로, "지속 가능한 개발"에 대한 일반적인 법적 정의는 없으나 가장 보편적으로 사용되는 개념은 1987년 세계환경개발이사회(World Commission on Environment and Development)가 발간한 보고서에 포함되어 있는 것으로 지속 가능한 개발을 "미래 세대의 필요를 충족시키는 개발" 이라고 정의하였음. 한편, UN환경계획(UNCP)의 제15차 이사회에서는 지속 가능한 개발을 "생태학적 회복력과 경제성장의 토대가 되는 천연자원의 보존, 합리적 사용 등은 물론 국내 및 국제적인 형평성을 향해 나아가는 과정"이라고 설명하고 있다.

341. 지역별 경제고통지수

한 지역의 주민들이 경제 상황에서 느끼는 고통의 상대적인 정도를 측정한 수치다. 이와 비슷한 '국가의 고통지수'는 미국의 경제 연구기관인 왓튼경제연구소(WEFA)에서 매년 물가상승률과 실업률을 더해 계산해 내고 있다.

지역별 경제 고통지수(Locaf Economic Misery Index)는 4가지 구성지표로 이뤄져 있다. 지역 주민들은 자신이 거주하는 지역의 물가상승률 · 실업률 · 어음부도율이 높을수록, 지역별 산업생산증가율이 낮을수록 경제적인 고통을 겪을 것이란 전제에서 출발했다.

지수 작성은 진폭과 수치가 큰 구성지표가 전체 지수를 좌우하지 않도록 해당 시점별로 각 구성지표들의 평균(0)과 진폭(분산 1)을 같게 한 후 표준화된 구성지표들을 합산한다. 어음부도율은 0.5~2.5% 내에 있지만 지역별 생산증가율은 -22.6~6.9% 사이에 있어 이를 표준화시키지 않고 수치를 단순 합산하면 특정 지표가 전체 고통지수를 좌우하게 된다. 그래서 지역별 경제 고통지수는 표준화된 소비자 물가상승률 · 실업률 · 어음부도율을 더하고 표준화된 산업생산증가율을 빼서 구한다.

342. 지재권 연례심사

미국이 매년 교역상대국의 지적재산권 보호정도를 심사하는 것을 말한다. 미무역대표부(USTR)는 88년 종합 무역법 제 182조(스페셜 301조로 통칭)에 의거, 매년 4월 30일까지 교역국의 지적재산권 보호 수준을 심사해 왔다.

지적재산권 보호 정도에 따라 각국을 최우선 협상대상국(PFC · Priority Foreign Country), 우선감시대상국(PWL · Priority Watch List), 감시대상국(WL · Watch List), 관찰대상국(OO · Other Observation)으로 분류한다.

PFC는 대규모로 지재권을 침해하면서도 미국과 협상을 회피하는 국가로 PFC로 지정되면 30일 이내에 조사개시 여부가 결정된다. 조사가 시작되면 관련국과 6개월간 협상을 하고 결렬될 경우 보복조치가 취해진 다.

343. 지적재산권(Intellectual Property Rights)

지적재산권은 새로운 예술적, 상업적 시장가치를 지니는 창작물 등 인간의 창의적 정신활동의 결과인 지적생산물에 대한 배타적 소유권을 총칭. 지적재산권은 크게 나누어 산업재산권, 저작권 및 신지적재산권으로 나눌 수 있으며, 산업재산권은 다시 특허권, 의장권, 상표권, 지리 적 표시권 등으로, 저작권은 다시 저작권과 저작인접권으로, 신지적재산권은 컴퓨터 프로그램 및 소프트웨어권, 반도체칩 회로설계권과 같은 첨단 산업재산권, 데이터 베이스권, 뉴미디어권 등과 같은 정보재산권 등으로 나누어진다.

344. 지주회사형 빅딜

재벌기업간 빅딜(대규모 사업교환)이 재계의 핫이슈로 떠오른 가운데 여러 회사를 단일 회사로 묶는 방안이 빅딜의 한 방법으로 제기됐다.

이 방법은 예컨대 A, B, C, D 등 완성차 4개 업체중, B, C, D를 하나로 묶어 일종의 지주회사를 설립하고 업체간 협약에 따라 지분을 한 업체에서 인수하는 방식, 결국 A와 '합쳐진 회사' 두 군데만 남는 셈이다.

합쳐진 쪽에서는 다른 업종, 말하자면 전자업체 등을 하나로 묶어 같은 방식으로 인수하면 결국에는 빅딜이 이루어지는 것이다. 이 과정에서 단일 회사는 빅딜을 위한 과도적인 지주회사 역할을 하게 된다. 자동차업계의 예를 살펴보자.

- **왜 단일회사로 묶는가** : 사업교환을 곧바로 실행하는데는 현실적인 어려움이 있다. 교환대상계열사의 값을 매기는 일도 간단치 않고 값에서 차이나는 부분을 보충해 주기 위한 자금조달도 쉽지 않다. 이 때문에 과도기적으로 각 회사들이 지분을 참여하는 단일회사(지주회사)로 묶어 두고 자금이나 경영노하우 등을 쌓였을 때 한 업체에서 경영권을 인수하는 점진적인 방법이 필요하다.
- **어떻게 합치는가** : 1 단계로 B, C, D사가 자산규모 등에 따른 지분을 갖는 지주회사를 만든다. 3개사가 합쳐지면 해외자금조달이 용이해지는 만큼 추가로 필요한 투자비용 등을 해외에서 차입한다. 회사의 경영은 이 지주회사에서 결정한다. 각 업체는 이사회를 통해서 경영에 참가한다.
- **누가 소유하는가** : 자동차회사에 관심이 없어진 업체는 무의결권주만 갖고 높은 배당을 선택할 수 있다. 2단계로 3개 회사중 1개사가 나머지 지분을 인수하는 형태로 지주회사의 경영권을 넘겨받는다. 같은 방식으로 각 회사의 모그룹이 가지고 있는 전자분야를 합친 뒤 어느 한 회사가 지분을 인수하면 빅딜이 이루어진다.
- **소유와 경영의 분리** = 지주회사 단계에서 3개 회사의 이해관계에 중립적이고 능력있는 전문경영인을 사장을 앉히는 것이 불가피하다. 또 해외 차입이 지분으로 전화되고 일반주주들의 참가가 확대되면서 소유와 경영을 분리하는 부수 효과를 거둘 수 있다. 이들의 지분이 계속 유지되면 3개 회사중 1개 회사가 대주주로 참가하는 풍토가 조성돼 재벌총수 1인의 전횡을 견제할 수 있다.

일반적으로 지주회사 형태를 거치는 빅딜을 추진하게 되면 신용도가 올라가 해외 차입이 쉬워지며 소유와 경영이 분리돼 전문경영인체제를 구축할 수 있다는 이점이 있다.

345. 지하경제

사업자 등록, 영업승인, 소득신고, 세금납부 등 절차와 규제를 벗어나서 정부가 파악할 수 없는 경제를 말한다. 지하경제에서 얻어지는 소득은 음성·불로소득이다. 지하경제는 크게 두 가지로 나눌 수 있다. 하나는 범죄, 절도, 마약, 매춘, 도박 등 위법행위에 의해 이루어지는 것과 합법적인 경제활동이지만 세무서에서 포착하지 못하는 지하경제가 있다.

세율이 높을수록 지하경제가 확대되어 간다. 지하경제는 세무서의 조사를 피하기 위해 현금으로 거래되는 경우가 많다. 그래서 캐시 이코노미(Cash Economy)라고 부르고 탈세라는 위법성 때문에 블랙 이코노미(Black Economy)라고도 불린다. 선진국의 경우 재정 적자가 커지고 있는 데 그 이유 중 하나는 지하경제가 확대되기 때문이다.

국세청은 과세의 형평성과 사회정의에 맞게 지하경제의 음성·불로소득을 중점 색출할 방침이다. 지하경제의 규모는 추정 방법에 따라 다르게 측정된다. 선진국의 경우, 지하자금 규모는 평균 국내총생산(GDP)대비 14%로 추정된다.

346. 차별적 수입허가(DL : Discretionary Licensing)

수입허가의 기준을 물품의 용도에 두는 것이 아니라, 일정한 지역이나 국가에 두고 그 지역이나 국가로부터의 수입은 불허하는 제도. 이 제도는 선진국 중에서도 유럽 국가들이 특정 품목의 경우 동구나 일본 및 기타 특정 지역으로부터의 수입을 제한하는 데 이용되고 있다.

347. 차별적용 방식(Two-tier Approach)

금융서비스 부문 개방이 부진한 국가들의 금융시장 개방을 겨냥하여 미국이 고안한 방법으로, 상대국의 금융시장 개방 정도에 따라 외국 금융기관의 미국 내 신규진출, 기존 영업 활동의 확대, 신종업무 취급 등을 차별적으로 제한하겠다는 것을 말함. 금융서비스 협상 과정에서 아세안, 중남미제국 등 상당수 국가가 자국의 금융산업이 취약함을 이유로 시장접근 및 내국민대우 보장면에서 기대에 못미치는 자유화약속을 함에 따라 미국이 제안한 방식으로 미국의 기존 자유화조치는 모든 국가에 적용하되 UR 협상 결과 추가로 양허하는 조치는 금융시장 개방이 미흡한 국가에 대해서는 적용을 배제하는 것이 골자이다.

348. 청산계정

정상적인 금융거래가 이루어지기 어려운 상황에서 당사국끼리 직교역을 위해 체결하는 일종의 금융협정. 상호간 무역에서 거래가 발행할 때마다 현금결제를 하지 않고 대차관계를 장부에 기록했다가 매년 정기적으로 그 대차차액만을 현금 결제하는 제도이다.

일종의 물물교환형태인 구상무역을 보다 탄력적으로 운용할 수 있는 자치로 거래당사국은 청산 기관을 지정토록 돼 있는데 중앙은행이 그 역할을 맡는 경우가 일반적이다.

서독과 동독이 통합이전에 청산계정을 이용, 무역거래를 했으며 남북한간 거래에서도 청산계정을 통한 직교역이 논의돼 왔다.

349. 청정기술(Clean Technology)

맑은 기술, 깨끗한 기술, 저오염 및 저공해 공정기술(Low Pollution Technology)로 통칭되며, 사후처리기술(End of Pipe Technology)의 상대적 개념으로 사용됨. 발생된 오염물질을 처리하는 기존의 사후처리 기술로서는 오염물질 배출을 더 이상 절감할 수 없다는 측면에서 원천적으로 공정을 개선하여 제조 과정에서 오염물질 발생 자체를 줄인다든가 발생된 오염물질을 처리한 후 다시 사용하는 등의 기술을 말한다.

350. 총 대외지출부담

한 국가의 정부 · 금융기관 · 기업이 대외적으로 갚아야 하는 채무를 말한다. 총 대외지불부담(Total External Liabilities)은 외국에 지고 있는 빚, 외채를 모두 합한 것이다. 외채는 구제통화기금(IMF) · 세계은행(IBRD) · 국제경제은행(BIS)등 관련기관에 따라 다르게 집계 된다 이 IMF에 의해 사용되는 기준이 통상외채라고 하는 총대외지불 부담이다. 우선 BIS와 경제협력개발기구(OECD)는 동일한 기준을 사용한다. 국내 금융기관과 해외금융기관간의 대출, 국내 기업이 해외금융기관에서 빌린 돈을 더해 외채를 계산한다. 수출입금융은 제외된다. IBRD는 여기에 정부의 대외채무와 수출입금융을 포함시킨다. 단 국내금융기관의 역외금융과 해외 점포 거래는 뺀다.

IMF는 채무자 기준에서 외채규모를 따진다. 국내 금융기관의 해외 지점과 점포의 외채도 포함한다. 국내 기업의 역외금융은 제외한다.

외환위기를 겪던 97년 말 IMF기준 외채는 1,544억 달러였고 IBRD기준은 1,208억 달러였다.

351. 총량쿼터(GQ : Global Quota)

특정 상품의 수입 한도를 총량으로 묶어 놓고 수출국들이 선착순으로 동 쿼터를 소진토록 하는 제도. 따라서 수입국은 쿼터 한도 내에서 수입허가를 신청하는 수입상들에게 선착순으로 쿼터를 배정해 주는 Buyer's Quota 형태로 운영된다.

352. 총수요 관리 정책

총수요 관리란 한 경제체제 안에서 가계, 기업, 정부 등 경제주체가 원하는 재화 총량을 조절하는 것을 말한다.

여기서 관리하는 총수요에는 가계의 소비, 기업의 투자, 정부의 재정지출 등이 모두 포함된다. 총수요 관리는 보통 경기를 조절하기 위해 사용된다. 경제가 지나치게 과열되면 총수요를 줄이고 너무 위축되면 수요를 늘리는 것이 기본 골자다. 이는 불황일 때 정부가 공공사업을 벌여 일자리를 마련하고 임금을 주면 수요가 늘어나 상품구매력이 커지고 기업들이 생산을 늘릴 의욕을 갖게 되는 선 순환 구조가 생겨 경기가 되살아난다는 논리에 기초한다. 좁게는 중앙은행의 통화관리에서 통화수요관리정책을 말하는 경우가 대부분이다.

353. 총유동성(M3)

통화량이 시중에 어느 정도의 돈이 돌고 있는지를 나타내는 지표이다. 한국은행은 이를 통해 물가나 이자율을 적정한 수준으로 유지하고자 한다.

그런데 무엇을 돈으로 볼 것이냐가 애매하다. 그래서 등장한 개념이 유동성(liquidity)이란 개념이다. 유동성이란 돈과 교환될 수 있는 정도로서 지폐나 주화는 유동성이 가장 높은 자산인 반면 가구 등은 유동성이 매우 낮은 자산이다.

유동성의 정도에 따라 M1, M2, M3등으로 분류되는데 숫자가 높아질수록 통화량에 포함되는 유동성의 범위도 넓어진다.

종전까지 통화 당국은 M2 즉, 현금통화와 은행에 가서 요구하면 바로 주는 요구불예금 및 정기적금처럼 금리를 다소 손해 본다면 찾을 수 있는 저축성예금을 합친 것을 중심 지표로 사용했다. 그러나 국제통화기금(IMF)사태 후 종금사, 투신 등 비은행금융기관이 발행한 금융자산이 문제를 일으키자 이들이 발행하는 양도성예금증서(CD), 금융채권, 각종 예수금까지를 포함하는 M3를 통화지표로 삼고 있다. M3는 실제 규모를 파악하는데 3개월 이상의 기간이 필요하다는 단점을 가지고 있다.

354. 총체적인 감축방식(Global Approach)

UR 농업협상에서 논의된 농업보조 및 지지수준의 감축방법의 하나. 국내보조, 국경보호, 수출경쟁 등의 분야별로 감축목표를 설정하자는 분야별 감축방식(Sectoral Approach)과 달리 상기 분야들을 포괄적 단일 개념의 총 보호수준으로 파악, 이를 분류치 않고 전체적으로 보호총량만을 감축해 나가는 접근방식. EC가 강력히 주장하였음. WTO 농업협정에서는 분야별 감축방식이 채택되었다.

355. 최소시장접근(Minimum Market Access)

농산물협정에서 사용된 방식의 하나로 수입이 미미한 품목에 대해 수입 폭을 확대하기 위해 마련된 제도. WTO 농업협정에서는 특정 품목의 수입이 국내 소비량의 3% 미만일 경우 개방 최초 년도에 국내 소비량이 3%에서 최종년도 5%까지 확대하도록 하고 있음. 최소시장접근물량에 대해서는 현행 세율을 적용한다.

356. 최종부도

1차 부도는 은행에서 지급 제시된 어음을 당일 결제하지 못하고 다음날에 결제하는 것을 말한다. 예컨대 1일 결제해야 할 어음을 자금이 모자라 1일 결제해야 할 어음을 자금이 모자라 1일 영업 마감 시간인 하오4시30분까지 결제하지 못하고 다음날인 2일 결제하면 1차부터로 처리된다. 그러나 다음날인 2일까지도 지급 제시된 어음을 결제하지 못하게 되면 최종부도 처리된다. 최종부도 처리가 되면 당좌거래가 정지돼 은행거래를 못하게 된다. 1차 부도에 그친 경우에는 당좌거래정지처분을 면하고 된다. 일시적인 자금부족으로 어려움을 겪는 기업들에 재생의 기회를 준다는 취지에서다. 따라서 기업이 1차 부도를 한두 차례 내도 정상적인 영업을 할 수 있다. 그러나 1차 부도가 네 번 날 경우에는 자동적으로 최종부도 처리된다. 최종부도 처리된 기업은 거래정지일로부터 2년간 당좌예금거래를 할 수 없게 된다.

357. 최초교섭국 권한(INR : Initial Negotiation Right)

GATT 28조의 양허 철회 재교섭시 양허 철회국은 종래 관세 협상에서 당해 양허세율을 선정할 때 직접 협상을 행한 상대국과 협의를 해야 한다는 의무로서 최초 교섭국에는 권한이 된다.

358. 최혜국(MFN : Most-Favored Nation)

GATT/WTO의 기본원칙 중의 하나로 통상, 관세 등의 2국간의 관계에 있어서 제3국에 부여하고 있는 제조건보다는 불리하지 않은 대우를 해 주어야 한다는 원칙이다.

359. 케네디라운드(Kennedy Round)

1963년부터 1967년까지 개최되었던 GATT의 제6차에 해당하는 다자간 자유무역협상임. 케네디 대통령의 제창에 의해 개시되었고 공산품 관세평균 35% 인하, 반덤핑 코드

제정(동경라운드에서 개정), 국제소맥협정제정 등의 업적을 남겼다.

360. 케언즈그룹(Cairns Group : 농산물 비보조 수출국)

농산물 수출시 보조금을 지급하지 않거나 혹은 미미한 보조만을 지급하는 국가그룹으로서 1986년 호주의 동북구 케언즈(Cairns)라는 도시에서 공식 결성되었음. 회원국은 호주를 위시하여 뉴질랜드, 캐나다, 브라질, 아르헨티나, 우루과이, 칠레, 콜롬비아, 필리핀, 말레이시아, 태국, 인도네시아, 피지, 헝가리 등의 14개국이나 피지가 UR 농산물 협상에서 거의 자국의 제안을 내놓지 않은 관계로 13개국으로 보기도 한다.

361. 코스닥

기존 증권시장의 까다로운 상장 요건을 구비하지 못한 중소기업에 자금조달 기회를 주기 위해 개설된 시장을 말한다. 96년 7월 증권거래소 상장을 위한 예비적 단계로 코스닥(KOSDAQ · Korea Securities Dealers Automated Quotation)시장이 개설되었다. 코스닥은 미국의 나스닥(NASDAQ)와 같이 자금조달시장 및 투자를 위한 독립적 역할 수행을 모델로 하고 있다.

미국은 1980년대 장기 경제침체 속에서 산업구조조정을 성공적으로 이루어 냈다. 이는 중소 · 벤처기업의 창업과 발전을 통해 대기업들이 대폭적인 인원 감축을 흡수할 수 있었기 때문이다. 중소 · 벤처기업이 번창한 배경에는 NASDAQ시장의 창업자금조달이 결정적인 역할을 했다.

362. 콜옵션

주식, 채권, 외환 등 금융상품을 일정시점후에 매입할 수 있는 권리를 말한다. 금융상품이 매입되는 가격을 실행가격(Exercise Price)이라 하며 옵션이 실행되는 최종일을 만기일(Maturity Date)이라 한다. 옵션은 선물과 달라 만기일에 상황 여하에 따라 권리를 행사할 수도 안할 수도 있다.

한국 외채 협상단은 IMF구제금융당시 외국채권은행단과의 협상에서 고금리로 발행된 채권을 조기 상환할 수 있는 콜옵션을 관철시키려 하였다. 앞으로 한국의 신용상태가 좋아질 경우에 콜옵션을 행사, 고금리 채권을 다시 사들이고 낮은 금리로 채권을 재발행할 수 있기 때문이다. 예를 들어 한국은 당시 13%선의 금리를 요구받고 있으나 앞으로 신용평가기관인 무디스나 S&P가 신용등급을 상향조정할 경우에 연 7~8% 금리의 채권발행을 할 수 있다. 이럴 경우 7~8%짜리 채권을 발행, 기존 13%짜리 채권을 갚아 버리면 된다.

363. 콜옵션·콜 프로비전

콜옵션은 한마디로「살 수 있는 권리」이다. 주로 주식이나 채권 등 선물거래에서 주로 주식이나 채권 등 선물거래에서 만기 시점의 자산 가격이 계약 체결 당시 예상한 가격과 크게 어긋날 때를 대비, 일정한「행사가격」을 보장받을 수 있도록 한 권리를 가리킨다.

과거 외채 협상에서는 콜옵션이 관심의 초점이 됐는데 이때 콜옵션은 채권 만기가 되기 전에라도 일정 유예 기간이 지난 후 언제든지 원금을 상환할 수 있는 권리를 가리킨다. 콜 옵션에 계약을 삽입했다는 의미에서 콜 프로비전(Call Provision)이라고도 한다. 프로비전은「조항」이라는 의미이므로「콜 옵션을 단 조항」을 나타내는 셈이다.

콜 프로비전을 한 계약에서 채권 발행자는 만기 전에 채권을 다시 사들이고 당초보다 유리한 금리조건에서 채권을 다시 발행할 수 있다. 예를 들어 1년 전에 10%의 금리로 3년 만기 채권을 발행했는데 지금은 8%금리로도 돈을 끌어올 수 있는 상황이라고 한다면 콜 프로비전 계약에선 지금 일단 원금을 갚고 다시 8%의 유리한 조건으로 채권을 발행할 수 있게 된다.

364. 쿼드(Quad)

UR 협상을 주도하고 있는 주요 4개 국가를 지칭하며 미국, EU, 일본, 캐나다를 의미.

365. 크레디트 라인

외국은행의 국내금융기관에 대한 신용공여(대출) 최고한도를 말한다. 대외신인도가 높은 금융기관은 한도가 높지만 신인도가 낮은 금융기관은 한도가 낮을 수밖에 없으며 최악의 경우 라인 자체가 끊어지기도 한다.

대부분의 외국계 은행은 한국계 은행에 대한 최고 신용한도를 정해 놓고 그 한도 내에서 대출 등 자산운영을 한다.

366. 첵프라이스(Check Price)

국제무역거래에 있어서 부정거래, 덤핑, 관세포탈, 자본도피 등을 방지하고 해외시장에 있어서 신용을 유지확보하기 위하여 일정한 상품의 가격에 대해서 상한과 하한을 정하여 이를 규제하는 것.

367. 클린뱅크

원금과 이자를 거둬들이기 어려운 부실채권을 거의 갖고 있지 않고 재무구조가 건전한 은행.

재무구조상 국제결제은행(BIS) 자기자본비율이 10%를 넘어서 도산 위험이 사실상 없어야 클린뱅크로 규정할 수 있다. 또 자산에서 부실채권이 차지하는 비중이 1%를 넘지 않아야 한다.

368. 턴 어라운드

턴 어라운드란 사전적으로는 '방향회전, 일대전환'등을 의미하는 용어로 일반적으로 대규모 적자나 부도 위기에 빠진 기업을 구조조정을 통해 짧은 기간 내에 흑자기업으로 전환시킨다는 의미의 기업회생전략을 가르킨다.

보다 근본적으로는 단기적 이익실현뿐만 아니라 구조조정을 포함한 모든 혁신활동들을 통하여 기업의 현금창출능력 및 경쟁력구조를 강화시켜 근본적인 체질개선을 도모하는 기업의 가치창출 활동이다.

따라서 턴 어라운드나 워크 아웃이나 모두 근본목적이 기업의 현금창출능력과 경쟁력 구조를 강화시키기 위한 기업회생전략이라는 점에서 대동소이하나 턴 어라운드는 기업이, 워크 아웃은 금융기관이 기업회생활동을 주도한다는 점에서 차이가 있다.

369. 통관기준 무역수지

관세청에서 통관된 날을 기준으로 집계하는 수출과 수입액의 차이, 흔히 무역수지로 줄여 부른다.

통관이 끝난 뒤 실제로 수출입업자 사이에 소유권이 이전된 시점에서 한국은행이 집계하는 '국제수지기준 무역수지'와는 다소차이가 있다.

통관기준 무역수지의 경우 수입은 운임과 보험료가 포함된 가격(CIF)으로, 수출은 그러한 비용이 제외된 가격으로 계산하지만 국제수지기준 무역수지는 모두 수출항 본선인도가격(FOB)으로 집계한다.

370. 통합재정수지

한 나라의 살림살이는 일반회계와 특별회계로 구성되는 중앙정부 재정을 통해 대강을 알 수 있다. 여기에 지방정부 재정과 공공기금 및 공기업의 수입·지출을 더한 전체 재정규모가 통합재정이며, 그 수입 지출의 차이가 통합재정수지다. 이 수지로 재정 건전성, 즉 정부 지출이나 재정규모가 경제에 미치는 영향을 소상하게 분석할 수 있다. 우리나라는 국제통화기금(IMF) 기준에 따라 공공기금과 기타 기금 및 금융업이 아닌 4대 공기업을 통합재정 대상에 넣고 지방재정은 예산통계기준이 달라 포함시키지 않고 있다.

371. 통화안정증권

한국은행이 시중에 풀린 돈의 유동성을 조절하기 위해 발행하는 특별유동증권이다. 한은은 총 통화의 25% 범위 안에서 매각 또는 상환함으로서 통화량을 조절한다. 통안증권은 정부가 발행하는 국채와 마찬가지로 원리금상환이 완전히 보장되는 무위험채권이다.

중앙은행인 한국은행은 시중유동성을 조절하기 위해서 공개시장에서 증권의 매매조작(공개시장조작)을 실시하고 있는데 통안증권의 발행 및 상환은 환매조건부 국공채매매조작과 더불어 우리나라 공개시장조작의 주요수단이 되고 있다. 즉 시중에 유동성이 지나치게 풍부할 경우에는 통안증권을 발행, 이를 흡수하는 한편 유동성이 모자랄 경우에는 이미 발행된 통안증권을 만기 이전에 중도 상환하는 방식으로 유동성을 조절하게 된다.

372. 통화지표

시중에 유통되고 있는 통화의 크기와 변동을 나타내는 척도로 통화 신용 정책이 기초 자료가 된다.

통화지표는 돈(통화)을 어떻게 정의하느냐에 따라 본원통화(RB), 통화(MI), 총통화(M2), 총유동성(M3) 등으로 나눌 수 있다.

통화는 지불수단 기능이 중시된 돈(화폐)이 포함된다. 현금과 당좌예금, 보통예금 등 은행의 요구불예금을 합한 것이다. 총통화는 통화에다 정기예금, 정기적금 등 은행의 저축성예금과 거주자외화예금을 포함한다. 총유동성은 총통화에 종합금융회사, 투자신탁회사 등 비은행금융기관의 각종 예수금과 금융기관이 발행하는 금융채, 양도성예금증서(CD), 표지어음매출, 환매조건부채권 매도 등을 포함시킨 가장 넓은 의미의 통화지표이다. 또 총통화에 은행의 CD와 신탁계정 예금을 추가한 MCT가 있다.

① **통화(M1)** ; 현금+보통예금+당좌예금(요구불예금)

② **총통화(M2)** ; M1+정기예금+정기적금(저축성예금 or 거주자외화예금)

③ **총유동성(M3)** ; M2+종금사·투신사 등 비은행금융기관의 각종예수금+금융기관발행 금융채, CD, 표지어음매출, 환매조건부채권 매도 포함

④ **MCT** ; M2+CD+신탁계정예금

373. 특별 세이프가드(Special Safeguard)

농산물의 관세화 품목, 즉 국내외 가격차를 관세상당치(TE)로 부과하는 품목의 수입량이 크게 증가하거나 수입가격이 일정수준 이하로 하락할 경우 추가관세는 해당 품목

의 당해 년도 절대 수입량이 해당 품목의 기초 발동 수준에 과거 3년간 평균 수입량을 곱한 수치(X)와 가장 최근연도 해당품목 국내 소비량의 절대변화량(Y)을 더한 수준(X + Y)을 초과하는 경우에 부과할 수 있음. 단, 수입물량 초과시 부과되는 추가관세는 당해 년도 관세의 1/3을 초과할 수 없으며, 당해 연도 말까지만 유지되어야 함.

* **기초발동수준** : 자료입수가 가능한 과거 3년 동안의 국내 소비에 대한 수입비율로 정의되는 해당품목의 시장접근기회가 10%이상, 10 ~ 30%이하, 30%이상인 경우에 기초발동수준을 각각 125%, 110%, 105%로 설정됨.

374. 특정성(Specificity)

상계관세를 부과할 수 있는 보조금인지를 판정할 수 있는 기준이 됨. 보조금 수혜자에 대한 중립적이고 객관적인 기준과 조건을 미리 규정에 의해 설정하고 자동적으로 부여하는 경우에는 특정성이 없으나, ① 보조금 지급기관 또는 관련 법률이 보조금 지급대상을 특정 산업이나 기업으로 명백히 제한하거나 불공평하게 금액을 할당하는 경우, ② 지급기관과는 관계없이 특정 지역내의 특정 기업이나 산업에만 수혜 자격이 부과되는 경우에 특정성이 발생하며, ③ 금지보조금이면 특정성이 있는 것으로 간주됨.

375. 특허권(patents)

새로운 산업적 발명에 대해 그 발명자가 일정 기간 동안 동 발명의 독점권을 가지는 것을 말하며, 크게, 물질특허, 제조특허, 용도특허로 구분되고 있음

376. 파산전담 재판부

기업의 파산절차를 전문적으로 처리하는 법원조직, 법원은 기업 또는 채권단이 파산신청을 할 경우 해당 기업의 재무상태, 채권·채무관계, 회생가능성 등을 면밀하게 파악한 후 판산선고를 내리고 채권자들에 기업 재산을 나누어주는 절차를 밟게 된다.

그러나 이 과정은 주주, 채권자 등의 수많은 이해관계자들이 복잡하게 얼혀 있는 전문 분야이기 때문에 이를 맡은 판사는 기업은 물론 경제 전반에 대한 폭넓은 지식과 경험을 갖추어야만 파산절차를 효율적으로 진행할 수 있다. 이 때문에 영미법을 채택하고 있는 대다수 선진국들은 파산전담재판부 제도를 시행하고 있다. 우리나라도 세계은행과의 합의에 따라 이 제도를 도입키로 함에 따라 파산절차가 보다 공정하고 효율적으로 진행될 것으로 기대된다.

377. 파생상품

상품거래의 기법이 발달하면서 현물거래 뿐만 아니라 선물거래, 즉 계약은 지금 하

지만 상품교환은 미래의 일정 시점에서 이루어지는 거래가 성행하고 있다.

특히 주식·채권 등 금융상품의 거래나 경작 기간이 긴 농산물의 거래에서 이 같은 선물거래가 많이 이루어지고 있다.

선물거래의 경우 가격변동에 따라 어느 한쪽이 이득을 얻고 상대방은 손해를 보게 될 가능성이 높다. 이에 따라 미래의 위험을 다소나마 줄이기 위해 가격이 급변할 경우에는 거래조건을 바꾸는 계약형태가 추가로 생겨나게 됐다.

이를 파생상품이라 하며 특히 금융상품간 선물거래를 보완하기 위해 만들어진 것을 파생금융상품이라 한다.

파생금융상품은 이처럼 가격변동의 위험을 사전에 차단(헤징)시키기 위해 등장했지만 최근에는 이를 전문으로 취급하는 투기성 자금인「헤지펀드」들이 등장하면서 오히려 위험을 가중시키는 상품으로 변화는 양상을 보이고 있다.

378. 팍스 시니카

Pax Sinica. 중국이 세계를 제패해서 중국 중심의 세계에 평화가 온다는 것을 말한다. 결국 팍스 아메리카와 유사하게 중국이 자기 뜻대로 세계 질서를 재편하게 된다는 것이다.

서구 언론들은 세계은행 보고서를 근거로 2020년이 되면 대만을 포함해 중국이 세계 최대의 경제대국이 될 것으로 내다보고 있다. 즉 앞으로 20여년 후인 2020년에는 미국의 국내 총생산(GDP)이 9조 7000억달러인데 비해 중국은 9조8000억달러에 달해 미국을 추월할 것으로 예측한다.

379. 패널(panel)

분쟁해결기구가 관련 임무를 원활히 수행하도록 도와주는 것을 주기능으로 하는 분쟁해결기구 산하 실무그룹임. 제소국이 패널설치를 요청하는 경우, 늦어도 동 패널설치 요청이 의제로 채택된 회의 다음번에 개최되는 분쟁해결기구 회의에서는 패널이 설치되어야 함.

패널은 분쟁의 사실적인 측면에 대한 검토, 대상 협정의 적용 가능성 및 분쟁해결협정과의 합치성을 비롯하여 자신에게 회부된 사안에 대해 객관적인 평가를 내려야 하며, 분쟁해결기구가 요청하는 경우 분쟁해결기구가 적절한 권고를 행하거나 판결을 내리는 데 도움이 되는 여타 조사 결과를 제출해야 한다.

380. 펀더멘털

한 나라의 경제상태를 표현하는데 있어 가장 기초적인 자료가 되는 성장률, 물가상승률, 실업률, 경상수지 등의 주요 거시경제지표를 말한다.

따라서 펀더멘털(Fundmental · 경제기초)은 환율의 변동과 관련되어 사용되는 일이 많다. 중장기적으로는 환율이 펀더멘털의 상태에 따라 좌우되지만 변화를 예상하고 변동한다.

펀더멘덜은 또한 국제경제안정에 필요한 기초적인 조건들이다. 펀더멘털의 균형이 붕괴되면 각국 간 통화가치의 변동이 발생하고 세계경제는 안정을 잃게 된다.

97년 10월 인도네시아, 필리핀, 말레이시아, 싱가포르 등 동남아 경제위기는 기초경제여건(펀더멘털)이 우리보다도 훨씬 건전한 타이완의 통화가치를 대폭 절하(8%)시켰고 연이어 홍콩 주가를 폭락시키는 등 아시아 전역으로 확산돼 우리나라에도 큰 타격을 주었다.

381. 펜션펀드

펜션펀드(Pension Fund:연기금펀드)란 연금이나 기금의 재산을 운용해 그 수익금을 돌려주는 펀드를 말한다. 연기금은 이 같은 수익금을 가입자들에게 지급한다.

우리에게 익숙한 조지소로스 회장이 퀀텀펀드와 같은 헤지펀드가 단기투자 차익을 얻기 위한 펀드라면 연기금은 이미 은퇴한 사람들이 오랫동안 안정된 생활 자금을 얻기 위해 맡겨 놓은 돈이다.

이 때문에 펜션펀드는 안정적인 투자 대상을 선택해 장기적으로 투자하는 성격을 지니고 있다.

연기금의 자산운용방식은 수익성보다 안정적. 안정적인 생활자금을 가입자들에게 지급하는 것이 우선이기 때문이다. 헤지펀드가 소수 부유층 개인투자자인 점에 비해 연기금은 다수 일반투자자를 대상으로 한다.

미국 연기금의 총 규모는 8조달러 수준이다. 조지소로스 회장이 운영하는 퀀텀펀드(84억달러) 등 8개펀드이 총규모가 150억달러지만 대표적인 연기금인 캘리포니아 공무원퇴직연금기금(CalPERS)의 규모는 1,280억달러, 캘리포니아주 교원연금기금은 700억달러에 달한다.

382. 평가절하

한 나라의 돈 가치가 대외적으로 떨어지는 것을 말한다. 돈이 평가절하 되면 외국돈의 가치가 올라가게 되어 수입품의 가격은 비싸지고 수출품의 가격은 싸지게 된다. 평가절하는 수출이 늘어날 것으로 기대되는 반면 수입품의 가격을 상승시켜 인플레를 가져올 수도 있다.

돈의 가치가 떨어지면 환율은 올라가게 된다. 다시 말해 외국돈을 사는데 더 많은 액면의 국내 돈이 필요한 것이다. 화폐가치의 평가절하는 환율 상승, 평가절상은 환율 하락으로 연결된다.

환율이 시장에 따라 수시로 움직이는 자유변동환율제도에서는 돈의 수급 상황에 따라 환율이 수시로 변동되지만 자국 통화의 환율을 달러의 일정 수준에 묶어 놓은 고정환율제에서는 정부가 환율 변동을 통해 그 나라의 화폐가치를 인위적으로 떨어뜨릴 수 있다.

인위적 절하 정책은 무역수지 악화나 국내 경기가 침체되었을 때 실시한다. 들어오는 달러보다 빠져나가는 달러가 많은 경우나, 달러 가치가 국제적으로 강세를 나타낼 경우 환율은 절하 압력을 받게 된다.

러시아 중앙은행은 98년 8월 17일 루블화의 환율변동 상한선을 달러당 6.3루블에서 9.5루블로 상향 조정, 대폭적인 평가절하를 단행했다.

383. 평화조항(peace Clause)

UR 농산물협정 제 13조를 지칭하며 13조에서는 국내보조 및 수출보조 감축이 동 협정 안의 조건과 일치하는 방식으로 적용될 경우에는 동 협정 발효연도(1995년)부터 9년간 GATT및 WTO/보조금협정에 의한 상계관세를 부과 받지 않는다고 규정. 동 조항의 적용기간은 당초 농산물협정 이행기간(선진국 6년) 동안으로 논의되었으나, EU의 강력한 요구로 1993년 12월 초 협상에서 3년 더 연장되었다.

384. 포지티브 시스템(Positive System)

점진적 자유화 추진방식의 하나로서 개방이 가능한 부문 및 사항만을 열거하고 점차적으로 협상을 통해 개방 가능한 부문 및 사항을 확대해 나가는 방식이다.

385. 포괄적 유보(Generic Reservation)

서비스교역의 최초 자유화약속을 위한 양허협상방식의 한 형태로서 서비스의 특정 분야에 대하여 전면적으로 자유화조치를 유보하는 것을 의미한다.

386. 표준소득률

세금은 소득이 있는 곳에 부과된다. 세금을 정확하게 매기려면 소득이 과연 얼마나 되는지는 알아야 한다. 소득이란 수입금액에서 필요경비를 뺀 금액, 기업의 경우 수입과 경비는 대차대조표와 손익계산서 등 회계장부에 명시돼 있다. 회계장부가 소득 산출과 세금부과의 기본이 되는 것이다. 그러나 대부분의 자영업자나 소규모 사업자의 경우 회계장부를 거의 쓰지 않는 것이 현실이다. 이들을 무기장사업자라고 한다. 영세 사업자들이 장부를 작성하더라도 내용이 부실한 경우가 많다. 장부가 없거나 부실하다 보니 국세청도 수입금액 중에 실제 소득이 얼마나 되는지 알 길이 없다. 표준소득률은 이런 경우에 적용된다.

부가가치세 확정신고 때 국세청에 신고한 수입금액에 표준소득률을 곱해 실질소득으로 간주하고 세금을 부과하는 것이다.

국세청은 매년 업종별 경기지표 등 각종 소득률관련 분석자료, 표본조사, 동업자단체 건의사항 등을 토대로 심의안을「소득표준심의회」에 상정한다. 표준소득률은 5월 소득세 확정신고 때부터 활용한다.

387. 풋옵션·신용옵션

국제금융시장에서 돈을 빌려주는 금융기관이 채무자의 신용상태에 변동이 생겼거나 금리 등 시장상황이 변화할 경우 채권의 중도상환을 요청할 수 있는 권리를 말한다.

통상 풋옵션(Put Option)은 채권자가 만기전에 채무자의 상환능력이 의심스럽다고 판단하거나 재정적인 어려움이 발생했을 경우, 금리가 급변했을 경우 행사할 수 있도록 계약을 맺는다. 그러나 무조건 권리를 행사하는 것은 아니고 통상적으로 대출 후 몇 년 이후 등 권리행사에 제약조건이 함께 붙는다.

신용옵션(Credit Option)은 풋옵션의 특이한 형태다. 신용도가 일정 수준 이하로 하락할 경우 기간 조건에 제한없이 대출금을 회수할 수 있는 권리다. 차입자의 입장에서는 갑자기 자금회수를 당할 수 있어 잘 받아들이지 않는 항목이지만 긴급자금마련이나 낮은 금리조건확보 등을 위해 받아들이는 경우가 있다.

콜옵션(Call Option)은 풋옵션과는 반대로 차입자가 일정기간이 지난 뒤 자금을 조기에 상환할 수 있는 권리다. 우리나라는 뉴욕 외채 협상에서 앞으로 국가신용도가 상승할 경우 낮은 금리의 자금으로 외채를 갚을 수 있도록 콜옵션을 요구해 관철시켰다.

388. 프랜차이징(Franchising)

일반적으로 프랜차이징은 경영 노하우, 상호 등과 같은 배타적, 독점적 권리를 제공하는 대가로 로얄티(Royalty)를 받는 유통서비스의 일종을 의미하며, 최근 기술제휴 형태로 국내에 진출하고 있는 Seven Eleven 등의 편의점 또는 Mcdonald 등의 Fast food점의 사업본부가 직접 국내에 진출하여 체인점을 모집하고 경영 노하우, 상호 등을 제공하게 되는 경우를 말한다.

389. 프로젝트 파이낸싱

프로젝트 파이낸싱은 석유탐사, 탄광채굴, 조선소 · 고속도로 건설 등 대규모 사업추진 때 동원되는 금융기법을 말한다.

은행들이 이 같은 대규모 투자 사업에 따른 수익성을 전제로 무담보 신용으로 거액의 자금을 대출해 주는 형태다. 프로젝트 파이낸싱은 본래 석유개발과 같은 고수익과 큰 위험이 상존하는 사업을 대상으로 시작되었으나 점차 도로 · 공항 등 시설투자 사업으로 확대되고 있다.

수익성이 높고 위험성이 큰 만큼 다수의 은행이 참여하는 협조융자 형태이며 일반

은행 대출과는 달리 금융기관 출자를 통해 특정 프로젝트만을 위한 별도의 회사를 설립, 자금을 지원하는 형식을 취하기도 한다.

390. 풋백옵션 (Put Back Option)

일정한 실물 또는 금융자산을 약정된 기일이나 가격에 팔 수 있는 권리를 풋옵션이라고 한다.

풋백옵션은 풋옵션을 기업 인수·합병(M&A)에 적용한 것으로, 본래 매각자에게 다시 판다는 뜻을 강조하고 파생금융상품에서 일반적으로 사용되는 풋옵션과 구별하기 위해 풋 백 옵션이라고 부른다.

인수시점에서는 자산의 가치를 정확하게 산출하기 어렵거나, 추후 자산 가치의 하락이 예상될 경우, 주로 사용되는 M&A방식이다. 90년대 초 미국 금융기관 M&A가 한창일 때 부실금융기관 인수에서 자주 적용됐다.

부실은행을 우량은행에 인수시키면서 피인수 은행의 부실채권을 정부(자산관리공사)가 매입해주기로 한 것도 풋 백 옵션의 일종이다.

391. 플랜(Plan)B

외환 통제를 통해 금리와 환율을 안정시킬 수 있다는 주장이다.

플랜(plan) B는 크루그만 교수가 아시아 경제 위기 극복을 위한 처방으로 내놓은 것으로 국제통화기금(IMF)과 미국 재무부가 따랐던 플랜 A(고금리, 긴축재정정책)의 실패를 만회하기 위한 대안으로 내놓은 것이다.

크루그만 교수는 아시아 위기의 근본 원인은 신뢰의 상실이라고 주장한다. 신뢰 상실은 외국자본 이탈로 연결되고 이는 자산 시장에 악영향을 주게 된다. 자산 가격이 하락하면 은행신용이 감소하고 이는 자산 가격의 폭락이라는 악순환으로 연결되어 경제는 깊은 불황의 늪에 빠지게 된다고 보았다.

플랜 B는 신뢰가 상실된 상황에서 정책 집행은 또 다른 자본 유출을 불러올 가능성이 높기 때문에 외환 자본을 통제하자는 것이다. 수출업자는 획득한 외화를 고정된 환율로 정부에 팔고 정부는 사들인 외화를 수입 및 외채원리금 상환을 위한 지출에만 살 때와 똑같은 환율로 파는 방법을 통해 외환을 통제하게 된다.

392. 피사취 어음

발행행위가 민법상「사기·강박의 의사표시」에 해당되어 이를 취소하고 지급을 거절할 수 있는 사유가 있는 어음을 말한다. 또는 어음 발행은 정당하게 이루어졌으나 상대방의 계약(원인 채무)불이행으로 말미암아 어음 채무자가 지급을 못하겠다는 등의 지급거절사유가 있는 어음을 말한다.

이와 같이 피사취 사유가 있는 어음의 경우 어음 채무자는 은행에 피사취신고를 제출하여 그 어음의 지급정지를 요청해야 한다.

이 때 은행은 사고신고서접수로 해당어음을 부도 처리하게 된다. 이 경우 어음채무자는 원칙적으로 어음금액에 해당하는 금액을 사고 신고담보금으로 내야 한다.

393. 피치 IBCA

무디스 및 스탠더드 앤드푸어스(S&P)와 함께 세계3대 신용평가기관. 650여개의 비미국계 금융기관 및 50여개국의 신용도 평가로 유명한 IBCA사와 재정평가 등으로 잘 알려진 피치사가 97년 합병해 만들어진 회사다. 본사는 영국 런던에 있으나 모기업은 프랑스의 피말락사. 국가신용등급 평가 기준은 S&P와 유사하다. 최상급인「AAA」부터 잠재적 불안정상태인「BBB-」까지가 투자적격이며,「BBB+」이하부터 투자부적격으로 분류하고 있다. 피치 IBCA는 우리나라 신용등급을 97년 12월23일 투자부적격인「B-」로 떨어뜨렸다.

394. 핌피현상

Please in my front yard의 약어, 핌피현상이란 수익성 있는 사업을 내 지방에 유치하겠다는 지역이기주의 일종이다. 원자력 발전소, 쓰레기 소각장 등 혐오 시설을 내 이웃에 둘 수 없다는 님비와는 반대현상이지만 지역이기주의 라는 점에서는 똑같다.

우리나라에서도 지방자치시대가 열리면서 핌피현상이 고개를 들고 있다. 호남고속철도 노선을 놓고 대전시와 충남도가 대립한 것이나 삼성의 승용차 공장의 유치를 기대했던 대구시민들이 부산신호공단으로 결정되자 삼성제품 불매운동에 들어갔던 것도 대표적인 핌피현상이다.

395. 하바나 헌장(Havana Charter)

1947년 11월부터 1948년 3월까지 쿠바의 하바나에서 개최된 “국제연합무역고용회의”에서 채택된 국제무역헌장으로서 ITO(International Trade Organization)헌장이라고도 함. 세계무역을 자유무역 체제하에서 재건, 촉진하려는 목적으로 1945년 11월 1일 미국 국무성이 제안한 “세계무역 및 고용확장에 관한 제안”에서 발단되었고, 그 초안은 1946년 11월 런던에서 작성되어, 1947년 1월 하바나 회의에서 채택된 것임. 전문 8장 106조로 되어있고, 그 내용은 ① 관세인하와 특혜관세의 폐지, ② 할당제와 차별대우의 금지, ③ 환통제의 철폐, ④ 사적 카르텔의 금지, ⑤ 잉여물자처리법의 규제, ⑥ 수출보조금의 폐지, ⑦ 완전고용의 유지, ⑧ 구제무역기구(ITO)의 설치 등을 규정하고 있음.

그러나 이 헌장의 내용이 너무나 자유무역의 이상에 흘렀기 때문에 미국을 비롯한 각국에서 비준을 얻지 못하여 발효되지 못하고 말았으나, 그 이념의 일부는 1947년 10월 성립된 GATT 규정에 그대로 반영되었다.

396. 하이브리드 방식(Hybrid System)

서비스 양허협상시 양허계획서 작성방법으로 채택된 것으로, 서비스 협상의 국가별 이행표(National Schedule) 작성시 양허대상 서비스 부문은 Positive 방식으로 기재하고 각 서비스 분야별 제한조치는 Negative 방식으로 기재하도록 함으로써 2가지 접근 방식을 혼합 사용하는 방식을 말한다.

397. 합리적 무시

최소 비용으로 최대의 경제적 이익을 얻고자 하는 개인의 합리적 행위가 전체에 불이익을 주고 경제 전반에 부정적인 영향을 주는 것을 말한다.

합리적 무시(Rational Ignorance)는 각종 협회·조합·단체 등과 같이 구성원 공동의 이익을 추구하는 특수 이익집단들이 생산 판매 등 일반적인 이익 외에 홍보나 로비를 통해 독점권을 획득, 가격인상 또는 보조금 수혜 등 각종 특혜를 받는 경우, 개인은 경제적 판단에 따라 손해를 합리적으로 무시하게 된다.

가령 5억원의 홍보 및 로비자금을 들여 4,000만명에게 200원이 가격을 올려 받게 되면 80억원의 이익이 난다. 이 경우 각 개인은 200원의 손해를 보게 된다. 만약 5억원의 로비자금을 써서 200원의 손해를 막을 수 있다 해도 각 개인은 합리적 판단에 의해 200원의 손해를 감수하고 무시해 버린다.

이 같은 합리적 무시는 생산적인 경제활동보다는 독점권 획득, 진입제한, 각종 특혜를 얻기 위한 활동을 부추긴다.

398. 핫머니

핫머니(Hot Money)란 국제금융시장을 수시로 이동하는 투기성 자금을 말한다. 각 국의 금리차이, 환율의 차이에 의한 단기차익을 목적으로 움직인다. 80년대 말부터 시작된 금융시장개방으로 자본의 국제적 유동성이 증대되면서 국가간 금리와 환율의 단기적 변동 차익을 노리는 핫머니의 규모가 급속도로 신장했다.

이러한 핫머니가 모인 것이 헤지펀드(Hedge Fund)이다. 1백명 미만의 투자자들로부터 개별적으로 자금을 모아 파트너십 형태로 운영하고 있다.

공시를 하지 않았기 때문에 공격적인 투자전략을 구사한다. 지난 93년 영국이 조지소로스의 공격에 파운드화 방어전략을 포기한 것은 대표적인 사례다. 이것이 가능한 또 하나의 이유는 이들이 운용하는 자금이 엄청난 규모라는 것이다. 전 세계 1천1백 ~1천3백개의 헤지펀드가 최소 1천1백억달러에 이르는 자금을 운영하고 있으며 파생금융상품까지 합칠 경우 이들이 국제금융계에 미치는 영향력은 OECD(경제협력개발기구)의 모든 중앙은행들이 동원할 수 있는 자금 규모인 5천억달러보다 훨씬 많은 1조 5천억 달러에 육박한다.

399. 해외발행채권

국제금융시장에서 「한국물」이라고 부르는 해외발행채권(해외채)은 우리나라 정부, 기업, 금융기관 등이 외자(外資) 조달을 위해 외국 자본시장에서 발행하는 채권을 말한다.

만기는 1년, 5년, 10년, 30년 등으로 매우 다양하다. 발행금리는 리보(LIBOR · 런던 은행간 우대금리)나 미국 재무부 채권(Treasury Bond)수익률을 기준으로 정한다. 이 수익률을 바탕으로 채권시장에서 해외채에 대한 수요와 공급에 따라 시장가격을 의미하는 유통수익률이 변동된다. 채권 유통수익률이 높아졌다는 것은 채권 자체의 가격은 떨어졌다는 얘기. 채권 수익률은 매도자가 아닌 매입자 입장에서 계산하기 때문이다.

대표적인 해외채로는 작년 외환위기를 맞아 우리 정부가 발행하는 외국환평형기금채권(외평채)이 꼽힌다. 한국산업은행이 발행한 산금채, 한국수출입은행이 발행한 수출입채도 국제금융시장에서 많이 유통되고 있다. 한국전력, 포항제철, 한국통신, SK텔레콤 등도 해외채를 발행했었다.

400. 해외 외화예금

기업이나 개인이 해외 금융기관에 계좌를 개설해 달러나 마르크화 등 외화로 예치하는 것을 말한다. 해외 금융기관에 맡긴다는 점에서 국내은행 또는 외국계 은행이 국내지점에 예치하는 거주자 외화예금과 다르다.

401. 헤징

헤징(Hedging)이란 위험을 회피한다는 뜻이다. 농산물이나 주식 외환 등 금융상품은 가격등락이 심해 큰 손해를 입을 가능성이 높다. 이때 미리 가격을 고정시켜 두었다면 소지자는 이러한 위험을 피할 수 있다.

헤징의 대표적 예로 선물(先物)이 있다. 선물이란 물건이 시장에 나오기 전에 미리 가격을 결정하는 것이다.

예를 들어 A농부가 쌀농사를 짓는데 「수확 후의 시장가격에 상관없이 한가마에 9만원」으로 B란 수매자와 선물계약을 체결했다고 하자. 이 경우 A농부는 헤징을 통해 시장가격 변동의 위험을 회피한 것이다. 반면 B수매자는 또 다른 수매자인 C와 가격이 크게 떨어지더라도 8만원에 팔고 반대로 가격이 급등할 경우에도 10만원에 판다는 계약을 체결하면 위험을 다소나마 덜 수 있다.

402. 핵심경제지표

미국이나 유럽 등 선진국에서는 핵심 경제지표로 보통 '실업률'과 '물가'를 사용한다. '성장'을 중시하는 한국과는 다르다. 이들 나라는 어떤 경제정책을 선택하면 거의 예외 없이 '○○개의 일자리를 창출한다'는 설명을 붙인다.

원론적으로 볼 때 고용 및 물가안정은 국가경제정책의 최종 목표다. 충분한 일자리가 있고 임금가치 및 재산가치가 안정되면 국민들은 정상적인 경제생활을 누릴 수 있는 것이다.

그에 비하면 성장률이나 국제수지는 최종목표를 달성하는 과정에서 나타나는 '중간목표'일뿐이다.

이 점에서는 노동당과 보수당, 또는 공화당과 민주당간에 견해차가 없다.

고용과 물가는 또 사회적 정치적 의미가 큰 지표이기도 하다. 성장이나 국제수지에 경제지표 성격이 짙은 것과 대조적이다.

그러나 경제규모를 빠른 시일 내에 키우고 싶고, 교역의 중요성 때문에 해외시장의 크기에 민감한 한국 등 개도국에서는 성장률을 실업률보다 중시하는 경향이 있다. 세계 경제동향을 조망할 때도 성장률이 더 유용한 지표다. 요약하면 실업률이 '삶의 질'과 직결된 지표라면 성장률은 '생산량'과 '추세'를 보여주는 지표이다.

403. 허용가능 최소마진(De Minimis)

덤핑마진이나 덤핑수입량이 매우 미소하여 국내산업에 피해를 미칠 만한 수준이 아닐 경우를 말하며, 이 경우 덤핑으로 간주되지 않는다.

404. 허용보조금(Green Box)

농업보조정책중 감축대상에서 제외되는 보조금. 농산물협정에서는 연구개발보조금, 지역개발보조금 및 환경관련 보조금만을 일정한 조건하에 허용보조금으로 인정하고 있다.

405. 현금흐름 경영

단기적으로 유동성을 확보하고 장기적으로 현금흐름을 극대화하는 방향으로 투자와 사업구조를 바꾸는 경영전략을 말한다.

현금흐름경영은 기업의 보유현금을 최대한 늘리고 현금회전 속도를 빠르게 유지하는데 중점을 둔다.

현금 보유량을 늘리고 현금흐름을 원활하게 하기 위해서는 현금 유입이 유출보다 많고 보유한 현금의 절대량이 적정치보다 많아야 한다. 일시적 자금경색이나 급격한 경기변동을 견더내기 위해서 일정량 이상의 현금을 완충재로 보유해야 한다. 경영활동의 지원은 현금의 유출입 속도를 빠르게 하는 쪽으로 이루어지고 투자와 사업구조는 밀이 현금흐름을 고려해야 한다.

장부상의 이익만 중시하다 보면 회계상으로는 이익이 발생하지만 유입되는 현금이 부족해 흑자도산하는 경우가 발생한다. 선진기업들은 회계상의 이익보다 현금흐름을 중시한다.

현금흐름경영을 하는 대표적인 기업은 미국의 GE(General Electric)이다. GE는 현금흐름을 증가시키는 사업은 적극적으로 자금을 투입하고 그렇지 않으면 투자규모를 축소하거나 매각·철수한다.

406. 현금 흐름표

현금 흐름표(Statement of Cash Flow)란 기업이 일정기간 동안 영업, 투자, 재무 활동 등을 통해 발생한 현금의 유입 규모와 유출 규모를 나타내는 재무제표의 일종이다.

영업활동에 의한 현금흐름은 제품의 생산과 상품 및 용역의 구매·판매 활동에 의한 현금 유출입을 나타낸다.

투자활동에 의한 현금흐름은 현금의 대여와 회수, 시설투자 및 토지 건물 등 유·무형 자산의 취득과 처분 등에 의해 발생하는 현금 유출입을 나타낸다.

재무활동에 의한 현금흐름은 장단기 차입금과 상환금, 주식발행이나 배당금지급, 자기주식 취득 등으로 발생하는 현금 유출입을 나타낸다.

이 같은 요소들을 종합하면 기업의 최근 현금사정이 열악한지 여유가 있는지를 간접적으로 분석할 수 있다.

동시에 기업의 배당금 지급능력 및 차입금에 대한 원리금 상환 능력, 경영 악화의 원인과 부도 위험 등 각종 기업의 재무정보 등도 파악할 수 있다.

407. 협조융자

두 개 이상의 금융기관이 동일 융자대상기업에 대해 서로 자금을 분담해 대출해 주는 방식이다. 단일 금융기관으로는 자금부담이 너무 클 경우 위험(리스크)을 상호 분담함으로써 대출을 용이하게 하는 금융기법이다.

1970년대 세계은행 등 국제금융기구가 개도국 개발 프로젝트에 민간상업은행을 참가시키기 위해 처음으로 도입했다.

우리나라도 기업들의 투자규모에 비해 은행들의 자금 여력이 상대적으로 적어 이 같은 협조융자방식을 많이 택했으며 특히, 자금난을 겪고 있는 대기업들에 주로 적용해 왔다.

그러나 그 동안은 은행들이 정확한 신용평가에 의하지 않고 단순히 부실여신이 되는 것을 막기 위해 또는 정부의 요구에 의해 이루어진 경우가 많아 은행부실을 키우는 화근이 되어 왔다.

은행과 기업에 책임경영 풍토가 확립될 경우 이 같은 무원칙적인 협조융자는 상당히 줄어들 것으로 예상된다.

408. 헤드헌터

헤드헌터는 전문경영인이나 첨단기술 보유자 등 전문·고급 인력을 비롯한 다양한 경력의 인력에 대한 데이터베이스를 구축해 놓고 수요업체에서 구인 요청이 오면 가장 적합한 인력을 찾아 소개해 주는 민간 직업소개업자다.

헤드헌터의 헤드는 회장, 사장 등 고위 경영진을 지칭하며 기업 간부를 스카우트 할 때는「Executive Search」또는「Executive Recruiting」이라고도 한다.

1929년 미국 대공황 당시 기업마다 불필요한 인력을 해고하고 우수한 경영 간부를 확보하는 과정에서 외부로부터 유능한 인재를 등용하는 수혈인사가 확산되자 이를 연결하는 헤드헌터 사업이 처음 등장했다. 우리나라에는 88년부터 헤드헌터들이 태동, 현재 10여개 업체가 활발하게 활동하고 있으며 국제통화기금(IMF)체제 하의 구조조정 과정에서 기업의 인수·합병(M&A)과 관련, 급속히 부상하고 있다.

409. 혼합관세(CT : Compound Tariff)

관세과세방법의 일종으로 종가세제의 장점과 종량세제의 장점만을 택하여 양제도를 혼합한 것으로 과세함을 지칭. 즉, 종가세는 산업보호목적과 인플레이션 하에서의 관세수입을 합리적으로 확보할 수 있는 세제이며, 종량제는 송장(L/C : Latter of Credit) 가격여하에 구애됨이 없이 물품의 양에 의하여 과세하므로 덤핑을 방지할 수 있는 세제이기 때문에 이를 병용함이 유리한 것임.

410. 화의·법정관리

기업이 파산위험에 직면했을 때 파산을 막아주는 제도다. 화의는 일시적인 어려움을 겪는 기업이 법원의 중재감독 하에 채권자들과 채무변제협정(화의조건)을 체결하고 파산을 피하는 것이다. 법정관리는 기업이 자력으로 회사를 운영하기 어려울 만큼 부채가 많을 때 법원에서 채무를 유예해 주어 파산을 면하게 하는 제도이다.

법원이 기업의 화의신청이나 법정관리신청을 받아들이면 회사재산 보전처분 결정이

내려지고 모든 채권채무가 동결돼 기업은 빚 독촉에서 해방된다. 그러나 법정관리신청이 기각되면 파산을 하게 된다.

화의와 법정관리의 큰 차이점은 경영권이 유지되느냐에 있다. 화의는 법원이 기업경영에 전혀 개입하지 않고 기존 경영주가 경영권을 계속 갖는다 반면에 법정관리는 기존 경영주가 물러나고 법원이 선정한 제3자가 법정관리인으로 기업을 경영한다.

411. 환경경영체제

환경경영체제(Environment Management) 이란 기존의 품질경영(Quality Management)을 환경분야에 까지 확장한 개념으로, 환경관리를 기업경영의 방침으로 삼고 기업활동이 환경에 미치는 부정적인 영향을 최소화하는 것을 의미함. 환경경영체제는 환경경영의 구체적인 목표와 프로그램을 정해 이의 달성을 위한 조직, 책임, 절차 등을 규정하고 인적·물적인 경영자원을 효율적으로 배분해 조직적으로 관리하는 체제를 의미한다.

412. 환경마크(E - Mark)

환경에 대한 일종의 품질인정 마크임. 저공해 상품에 붙여 줌으로서 소비자들에게는 어떤 것이 저공해 상품인지를 알리고 기업에게는 저공해 상품기술개발에 앞장서도록 하는 제도임. 독일, 일본, 캐나다 등 세계 20여개 국에서 시행되고 있으며, 우리나라도 1992년부터 시행중임. E-Mark, Eco - 마크라고도 한다.

413. 환경비용의 내부화 (Internalization of Environment Costs)

"환경비용의 내부화"라는 개념은, 천연자원의 활용, 오염, 쓰레기 발생, 소비, 폐기 및 기타 요소 등을 고려하여, 제품생산 및 사용의 환경비용(Environmental costs of production and use of product) 이 시장가격에 반영되어야 한다는 것을 의미함. 환경비용의 내부화는 환경정책의 주요 목표 중 하나이며, 환경경제학의 초점이 되어 왔음. 동 원칙은 이익계산, 환경회계방법(green accounting methods)등과 같은 분야에서 개념적이고 분석적인 작업의 토대가 됨.

414. 환경산업(Environmental Industry)

환경산업의 범위, 기준이 명확하게 정의되고 있지는 않으나, 일반적으로 환경보호와 연관된 일을 맡아 하는 환경오염방지산업, 폐기물처리산업, 오염물질측정 대행업 등을 통틀어 일컫는 말로 공해방지 산업이라고도 함. 환경오염의 심각성이 제기된 이후 세계 각국은 환경보호 관련기술 개발에 많은 투자를 해왔고, 환경산업의 중요성은 점차 증대하고 있음.

415. 환경성적표(Environmental Report Card)

머지않아 세계 각국에서 판매되는 모든 제품에는 가격 제조연월일과 함께 그 제품의 환경성적표가 붙게 된다.

환경성적표란 제품이 환경오염을 얼마나 유발하는지 수치를 표시한 딱지. 환경친화적인 상품에 붙이는 '환경마크'는 합격 불합격만 따지지만 환경성적표엔 과목별 점수가 그대로 다 나온다.

환경 성적표를 표시한 대표적인 제품인 미국 세제 브랜드 '아이언 홀드'의 세제를 보자. 제품 옆면 딱지에 이 세제를 생산 소비 폐기처분할 때 ◉물 나무 광물질은 얼마나 소비하게 되고 ◉에너지는 어느 정도 소모되며 ◉이산화탄소 유해물질 등 대기오염물질은 얼마나 배출하고 ◉수질오염은 얼마나 유발하는지 ◉쓰레기는 얼마나 배출하는지가 깨알같이 적혀 있다.

항목별로 얼마나 나쁜지 막대그래프가 그려져 있어 누구든지 쉽게 환경성적을 알아볼 수 있다. 앞으로 모든 제품에 이 성적표가 붙게 되면 소비자는 여러 회사 제품을 비교, 오염을 덜 일으키는 제품을 고를 수 있다.

현재 미국은 세재 재생섬유 페인트 등 일부 제품에 성적표를 붙였고 일본 캐나다 노르웨이 등도 준비 작업이 한창이다.

416. 환경영향평가(Environment Impact Assessment)

"환경영향평가(EIS)"는 환경파괴를 최소화하고 환경적으로 건전하고 지속 가능한 개발을 위한 잠재력을 최대화하기 위해 제안된 조치들을 검토, 분석, 평가하는 과정으로 일반적인 EIA과정은, ① 제안된 조치들이 환경에 미치는 영향은 물론, 환경적인 영향을 회피 혹은 완화할 수 있는 대안들을 정부가 충분히 검토, 고려토록 하고, ② 영향을 받는 시민들이 제안된 계획이나 정책들을 이해하고 정책 입안자들에게 그들의 견해를 사전에 제시할 수 있는 기회를 갖도록 하고 있다.

417. 환매조건부채권(RP) : 환매채

발행기관이 미리 약속한 만기금리 등에 따라 되사기로 하고 판매하는 채권. 흔히 줄여서 환매채 또는 RP(Repurchase Agreement)라 부른다. 환매채는 콜자금과 같이 단기자금조달수단이다. 발행목적에 따라 크게 두 종류로 나뉜다. 한국은행이 통화조절용 수단으로 시중은행에 판매하는 RP가 있다. 돈이 많이 풀려 있으면 RP를 매각, 통화를 흡수하고 반대로 돈이 부족하다고 판매되면 RP를 되사 시중에 통화를 공급한다. 은행 증권사 등 금융기관이 개인고객에게 파는 수신상품 RP도 있다. 채권을 보유한 금융기관이 채권 만기일 전에 단기간 자금을 조달할 필요가 있을 때 이 채권을 환매채 형식으로 판다.

가장 대표적인 환매채는 한국은행이 통화량을 조절하기 위해 경쟁입찰방식으로 금융기관에 파는 국채 및 정부보증채. 한국은행RP금리 인하는 통상 은행의 대출금리 인하로 이어진다.

그러나 환매채는 거래대상 증권의 잔존 만기 범위 내에서 만기일을 따로 정할 수 있는 데다가 금리도 거래대상 증권의 발행금리나 유통금리와는 관계없이 별도로 정할 수 있기 때문에 단기금융시장과 채권시장을 유기적으로 연결하는 유용한 금융상품이다. 또한 채권보유 금융기관은 채권만기전이라도 대 고객RP 판매를 통해 단기적으로 자금을 확보할 수 있기 때문에 채권유통시장의 활성화는 물론 발행시장에서의 채권 소화에도 크게 기여하고 있다. 가장 대표적인 환매채 거래는 한국은행이 통화량을 조절하기 위해서 경쟁입찰방식으로 국채 및 정부보증채를 금융기관과 거래하는 것으로 거래금리는 보통 연 24~25%수준이다.

418. 환포지션

외국환은행은 언제나 외화자금과 자국통화자금의 균형을 유지시키려 한다. 그러나 외화자금의 매매는 고객의 요구에 따라 이루어지기 때문에 외화매입액과 외화매각액이 항상 일치하지 않는다. 이에 따라 외국환은행의 외화매입과 외화매각액은 많거나 적을 수 있다. 이 같은 차감잔액을 환포지션(Exchange Position)이라 하고, 일반적으로 세 가지 형태로 구분된다.

외화매각액이 매입액보다 크면「매입초과 · Over Sold Position」이고, 더 적으면「매도초과 · Over bought Position」, 같으면「매도매입균형 · Square Position」이 된다.

그런데 전자의 두 가지 경우는 차감 잔액이 있기 때문에 환율 변동에 따라 환차익 또는 환차손이 생길 수 있다. 그래서 평상시 외국환은행들은「매도매입균형 · Square Position」을 취해 이러한 환위험을 회피하고자 한다.

419. 회색지대조치(Grey Area Measure)

GATT에서 수입규제수단으로 인정하고 있는 세이프가드 조치를 발동할 경우 모든 수출국에 대해 무차별적으로 적용하고 또 보상을 해주어야 하므로, 이를 피하기 위해 수출이 급증한 국가와 양자 협상을 통해 비공식적으로 수출 물량을 규제하는 선별적인 성격의 수입규제조치. 수출자율규제, 시장질서유지협정 등이 대표적인 회색지대 조치로서 섬유, 신발 등 노동집약적인 산업을 보호하기 위한 수입규제수단으로 선진국들이 주로 활용. WTO 협정문에서는 WTO 발효후 4년 이내에 모든 회색지대조치를 철폐하도록 하고 있음.

著者 이춘삼(李春三)敎授 略歷 및 著作目錄

- 성균관대학교 법과대학 법학과 졸업(법학사)
- 성균관대학교 대학원 무역학과 수료(경제학석사 · 경제학박사)
- 경남대학교 경상대학 무역학과 교수 및 동대학원 교수 역임
- 성균관대학교 무역대학원 · 한국외국어대학교 무역대학원 강사 역임
- 사단법인 한국중재학회 감사 역임
- 충청북도 세계화 추진위원회 위원 역임
- 한국무역학회 부회장 역임

▸ 현재

- 청주대학교 경상대학 경제통상학부 교수
- 한국문화무역학회 부회장
- 전국경제인연합회 자문위원
- 한국관세 · 무역연구원 자문위원
- 관세사 자격시험 전형위원
- 대한상사중재원 중재인
- 행정자치부 각급 공무원 공채 및 승진시험위원
- 지방고등고시 시험위원

▸ 저서 및 논문

【저서】

『무역관계법』 법문사, 1980. 『신무역실무론』 박영사, 1981. 『무역학개론, 박영사』 1983. 『무역학세미나(공저)』 박영사, 1985. 『한국관세사(공저)』 한국관세연구소, 1985. 『미국의반덤핑법』 한국경제신문사, 1987. 『대외무역법』 대왕사, 1988. 『국제관세제도론』 동성사, 1991. 『국제상무론』 동성사, 1992. 『무역관계법(전정판)』 법문사, 1995. 『국제통상연습(공저)』 도서출판 두남, 1996. 『무역실무연습(공저)』 도서출판 두남, 1996. 『현대무역학개론』 동성사, 1997. 『세계화와 국제무역(공저)』 동성사, 1997. 『국제통상법,법문사』 1999. 『한국통상법』 법문사, 1999. 『신국제반덤핑법』 청주대학교출판부, 2000. 『신용장과무역결제』 영미디어, 2000. 『시사무역경제』 영미디어, 2000. 『주 · 객관식대외무역법』 영미디어, 2001. 『국제계약론』 대왕사, 2003. 『중국통상법』 대왕사, 2004. 『글로벌 전자무역 상무론』 우용출판사, 2006. 『글로벌 무역의 이해』 우용출판사, 2006.

【논문】

"무역거래상의 대리점제도에 관한 연구", 성균관대학교 대학원, 1975. 2. 10.
"무역거래상의 대리점제도의 사법적 측면", 한국관세연구소, 「관세」, 1975. 11. 30.

“해운동맹의 경제적 의의”, 한국관세연구소, 「관세」, 1976. 4. 20.
“외국환관리법 위반행위의 사법상 효력”, 한국관세연구소, 「관세」, 1976. 10. 10.
“무역계약의 불이행 및 이행불능에 관한 비교법적 고찰”, 「명지대학 논문집(Ⅱ)」, 1976. 12. 25.
“우리나라 수출기업의 해외판매망 확립에 관한 소고”, 한국무역협회, 「무역」, 1977. 5. 10.
“무역의 확대와 관세정책의 방향”, 한국무역학회, 「무역학회지 제 3 권」 1978. 9. 20.
“외환관리상 지정통화의 확대의의”, 한국관세연구소, 「관세」, 1979. 11. 28.
“외화가득율에 관한 연구”, 한국관세연구소, 「관세」, 1980. 2. 28.
“무역관리의 원칙과 내용”, 한국관세연구소, 「관세」, 1980. 5. 31.
“탄력관세의 제도적 장치와 운영”, 한국관세연구소, 「관세」, 1980. 7. 30.
“수출입절차 간소화 개선안”, 한국관세연구소, 「관세」, 1980. 9. 30.
“산업정책과 관세지원”, 한국관세연구소, 「관세」, 1980. 9. 30.
“수출주도형 경제개발정책하의 관세개선방향”, 한국관세연구소, 「관세」, 1980. 2. 30.
“관세환급에 관한 이론적 검토”, 한국관세연구소, 「관세」, 1981. 6. 30.
“국제거래상 대외적 부정경쟁을 방지하기 위한 법률규정”, 한국관세연구소, 「관세」, 1981. 8. 30.
“우리나라 관세율 구조의 개선방안에 관한 연구”, 청주대학교, 「경상논총 제 22 집」, 1981. 12. 30.
“수출과 관세환급제도”, 매일경제신문사, 「매일경제신문」, 1982. 2. 15.
“GATT에 의한 세계자유무역의 운용과 수정”, 한국관세연구소, 「관세」, 1982. 2. 30.
“무역계약의 불이행 및 이행불능에 관한 비교 고찰”, 대한상사중재원, 「중재」, 1982. 11. 30.
“현행관세의 평가와 방향”, 한국관세연구소, 「관세」, 1982. 12. 30.
“관세정책의 체계적 분석”, 매일경제신문사,「매일경제신문」, 1983. 2. 7.
“수출지원을 위한 관세환급제의 역할과 과제”, 한국관세연구소, 「관세」, 1983. 6. 10.
“관세감면제도 개편과제”, 전국경제인연합회, 「전경련」, 1983. 10.10.
“관세제도개편과 그 운용과제”, 매일경제신문사, 「매일경제신문」, 1983. 12. 26.
“광고비관세부과의 문제점”, 매일경제신문사, 「매일경제신문」, 1984. 1. 23.
“개정관세법의 문제와 운용과제”, 대한상사중재원, 「중재」, 1984. 1. 28.
“관세의 관세가격 평가문제”, 전국경제인연합회, 「전경련」, 1984. 2. 9.
“관세평가에 관한 비교연구”, 한국무역학회, 「학술발표대회논문집」, 1984. 6. 22.
“미국의 수입규제에 관한 법적환경”, 전경련, 국제경영원(국제상거래연구세미나), 1984. 12. 20.
“무역거래상의 대리점계약의 본질”, 청주대학교 「경상논총 제 25 집」, 1984. 12. 30.
“효율적 수입관리”, 전국경제인연합회, 「전경련」, 1985. 2. 18.
“관세의 과세가격결정에 관한 연구”, 사단법인 한국조세학회, 「조세논총 제1권」 1985. 12. 20.
“무역관계법의 새로운 정립방향”, (1985년도 산학협동재단 학술연구과제), 청주대학교 기업경영연구소, 「경영학논집 제8집」 1986. 1. 30.
“미국통상법의 변천과 불공정무역관행법조의 운영메카니즘”, 청주대학교, 「경상논총 제 27 집」, 1986. 11. 25.
“미국의 통상규제에 관한 연구 - 반덤핑법제를 중심으로 -”, 성균관대학교 대학원 무역학과 박사학위청구논문, 1987. 4. 1.
“선진국형 간이통관절차방향에 관한 연구”, (1986년도 산학합동재단 학술연구과제), 청주대학교 「경영논총 제 28 집」 1987. 12. 30.

"미국반덤핑법의 전개", 청주대학교 산업경영연구소, 「산업경영연구」, (제11권 1호 제11집), 1987. 8. 25.
"미국반덤핑법상 산업피해기준의 해석론", (설곡 한동호박사 정년기념논문집), 1988. 8. 20.
"덤핑의 결정기준에 관한 가격구조의 검토", 청주대학교 산업경영연구소, 「산업경영연구」(제 12권 1호 제13집), 1988. 8. 25.
"산업피해의 범위 및 기준에 관한 연구", 청주대학교 산업경영연구소, 「산업경영연구」(제13권1호 제14집), 1990. 8. 25.
"미국 · EC의 상계관세제도에 관한 연구", (1989년도 교육부 학술연구과제), 한국무역학회, 「무역학회지(제15권), 1990. 3. 10.
"개방경제시대에 대응한 관세환급제도의 효율적 운용방안", (1990년도 재무부 관세국 관세연구용역과제), 1990. 6. 30.
"관세환급제도를 중심으로한 일본관세정책의 평가와 시사점", 한국관세연구소, 「관세」 1991. 2. 3. 4. 5.월호(제23권 제245호 내지 제248호).
"관세환급제도의 개편방향", 한국관세연구소, 「관세」, 1991, 6. 7. 8. 9월호 (제23권 제 249~252 호).
"미국반덤핑법의 문제점과 대응전략", 한국관세연구소, 「관세」, 1991.12, 1992. 1. 3. 4. 5. 6. 7. 8. 9. 10. 11월호, (통권 제23권 제255호 및 통권 제24권 제 256 호, 제258호~266호).
"관세환급제도의 개선방안". 한국국제상학회, 「국제상학」 제7권 2호 1992. 11.
"일본의 관세정책에 관한 실증적분석", 한국무역학회. 「무역학회지」, 제19권1. 1994. 4.
"새 신용장통일규칙의 적용에 따른 약간의 문제", 청주대학교 산업경영연구소, 「산업경영연구」, 제 16권 2호. 1994. 2.
"덤핑의 판정기준에 관한 가격구조의 검토", 한국무역상무학회, 「무역상무」, 제 17 권 1호, 1994. 8.
"신용장거래에 있어서 지정은행의 의무에 관한 연구", 청주대학교 산업경영연구소 「산업경영연구」, 제17권 1호, 1994. 8.
"반덤핑관세분야에 대한 UR 협상결과의 분석", 한국무역학회, 「무역학회지」, 제20권 1호, 1995. 6.
"UR신관세평가협정의 법적고찰, ('94~95 청주대 특별연구지원과제), 청주대산업경영연구소, 「산업경영연구」, 제18권 2호, 1995. 10.
"중국흑룡강성 학술연구보고", 충청북도 국제통상협력실, 1996. 1.
"WTO통일원산지규정의 체계화과정", 사단법인 한국중재학회, 「중재학회지」, 제6권, 1996. 12.
"WTO 신 상계관세협정의 법적고찰", ('96~'97 청주대 특별연구지원과제), 청주대학교 산업경영연구소, 「산업경영연구」, 제20권 1호, 1997. 4.
"WTO체제하에서의 대외무역법과 관세법의 개편방향", (1996년도 산학협동재단 학술연구과제), 한국무역학회, 「무역학회지」, 제22 권1호, 1997. 6.
"무역통관행정의 효율화방안", (1998년도 관세청 연구용역과제), 청주대학교 산업경영연구소, 「산업경영연구」, 제21권 1호, 1998. 2.
"관세환급행정의 발전방향", (1998년도 관세청 연구용역과제), 한국무역학회, 「무역학회지」, 제23권 1호, 1998. 6.
"미국반덤핑법상 국내산업피해의 범위와 기준에 관한 해석론", 법무부, 「통상법률」, 통권 제23 · 24 호, 1998. 10 · 12.
"WTO협정의 국내법적 효력에 관한 제 문제", ('98~'99 청주대 특별연구지원과제), 청주대학교 산업경영연구소, 「산업경영연구」, 제22권 1호, 1999. 2.

"21세기 새로운 관세제도 마련을 위한 관세법 전면 개편방향", 한국무역학회, 「학술발표논문집」, 1999. 12.
"관세법체계의 정비와 개선에 관한 연구", 한국무역학회, 「무역학회지」, 제24권 제3호, 1999. 12.
"관세법전면개편에 대한 연구", (1999년도 재정경제부 조세개혁연구과제), 한국관세연구소, 2000. 1.
"관세납세자제도의 개선에 관한 연구", 청주대학교 산업경영연구소, 「산업경영연구」, 제23권 제1호, 2000. 2.
"WTO와 미국의 사법적 반덤핑제도", 청주대학교 산업경영연구소, 「산업경영연구」, 제23권 2호, 2000. 8.
"WTO의 당면과제", (2000~2001 청주대 특별연구지원과제), 청주대학교 산업경영연구소, 「산업경영연구」, 제24권 1호, 2001. 2.
"미국의 사법적 반덤핑법이 WTO에 위배되는지의 여부", 한국문화무역학회, 문화무역연구, Vol. 1, 2001. 2.
"전자상거래와 관세 시스템", 청주대학교 산업경영연구소, 산업경영연구, 제25권, 제1호, 2002. 2.
"통상문제로서의 세이프가드", 2002~2003 청주대 특별연구지원과제, 청주대학교 산업경영연구소, 산업경영연구, 제25권 제2호, 2002. 8.
"WTO 세이프가드 협정의 해석과 적용에 관한 분석", 강원대학교 경제무역학부, 문철한 박사 정년기념논문집, 2003. 1.
"국제거래계약과 법적 문제", 청주대학교 산업경영연구소, 산업경영연구, 제26권 제1호, 2003. 2.
"WTO 농업협상의 쟁점과 한국농업", 한국동서경제학회, 한국동서경제연구, 제15집, 제1권, 2003. 1.
"국제계약상의 Frustration", 청주대학교 산업경영연구소, 산업경영연구, 제25권 2호, pp.. 211~229, 2003. 8.
"중국통상의 법적 구조", 청주대학교 산업경영연구소, 산업경영연구, 제26권 3호 , pp. 93~113, 2003. 12.
"중국반덤핑제도의 규범체계", 청주대학교 산업경영연구소, 산업경영연구, 제27권 1호, pp. 111~125, 2004. 2.
"중국 세이프가드 사건분석", 청주대학교 산업경영연구소, 산업경영연구, 제27권 2호, pp. 15~36, 2004. 8.
"중국의 무역구제제도와 WTO DDA규범과의 비교연구 -반덤핑 및 상계관세제도를 중심으로-", 청주대학교 산업경영연구소, 산업경영연구, 제27권 3호, pp. 267~294, 2004. 12.
"중국 무역중재제도의 법리", 청주대학교 산업경영연구소, 산업경영연구, 제28권 1호, pp. 33~47, 2005. 1.
"중국 반덤핑 실행의 법적문제", 청주대학교 산업경영연구소, 산업경영연구, 제28권 2호, pp. 27~44, 2005. 2.
"중국의 반덤핑제도와 WTO 반덤핑협정과의 적합성 비교연구", 산업경영연구, 제28권 3호, pp. 69~92, 2005. 1.
"WTO 체제하에서 농산물 무역에 대한 위생 및 검역 규제", 산업경영연구, 제28권 4호, pp. 53~68, 2005. 12.
"서비스무역과 FTA", 산업경영연구, 제29권 1호, pp. 229~248, 2006. 2.
"WTO협정상 환경보호를 위한 무역규제의 성립요건에 관한 분석", (사)한국무역학회 무역학회지 제31권 제2호, pp31~46, 2006. 4
"국제통상과 환경문제", 청주대학교 산업경영연구소, 산업경영연구, 제29권 2호, 2006. 6

공동저자약력 및 저작목록

이광범(李光範)

- 청주대학교 대학원 무역학과 졸업, 경영학 박사
- (미국) Michigan State University VIPP, Visiting Fellow
- 청주대학교, 목원대학교, 배재대학교, 청운대학교 강사
- 한국무역학회, 한국국제상학회 회원, 한국통상정보학회, 국제 e-비즈니스학회, 한국관세학회 회원

▸ **현재**

- 청주대학교 경상대학 경제통상학부 겸임교수
- 세계통상연구소 소장

▸ **저서 및 논문**

『글로벌 전자무역 상무론』 우용출판사, 2006.
"전자상거래에 있어서 무역관련 조세체계의 설정에 관한 연구"
"WTO체제하에서의 산업피해구제제도에 관한 연구"
"Culture Technology를 활용한 문화산업의 국제경쟁력 강화방안"
"전통지식 권리보호와 문화산업의 국제경쟁력"
"중국에서의 디지털콘텐츠의 저작권 관리와 보호방안 연구"
"기업간 전자상거래 활성화를 위한 물류 발전 전략"
"전자상거래의 활성화에 따른 국제무역관습의 변화 외 수편"

이재영(李在英)

- 청주대학교 무역학과 졸업
- 청주대학교 대학원 무역학과 수료(경영학석사, 경영학박사)

▸ **현재**

- 청주대학교, 건양대학교, 우송대학교, 충청대학 강사
- 전자무역연구원 산학관위원회 팀장

▸ **저서 및 논문**

『글로벌 무역의 이해』 공저, 우용출판사, 2006.
『최신 대외무역법』 공저, 우용출판사, 2006.
『국제무역사』 공저, 정문사, 2006.
"중국의 반덤핑제도에 관한 연구논문"외 다수

글로벌 무역의 이해

2006년 7월 11일 초판 인쇄
2006년 7월 17일 초판 발행

저자 / 이춘삼, 이광범, 이재영
발행인 / 고종식
발행처 / 우용출판사
등록일 / 1997년 11월 25일
출판등록 / 제 2001-1호
주소 / 서울특별시 마포구 망원1동 338-53
전화번호 / 02)324-6577
팩시밀리 / 02)324-6177

정가 / 20,000원

ISBN / 89-87951-82-0 03320
2006 ⓒ 이춘삼

이 책은 저작권법에 의해 한국 내에서 보호받는
저작물이므로 법에 정한 예외 이외의 무단 전제나
복제, 매체 수록 등을 금합니다.

www.choolpansa.com